大清國全盛時期疆域圖
（嘉慶二十五年，西元1820年）
俄
羅
唐
努
烏
梁
海
科布多
烏里雅蘇臺
扎
薩
克
三
音
諾
圖
汗
部
伊犁
庫爾喀喇烏蘇
烏魯木齊
古城
巴里坤
吐魯番
哈密
天
山
庫車
阿克蘇
喀什噶爾
葉爾羌
和闐
新
疆
安西州
甘
肅州
甘州府
青
海
玉樹
西
藏
阿里
日喀則
拉薩
衛
喀
木
麗江府
大理府
永昌府
楚雄府
騰越廳
順寧府
雲
布哈爾
浩罕
布魯特
愛烏罕
巴基斯坦
印
度
德里
新德里
尼泊爾
加德滿都
不丹
孟加拉國
達卡
緬甸
阿摩羅禮羅
珠穆朗瑪山
圖例
京師 都城
保定府 省級駐所
除州府 府級駐所
昌平州 其他居民點
國界
省界
地區界
京師 今首都
鄭州 今直轄市、省、自治區政府駐地
丹東 今市政府駐地
今其他居民點

雍正傳

馮爾康 著

導讀　承先啟後——《雍正傳》

莊吉發

康熙帝、雍正帝、乾隆帝是盛清時期的三個好皇帝。康熙帝在位六十一年（一六六二—一七二二），雍正帝在位十三年（一七二三—一七三五），乾隆帝在位六十年（一七三六—一七九五）。

康熙帝八歲即位，雍正帝四十五歲即位，他即位之初，就能以成熟的認識制定一系列順應歷史趨勢的具體政治措施。他宵旰勤政，勇於改革，政績可觀。雍正一朝處於康熙和乾隆兩朝之間，雖然只有十三年，但是倘若缺少了雍正朝，則清朝前期的盛世，必然大為遜色。馮爾康先生著《雍正傳》，將雍正朝的歷史分為兩大階段、五大部分、十七個方面進行論述。原書第一章，皇子時代的胤禛，是他的前半生的歷史，也是原書的第一部分；原書第二至十二章，是雍正帝即位後的重要政治活動，也是原書的第二部分；原書的第十三至十五章，是雍正帝的為人、作風，也是原書的第三部分；原書第十六章，雍正帝的駕崩和遺政，是原書的第四部分；原書第十七章，總結雍正帝的一生和時代，提出了一些帶有規律性的問題，是原書的第五部分。

雍正帝胤禛是儲位鬥爭的勝利者。原書第一章指出，康熙帝不顧歷史情況，冒然冊立嫡長子胤礽為皇太子，又讓皇太子從政，植成黨羽，也讓諸皇子預政，為他們覬覦儲位創造機會，於是出現皇太子與皇帝、皇太子與兄弟間的雙重矛盾，造成皇太子再立再廢的悲劇。儲位鬥爭把胤禛捲了進去，使他的青壯年時代在黨爭中度過。胤禛最終獲得皇權，是康熙帝指定的也好，篡奪的也好，在皇室內部的紛爭中，誰上臺都包含謀奪的成分。儲位之爭，給胤禛的思想以深刻的影響，給了他豐富的政治鬥爭經驗，並在鬥爭中提出政治主張，在他繼位後，發展成為全面的施政綱領和政策，貫徹實行。

康熙朝後期，由於政治上的廢弛，社會矛盾益趨嚴重。原書第二章向讀者提供了雍正帝政治思想的概貌，作者從興利除弊的革新思想；反對朋黨，強調忠君；主張為政務實與反對沽名釣譽；捨寬仁從嚴猛；主張人治等問題分析雍正帝的政治思想。作者指出，雍正帝的「人治」，強調君主勵精圖治，重視官吏的任用得人，希望實現清明政治。

原書第三章論述雍正帝收拾允禩集團，迭興年羹堯、隆科多諸獄。作者指出，雍正帝和允禩的鬥爭，可以劃分為兩個階段：康熙朝為第一個時期，互相爭奪儲位；雍正朝是第二個時期，允禩、允禟不甘心失敗，企圖推翻雍正帝的統治，這就使得這個時期的鬥爭具有保衛皇權和奪取皇權的性質。康熙、雍正兩朝四十年儲位——皇位鬥爭，雍正帝把它結束了，使皇帝、宗室和一些官僚從黨爭中擺脫出來，以更多的精力從事有益於清朝政府和社會的政務。關於雍正帝的打擊朋黨，做了結論：就他個人講含有報舊恨雪新仇的成分，但更重要的是以此強化君權，使統治階級中更多的人去進行正常的政治活動，加強清朝的統治，從而保持清朝前期政治的穩定，有利於形成康雍乾較長時期的社會經濟發展和邊疆的進一步鞏固。

康熙後期，官吏貪污、錢糧短缺、國庫空虛的情況，已經相當嚴重，雍正帝要想國家強盛，就不能不把整理財政、清查賦稅列為當務之急。原書第四章論述雍正帝改革賦役、整頓吏治的經過。雍正帝明確規定了在地方清理錢糧的方針、政策和注意事項。在地方上的清查虧空，雍正元年（一七二三）已普遍開展起來。既要保證虧欠歸還國庫，又不許贓官得好處，雍正帝還採取了許多措施，包括：命親戚幫助賠償；禁止代賠；挪移之罰，先於侵欺；對畏罪自殺官員加重處理。在雍正帝有計劃地清查虧空的同時，遇有新的貪贓，則嚴懲不貸。雍正初年，實行耗羨歸公，其用途有三大項：一是給官員的養廉銀；二是彌補地方虧空；三是留作地方公用。雍正初年，清理錢糧虧空的另一個途徑，就是提解耗羨銀來彌補。原書指出耗羨歸公和養廉銀制度使地方政府的正稅和附加稅都制度化，支出按預計的進行，是政府在財政管理上的進步。耗羨歸公，包含解決紳衿與平民耗羨負擔不合理的問題。雍正帝認為政府、紳衿、平民三者的矛盾，肇端在不法紳衿，就希圖剝奪和限制他們的非法特權，使他們同平民一體當差。雍正帝為保護政府和平民正當權利，用剝奪紳衿的非法特權、平均賦役的辦法，使平民、紳衿、清朝政府三者間的矛盾得到一定程度的解決，維護清朝的有效統治。徭役制度的不合理久已成為必須解決的社會問題，雍正年間實行丁歸糧辦損富益貧利國的政策，也保障了丁銀的徵收。清理積欠，是雍正帝的一項政策，它的對象，包括侵佔錢糧的官員，包攬錢糧的胥吏和紳衿，拖欠賦稅的有田民戶。清欠分為清理侵欺、包攬、民欠三種類型。雍正帝的清欠，主要目標是保證政府稅收，確實收到了一定的成效。清代商品經濟發展，需要貨幣較多，因製造銅錢的主要原料黃銅生產不足，鑄錢就少，於是出現錢貴銀賤的現象。私鑄因沒有來源，所以銷毀制錢，用作原料，使制錢更加減少。雍正帝為制止私鑄，禁止使用銅器。雍正帝的政策，緩和了階級矛盾，在一定程度上整頓了吏治。他的攤丁入糧、耗羨歸公是中國賦役制度史上的重大改革，是他的革新思想的產物和體現。

原書第五章論述查抄江寧織造曹家。雍正五年（一七二八），雍正帝以江寧織造曹頫虧空官帑而又轉移財產的罪名，下令查抄的家產。原書指出，雍正前期，抄了很多人的家，曹頫不過是羅罪者之一，他的官職又小，被抄家對於當時政局幾乎沒有影響，原無足深論，似乎沒有開闢專章來敘述的道理，但是抄家影響了曹家成員曹雪芹的生活、思想及其《紅樓夢》的創作。人們為了理解《紅樓夢》，很自然地要了解作者的家世，因此曹家的政治經濟地位及其被查抄，就成為引人注目的問題，因而需要對雍正帝查抄曹家作些說明。其實，抄家的原因，是雍正帝在執行整理財政、清查虧欠政策中，追索曹寅、曹頫的錢糧虧空而對曹頫採取的強制手段。雍正帝實行革新政治，整理財政是其中一項內容，且在清理財政同時整肅官吏，從這個意義上說，曹家被查抄是雍正帝新政的必然結果，也是一種政治因素在起作用。

原書第六章論述雍正帝實行重農抑末的政策。雍正帝清楚地看到戶口繁多、墾田有限而食糧不足的問題，為此設法推動農業生產，採取了許多措施，包括：授予老農頂戴、推廣耤田法、限制經濟作物的發展、墾荒、提倡社倉。社會經濟的發展，要求礦冶業的相應擴大生產，開拓手工業。雍正帝認為開礦害多利少，害怕新的生產部門的發展，衝擊崇本抑末的方針，因而堅持禁止開礦的政策。雍正帝禁止開礦，惟對採銅網開一面，允許雲南開發銅礦，在於他急需黃銅鑄造貨幣。雍正帝的崇本抑末政策，實質上是阻礙農業發展的。原書指出，雍正帝墨守歷朝政府的重農抑末的政策，違背經濟發展的要求，阻礙手工業、商業的發展，從而不利於資本主義萌芽的生長，不利於清代社會的向前發展。

原書第七章析論圍繞士人的矛盾和政治鬥爭，雍正四年（一七二六），經過兩次反對朋黨的鬥爭，徹底打垮了允禩集團、年羹堯集團。直隸總督李紱彈劾河南巡撫田文鏡案，引出第三次打擊朋黨事件。原書指出，雍正帝反對允禩集團、年羹堯集團，打擊的對象是一部分滿洲貴族和一部分官僚。在這些官僚中，有科舉出身的，也有非科目人，而第三次打擊朋黨，則以反對科舉入仕者為目標，李紱等人的攻訐田文鏡，具有科甲官員與非科甲官員鬥爭的性質。三次打擊朋黨的目標，歸結起來，就是雍正帝澄清官方，推行他的改革政治。雍正六年（一七二八），打擊科甲朋黨還沒有完全結束，湖南秀才曾靜上書川陝總督岳鍾琪，策動他反清。雍正帝嚴加審訊，廣肆株連，引出呂留良文字獄。曾靜案和呂留良案發生後，雍正帝和官員們更加注意對人們思想的控制。原書分析雍正朝的文字之禍，有著發展變化，前期是政治鬥爭的一個組成部分，後期則是加強思想統治的問題，有著不同的性質和內容。

雍正帝整頓吏治的同時，對行政機構、管理制度也相應作了一些變革，原書第八章論述軍機處的創建和奏摺制度的確立。原書指出，六科原是一個衙署，雍正帝使六科實質上隸屬於都察院，臺省合一，削弱六科諫議權，加強都察院對臣工的監察，兩者相輔相成，是強化皇權的兩個側面。雍正帝這一改制，使皇帝更加集權了。向地方派遣觀風整俗使，也是雍正帝的一個創造。觀風整俗使這個官職，是針對某省的特殊情況設置的，其使命主要是懲治不法紳衿，改變當地風俗，強化對紳衿和人民的統治。比臺省合一更影響政治的是奏摺制度的確立與全面實行。原書把奏摺制度的作用，概括為：皇帝直接處理庶務，強化其專斷權力；推行雍正朝政治的工具；控制官員的一種手段。奏摺制度的確立，其影響之大，遠超出一般衙門的興廢，它涉及到君臣間權力的分配，皇帝政令的施行，是官僚政治上的重大變化。軍機處的設立與奏摺制度的確立相輔相成，雍正帝親自批答奏摺，向軍機大臣面授機宜，天下庶務都歸他一人裁決。軍機處的設立，使它日益取代內閣的作用，使議政處名存實亡，使內閣形同虛設。雍正帝設立軍機處，加強皇權的同時，還提高了行政效率。雍正帝從維護宗族制度出發，改定有關律例。雍正帝針對原來律例中尊長卑幼名分關係而處刑不合理的問題，改定新例，既維護尊長的權力，又不允許他們恣意為非作歹，使刑律改得更加合理，使宗族在實際上具有一定的司法權。雍正帝在司法行政方面，對決囚頗為重視。地方決囚，亦需三覆奏，把處決權收歸中央，而最終是加強皇帝的司法權。雍正帝大量增設府、直隸州和州、縣等地方行政機構，府州縣官員請旨補授，削弱吏部銓選權，使皇帝進一步加強對地方行政的指導。雍正帝從中央到地方全面地調整了官制，其結果是進一步強化了皇權。

原書第九章論述雍正帝改革旗務和處理滿漢矛盾的問題。皇權與旗主權，互相矛盾，雍正帝即位以前，八旗旗主的權力，已經逐漸被削弱，原書指出，雍正帝以宗室貴冑管理都統事的辦法，終結了下五旗私屬關係。「固山額真」，是努爾哈齊建立八旗時的老名稱，「額真」，滿語意為「主」。雍正帝為正名分，崇君主，命將「固山額真」改為「固山昂邦」，意為總管，即漢文的都統，早已不復是旗主的意思。「伊都額真」，改為「伊都章京」，意為領班。旗下不能稱為「主」，只能尊奉皇帝一個主人。雍正六年（一七二八），以銓法劃一為理由，將原屬於旗缺、翼缺的各部員外郎、主事、內閣中書等，一律改為公缺，既解決銓法的不公平，亦不使旗主、管主干預旗缺中任何一部分旗員的任用。雍正帝在繼位之初，急急忙忙地改革旗務，是同打擊朋黨、整頓吏治緊密結合。雍正帝把辦宗學與削奪諸王權力，打擊宗室朋黨同時進行，以鞏固他在政治上的勝利。在八旗人員逐漸脫離生產、追逐享樂、生活窘迫的現實面，雍正帝試圖解決八旗生計問題，勸誡八旗人員節儉，堵塞錢財漏洞，發展生產增加他們的財源。他的努力收效甚微，沒能阻止旗人的腐化趨勢，旗人的生計問題依然存在。雍正帝反對華夷之辨，強調滿族統治的合理性。原書指出，雍正帝處理滿漢關係的原則，一是以八旗滿洲為立國根本，保護它，維持其生計和特權地位，防止滿人漢化；二是適當調節滿漢矛盾，打擊恣意壓迫漢人的不法旗人，重用漢人中有才能的人士。

原書第十章論述西南改土歸流與西北兩路用兵的問題，原書指出，年羹堯平定青海羅卜藏丹津的叛亂後開展屯田，興辦農業，促進少數民族地區的經濟發展。由於清朝中央政府加強對青海的治理，有利於清朝對西藏的進一步經營。雍正帝吸收了撤兵的教訓，為鞏固在西藏的統治，設駐藏大臣，正副二人，留兵二千，分駐前後藏，歸駐藏大臣統轄，是駐藏大臣制度的發端。

我國西南各省少數民族地區，元、明以來，實行土司制度，土司、土舍是大大小小的割據者。土司之間，為了爭奪土地、人畜，互相廝殺，世代為仇。土司屬民與漢民對立，往往成群結夥騷擾漢民。雍正年間，土司制度的弊端，已暴露無遺，改土歸流，已是當務之急。改土歸流時間自雍正四年（一七二六）開始，一直延續到雍正末年。實行的地區，為雲南、貴州、廣西、四川、湖南、湖北六省，而以雲南、貴州為主。改流的方式，以用兵為先導，以撫綏繼之。包括取消世襲土司，設置府廳州縣，派遣流官，增添營汛，建築城池，興辦學校，實行科舉，改革賦役制度等內容。改土歸流，打擊了土司割據勢力，減少了叛亂因素，加強了中央政府對邊疆的統治，它對我國多民族國家的統一、社會經濟文化的發展有著積極意義。

青海和碩特叛亂首領羅卜藏丹津逃亡準噶爾，清朝政府索取，準噶爾拒不交出，清朝與準噶爾雙方處於敵對狀態。清軍自雍正七年（一七二九）主動向準噶爾用兵，至雍正十二年（一七三四）自動停止進兵，要求議和。西北兩路用兵的失敗，應當歸咎於雍正帝的調度乖方。用兵儘管失敗了，然而仍有一定意義，清軍失敗了，也起了扼制準噶爾發展的作用，使準噶爾不能干預喀爾喀、青海和碩特和西藏的事務，雍正帝對西北邊疆的經營有其成效，可以肯定。

雍正帝對民眾運動的態度和相應政策，是他行政的重要內容。原書第十一章首先論述推行保甲和宗族制度的問題。雍正帝實行攤丁入糧制度後，停止編審，厲行保甲，包含調查戶口與維持治安兩項內容。也就是自雍正四年（一七二六）起，清朝政府日常控制人民的手段，主要是保甲法，設立族正，倡導孝道，使政權自上而下地支持族權，宗祠又自下而上地維護政權，加強了皇權，使清朝統治更穩固。雍正帝更定禮樂制度的目的，也是為了鞏固清朝統治。雍正帝力求移風易俗，要求官民在衣食住行、婚喪、社交等方面，遵循清朝定制，安分守己，奉公守法，防止可能發生的人民反抗和統治集團的內亂。雍正七年（一七二九），雍正帝命在鄉村設立鄉約，其主要任務是宣講《聖諭廣訓》，宣揚三綱五常，讓人民安分守法。丐戶、樂戶、蜑戶、世僕、伴當等賤民是歷史遺留問題，雍正帝大刀闊斧，豁除賤民，它同攤丁入糧、耗羨歸公、改土歸流等項政事一樣，是改革政治整體中的一個組成部分。在雍正初年，統治尚不穩固，特別需要民眾的支持，這也是雍正帝忙於處理賤民問題的原因。雍正年間，有農民的反對地租和賦役剝削，城市居民的搶糧，即所謂民變；有工匠的鬥爭，稱為工變；有旗下人的鬥爭，可視為旗變；還有士卒的兵變，雍正帝一概殘酷鎮壓。雍正帝高度重視白蓮教等祕密宗教的活動，把它看作隱患，以密對密，不動聲色，講求方法，消弭禍患於未形。

原書第十二章論述雍正帝對外關係與對外貿易政策。康熙帝晚年嚴禁西洋人在華傳教及華人出洋貿易，目的是為了保障社會秩序。雍正初年，基本繼承了前朝政策，把通曉西洋科技知識又願供職內廷的送到北京，禁止西洋人傳教，把傳教士驅逐到澳門，或集中於廣州。原書指出，雍正帝的驅逐傳教士，是防範他們深入民間，影響民眾思想，影響清朝的統治。與外商洽談貿易的行商，又叫洋商，或官商，雍正初年，洋行稱為十三行，設立行頭，清朝政府用行商壟斷外商的貿易。康熙帝晚年，禁止人民往南洋貿易後，使一部分人失業，無法生活。雍正年間，經福建、廣東督撫奏准開放洋禁，允許人民出洋貿易，不失為消除人民反抗的一個方法。雍正帝即位後，全部繼承了康熙朝的對俄國政策。雍正六年（一七二八）五月，中俄簽訂《恰克圖條約》。原書指出，雍正帝簽訂《恰克圖條約》，是為防禦俄國的侵略，保衛喀爾喀地方領土，也是為清朝解決準噶爾問題時，防止俄國干涉清朝內政的方法。

原書第十三章，論述雍正帝的文化思想與政策，孔子思想，教人各守本分，君君臣臣父父子子，三綱五常一實現，就沒有犯上作亂的，君主的統治就安穩，帝王從中受益最多。因此，雍正帝極力尊崇孔子。雍正帝繼承了康熙帝的傳統文化政策，他提倡「四書」文，也是以儒家理學為正宗。康熙帝雖然注意災異，但他認為相信祥瑞，貽譏後世。原書指出，雍正帝講求祥瑞，究其原因，一方面是他相信天人感應，另一方面是複雜的政治鬥爭的需要，雍正帝藉此打擊政敵，爭取民眾。儒釋道三教有許多共同的內容，雍正帝尊儒，以儒助佛，抬高佛教的地位。他把道家的著作歸入佛家典籍，是把道歸入於佛，含有揚佛的意思。因此，雍正帝揉合了三教，可以全面利用它們，充分發揮它們各自的御用工具的作用。雍正帝使政權與神權高度結合起來，強化了清朝政府對人民的統治。

原書第十四章論述雍正帝的用人、待人及其寵臣，雍正帝非常重視官吏的任用，他把用人看作行政的第一件大事。因此，對用人的原則、方法倍加考究，也形成他的風格和特點。他強調用人一定要得當，要因事擇人，不能因人派差事，他的方針是論才技而不限成例，用人要用人才之人。原書總括雍正帝的用人思想和實踐後指出，雍正帝為貫徹革新政治的總目標，希望有一個振作有為的官僚隊伍去執行他的政策，他重用有才能的人，為此而不顧清朝傳統的規章制度。雍正帝所重用的人多非藩邸舊人，他能夠容納持有不同政策主張的人，凡是為鞏固清朝和他的統治著想的，不管政見與他相同與否，一概寬容。雍正帝同寵臣間的關係，可以反映他的為人、用人和政治。其中怡親王允祥忠敬誠直勤慎廉明，鄂爾泰是一個政治家，有政治目光，張廷玉的文字工作和設立軍機處制度，是第一宣力的漢大臣，田文鏡監生出身，是模範督撫，李衛勇敢任事，這些王公大臣是雍正帝眷寵隆久的寵臣，他們有著共同點，這就是忠、公、能三者的兼備。

原書第十五章論述雍正帝的才識、性格與作風，雍正帝自幼接受嚴格的教育，掌握了滿文和漢文。他當皇子時間長，盡有時間讀書，登極之後，為了敷政寧人，繼續學習。他因熟於儒家典論，所以能熟練地應用它敷政寧人，教育臣下。他也很熟悉歷史，在位期間，能吸取前代經驗，改善和加強他的統治。他文思敏捷，於日理萬機之中，親自書寫硃諭、硃批，少則數字、數十字，多則千言，文字流暢，全係政事內容，可見他的才思和從政能力相一致。雍正帝的政治才能，突出表現在三個方面：一是比較瞭解下情；二是比較瞭解自己；三是建立在這種瞭解基礎上改革政治的抱負。瞭解情況，認識自己，就可以制定比較切合實際的施政綱領、方針和政策，而且有能力有信心去實現。雍正帝宵衣旰食，勤理朝政，自早至晚，少有停息，堅持不懈，朝乾夕惕，勵精圖治，雍正帝是當之無愧的。雍正帝的才能、性格，對於他的政治的出現，影響重大，他的剛毅果斷，講究功效，使他在即位之初就開展革除積弊的措施，也取得一定的效果。雍正帝思維敏捷，自撰和編輯的書籍頗多，其中《上諭內閣》是把雍正帝的諭旨輯錄而成的著作。雍正帝在敕令整理《上諭內閣》的同時，又編輯《硃批諭旨》，雍正十一年（一七三三），刊刻成書。《硃批諭旨》所公布的文獻，經過增刪潤飾，與原來的奏摺及硃批，不盡相同。雍正帝的詩文，在乾隆年間編成《世宗憲皇帝御製文集》。《世宗憲皇帝聖訓》，於乾隆五年（一七四〇），剞劂問世。

康熙帝作「聖諭十六條」，雍正帝即位後加以說明。雍正二年（一七二四），刊刻頒發，題為《聖諭廣訓》，向臣民灌輸三綱五常的倫常，約束臣民的行動。《大義覺迷錄》是關於曾靜投書案和呂留良文字獄的歷史紀錄。雍正帝公布這本書，是為說明他繼承的合法。雍正六年（一七二八），雍正帝命儒臣採錄經史子集所載古代帝王的功德謨訓、名臣章奏和儒家聖賢語類，雍正帝親加刪定，至雍正十三年（一七三五）書成，名為《執中成憲》，以闡發他的儒家的政治觀點。雍正四年（一七二六），雍正帝把他在藩邸時編輯的《悅心集》刊刻出版，收錄歷代政治家、思想家、僧道及一般文士的著述，這本書含有告誡臣下安分守己的作用。雍正八年（一七三〇），雍正帝和允祉等追憶康熙帝對他們兄弟的教誨，得二百四十六條，成《庭訓格言》一書。這本書既是追憶，肯定含有雍正帝的思想成分，一定程度上可以作為研究雍正帝思想的資料。《御選語錄》和《揀魔辨異錄》是雍正帝編輯的關於佛學的兩本書，都成於雍正十一年（一七三三）。前者是正面講道理，後者則是批駁性的。原書指出，雍正帝的著述，與他的勤政相適應，他的述作記錄了雍正一朝的政治，從繼位開始的幾次重大政治鬥爭，他那個時代的社會生活。反映了他本人的思想經歷和生活狀況。

原書第十六章論述雍正帝的生活、辭世與政治的延續。圓明園在京城西北郊，雍正帝受封雍親王前後，康熙帝把圓明園賜給了雍正帝。雍正年間，大修圓明園，完成二十八處重要建築群組的興建。與宮中一樣，分為外朝與內朝兩大部分。外朝在圓明園南部，正中為正大光明殿，是雍正帝坐朝的地方。其東側是勤政親賢殿，是雍正帝接見臣僚，批閱奏章，處理日常政務的地方。

正大光明殿之南為軍機處值房，再南為內閣、六部值房。原書指出，圓明園建設了皇帝和中央政府的辦公處，成了施政之所，雍正帝並不是在此逸居遊樂。在正大光明殿之北，前湖後湖之間，是九洲清晏一大組建築群，是雍正帝寢息之所。四宜書屋建築群，四季適於居住，雍正帝常休憩於此。自雍正三年（一七二五）起。雍正帝來往於皇宮與圓明園，這兩處都成為清朝統治的心臟。雍正帝共有八個后妃，他的后妃，比起乃祖、乃父、乃子都少得多。雍正帝共有十個兒子，長到成年的是弘時、弘曆、弘晝、弘瞻四人。其中弘曆是皇四子，早為雍正帝秘密立為儲君，雍正十一年（一七三三），受封為寶親王，參預一些政務。雍正十三年（一七三五）八月二十三日，雍正帝駕崩。原書指出，雍正帝的死因，有三種可能：一如官書所載，因病而亡，中風死去是值得重視的說法；二為劍客所刺，此無稽之談，經不起辯駁；三是死於丹藥中毒，此說雖然頗有合於情理處，然而究屬推論，未可成為定讞。弘曆即位後，改明年為乾隆元年（一七三六），儲位密建法，收到了立國本以固人心的政治效果，有利於政局的穩定。遺詔中以莊親王允祿、果親王允禮、大學士張廷玉、鄂爾泰為總理事務王大臣輔佐弘曆，保證雍正帝繼嗣統治的穩定，使他的秘密立儲制度成功地實現了。乾隆帝即位初，基於理想的不同，就主張去嚴從寬，指斥獻祥瑞。原書指出，乾隆帝改變乃父一些政策的同時，仍保留了乃父創行的主要制度，即改土歸流、奏摺制度、軍機處、攤丁入糧、火耗提解與養廉銀等制度，說明乾隆朝政治與雍正朝政治有繼承性、一貫性。由此可見雍正朝政治的出現，適合了清朝統治的需要。

原書第十七章總結評論雍正帝和他的時代，雍正帝是一個奮發有為的君主，在他十三年統治中，惟日孜孜，勵精圖治，抱定宗旨，勇於革新，解決歷久相沿的弊政，在施政的各個方面實行具有他的特色的政策，在一定程度上適應了生產力發展的要求，促成吏治的相對澄清，造成國力的強盛和國家政局的安定，促進多民族國家的鞏固。雍正帝是對歷史發展作出貢獻的君主，是我國歷史上為數不多的比較傑出的帝王之一，是值得肯定的歷史人物。

雍正帝是清朝歷史承先啟後的政治家，康乾盛世，應當包括雍正朝歷史地位的肯定。康熙朝後期的弊政，倘若不是經過雍正帝的大力整飭，清朝的中衰時代，可能提早來臨。雍正朝一系列行之久遠的政策，為乾隆朝的長遠統治創造有利條件。雍正朝處於康熙和乾隆兩朝之間，康乾盛世，沒有雍正帝，必然大為遜色。馮爾康教授撰《雍正傳》，以十七章篇幅論述雍正帝的一生事蹟及其施政得失，權衡雍正帝對歷史發展的影響，不言而喻功績大於過失，雍正朝的歷史有光明面。通過《雍正傳》的閱讀，可以加深盛清歷史的理解。

導讀者簡介

莊吉發

民國二十五年（一九三六）生，臺灣苗栗人。民國四十五年（一九五六），省立臺北師範，民國五十二年（一九六三），國立臺灣師範大學史地學系，民國五十八年（一九六九），國立臺灣大學歷史研究所畢業，曾任國立故宮博物院研究員，國立臺灣師範大學歷史研究所兼任教授，現為國立臺灣大學中文學系、國立政治大學圖書資訊與檔案學研究所、民族學系兼任教授，講授清史專題研究、故宮檔案專題研究、中國秘密社會史、中國邊疆文化史、滿洲語文等課程。著有專書五十餘本，撰寫論文三百餘篇。

序言

雍正的形象，在人們的心目中，至少在一部分人的印象裏，是一個篡位者，屠戮功臣、施行特務統治的殘忍的暴君，又是有著重大事迹的帝王。作者在檢閱了有關他的大部分資料之後，認爲他敢於革除舊弊，辦事雷厲風行，是康乾盛世的有力推進者，是促進清朝歷史發展的政治家，是可以肯定的歷史人物，因而覺得過往的評論不夠中肯，誣罔較多，想爲他有所辯白，這是寫作本書的第一個目的。第二，作好歷史人物的評論，要避免概念化的毛病，「千人一面」，則不是成功的研究。對歷史人物所特有的東西，如他具有怎樣的稟賦，有什麼樣的信念，愛憎如何，性格又是怎樣的，要作必要的考察，否則難於還原歷史人物的本來面貌。雍正具有鮮明個性，而且充分表現出來了，對他的研究可以很好地闡明個人在歷史上的地位及其是如何發揮作用的。筆者就是想作這方面的嘗試。第三，歷史人物的個人意志來源於他所在社會的現實，並在那種情況下對社會發生影響，因而要想瞭解它的產生和作用，就不能離開誕育它的特定的社會條件，恩格斯要求人們重視個人「動機背後並且構成歷史的眞正的最後動力的動力」，要注意「使廣大羣眾、使整個整個的民族、以及在每一個民族中間又使整個整個階級行動起來的動機」[1]。把個人放到時代社會中考察，既可以闡明個人的歷史地位，還可以揭示那個社會的發展狀況。這就是從一個人看一個時代，這是進行歷史研究的目的之一，也是一種研究方法。筆者奢想，通過雍正史的研討，概括雍正生活時代的社會歷史，說明它的狀況和特點，探索中國封建社會進程中一個階段的發展規律。

爲了把這些設想表述出來，採取這樣一些寫作方法：

較多採摘歷史資料，加以排比臚列，用資料表現雍正和他的時代。根據資料，筆者作簡要的分析。這種評論也許是不確切的，甚而是錯誤的，但讀者若能通過那些資料作出自己的判斷，筆者就感到欣慰了。本書爲較多容納材料，可能做的不恰當，讓大段引文，使篇幅繁冗；還有一些考證，令人讀之如同嚼蠟。凡屬缺陷，應當改正，而致此之由，則在於想用資料說話。

本書不僅包括主人公雍正的歷史資料和敍述，還包含他生平事迹以外的、他那個時期的制度、事件、人物的材料和敍述，換句話說是以他爲中心，凡和他的活動有聯繫的事物，盡可能地給予說明，以期達到透過雍正觀察他的時代的目的。

對雍正的思想、才能、性格、作風，企圖有所揭示，惟是做的非常不夠。

寫人物傳記，要考慮人的自然法則，卽青少年、中年、老年的不同時期，還要考慮某個特定人物的歷史特點。具體到雍正，皇子時代四十五年，做皇帝十三年，他所接觸和處理的事務是多方面的，可以和應該描繪的，不像科學家、文學家、軍事家等那樣單純，要把他的複雜的歷史面貌表現出來，就要將他生命演進與生平事迹兩方面結合起來，劃分他的歷史階段，認淸他的主要事迹，作有秩序的、分類的敍述。因此將雍正史分爲兩大階段，五大部分，十七個方面進行交代，卽第一章，皇子時代的雍正，是他的前半生的歷史，也是雍正史的第一部分；第二部分，本書第二至十二章，是雍正卽位後的重要政治活動，也卽雍正朝的重大政事；第三部分，爲本書的第十三至十五章，他的爲人、作風；第四部分，第十六章，他的死亡和遺政；第五部分，最後一章（第十七章），總結他的一生和時代，提出一些帶有規律性的問題。

本書名稱，若以寫作的內容來定，可以叫做《雍正及其時代》；若從本書夾敘夾議的寫法，也可取名《雍正評傳》；或者還可擬用其他的名字。爲名實相副，爲從簡、從俗，取了現在的書名——《雍正傳》。

註釋

1《路德維希・費爾巴哈和德國古典哲學的終結》，人民出版社一九七二年版，四〇頁。

目次

導讀 一
序言 一七
第一章 儲位鬥爭的勝利者
侍從康熙巡幸四方 〇〇一
八面玲瓏，初試鋒芒 〇〇九
奪取儲位的全面計劃和活動 〇二一
康熙之死和胤禛的嗣位 〇四六
簡論康熙朝的儲位鬥爭和胤禛的爭位活動 〇五六
第二章 「雍正改元，政治一新」的指導思想
繼位前後社會矛盾概述 〇六九
「振數百年頹風」的革新思想 〇七三
第三章 迭興阿、塞、年、隆諸獄
分化瓦解允禩、允禵集團 〇八一
年羹堯、隆科多與雍正初政 〇八九
允禩集團收拾淨盡 一一六

第四章　改革賦役，整頓吏治
清查虧空，設立會考府　一三三
實行耗羨歸公和養廉銀制度　一三九
士民一體當差　一五四
實行益貧損富利國的丁歸田糧制度　一六一
滙追與首隱　一六七
錢法與銅禁　一七二
第五章　查抄江寧織造曹家
康熙後期曹家的潛伏危機　一八六
雍正對曹頫的希望與失望　一九三
抄家及其原因　二〇〇
第六章　實行重農抑末的政策
種種重農措施及其弊病　二一一
嚴禁開礦和滇銅的生產　二一九
第七章　圍繞士人的矛盾和政治鬥爭
李紱與田文鏡互參案，打擊「科甲朋黨」　二二七
曾靜投書案與呂留良文字獄　二三八

文字之禍的蔓延　二五一
第八章　軍機處的創建和奏摺制度的確立
「臺省合一」和觀風整俗使的設置　二五九
奏摺制度與政令的推行　二六五
設立軍機處與皇帝綜理庶務　二八四
改定律令　二九一
升府州和更定地方官缺　二九七
第九章　改革旗務和處理滿漢矛盾
下五旗私屬關係的終結　三〇九
試圖解決八旗生計問題　三一四
滿漢關係的調處　三一八
第十章　西南改土歸流與西北兩路用兵
經營青海和西藏　三三五
批准鄂爾泰的建議與改土歸流的實行　三四三
調度乖方，西北兩路用兵的失敗　三五六
第十一章　惴惴於民間的反抗運動
推行保甲和宗族制度　三七一
更定服色婚喪儀制　三七八

「教化」種種　三八一
除豁賤民　三八七
殘暴鎮壓民眾運動　三九五

第十二章　對外關係與對外貿易政策

遷西洋人於澳門和開閩粵洋禁　四一五
簽訂恰克圖條約　四二六

第十三章　文化思想與政策

向孔子頂禮膜拜和教育方針　四三五
講求祥瑞　四四三
崇佛、用佛的精神教主　四五二

第十四章　用人、待人和寵臣

論才技而不限成例的方針　四六九
寵臣允祥、鄂爾泰、張廷玉、田文鏡和李衛　四八一

第十五章　才識、性格與作風

才能、學識和自信　五〇七
「朝乾夕惕」　五一五
剛毅和急躁的性格　五二〇
著述　五二六

第十六章　生活、辭世與政治的延續

家庭生活　五四一
雍正之死　五五一
秘密立儲與乾隆嗣位　五六一
乾隆初政及其與雍正政治的關係　五六四
野史中的雍正　五六九

第十七章　總結：雍正和他的時代

奮發有為的君主　五七九
雍正時期的歷史地位　五八四
雍正在封建制衰落和滿族發展時代發揮個人歷史作用　五八七
雍正的才能、性格對其政治的影響　五九五
結語的結語　五九六

附錄一　雍正年表　五九九
附錄二　康熙皇子表　六一三
附錄三　雍正皇子表　六一五
附錄四　引用書目　六一六

後　記　六二七
臺灣商務版後記　六二九

第一章　儲位鬥爭的勝利者

侍從康熙巡幸四方

康熙十七年十月三十日（西元一六七八年十二月十三日），一個嬰兒誕生在皇宮中，這就是對後來中國歷史的進程發生一定影響的雍正帝。他的父皇康熙這時已有了十個兒子，他是到得並不算早的第十一個了，但是清朝皇室規矩，皇子夭折，即不敍齒，康熙的血胤幼殤的很多，在這嬰兒的哥哥中，當時健康成長的只有康熙十一年（一六七二年）、十三年（一六七四）、十六年（一六七七年）先後出世的胤禔、胤礽和胤祉三人，因此算起行次來，這嬰兒倒居了第四位，成了康熙的皇四子。這個行次，在康熙全部三十五個兒子中居於前列，是年長皇子，佔據從事政治活動的有利地位。後來他的繼承皇位，被一些人說成是篡改康熙「傳位十四子」遺詔中的「十」字，因此，皇四子的行次不可不加注意。皇四子的父皇給他賜名胤禛，胤字是他們兄弟的排行，凡是敍齒的，都用這個字；禛，讀音 zhēn（音眞），按照許慎《說文解字》的解釋，禛意是「以眞受福」。康熙希望這個兒子對上天和祖宗眞誠，以此得到福祐。康熙給兒子們取名都從示字旁，所用禔、礽、祉等字，都寄予有福的願望。且不管康熙的原意，在胤禛成為皇帝以前，就用這個符號來代表他。胤禛的生母吳雅氏，是滿洲正黄旗人。胤禛是她生的第一胎男孩，其高興心情可想而知。她這時還是一般的宮人，第二年才被封為德嬪，有了一定地位。胤禛的外祖父威武，擔任護軍參領，胤禛繼位後追封他為一等公。所以胤禛的生母和外家並不高貴，不能給他帶來在皇子中的特殊地位。胤禛童時受孝懿仁皇后的撫養。這位皇后是一等公佟國維的女兒，康熙生母孝康章皇后的侄女，康熙十六年（一六七七年）被封為貴妃，二十年（一六八一年）晉為皇貴妃，二十八年（一六八九年）病死前被冊立為皇后。孝懿仁皇后沒有生過男孩，只產一女也殤逝了，故而育養德嬪之子，年幼的胤禛因她尊貴，很可能有意識地巴結她。

康熙二十二年（一六八三年），虛齡已屆六歲的胤禛[1]，入尚書房讀書。學習的課程有滿、漢、蒙古文和經史等文化課，還有騎射、游泳等軍事、體育課目。據法國傳教士白晉在一六九七年講，他見康熙前十四位皇子受教育的情形是：

這些皇子的教師都是翰林院中最博學的人，他們的保傅都是從青年時期起就在宮廷裏培養的第一流人物。然而，這並不妨礙皇帝還要親自去檢查皇子們的一切活動，瞭解他們的學習情況，直到審閱他們的文章，並要他們當面解釋功課。

皇帝特別重視皇子們道德的培養以及適合他們身分的鍛鍊。從他們懂事時起，就訓練他們騎馬、射箭與使用各種火器，以此作為他們的娛樂和消遣。他不希望皇子們過分嬌生慣養；恰恰相反，他希望他們能吃苦耐勞，盡早地堅強起來，並習慣於簡樸的生活。這些就是我從神父張誠那裏聽說的，是他在六年前隨同皇帝在韃靼山區旅行回來後講的。起初，君王只把他的長子、第三個和第四個兒子帶在身邊；到打獵時，他還叫另外四個兒子隨同前往，其中年齡最大的只十二歲，最小的才九歲。整整一個月，這些年幼的皇子同皇帝一起終日在馬上，任憑風吹日曬。他們身背箭筒，手挽弓弩，時而奔馳，時而勒馬，顯得格外矯捷。他們之中的每個人，幾乎沒有一天不捕獲幾件野味回來。首次出獵，最年幼的皇子就用短箭獵獲了兩頭鹿。

皇子們都能流利地講滿語和漢語。在繁難的漢文學習中，他們進步很快。那時連最小的皇子也已學習「四書」的前三部，並開始學習最後一部了。皇帝不願讓他們受到任何細微的不良影響。他讓皇子們處在歐洲人無法辦到的最謹慎的環境中成長起來。皇子們身邊的人，誰都不敢掩飾他們的哪怕是一個微小的錯誤。因為這些人明白，如果這樣做，就要受到嚴厲的懲罰。[2]

白晉認為包括胤禛在內的康熙諸皇子受到的是比較全面的教育，而康熙本人對他的兒子們的教育非常重視和嚴格。白晉講的基本符合史實。康熙對兒子的學習抓得很緊。他看到一些貴冑之家，對子孫過分嬌生慣養，長成大人，不是「痴呆無知」，就是「任性狂惡」，反而害了子孫，因此做「上人」的，對子孫必須從幼年就嚴格管教[3]。他的二兒子胤礽，是孝誠仁皇后所生，長到兩歲，冊立為太子，年至六歲，命他讀書，為他挑選張英、熊賜履、徐元夢、尹泰、顧八代、湯斌、耿介、汪灝等人做講官，張、熊、徐、尹等都官至大學士，熊、湯等為著名理學家。皇太子的師傅基本上就是同時就讀的皇子的老師，胤禛從張英學習四書五經，向徐元夢學習滿文。與胤禛關係最密切的是顧八代，他是滿洲鑲黃旗人，康熙二十三年（一六八四年）以侍講學士入值尚書房，後升禮部尚書，三十七年（一六九八年）休致，一直在內廷教育胤禛和其他皇子。退職後過清貧的生活，死時家中沒錢辦理喪事。胤禛說他「品行端方，學術醇正」[4]。親自給他理喪，出資安葬他。他的廉潔奉公，無疑給胤禛留下深刻的印象和一定的影響。康熙在繁忙的政務中，給皇太子講四書五經，據記載，有一階段，每天在臨朝御政之先，令太子將前一日所授的書背誦復講一遍，達到熟記和融會貫通才告結束[5]。他特別著重以孔孟的經書教育兒子們，對他們說：「凡人養生之道無過於聖人所留之經書，故朕惟訓汝等熟習五經四書性理，誠以其中凡存心養性立命之道無所不具故也。」[6]少年和青年時代的胤禛，受父皇和師傅的嚴格管束，從事以四書五經為主要內容的學習，掌握了滿文、漢文等文化知識和騎射技術，鍛鍊了身體，養成讀書和思考問題的習慣。這個時期，作〈春園讀書〉、〈夏日讀書〉等詩歌，敍述其在春光明媚之時，「諷詠蕓編興不窮」，酷暑難耐之日，靜坐書齋習讀[7]，都是寫實的。清朝教育皇子的方法頗成功，康熙、雍正、乾隆、嘉慶等皇帝都是這樣培養出來的。這個方法，為許多讀書人所稱道，乾隆時目睹其事的趙翼，富有感情地寫道：

本朝家法之嚴，即皇子讀書一事，已迥絕千古。余內直時，屆早班之期，率以五鼓入，時部院百官未有至者，惟內府蘇拉數人（謂閒散白身人在內府供役者）往來。黑暗中殘睡未醒，時復倚柱假寐，然已隱隱望見有白紗燈一點入隆宗門，則皇子進書房也。吾輩窮措大專恃讀書為衣食者，尚不能早起，而天家金玉之體乃日日如是。既入書房，作詩文，每日皆有程課，未刻畢，則又有滿洲師傅教國書、習國語及騎射等事，薄暮始休。然則文學安得不深？武事安得不閒熟？宜乎皇子孫不惟詩文書畫無一不擅其妙，而上下千古成敗理亂已瞭解於胸中。以之臨政，復何事不辦？因憶昔人所謂生於深宮之中，長於阿保之手，如前朝宮廷間逸惰尤甚，皇子十餘歲始請出閣，不過官僚訓講片刻，其餘皆婦寺與居，復安望其明道理、燭事機哉？然則我朝諭教之法，豈惟歷代所無，即三代以上，亦所不及矣。[8]

他雖意在頌揚清朝，然敘事是屬實的。

胤禛在尙書房讀書的同時，跟隨康熙四處巡幸，有時還奉命出京辦事，得到接觸社會的機會。

康熙在平定三藩叛亂和統一臺灣後，把注意力轉向北方，幾乎每年到塞外巡視，每次指令幾位皇子侍行。二十五年（一六八六年）七月，康熙北巡塞上，九歲的胤禛首次隨同出發，同去的有胤禔、胤礽、胤祉。他們一行出古北口，到博洛和屯（今河北省沽源縣北），西南行，至西爾哈烏里雅蘇臺（今張北縣西），於八月下旬回到北京。此後，康熙出塞，胤禛經常奉命侍從，所經過的地方，大體是今天河北省承德和張家口兩個專區。康熙出塞，名為「秋獮」，與蒙古王公共獵，實是會見蒙古族首領，密切注意他們同清朝中央政府的關係，穩定對這個地區的統治。胤禛多次侍行，看到乃父的巡幸作用，他說「一人臨塞北，萬里息邊烽」[9]，不過說得誇大了些。

康熙二十九年（一六九〇年），漠西準噶爾部首領、野心家噶爾丹攻佔漠北喀爾喀蒙古，迫使哲布尊丹巴胡土克圖率眾南下，康熙諭其撤兵，歸還喀爾喀故地，噶爾丹不聽勸阻，兵犯內蒙，揚言「奪取黃河為馬槽」[10]，妄圖吞滅清朝。在這嚴重威脅面前，康熙任命裕親王福全為撫遠大將軍，領兵抵抗，並命十九歲的皇長子胤禔為副將軍從征，這是用皇子領兵的開始。康熙於三十五年（一六九六年）親征噶爾丹，命皇子參與軍事，胤禛時年十九歲，奉命掌管正紅旗大營，隨從他的有公長泰、都統齊世、原任尙書顧八代等人，與此同時，皇五子胤祐、皇七子胤祺、皇八子胤禩分別管理鑲黃旗、正黃旗、鑲紅旗大營。他們於二月出發，四月，胤禛與諸兄弟參加對噶爾丹進兵與否的議論，六月回到北京。這一次的統兵，胤禛和他的三位弟弟不過是坐鎮的意思，沒有眞正指揮打仗，但是行軍議事，也是得到一次軍事訓練。這次出征的第二年，康熙再次親征，兵至狼居胥山，徹底擊敗噶爾丹分裂勢力。此役胤禛沒有參加，然而他很關心這次戰鬥，作〈狼居胥山大閱〉、〈功成回鑾恭頌二首〉，讚揚乃父用兵功業：「指顧靖邊烽，懷生盡服從。遐荒歸禹甸，大漠紀堯封。廟算無遺策，神功邁昔踪。凱旋旌耀日，光景霽天容」[11]，也表現了他對這場戰爭的看法。

如今的永定河，清初名叫無定河，又叫渾河，經常氾濫，河道遷徙不常。康熙為了治理它，不斷出發考察，三十三年（一六九四年）胤禛隨同康熙出京，沿北運河到天津，西行，至霸州的信安鎮、白洋淀西淀東口的趙北口，瞭解無定河下游的情況。康熙在三十六年（一六九七年）徹底粉碎噶爾丹勢力後，大力治理無定河，次年，疏濬河道一百四十五里，築堤一百八十餘里，為了表示希望它不再改道的願望，特賜名「永定」。三十九年（一七〇〇年）十月，帶領胤禛和皇十三子胤祥視察永定河南岸工程，駐在宛平縣榆岱，胤禛拔出樁木，發現短小不合規格，報告父皇，要求返工[12]。次年四月，胤禛、胤禔、胤祥再次陪同乃父視察永定河，奉命作紀行詩《閱永定河應制》，他對他們父子的任務寫道：「帝念切生民，鑾輿冒暑行。繞堤翻麥浪，隔柳度鶯聲。萬姓資疏濬，羣工受准程。聖心期永定，河伯助功成。」[13]詩未見佳，亦可作康熙間修治永定河的紀實。

康熙為著治理黃河、淮河、裏運河，聯絡江南士大夫，於二十三年（一六八四年）起，不斷南巡視察河工和瞭解民情。開始幾次，胤禛沒有機會參加。四十一年（一七〇二年），他與胤礽、胤祥侍從父皇南巡，行至德州，胤礽生病，就住了下來。胤禛、胤祥依照宮中尚書房的規矩，照常讀書習字。一天，康熙召見翰林院侍讀學士陳元龍等談論書法，議得興起，引諸臣至皇子讀書處，胤禛弟兄正在書寫對聯，「諸臣環立諦視，無不歡躍欽服」[14]。胤禛臨帖很多，善於模仿，曾學書乃父字體，頗為相像，得到嘉獎[15]。話說回來，皇太子的病一時好不了，康熙無心南下，遂帶著兒子們返回京城。數月後，於四十二年（一七〇三年）正月，原班人員啓程南行，途經濟南，參觀珍珠泉、趵突泉，過泰安州，登泰山。路經沂州府蒙陰縣，胤禛作〈過蒙陰〉詩。在宿遷縣閱堤工，渡過黃河[16]。經淮安、揚州，在瓜洲渡長江，到達鎮江，登金山江天寺，康熙為它書寫「動靜萬古」匾額，胤禛作詩云：「宿暮金山寺，今方識化城。雨昏春嶂合，石激晚澌鳴。不辨江天色，惟聞鐘磬聲。因知羈旅境，觸景易生情。」[17]繼續南行，乘船至蘇州，作〈雨中泊楓橋遙對虎阜〉詩記興：「維舫楓橋晚，悠悠見虎邱。塔標雲影直，鐘度雨聲幽。僧舍當門竹，漁家隔浦舟。茫茫吳越事，都付與東流。」[18]尋經嘉興，到杭州，在演武廳，同父皇、兄弟等射箭。至此回還，道過江寧（今南京市），康熙命從行大學士祭明太祖孝陵。後經由江蘇沛縣、山東東平州（今東平縣）、東昌府（今聊城）等地，於三月間回到北京。這一次，康熙携同胤禛弟兄察閱了徐家灣、高家堰、翟家壩堤、祥符閘、新河口等處。因黃淮工程，頒詔天下，賜復條款三十八項。此行使胤禛瞭解了黃淮河道工程及江南民情，也是他終身惟一的大江南北之行。

清朝皇帝遠祖的墳墓永陵在興京（今遼寧省新賓縣），開國君主努爾哈赤的福陵、皇太極的昭陵都在盛京（今瀋陽市），順治的孝陵又在直隸遵化縣。順治母親孝莊文皇后的屍體放置在孝陵的旁邊，稱暫安奉殿。中國古人認為祭祀和兵戎是國家的大事，祭祖又是祭祀的重要內容。清朝皇帝對於祭祖異常重視，國家有重大事情，或用兵的勝利，都要祭告祖陵。康熙因係孝莊文皇后所扶立，對他的祖母生前極力孝養，死後虔誠致祭。他的兒子們還沒有長大成人時，康熙就帶著他們祭祖，年歲稍長，就讓他們獨立進行祭祀活動。二十七年（一六八八年）十二月，孝莊文皇后一週年忌辰，康熙率同胤禛和胤禔、胤祉去暫安奉殿致祭，次年的忌辰，命皇太子率領胤禛、胤祉前往行禮。三十五年（一六九六年）、四十五年（一七〇六年）的忌辰，胤禛獨自奉命往祭。

三十七年（一六九八年），因平定噶爾丹之亂，康熙親往盛京拜謁祖陵，七月出發，出古北口，穿越蒙古諸部落，到松花江及吉林烏拉（今吉林市北），南下至興京祭永陵，到盛京祭福、昭二陵。取道山海關，於十一月回到京師。這一次侍行的皇子很多，據《清聖祖實錄》記載，有胤禔、胤祉、胤祺、胤祐、皇九子胤禟、皇十子胤䄉及胤祥[19]，沒有胤禛，但是他有〈侍從興京謁陵二首〉詩，表明他跟隨乃父祭祀了盛京三陵[20]。他在詩中寫道：「龍興基景命，王氣結瑤岑。不睹艱難迹，安知啓佑心。山河陵寢壯，弓箭歲時深。盛典叨陪從，威儀百爾欽。」[21]這是雲遊了清朝發祥之地，獲得祖宗創業艱辛的深切感受。祭祖之外，胤禛參與了其他祭祀。三十二年（一六九三年），清朝政府重修闕里孔廟落成，康熙令胤祉帶領胤禛、胤禩等前往曲阜參加祭祀大典[22]，年僅十五歲的胤禛進行了尊師重道的活動。

康熙多次去佛教聖地五臺山朝佛，四十一年（一七〇二年）正月，胤禛與胤礽、胤祥隨同父皇出發，經法水、易州、阜平，過龍泉關時胤禛朝佛有感，作詩云：「隔斷紅塵另一天，慈雲常護此山巔。雄關不阻驂鸞客，勝地偏多應迹賢。兵象銷時崇佛像，烽煙靖始颺爐煙。治平功效無生力，贏得村翁自在眠。」[23]尋至五臺，暢遊諸大寺。回程經正定，閱視永定河堤，返抵京師。

康熙四十七年（一七〇八年）第一次廢太子事件以前的胤禛，即三十歲前的皇四子，比較多的是過書齋的生活，較少獨立活動，但不時隨從乃父巡幸，東北到滿洲發祥地的遼吉，東南至富甲天下的蘇杭，西去山西五臺，北達內蒙古草原，足迹遍布半個中國。在巡遊中，瞭解各地經濟出產，山脈河川，水利運輸，民風習俗，宗教信仰，名勝古蹟，歷史問題；觀察了康熙處理政事，考察了地方行政和吏治，獲得了官場情況的第一手資料。所以巡閱四方，是年輕的胤禛向社會學習的好方式。這對他日後參加皇位的爭奪和繼位後的統治，都有極重要的意義。使皇子接觸社會，不把他們關在宮牆之內，不使他們只同太監、宮女為伍，增長他們的見識，這是康熙培養皇子的一個良好的方法。

八面玲瓏，初試鋒芒

胤禛的大規模的政治活動，出現在第一次廢太子事件中。

康熙的廢黜太子，是康熙朝的一件大事，關乎著包括胤禛在內的諸位皇子，有必要詳加交代。說起來話就長了。康熙在十四年（一六七五年）忙著立太子，是為環境所決定。當時三藩之亂初起，清朝在全國的統治很不穩定，康熙為安定人心，鞏固清朝政權，採取了許多措施。改變清朝不立儲君的習慣，學習漢人立嫡長子為皇太子，便是其中的一項。他認為：「自古帝王繼天立極，撫御寰區，必建立元儲，懋隆國本，以綿宗室無疆之休。」因此立皇太子是「垂萬年之統」，「繫四海之心」[24]的大事。

胤礽被冊立之後，在父皇和師傅的調教之下，隨著體質的增長，學問上和政治上日益成熟，八歲時就能左右開弓，背誦四書[25]。康熙說他「騎射、言詞、文學無不及人之處」[26]，是頗有才能的人。康熙很高興，令他參與一部分政務，特別是在三次親征噶爾丹時期，皇太子坐鎮京師，代表皇帝舉行郊祀大禮，各部院的奏章，聽太子處理，重要事情，諸大臣提出協商的意見，啓稟太子裁決施行。太子干預一部分朝政，就逐漸在自己身邊集結了一批官僚，成為太子黨人，首領是索額圖。此人早在八年（一六六九年）就出任大學士，二十五年（一六八六年）改任領侍衛內大臣，胤礽的生母孝誠仁皇后是他的親侄女，他與皇太子的關係當然極其密切了。他為人「專權用事，賄賂公行，人多怨之」[27]。和他同時掌握朝政的是另一個大學士明珠，他的妹妹為惠妃納拉氏，生皇長子胤禔[28]。他積極贊助康熙平定三藩之亂，因而權勢煊赫。他為幫助皇長子胤禔，聯合大學士余國柱、戶部尚書佛倫、刑部尚書徐乾學等人，與太子黨人對立。二十七年（一六八八年），康熙為維護太子地位，罷斥明珠，結束了兩派的爭競，這是因太子問題而出現的第一次政治鬥爭。

只懲治明珠，顯然是康熙還沒有看到太子黨人活動的嚴重性。此後，太子的權勢與日俱增，索額圖制定的關於太子的制度，使他與皇帝的相接近。每年元旦、冬至、千秋三節，皇太子於主敬殿升座，王以下百官排班朝賀，進表箋，行二跪六叩首禮[29]。康熙說太子「服用儀仗等物，太為過制，與朕所用相同」[30]。胤礽長期處在一人之下、萬人之上的地位，權勢欲惡性發展，就不安於皇太子的地位了，他說：「古今天下，豈有四十年太子乎？」[31]企圖早日登極之心溢於言表。很明顯，太子勢力長成後，要求盡早接收政權，同皇帝力圖保持權力，產生尖銳的矛盾。這就是他們父子間摩擦的第一個內容。

第二、胤礽為人奇驕至奢，貪得無厭。十三歲時，人們就說他「剛愎喜殺人」[32]。他凌虐宗親貴胄和朝中大臣，鞭撻平郡王納爾蘇、貝勒海善。他貪財好利，跟隨康熙巡幸，所到之處，向地方官勒索，四十六年（一七〇七年）南巡至江寧，知府陳鵬年反對加派，供奉比較簡單，引起胤礽的惱怒，非要將陳處死，後經張英、曹寅等人援救，陳才得幸免[33]。胤礽這樣暴戾不仁，與康熙實行的寬大政策相悖謬，從而不符合後者對繼承人的要求。因此，康熙說胤礽若當政，「必至敗壞我國家，戕賊我萬民而後已」[34]。朝鮮人則說他必亡清國[35]。

第三、父子感情日趨惡化。二十九年（一六九〇年），康熙於征噶爾丹歸途中生病，想念胤礽，命其馳驛來見，但胤礽見病中的父皇，「略無憂戚之意」，康熙因而認為他「絕無忠愛君父之念」[36]，當即令他先回京師。

康熙為限制太子勢力的發展，採取了打擊其黨人的政策。四十年（一七〇一年），同意索額圖休致，四十二年（一七〇三年），責備他「議論國事，結黨妄行」，交宗人府拘禁，致使他很快地結束殘生[37]。他的同伴，遭到了鎖禁的命運。近人評論，所謂「議論國事」，是索額圖陰謀政變——推翻康熙政權，使皇太子早日登基[38]。這樣的分析，很有點道理。索額圖的失敗，沒有使在鬥爭中處於劣勢的胤礽清醒一些，他依然野心勃勃，胡作非為。總之，康熙與胤礽矛盾重重，焦點在於權力分配。在這個根本問題上，誰也不會讓步，必然會釀出新的鬥爭。

太子與皇帝的對立，只是皇家的諸多矛盾中的一個。胤礽當太子，惹起眾兄弟的忌恨，成了眾矢之的。加之太子失歡於父皇，諸兄弟更認為有隙可擊，加緊倒他的臺。這些矛盾交織在一起。所以暫且放下康熙與胤礽的關係問題，看看諸皇子的角逐。胤禔在成年諸皇子中年歲最大，得到康熙的寵愛[39]，多次被派以重任。前已說過，他出任副將軍領兵征討噶爾丹，銜命祭華山，董理永定河工程。他於三十七年（一七九八年）被封為直郡王，皇子中同時被封為郡王的還有胤祉，但後者不久即因罪降為貝勒，所以在眾兄弟中，太子之外，他的爵位最高。又知父皇同胤礽的不和，遂企圖靠營求取代胤礽的地位。他迷信魘勝巫術，訪知胤祉的下人蒙古喇嘛巴漢格隆會此法術，就將之請來，把鎮魘物件埋於十幾處，幻想咒死胤礽，為他騰出太子寶座。他還與胤禩勾聯，共同對付皇太子。胤禩少時為胤禔生母惠妃所撫養[40]，以是與大阿哥相結納。其為人「頗有識量」[41]，成為康熙所喜愛的一個皇子。三十七年受封為貝勒，時年十八歲，在被封的兄弟中數他年齡最小。他的為人和作風與皇太子大不相同，他以仁愛自勵，善於籠絡人才和收買人心。康熙南巡招徠的有名士人何焯在胤禩府中侍讀，後丁憂回原籍蘇州長洲縣，胤禩多次給他書信，囑其節哀，委託他的弟弟在南方各地採購圖書，因之「文士都說胤禩極是好學，極是好王子」[42]。康熙對胤礽不滿，自然早就考慮廢太子和立新太子的問題，他的哥哥裕親王在皇帝面前稱讚胤禩「有才有德」[43]，實際是推薦胤禩做皇位繼承人。胤禩覬覦儲位，發展到計議謀刺胤礽的嚴重程度。有相面人張明德，給順承郡王布穆巴、公普奇、公賴士等看相，從中造作言語，他對布穆巴說，普奇對他講皇太子甚惡，他們要刺殺他，並邀請布穆巴入夥。布穆巴將此事告訴胤禔，胤禔不讓他揭發，還將張明德送到自己府中看相。與此同時，普奇又把張明德薦到胤禩府中，張給皇八子看相，說其「丰神清逸，仁誼敦厚，福壽綿長，誠貴相也。」又說「皇太子暴戾，若遇我，當刺殺之。」還說他有十六個好友，俱是武藝高強的人，招來一兩個人就能刺死胤礽。胤禩聽了很高興，就把他的話轉告給與已交厚的胤禟和皇十四子胤禵[44]。上述事實表明，許多皇子、王公聯合起來反對皇太子，使胤礽在統治階級最高層中處於比較孤立的地位；胤礽的反對派陰謀採取暗殺的方式迫害對手，雙方矛盾尖銳，勢不兩立。

在這重重矛盾下，終於發生了第一次廢太子事件。四十七年（一七〇八年）夏天，康熙出巡塞外，命胤礽、胤禔、胤祥等皇子從行。皇帝與太子同行在外，衝突益發表面化了。胤礽每當夜晚就圍著皇帝的帳篷轉，從縫隙窺視父皇的動靜。康熙很警覺，預防發生謀害於己的政變，他說：「朕未卜今日被鴆，明日遇害，晝夜戒慎不寧」[45]。他一面命胤禔好好保護自己，一面先發制人，在歸途中，於九月初四日召集諸王及副都統以上大臣，宣布皇太子罪狀：「不法祖德，不遵祖訓，惟肆惡虐眾，暴戾淫亂」，不堪接替太祖、太宗、世祖創立的基業，將其廢黜，並加監禁[46]。同時誅殺索額圖之子格爾芬、阿爾吉善等人。廢立太子，關乎國本，康熙等不及到京城祭告天地祖宗，匆迫如此，用他的話說，是包容太子的過錯已二十年，實在不能再容忍了。冰凍三尺，非一日之寒。皇帝與太子的嚴重對立，康熙以他崇高的威望和絕對的權威，輕而易舉地解除了經營多年的皇太子勢力。但是皇儲的遺缺由誰來補進的問題產生了，而且立即具有相當的嚴重性。

首先積極營謀這個地位的是胤禔。康熙命他保駕和看守廢太子，給了他錯覺，自以為是未來的儲君了。康熙早看透此人，初四日宣布廢胤礽時，就明確表示「並無欲立胤禔為皇太子之意」，而且認為他「稟性躁急愚頑」，沒有資格做皇太子[47]。胤禔看到自己沒有希望，轉而支持胤禩，將他推薦給康熙，說「相面人張明德曾相胤禩後必大貴」，希望以命運之說打動父皇。他還怕胤礽東山再起，意欲將之置於死地。他深知康熙不便於誅殺胤礽，因此討令由他下手。他如此露骨地參與儲位鬥爭，激起康熙的憤怒。因為殺太子，將會給皇帝本人留下罵名，所以康熙說他「不諳君臣大義，不念父子至情」，是「亂臣賊子，天理國法，皆所不容者」[48]。到十月份，胤祉揭發他的魘勝事，康熙遂將他革爵，嚴行圈禁。

廢胤礽的第四天，康熙命胤禩署理內務府總管事。清朝每當皇室內部發生重大事情，如皇帝、皇太后死亡，常派皇子或皇帝弟兄管理內務府事務。胤禩的被任用，是皇帝對他的重視和信任，也給他政治表現的機會。內務府前任總管凌普，是胤礽乳母的丈夫，康熙啓用他，原為照顧胤礽，便於其指使內務府下人和使用宮中財物。胤礽見廢，胤禩受命審查凌普。凌普原來藉著太子的勢力，貪婪不法。胤禩為了收買人心，包庇昔日的寃家對頭，準備潦草結案。康熙看出他的心思，說「八阿哥到處妄博虛名，凡朕所寬宥及所施恩澤處，俱歸功於己，人皆稱之」[49]。康熙怕在胤礽太子之外，又出一個與君父爭人心的胤禩太子，警告他不要重蹈胤礽的覆轍。待到胤禔以張明德相面事保薦胤禩時，不想因此得禍。康熙把張明德凌遲處死，進而指斥胤禩「妄蓄大志」，陰謀奪嫡，命將其鎖拿，交議政處審理。張明德事件，對於胤禩爭取儲位，是一個不小的打擊。

現在來看本書主人公的活動。三十七年（一六九八年），胤禛被封為貝勒，同時得到這一封爵的是胤祺、胤祐、胤禩，比他只年長一歲的胤祉獲得郡王世爵，所以他得的雖是顯秩，但在諸兄弟中不算突出。四十七年（一七〇八年）的「秋獮」他沒有參加，康熙廢胤礽時，命他和胤禩「在京辦理事務」[50]。十六日康熙到京，將胤礽拘禁於上駟院旁，命胤禛參與對他的監視，表明胤禛在廢太子問題上有一定發言權。胤禛對胤礽表示出救援的態度，據胤禟的親信秦道然說，他聽胤禟講，胤礽事發後，胤禛「十分著急，很想救他」。康熙在宣布廢胤礽的告天文書之前，將文書讓胤礽觀看，胤礽說我的皇太子是父皇給的，父皇要廢就廢，何必告天？胤禔把這個話轉奏了，康熙說做皇帝是受天之命，這樣大事，怎能不告天，胤礽如此胡說，以後他的話不必上奏了。胤禔將諭旨傳達給胤礽，廢太子又說：「父皇若說我別樣的不是，事事都有，只弒逆的事，我實無此心，須代我奏明。」胤禔以有旨意，嚴詞厲色地予以拒絕。這時胤禟向胤禛說，這件事關係重大，似乎應該代奏。胤禛就說九阿哥說得對，即使我們因代奏得了不是，也該替他奏明。但是胤禔仍不答應，胤禛就下決心地說：「你不奏，我就奏。」胤禔只得同意代替廢太子陳奏。康熙聽了說你們奏得對，就把胤礽項上的鎖鏈拿掉了[51]。當時諸皇子在攘奪儲位，爾虞我詐，多對廢太子落井下石，惟有胤禛維護胤礽的正當要求。他這樣做，自有他的道理。廢胤礽之後，胤禔、胤禩的地位明顯地超越於眾兄弟，胤禛很清楚，新太子輪不到他，而他同胤禩、胤禔等人關係一般，太子換人，對他不利，若太子依舊是胤礽，他們間是原有的君臣關係，與他沒有損害，所以他才為廢太子說話。

廢太子時，胤禛與胤禩也維持良好的關係。胤禛知道胤禵、胤禟等私藏毒藥，假如胤禩遭到不測，他們就和他（胤禛）同歸於盡[52]。胤禩等讓他知道他們的隱私，表明胤禛與他們平素有所往來，相互之間有諒解，他不便於得罪胤禩一夥。

康熙在迫不及待的心情下廢黜太子，沒有想到兒子們會那樣激烈地爭奪儲位。他到京後，即於十七日，親自撰寫祭告天地、太廟、社稷文書，除說明罷黜胤礽的原因，還說「臣雖有眾子，遠不及臣」[53]，表示他對所有皇子都不大滿意，無意於立即再立太子。同日宣布廢太子事已告結束，諭令諸皇子安分守己，不得「藉此邀結人心，樹黨相傾」，否則斷不姑容，並舉出先年宗室褚英、莽古爾泰、阿敏等人案例，加以警告[54]。又告誡眾臣，「凡非本王門上之人，俱不許在別王子阿哥處行走」[55]。嚴厲禁止皇子與朝臣結黨營私。及至胤禔請殺廢太子和張明德謀殺案的被揭露，康熙進一步感到事態的嚴重，屢屢勸諭諸子不要經營儲位。十月初四日，他說：「眾阿哥當思朕為君父，朕如何降旨，爾等即如何遵行，始是為臣子之正理。」又說：你們若是爭競不息，等我死時，「必至將朕躬置乾清宮內，爾等束甲相爭耳！」[56]他想到齊桓公死，五公子停屍爭位的可怕情景，不寒而慄，簡直是哀求兒子們聽話，然而沒有人動心。十五日，胤祉告發胤禔魘勝的陰謀，給康熙巨大震動，使他把胤礽的不法行為，看成中了邪，有所原諒，第二天，就召見廢太子和胤禩，並說自此之後，不提往事，胤礽亦遷至咸安宮安養。還在本月初一日，康熙宣稱他對立太子的事已有成算，只是不告訴眾人，也不讓大家知道，到時候聽他的安排就行了。朝臣中有人見召見胤礽，忖度康熙心理，以為廢太子有復立的可能，密上條陳，加以保奏。十一月初八日，康熙告訴大臣不要妄意揣測，不要向廢太子獻殷勤，立誰為太子，「在朕裁奪」，臣下不得干預。可是，十四日命滿漢文武大臣各自舉薦太子，除大阿哥外，諸皇子都可入選，表示「眾意屬誰，朕即從之」。又下令大學士馬齊不許參與此事。開始諸臣都說：「此事關係甚大，非人臣所當言」，不敢遵命。這時有幾個活躍人物，首先是馬齊，他先到內閣，對另一大學士張玉書說：「眾議欲舉胤禩。」實際要眾人保薦皇八子。領侍衛內大臣鄂倫岱、理藩院尚書阿靈阿、戶部尚書王鴻緒、工部右侍郎揆敍暗中聯結，於手掌書「八阿哥」以示眾人，朝臣見此，相繼推薦胤禩。康熙知後，大不以為然，馬上收回徇從眾人保舉的諾言，轉說立太子事情重大，你們還要盡心詳議。又說不宜冊立胤禩，第一，他沒有辦理過政事，缺少經驗；第二，在太子問題上犯過罪，近又遭到處分；第三，他的生母是出身於辛者庫的賤籍，因而不適宜做儲君[57]。十六日，康熙釋放胤礽，有意將他復立，並為安定眾心，告誡他改惡從善，不許對揭發他的人打擊報復，一定要「觀性理之書，以崇進德業」，以禮對待宗親貴戚和大臣，為此特地講了他的幾個弟兄的好處，說胤禛「能體朕意，愛朕之心，殷情懇切，可謂誠孝。」胤祺「心性甚善，為人淳厚。」胤祐「心性舉止藹然可親」，胤禩「諸臣奏稱其賢」，「必性好，不務矜誇」。希望胤礽同他們親近[58]。次日，諸臣俱題本請復立胤礽，康熙考慮時機還不成熟，將題本留中，到第二年三月，重新冊立胤礽為皇太子。這一次胤礽的廢黜及復立，歷時半年，始告結束。

康熙對擁立胤禩的事很注意，四十八年（一七〇九年）正月，追查首倡之人。開始羣臣互相包庇，最後都查了出來。首領就是前述的馬齊。此人為議政大臣，歷任兵部、戶部尚書，康熙賜給他「永世翼戴」的匾額，視為親信大臣。清朝制度，大學士中以一滿人居首，馬齊恰當其任。他位高望重，是以擁戴胤禩的主張，為百官遵從[59]。還有佟國維，是康熙的舅舅兼岳丈，早年為領侍衛內大臣、議政大臣，四十三年（一七〇四年）以年老解任。當康熙廢胤礽後，立太子事正在進退維谷的時候，佟國維不能寬慰康熙，反而加以催促，說「此事於聖躬關係甚大，若日後易於措處，祈速賜睿斷，若日後難於措處，亦祈賜睿斷」[60]。意思是說康熙若不把此事趕快料理清楚，否則會有變故。康熙說眾官聽了他的話，都害怕起來，因而「欲立胤禩為皇太子，而列名保奏矣」[61]。這就是說佟國維對康熙施加壓力，對胤禩被百官推薦有利。揆敘是已故大學士明珠的次子，承其父的遺風，交遊頗廣，很早就同胤禩相結識。他父親是反太子黨首領，太子見棄，他自然希望胤禩獲勝，而不願見胤礽復辟。阿靈阿是皇十子胤䄉生母溫僖貴妃的弟弟，胤䄉與胤禩、胤禟相好，這可能是他結交胤禩的一個原因。王鴻緒是一甲二名進士，為《明史》總裁官，成《明史列傳》一書，曾因貪婪結黨被彈劾罷官。貝子蘇努，是清太祖長子褚英的曾孫，康熙說這一支與他的清太宗一支有仇，總想破壞他們父子兄弟的關係，以便遂其心意。這些人推崇胤禩，大約有兩個原因：一是圖擁立大功，為異日榮寵墊步。二是尊崇胤禩，因其主張仁義，禮賢下士，為諸大臣視為奇人[62]。

為廢太子謀求復位的人，也懷有個人企圖。康熙將諸臣請求胤礽復位的奏疏留中後，左副都御史勞之辨於十二月初八日密疏請將胤礽早日正位東宮，振振有詞地說他「職司言路，不敢不披瀝上陳」[63]。其實他是為向胤礽買好，正如康熙所說：「將朕下旨已行之事，作為己功，行事甚為奸詭」[64]。

康熙把這些人的活動，一律看作是結黨圖私。他不許皇子謀取儲貳，在廢太子的當月，兩次發出警告：「諸阿哥中如有鑽營謀為皇太子者，即國之賊，法斷不容」[65]，「諸阿哥倘有藉此邀結人心，樹黨相傾者，朕斷不姑容也」[66]。也就是說，皇帝喜愛誰就定誰為儲君，這是皇帝的絕對權力，它同營求相對立，是皇帝所堅決反對的。康熙不許官僚輔助皇子謀求儲位，害怕這些人將來居功專擅，皇權旁落。如指斥馬齊謀立皇八子，「豈非欲結恩於胤禩，為日後恣肆專行之計耶！」[67]對於這些人還給以一定的懲罰，馬齊奪職拘禁，其弟馬武、李榮保並革退，責令王鴻緒休致，勞之辨革職，逐回原籍。康熙對這些人的打擊，適可而止，沒有興大獄，因為胤禩既不得立，擁戴他的人不會得意，無須乎大懲治。此一方面說明康熙對待臣下寬厚，也說明廢立胤礽，全按他的意志實現的，他人意見亦起一定影響，但不能操縱他。

康熙復立胤礽，不是聽從某個臣下的意見，卻是屈從了環境的安排。他廢胤礽後，立即出現不可遏止的諸皇子爭奪儲位的局面，更嚴重的是外戚、貴冑和朝臣捲了進來，如果不迅速再立太子，激烈的爭競不可停息，也不能符合人們已經長期養成的國有儲君的習慣要求，這就決定康熙必須再立皇儲。至於人選，都不如意，尤其不能容忍的是胤禔、胤禩的鑽營儲位，立胤禩以外的人，不符人望，諸皇子也不會服氣。只有把原來的太子抬出來，眾人也就說不出什麼話了。五十三年（一七一四年），康熙回顧說：「朕前患病，諸大臣保奏八阿哥，朕甚無奈，將不可冊立之胤礽放出。」[68]這是說的真心話。所以胤礽的再立，在某種意義上說，他是以嫡長的地位填補儲位的真空，是康熙迫於形勢，用以作為平息諸子爭位的手段。

康熙進行太子廢立，原意是要解決已經發展的儲貳權力與皇權不相容的矛盾，但是沒有成功。胤礽表示悔罪，同時又把責任推之他人，他說：「因為我的不善，人就利用來陷害我。」[69]他沒有改惡從善的決心，而他的地位又使一些官僚向他靠攏，結黨營私。皇帝與嗣君因廢黜事件感情更趨惡化，矛盾不是解決了，而是加深了。

諸皇子與太子的關係也未得到改善。在這個事件中，大阿哥凶相畢露，被康熙處分最重，屢次下令嚴行看守，使他永遠退出政治舞臺。此後，如同行屍走肉，苟活到雍正十二年（一七三四年），悄悄地死去。十三阿哥、貝子胤祥，原是康熙愛子，事情一開始，就被圈禁革爵[70]，終康熙之世再未能有起色。胤禩一度被革爵，不久復還了。遭革爵，是恥辱；被推舉，又是光彩；爭奪儲位，沒有達到目的，總的看是受到一些挫折。其他的人得了好處。康熙為改善太子與諸兄弟的關係，為防止太子的打擊報復，於再立胤礽的當月，封胤祉、胤禛、胤祺為親王，胤祐、胤䄉為郡王，胤禟、皇十二子胤祹、胤禵為貝子。同年十月，給胤祉賜封號誠親王，胤禛為雍親王，胤祺為恒親王，胤祐為淳郡王，胤䄉為敦郡王。他們都因此提高了政治地位。胤禛、胤祺原與胤祐、胤禩比肩而坐，至是大不一樣了，他們升到了臣下所能有的頂端。胤禵不僅榮獲世爵，而且得到胤禔原有的包衣佐領和渾托和人口的一半以及上三旗所分佐領的全部，使他成為受益最多的一個皇子。康熙的分封諸子，使他們地位提高，更有資本與胤礽明爭暗鬥。太子險被奪嫡，對眾兄弟自更懷恨，諸子自恃顯貴，更不將太子看在眼裏，他們之間的裂痕遠比過去加大了。

康熙廢立太子，一度造成政治混亂，加劇了皇室內部的矛盾，這是錯誤的政治舉措，是一次失敗的政治活動。

康熙因胤礽不爭氣和諸子的爭奪儲位，既羞愧，又氣憤，生了重病。大臣中有問安的，不過虛應故事，不敢過問皇帝的健康，更有甚者，像佟國維那樣脅迫建儲，在摧殘皇帝身體。只有胤禛和胤祉二人勸請就醫，他們說：「皇父聖容如此清減，不令醫人診視，進用藥餌，徒自勉強耽延，萬國何所依賴。」又請求由他們來擇醫護理：「臣等雖不知醫理，願冒死擇醫，令其日加調治。」[71]康熙接受他們的請求，命他們同胤祺、胤禩檢視藥方和用藥，經過治療，恢復了健康。

胤禛在皇太子的廢立事件中，基於自己替補的無望，採取維持舊太子地位的態度。他對乃父從身體上給予體貼；對胤礽表示關切，仗義直陳，疏通皇帝與廢太子的感情；同奪嫡最力的胤禩亦保持某種聯繫，表面上既不反對，也不支持，骨子裏不願他得勢；對其他兄弟也在皇帝面前頻頻上好話，或在人需要時給以支持，如康熙說他「為諸阿哥陳奏之事甚多」[72]，當胤禟、胤祹、胤禩等封為貝子時，他啓奏說，都是一般弟兄，他們爵位低，願意降低自己世爵，以提高他們，使兄弟們地位相當。他如此做作，意在獲取父皇的信任和各方面的好感。這是一次大的政治風浪，他在波濤中角逐，表演基本上是成功的，贏得了康熙的好感，特傳諭旨表彰：「前拘禁胤礽時，並無一人為之陳奏，惟四阿哥性量過大，深知大義，屢在朕前為胤礽保奏，似此居心行事，洵是偉人。」胤禛聽了，本應高興，卻表現出誠惶誠恐的樣子，說他從來沒有保過廢太子，因而「皇父褒嘉之旨，臣不敢仰承」[73]。他深知此事關係重大，不便承擔這個責任和領受這個功績，免得將來太子出事而受牽連，也免得遭受眾兄弟的嫉忌。此舉顯示了胤禛的八面玲瓏的政治活動才能，也使他得到了鍛鍊。

這時期，胤禛的被關押問題，現在已弄不清楚了。乾隆年間，胤祺的遺胤弘旺在《皇清通志綱要》中寫道：「（康熙四十七年）九月，皇太子、皇長子、皇十三子圈禁。」「十一月，上違和，皇三子同世宗皇帝、五皇子、八皇子（先君）、皇太子開釋。」[74]胤礽、胤禔、胤禩、胤祥的被囚禁，前已說過，胤祉的拘執，亦有原因可循。康熙在宣布廢胤礽的第四天，談到從京城徵召胤祉的原因：「胤祉平日與胤礽甚相親睦，所以召胤祉來者，因有所質問，並非欲拘執之也。」[75]說不因繫，很可能後來案情發展把他拘捕了。胤祉告發胤禔使用厭勝法，所用的巫師就是他的屬下人，很可能他為戴罪立功才揭發的。胤禛和胤祺既被說成「開釋」，被捕過當沒有問題。何以被關禁，由於材料的貧乏，很難說清楚了，但不妨揣測胤禛致禍的幾種可能：一是替廢太子說話，被視為太子黨人而遭懲處；二是康熙怕年長的皇子謀變，把他們都暫時拘禁起來[76]，他也不能例外；三是他的兩面派活動被康熙看出破綻的結果。

奪取儲位的全面計劃和活動

胤礽再次被立為皇太子之後，皇室內部，鞏固皇位與提前繼位，保衛和爭取儲位的鬥爭持續不斷地進行著，作為雍親王的胤禛，以更大的精力投入這個紛爭之中，為他的嗣位創造了比較充分的條件。

（一）胤礽第二次被廢及徒勞的復位活動

胤礽復立之後，照舊糾集黨羽，擴充勢力，很快在他的周圍聚集了一批親貴大臣，這中間有步軍統領托合齊、兵部尚書耿額、刑部尚書齊世武、都統鄂繕、迓圖、副都統悟禮等人。他不知接受先前教訓，尊奉父皇，自我抑損，仍擺太子派頭，飲食服御陳設等物，與皇帝相較，「殆有倍之」[77]。驕奢淫侈，貪黷貨財，一樣也沒有改。常派家奴至各省富饒地區，勒索貢物和美女，如若稱微不能滿足他的要求，就向皇帝誣告，給以懲罰[78]。太子如此作威作福，使官員難於措手足：若屈從太子，皇帝不樂意，立時可以致禍；若只奉承皇帝，不理會太子，儲君嗣位之後會遭到懲罰，因此產生「兩處總是一死」的不安情緒[79]。是以太子的胡作非為，不僅影響了皇帝的權威，還政出多門，產生政治的混亂和不安定。

胤礽實在昏暴，不會審時度勢，不能自處，其實，他的地位很不鞏固。康熙是不得已再立他，這是許多人都清楚的，被罷斥回江南家鄉的王鴻緒說：「我京中常有密信來，東宮目下雖然復位，聖心猶在未定。」曾在陝西作過道員的程兆麟、丁憂回原籍蘇州的原東平州知州范溥在蘇州、揚州等地預言：「東宮雖復，將來恐也難定。」[80]首都及江南的輿論都是如此，胤礽有何可恃？

康熙對胤礽的乍廢乍立，已失乖張，再立之後，希望他能轉好，不再出現廢黜的敗政，所以對太子的不法行為極力容隱。胤礽要責備的官員就替他責備，要處分的就處分，要驅逐的就驅逐，以滿足他的願望。只是對他不放心，不讓他單獨活動，每有巡幸，必令其隨從，「使不得須臾離側」[81]，防止發生事變。

胤礽的弟兄可不顧及乃父的心情，對胤礽的復立，恨之入骨，非要攻倒他而後快。胤礽復位時，胤禩黨人無限失望，阿靈阿甚至不想活了，但他們很快清醒過來，繼續向胤礽挑戰。據胤禎講，揆敘利用他的家財，與阿靈阿等「合謀買囑優童下賤，每於官民燕會之所，將二阿哥肆行污蔑」[82]。他們利用對方的弱點，製造倒太子的輿論，以影響皇帝的視聽和決策。

到五十年（一七一一年）十月，康熙再也不能容忍了，召集諸王文武大臣，說現今「諸大臣有為皇太子而援結朋黨者」，兵部尚書耿額是索額圖家奴，欲為主人報仇，是索額圖之黨還未根絕，因此將鄂繕、耿額、齊世武鎖拿審問[83]。這時有人告發托合齊不守禮法事，康熙命胤祉、胤禎、領侍衛內大臣阿靈阿、署內務府總管馬齊等會同宗人府察審[84]。胤禩黨人參與了對太子黨人的審訊。一年後，康熙宣布胤礽罪狀，加以廢除。上諭說：胤礽「是非莫辨，大失人心」；「稟性凶惡，與惡劣小人結黨」，不可不防這些小人的謀害；鑒於他的過惡「斷非能改」，不得不再行廢黜。同時告誡諸臣，不許為胤礽保奏，「後若有奏請皇太子已經改過從善應當釋放者，朕即誅之」[85]。對太子黨人也作了處分，托合齊死於獄中，銼屍揚灰，伊子舒起絞監候。康熙的再廢太子，當機立斷，使胤礽不能作亂，減少他對政治的干擾是好的。他對太子防範甚嚴，也是必要的。但對太子的窮奢極欲和暴虐無道，不採取有力的制止措施，反而順著他，以為如此可以「感悅伊心，冀其遷善」[86]。事與願違，說明康熙對胤礽的認識並不透徹。

胤礽的再廢，像前一次一樣，是皇帝與儲君、太子與皇子間的矛盾的產物，是一場權位之爭。這場鬥爭使康熙又一次遭到不幸，用他的話說是「心思用盡，容顏清減」[87]。精神上的打擊，體質上的消耗還不算什麼，最主要的是胤礽廢後，儲位虛懸，諸子爭奪不休，讓他無休止地勞精費神地處理這種棘手問題。

廢胤礽後的幾個月，即五十二年（一七一三年）二月，左都御史趙申喬以太子為國本，請求冊立。康熙說「建儲大事，朕豈忘懷，但關係甚重，有未可輕立者。」具體理由是：立太子必得其人，「必能以朕心為心者」，沒有適合的人，立了反而不好，如胤礽之廢黜；太子年長，容易結黨為亂，以致出了本朝第一罪人索額圖；諸皇子已經分封，手下人多，立了太子，難保不出太子與諸王的糾紛；本朝沒有立太子的慣例，不立儲貳也不是缺陷[88]。因此將趙申喬奏摺發還，不准實行。不再立太子，是康熙晚年的基本方針。

東宮虛位，包括廢太子在內的諸皇子都在營求太子印璽。「百足之蟲，死而不僵」，胤礽畢竟擁有近四十年儲君的歷史，雖被囚禁，開始仍有復位的可能。據朝鮮人記錄，五十二年冬至五十三年（一七一四年）春，康熙對廢胤礽有後悔的意思，五十二年會試，以放太甲於桐宮出題。太甲無道，被伊尹放置於桐宮，三年改過，迎還立之。因此，人們傳說胤礽將要復位。恰在這時發生了德琳案件，德琳是胤礽下人，獲罪流放關東，擅自行動，偷挖積銀人參，罪上加罪，牽連胤礽不獲諒解[89]。胤礽自己也在極力謀求。五十四年（一七一五年）四月，發生了準噶爾策妄阿拉布坦部眾騷擾哈密的事件，康熙命吏部尚書富寧安督兵往討。胤礽很快獲知此事，希望利用這一機會跳出樊籠。當時有醫生賀孟頫為胤礽福晉看病，出入府門，胤礽親自使用礬水寫信，由他交給正紅旗滿洲都統公普奇，希望他保舉自己為大將軍，企圖以出征恢復舊日的儲位。礬水寫字可以瞞人眼目，那知竟被輔國公阿布蘭探聽了去。阿布蘭對揭發與否，猶豫不決，胤禩集團的貝子蘇努要他檢舉，阿布蘭遂行告發，生出「礬書案」。從前哲布尊丹巴胡土克圖說過胤礽「災星未脫」的話，這時胤礽打聽這位活佛何時來京，以便再問前程。這件事也被當作不安本分被揭發了。外間流傳「皇上有褒獎二阿哥之旨」，也成為胤礽和普奇的罪狀[90]。經過審訊，賀孟頫斬監候，普奇照前拘禁。胤礽圖謀出征的心機枉費了。

朝中大臣主動為胤礽進行再次復位活動的亦頗有人。大學士王掞，祖父王錫爵是明朝萬曆時首輔，曾連章奏請冊立神宗長子朱常洛為太子，反對立神宗寵妃鄭貴妃的兒子朱常洵，得到成功。康熙因王掞關係，賜王錫爵「懋勸貽範」的匾額。王掞對皇帝感恩圖報，覺得不是尊奉舊規、履行一般行政事務就可以報答的[91]，決心做「天下第一事」[92]，效法乃祖「爭國本」，遂於五十六年（一七一七年）五月向康熙密陳建立太子的重要：「伏願皇上深念國本之重，察德慧福澤之所鍾，念困心衡慮之已久，手頒詔諭，早定儲位，則宗社幸甚，臣民幸甚！」[93]他沒有明說復立胤礽為太子，既然學其先人，實際就是要立嫡長。所以弘旺在其著作中談及此事，直截了當地說「王掞奏保皇太子」[94]。同年十一月，康熙有病，御史陳嘉猷等八人怕發生變故，公同疏請冊立太子。康熙以大學士與御史啓奏同一事情，是要搞朋黨，加以申斥。他們的奏疏中，有請皇帝與太子分理政事的內容，康熙大不以為然，說「天下之事，豈可分理乎？」[95]顯然是怕大權旁落而不立太子。諸臣為胤礽復立所進行的活動，遭到了失敗。

五十七年（一七一八年）正月，又有翰林院檢討朱天保奏請復立胤礽為太子。他說二阿哥原本「仁孝」，如今於拘禁處甚為安靜，是「聖而益聖，賢而益賢」，堪為太子[96]。又引漢武帝戾太子事件為鑒戒，說「儲位重大，未可移置如棋，恐有藩臣旁為覬覦，則天家骨肉之禍，有不可勝言者」[97]。康熙見了很動感情，「欷歔久之」，但是阿靈阿說「朱某之疏，為希異日榮寵地步」[98]。康熙轉認為朱天保取媚於胤礽，「希圖僥倖取大富貴」[99]，將之處斬，並牽連他的父親、原兵部侍郎朱都訥、姐丈戴保、副都統常賚、內閣學士金寶、都統齊世等人，使他們遭到流放、革職等處分。這就給謀復胤礽的勢力一個重大打擊。

六十年（一七二一年），是康熙登基一甲子大慶，二月十七日，王掞藉機又一次上疏，請求建儲，說「臣愚以為皇上於啓後之計，尚不能不仰煩睿慮也」[100]。不到一個月，即三月十三日，監察御史陶彝等十二人疏奏，亦說「寶歷周初，萬年伊始，恭請早定儲位，以光大典」[101]。這是五十六年大學士和御史先後上書請建儲君的重演，引起康熙震怒，痛詆王掞、陶彝等沾染明季惡習，植黨希恩，責令王掞交代目的，時值初春，天氣尚寒，王掞待罪在宮門外，鋪紙石階上，以唾液研墨，書寫奏摺，申明不敢唆使臺臣啓奏[102]。康熙餘怒不息，說「六十年大慶，大學士王掞等不悅，以朕衰邁，謂宜建儲，欲放出二阿哥，伊等藉此邀榮」[103]。又說王掞等既稱為國為君，西北正在用兵，應發往軍前效力。於是陶彝等十二人應罰前去，康熙以王掞年過七十，命其子少詹事王奕請代往。這是六十年慶典中不愉快的插曲。

「謇書案」以及王掞、陳嘉猷、陶彝、朱天保建儲疏議遭拒絕，無不表明康熙無意於再立胤礽。他手書諭諸大臣：「二阿哥兩次立為皇太子，教訓數十年不能成就，朕為宗社及朕身計，故嚴行禁錮，所以不殺者，恐如漢武帝之後悔，致後人滋以口舌也。朕並無可悔之處，見今時常遣人存問，賚賜嘉物，其子朕為撫養，凡此皆為父子之私情，不能自已，所謂姑息之愛也，人何得以此生疑耶！」[104]他照顧胤礽的家屬，給以親王待遇。五十七年（一七一八年）四月，胤礽福晉病死，按規定，親王福晉可用二十名侍衞穿孝，胤礽無侍衞，康熙特命步軍統領隆科多率領三十名侍衞去穿孝，超過了對親王的規定。禮部不敢為她奏請祭文，康熙命翰林院撰寫，秋後致祭。五十九年（一七二〇年）封胤礽女為郡主，婿為和碩額駙，這是給她以親王女待遇。這樣做，康熙固然是嘉獎胤礽福晉「秉資淑孝，賦性寬和」[105]，及照顧自己孫女，更重要的是他怕出現第二個漢武帝戾太子事件，遭人議論，落個「不慈」的惡名。

上述一系列事實說明，胤礽自第二次見廢之後，仍因有過太子的歷史和嫡長子的地位，具有一定的政治影響，本人及部分朝臣在為他請命。但他使康熙失望了，復位絕無可能。為此而進行的一切活動，都是徒勞的。有一點似可注意，自胤礽二次被廢之後，諸皇子的攘奪儲位，雖也同胤礽有一定矛盾，然而是各自謀取太子，不再具有奪嫡的性質。

（二）胤禩繼續謀立和嗣位之無望

胤禩集團在復廢胤礽中起了一定作用，其時，胤禩從初次廢黜時眾人保舉他的事實出發，以為有再次推舉的可能，因向康熙問道：我如今應怎樣做？要不就裝病，免得再有保薦我的事情。康熙說他是試探自己對他的看法，所說的話是越分的不法之言，回絕了他[106]。他想當皇太子，沒有成功，仍繼續活動。

當時的形勢對他有利。胤礽再黜，不立太子，他有著被羣臣公舉的歷史，若一旦康熙亡故，他就會被朝臣擁護上臺。故康熙揭露說：胤禩「謂朕年已老邁，歲月無多，及至不諱，伊曾為人所保，誰敢爭執，遂自謂可保無虞矣。」[107]

康熙看到這種情況，及時地給胤禩集團以棒喝。復廢太子的當年十一月，康熙出外打獵，住在京北的遙亭，胤禩因生母二週年忌辰出京祭祀，完畢後住京北的湯泉，不赴行在請安，只派人送去將死的鷹，並說他即將回京。康熙見狀，認為這是故意藐視自己，氣得心臟病要發作。為此對他大張伐撻，指責他「不孝不義」，與鄂倫岱、阿靈阿等結成黨羽，密行奸險。康熙把胤禩與胤礽作了比較，說「二阿哥悖逆，屢失人心；胤禩則屢結人心，此人之險百倍於二阿哥也。」康熙看得很準確，也正因此，不喜歡胤禩結人心圖位，更害怕他篡位，心情不安地說：胤禩「黨羽甚惡，陰險已極，即朕亦畏之」。他怕胤禩搞逼宮，說「朕恐後日必有行同狗彘之阿哥，仰賴其恩，為之興兵搆難，逼朕遜位而立胤禩者」。他表示：「若果如此，朕惟有含笑而歿已耳。」[108]他意識到胤禩的能量大，必須認真對付，給予打擊。胤禩的奶公雅齊布夫妻，本被充發邊地，恃勢潛藏京城，康熙早就知道，這時派人回京捉拿正法。五十四年（一七一五年）正月，以胤禩「行止卑汚，凡應行走處俱懶惰不赴」的罪名，停發他及其屬下護衛官員的俸銀俸米[109]。康熙以此表明，廢胤礽，不是要立胤禩，他們都不合儲君的要求。

胤禩一夥仍然加緊活動，阿靈阿認為胤禩年庚是庚戌己丑丁未壬辰，與前代帝王相同，即有君主的福分[110]。他們擴大勢力，不斷網羅人員。湖廣總督滿丕是胤禟的屬人，他向主子報效二萬兩銀子，胤禟用它替胤禩建造花園。兩江總督赫壽在江南採買女子送給胤禩[111]。胤禟收買太監陳福、李增，伺察康熙動靜[112]。西洋人穆景遠代表胤禟向四川巡撫年羹堯送荷包，說「胤禟相貌大有福氣，將來必定要做皇太子的，皇上看他也很重」[113]，希望年羹堯為胤禟效力，實即參加胤禩集團。年羹堯是雍親王門下，胤禟挖人挖到他那裏，可見活動規模之大了。胤禟富有財產，他的太監何玉柱往關東私刨人參販賣，在天津開木行[114]。他的富有，為胤禩集團提供了活動經費。

他們製造輿論，擴大影響。胤禟的門客禮科給事中秦道然常對人說他的主公，「為人寬宏大量，慈祥愷悌」[115]。胤禟親自對穆景遠講：「外面人都說我和八爺、十四爺三個人裏頭有一個立皇太子。」[116]五十六年（一七一七年）社會上流傳著將立胤禩等人為太子的說法，可能就是他們自己編造的。

胤禩集團越活動，越引起康熙的警惕，越打擊胤禩。五十四年（一七一五年）十一月，康熙將胤禩門客何焯的翰林院編修、進士、舉人盡行革除，罪名之一是他把當今的文章比作萬曆末年的文字，侮辱了聖朝[117]。康熙還在胤禩給何焯的信上批道：「八阿哥與何焯書，好生收著，恐怕失落了。」[118]把它看作是胤禩的罪證，處分何焯，實際是給胤禩難堪。次年九月，胤禩得了傷寒病，大有離世之態，這時康熙正從熱河往京城進發，準備去西郊的暢春園。康熙給幾個兒子賜了花園，就在暢春園附近，胤禩的園子，在從熱河到暢春園的必經路上。康熙未到之先，打發人傳旨給料理胤禩病務的胤禛、胤禵，「將胤禩移回家中之處，著諸皇子議奏。」胤禛見此詢問，就要將住在賜園內的胤禩移回城裏府中，胤禟不同意，憤怒地說：「八阿哥今如此病重，若往家中，萬一不測，誰即承當？」康熙聞知後說：八阿哥已不省人事，若欲移回，「斷不可推諉朕躬令其回家」[119]。諸皇子明白康熙的意思，是要把胤禩轉移到城裏，讓父皇經過他的花園時，不會碰到不吉祥的事。因康熙教訓過兒子們：「汝等皆係皇子王阿哥，富貴之人，當思各自保重身體，諸凡宜忌之處，必當忌之，凡穢惡之處，勿得身臨，譬如出外，所經行之地，倘遇不祥不潔之物，即當遮掩躲避。古人云：千金之子，坐不垂堂。況於爾等身為皇子者乎？」[120]康熙以自己為重，不顧重病的胤禩的死活，可見父子感情絕裂的程度了。不久胤禩病癒，康熙大約覺得自己的做法太不慈愛了，於是恢復胤禩的俸銀俸米，並問他病後想吃什麼：「朕此處無物不有，但不知與爾相宜否，故不敢送去。」皇父用「不敢」二字，皇兒那敢承受，故胤禩到宮門內跪求免用此二字。康熙又責備他「往往多疑，每用心於無用之地」，「於無事中故生事端」[121]。真是話不投機半句多。

子的寶座愈遠。如果說還有一線希望的話，則在於尚得人心，還有一定的政治力量。雙方芥蒂太深，各存疑心，怎麼也合不攏，康熙還怎會立胤禩為太子呢！所以愈往後，胤禩離太

（三）胤禵的覬覦儲位及漸為康熙所賞識

胤禩受挫之時，他的集團中的胤禵活躍起來，積極謀取儲位。五十七年（一七一八年）以前，廣泛聯絡士人，如接見大學士李光地的門人翰林院編修陳萬策時，「待以高坐，呼以先生。」李光地是理學名臣，康熙在建儲問題上屢次徵求他意見，胤禵企圖通過陳與李聯繫，並以此取得士人和官僚的好感，為自己傳播聲譽，所以當時社會上流傳「十四爺虛賢下士」的說法，當然，人們也看得出來，這是「頗有所圖」[122]——謀取皇儲的。

正在這時，西北戰事的發展，給了胤禵在政治上大露頭角的機會。策妄阿拉布坦擾亂以來，康熙調兵遣將前往征討，五十六年（一七一七年）三月，任命富寧安為靖逆將軍、傅爾丹為振武將軍、祁里德為協理將軍，分路戍守，準備進攻，但沒有任命統領前方部隊的司令官。同年七月，富寧安疏報軍情，康熙見奏，說我年老了，血氣漸衰，就把這個事拖延下來了，若是我少壯時，早已成功了。他說的是事實，平定三藩和噶爾丹，就是明證。如今年事已高，又有儲位不定的頭痛事，不能集中精力對付邊疆的叛亂。有心啓用皇子領兵，下命將富寧安的奏疏給諸皇子觀看[123]。五十七年（一七一八年）春天，策妄阿拉布坦屬下策零敦多卜進攻西藏，藏王杜爾伯特蒙古人拉藏汗請求清朝發兵救援，康熙命侍衛色楞會合駐守在青海的西安將軍額倫特部軍士前往援助，策零敦多卜先行攻入拉薩，控制了西藏地區。這時不僅戰爭地區擴大了，更嚴重的是準噶爾人掌握了西藏喇嘛教，對清朝極其不利。大漠南北及西北地區的蒙古人都尊奉喇嘛教，清朝歷來

利用它，作為統治、聯絡蒙古人的一個工具，它被準噶爾人奪去，意味著北部邊疆的不穩定，所以康熙決心解決西藏問題。這一年的三月，將胤禵由貝子超授王爵，並任命為撫遠大將軍[124]，準備往西邊出征。九月，西安將軍額倫特陣亡。十二月，康熙命胤禵率師出發。同時為提高八旗戰鬥力，任用皇子辦理旗務，命胤祐管理正藍旗滿洲、蒙古、漢軍三旗事務，胤䄉和胤祹分別主持正黃旗三旗、正白旗三旗事務。這是對皇子將兵作了統一的安排。胤禵出師，康熙高度重視。出發前，他親往堂子行祭告禮，出師這一天，登太和殿向胤禵授大將軍敕印，胤禵乘馬出天安門，諸王及二品以上文武官員都到德勝門軍營送行。根據康熙的命令，胤禵「用正黃旗旗纛，照依王纛式樣」[125]。胤禵在軍中稱「大將軍王」，所上奏章及皇帝的諭旨都這樣稱呼他。他做撫遠大將軍，官職非常明確，他在三月封王，這裏又說用王纛式樣的旗子，是按王爵對待，他究竟封的什麼王，有無賜號，史料無徵，即在他自己的奏疏中也只說「大將軍王臣」，從未見有王號。估計康熙封他為王了，但一直未給名號，有點類於「假王」[126]。大約是因他年未富而無功，由貝子一躍為王，怕他的尚未有王爵的哥哥們不服，可是統帥又要有崇秩以便號令全軍，所以先賜以王的名爵。隨同胤禵出征的，有所謂「內廷三阿哥」，即弘曙、弘治、弘禧[127]，都是康熙的孫輩，還有平郡王訥爾蘇、裕親王保泰子廣善、簡親王雅爾江阿子永謙，都是皇室帝冑，因此康熙說此次出兵，是「命皇子為大將軍王，又遣朕子孫等調發滿洲、蒙古、綠旗兵各數萬，……」[128]這個陣容反映了他對胤禵出征的重視。

五十八年（一七一九年）三月，胤禵駐紮西寧，奉康熙指令，以與京城相隔遼遠，軍事相機調遣。他統帥駐防新疆、甘肅、青海的八旗、綠營，聲稱三十萬[129]，實際十數萬大軍[130]，並指揮當地蒙古人部隊。康熙給青海厄魯特羅卜藏丹津降旨，說「大將軍王是我皇子，確係良將，帶領大軍，深知有帶兵才能，故命掌生殺重任，爾等或軍務，或巨細事項，均應謹遵大將軍王指示，如能誠意奮勉，即與我當面訓示無異」[131]。

胤禵到軍前，一面整頓內部，題參辦事不力的料理西寧兵餉的吏部侍郎色爾圖、包攬運米之事的筆帖式戴通、貪婪索詐的都統胡錫圖，一面遣兵戍守河西走廊。把重點放在對西藏用兵上。他做了達賴六世的工作。達賴五世死，拉藏汗迎立博達克山出生的阿旺伊什嘉穆錯為達賴，青海厄魯特不服，迎立裏塘出生的羅布藏噶爾桑嘉穆錯，駐西寧宗喀巴寺，康熙因策零敦多卜亂藏，封羅布藏噶爾桑嘉穆錯為弘法覺眾第六世達賴喇嘛，不承認被策零敦多卜囚禁的阿旺伊什嘉穆錯。胤禵使達賴六世傳諭西藏、四川、雲南的藏人，說皇帝派皇子領兵，「掃除準噶爾人，收復藏地，以興黃教」，應該歡迎清軍的到來[132]。五十九年（一七二〇年）正月，平逆將軍延信由青海、定西將軍噶爾弼由川滇兩路向西藏進軍，胤禵進駐穆魯斯烏蘇，調遣官兵，辦理糧餉。十月，噶爾弼軍入拉薩，延信屢敗策零敦多卜部眾，清除了準噶爾人勢力，安定了西藏。清軍護送達賴六世至拉薩，舉行了坐床儀式。西藏戰亂的結束，作為前線統帥的胤禵立了大功，康熙命立碑紀念，當時作碑文的是阿布蘭，胤禛即位後，說阿布蘭的碑文「並不頌揚皇考，惟稱大將軍胤禵功德」[133]，將碑毀掉，另撰新文。應該說阿布蘭的碑文是反映胤禵戰功的，因碑毀，使後人失掉了瞭解他的功績的具體資料。

在策妄阿拉布坦領區，清軍一直沒有進展，軍士因病死亡的事不斷發生[134]。六十年（一七二一年）十月，康熙令胤禵回京，面授西北用兵的方略，十一月胤禵到京，康熙令胤祉、胤禛率領內大臣郊迎，次年四月辭赴軍前。

胤禵在第一次離京之前，為爭儲位事，對京中政局很不放心。他對胤禟說：「皇父年高，好好歹歹，你須時常給我信兒。」[135]皇父「但有欠好」，就早早帶信給我[136]。他倒不一定是關心乃父的健康，而是為自己相機行事。自胤禵有大將軍之任命後，胤禩集團積極支持他，希望他能步入東宮，胤禟讚胤禵「才德雙全，我兄弟內皆不如，將來必大貴」[137]，為之延譽。又當面對他表示：「早成大功，得立為皇太子。」[138]及至六十年，胤禵回京述職，胤禟怕不讓胤禵再赴軍前，說「皇父明是不讓十四阿哥成功，恐怕成功之後，難於安頓他」[139]。說明胤禟、胤禵是把出師看做爭取儲位的好機會。

胤禵在西北，繼續招賢納士，數次派人禮聘著名學者李塨。對自己前途很關心，五十八年（一七一九年）讓臨洮人張愷算命，張愷故意奉承，說他的命是「元武當權，貴不可言，將來定有九五之尊，運氣到三十九歲就大貴了」[140]。胤禵生於二十七年（一六八八年），這時三十二歲，聽了張愷的許願，以為數年後可以龍飛九五，自然很高興，稱道他「說得很是」[141]。胤禵同其他皇子一樣，垂涎未來的御座。

胤禵被任為大將軍，是胤礽求之而不得的。他的大將軍，權重位尊，遠遠超過清初統一中原、平定三藩所任用的那些大將軍。胤禛說他「妄自尊大，種種不法，我朝大將軍如此行事者，從未之聞也」[142]。適見他之不同於眾的奇特地位。因此，在當時人的觀念裏，把這大將軍視作向皇太子過渡的一個步驟。但是要走完這個里程，需要完成軍事目標，對藏用兵的成功，便前進了一步，對準部的毫無進展，則難於達到目的。再說他還只是沒有賜號的王，從等級制度看，與太子地位尚有距離。

胤禵遠處西北邊隅，對他立為皇太子有所不利，胤禛曾說康熙春秋已高，不可能立遠離身邊的胤禵[143]。不能說沒有道理。康熙年老多病，如果一心要立胤禵，讓他領軍出征，多少立點功勞，即可在西藏事畢後令其返京，何必要他長駐西北。或許有人會說，京中鬥爭激烈，胤禵在首都不安全，令其外出，倒合「申生在內而危，重耳在外而安」之意，可是後來實踐證明，在外並不安全，有兵權也無濟於事。

總之，胤禵是一位較有才能的、積極謀取儲位的皇子，他逐漸為乃父所喜愛，有可能成為皇儲，但還是未正名號的皇太子。與他激烈爭奪儲位的，還有能人，一是他的同胞手足胤禛，另一個是胤祉。

（四）胤祉的「希冀儲位」

皇三子誠親王胤祉，在胤禔、胤礽出事之後，年齡最長，又受封王爵，在諸兄弟中具有特殊地位。五十二年（一七一三年），康熙命他負責修輯律呂、算法諸書，在暢春園蒙養齋開館。他大量吸收著名學者參加工作。進館的有陳夢雷，康熙親書「松高枝葉茂，鶴老羽毛新」聯句賜給他，他著有《松鶴山房集》、《天一道人集》等書[144]。方苞是桐城派散文創始人，胤祉以下都尊敬地稱他為先生[145]。還有魏廷珍、蔡升元、法海等人。他們工作的範圍比較廣，除編書外，奉命重修壇廟宮殿樂器。胤祉提出制曆法，要測北極高度，康熙准行，分遣何國棟、索住、白映棠等赴廣東、雲南、四川、陝西、河南、江西、浙江測量北極高度及日影[146]。他們撰寫的書，康熙賜名《律曆淵源》，又編輯我國第二部大類書《古今圖書集成》。開蒙養齋館，皇帝重視，對它的主持人胤祉，人們自然刮目相看。開館那年的十一月，朝鮮君臣論清朝政事，有人說「十三王、第三王又稱以撫軍監國」[147]。胤祉未曾撫軍監國，外間如此流傳，足見他曾名播遐邇。

五十六年（一七一七年）冬天，皇太后生病及死亡期間，康熙也身患重病，不能照料皇太后醫藥及喪葬事務，恒親王胤祺因係皇太后所撫養，要求代替乃父料理，康熙不答應，卻讓胤祉、胤禛、胤裪、胤祿協助自己[148]，適見胤祉及胤禛在康熙心目中的較高地位了。

在胤祉得意的時候，他的屬人孟光祖，打著主子的旗號，到山西、陝西、四川、湖廣、廣西等省活動，代表誠親王向川撫年羹堯贈送禮物，年羹堯回贈馬匹銀兩[149]，江西巡撫佟國勷亦送給他銀兩緞匹。清朝制度，王阿哥差人賜屬下外任官物件，該官即應奏報中央，佟國勷等都沒有上報，直到孟光祖活動數年，直隸巡撫趙弘爕始行奏聞。清朝制度，過往官員要有勘合，地方官才能供應車船馬騾，孟光祖沒有勘合，卻能通行無阻，是地方官懼怕王阿哥勢力，不敢不奉承他們的屬人。此事由康熙帝直接過問，派人捉拿孟光祖，將之處斬，並把佟國勷革職，年羹堯革職留任。對孟光祖是否為胤祉派出一事，康熙不予追問，還怕胤祉落個不好名聲，對魏廷珍說：你「每日與三阿哥一處修書，若有此事，即當以身命保之。」[150]孟光祖的活動，是否係其主子胤祉指使，不好肯定，但一主一奴，孟活動數年，胤祉很難說不知道。江南武進縣有名叫楊道昇的人，被人認為「頗通才學，兼通天文」，胤祉把他請到府裏[151]。這裏說他通天文，就是表示胤祉通過楊道昇瞭解自己獲取大位的可能。胤禛曾責備胤祉，「希冀儲位」，在廢胤礽後，「以儲君自命」[152]。

胤祉以溫文爾雅的學者面貌出現在政治舞臺上，亦為康熙所喜愛，他也想摘取東宮印授，不過活動不那麼劇烈。

（五）胤禛結黨謀位

諸皇子的營求儲位，雍親王胤禛毫不讓人，但他的表現方式多少與眾不同。

胤礽第二次出事，儲貳的事牽動著胤禛的每一根神經，他為自己的未來而奮鬥，進行著有綱領有計劃的經營。他的方針、策略見於屬人戴鐸於五十二年（一七一三年）寫給他的書啓。戴鐸寫道：

當此君臣利害之關，終身榮辱之際，奴才雖一言而死，亦可少報知遇於萬一也。謹據奴才之見，為我主子陳之：

皇上有天縱之資，誠為不世出之主；諸王當未定之日，各有不並立之心。論者謂處庸眾之父子易，處英明之父子難；處孤寡之手足易，處眾多之手足難。何也？處英明之父子也，不露其長，恐其見棄，過露其長，恐其見疑，此其所以為難。處眾多之手足也，此有好竽，彼有好瑟，此有所爭，彼有所勝，此其所以為難。而不知孝以事之，誠以格之，和以結之，忍以容之，而父子兄弟之間，無不相得者。我主子天性仁孝，皇上前毫無所疵，其諸王阿哥之中，俱當以大度包容，使有才者不為忌，無才者以為靠。昔者東宮未事之秋，側目者有云：「此人為君，皇族無噍類矣！」此雖草野之諺，未必不受此二語之大害也。奈何以一時之小忿而忘終身之大害乎？

至於左右近御之人，俱求主子破格優禮也。一言之譽，未必得福之速，一言之讒，即可伏禍之根。主子敬老尊賢，聲名實所久著，更求刻意留心，逢人加意，素為皇上之親信者，不必論，即漢官宦侍之流，主子似應於見面之際，俱加溫語數句，獎語數言，在主子不用金帛之賜，而彼已感激無地矣。賢聲日久日盛，日盛日彰，臣民之公論誰得而逾之。

至於各部各處之閒事，似不必多於與聞也。

本門之人，受主子隆恩相待，自難報答，尋事出力者甚多。興言及此，奴才亦覺自愧。不知天下事，有一利必有一害，有一益必有一損，受利受益者未必以為恩，受害受損者則以為怨矣。古人云：不貪子女玉帛，天下可反掌而定。況主子以四海為家，豈在些須之為利乎！頃至於本門之人，豈無一二才智之士，但玉在櫝中，珠沉海底，即有微長，何由表現。至於本門之人，許令本門人借銀捐納，仰見主子提拔人才之至意。懇求主子加意作養，終始栽培，於未知者時為親試，於已知者恩上加恩，使本門人由微而顯，由小而大，俾在外者為督撫提鎮，在內者為閣部九卿，仰藉天顏，愈當奮勉，雖未必人人得效，而或得二三人才，未嘗非東南之半臂也。

以上數條，萬祈主子採納。奴才身受深恩，日夜焚祝。我主子宿根深重，學問淵宏，何事不知，何事不徹，豈容奴才犬馬之人蒭蕘之見。奴才今奉差往湖廣，來往似需歲月。當此緊要之時，誠不容一刻放鬆也！否則稍為懈怠，倘高才捷足者先主子而得之。我主子之才智德學素俱，高人萬倍，人之妒念一起，毒念即坐，至勢難中立之秋，悔無及矣。

胤禛閱後，寫了如下批語：

語言雖則金石，與我分中無用。我若有此心，斷不如此行履也。況亦大苦之事，避之不能，尚有希圖之舉乎？至於君臣利害之關，終身榮辱之際，全不在此，無禍無福，至終保任。汝但為我放心，凡此等居心語言，切不可動，慎之，慎之。[153]

戴鐸的建言，首先分析政治形勢，明確奮鬥目標。深知胤礽再黜、儲位未定之時，諸皇子爭奪激烈，誰活動有力，誰就有可能奪標，所以這時是「利害之關，終身榮辱」之際，因此一定要參加角逐，爭取不世之榮。方針確定了，要有行之有效的辦法。戴鐸提出的是：一要生方設法，取得康熙的寵愛。二要以廢太子凌虐昆季為戒，妥善處理好弟兄關係。三要加意聯絡百官，尤其是康熙親信重臣，對地位較低的近侍和漢人官僚也不要放過，用他們為自己造輿論，把胤禩所有的好名聲奪過來，對皇帝考慮繼承人施以影響，以利對胤禛的選擇。四要大力培植雍邸人才，為建立江山的基幹；放他們出門，謀求朝內外的要職，為奪取江山奠定基礎。戴鐸的書信，向胤禛全面提出爭取儲位的綱領、策略和措施。胤禛的批語是半眞半假。他認識到戴鐸對形勢分析的精當，爭位的策略、方法較為完善和巧妙，完全可以接受和實踐，而且在戴鐸建議以前，已經幫助門下外出做官，擴大勢力和影響，加緊了爭位活動，現觀戴鐸的全面規劃，當然喜之不勝，獎為「金石」之言，樂於採納了。至於「與我分中無用」，做皇帝是「大苦之事」，實是欺人之談。他當皇帝後多次重述這類話，什麼「朕向無希望大位之心」[154]，「朕在藩邸時坦易光明，不樹私恩小惠，與滿漢臣工素無交往，有欲往來門下者嚴加拒絕」[155]。謊言不必管它，戴鐸的書啓，表明胤禛集團在太子復廢之後，制定了爭奪儲貳的切實可行的全面計劃，餘下的問題在於實踐了。

胤禛迷信天命，在活動中總想預知自己的前程。戴鐸於五十五年（一七一六年）秋天往福建赴知府之任，沿途及到任所均寫信報告見聞和辦理主子交代事務，在一封信中寫道：在武夷山，見一道人，「行踪甚怪，與之談論，語言甚奇，俟奴才另行細細啓知。」胤禛見信，非常感興趣，隨即在批語中追問：「所遇道人所說之話，你可細細寫來。」[156]就此，戴鐸回啓禀道：「至所遇道人，奴才暗暗默祝將主子問他，以卜主子，他說乃是一個萬字。奴才聞之，不勝欣悅，其餘一切，另容回京見主子時再為細啓知也。」這封書信比前多透露一點，但還是欲言又止。他不是賣關節，引逗主子，而是害怕此事讓人知道，所以信中接著說：「福建到京甚遠，代字甚覺干係」，這封信就放在裝上進士產的匣子的雙層夾底內，以便保密。胤禛在此信的批語中讚揚了他的謹慎，但仍急不可待地要周知道士算命的全部內容，又令戴鐸將道人的話「細細寫來」，又說「你得遇如此等人，你好造化」157。說他遇道人是好造化，毋寧說有「萬」字命的雍親王做主子才是福氣。這是胤禛關心的一次問命。另一次，是又一門下人馬爾齊哈幹的，詳情沒有記載，然胤禛做皇帝後責備馬爾齊哈，在康熙時，「指天文而妄談禍福，此惟愍不畏死之徒受其愚」158。馬爾齊哈一定向胤禛進奉了「天命所在」的美言。胤禛的奴才奉承主人，主人也信以為真，胤禛以「萬」字命自期，就是要做儲君，當皇帝。這一點，同他的弟兄一樣。胤禩命張明德相面，胤禵讓張愷算命，胤礽欲再向哲布尊丹巴問命運，胤祉羅致楊道昇，都相信自己有登「九五之位」的天命。胤禛們篤信天命有多方面的原因：一是用以激發自身競爭儲貳的信心；二是燃起手下人的升官欲望，堅決跟從主子；三是製造輿論，以收人心。所以宣揚貴命成為諸皇子爭取儲君的一種工具。康熙有鑒於此，嚴加禁止，胤禩相面成為他被囚的罪狀。胤禩案發在前，胤禛明知故犯，表明他追求儲位，已發展到不顧罹罪的程度。

胤禛奉康熙的指令，處理過一些案子和事務，從中表現了他的政治主張。康熙時太監曹之璜索詐官員銀兩，趕打抬夫，致使常在的棺木落地，胤禛審判，以大不敬律將之議斬，監候待刑。到雍正三年（一七二四年），他閱囚至曹之璜案，說：「彼時因太監納賄不法，如此類者甚多」，故置重典，「以警戒餘人」159。五十二年（一七一三年），順治淑惠妃死，康熙發現辦理喪事官員草率從事，命胤禛查辦，胤禛尋即奏報，這是工部和光祿寺承辦的，請將工部尚書滿篤、侍郎馬進泰、內閣學士兼管光祿寺卿馬良以及應該兼理此事的內務府總管赫奕、署總管事馬齊議處，致使他們都得了處分[160]。四十八年（一七〇九年），胤禛隨從康熙巡視京畿，在歸途中，康熙責備同行的鄂倫岱等結黨，鄂倫岱以國戚自居，不知畏懼。這時胤禛說：「此等悖逆之人，何足屢煩聖怒，亂臣賊子，自有國法，若交與臣，便可即行誅戮。」[161]這幾個事例說明，胤禛從政，嚴刑峻法，不徇情面，主張君主對臣下以威相制。他的奴才戴鐸對此體察得非常深刻。據戴講，他曾同李光地討論儲君事，李認為：「目下諸王，八王最賢。」戴則說：「八王柔儒無為，不及我四王爺聰明天縱，才德兼全，且恩威並濟，大有作為。」[162]胤禩以仁義為號召，搞仁義，多主張維持現狀，少生事；胤禛與他針鋒相對，以恩威並施為政綱，所謂「威」，實是講嚴厲、嚴格，與此相聯繫的是要整飭積習，有所振作。胤禛、胤禩政綱不同。儲位之爭，具有不同政治綱領的政治派別間的鬥爭的性質。

胤禛為擴展力量，破壞康熙不許結黨的規定，千方百計招攬官員。命馬爾齊哈聯繫禮部侍郎蔡珽，招他來見，蔡以身居學士不便往來王府辭謝，六十年（一七二一年），年羹堯入覲時，又向胤禛推薦蔡珽，胤禛令其代表自己往請，蔡仍不就招，次年蔡有川撫之命，到熱河行宮陛辭，時胤禛亦住行在，蔡就由年羹堯之子年熙引領晉謁胤禛，並把左副都御史李紱介紹給他[163]。看得出，胤禛要爭取的人，不入他的帷幄，不會撒手。戴鐸赴福建，胤禛要他帶東西給閩浙總督覺羅滿保，戴鐸到福州，把東西秘密地交給滿保的家人[164]，以進行私人間的感情聯繫。

經過胤禛的經營，形成了一個小集團。這些人在官場，與盡職的同時，熱衷於為本集團利益服務。這個集團的成員有：年羹堯，漢軍旗人，為胤禛「多年效力」的「藩邸舊人」[165]，其妹為胤禛側福晉。年羹堯於四十八年出任川撫，五十七年（一七一八年）升四川總督，六十年晉川陝總督，為康熙所信任。魏經國，康熙末為湖廣提督[166]。常賚，為前面提到過的朱都訥之婿，官副都統。戴鐸，在福建由知府升為道員。他初上任，因生活不習慣，想告病回京，就此請示胤禛，胤禛回信說：「為何說這告病沒志氣的話，將來位至督撫，方可揚眉吐氣，若在人宇下，豈能如意乎？」[167]以謀圖升官鼓勵他。康熙末，戴鐸官至四川布政使。其兄戴錦，由胤禛遣人向吏部活動，出任河南開歸道。沈廷正，歷任商州知州、蘭州府同知。金昆，武會元出身，在雍邸繪畫行走[168]。馬爾齊哈，會醫術，曾任清江理事同知[169]。博爾多，「藩邸旗下人」，舉人出身，官內閣中書[170]。傅鼐，「侍世宗於雍邸，驂乘持蓋，不頃刻離」[171]。隆科多，康熙生母孝康章皇后的侄子，康熙孝懿仁皇后的弟弟，他先與胤禔親近，康熙於四十八年指責他「與大阿哥相善，人皆知之」[172]，不久取得康熙的信任，五十年（一七一一年）用為步軍統領，取代胤礽黨人托合齊的職位，五十九年（一七二〇年）出任理藩院尚書，仍管步軍統領事。胤禛說他「深邀皇考知遇」[173]，確是事實。他大約在康熙末年同胤禛搭上手。胤祥，與胤禛關係最密切，即如胤禛時或扈從秋獮，胤祥以詩詞、書札寄懷，胤禛為之收藏，僅詩即達三十二首[174]。胤禛這個集團，人數不算多，所居要職也有限，但是擁有步軍統領、用兵前線的川陝總督等職務的人，對日後胤禛順利上臺起了相當重要的作用。

胤禛為維繫他的集團，加強對門下的控制。年羹堯因與孟光祖的瓜葛，又不經常向胤禛致書請安，就是具啓本，稱官職而不稱奴才，惹惱了胤禛，罵他是「儇佻惡少」，抓住他給自己書啓中的話——「今日之不負皇上（按指康熙），即異日之不負我者（按指胤禛）」，說他「以無法無天之談而誘余以不安分之舉也，豈封疆大臣之所當言者，異日兩字足可以誅年羹堯全家」。胤禛同年羹堯的通信，表明他們主奴同心協力謀取異日之榮，年羹堯並未改投他人門下，只因年輕得志，對主子有點不恭罷了。胤禛除拿揭發嚇唬他，還責令他將從前准許他帶赴任所的弟侄送回京師，十歲以上的兒子不許留在任所，以事懲罰[175]。胤禛對戴鐸動輒申斥，戴鐸於五十七年（一七一八年）向胤禛呈送物品，啓本中說他「自到福建以來，甚是窮苦」。胤禛批道：「天下無情無理，除令兄戴錦，只怕就算你了。一年差一兩次人來訴窮告苦，要兩罈荔枝酒草率搪塞，可謂不敬之至。」[176]胤禛強調主奴名分，要求門下人對他絕對忠誠。

胤禛慣用兩面派的手法進行活動，愚弄對手，欺騙乃父。他與胤禩、胤禵集團的對立是必然的，如在戴鐸報告胤禵禮遇陳萬策的書啓上批寫：「程（按應為陳）萬策之傍，我輩豈有把屁當香聞之理。」[177]表現了對敵對集團的仇視和蔑視。但在表面上又對胤禩一夥表示親善，如胤禩於五十三年（一七一四年）獲譴時，胤禛「獨繕摺具奏」，為他說好話，向胤禩買好[178]。五十五年（一七一六年）胤禩得病時，胤禛正在侍從康熙秋獮回京的路上，一天，康熙問他，胤禩的病你差人探望過嗎？回說沒有，康熙說應該派人去。數日後探視人回說病情嚴重，胤禛以為乃父心念胤禩，即請示先期回京看視，康熙允許他先走，隨後又說四阿哥置扈駕之事不顧，忙忙地去看望胤禩，「觀此關切之意，亦似黨庇胤禩」，就罰他料理胤禩的醫藥事務。這時他才恍然大悟，理會錯了父皇的意思，惹出麻煩，就趕到康熙面前認錯，奏稱「臣未審輕重，實屬錯誤，罪所難免」。從而獲得了康熙的諒解[179]。他總以迎合康熙的意志為宗旨，企圖取得父皇的喜愛。

在緊張的儲位爭鬥中，胤禛與僧衲往還，建設寺宇，把自己打扮成為「天下第一閒人」[180]寫了這樣一些詩：

懶問沉浮事，間娛花柳朝。吳兒調鳳曲，越女按鸞簫。道許山僧訪，碁將野叟招。漆園非所慕，適志即逍遙。[181]

山居且喜遠紛華，俯仰乾坤野興賒。千載勛名身外影，百歲榮辱鏡中花。金罇潦倒春將暮，蕙徑葳蕤日又斜。聞道五湖煙景好，何緣蓑笠釣汀沙。[182]

胤禛以富貴之身，處繁華之境，卻似乎不問功名榮辱，惟願與山僧野老為伍，過清心寡欲的恬淡生活，成為一個富貴閒人。這時期，他在讀書時，把賞心悅目的文字輯錄起來，成《悅心集》一書。選的詩文有明代著名書畫家唐寅的《一世歌》，詞曰：

人生七十古來稀，前除幼年後除老。中間光景不多時，又有炎霜與煩惱。過了中秋月不明，過了清明花不好。花前月下且高歌，急須滿把金樽倒。世人錢多賺不盡，朝裏官多做不了。官大錢多心轉憂，落得自家頭白早。春夏秋冬彈指間，鐘送黃昏鷄報曉。請君細點眼前人，一年一度埋荒草。草裏高低多少墳，一年一半無人掃。

又有《布袋和尚呵呵笑》，歌詞譏訕伏羲畫八卦，神農嘗百草，堯舜禪讓，湯武家天下，更有甚者，說及佛老、孔子、玉皇、天子：

我笑那李老聃五千言的道德，我笑那釋迦佛五千卷的文字，干惹得那些道士們去打雲鑼，和尚們去敲木魚，生出無窮活計。又笑那孔子的老頭兒，你絮絮叨叨說什麼道學文章也，平白地把好些活人都弄死。住住住，還有一笑，我笑那天上的玉皇，地下的閻王，與那古往今來的萬萬歲，你帶著平天冠，衣著袞龍袍，這俗套兒生出什麼好意思，你自去想一想，苦也麼苦，痴也麼痴，著什麼來由，乾碌碌大家喧喧嚷嚷的無休息。[183]

胤禛借助《悅心集》宣傳恬淡和出世思想，把自己裝扮成怡情自適、與世無爭的皇子，欺蔽世人，掩蓋他的謀奪儲位的活動。這是他寫那些詩章和編輯《悅心集》的主要原因。還有，在儲位之爭中，他的境遇不總是有利的，開始是胤禩成功的呼聲最高，後來胤禵欣欣向上。胤禛雖不能說是處於逆境，總不算順心，不免有些牢騷要發，也需要有點清心寡欲的東西安慰自己，進而對呵斥聖人佛祖、嘻笑玉皇天帝的文章也有所欣賞。

不難看出，胤禛謀位活動的特點，是善於玩弄兩面派手法，外弛而內張，欺騙康熙、政敵和廣大官員。

康熙對胤禛的態度，從派給他的差使中有所表露。五十一年（一七一二年），胤禛奉命參加對胤礽黨人步軍統領托合齊的審判。五十四年（一七一五年）西北軍事發生，康熙召見胤禛、胤祉，徵求他們意見，胤禛說：當初征討噶爾丹時，就應該把策妄阿拉布坦一併剿滅，今其擾犯哈密，自應用兵，以彰天討[184]。五十六年（一七一七年），康熙因有人偷盜明朝陵寢，命胤禛、胤祉等皇子查處，並令他們到各陵祭奠。同年，皇太后喪，胤禛與胤祉等承奉康熙旨意，轉達有關衙門和官員執行。次年，皇太后梓宮安放地宮，康熙因病不能親往，命胤禛去陵前讀文告祭。六十年（一七二一年），康熙登極六十年大慶，他認為典禮中尤其重要的是往盛京三陵大祭[185]，他因年邁，不能親行，於正月派胤禛攜同十二阿哥胤祹、世子弘晟前往致祭。回京後，遇三月十八日萬壽節，又稟命祭祀太廟後殿。同月，會試下第士子以取士不公哄鬧於副主考李紱門前，康熙命胤禛、胤祉率領大學士王頊齡、原戶部尚書王鴻緒等復查會試中試原卷。同年冬至節，胤禛尊命祀天於圜丘。六十一年（一七二二年）十月，康熙以通倉、京倉倉米發放中弊病嚴重，命胤禛帶領世子弘昇、延信、尚書孫渣齊、隆科多、查弼納、鎮國公吳爾佔等查勘。胤禛等盤查倉糧存儲出納情況，建議嚴格出納制度，增建倉廒，厲行倉上監督人員奬懲制度[186]。他曾作《冬日潞河視倉》五言律詩：「曉發啓明東，金鞭促玉驄。寒郊初噴沫，霜坂乍嘶風。百雉重城壯，三河萬舶通。倉儲關國計，欣驗歲時豐。」[187]記其查倉之事。同年十一月初九日，因冬至將屆，康熙命他南郊祭天，先去齋所齋戒。

胤禛與乃父的私人感情，亦時有交流。前面說過，康熙喜住暢春園，將附近園苑賜給皇子居住，他給胤禛的就是後世享有盛名的圓明園，連園子的稱呼「圓明」也是康熙賜的[188]。康熙秋獮熱河，建避暑山莊，將其近側的獅子園賞給胤禛。康熙後期因諸子爭儲位，天倫之樂大減，胤祉和胤禛，經常請他到他們在京西和熱河的花園遊玩，按《清聖祖實錄》記載統計，康熙臨幸胤祉花園十八次，胤禛的十一次。這是他們二人的特殊恩榮，為其他皇子所無。胤禛於五十年（一七一一年）生弘曆，這是他的第五個男孩，是敍齒的第四個，在這五兄弟中，康熙間死掉三個，弘曆實際上成了老二。他勤於學習，得到胤禛的歡心。六十一年（一七二二年）春天，康熙到圓明園牡丹臺觀花，正在高興的時候，胤禛告訴乃翁有弘曆這個孫子，康熙當即召見，很喜愛他，命送到宮中養育。不久隨從到熱河，住在避暑山莊之內。康熙臨幸獅子園，弘曆侍從回家，康熙傳見他的生母鈕祜祿氏，連連稱她是「有福之人」[189]。一時祖孫三代、翁媳之間，雍雍睦睦，尚有點天倫樂趣。康熙還給胤禛親書「五福堂」匾額，胤禛把它懸掛在雍親王府後室[190]。

胤禛沒有擔任過固定的差使，建言征討策妄阿拉布坦，亦被人認為是謀求出任領兵大將軍，但沒有成功。當社會上盛傳胤禛、胤禟、胤禵三人中將有一人立為太子時，其心急如焚和懊喪情緒是可以想見的。五十六年（一七一七年），遠在福建的戴鐸向他提出謀求退路的主張，戴說臺灣遠處海洋之中，沃野千里，而臺灣道兼管兵馬錢糧，我不如謀調這個職務，「替主子屯聚訓練，亦可為將來之退計」[191]。戴鐸的悲觀估計，多少反映出胤禛當時爭奪儲位中的不利處境。但是，康熙到晚年，對胤禛的差遣、與他的接觸明顯地增多了，特別是在祭祀上。冬至祭天，孟春祈穀，舞雩，四時享太廟，都是大祀，而冬至祭圜丘、祈穀、舞雩又為三大祀，尤其重要。大祀主持人，除皇帝親行外，即為天子指定的親信王公。康熙「自即位以來，凡大祀皆恭親行禮」[192]。自云：「天壇大祭，朕親行禮」，「方展誠心」[193]，輕意不要人代替。晚年身體不好，實在不能成行，才派人代祭。胤禛的屢次主持大祀，表明他在康熙心目中地位的提高，也是社會名望的提高。

上面敍述了諸皇子各立門戶爭奪儲位的情況，惟一具有立太子權的康熙是什麼態度呢？他根本不想立太子，也沒有立太子。五十六年（一七一七年）冬天，在朝臣堅請立皇儲時，康熙被迫讓搞皇太子儀制，同時寫出他未來的遺書，講述他一生行事、某些政治見解和宗室內部的團結，但是沒有涉及到繼承人的問題。《清聖祖實錄》記敍了這份遺言。另據檔案資料揭示，康熙在五十七年（一七一八年）春天，按照頒發重要詔書的制度，舉行了隆重的頒布儀式，宣之於臣民[194]。宣詔前大學士馬齊等奏稱，立太子問題，需要「皇上特旨」[195]，可見確定東宮，與這個遺言不相干，不是「實錄」故意不載。當時朝鮮的賀冬至使臣俞命雄回國報告說：「皇帝（按指康熙）詔書辭旨荒雜無歸宿，而太子（按指胤礽）無復位之理矣。」[196]亦證明沒有指定新太子。那麼在諸皇子中，康熙有沒有意中人，或比較滿意的人，以備他日立為太子呢？他曾對大臣說：「朕萬年後，必擇一堅固可託之人與爾等作主，必令爾等傾心悅服，斷不致賠累爾諸臣也。」[197]他究竟選中了誰，沒有透露過。為此只能從他對諸皇子不盡相同的態度作一些推測：胤礽遭兩度廢黜，已成為一具政治殭屍，不可能再復位；胤禩得人心，有潛在力量，但露骨地謀位，為乃父所忌恨；胤祉以年長有學識贏得康熙的重視，然無政治遠謀和行政才幹，很難是理想的太子；胤禵有才有功，處於要職，應該說是康熙選擇儲貳的目標之一；胤禛以年長有才能及善於體會乃父的意圖而獲得好感，尤其在康熙季年得到重視，也可能是皇儲候選人之一。

綜述康熙廢太子和諸皇子爭奪儲位，似乎可以得出下述結論：（一）康熙將在胤禩、胤禛兩人中選擇一人為儲君，究竟是誰，未作最後確定，或者已有成算，但未公諸於世。（二）要全面分析康熙對諸子的態度，只強調看中胤禩是不全面的，胤禛，還有胤祉，在康熙心目中及朝政中的比較特殊的地位，不應當忽視。（三）既要充分注意胤礽兩度被廢、以及胤禔、胤祉、胤禛、胤禩、胤禟、胤禵都在爭奪儲位的事實，胤礽、胤祥等參與的事實，又要看到康熙失策及對某些皇子刻薄寡恩的事實，全面權衡，才有利於弄明事情的眞相和給予當事者以公平合理的評價，避免左袒的片面性。

康熙之死和胤禛的嗣位

康熙是要強的人，許多政事又都很順利，只是太子的事把他弄得焦頭爛額。他愧恨交加，所以第一次廢胤礽時得了大病，再黜太子時，他雖說是談笑間處理了事，實際怎能不在意，不傷心呢？不得病呢？五十四年（一七一五年）十月，康熙說他因病右手不能寫字[198]，五十六年（一七一七年），他說自廢胤礽起，「過傷心神，（身體）漸不及往時」[199]。在先經常率領皇子射箭習武，這年秋天身體不好，只能參觀射擊了[200]。到了冬天，心神恍惚，頭昏，大病起來，開始行動讓人扶持，後來腿腫下不了地。康熙面對現實，不忌諱死亡，在遺言中說：三代之事，不可全信，然自秦以來，一千九百六十餘年，稱帝而有年號的二百十一人中，我有幸在位時間最長，已經滿足了。《尚書・洪範》所載「五福」，其五曰「考終命」，這是很難得的，特別是皇王，事務殷繁，不能息肩，故而享年不永[201]。不諱辭世，是他身體不支的反映。五十七年（一七一八年）二月，康熙說他稍微早起，就「手顫頭搖，觀瞻不雅；或遇心跳之時，容顏頓改」[202]。過了這年春天，他的身體有所好轉，此後又照常哨鹿打獵，但總的情形是年老、衰弱多病。

康熙的死，據《清聖祖實錄》所載，他於六十一年（一七二二年）十月二十一日往南苑打獵，十一月初七日身體欠安，回到暢春園，初九日因身體有病，命胤禛代行南郊冬至祭天大禮，初十至十二日胤禛每日派遣護衛、太監至暢春園問安，都傳諭：「朕體稍愈。」十三日病情沉重，急召胤禛於齋所，戌刻（十九—二十一時）死於寢宮[203]。《永憲錄》記載，十一月初七日，康熙由南苑回到暢春園，次日有病，傳旨：「偶患風寒，本日即透汗。自初十至十五日靜養齋戒，一應奏章，不必啓奏。」十三日戌刻死於暢春園[204]。《皇清通志綱要》則云：十一月初十日「上幸南苑，不豫，回暢春園，十三日甲午戌刻，上升遐」[205]。這三種文獻都說康熙於十一月十三日戌刻死於暢春園，這個時間和地點沒有疑議，問題是：

一、那一天得病的，是七號？八號？還是十號？弘旺的紀錄不足徵信，他說康熙初十到南苑，生病又返回暢春園，這不是一天的事，康熙早就去南苑了，初十得病之說可以排除。初七或初八生病，離十三日之死，都有六七天，這時間說長不長，說急驟也不是，官書「實錄」無須乎為提前一天，僞造時日，故可逕從其說。

二、患的什麼病？所謂「偶患風寒，本日即透汗」，應是患的感冒，時值冬季，也正容易得這種病。

三、病情重不重？宣布不收奏章，以及說「朕體稍愈」，看來感冒是比較重的。

四、是否注意醫療？對皇帝的診治，自不容忽視，但從「偶患風寒，本日即透汗」語氣上體察，似乎對病情不夠重視。

六十一年十一月十三日（西元一七二二年十二月二十日），康熙結束了他的有意義的一生，享年六十九歲，以平定三藩、統一臺灣、掃清漠北、穩定西藏、實行滋生人丁永不加賦、修治黃河等業績，載入史冊。這個人可以蓋棺論定了。但是他的死因、他的傳位遺詔，卻是眾說紛紜，久而不定的公案。

康熙致死的原因，在他死後，社會上盛傳：「聖祖皇帝在暢春園病重，皇上（按指新皇帝胤禛）進一碗人參湯，不知如何，聖祖皇帝就崩了駕，皇上就登了位。」[206]是被胤禛放毒藥於人參湯中害死的嗎？康熙因太子問題，防人暗算，他講「五福」中「考終命」為難，更說明他警惕性高，謀害他談何容易！病人喝參湯，確是那時人們的習慣，但具體到康熙又不一定適用。五十一年（一七一二年），他在蘇州織造李煦奏報江寧織造曹寅病重代請賜藥的摺子上批道：「南方庸醫，每每用補劑，而傷人者不計其數，需要小心。曹寅原肯吃人參，今得此病，亦是人參中來的。」[207]五十七年（一七一八年）又說：「南人最好服藥服參，北人於參不合，朕從前不輕用藥，恐與病不投，無益有損。」[208]這樣認為用參有害而北方人尤不適宜的人，會肯飲參湯嗎？毒他也難！康熙久病纏身，患了重感冒，卻沒有引起足夠注意，加之高齡體虛，還可能引起併發症，較快死亡。說他是壽終正寢的記載，還是可以相信的。

虛懸十載的國本問題，隨著康熙的辭世，不得不解決了，這就是雍親王皇四子胤禛的嗣統。胤禛自己說當日繼位的情形是：

至康熙六十一年十一月冬至之前，朕奉皇考之命，代祀南郊。時皇考聖躬不豫，靜攝於暢春園。朕請侍奉左右，皇考以南郊大典，應於齋所度誠齋戒，朕遵旨於齋所至齋。至十三日，皇考召朕於齋所。朕未至暢春園之先，皇考命誠親王允祉、淳親王允祐、阿其那（按指允禩）、塞思黑（按指允禟）、允䄉、公允祹、怡親王允祥、原任理藩院尚書隆科多至御榻前，諭曰：「皇四子人品貴重，深肖朕躬，必能克承大統，著繼朕即皇帝位。」是時，惟恒親王允祺以冬至命往孝東陵行禮，未在京師。莊親王允祿、果親王允禮、貝勒允禑、貝子允禕俱在寢宮外祗候。及朕馳至問安，皇考告以症候日增之故，朕含淚勸慰。其夜戌時，龍馭上賓。朕哀慟號呼，實不欲生，隆科多乃述皇考遺詔。朕聞之驚慟，昏仆於地。誠親王等向朕叩首，勸朕節哀。朕始強起辦理大事。209

當天夜裏，用鑾輿載運康熙遺體，像是皇帝日常出行一樣，扶回大內乾清宮，胤禛在隆科多保護下先回大內迎接。次日傳出大行皇帝命胤禛嗣位的遺言，胤禛任命總理事務大臣，封胤禩、胤祥為親王，召胤禵回京，關閉京城九門。十六日頒布遺詔，詞意與五十六年冬天預作的遺言基本相同，惟增加繼承人和喪事遵照禮制辦理兩節。十九日，胤禛以登極遣官告祭天地、太廟、社稷壇，京城開禁。二十日，胤禛御太和殿登極，受百官朝賀，因喪中免宣慶賀表，頒布即位詔書，宣稱「皇考升遐之日，詔朕纘承大統。」宣布繼承乃父法規，不作政治變更；呼籲宗室內部團結，謂「朕之昆弟子侄甚多，惟思一體相關，敦睦罔替，共享昇平之福，永圖磐石之安」。詔書還公布了恩賜款項三十條，改年號為雍正，依照習慣，自明年開始實行。二十八日，諸王文武大臣擬上大行皇帝謚號，曰「合天弘運文武睿哲恭儉寬裕孝敬誠信功德大成仁皇帝」，廟號「聖祖」。胤禛表示滿意，說諸臣如此舉動，使「朕之哀思，庶可稍釋」[210]，刺破中指，用血圈出「聖祖」二字。十二月初三日，將康熙遺體移送景山壽皇殿停放。初九日，康熙辭世已過二十七天，胤禛釋服，從倚廬乾清宮東廡移居養心殿。雍正元年（一七二三年）二月，正式確定康熙謚號、廟號。四月初二日，胤禛親送乃父遺體至遵化山陵，安放享堂，一切按禮儀進行，胤禛很高興，寫硃諭告訴年羹堯：「山陵入廟大典，諸凡如意，順遂得十成盡力進（盡）禮。」[211]十一日，諸臣以康熙梓宮奉安山陵大典已成，請求皇帝御門聽政，胤禛遂御乾清門處理政務。九月，胤禛再往遵化，將康熙遺體安放地宮，墓名「景陵」，完成了康熙的葬禮，胤禛既盡了嗣子的義務，又行施了嗣皇帝的權力。

胤禛的繼位，是否如同他講的那樣具有合法性？其時社會上議論叢生，說他違背乃父意志，篡奪乃弟胤禵的皇位，直到今日，人們聚訟不已，使它與「太后下嫁」、「順治出家」成為清初三大疑案之一。因此需要用些筆墨，作點可能是枯燥的考辨，這對於瞭解胤禛的歷史以及康熙朝儲位鬥爭的歸宿也是必要的。

胤禛說他承父命繼位，證據何在？最有權威性的應是康熙親自書寫的遺詔。五十六年冬月的遺言沒有涉及儲貳，此外的遺言，就是胤禛所公布的，這個所謂「康熙遺詔」的漢文原件，現存中國第一歷史檔案館，文件所署時間是「康熙六十一年十一月十三日」，看似康熙逝世那天寫的，然而胤禛十六日才公布遺詔，而且只宣讀滿文本，引起御史湯保等人參奏宣讀詔書的鴻臚寺官，指責他們沒有宣布漢文本，胤禛就此作了說明，但沒有講出道理[212]。看來當日漢文遺詔尚未草就，無從公布。毫無疑問，這個詔書是胤禛搞的，不是康熙的親筆，也不是他在世時完成的，不能作為他指定胤禛嗣位的可靠證據。

但是這個遺詔，從原件看，書寫比較草率，有四處塗抹，一個錯字[213]，這些雖無害原意，然亦說明它係倉促寫成，當是世宗即位初時之作，不是後來慢慢加工成的。胤禛二十日公布的即位詔，原件也藏在中國第一歷史檔案館，它的開頭說：「惟我國家，受天綏祐，聖祖神宗，世祖皇帝統一疆隅，我皇考大行皇帝……」話不通順，故《清世宗實錄》改為：「惟我國家，受天綏祐，太祖太宗肇造區夏，世祖章皇帝統一疆隅，我皇考大行皇帝……」[214]即位詔原件「聖祖神宗」句中的「聖祖」，不是專有名詞，因為八天以後，諸王大臣才為康熙擬出「聖祖」廟號，而且還沒有最後確定，它同「神宗」聯用，不過是說清室祖先神聖偉大。由此可知，這個詔書必寫在二十日之前，實際應是所署時日以前的作品。《雍正朝起居注》記敍康熙六十一年十二月胤禛生母仁壽皇太后的話：「欽命予子纘承大統，實非夢想所期。」「起居注」比「實錄」成書早，可靠性要大些。這幾項資料的形成都比較早，它們對胤禛受詔繼位的記載沒有矛盾，反映他應命嗣位的一定眞實性。

在康熙彌留之日，《清聖祖實錄》說胤禛奉召至暢春園，三次進見父皇，康熙告訴他病勢轉重。他在齋戒期間，負有祭天重任，如果不特地召喚，不能離開齋所，否則，他到暢春園，就違背了皇帝旨意，會被譴責和驅逐。可見他多次見到乃父，說明他的來，必為康熙所召。而這時的非常召見，當有特殊使命。這件事，可作為傳位胤禛的側面證明。

朝鮮迎接清朝告訃使的官員金演，早在康熙死後的一個月，即十二月十七日，就說聽譯員講，康熙病重時，「召閣老馬齊言曰：『第四子雍親王胤禛最賢，我死後立為嗣皇。胤禛第二子有英雄氣象，必封為太子。』」[215]說明在胤禛嗣位之時，人們就將他的繼位與弘曆聯繫起來。後來弘曆也這樣說。他在講乃祖傳見其生母一事時說：「即今仰窺皇祖恩意，似已知予異日可以付託，因欲豫觀聖母佛相也。」[216]在他的話下，乃父是乃祖的當然繼承人，然後才有他的嗣統。後人因為這次召見和弘曆的說明，產生康熙晚年愛弘曆，因而及於乃父，立了胤禛的說法[217]。由愛孫而及子，歷史上確有先例。明成祖先立仁宗為世子，甚不滿意，常想更易，待後議立太子，想立漢王朱高煦，朝臣解縉請立仁宗，謂「皇長子仁孝，天下歸心」。但成祖不以為然，解縉又說他有好兒子宣宗──「好聖孫」[218]，這才打動了成祖的心，決定立仁宗為太子。胤禛因弘曆而得位的說法，是否脫胎於此，不能排除它的可能性。但康熙晚年確實寵愛弘曆，進而增加對胤禛的好感，選他為嗣君，也並非不可能。

乾隆前期文人蕭奭筆述，康熙病危之時，「以所帶念珠授雍親王」[219]，朝鮮人對此事記錄比較詳細。前面提到的金演還說，聽譯員講：康熙病劇，「解脫其頸項所帶念珠與胤禛，曰：『此乃順治皇帝臨終時贈朕之物，今我贈爾，有意存焉，爾其知之。』」[220]不用說，這是胤禛的親信以授念珠，說明其主子繼位的合法性，並在國內外廣泛宣傳。可是胤禛多次講其繼統的事，從沒有說過給念珠的話，如實有此事，他一定會大加張揚。不過在沒有其他證據之前，也不要斷然否定有這一類的事。

記載都說隆科多是傳遺詔的人，他是如實傳詔，抑或矯詔立胤禛，則說法不一，然而有一件事可以注意，雍正五年（一七二七年），胤禛給隆科多定罪，有一條是說隆科多曾講「白帝城受命之日，即是死期已至之時」[221]。這是說傳遺詔的人身為重臣，會被皇帝所忌而有殺身之禍。這也意味著他是受命輔佐胤禛。

康熙講擇個堅固可託之人作嗣子，《清世宗實錄》就此說這個人是指世宗皇帝──「天心默定，神器攸歸久矣。」[222]乾隆中禮親王昭槤也認為這個人就是指的「憲皇帝」[223]。他們可能是從胤禛性格剛毅與康熙所要求的相同而得出的結論。這也可作立胤禛的一種說法。

總起來說，胤禛講康熙遺言傳位給他，並沒有留下令人確信無疑的材料，但是聯繫康熙生前比較看重他的情況分析，在彌留之際決定傳位給他，並從齋所召其至暢春園繼位是完全可能的。胤禛嗣位初期的許多資料所描述的這一情況，他於十三日到暢春園的問安，康熙綜合考慮胤禛和弘曆父子的品格，隆科多的傳詔，都具有可信的成分，所以說不能排除康熙傳位胤禛的說法。當然，懷疑他得位不正的論點論據，也是必須認眞對待的，應與胤禛合法繼位說的資料一併考察。

與傳位胤禛說最對立的是傳位胤禵說。胤禛在位時就有人說：「聖祖皇帝原傳十四阿哥胤禵天下，皇上將十字改為于字」篡了位[224]。後人就此說得更生動：康熙第十四子胤禵，原名「胤禎」，康熙的遺詔是「皇位傳十四子胤禎」，雍親王原來的名字也不叫「胤禛」（叫什麼還不知道），他把遺詔的「十」字改為「于」字，「禎」字易作「禛」字，使遺詔變成「皇位傳于四子胤禛」[225]。這種觀點，可以叫做盜名改詔篡位說。這是以漢文書寫遺詔作前提的說法。弄清這個問題，首先要明瞭清代關於皇子的書寫制度。在明代，書寫「太子」，文前必冠以「皇」字，成「皇太子」，皇帝的其他兒子則不必帶這個字。清代制度不同，書寫皇子，不是「某子」，或「某某子」，一定要冠以「皇」字，作「皇某子」、「皇某某子」，如「皇四子」、「皇十四子」，這是制度，違錯不得。說「皇位傳十四子」，十四子之前沒有皇字，不合清朝制度；若前面加個皇字，則原文為「皇位傳皇十四子」，若將十字改為于字，遺詔變為「皇位傳皇于四子」，就不可解了，是以胤禛不可能作這樣的篡改。又傳位給誰，應用「於」字，「於」、「于」在清代並不通用，事關國本的詔書，在關鍵字上寫別字，容易暴露作偽者的馬腳，胤禛應當考慮得到。雍親王的名字，康熙年間歷次所修的《宗室玉牒》[226]都作「胤禛」，各種官書也是以此作為他的御名，原沒有錯，也沒有改名字，既然找不出他有別的名字，也說明他只有胤禎這一正式名諱[227]。皇十四子撫遠大將軍的名字，康熙三十六年（一六九七年）修的《宗室玉牒》寫作「胤禵」，四十七年（一七〇八年），康熙封他為貝子的上諭中稱之為「胤禎」，他在撫遠大將軍任上亦用「胤禎」一名，雍親王繼位後，復其名為胤禵，故其名始曰胤禵，更名胤禎，復稱胤禵[228]。雍親王本名胤禛，即使篡改遺詔，也沒有更易名字的必要。「禎」、「禛」二字固然字形相近，但把禎改為禛，即使改得巧妙，也不能不顯痕跡。若雍親王真改了遺詔，使詔書成為「皇位傳皇于四子胤禛」，文字不通，字跡變易，拿這樣的遺詔騙得了誰？精明的胤禛豈能出此下策？盜名改詔篡位說實於理不通。

還有一種傳位胤禵的說法，也是雍正中就流傳於社會各階層的。民間傳說，康熙病中，「降旨召胤禵來京，其旨為隆科多所隱，先帝賓天之日，胤禵不到，隆科多傳旨遂立當今。」[229]康熙降旨召胤禵，應由內閣承辦，纂寫詔書，由兵部所管的驛站發送。隆科多既非內閣大學士，又不是兵部主管，他怎麼能一手遮天，阻止得了康熙召回胤禵？再說康熙即使原想傳位十四子，但後者在數千里之外，從下達詔書到他抵京，需要二十幾天的時間[230]，在諸皇子激烈爭位的情況下，這麼多天沒有國君，天下豈不大亂？所以康熙也很難這樣辦。

傳位胤禵的這兩種說法，材料並不可信，很難成立。但是，對胤禛登極的合法性，仍然有不少疑問：

胤禛說他十三日晉謁乃翁，還作了交談，康熙為什麼不當面宣布立他為儲君，何勞隆科多傳達[231]？這事是有點怪，是否他在製造謊言？其實，這種事說怪也不怪，康熙多年不立、也不准立太子，如果面封胤禛，就不符合他的做法，他可以要求等他死後再行宣布。

康熙喪事出來，胤禛採取一些非常措施，「諸王非傳令旨不得進」大內[232]，關閉京城九門六天，朝鮮政府認為這是秘不發喪[233]。其實，這是當時形勢所決定。諸皇子集團本不相讓，康熙病中眞指定了繼承人，他一死，大家也不一定心服，可能出現政變或戰爭。這種情況，朝鮮人很敏感，早在第一次廢胤礽後，朝鮮大臣就預言：「康熙死後，兵亂可翹足而待。」[234]及至康熙凶耗傳出，朝鮮人說：「彼國不豫建太子，似必有五公子爭立之事。」[235]「康熙既歿之後，禍亂之作，十居八九。」[236]清朝終於沒有出現諸皇子停屍相戰的事，康熙後事辦理得也較順利。胤禛的保安措施，防止了可能發生的政治變故，這是應當肯定的，由此懷疑他係出自篡位需要，則屬不察當時形勢的脫離實際的議論了，自不能說明胤禛得位的不正。

如果立胤禛之說沒有破綻，哪來的這些異說呢？似乎也不難理解。因為爭儲位是激烈的權力之爭，有了新君之後，失敗者也不會甘心，胤禛的政敵必然要在其繼位的合法性問題上大作文章，倒他的臺。疑問能在當時羣眾中流傳，是百姓對康熙後期十分嚴重的太子問題早有所議論和擔心，而不管誰上臺，對於鞭撻他的觀點，容易為一些人所接受。同情失敗者，也是人之常情。

至此，關於嗣君問題，是否可以歸納說，康熙原本要在胤禵和胤禛兩人中選擇一個繼承人，而最終確定了胤禛。如果這樣說證據不足，也可以說康熙臨終所指定的皇儲，胤禛比乃弟的可能性要大。

胤禛能在角逐中贏得勝利，有其原由。他的精明、務實而又嚴格的政治觀點和作風，會取得一部分人的支持，康熙也未嘗不因此而欣賞他、取中他，此其一。其二，他善於耍兩面派手法，從而欺騙了對手和他的父皇，使政敵不以他為意，不集中力量對付他，他從而輕巧地取得了成功。第三，他有一個集團，在關鍵時候用上了力。步軍統領隆科多，統轄八旗步軍五營，約有二萬名官兵，掌管京城內九門管鑰，由他幫助，順利地控制了京城的治安和局勢，使反對派不能發動事變。胤禵駐兵之所，基本上就是川陝總督年羹堯的轄地，年的治所西安，是內地通往西北前線的必經之處，容易控制胤禵與內地的聯繫。因此，胤禵若在青海、甘肅舉兵反對胤禛，也難於進入關中，更不要說稱兵犯闕了，年羹堯起到了震懾胤禵、穩定西北局勢的作用。胤禛的奴才戴鐸獲知主子龍飛九五時正在四川布政使任上，立即向巡撫蔡珽表示，若胤禵鬧事，四川應該出兵丁錢糧支持主子政權[237]。蔡珽則向新皇帝上書，勸其節哀，又提出優待八旗、從西邊撤軍等建議，以便穩定人心軍心[238]。可見胤禛黨人從各方面維護他們的新政權。有了朝內外的一批骨幹和擁護者，胤禛順順當當地坐住了龍庭。

六十一年十一月二十日，確切地說是十三日，把胤禛一生劃為截然不同的兩個階段，結束他四十五年的皇子生活，由名義上的「富貴閒人」、實際上的黨爭忙人，變為「眞龍天子」，日理萬機，實行他的新政策，以此影響著社會政治經濟生活的變化和發展。此後，敍述胤禛在位期間的歷史，就以「雍正」表示他。

簡論康熙朝的儲位鬥爭和胤禛的爭位活動

康熙朝的太子問題，如果從二十七年（一六八八年）的打擊明珠反太子黨人算起，到六十一年（一七二二年）康熙的辭世，為時長達三十四年，若從四十二年（一七〇三年）處理索額圖太子黨人算起，也有二十年的歷史。這個期間，諸皇子集團爭鬥不休，太子廢立相尋，大故迭起，終康熙之世不能解決。這種爭鬥中，朝臣在東宮和皇帝之間，或則結黨，或則無法相處。諸皇子結黨，把宗室王公、國戚、八旗與內閣的滿漢大臣、一部分中小官僚和士人以及一些西洋傳教士都捲了進來，涉及面很廣。爭鬥中諸集團各抒政見，干擾朝政，影響官僚以至百姓的思想。爭鬥中一個個集團垮臺，一批人遭到清洗，造成政治上的某種混亂。這種爭鬥讓很有作為的康熙長期糾纏在儲貳問題上，消耗了大量精力，影響他從事一些有積極意義的活動，即如西北用兵，就不能像早年那樣三次親征噶爾丹，致使戰事長期拖延下來。在他季年，不能勤政，官僚乘機肆無忌憚地作惡，弊端叢生，出現某種程度的政治危機。太子廢立和儲位鬥爭，給康熙朝政治帶來嚴重的惡果。

儲位之爭為什麼如此嚴重而不能解決？

康熙滿族出身，立意學習漢族文明，實行嫡長制的繼承制度。然而順利實現嫡長制需要什麼條件，清朝的條件具備與否，他並未認眞考慮。漢族帝王立嫡長子為儲君，有悠久歷史，成為傳統，也形成約束力，所以行之有效，但也不時出亂子。分析那些爭位事件，要實行好嫡長制，必須：（一）皇子不御政，以避免皇子與太子的矛盾。立了太子，要維護其權威，就不宜讓其他皇子從事政務活動，否則這些皇子會在從政中發展自己的勢力，與太子形成對抗局面。（二）太子也不預政，以免儲君與皇帝發生權力衝突。封建政體，皇帝大權獨攬，若太子從政，勢必分皇帝之權，也會產生不同的政見，容易使父子雙方出現水火不容之勢。康熙立太子，既沒有根據清朝的情況，又無有善處太子、諸子的政策。清朝沒有立太子的制度，清太祖打天下，死後，戰功頗多的四貝勒皇太極自立為帝，清太宗死，皇弟阿濟格、皇長子豪格等爭立，後來親貴互相妥協，立了皇太極的第九子福臨。清世祖死，遺詔第三子玄燁繼位。這些事實表明清朝沒有嫡長制的觀念，也沒有立太子的制度，而新君之立，同其對國家的建樹頗有關係。康熙不顧這些歷史情況，貿然冊立嫡長子為太子，就容易發生問題。更重要的是讓太子從政，植成黨羽，又讓諸皇子預政，為他們覬覦儲位創造機會，於是出現太子與皇帝、太子與兄弟間的雙重矛盾，造成廢太子的悲劇。

然而皇子預政，是清朝的傳統政策，而且對建立和穩定清朝的統治起過積極作用。康熙以前，清室諸皇子領兵從政，各展所能，為國立功，對清朝的建立、統一全國，都起了重要作用。那個時期，不預立太子，使有功德者為君，在傳子制中寓有傳賢之意。這種皇子從政的傳統，康熙很自然地把它繼承下來。令諸子參加一部分政務，也是培養、訓練皇子從政能力，以便日後的治理，這對清朝統治的鞏固是有好處的。所以，令皇子從政，在康熙以前還沒有充分認識到它的弊病的時候，是清朝傳統制度所必然發生的。因此，若把太子問題全部怪罪於康熙個人身上，是不妥切的。

儲位鬥爭，不是某一個朝代所特有的現象，而是封建專制主義的必然產物。封建皇帝有至高無上的權力，是任何人不能比擬的。很自然的，皇位是人們的爭奪目標，封建國家實行所謂「家天下」的政體，皇位傳遞在同一個家族內進行，皇帝的兒子們，都有繼承權。在未確定繼承人之前，皇子之間本是兄弟，只有長幼之分，一旦有人被立為太子，成為皇帝，則兄弟之間分為君臣，地位之差別遂如天壤，是以多數皇子垂涎皇權，追求為太子，做皇帝。正是這個緣故，爭奪儲位，在歷史上屢見不鮮。這種爭鬥，往往使皇帝難於確定太子，就是那些叱咤一世的君王也常常為此而苦惱。如唐太宗立李承乾為太子，但偏愛魏王李泰，有廢立之意，李承乾不安，欲刺殺李泰，並謀反，事情敗露後，被廢為庶人。唐太宗面許立李泰為太子，李泰又威脅晉王李治，致使唐太宗看出他的不肖。那時唐太宗因諸子相爭，非常痛苦，以至拔佩刀欲自刎，後來謀於妻舅長孫無忌，決意立李治為太子，因禁李泰，始得相安無事。唐太宗因偏愛而招禍，咎由自取，但立李治，使諸子得終天年。康熙曾譏唐太宗「定儲位於長孫無忌，朕每覽此，深為恥之。」[239]事實上他的識見並不比唐太宗高明。康熙也是英睿之主，立太子的家事亦料理不妥。這些英主尚且如此，足見這是難於措處的棘手問題。

指定儲君，是皇帝的無所不包的權力的一個內容，它還是皇帝的家事，大臣亦不得干預，即使皇帝徵詢朝臣意見，最後決定權亦在皇帝自身。儲君的確定，是皇帝一人說了算，立儲制度就是皇帝制度的一個組成部分。皇太子選擇的恰當與否，因由皇帝一人所決定，常常發生問題，而皇權神聖不可動搖，皇帝發生的錯誤，如果他自己不來糾正，很難改過來，即使糾正了，也要付出相當代價。像康熙朝發生的廢立太子事件，就是沒有把錯誤改正過來。

歸根結蒂，封建主義的皇帝制度是造成爭奪儲位和皇位的根源，這個制度的獨裁性質，又使得儲位問題難於合理解決。康熙朝的太子問題，就是在封建主義皇帝制度下，康熙不合滿族傳統的立嫡方針和沒有正確對待太子與諸王的政策造成的，它的出現有歷史的必然性。

在儲位問題上，康熙和他的兒子們雖然是一家人，親骨肉，但爾虞我詐、明爭暗鬥、殺氣騰騰的情景，眞像《紅樓夢》裏三小姐賈探春所說的：「咱們倒是一家子親骨肉呢，一個個不像烏眼鷄似的，恨不得你吃了我，我吃了你！」240 在這裏，骨肉之情，君臣大義，全然消失了。它充分暴露了三綱五常的封建道德的虛僞性。既然如此，就不應當以父為子綱、君為臣綱的倫理作為標準衡量人們的行動，判斷人們的是非。

需要特別說明的是，不能以皇帝的是非為是非。皇帝所立的太子是合法的，是合皇帝之法，謀為儲君，甚而自立者，是不合法的，是不合皇帝之法。這是以國君之是非為是非，是封建道德的是非觀念。皇帝所立者不一定好，非皇帝所立者不一定壞，這要看當時的社會反響和其人在位時政績兩個方面。一般說來，皇帝所立太子登基，很少引起政局變亂，這是無可厚非的。自立的，可能引起政局的不穩定。但政局的不穩，是好是壞，要作具體分析，不可全盤否定。皇帝所指定的繼承人可能昏庸暴虐，造成政治黑暗，自立者也可能勵精圖治，政治比較清明。在儲君問題上，以皇帝之是非為是非，是君為臣綱的道德標準的體現，當然不能把它奉為神聖不可動搖的準則。

不能用封建倫理評論康熙朝儲位之爭，也就是說不要簡單地指責某一個人，要看到這個事件發生的社會原因和性質，據此做出科學的評論。

儲位鬥爭把胤禛捲了進去，使他的青壯年時代在黨爭中度過。他也結成黨羽，極力參加對儲貳的爭奪，同他的兄弟們一樣，是為獲取最高統治權，擴大本身和本集團的政治權力。這是統治階級最高層的內部爭奪，對參預者，無需稱道，但也不必像過往那樣專門為難胤禛一人，要譴責的話，康熙、廢太子和進行謀位活動的那些皇子都有程度不等的不是。胤禛最終獲得皇權，是康熙指定的也好，篡奪的也好，在皇室內部的紛爭中，誰上臺都包含謀奪的成分，手腳都不乾淨，都不高尚。儲位之爭，給胤禛的思想以深刻的影響，給了他豐富的政治鬥爭經驗，並在鬥爭中提出政治主張，在他繼位後，必將發展成為全面的施政綱領和政策，貫徹實行。

儲位之爭像其他事物一樣，不會隨著胤禛的嗣統就徹底地消失，不會像快刀斬亂麻一樣，把事情截然割斷，皇室內部的爭鬥不會是康熙朝激烈，到雍正朝就銷聲匿跡。儲位問題只是基本結束，它的餘波，必將影響著胤禛的政治，會在他的行政中反映出來。

註釋

1 本書所講到的人的年齡，均為虛歲。

2 《康熙帝傳》，馬緒祥譯，載《清史資料》第一輯，二四一頁。

3 雍正輯《庭訓格言》。

4 《清史列傳》卷十一《顧八代傳》。

5 王士禎《居易錄》卷三。

6 《庭訓格言》。

7 《清世宗詩文集》卷二十一《雍邸集》。

8 《簷曝雜記》卷一《皇子讀書》。

9 《清世宗詩文集》卷二十四《雍邸集·熱河閒詠之二》。

10 魏源《聖武記》卷三《康熙親征準噶爾記》。

11 《清世宗詩文集》卷二十二《雍邸集》。

12 《康熙朝起居注》，三十九年十月十四日條，原書藏中國第一歷史檔案館。

13 《清世宗詩文集》卷二十二《雍邸集》。

14 《清聖祖實錄》卷二一〇，九月甲申條。

15 雍正《上諭內閣》，元年八月初十日諭。

16 當時黃河在今江蘇北部入海。

17 《清世宗詩文集》卷二十三《雍邸集·金山夜泊遇雨》。

18 《清世宗詩文集》卷二十三。

19 《清聖祖實錄》卷一八九，七月辛丑條。

20 康熙除了這一次，還於二十三年（一六八四年）去過盛京，那時胤禛年方七歲，他同他的哥哥都沒有隨行，所以胤禛的侍從拜謁盛京祖陵，只能是這一次。

21 《清世宗詩文集》卷二十二《雍邸集》。

22 《居易錄》卷二十二。

23 《清世宗詩文集》卷二十四《雍邸集·恭謁五臺過龍泉關偶題》。

24 《清聖祖實錄》卷五十八，十四年十二月丁卯條。

25 朝鮮《李朝實錄·肅宗實錄》卷一三五，八年（康熙二十一年）正月乙卯條，學習院東洋文化研究所一九六四年版，三十九冊三七三頁下。

26 《清聖祖實錄》卷二三四，四十七年九月己丑條。

27 《李朝實錄·肅宗實錄》卷六，三年（康熙十六年）三月甲午條，三十九冊一〇八頁上。

28 蕭奭《永憲錄》卷三，中華書局一九五九年版，一九一頁。

29 《居易錄》卷十七。

30《康熙朝起居注》，五十七年正月二十日條。
31《李朝實錄・肅宗實錄》卷五十四，三十九年（康熙五十二年）十一月丙寅條，四十一冊三四一頁下。
32《李朝實錄・肅宗實錄》卷十五上，十年（康熙二十三年）三月庚辰條，三十九冊四八二頁上。
33《國朝耆獻類徵》（初編）卷一六四，宋和撰《陳鵬年傳》。
34《清聖祖實錄》卷二三四，四十七年九月丁丑條。
35《李朝實錄・肅宗實錄》卷十五上，十年（康熙二十三年）三月庚辰條，三十九冊四八二頁上。
36《清聖祖實錄》卷一四七，二十九年七月癸丑條；參閱白晉《康熙帝傳》，《清史資料》第一輯二三四頁。
37《清史列傳》卷八《索額圖傳》；《清聖祖實錄》卷二一二，五月乙丑條。
38王鍾翰《清史雜考・清世宗奪嫡考實》，中華書局一九六三年版，一四八頁。
39白晉《康熙帝傳》，《清史資料》第一輯二，四二頁。
40《雍正朝起居注》，四年正月初五日條。
41《雍正朝起居注》，二年四月初七日條。
42《文獻叢編》第一輯《允禩允禟案》。
43《文獻叢編》第六輯《允禩允禟案》。
44《清聖祖實錄》卷二三四，四十七年九月戊戌條、壬寅條；卷二三五，十月甲辰條。
45、46、47《清聖祖實錄》卷二三四，九月丁丑條。
48《清聖祖實錄》卷二三四，九月戊戌條。
49《清聖祖實錄》卷二三四，四十七年九月辛丑條。
50《雍正朝起居注》，四年正月初五日條。
51《文獻叢編》第三輯《胤禩胤禟案》。
52《雍正朝起居注》，四年九月二十九日條。
53《清聖祖實錄》卷二三四，九月辛卯條。
54《清聖祖實錄》卷二三四，九月庚寅條。
55《清世宗實錄》卷四十五，四年正月甲子條。
56《清聖祖實錄》卷二三五，十月丙午條。
57《清聖祖實錄》卷二三五，十一月丙戌條；卷二三六，四十八年正月癸丑條。《清史列傳》卷十二《揆敘傳》。
58《清聖祖實錄》卷二三五，十一月戊子條。
59《清史列傳》卷十四《馬齊傳》。
60《清史列傳》卷十一《佟國維傳》；蔣良騏《東華錄》卷二十一，中華書局一九八〇年版，三三七頁。
61蔣良騏《東華錄》卷二十一，三三九頁。

62《上諭內閣》二年八月二十二日諭云：「從前皆保廉親王為皇太子，視為奇人。」《雍正朝起居注》同日記作：「從前眾皆奇異廉王，保為皇太子。」

63《碑傳集》卷二十，《勞之辨傳》附奏疏。

64《清聖祖實錄》卷二三五，四十七年十一月辛巳條。

65《清聖祖實錄》卷二三四，九月壬寅條。

66《清聖祖實錄》卷二三四，九月庚寅條。

67《耆獻類徵》卷九《馬齊傳》。

68《清聖祖實錄》卷二六一，十一月甲子條。

69《清聖祖實錄》卷二三五，四十七年十一月戊子條。

70《雍正朝起居注》，元年十一月二十五日條；弘旺《皇清通志綱要》卷四下，抄本，原書藏北京大學圖書館。

71《清聖祖文集》第三集卷十四《諭宗人府》。

72、73《清聖祖實錄》卷二三五，四十七年十一月辛卯條。

74《皇清通志綱要》卷四下。

75《清聖祖實錄》卷二三四，四十七年九月庚辰條。

76在年長的皇子中，從皇長子起到皇八子止，除皇六子早逝不計外，只有皇七子胤祐沒有被捕，而胤祐在年長皇子中，是最沒有政治活動能力的人。

77《清聖祖實錄》卷二五一，五十一年十月辛亥條。

78《李朝實錄・肅宗實錄》卷五十二，三十八年（康熙五十一年）十二月癸酉條，四十一冊二九四頁下。

79《清聖祖實錄》卷二五二，五十一年十一月丁未條。

80《李煦奏摺》，中華書局一九七六年版，八〇-八一頁。

81《李朝實錄・肅宗實錄》卷五十二，三十八年（康熙五十一年）十二月癸酉條，四十一冊二九四頁下。

82《清史列傳》卷十二《阿靈阿傳》。

83《清聖祖實錄》卷二四八，五十年十月壬午條。

84《清聖祖實錄》卷二五一，五十一年十月辛亥條。

85《清聖祖實錄》卷二五二，五十一年十一月戊戌條。

86、87《清聖祖實錄》卷二五一，五十一年十月辛亥條。

88《清聖祖實錄》卷二五三，五十二年二月庚戌條。

89《李朝實錄・肅宗實錄》卷五十五，四十年（康熙五十三年）正月乙巳、三月辛亥、戊辰條、四十一冊三四七頁上、三四八頁下、三四九頁上。

90《清聖祖實錄》卷二六六，五十四年十一月庚子條；卷二七七，五十七年正月庚午條；《上諭內閣》，二年閏四月十四日諭。

91《耆獻類徵》卷十一，錢大昕撰《王掞傳》。

92《耆獻類徵》卷十一，袁枚撰《王掞傳》。

93《文獻叢編》第四輯《康熙建儲案・王掞奏摺》。

94《皇清通志綱要》卷四下。關於王掞保舉誰的問題，澳大利亞墨爾本大學教授金承藝在《胤禎：一個帝夢成空的皇子》（載臺北《中央研究院近代史研究所集刊》第六期，一九七七年出版）一文中，認為保的是胤禎（即胤禵），但缺乏論據，故不取其說。

95《康熙朝起居注》，五十六年十一月二十六日條。

96《康熙朝起居注》，五十七年正月二十、二十一日條。

97、98 昭槤《嘯亭雜錄》卷四《朱檢討上書事》。

99《清聖祖實錄》卷二七七，五十七年正月庚午條。

100《文獻叢編》第四輯《康熙建儲案・王掞摺》。

101《文獻叢編》第四輯《康熙建儲案・陶彝等摺》。

102《耆獻類徵》卷十一，袁枚撰《王掞傳》。

103、104《清聖祖實錄》卷二九一，六十年三月丙子條。

105《清聖祖實錄》卷二七九，五十七年五月己巳條；卷二八〇，七月壬子條。

106《清聖祖實錄》卷二六一，五十三年十一月丙寅條。

107《清聖祖實錄》卷二六一，五十三年十一月甲子條。

108《清聖祖實錄》卷二六一，五十三年十一月甲子、乙丑條。

109《清聖祖實錄》卷二六二，五十四年正月丙寅條。

110《雍正朝起居注》，二年十月二十八日條。

111《關於江寧織造曹家檔案史料》，中華書局一九七五年版，二一〇—二一三頁。

112《文獻叢編》第一輯《允禩允禟案・秦道然供詞》。

113《文獻叢編》第一輯《允禩允禟案・穆景遠供詞》。

114、115《文獻叢編》第一輯《允禩允禟案・秦道然供詞》。

116《文獻叢編》第一輯《允禩允禟案・穆景遠供詞》。

117《清聖祖實錄》卷二六六，五十四年十一月癸卯條。

118《掌故叢編》第六輯《胤禩給何焯書信》。

119《清聖祖實錄》卷二六九，五十五年九月辛巳條。

120《庭訓格言》。

121《清聖祖實錄》卷二七一，五十六年正月甲申條。

122《文獻叢編》第三輯《戴鐸奏摺（五十七年摺）》。

123《清聖祖實錄》卷二七三，五十六年七月辛未條。

124《皇清通志綱要》卷四下。

125《撫遠大將軍奏議》。

126《永憲錄》記載，雍正元年五月封胤禵為郡王，下注云：「未賜封號。注名黃冊，仍稱貝子」（一一九頁）。將封王而未賜號的情況區別開來，可作康熙對胤禵封王的參考。

127《撫遠大將軍奏議》。

128《清聖祖文集》第四集卷二十三，《平定西藏文》。
129《清聖祖實錄》卷二八四，五十八年四月乙巳條。
130 參閱《清史雜考·胤禎西征紀實》，中華書局一九六三年版，一九八頁。
131、132《撫遠大將軍奏議》。
133《雍正朝起居注》，二年閏四月十四日條。
134《李朝實錄·景宗實錄》卷二，肅宗四十六年（康熙五十九年）九月丁丑條，四十二冊十三頁上。
135《文獻叢編》第一輯《允禩允禟案·秦道然供詞》。
136《文獻叢編》第一輯《允禩允禟案·穆景遠供詞》。
137《文獻叢編》第一輯《允禩允禟案·何圖供詞》。
138、139《文獻叢編》第一輯《允禩允禟案·秦道然供詞》。
140、141《文獻叢編》第一輯《允禩允禟案·張愷供詞》。
142《上諭內閣》，三年六月初七日諭。
143《大義覺迷錄》卷三。
144《耆獻類徵》卷一一六，陳壽祺撰《陳夢雷傳》。
145《耆獻類徵》卷六十九，全祖望撰《方苞神道碑銘》。
146《清聖祖實錄》卷二六〇，五十三年十月己巳條；卷二六一，十一月辛亥條。
147《李朝實錄·肅宗實錄》卷五十四，三十九年（康熙五十二年）十一月丙寅條，四十一冊三四一頁下。
148《康熙朝起居注》，五十六年十二月初四、初五、初六、十三諸日，二月三十日，三月十三日、十四日。
149《清史列傳》卷十三。《年羹堯傳》。
150《康熙朝起居注》，五十六年三月初五日條；《清聖祖實錄》卷二七〇，五十五年十二月壬寅；卷二七一，五十六年二月丁酉；卷二七二，四月癸卯，五月庚申；卷二七三，七月辛酉；卷二八〇，五十七年八月癸未條。
151《文獻叢編》第三輯《戴鐸奏摺（康熙五十七年摺）》。
152《上諭內閣》，八年五月二十四日諭。
153《文獻叢編》第三輯《戴鐸奏摺一》。
154《雍正朝起居注》，二年四月初七日條。
155《雍正朝起居注》，二年七月初六日條。
156、157《文獻叢編》第三輯《戴鐸奏摺（五十五年摺）》。
158《雍正朝起居注》，二年五月二十八日條。
159《雍正朝起居注》，三年十一月初七日條。
160《清聖祖實錄》卷二五七，五十二年十一月丙午、甲寅條。
161《雍正朝起居注》，三年二月二十九日條。
162《文獻叢編》第三輯《戴鐸奏摺（五十七年摺）》。

163《上諭內閣》，七年十月初六日諭。
164《文獻叢編》第三輯《戴鐸奏摺（五十四年摺、五十五年摺）》。
165《雍正朝起居注》，五年三月十一日條。
166《上諭內閣》，五年十二月十五日諭。
167《文獻叢編》第三輯《戴鐸奏摺（五十五年摺）批語》。
168《雍正朝起居注》，二年五月二十四日條。
169《雍正朝起居注》，二年五月二十八日條；《上諭內閣》，七年六月初十日諭。
170《雍正朝起居注》，五年二月初七日條。
171 袁枚《小倉山房文集》卷二《刑部尚書富察公神道碑》。
172《清聖祖實錄》卷二三六，四十八年二月己巳條。
173《雍正朝起居注》，元年四月十八日條。
174《清世宗詩文集》卷十一《和碩怡賢親王遺稿題辭》。
175《文獻叢編》第一輯《雍親王致年羹堯書》。
176、177《文獻叢編》第三輯《戴鐸奏摺（五十七年摺）》。
178《雍正朝起居注》，三年四月初七日條。
179《清聖祖實錄》卷二六九，五十五年九月甲戌、己卯、癸未條。
180《清世宗詩文集》卷六《雍邸集序》。
181《清世宗詩文集》卷二十五《雍邸集・園居》。
182《清世宗詩文集》卷二十四《雍邸集・山居偶成》。
183 見《悅心集》卷三。
184《清聖祖實錄》卷二六三，五十四年四月乙未條。
185《清聖祖實錄》卷二九〇，五十九年十二月庚申條。
186《清聖祖實錄》卷二九九，六十一年十月辛酉、庚午條；卷三〇〇，十一月丁亥條。
187《清世宗詩文集》卷二十六《雍邸集》。
188 清世宗《圓明園記》，見清高宗編《御制圓明園圖詠》。
189《清高宗詩集》第五集《甲寅遊獅子園・注》。
190《清高宗詩集》第五集卷九十四《新正幸御園即事》。
191《文獻叢編》第三輯《戴鐸奏摺（五十六年摺）》。
192《康熙朝起居注》，五十六年十月三十日條。
193《清聖祖文集》第三集卷十八，《諭內閣（五十年十一月）》。
194、195《明清史料》丁編第八冊七八八頁。
196《李朝實錄・肅宗實錄》卷六十一，四十四年（康熙五十七年）四月辛巳條，四十一冊五三二頁。

197《清世宗實錄》卷十，元年八月甲子條。
198《清聖祖實錄》卷二六六，五十四年十月丙寅條。
199《清聖祖實錄》卷二七五，五十六年十一月辛未條。
200《康熙朝起居注》，五十六年九月十五日條。
201《清聖祖實錄》卷二七五，五十六年十一月辛未條。
202《康熙朝起居注》，五十七年二月二十六日條。
203《清聖祖實錄》卷二九九、三〇〇。
204《永憲錄》四八、四九頁。
205《皇清通志綱要》卷四下。
206《大義覺迷錄》卷三。
207《關於江寧織造曹家檔案史料》，九九頁。
208《康熙朝起居注》，五十七年正月二十日條。
209《大義覺迷錄》卷一，見《清史資料》第四輯一〇一一一頁。
210《上諭內閣》，康熙六十一年十一月二十八日諭。
211清世宗「硃諭」，第十二函，原件藏中國第一歷史檔案館。
212《上諭內閣》，康熙六十一年十一月十六日諭。
213塗抹處是：「欲致海宇昇平，人民樂業」一句，其「人民樂業」四字，壓縮寫在二個字的空檔之內；「蓋由天下事繁」句中「事繁」二字；「惟諸葛亮能如此耳」句中的「亮能」二字；「禮親王、饒餘王之子孫現今俱各安全」句中的「安全」二字，均只佔一字的空檔，顯係原來書寫有誤，抹去後塡寫的文字。錯字是把「承」字寫作「承」。
214《清世宗實錄》卷一。
215《李朝實錄・景宗實錄》卷十，二年（康熙六十一年）十二月戊辰條，四十二冊一五二頁。
216《清高宗詩集》第五集卷九十一《遊獅子園》。
217參閱稻叶君山《清朝全史》第四十八章。
218《明史》卷一四七《解縉傳》。
219《永憲錄》卷一，四九頁。
220《李朝實錄・景宗實錄》卷十，二年（康熙六十一年）十二月戊辰條，四十二冊一五二頁。
221《清世宗實錄》卷六十二，五年十月丁亥條。
222《清世宗實錄》卷一。
223《嘯亭雜錄》卷四《王太倉上書事》。
224《大義覺迷錄》卷三。
225金承藝《從「胤禎」問題看清世宗奪位》、《胤禎非清世宗本來名諱的探討》，分載臺北《中央研究院近代史研究所集刊》第五期（一九七六年出版）、第八期（一九七九年出版）。

226 原書藏中國第一歷史檔案館。

227 參閱拙文〈清世宗原名胤禛，並未盜名〉，見《南開大學學報》一九八二年第一期。

228 參閱拙文〈康熙第十四子胤禵本名考釋〉，見《歷史檔案》一九八一年第四期。

229 《大義覺迷錄》卷三。

230 據《永憲錄》六六頁所記，胤禛召胤禵回京，限程二十四日。他實際走的時日還多。

231 孟森《明清史論著集刊・清世宗入承大統考實》發出此疑問。

232 《永憲錄》，四九頁。

233 《李朝實錄・景宗實錄》卷十，二年（康熙六十一年）十二月戊辰條，四十二冊一五一頁。

234 《李朝實錄・肅宗實錄》卷三十六，三十六年（康熙四十九年）十一月庚申條，四十一冊一九一頁。

235 《李朝實錄・景宗實錄》卷十，二年（康熙六十一年）十一月辛亥條，四十二冊一四七頁。

236 《李朝實錄・景宗實錄》卷十，二年（康熙六十一年）十二月壬子條，四十二冊一四八頁。

237 《文獻叢編》第四輯《戴鐸口供二》。

238 《硃批諭旨・蔡珽奏摺》。

239 《清聖祖實錄》卷二七五，五十六年十一月辛未條。

240 《紅樓夢》第七十五回。

第二章 「雍正改元，政治一新」的指導思想

繼位前後社會矛盾概述

人的思想支配人的行動，而人的意識又來源於社會環境。雍正即位後的行政，是他的政治思想的表現。他的政治觀點是他繼位前後的社會矛盾，經過他的大腦加工而形成的。上一章介紹了包括胤禛活動在內的康熙朝儲位鬥爭，對當時社會其他矛盾及康熙的全面政治思想無暇敍述，不能把雍正政治思想產生的全部原因揭示出來，這裏略作補敍。

康熙在統治的後期，倦於政務，受地主階級功成名就思想的羈絆，與早年較為進取的精神相比，失去了變革現實的銳氣。加之身體衰弱，太子問題耗費大量精力，從而無力進行鼎興事業。五十年（一七一一年）三月，他說：「今天下太平無事，以不生事為貴。興一利，即生一弊。古人云多事不如少事，職此意也。」[1]又說：「治天下務以寬仁為尚。」[2]「不生事」，就是不管現狀如何，一概維持，不求有貢獻，惟求無過失，因此討厭多事。對社會弊端，因不能改變，只好睜一眼閉一眼，以「寬仁」為懷。五十六年（一七一七年），康熙進一步說：「為君之道，要在安靜，不必矜奇立異，亦不可徒為誇大之言。」[3]「安靜」、「寬仁」指導思想下的「不生事」，是康熙後期基本的施政方針。

人們主觀上可以嚮往不生事，但客觀存在的「事」——矛盾卻不能不生出來。康熙後期矛盾

越積越多，越嚴重。概要言之，有下列數端：

朋黨之爭。儲位鬥爭是朋黨之爭的一項內容，此外，朝臣中有滿漢的矛盾，遇有朝中大事，每每是「滿洲大臣一議，漢大臣一議」[4]，有不同政見是正常的，但以滿漢相區別，則是雙方矛盾的表現。漢人大學士李光地、左都御史趙申喬互相徇隱，把滿人大學士嵩祝等不放在眼裏，康熙就啓用馬齊為首輔，以事鎮懾[5]。

貪官、封建政府與農民的矛盾。附加稅火耗，康熙原不許徵收，十七年（一六七八年）規定：「州縣官剋取火耗、加派私徵及司道府徇情不報者，皆革職提問，徇縱不參之督撫革職。」[6]但是低俸祿的制度和官僚制度決定火耗禁止不了。二十八年（一六八九年），浙閩總督興永朝奏稱：「若斷絕外官火耗，則外任實不能度日。」康熙也不得不表示同意[7]。既不能取締，州縣官必然會利用禁止的鬆弛而濫徵。據文獻記載，康熙後期各省火耗加徵率有如下表：

地區	火耗率（%）	資料出處
江蘇	五—一〇	沈德潛《歸愚詩鈔》卷五〈百詩〉。
湖南	一〇—三〇	《清聖祖實錄》卷二六六，五十四年十月庚子條。
山西	三〇—四〇	《硃批諭旨・高成齡奏摺》，三年二月初八日摺。 《清聖祖實錄》卷一二一，二十四年六月辛卯條。
陝西	二〇—五〇	《清聖祖實錄》卷二九九，六十一年九月戊子條

山東	八〇	汪景祺《讀書堂西征隨筆・西安吏治》。
河南	八〇	同上。

不難看出，加耗很重，大約總在正額錢糧的三四成之間。州縣官徵收耗羨，除落入私囊，要給上司送規禮，地方官也要給朝臣送禮。所以火耗同各種陋規相聯繫，腐蝕著整個官僚階層。州縣官為確保私人及規禮用度，徵耗羨銀嚴於收錢糧，徵了的錢糧還往往挪作他用，不能上交國庫。五十九年（一七二〇年），康熙指出：「直隸各省錢糧虧空甚多」[8]那時「庫帑虧絀，日不暇給」，戶部庫裏只存有八百萬兩銀子[9]。在這「私派浮於國課，差徭倍於丁糧」的情況下[10]，以官吏、政府為一方與農民為一方，產生嚴重的對立。錢糧的挪用，使皇帝為首的政府與官僚也發生矛盾。火耗關乎著吏治、國課、民眾情緒，康熙也深明於此，但他無力去整頓。有的官員奏請限制火耗成數，他不贊成，說若將火耗明定額數，官員無忌憚，必將更加多收。六十一年（一七二二年）九月，陝西巡撫噶什圖建議，將耗羨除留州縣用度外，多餘的歸省里，用作公共事務，康熙也不批准，還說徵收火耗原是地方官的私事，若允許它部分歸公，就是使它合法化，而他本人將落個實行加派的罪名[11]。康熙由反對火耗的態度，轉向姑息，縱容它的惡性發展，充分說明濫徵耗羨、吏治不清是難於解決的嚴重社會問題，由此促進農民與清政府的矛盾。

依靠富民的政策與階級矛盾的積累。康熙曾責備江蘇巡撫張伯行「每苛刻富民」，因而說「地方多殷實之家，是最好事」[12]。封建政府以地主階級作為自身的階級基礎，保護這個階級原是自然的，問題是給了它過多的特權，從而嚴重危害平民百姓。清朝政府允許紳宦士人稱為「儒戶」、

「宦戶」，享有一定的免役權。他們又憑恃紳衿與官吏勾結，將自身應當承擔的賦役轉嫁到平民身上。有的地方，紳衿「例不承役，一切費用盡出於窮民」[13]。有的官員看到貧富賦役不均的嚴重性，主張平均負擔，特別是把窮戶的丁銀攤入到地畝中徵收，但是戶部以「不便更張」阻止實行[14]。所以攤丁入畝只能在極少數地區實行。貧苦農民受地主及封建政府的剝削，矛盾日益積累，有的地方已相當嚴重，在康熙末年，出現了一些農民暴動。如五十年（一七一一年）江西永新縣陳顯五領導暴動，次年浙江沿海「海盜」不斷殺死清軍[15]，五十六年（一七一七年）河南蘭宜縣亢鋌、閿鄉縣王更一分別發動反抗運動，次年湖廣地區發生所謂「捏造妖言，煽惑愚民」的聚眾準備起事事件[16]。五十九年（一七二〇年）山東鹽販王美公等和農民滙聚在一起，洗劫鹽店富戶，稱王稱將軍[17]。同年朱一貴在臺灣領導農民，擊殺清軍總兵官歐陽凱，稱帝，有眾數萬。此外，羣眾性秘密結社在許多地方開展活動。

西北用兵造成的問題。五十四年（一七一五年）西北兵端肇起以後，康熙調兵遣將，開銷較大，西北前線人民負擔顯著增加。部分軍士不願出征，逃亡相繼，清政府嚴行懲治。五十六年（一七一七年）朝鮮使臣李枋、李大成等歸國報告，說他們在路上看到檻車載送男人和婦女，原來是不願意西征的人的妻子，流放到瀋陽或寧古塔。他們還說過去所經之地，見「人物甚盛，關門嗔咽」的繁榮景象，如今「關外人家多有撤毀處，關內人物頗稀疏，馬畜甚貴，或騎牝騾而行，蓋以征討西㺚之故，如是凋敝云耳。」[18]被迫進行的西北用兵，一定程度上破壞了人民、軍士的正常生活秩序，帶來一些痛苦。於是有一些官僚對用兵提出異議，貴州巡撫劉蔭樞、甘肅提督師懿德先後上疏，反對進兵，康熙把劉蔭樞發往軍前重地，師懿德擬絞立決[19]。西北用兵十分必要，處理反對派也是應該的，但用兵帶來的兵力疲敝則是現實問題，也必須解決。

總之，康熙後期，皇帝倦勤，實行「寬仁」之政，封建政治固有的疾弊顯現出來，社會矛盾有所上升。其實他實行的已不是寬仁政策，而是政治上的廢弛。明朝開國的第二年（一三六九年），明太祖問元朝舊臣，元朝為什麼會滅亡，回答說它實行了寬容政治，明太祖說不對：「元季君臣耽於逸樂，循至淪亡，其失在縱弛，非寬也。」又說：「大抵聖王之道，寬而有制，不以廢棄為寬；簡而有節，不以慢易為簡；施之適中，則無弊矣。」[20]說得中肯。寬仁不等於縱弛，對臣下的貪婪不法，不嚴行懲處，看似寬容仁愛，實際放縱他們繼續作惡，而使老百姓遭殃，所以縱弛害政害民，為勵精圖治的帝王所不取。

「振數百年頹風」的革新思想

雍正說他事事不如乃父，「惟有洞悉下情之處，則朕得之於親身閱歷，而皇考當日所未曾閱歷者。朕在藩邸四十餘年，凡臣下之結黨懷奸，夤緣請託，欺罔蒙蔽，陽奉陰違，假公濟私，面從背非，種種惡劣之習，皆朕所深知灼見，可以屈指而數者，較之古來以藩王而入承大統者，如漢文帝輩，朕之見聞，更遠過之」[21]。他對雍親王的經歷頗為自負，確實，它使他「於羣情利弊事理得失無不周知」[22]，使他對接受政權時的社會問題、人民情緒、施政班底都有比較符合於實際的瞭解，產生他的政治思想。

（一）興利除弊的革新思想

雍正即位，命翰林條奏時政，成文奏請「興利除弊」，雍正見了，大加訓斥，責問他：

「皇考聖治，又有何弊，朕何以除之？」[23]這是成文老實，說眞話觸了霉頭。不是雍正看不出時弊，他說：「朕在藩邸時，聞九卿會議，歸有紀錄，所議之事，則羣然笑之，此等習俗，朕所深惡。」[24]做雍親王時就痛恨達官貴人的因循苟且，即位的當月，就向大學士、尚書、侍郎說：「政事中有應行應革能裨益國計民生者，爾等果能深知利弊，亦著各行密奏。」[25]就是要採納各官之言，革除時弊，只是繼位之初，猶須使用乃父旗號，改革要實行，而不必大肆宣傳。雍正對他的政治，有一個總的要求，就是「雍正改元，政治一新」[26]，「移風易俗，躋斯世於熙之皞盛」[27]。即要隨著新朝的開始，剔除前朝積弊，在政治上出現一個嶄新的局面，形成國富民殷的盛況。他不僅看到康熙朝的問題，而且深知其淵源，絕非一朝一代的事情，所以他的改革胃口很大，宣稱：「朕欲澄清吏治，又安民生，故於公私毀譽之間，分別極其明晰，曉諭不憚煩勞，務期振數百年之頹風，以端治化之本。」[28]又針對因科舉而產生的情弊，說他欲「將唐宋元明積染之習盡行洗濯，則天下永享太平」[29]。他要清除的頹風主要是吏治不清以及與之密切相關的腐敗的科舉制度、民間風習。振新，同「多一事不如少一事」的墨守成規思想相對立，雍正反對「因循玩愒」[30]，主張多事，這是他改革思想不可缺少的內容。

（二）反對朋黨，強調忠君

雍正是從朋黨爭鬥中過來的，深知它的禍國亂家的危害。他說人臣應以君主之是非為是非，若敢於「樹朋黨，各徇其好惡以為是非」，「是罔上行私」，犯了背叛君主的不忠之罪。又說人臣結黨，譏訕朝政，擾亂君主之視聽，堅持既定的政策。至於朋黨之間互相攻擊，則干預了君主用人去人的權柄。一句話，朋黨干擾了朝政，妨礙君權的充分發揮，所以他說：「朋黨之惡，可勝誅乎？」[31]

（三）主張為政務實與反對沽名釣譽

雍正在繼位一週年之際，告誡臣工說：「為治之道，要在務實，不尚虛名。朕纘承丕基，時刻以吏治兵民為念，……」[32]治理國家，是尚虛，還是務實？他的觀點非常鮮明，那就是務實，注意吏治、民生。他要求臣下「籌國是，濟蒼生」[33]。學校教育要「實行」、「文風」兩者並重[34]。他的尚實，就是要求君臣共同關心國家大計，去解決民生、吏治的實際問題。

要務實，必然反對沽名釣譽。雍正在元年正月給地方各級文武官員發布上諭，說明他們的職責和對他們的要求，諭總督說：

朕觀古之純臣，載在史冊者，興利除弊，以實心，行實政，實至而名亦歸之，故曰：名者實之華。今之居官者，釣譽以為名，肥家以為實，而曰「名實兼收」，不知所謂名實者果何謂也。[35]

給按察使的諭旨又說到這個問題：

邇來士大夫好云名實兼收，所謂名者官爵也，所謂實者貨財也。[36]

他對官場中流行的名實兼收，非常不滿，一針見血地指明官員講的「實」是個人的「貨財」，是「肥家」，不是國計民生的「實」；官員講的「名」，是官爵，是釣譽，不是由於實心實政而應得的美名。他分清「名實兼收」的「名」和「實」，與為政務實以及由此而得名的「名」和「實」，是兩種名實觀，他反對不顧民生吏治的「名實兼收」和官員的沽名釣譽。

（四）捨「寬仁」從「嚴猛」

康熙為政尚寬仁，雍正要不要繼承它？他有自己的見解。是寬仁好，還是嚴猛好，他認為應從當時的實際情況出發：「觀乎其時，審乎其事，當寬則寬，當嚴則嚴。」[37]他說他繼位時的情形是：「人心玩愒已久，百弊叢生。」因此，「若不懲創，將來無所底止」[38]。他具有實行嚴猛政治的思想，認為寬仁不合當時的社會情況，為此多次作過說明。他在雲貴總督鄂爾泰報告鎮沅土司叛亂的奏摺上寫道：「且猛做去，寬之一字乃上天之恩，若容寬時得有可寬之日，乃爾我君臣之大福，天地神明之殊恩也。」[39]鄂爾泰是他的寵臣，所以公開地告訴對方，他贊成嚴猛思想。他在雲南巡撫楊名時的奏摺中批道：「政寬則民慢，慢則糾之以猛，猛則民殘，殘則施之以寬，寬以濟猛，猛以濟寬，政是以和，此誠聖人千古不易之名言也。」[40]楊名時主張寬仁，雍正企圖以此說服他。雍正有時還講寬嚴結合。對湖廣總督楊宗仁說：「爾等封疆大臣於一切政治，但務寬嚴相濟，舒暢兵民之情。」[41]講究寬仁的，絕不提嚴猛，因「寬仁」好聽，易得兵民官員擁護，講嚴猛，易被輿論譴責，雍正講寬嚴相濟，似不偏廢，意在用「寬」遮蓋「嚴」，實質是要嚴。

（五）主張「人治」

雍正元年，御史湯之旭奏請劃一律例條款，頒示天下，雍正答覆說：所奏「未嘗不是，但天下事，有治人，無治法，得人辦理，則無不允協，不得其人，其間舞文弄法，正自不少。……雖條例劃一，弊終難免」[42]。法令制度和制定、執行法令的人，兩者對於國家治亂的關係，雍正把人看成是重要的因素，而法制的作用取決於從政的人的狀況，是次要的。他認為很好的法制也要守法的人來推行，若碰到壞人，反倒被他利用為「貪營巧取」的工具[43]。他又認為法久弊生，故法不可恃，還要靠人把它改過來，才能免除弊病。至於法不完善並不要緊，只要有好人來執行，自然會「因時制宜」，加以補充調整，使之成為善法，所以他說「有治人，即有治法」[44]。「有治人，無治法」，自從荀子提出來之後，歷來被統治者所信奉，雍正信之彌堅，他的「有治人即有治法」之說，越發明確地把法治從屬於人治，進一步說明人治的重要。

「人治」，作為雍正的政治思想的內涵，主要的是帝王的勵精圖治和在君主指導下的良好的官僚隊伍的從政。他說「治天下惟以用人為本，其餘皆枝葉事耳」[45]，就是這種思想的體現。

雍正在即位之初，為寢宮養心殿西暖閣書寫了一幅對聯，聯文是：「原以一人治天下，不以天下奉一人。」[46]「一人治天下」的思想，自然形成人治的觀念。本來，君主權力要多大有多大，法律是他制定的，法律如不完備，或同他的意志相牴牾，會更改它，或用令、式、格來補充它，他的話就是法令，就是施政方針，當然法治從屬於人治了，從屬於君主之治了。「以一人治天下」，這是雍正對他的君主至治的思想，也是君權至上的思想的高度概括。

雍正所篤信的人治觀念雖然為歷代君主所共有，但在他之前，進步思想家黃宗羲已經在《明夷待訪錄》中提出「有治法而後有治人」的觀點。黃宗羲猛烈抨擊了「有治人無治法」的傳統觀念，認為法制對國家的興衰比人重要，因此要求「治人」服從法制。毫無疑問，黃宗羲的觀點比雍正們先進，雍正在他之後還強調人治，從思想體系上講當然是反動的。但是法制在封建社會不可能真正實現，政治的好壞往往視執政者狀況為轉移。雍正的「人治」，強調君主勵精圖治，重視官吏的任用得人，希望實現清明政治。從實踐的角度看，他的「人治」又有著某些合理內容。

雍正為政務實的思想，重視解決國計民生的實際問題，比那些沽名釣譽而又貪婪的官僚、惟知剝民害民的執政者當然要好。雍正反對朋黨的觀點是帝王思想，然而朋黨在歷史上沒起多少好作用，常常同政治黑暗相聯繫，雍正為避免政治混亂，反對朋黨，無可非議。

雍正的政治思想如何評價，重要的是看這種思想形成的社會政策的實踐效果。

本節為讀者提供的是雍正政治思想的概貌，以便閱讀後面章節。為概述而採取評論式寫法，未能以所敘事情、言論發生的時間順序來進行，實為拙筆。下面的章節，就避免了這種表達法，尚祈讀者鑒宥。

註釋

1 《清聖祖實錄》卷二四五，五十年三月乙卯條。

2 《清聖祖實錄》卷二四五，五十年三月庚寅條。

3 《清聖祖實錄》卷二七五，五十六年十一月丙子條。

4 《清聖祖實錄》卷二六六，五十四年十月壬辰條。

5 《清聖祖實錄》卷二六八，五十四年十月壬辰條。

6 光緒《大清會典事例》卷一七二《戶部・田賦》。

7 《康熙朝起居注》，二十八年九月十二日條。

8 《清聖祖實錄》卷二八九，五十九年七月庚午條。

9 《嘯亭雜錄》卷一《理足國帑》。

10 《掌故叢編》第五輯《年羹堯奏摺》。

11 《清聖祖實錄》卷二九九，六十一年九月戊子條。

12 《清聖祖實錄》卷二六六，五十四年十月辛丑條。

13 朱軾《朱文端公集》卷二《答白中丞書》。

14 吳振棫《養吉齋餘錄》卷一。

15 《李煦奏摺》，中華書局一九七六年版，一一七頁。

16 《清聖祖實錄》卷二八二，五十七年十一月戊戌條。

17 張廷玉《澄懷園主人自訂年譜》卷一。

18《李朝實錄・肅宗實錄》卷五十九，四十三年（康熙五十六年）四月乙酉條，四十一冊四六四頁下－四六五頁上。

19《清聖祖實錄》卷二七七，五十七年二月庚寅條。

20《明史紀事本末》卷十四《開國規模》。

21《雍正朝起居注》，四年十月初二日條。

22《雍正朝起居注》，二年九月二十五日條。

23《上諭內閣》，元年正月二十七日諭。

24《上諭內閣》，四年九月二十六日諭。

25《上諭內閣》，康熙六十一年十一月二十九日諭。

26 李紱《穆堂別稿》卷十八《漕行日記》。

27《雍正朝起居注》，二年七月十六日條。

28《雍正朝起居注》，五年一月十七日條。

29《雍正朝起居注》，五年二月初三日條。

30《硃批諭旨・范時繹奏摺》，六年六月二十日摺硃批。

31《清世宗實錄》卷六，元年四月丁卯條。

32《清世宗實錄》卷十三，元年十一月丁酉條。

33《硃批諭旨・李紱奏摺》，四年十一月二十一日摺硃批。

34《清世宗實錄》卷三，元年正月辛巳條。

35、36《清世宗實錄》卷三，元年正月辛巳條。

37《上諭內閣》，七年七月初五日諭。

38《上諭內閣》，七年五月初五日諭。

39《硃批諭旨・鄂爾泰奏摺》，五年五月初十日摺硃批。

40《硃批諭旨・楊名時奏摺》，二年九月初六日摺硃批。

41《硃批諭旨・楊宗仁奏摺》，三年四月初九日摺硃批。

42《雍正朝起居注》，元年七月十八日條。

43《清世宗實錄》卷八十九，七年十二月癸卯條。

44《雍正朝起居注》，二年七月十六日條。

45《硃批諭旨・鄂爾泰奏摺》，四年八月初六日摺硃批。

46《硃批諭旨・朱綱奏摺》，五年九月二十六日摺。《日下舊聞考》卷十七作「惟以一人治天下，豈為天下奉一人」。見北京古籍出版社一九八一年版，第一冊二三一頁。

第三章　迭興阿、塞、年、隆諸獄

分化瓦解允禩、允禵集團

康熙死的第二天，尚未正式即位的雍正辦了幾件大事。任命貝勒允禩、十三阿哥允祥、大學士馬齊、尚書隆科多四人為總理事務大臣，他說居喪期間，心緒不寧，因此臣下「有所啓奏諸事」，除藩邸事務外，「俱交送四大臣，凡有諭旨，必經由四大臣傳出」，以便把各種事情有條不紊地辦好[1]。總理事務大臣，位尊權重，自應是新朝的核心人物，應是先朝的元老重臣和新君的親信。雍正與允祥情誼最篤，上臺受隆科多擁護最力，命他們為總理事務大臣，順情順理。任用政敵允禩及其追隨者馬齊，是一個大的戰略決策。同日封允禩、允祥為親王，允礽的兒子弘晳為郡王。十二月十一日，賜允禩爵號和碩廉親王，允祥和碩怡親王，允祹多羅履郡王，弘晳多羅理郡王。同月命允禩兼管理藩院和上駟院，雍正元年（一七二三年）二月改兼管工部。

雍正優待允禩的親屬，任用了一些他的支持者。雍正賜允禩的兒子弘旺貝勒銜[2]，榮譽之高，在諸皇侄中，是弘晳外所僅見的。允禩的母舅噶達渾，康熙並未因允禩及其母良妃而把他放出辛者庫，雍正為照顧允禩，削其賤籍，放為一般旗民，賞賜世襲佐領世職[3]。被康熙指斥與允禩勾結的貝子蘇努，雍正在乃父死後的第三天，將他晉爵貝勒，不久把他的兒子勒什亨委署領侍衛內大臣。佛格，原係閒散宗室，與允禩關係密切，元年（一七二三年）年初，雍正用他為刑部尚書。

阿靈阿的兒子阿爾松阿，康熙末年為領侍衛內大臣，雍正於元年十二月，也命他任刑部尚書。貝勒滿都護，雍正命他總理事務處協同行走。佟吉圖，允禩管內務府廣善庫時的司官，因之交厚，後退職居閒，「自云藏器待時」，意在為允禩異日效力。雍正即位，說他「才具可用」，擢為山東按察使，很快升布政使[4]。允禩和他的一些追隨者，在政敵當權下，反倒加官晉爵，似比在先朝還要得意，一部分人因而彈冠相慶。允禩晉王爵，他的妻子烏雅氏的親戚來祝賀，烏雅氏說：「皇上今日加恩，焉知未有什麼可喜的？不知道那一天掉腦袋哩[5]！允禩本人也對朝中大臣說：「皇上今日加恩，焉知未伏明日誅戮之意？」又說：「目下施恩，皆不可信。」[6]當雍正任用阿爾松阿為刑部尚書的諭旨下達時，受命者懷疑要用這個職務殺害他，固辭不敢受[7]。允禩夫婦、阿爾松阿這些儲位鬥爭的當事人很明白，政敵不會饒過自己，現在的「榮寵」，正是未來的開罪把由。他們的擔心並非是多餘的。雍正在繼位初期，採取的是拉攏允禩本人及他的集團中一部分人的政策。

雍正對允禵是另一種態度。任用允禩為總理事務大臣的當天，令召允禵回京。雍正說：皇考的喪事，若允禵不能親臨，恐怕內心一定不安，為了他，還是讓他急速回來吧。隨即命輔國公延信馳驛赴甘州軍營，管理大將軍印務，行文川陝總督年羹堯協理軍務，延信未到之前，命平郡王訥爾蘇署理大將軍事[8]。十二月十七日，允禵到京，未到之先，行文奏事處，請示先拜謁大行皇帝的梓宮，還是先慶賀新君的登極[9]，雍正命他先謁梓宮，他逕赴壽皇殿乃父靈柩前哭拜。那時雍正也在那兒，允禵望見了，正是仇人相見，分外眼紅，本來江山大有希望，不想今日屈為臣子，只得含憤忍辱遠遠地給皇兄叩頭，但情緒極壞，無論如何也不向皇帝表示祝賀和親近。雍正為示大度，向前將就他，他還不動彈，侍衛蒙古人拉錫見此僵局，連忙拉他向前。待到離開皇帝，允禵就責罵拉錫，又到雍正面前，控訴拉錫無禮：「我是皇上親弟，拉錫乃擄獲下賤，若我有不是處，求皇上將我處分，若我無不是處，求皇上即將拉錫正法，以正國體。」[10]明是攻訐拉錫，實是向雍正抗議。雍正說他「氣傲心高」[11]，確是不假。雍正對他毫不容情，取消他的王爵。據朝鮮於康熙六十一年（一七二二年）派到清朝賀冬至使李混、副使李萬選的見聞報告，說宗人府與十四王有事置對，這件事的紀錄，由宗人府鈐印公布過，當初的本子封面最高處，有硃筆寫的「旨：胤禎削去王爵，仍存貝子」十一字[12]。雍正只給允禵保留了他最初所得的封爵。

元年（一七二三年）三四月之交，雍正送康熙靈柩至遵化景陵享殿，傳旨訓誡允禵，允禵不服，允禩怕事鬧大，令允禵跪受，允禵才接受了[13]。事畢，雍正返京，留允禵看守景陵，諭令副將李如柏，若允禵要去陵寢，除大祀外都不准行[14]，實際把他囚禁了。雍正在送靈時，傳問允禵家人：昔日允禵在軍中，聽說專好吃酒行凶?家人雅圖、護衛孫泰、蘇伯、常明等回奏沒有這些事，雍正惱怒，命將他們永遠枷示，他們十六歲以上的兒子也行枷號。在允禵府中教書的天津監生徐蘭，亦以其人不端，逐回原籍，交地方官收管[15]。允禵的屬人隨著主人遭了殃。

康熙去世，雍正生母德妃自然晉為皇太后。雍正擬給她上徽號「仁壽皇太后」，請她從原來居住的永和宮遷到皇太后的寧壽宮，她一概以在喪中而不接受。她生有三子，皇四子、皇十四子及皇六子胤祚，胤祚六歲殤逝，老四和十四子都有得皇位的可能，這是她的喜事，然而這兩個又是誓不兩立的寃家，叫做母親的真難相處，大兒子如此欺負小兒子，有心要照顧小的，大的不答應，小的又倔強，不妥協，恐怕她夠傷心的了。遇此不可變易的景況，身體自然會出毛病。據《清世宗實錄》記載，元年五月二十二日未刻（十三—十五時）得病，次日丑刻（一—三時）死亡[16]。從病到死，不過十幾小時，實係暴卒。當時允禟太監何國柱等人說皇太后是自殺的：「太后要見允禵，皇上大怒，太后於鐵柱上撞死。」允禩太監馬起雲說：「皇上命塞思黑[17]去見活佛，太后說何苦如此用心，皇上不理，跑出來，太后怒甚，就撞死了。」[18]一說為允禵事，一說為允禟事，有矛盾，而他們是雍正政敵的太監，也可能造作謠言，詆毀雍正，但不管怎樣，太后的死，總有可疑的地方。雍正以慰皇妣在天之靈為名，封允禵為郡王，仍囚繫在景陵。不久，他的福晉患病故世，雍正給她指定葬地，允禵以風水不好不高興，允禩勸他，他才接受了。允禵遭此種種打擊，悲憤交集，奏稱「我今已到盡頭之處，一身是病，在世不久」[19]。還是那種不服失敗的勁頭。

雍正對允禟更不客氣。康熙大事出來，允禟生母宜妃正在病中，急忙坐在軟榻上奔向靈堂，她原受康熙寵愛，這時也顧不上多想，竟跑到德妃的前面，雍正見了自不高興。她見雍正時還不識時務，擺出母妃的架子，雍正更不暢快，十二月初三日，說她的太監張起用違禁做買賣，發往土兒魯耕種，允禟太監李盡忠發往雲南極邊當苦差，太監何玉柱發往三姓給窮披甲人為奴，籍沒他們的家產，如果不願往邊地，就命自盡，但仍把骨頭送往發遣之處[20]。同月，將代替允禟料理家務的禮科給事中秦道然逮捕，雍正說他仗勢作惡，家產饒裕，命追十萬兩送甘肅充軍餉。秦道然是無錫人，兩江總督查弼納稟命清查，他的所有家產不值一萬兩銀子，因命監禁追究[21]。雍正對允禟本人異常蔑視，說他「文才武略，一無可取」，是乃父的「無足數計之子」[22]，但也不放過他，就以允禵從前線回來軍中需人為名，命允禟前往西寧。允禟知道這是發配他，推說等過了父皇的百日冥辰前往，後又說等送了陵寢啓程，雍正不容延宕，迫令速行，遂於元年（一七二三年）到了西大通（今青海大通縣東南）。年羹堯將城內居民遷出，加派兵丁監視允禟，雍正指示他留意士兵動態，不要叫允禟收買了去[23]。允禟到西大通後，就奏請回朝，雍正批「知道了」三個字，不置可否，暗中指示年羹堯不放他回京[24]。允禟遣人到河州買草，踏看牧地，本是尋常細事，宗人府卻於二年（一七二四年）二月奏參他「抗違軍法，肆行邊地」，議將其貝子革去[25]，實是欲加之罪了。

雍正對敦郡王允䄉也很討厭。元年，哲布尊丹巴胡土克圖到京師拜謁康熙靈堂，尋病死，雍正命送其靈龕還喀爾喀，讓允䄉賚印冊賜奠，允䄉不願離京，先稱無力準備馬匹行李，及至出發，行到張家口外，不肯再走，宣稱聖旨叫他進口，遂在張家口居停。雍正見此光景，故意刁難允禩，命其議處，允禩要求行文允䄉，讓他繼續前進，但責罰不行諫阻的長史額爾金。雍正說允䄉既不肯行，何必非要他去，額爾金的話他原不聽，處分有什麼必要，命允禩再議。允禩就請求把允䄉的郡王革去。而這時允䄉安然地住在張家口，亦不差人請罪。雍正就將他革去世爵，調回京師，永遠拘禁。又查抄他的家產，得金銀六十多萬兩，金銀器皿及土地房屋的價值，還不在這個數內[26]。

雍正崇爵待允禩，囚繫允禵於遵化，發遣允禟於西北，拘禁允䄉於京城，把他們分散各地，使他們聯絡不便，動輒得咎。給他們的待遇表面上不一樣，實則都在雍正的股掌之中，日子都不好過。雍正封允禩，是把他套在自己駕馭的馬車上，不得脫繮。他是集團的首領，影響大，抓住他，就易穩定他的集團，使他們不至於起來造反。允禵也是首領，但在康熙季年嗣位呼聲遠遠高過允禩，雍正即位之初，他的影響比允禩大，號召力強，雍正對他不能優遇，否則人們可以乘機向他靠攏，倒會使他發展勢力，不好收拾，故以打擊為妙。允禟之母健在，地位原尊貴，在宗室中有一定威望，她的兒子不能不防，否則母子結合，致干政亂。允䄉不是該集團的最核心人物，嚴厲處置，既不會引起事端，倒可殺雞警猴，使那些非核心的人有所畏懼而不敢死心踏地追隨他們的首領。雍正對允禩、允禵集團採取的是分化瓦解、有打有拉、各個擊破的策略，實行也較成功，在即位初期的一年多的時間裏獲得初步勝利。

雍正對政敵只是拘繫，並不像後來那樣殺戮，這是他繼位之初客觀形勢造成的——他不敢殺。他經常責備兄弟們「任意妄行，惟欲朕將伊等治罪，以受不美之名」[27]。「廉親王之意不過欲觸朕之怒，必至殺人：殺戮顯著，則眾心離失，伊便可以希圖僥倖成事」[28]。雍正說他不上當，「斷不使伊志得遂」，因而對他們曲加優容[29]。這種顧慮，使他對政敵的處置不得不慎重，不敢恣意而行。如考慮處理允禟的女兒和外孫時，想拆散其母子，但小孩特小，容易夭折，他怕因此「招許多閒議論」，思之再三，決定不下，就暗中徵求年羹堯的意見[30]。就這樣也招致了很多議論，說皇帝「凌逼弟輩」，懲治一些人是「報復私怨」[31]。翰林院檢討孫嘉淦公開上書，要求皇帝「親骨肉」。雍正對善意的建言與惡意的攻擊區別對待，提升孫嘉淦為國子監司業[32]，以示鼓勵，對攻擊者大加威脅，說若再這樣，將「啓朕殺人之端」[33]。

雍正用軟硬兼施的手段對待允禩一夥，佔於主動地位，這是因為他是最高統治者。但這種位置也有不利的因素，皇帝在明處，要防制臣下的暗算，特別是雍正繼位的特殊情況更易出事。雍正清楚地認識到，多年的儲位之爭，人們鬥紅了眼，為達到目的，不惜採取一切手段，他說以乃父之「聖神，猶防允禩等之奸惡，不能一日寧處」，而諸兄弟與父皇是父子關係，同我只是兄弟關係，兄弟視父子相去遠甚，昔年父子至情，兄弟們還恣意妄行，今處兄弟關係，他們活動不止，更當引起深慮[34]。繼位初，大約出現過兩次險情，一次是他出宮祭祀，隆科多說有刺客，遂在祭案下搜查。又一次他到東陵謁陵，隆科多說諸王變心，要防備[35]。到四年（一七二六年）秋天局勢完全穩定之後，雍正說明他不能像父皇那樣秋獮的原因，不是把它看作遊獵不應該做，而是因為允禩、允禟「密結匪黨，潛蓄邪謀，遇事生波，中懷叵測，朕實有防範之心，不便遠臨邊塞」。因自己去不成，而這事又重要，在前年（一七二四年）就派皇子出口行圍，以示訓練講武之意[36]。他除了去過東陵，不敢離京城一步，正是怕允禩集團發動政變，不能鎮壓。

雍正在即位初年，給年羹堯的硃諭，總說京師形勢好。元年初夏，他說親送康熙靈柩到景陵，「一路平安，內外無事」，「內外人情光景照春一樣，又覺熟練些，總之一切如意，出於望外之次第順遂也。」秋天又寫道：「入秋以來，朕躬甚安，都中內外一切平靜。」次年春天，說他舉行耕耤禮、詣太學臨雍的那兩日，「天氣和暢，人情順悅，諸凡如意，都中內外平靜」[37]。另一硃諭說：「都中內外，爾閤家老幼均平安如意。」[38]這樣說固然反映政局穩定，而所以要絮絮叨叨，乃因胸中有事，懼怕政敵發動事變。在政局可能發生意外的情況下，對政敵可以採取屠戮政策，以削弱對方力量，但這要有把握，不致激成事端；也可以採取稍微緩和的政策，使對方被逐漸吞噬而消亡，這也要有把握能絕對控制對方作為前提。雍正採取後一政策，並且獲得成功，是在鬥爭中採取了謹慎態度，正確把握了形勢。

雍正對其他參與過爭位的兄弟，亦根據情形區別對待，有打有拉。他認為允祉的勢力在蒙養齋修書處，即位不到一個月，就向該處人員動手了。他說陳夢雷是耿繼茂叛逆案中罪犯，皇考從寬處理，命他在修書處行走，然而他「不思改過，招搖無忌，不法甚多」，因皇考既經寬恩，不再加刑，然應將他及其兒子發往遠邊，他的門生中有生事者也要嚴行懲治[39]。刑部尚書陶賴、張廷樞執行諭旨不堅決，將陳夢雷的兩個兒子釋放了，雍正把他們降職[40]。這是堅決拆散允祉勢力的方針的體現。

雍正對廢太子允礽不為已甚，康熙死，放允礽去哭靈，旋即禁錮如初[41]。封其子弘晳為郡王後，將舊日東宮所有的服御金銀及奴僕、官屬賞賜給他。二年（一七二四年）十二月允礽死，雍正親臨喪所，令將他按親王禮埋葬。對擁護允礽的人又是一個態度。元年（一七二三年）七月給官員膾子，九月給封典，代父軍前效力的少詹事王奕清均不得授與[42]，這是對王掞謀復允礽耿耿於懷的表現。

大阿哥允禔，仍如康熙時一樣嚴行禁錮。

雍正的打拉結合的策略，到二年夏天發生了變化，主要表現在對允禩態度上。在這以前，對他也有過指責，如元年十一月，雍正在講到喪葬不可過奢時，說允禩居其母喪，僞孝矯情[43]。但這還不是專為允禩而發。二年四月初七日，特為允禩諭諸王大臣，說自康熙四十七年以來，我的無知弟兄結黨妄行，惹皇考之憂，朕即位後，不論允禩「從前諸惡，惟念骨肉兄弟」之情，但他不知痛改前非，「乃不以事君事兄為重，猶以同輩諸兄弟允禟、允禵為伊出力之故，懷挾私心，由此觀之，其大志至今未已也。」如此「肆行悖亂，干犯法紀，朕雖欲包容寬宥，而國憲具在，亦無可如何，當於諸大臣共正其罪」。因令諸王大臣對他據實揭發，不許隱諱[44]。這是對允禩開展了凌厲的攻勢，往後就更為嚴重了。五月，以蘇努、勒什亨父子黨袒允禟、允禩，「擾亂國家之心毫無悛改」，革去蘇努貝勒，撤回公中佐領，與諸子同往右衞居住[45]。到七月，雍正發布《御制朋黨論》，進一步打擊朋黨勢力。所以從雍正即位到二年七月，是他打擊朋黨的第一個階段。

這種變化源出於政治形勢的演變，二年春天，青海羅卜藏丹津叛亂平定了，雍正帝位因而進一步鞏固。他說這件事「誰不誦朕之福，畏朕之威也」[46]，因而減少顧忌，大刀闊斧地向政敵殺去了。但進展得並不快，這中間又有年羹堯和隆科多的案件插了進來，使政事複雜化。因此暫且放下允禩集團，看看年、隆與雍正初政的關係。

年羹堯、隆科多與雍正初政

（一）寵異年、隆

隨著雍正的繼位，隆科多、年羹堯成為新政權的核心人物。康熙死去的第九天，雍正把佟國維在康熙第一次廢太子中獲罪失去的公爵賞給隆科多[47]，過了兩天，下命稱隆科多為「舅舅」[48]，使他多了一個頭銜，即再提到他的時候，在世爵之外，還要加上「舅舅」字樣。雍正與隆科多份屬甥舅，但皇帝承認不承認是另一回事，所以這稱舅舅，是皇帝封給的，不是理所當然的。封爵、尊稱及總理事務大臣，是雍正酬謝隆科多扈翼登基之功。同年十二月，任命他為吏部尚書，仍兼步軍統領，次年命兼管理藩院事，任《聖祖仁皇帝實錄》和《大清會典》總裁官，《明史》監修總裁。雍正還賜給他太保加銜，雙眼孔雀花翎，四團龍補服，黃帶，鞍馬紫轡。這時的隆科多，作為「密勿大臣」，是雍正在中央的左右手，參與處理重大事務，雍正獎他為「當代第一超羣拔類之稀有大臣」[49]，眞是寵榮備至。

允禵被召回京，年羹堯受命與管理撫遠大將軍印務的延信共同執掌軍務，半年後，即元年五月，雍正發出上諭：西北軍事，「俱降旨交年羹堯辦理，若有調遣軍兵，動用糧餉之處，著防邊辦餉大臣及川陝雲南督撫提鎮等俱照年羹堯辦理。邊疆事務，斷不可貽誤，並傳諭大將軍延信知之。」[50]名為川陝總督的年羹堯，實際上攬到了西北軍事指揮權，奪了撫遠大將軍延信的權力。雍正告誡官員稟命於年羹堯，在雲貴總督高其倬的奏摺上批道：「年羹堯近年來於軍旅事務邊地情形甚為熟諳，且其才情實屬出人頭地。」「兵馬糧餉一切籌備機宜，如及與年羹堯商酌者，與之會商而行。」[51]在四川提督岳鍾琪的奏摺上批示：「西邊事務，朕之旨意，總交年羹堯料理調度。」[52]惟年羹堯是賴、是信，說得非常明白。同年十月，發生了青海厄魯特羅卜藏丹津的暴亂，雍正遂任命年羹堯為撫遠大將軍，率師赴西寧征討，次年成功，封年羹堯為一等公。這時年大將軍威鎮西北，兼領雲南政事，是沒有封王的西北王。他是雍正在外地的主要依靠者。

年羹堯遠在邊陲，卻一直奉雍正之命參與朝中事務，特別是在青海成功之後。年的與議朝政，有許多是秘密的，後來他又出了事，所以他的預政難見史冊，惟中國第一歷史檔案館所藏雍正給他的硃諭，保留了若干痕跡。雍正在一分硃諭中寫道：

……陝西光景似少些雨，麥田如何？近京城少旱，聞得直隸四外雨皆沾足，其餘他省頗好。聞得江南、河南、山東三省搭界處有十數州縣，去歲蝗蝻復發，隨便寫來你知道。再先因邊事急，要爾所辦之事外，實不忍勞你心神，今既上天成全，大局已定，凡爾之所見所聞，與天下國家吏治民生有興利除弊，內外大小官員之臧否，隨便徐徐奏來，朕酌量而行。特諭。[53]

要年羹堯條奏的事情非常廣，吏治民生的得失，朝內朝外大大小小的官員的好壞，全都包括在內。這本是宰輔的職責，要年來做，寄予了重託。雍正在另一分硃諭中說：「有條奏數條和你商量者，徐徐有時寫來」[54]，同他研究別人的奏議。耗羨歸公的事，山西巡撫諾岷提出後，雍正認為很好，可以行得，但交廷臣討論，遭到反對，雍正又覺得他們的話也有道理，拿不定主意，於是徵求年羹堯的意見：「此事朕不洞徹，難定是非，和你商量。你意如何？」[55]律例館修訂律例，邊改定，邊上呈，雍正閱後，發給年羹堯看，要他於可斟酌處提出修改意見。康熙將朱熹升入十哲之列，雍正還想把周敦頤、程顥、程頤擡進這個行列，但周、程生活時代早於朱熹，要升格，就必須排在朱熹前面，雍正覺得朱熹事是乃父所定，若再將周、程置於朱熹之前，於乃父面上不好看，於本身講孝道也不好，故而委決不下，要年羹堯「詳細推敲奏來」[56]。及至年提出意見，雍正特諭九卿，說他「讀書明理，持論秉公」，要他們細心參考他的意見[57]。有一次考庶常，翰林院已按慣例分三等作了衡量，定了名次，雍正又將試卷秘密送給年羹堯閱視，他在硃諭中寫道：

時文頭二三內，你速速看了，應那上移下者另封，上寫應入某等，仍封原封內交還。不可令都中人知發來你看之處。二等者特多了，若恐寃抑人，作四等亦可。……文章盡力速速看來。[58]

既令年羹堯參與其事，又不讓人知道，把事情辦得很詭秘。二年（一七二四年）冬年羹堯陛見之前，雍正因其將來，命各省大吏屆期赴京集會[59]，四川巡撫蔡珽以無可會商事務提出異議，雍正又就此徵詢年羹堯的看法[60]。以年之行止定其他督撫的行動，足見雍正把年羹堯置於其他督撫之上，使他的政見具有某種決定性作用。對於允禩集團的處理，雍正不僅與年羹堯磋商，更讓他參加執行。允禟交年羹堯監管後，年說允禟「頗知收斂」，他的人也知道畏懼了，雍正告訴年：允禟和允禩是不可能改變態度的，允禟是「奸詭叵測之人」，要繼續提防。又說「蘇努實國家宗室中之逆賊，眞大花面也，其父子之罪，斷不赦他也」[61]。對於雍正的指責阿靈阿、揆敍等允禩黨人，社會上傳言是年羹堯的主意，雍正加以否定，說「朕之年長於年羹堯，朕胸中光明洞達，萬機庶務無不洞燭其隱微，年羹堯之才為大將軍總督則有餘，安能具天子之聰明才智乎？」[62]這是王顧左右而言他，不能否認年羹堯在打擊允禩集團方面的作用。

在用人和吏治方面，雍正更與年羹堯頻頻相商，並給予後者以巨大權力。在年的轄區內，「文官自督撫以至州縣，武官自提鎮以至千把」，俱聽年羹堯分別用捨[63]。元年四月，雍正令范時捷署理陝西巡撫，不久欲將之實授，意將原任巡撫噶世圖調為兵部侍郎，就此項任命，特同年羹堯相商[64]。川陝境外官員的使用，雍正也常讓年羹堯參謀意見。京口將軍何天培的為人，雍正聽到不同的議論，就問年羹堯可曾聽到什麼，希望他「據實奏來，朕以定去留」[65]。葛繼孔原任江蘇按察使、內閣侍讀學士，被年羹堯參奏，降為鴻臚寺少卿[66]。長蘆巡鹽御史宋師曾，年羹堯把他大為保薦[67]。安徽官員朱作鼎，年羹堯奏請將他罷職[68]。康熙末，趙之垣署理直隸巡撫，年羹堯密參他是庸劣紈袴，不可擔當巡撫重任，雍正聽了年的話，將他撤職，改用李維鈞。李的由妾扶正的妻子，是年羹堯家人魏之耀的乾女兒，雍正又特地叫李與年親近[69]，所以畿輔重臣倒成了年羹堯的「下人」。江西南贛總兵缺出，雍正擬用宋可進，年羹堯奏稱他不能勝任，請將黃起憲補授，雍正採納了他的建言[70]。二年（一七二四年）二月，李紱就廣西巡撫任，保薦徐用錫同往，年羹堯卻說徐是人品不端的小人，不能用[71]。松江提督高其位年老，雍正欲令他在總督、提督、鑾儀使三職內任挑一個，適值年羹堯進京，就令他去問高，並徵詢年的意見[72]。

雍正初，年羹堯兩度進京，一次在元年春天，路過山西，因該地歉收，就叫晉撫德音奏請緩徵錢糧[73]，德音沒有照辦，雍正就以此為一個緣由將德音免職，肯定了年羹堯的越境管事。第二次是在二年十月至十一月間，雍正特令禮部擬定迎接年大將軍的儀注，侍郎三泰草擬不夠妥善，受到降一級處分[74]。年到京時，黃繮紫騮，郊迎的王公以下官員跪接，年安坐而過，看都不看一眼[75]。王公下馬問候他，他也只點點頭[76]。年羹堯在京的短暫日子裏，與總理事務大臣馬齊、隆科多等一起擔任宣傳上諭的使命，雍正說年是「藩邸舊人，記性甚好，能宣朕言，下筆通暢，能達朕意」，是以「令其傳達旨意，書寫上諭」[77]。年羹堯儼然成為總理事務大臣了。

雍正跟年羹堯私交至厚，給予特殊的甚至是人臣所絕無的榮寵。元年，雍正認為像年羹堯這樣的封疆大吏，有十來個人，國家就不愁治理不好[78]。待到青海功成，雍正興奮異常，把年羹堯視為自己的「恩人」，他也知道這樣說有失至尊的體統，但還是情不自禁地說了[79]。他又向年說：

你此番心行，朕實不知如何疼你，方有顏對天地神明也。立功不必言矣，正當西寧危急之時，即一摺一字恐朕心煩驚駭，委曲設法，間以閒字，爾此等用心愛我處，朕皆體到。每向怡（親王）、舅（舅），朕皆落淚告之，種種亦難書述。總之你待朕之意，朕全曉得就是矣。所以你此一番心，感邀上蒼，如是應朕，方知我君臣非泛泛無因而來者也，朕實慶幸之至。[80]

把對年的寵異，當作是對天地的忠誠，既不倫不類，話也讓人聽了肉麻。他還說：「朕不為出色的皇帝，不能酬賞爾之待朕。」[81]因有這樣的臣子而嚴格要求君主，也是人們難於聞見的。雍正為了把對年羹堯的評價傳諸久遠，諭諸王大臣：對年羹堯這樣為國出力的人，「不但朕心倚眷嘉獎，朕世世子孫及天下臣民當共傾心感悅，若稍有負心，便非朕之子孫也，稍有異心，便非我朝臣民也」[82]。簡直以對年羹堯的態度，判斷人們的正確與否。雍正對年及其家屬關懷備至。年羹堯的手腕、臂膀及妻子得病，雍正都加以垂詢，對年父遐齡在京情況、年羹堯之妹年貴妃及她生的皇子福惠的身體狀況，也時時諭知。年妻是宗室輔國公蘇燕之女，封為縣君，又因她加恩多給她家一個公爵[83]。雍正對年羹堯賞賜極多，元年春天，查抄原蘇州織造李煦家產，將其在京房屋賞給了年，家奴任他挑選[84]。賜藥品、食物是經常的，一次賜鮮荔枝，通過從京師到西安的六天驛程的驛站傳送，爭取保存鮮美[85]。這種賞賜，可與唐朝的向楊貴妃送荔枝比美了。

年羹堯以藩邸元老看不起隆科多，對皇帝說他是「極平常人」[86]。雍正為使這兩個寵臣不發生摩擦，多次為隆向年做工作。在元年正月初二日年羹堯的奏摺上就年是否進京陛見之事批道：有些事，舅舅隆科多說必得你來商量。表明隆對年的尊重。他接著說：「舅舅隆科多，此人朕於爾先前不但不深知他，眞正大錯了。此人眞聖祖皇帝忠臣，朕之功臣，國家良臣，眞正當代第一超羣拔類之稀有大臣也。」[87]希望年能與隆和好共事。雍正為揉合這兩家，自行主張，把年的長子年熙過繼給隆作兒子，隆已有兩個兒子，獲知這一恩賞，喜不自禁，說他命中該有三子，如今得到皇帝之賜，即如同上天所給的，就把年熙更名為得住，並表示一定和年羹堯團結共事：「我二人若少作兩個人看，就是負皇上矣。」[88]隆本具和好之意，年經過雍正的這些工作，自然也要和衷共濟了。

僉都御史吳隆元稱隆科多為「柱石大臣」[89]，確實，隆科多和年羹堯是雍正政權在其初年的兩根臺柱子，他們同怡親王允祥等一起，在雍正的建築下，撐起了這個政權大廈。他們堅持反對允禩、允禵的鬥爭，置對方於無能的被動地位；他們進行青海平叛戰爭，穩定西北局勢；他們贊助耗羨歸公等項改革，促進清除康熙季年的弊政。他們是雍正初年統治政策的主要執行者，促進了政治的進步。

他們得到雍正的殊寵異榮，有其客觀原因。長期的朋黨之爭，使雍正上臺之後，不能完全依靠原來的朝臣，而必須在他們中選擇傾向於自己的或持中立態度的官僚；對自己集團的老人，既要酬其往日的勞績，又要為保持今日政權的穩定，用他們為核心，團結廣大官員，建立起自己的政權班底，本集團的首要份子，自然就成為朝中的柱石。

雍正給年、隆的寵榮有一定的限度，隆職權雖重，但沒有用為大學士，年無有朝中職務，大將軍雖尊，干預事務雖多，然不能直接施行，假手於人，終非能為所欲為。不過，雍正對他們，尤其是年羹堯，寵異過分，評價過高，徵求意見過多，以致他們權勢炳赫，幾乎形成尾大不掉之勢，也是雍正有以養成的。早在元年，都統圖臘、副都統鄂三等就說雍正「凌逼眾阿哥，縱恣隆科多、年羹堯擅權」[90]。被年羹堯保舉的范時捷幾次在雍正面前訴說年羹堯「狂縱」[91]。戴鐸向雍正揭發年羹堯違制用家奴桑成鼎為官[92]。二年上半年，來喜說雍正「聽用總理事務大臣等之言，所用者皆係伊等親友」[93]。這些言論講了兩個內容，一是他們任用私人，一是擅權狂縱。這些人講話時，都遭到了雍正的呵斥，說他們是無知之論，是庸人揣測皇帝的心意。但為時不久，他就以類似的言論開始責難年、隆，並不斷升級，興起大獄。

（二）年羹堯之獄

年羹堯憑恃功勞大，皇帝寵信，行事不知檢點，做出種種越權枉法的事，即使皇帝允許的，但也是不合制度的。他的行事不端，概要講來：

1　全憑己意任用屬員。

山西按察使蔣泂說年羹堯擅權用人情狀：

為川陝督臣，恣憑胸臆，橫作威福，每遇文武員缺，無論大小，必擇其私人始行請補，或一疏而題補數人，甚者或至數十人，吏、兵兩部幾同虛設。更可駭者，巡撫提鎮布按大吏皆皇上所特簡者也，而年羹堯必欲擠排異己，遍樹私人，未有缺之先外間已傳聞某人為巡撫

> 提鎮布按矣，聞者亦疑信將半，未幾而其缺果出矣，未幾而其人果得矣。[94]

這是講年羹堯以總督的身分，任用屬員，連巡撫、布政使、按察使、提督、總兵官等地方大員的任免也出於他的意志，所謂皇帝特簡之權也就徒具形式了。作為大將軍的年羹堯，以軍功保舉官員，濫用私人，所謂「軍中上功，吏部別為一格，謂之『年選』，盡與先除」[95]。吏、兵二部給年羹堯特殊待遇，凡他的報功請封名單一律准行。奴僕沒有出籍不許做官，年羹堯的家僕桑成鼎以軍功議敍，先任西安知府，後升直隸道員。另一僕人魏之耀也敍功，位至署理副將[96]。年的幕客趙士河的弟弟趙勖因軍前效力得知縣職銜，已經亡故，年就私令劉以堂頂替[97]。

2 接受賄賂，開奔競之門。

封建制度下皇帝開捐納賣官鬻爵，高級官員自亦可納賄用人。年羹堯大權在握，「於是鮮廉寡恥行賄鑽營之徒相奔走於其門」[98]。有人說年羹堯保題各官「悉多營私受賄，贓私巨萬」[99]。被年奏參過的葛繼孔，兩次向年羹堯打點，送去銅器、磁器、玉器、字畫等物，年因而答應對其「留心照看」[100]。被年密奏罷官的趙之垣，向年贈送價值十萬兩銀子的珠寶，年轉而保舉趙可以起用[101]。

以私人關係用人、薦人，很容易形成舉主與被舉者、主官與屬吏的隸屬關係，嚴重的就產生宗派集團。年羹堯的周圍就聚集了一夥人，如原西安按察使王景灝被年推薦為四川巡撫，王對年百依百順，被人稱為年的乾兒子[102]。原西安布政使胡期恒受年之薦，被擢為甘肅巡撫[103]。經年推薦的南贛總兵黃起憲，原來是魏之耀的姻親[104]。

3 妄自尊大，違法亂紀，不守臣道。

年羹堯為大將軍，就其後來得的公爵講，其權威頂不上清初統兵的諸王，更不能望允禵項背。但他因繼允禵之職，在權勢上要同這位大將軍王相比擬。過去大學士圖海出任大將軍時，與督撫往來文書，俱用咨文，表示平等相待。年羹堯正應同他一樣，但是給將軍、督撫函件竟用令諭，把同官視為下屬[105]。在軍中蒙古諸王跪謁，連額駙、郡王阿寶也不例外。他進京，都統范時捷、直隸總督李維鈞跪迎。雍正發往陝西的侍衛，因係皇帝身邊的人，理應優禮相待，然而年用他們作儀仗隊，前引後隨，充下人厮役[106]。年羹堯凡出衙署，先令百姓填道，臨時戒嚴，兵丁把守街口，店鋪關門停業[107]。即如二年十一月由京返陝，路過保定，「戴翎子數人轎前擺隊，行館前後左右斷絕人行」[108]，好不威風。凡送禮給年的稱為「恭進」，年給人東西叫做「賜」。屬員稟謝稱作「謝恩」，接見新屬員叫「引見」[109]。年吃飯稱「用膳」，請客叫「排宴」[110]。這一切像是皇帝對臣工的樣子。年身邊的人也以老大自居，傲視百官。年路過河南，本非其屬吏的懷慶府同知穿著官服向年的巡捕官跪著回話，巡捕官安然受之[111]。魏之耀進京，州縣道旁打躬，游擊、守備跪道，魏乘轎而過，全不答理[112]。據記載，年家塾教師沈某回原籍江蘇省親，沿途「將吏迎候如貴宦，至江蘇，巡撫以下皆郊迎」[113]。如此情景，說者未免誇大其詞，然亦見年之權勢懾人。

年羹堯接受了許多中央和外省官僚的子侄在幕中，名義上是軍前效力，或學習理事。這些人有的是自願來的，如李維鈞的親侄李宗渭。有的是被迫的，如年勒令前川北鎮總兵王允吉退職，又要其送一子「來我軍前效力，受我未了之恩」[114]。這就在一定程度上具有人質的意思，表示依附於年。

對於臣道，年羹堯則恃寵而不力行遵守。他在西寧軍前，兩次恩詔頒到，不按照規定在公所設香案跪聽開讀，宣示於眾[115]。年羹堯編選了《陸宣公奏議》，進呈後，雍正說要給它寫一篇序言，尚未寫出，年竟草出一篇，要雍正認可。當時君臣二人關係融洽無間，雍正表示讚賞他這樣做，以見雙方真誠相待[116]，但這已越出君臣關係的正常限度。年羹堯陛見，在雍正面前「箕坐無人臣禮」[117]。他的大膽妄為，是走的取禍之道。

4 在雍正親信間鬧不團結。

年羹堯權力的炙手可熱，難免同其他權臣發生衝突。隆科多名望不及年羹堯，甘心與其結好，倒能相安無事。馬齊等人無法與年比肩，便不在話下了。惟獨怡親王允祥是雍正的至厚弟兄，任總理事務王大臣，兼辦宮中事務和雍親王藩邸事項。他可以代表皇帝聯絡封疆大臣，一些沒有資格直接上奏摺的地方官，亦可經雍正允許，通過允祥轉奏。他的地位是任何人所不能取代的。對這樣的人，年羹堯產生了妒意，於二年十一月對李維鈞說：「怡親王第宅外觀宏敞，而內草率不堪，矯情僞意，其志可見。」[118]蔡珽原本經由年氏父子拉入雍正集團，其川撫任內，年羹堯奏請在四川鑄錢，蔡以不產鉛把它否定。蔡逼死重慶知府蔣興仁，受夔東道程如絲的賄賂，年以此彈劾蔡，蔡被革職拿問。同蔡至好的李紱於元年任吏部右侍郎，時值議敍捐造營房一事，第一名就是年羹堯之子年富，趨炎附勢的人要比照軍前效力從優議敍，李紱以違例不同意，年乃「痛詆九卿，切責吏部」，怨恨李紱[119]。是以年與蔡、李不和。年與傅鼐同是雍邸舊人中傑出者，雍正說年有才情，而傅忠厚，二年冬欲起用傅，年不高興，說這將使皇上「耳目雜矣」[120]，這是他二人素來不和的發展。年還中傷河南巡撫田文鏡、山西巡撫諾岷，造成雙方關係的緊張。年在雍正班底內部與許多人不和好，只能把自己置於孤立地位。

雍正對年羹堯態度的轉變是在他第二次進京的時候。年於十月至京，雍正對他非常熱情，要九卿給他優敍加恩，說他「公忠體國，不矜不伐」，「內外臣工當以為法，朕實嘉重之至」[121]。不久，雍正賞軍，都中傳言這是接受了年羹堯的請求。又說整治阿靈阿等人，也是聽了年的話。這些話，似乎是說恩威不自上出，雍正被年羹堯玩弄於股掌上了，這就大大刺傷了雍正的自尊心，他受不了了，十一月十五日，對諸王大臣說：「朕豈衝動之君，必待年羹堯為之指點，又豈年羹堯強為陳奏而有是舉乎？」「朕自揣生平諸事不讓於人，向在藩邸時諸王大臣不能為之事，朕之才力能辦之，諸王大臣見不到之處，朕之智慮能及之，今居天子之位，盡其心思才力以轉移風俗，豈肯安於不能？」年羹堯有大將軍總督之才，而不具天子聰明才智。他還說，講那些話的人，是設計陷害年羹堯。他又把話鋒移向隆科多，說有人議論他，也無非是出於忌妒[122]。這些話明著是責難造言者，實際含有告誡年、隆不要盈滿驕恣，而要防微杜漸。這時有人密向雍正建議，不要放年羹堯回陝西，以便留京控制[123]。能夠作這種建言的，不會有幾個人。究竟是誰，資料沒有交代，估計是密參帷幄的禪僧文覺。據蕭奭記載：「傳聞隆、年之獄，阿[124]、塞之死，皆文覺贊成。」[125]很可能，在年離京之前，雍正與文覺密商了拘留他的問題，只是認為時機未到，把他放走，但年並不知曉，仍然耀武揚威地回任了。看來，雍正已經做出決定，有計劃、有步驟地打擊年羹堯。

如果說這種決定是第一步的話，第二步是給有關人員打招呼，揭發或警惕年羹堯的活動。向疆吏透露對年羹堯態度的對象最早的可能是李維鈞，雍正在李的二年十一月十三日奏摺上批道：「近日年羹堯陳奏數事，朕甚疑其居心不純，大有舞智弄巧潛蓄攬權之意」，你同他的密切關係是奉旨形成的，不必恐懼，但要與他逐漸疏遠[126]。不久，雍正在湖廣總督楊宗仁的同月十五日奏摺上寫道：「年羹堯何如人也？就爾所知，據實奏聞。『純』之一字可許之乎？否耶！密之！」[127]說白了，就是講年不是純臣。川撫王景灝的同月初二日的奏摺，得到的硃批是：「年羹堯今來陛見，甚覺乖張，朕有許多不取處，不知其精神頹敗所致，抑或功高志滿而然。」你雖為年所薦，但不要依附於他，須知「朕非年羹堯能如何如何之主也」[128]。河道總督齊蘇勒的二年十二月十三日奏摺上的密諭是：「近日隆科多、年羹堯大露作威福攬權勢光景，若不防微杜漸，此二臣將來必至不能保全，爾等皆當疏遠之」，怡親王「公廉、忠誠，為當代諸王大臣中第一人，爾其知之。」[129]雲貴總督高其倬在三年（一七二五年）二月十二日奏摺上說：讀到皇上的密諭，「內有朕命爾事事問年羹堯之前諭，大錯矣！」[130]在此以前，雍正已向他交了底。安徽巡撫李成龍與年羹堯有通家之誼，雍正在他的三年正月十一日奏摺上知會他：「近日年羹堯擅作威福，逞奸納賄，朕甚惡之。」[131]雍正在署涼州鎮總兵宋可進三年三月初一日奏摺上告訴他：「年羹堯頗不喜爾，爾須加意防範，勿露破綻，被伊指摘。」[132]其他得到雍正知照的官員還有，僅此數例可知，雍正打招呼的人有三種類型：一是王景灝、李維鈞等人，係年羹堯親信，雍正要求他們與年劃清界限，加以揭發，爭取自身的保全，這是分化瓦解政策，最高限度地孤立年羹堯；一是齊蘇勒、高其倬等人，原為年所不喜，使他們得知要整年，更堅定地擁護皇帝；一是李成龍類的，與年有一般關係，要他們及早警覺，在皇帝與年羹堯雙方不要站錯陣線。雍正在這些批示中要求官員同允祥接近，表明他是這場鬥爭的依靠對象。雍正經過二年冬至三年春的給官員打招呼，作好了向年羹堯公開進攻的準備。

　　第三步是直指年羹堯，將其調離陝西。雍正對年本人，在給其他官僚照會的同時，就有所暗示了。二年十二月十一日年奏報抵達西安，雍正在奏摺上書寫一段論功臣保全名節的話：

凡人臣圖功易，成功難；成功易，守功難；守功易，終功難。為君者施恩易，當恩難；當恩易，保恩難；保恩易，全恩難。若倚功造過，必至返恩為仇，此從來人情常有者。爾等功臣，一賴人主防微杜漸，不令至於危地；二在爾等相時見機，不肯蹈其險轍；三須大小臣工避嫌遠疑，不送爾等至於絕路。三者缺一不可，而其樞要在爾等功臣自招感也。……我君臣期勉之，慎之。[133]

警告年羹堯慎重自為，不可恃功招禍。在一個硃諭中，雍正告訴年：自你走後，撲會說你「立此奇功」，你的話「皇上不好不從」，他如此妄言，因將之發到允禵處，一同監禁[134]。懲治年的吹捧者，對被奉承人也是打擊。公開責備年是從三年正月金南瑛事件開始的。年回陝即命已升任的胡期恒奏劾陝西驛道金南瑛，雍正說這是年、胡搞朋黨的做法，以金係大學士朱軾、怡親王允祥保薦的，不准奏。同月刑部奏蔡珽罪應擬斬，雍正反而召見蔡，問其川中情形，蔡奏年羹堯貪暴，誣陷他，雍正這時不問他逼死人命事，只說蔡珽是年羹堯參劾的，若罪蔡，則人們將說皇帝聽年的話殺了蔡珽，這就讓年羹堯操持了威福之柄，因此不能給蔡珽治罪[135]，並把他起用為左都御史。三年二月，有所謂「日月合璧，五星聯珠」的嘉瑞，內外臣工均上賀表，年羹堯的表章頌揚皇帝朝乾夕惕，勵精圖治，但把「朝乾夕惕」誤書為「夕陽朝乾」，雍正以此為題目，於三月間發出上諭，說年羹堯「不欲以『朝乾夕惕』四字歸之於朕耳」，既然如此，「年羹堯青海之功，朕亦在許與不許之間而未定也。」又說：這件事可以看出「年羹堯自恃己功，顯露其不敬之意，其謬誤之處斷非無心」，責令其回奏[136]。這就把討伐年羹堯的戰幕正式揭開了。接著，一面不停地責備年本人，一面調換川陝官員，將甘撫胡期恒撤職，遺缺由岳鍾琪兼任，調署四川提督納秦回京，派鑾儀使趙坤前往署理，這樣去掉年的親信，使其不能在任所作亂。一面甄別、整飭年的屬吏或曾為其下屬的人，雍正說：「稂秀（莠）不除，嘉苗不長，年羹堯之逆黨私人，即一員亦不可姑容。」[137] 三年三月初七日，大同總兵馬覿伯摺奏與年羹堯沒有瓜連，硃批說他「滿口支吾，一派謊詞，對君父之前，豈可如此欺誑乎？」[138] 河南省河北鎮總兵紀成斌於三年二月初一日的奏摺得到硃批，要他就年羹堯是什麼樣的人進行表態，五月十二日，紀奏稱年「背恩負國」，雍正硃批嗔道他「頗留有餘不盡地步」，下月二十八日，紀又回奏過去受年壓抑情況，才獲得雍正諒解，轉令他報告寧夏鎮總兵王嵩與年的關係[139]。雍正的這些活動，試圖明瞭這些官員與年羹堯關係的深度，並促使他們與年分手。經過如此部署，可以對年本人採取組織處理了。四月份，命年交出撫遠大將軍印，調任杭州將軍，年具摺謝恩，雍正批道：

朕聞得早有謠言云，「帝出三江口，嘉湖作戰場之語」。朕今用你此任，況你亦奏過浙省觀象之論，朕想你若自稱帝號，乃天定數也，朕亦難挽；若你自不肯為，有你統朕此數千兵，你斷不容三江口令人稱帝也。此二語不知你曾聞得否？再你明白回奏二本，朕覽之實實心寒之極，看此光景，你並不知感悔。上蒼在上，朕若負你，天誅地滅，你若負朕，不知上蒼如何發落你也。[140]

皇帝和臣下賭咒發誓，表示他不會虐待功臣，但又懷疑臣子要奪帝位，這就說明兩者間的矛盾很難調和了。雍正發出調令後，密切監視年的行動，年於五月到新任所，所經地方的大員，如豫撫田文鏡都及時報告了年的行踪。年在川陜十數載，建功立業，兵將俱有，一紙文書就把他調走了，反映了中央政府強而有力，也是雍正佈置得宜。當時雍正近臣中有人因皇帝屢次降旨嚴責年羹堯，怕年在陝西稱兵作亂，勸雍正不可過嚴，雍正把它看作是無識之見而不顧，自信「洞觀遠近之情形，深悉年羹堯之伎倆，而知其無能為也。」[141]他的分析是正確的。年自赴浙，更成為雍正的釜中之肉，任其烹調了。

第四步勒令年羹堯自裁。年調杭州，官員更看清形勢，紛紛揭發他。李維鈞連上三疏，說年「挾威勢而作威福，招權納賄，排異黨同，冒濫軍功，侵吞國帑，殺戮無辜，殘害良民」[142]。署晉撫伊都立、都統范時捷、軍前翰林院侍讀學士懷親、前川北鎮總兵王允吉、原兵部職方司主事錢元昌、副都統董玉祥等先後揭奏年羹堯不法罪狀，雍正把他們的奏疏一一發示年羹堯，令其回奏。六月，嚴懲年氏子弟和親信，年羹堯的兒子大理寺少卿年富、副都統年興、驍騎校年逾削籍奪官，南贛總兵黃起憲、四川按察使劉世奇、原長蘆鹽運使宋師曾、鴻臚寺少卿葛繼孔等人以年黨、夤緣年羹堯的罪名，或削籍，或籍沒資財，或罰修河工。逮捕胡期恒、桑成鼎、魏之耀、河東運使金啓勛、家人嚴大等人。七月，大學士九卿請將年羹堯正法，雍正命革其將軍，以閒散章京安置杭州。又考慮到他的影響大，對他的處置需要進一步動員輿論，乃令地方大員各抒己見。封疆大吏自然看皇帝臉色行事，爭相上疏。廣西巡撫李紱斥責年羹堯「陰謀叵測，狂妄多端，謬藉閫外之權，以竊九重之威福」，「大逆不法，法所難寬」，要求誅戮[143]。豫撫田文鏡也作了同樣的請求[144]。雍正以俯從羣臣所請為名，於九月下令逮捕年羹堯，十一月至京，十二月，議政大臣羅列年九十二大罪，請求立正典刑。這九十二條為大逆之罪五，欺罔罪九，僭越罪十六，狂悖罪十三，專擅罪六，貪婪、侵蝕罪分別是十八、十五款，忌刻罪四條。第一大罪是與靜一道人、鄒魯等謀為不軌，鄒魯是佔象人，據供：他說年羹堯將位至王爵，年自云不止此，五六年後又是光景，並說他住宅上的白氣是王氣[145]。大逆之二是將硃批諭旨原摺藏匿，而仿寫交回。僭越罪、狂悖罪就是前面敘述過的那些凌虐同官狂誕不謹的事。貪婪罪是勒索捐納人員額外銀二十四萬兩，題補官員受謝規銀四十餘萬兩，收受樂戶竇經榮脫籍銀十萬兩，私行茶鹽，販賣木材、馬匹。侵蝕罪是冒銷四川軍需銀一百六十萬兩，加派銀五六十萬兩，冒銷西寧軍需銀四十七萬兩，等等[146]。雍正說這九十二款中應服極刑及立斬的就有三十餘條，但仍表示開恩，勒令年羹堯自裁[147]，其父年遐齡、兄年希堯革職，年富斬立決，其餘十五歲以上之子發遣廣西、雲南、貴州極邊煙瘴之地充軍，嫡親子孫將來長至十五歲者，皆次第照例發遣，永不赦回，亦不許為官。年妻因係宗室之女，發還母家。年羹堯父兄族中現任、候補文武官員者，俱革職。年羹堯及其子所有家產俱抄沒入官，將現銀一百十萬兩送西安，補其各項侵欺案件的虧空。鄒魯立斬，案內朋黨胡期恒等人分別罪情，處以不同的刑法[148]。年羹堯接到自裁令，遲延不肯下手，總在幻想雍正會下旨赦免他，監刑的蔡珽嚴加催促，年遂絕望地自縊，叱吒一世的年大將軍怎會想到如此下場！更有意思的是，雍正在給年羹堯的最後諭令上說：「爾自盡後，稍有含怨之意，則佛書所謂永墮地獄者，雖萬劫亦不能消汝罪孽也。」[149]這對君臣平日往來文書愛用佛家語，永訣之時，雍正猶用佛家說教，令年心悅誠服，死而不敢怨。

雍正整年羹堯，依靠了他的對立面蔡珽。蔡被任用都憲之後，同年四月兼正白旗漢軍都統，七月任兵部尚書，八月署理直隸總督，九月調回尚書任，十月為經筵講官，他還是議政大臣，身兼五六個要職。蔡珽自與年羹堯反目成仇，就把年往死處整，故催其速死。他也得到了好處，雍正把年羹堯在京房屋一所、奴婢二百二十五口以及金銀綾綺首飾衣服器皿等物賞給了他[150]。

雍正發了許多上諭，寫了不少硃批諭旨，宣布年羹堯的罪狀和自慚自責，這中間道出了他大興年獄的原因。

三年（一七二五年）五月二十二日上諭：

（年羹堯）招權納賄，擅作威福，敢於欺罔，忍於背負，幾致陷朕於不明。151

同年七月十二日上諭：

年羹堯自任川陝總督以來，擅作威福，罔利營私，顛倒是非，引用匪類，異己者屏斥，趨附者薦拔，又藉用兵之名，虛冒軍功，援植邪黨，以朝廷之名器，循一己之私情。152

同年十二月十一日，令年羹堯自戕的上諭：

爾亦係讀書之人，歷觀史書所載，曾有悖逆不法如爾之甚者乎？自古不法之臣有之，然當未敗露之先，尚皆假飾勉強，偽守臣節，如爾之公行不法，全無忌憚，古來曾有其人乎？朕待爾之恩如天高地厚，且待爾父兄及汝子併汝闔家之恩俱不啻天高地厚。……朕以爾實心為國，斷不欺罔，故盡去嫌疑，一心任用，爾作威福，植黨營私，如此辜恩負德，於心忍為乎？153

處決年羹堯一年以後，在四川布政使佛喜的奏摺上批道：

年羹堯深負朕恩，擅作威福，開賄賂之門，奔競之路，因種種敗露，不得已執法，以為人臣負恩罔上者戒，非為其權重權大疑懼而處治也。154

把這些話與年羹堯的行事結合起來看，年的擅作威福已經造成了雍正的極度不滿和某種疑懼，這是年羹堯致敗的第一個原因。封建時代最注重名分，君臣大義不可違背，做臣子的要按照各自的官職爵位，做本分內應做的事情，行本分內應行的禮節。年羹堯本來就權重權大，又在自己權限範圍以外干預朝中政務，攘奪同僚權力，濫用朝廷名器，於是招來百官側目和皇帝的不滿、疑忌。比較起來，百官側目尤屬小事，皇帝疑忌問題就大了。雍正說不因權重權大疑懼他，這話有實有虛。雍正從政大權獨攬，為人自尊心極強，又好表現自己，年羹堯的位尊權重而不能自謹，將使皇帝落個受人支配的名聲，甚而是傀儡的惡名，這是雍正所不能忍受的。所以雍正最恨他不守臣節。另外，多少還有點懷疑年要造反，他轉述「帝出三江口，嘉湖作戰場」的俗諺，把年與爭皇位聯繫起來，就是這種心理的反映。要說雍正怕年羹堯，自屬不合實際。他一步一步地整治年，年只能俯首就誅，毫無防衛能力，惟有幻想看舊日的情分，手下超生。他反叛不了。所以雍正說：「朕之不防年羹堯，非不為也，實有所不必也。」[155]至於年羹堯與鄒魯、靜一道人圖謀不軌的事，顯係鍛鍊成詞，原是欲加之罪，既不反映年要造反，也不表示雍正真相信他謀反叛。

雍正的疑忌不僅是嫉恨年羹堯擅作威福，還因其結成朋黨，會危害政治的清明，這是大興年獄的第二個原因。年羹堯任用私人，排斥異己，在自己身邊聚集了一批人。這些人有前面提到過的胡期恒、王景灝、金啓勛、王嵩、劉世奇、黃起憲，還有陝西按察使黃焜、甘肅按察使張適、神木道李世倬、鳳翔知府彭耀祖、西安撫民同知楊廷柏、延安知府李繼泰、涼州同知張梅、商州知州王希曾、郃陽知縣周文澤、鄠縣知縣靳樹榛、興平知縣梁奕鴻、南鄭知縣嚴世杰、三元知縣劉子正、醴泉知縣馬灼、朝邑知縣王持權、川東道金德蔚、川南道周元勛、保寧知府王國正、遵義通判崔鴻圖、重慶同知楊文斌、嘉定知州金式訓、資陽知縣靳光祚、南江知縣高世祿、巴縣知縣周仁舉、山西平陽知府董正坤、曲沃知縣魏世瑛、解州知州楊書、景州知州張基泰、興安鎮總兵武正安、襄陽鎮總兵張殿臣、四川提標中軍參將阮陽璟，此外還有邊宏烈、彭振義、趙建、周仲舉、郎廷槐、白訥、常璽、朱炯、趙成[156]等人。這些人不一定都是死黨，但與年羹堯休戚相關，榮辱與共，年羹堯形成了一個以他為首腦，以陝甘四川官員為基幹，包括其他地區官員在內的小集團。他們基本上控制川陝，在別處雖有聲威，然不能掌握。小說《兒女英雄傳》所寫紀獻唐實指年羹堯，說他是經略七省的大將軍，「他那裏雄兵十萬，甲士千員，猛將如雲，謀臣似雨」[157]。這是藝術誇張，與實際情況自有很大出入。年羹堯任用私人，開始雍正睜一眼閉一眼，但發展下去，搞宗派活動，則是雍正所不能容忍的了。雍正要他「解散黨羽，革面洗心」，又以明珠與索額圖黨爭的事例，說明朋黨危害，不行解散，必加重責[158]。以朋黨警告年羹堯，可見雍正對這個問題的重視。

致死年羹堯的第三個原因是他的貪取財富。整飭吏治，打擊貪贓不法，是雍正初年的一項重要政策。年羹堯在青海戰事甫定之後，清理軍餉是一件大事，他也知道這個道理，但不將詳情奏報，以為可以自了[159]。這本是擅權自專，又給他冒銷軍需貪贓不法作了掩護。他貪贓受賄、侵蝕錢糧，累計至數百萬兩之巨。若在前朝，或許尚會容隱，雍正正在整理財政和吏治，對此不會放過。

年羹堯自裁，年獄並未結束，特別是興了兩個附案，即汪景祺案和錢名世案。年羹堯大逆罪之一是讀到汪景祺的《讀書堂西征隨筆》不行參奏。汪景祺，浙江錢塘人，舉人，仕途不得意，於二年（一七二四年）初由京城往西安投奔胡期恒，因得上書年羹堯求見，諛稱年是「宇宙之第一偉人」，說歷代名將郭子儀、裴度等的功績，「較之閣下威名，不啻螢光之於日月，勺水之於滄溟。蓋自有天地以來，制敵之奇，奏功之速，寧有盛於今日之大將軍哉！」[160]在同年五月節以前作成《讀書堂西征隨筆》，內中有詩句，說「皇帝揮毫不值錢」，譏訕康熙，又非議康熙的謚號和雍正的年號[161]。他在年羹堯青海建功後作〈功臣不可為〉一文，針對輿論中的功臣不能自處而遭屠戮的觀點，加以辯論，要旨是責備人主，為功臣鳴不平。文章說人主殺功臣的原因是：庸主聽說兵凶而懼，功臣能戡亂，因而想能定亂的，就能作亂，那樣己位就不能保，因而疑之，畏之；功臣因功得上賞，禮數崇，受正人尊敬，被小人巴結，遂以其有人望而忌之，怒之；若其再有建議，甚而諫諍，則謂之無人臣禮，謂之驕橫，遂厭棄之。這疑、畏、怒、怨四心生，功臣惟有死而已了[162]。汪景祺認為功臣怎麼做都要獲罪，所謂「進不得盡其忠節，退不得保其身家，撫馭乖方，君臣兩負。嗚乎！千古之豪傑英雄所有槌心而泣血者也。」他在結語中講：「殺道濟而長城毀，害肖懿而東昏亡，洪武戮開國功臣如屠羊豕，靖難兵起而東川[163]不守，可勝慨哉！可勝慨哉！」[164]以功臣檀道濟、蕭懿的被害與明太祖殺功臣為鑒戒，勸臣子不做功臣，警告君主不要殺戮功臣。這本書在查抄年羹堯家時被發現，雍正見後，親書「悖謬狂亂，至於此極」的批語[165]。汪景祺作文時，年羹堯正在極盛之時，不存在被戮的問題，汪顯然有意提醒於他，但沒有為年所理會。雍正在整治年羹堯時看到此書，自然把它視作為年羹堯輩鳴冤、攻擊君上的東西了。還在七月十八日，不知這時他是否見到《西征隨筆》，就同大學士等談到誅功臣的問題：「朕輾轉思維，自古帝王之不能保全功臣者多有鳥盡弓藏之譏，然使委曲寬宥，則廢典常而虧國法，將來何以示懲？」[166]他講不怕殺功臣的譏評，實際也不是無所顧忌。汪景祺言其所厭聽之言，怕聽之言，於是以他誹謗康熙為理由，按照大不敬律，於年羹堯死後處斬，妻子發遣黑龍江給窮披甲人為奴，親兄弟、親侄均革職，發戍寧古塔，五服內的族親現任及候選候補者一律革職，令其原籍地方官管束[167]。

年羹堯死前，侍講錢名世以參加纂修《子史精華》、《駢字類編》受議敘，三個月後竟以年黨遭懲處。錢名世，字亮工，江南武進人，康熙三十八年（一六九九年）中舉，與年羹堯南北鄉試同年。雍正二年（一七二四年）年羹堯進京，錢賦詩贈之，有「分陝旌旗周召伯，從天鼓角漢將軍」之句[168]。還有「鐘鼎名勒山河誓，番藏宜刊第二碑」[169]。允禵調兵進藏，康熙為立一碑，錢名世認為年羹堯平定青海叛亂，應為他再立一碑石。雍正說他的這種行為，是文人無恥鑽營，違背聖賢遺教，不配作儒門中人，因而以文詞為刑法，親寫「名教罪人」四字責之，並將其革職，發回原籍，由地方官把「名教罪人」製成匾額，張掛在錢名世住宅，以為誅心之責。又令舉人進士出身的京官每人作一首詩諷刺他，由錢名世把它們收集起來，刊刻進呈，分發直省各學校，以為無恥人臣之炯戒[170]。科甲出身的京官應令作詩，正詹事陳萬策詩句是：「名世已同名世罪，亮工不異亮工奸。」[171]意思是說這個錢名世與做《南山集》犯案的戴名世同名，都犯了叛逆罪；這個錢亮工，與被劾下獄的周亮工是同樣的奸僞之人。這種文字遊戲，雍正以為上好，加以誇獎。侍讀吳孝登以詩作的謬妄，被發遣寧古塔給披甲人為奴，侍讀學士陳邦彥、陳邦直亦以乖誤革職[172]。對吳孝登的處分超過了錢名世，說明雍正喜怒無常，也反映在年獄問題上有不同看法，有些官僚雖不敢公開反對，但流露出不滿，也受到嚴厲打擊。

（三）隆科多禁死

隆科多的被雍正懷疑，早於年羹堯，同時挨整，處理在後。

作為密勿重臣的隆科多，專斷攬權，在吏部，司官對他「莫敢仰視」[173]，公事惟其命是從。人們對他經辦的銓選，稱為「佟選」[174]，可見他執掌用人大權。在這裏，他忽視了觸犯天子權力的問題。在其他方面，他也有不檢點的地方。有一天果郡王允禮進宮，隆科多看見了，起立表示致敬，允禮沒有注意到，與他同行的領侍衛內大臣馬爾賽告訴他，他遂欠身而過[175]。在康熙時，隆科多見到皇子都跪一足問安，而這時對雍正的親信弟兄允禮尚只起立不跪，對其他皇子之不如從前恭敬可想而知了。馬爾賽知會允禮隆科多起立了，意思是讓允禮向對方回禮，這也是向隆科多討好。這件事，反映了隆科多在兩朝地位的變化和他的驕滿情緒。

隆科多預料自己地位不穩固，在許多事情上留有後手。雍正好行抄家，隆科多怕輪到自己，早早把財產分藏到各親友家和西山寺廟裏[176]。他不相信雍正會永遠信任他，這麼一來，讓皇帝知道了，更給雍正遞了他不守人臣大義的罪柄。隆科多在二年（一七二四年）主動提出辭掉步軍統領兼職，雍正就此事告訴年羹堯：「朕並未露一點，連風也不曾吹，是他自己的主意。」又說：「舅舅近日與舅舅亦不甚親密」，想用他接替隆科多[177]。選擇這樣的人，分明是不讓隆科多再對這個職務發生影響。他說不是自己要隆科多辭職，實是欺人之談，隆所以自動提出，也是感到自己與皇帝的關係不再適合擔任這個官職了，就以辭職爭取主動。由此可見，隆科多亦專擅威福，然而有所克制，絕不似年羹堯那樣張狂。

雍正也容不得隆科多，在前述二年十一月十五日數說年羹堯時就捎上了隆科多，此後往往把隆、年並提，三年（一七二五年）五月二十二日將隆、年之奸曉示廷臣，主要內容是責備隆科多，說他屢參允禩，定要將之置諸死地，而包庇鄂倫岱、阿爾松阿、都統汝福，是要把允禩之人網羅為他的黨羽[178]。同年六月，雍正懲治年羹堯之子年富，撤銷隆科多次子玉柱的乾清門頭等侍衛、總理侍衛事、鑾儀衛使等職。那時，吏部議處年羹堯妄參金南瑛之罪，先後提了兩個處理意見，前議過輕，後議又過重，雍正說如此錯亂，他人斷不敢為，必是「舅舅隆科多有意擾亂之故」，就令都察院嚴加議處[179]。庇護年羹堯，干擾對年案的審查，這件事被看得很重。於是削去他的太保銜及一等阿達哈哈番世職，命往阿蘭善山修城墾地。雍正還特地指示署理涼州總兵宋可進：「隆科多亦如年羹堯一般貪詐負恩，攬權樹黨，擅作威福」，他到你處，儘管你曾經是他的屬員，但「似此誑君背主小人，相見時不須絲毫致敬盡禮」[180]。這時雍正把隆科多與年羹堯一樣看作是植黨攬權的奸臣，只是在處理上分別輕重緩急，先年後隆，因此隆得以拖延時日。

四年（一七二六年）正月，雍正令隆科多往阿爾泰嶺，與策妄阿拉布坦議定準噶爾和喀爾喀遊牧地界，事畢同預計前來的俄國使臣會議兩國疆界。雍正說隆科多「苦實心任事，思蓋前愆，朕必寬宥其罪」[181]。話是這麼說，就在這個月，刑部審問隆科多家僕王五、牛倫，他們供出隆科多受年羹堯、總督高世顯、覺羅滿保、巡撫甘國璧、蘇克濟、奉天府丞程光珠、道員張其仁及知府姚讓等禮物[182]。八月，隆科多同散秩大臣、伯、四格在恰克圖與俄國代表薩瓦•務拉的思拉維赤會面，薩瓦尋由四格伴送進京祝賀雍正登基，隆科多留邊境等候薩瓦回來談判，薩瓦要求允許俄國商隊和庫爾齊茨基主教隨使團同往北京，隆科多以未奉御旨予以拒絕。次年五月，薩瓦回到邊界，隆科多與郡王策凌、四格、兵部侍郎圖理琛代表清朝同他談判，隆科多堅決要求俄國歸還侵佔中國的大片蒙古地區[183]。還在閏三月，揭露出隆科多私藏「玉牒」底本的事情，諸大臣奏請等他議界完畢再行審處，六月，雍正以議界不必非要隆科多，將他逮捕回京[184]。隆科多走後，其他代表不能堅持維護國家利益的原則，對俄國做了許多讓步。七月，中俄簽訂《布連斯奇條約》，薩瓦認為俄國取得了成功，所以能如此，「隆科多的被召回」是原因之一[185]。隆科多在談判中維護國家利益，忠誠於清朝和皇帝，但沒有贏得雍正的諒解，這是雍正的一個過失。私藏玉牒事，是隆科多從輔國公阿布蘭處要去玉牒底本，收藏在家。玉牒是皇家宗譜，非常神聖，「除宗人府衙門，外人不得私看，雖有公事應看者，應具奏前往，敬捧閱看」[186]。隆科多私藏在家，犯了大不敬的罪，雍正抓住了大作文章，下決心懲治他。十月，諸王大臣議上隆科多四十一大罪，其中大不敬罪五，即私藏玉牒，將康熙所賜御書貼在廂房，自比諸葛亮等，欺罔罪四條，紊亂朝政罪三項，奸黨罪六條，不法罪七款，貪婪罪十六項。雍正命將隆科多永遠圈禁，禁所設在暢春園附近，大約是說他對康熙有罪，守在園外以思過。其贓銀數十萬兩，於家產中追補。奪其長子岳興阿一等阿達哈哈番世爵，玉柱發遣黑龍江當差[187]。六年（一七二八年）六月，隆科多死於禁所，雍正賜金治喪。

因隆科多而遭殃的，除了他的親屬，最慘的是查嗣庭。查係浙江海寧人，康熙四十七年（一七〇八年）進士，因隆科多薦舉，任內閣學士，後蔡珽保奏，遂兼禮部侍郎，雍正四年（一七二六年）各省鄉試，為江西正考官，被人告發試題荒謬，九月被捕入獄，抄家，病死狴犴。這時隆科多待罪邊疆，蔡珽案[188]正在進行，雍正就在召回隆科多的前夕，於五年（一七二七年）五月將查嗣庭戮屍梟示，子查澐應斬監候，家屬流三千里，家產充浙江海塘工程費用。牽連到的江西巡撫汪漋降四級調用，布政使丁士一革職發往福建工程上效力，副主考俞鴻圖革職[189]。查嗣庭罪狀，照雍正宣布的是兩大條，其一是恣意攻擊康熙，所謂「今觀查嗣庭日記，於雍正年間之事無甚詆毀，且有感恩戴德之語，而極意謗訕者皆聖祖仁皇帝已行之事也」[190]。據說康熙命關差鹽差邦貼庶常，查嗣庭視作衙門清苦，無所不為；翰林官員以科道部屬分用，查說衙門擁擠，不得開坊；裁汰京中冗員，查說詞林獨當其危；戴名世獲罪，查視為文字之禍；引見百官，拂意者即行罷斥，查謂失去用賢之道；九卿會議，查以為不過是應名；欽賜進士，查認為是例行故事，不能識拔奇才；殿試不完卷者革退，查意為殺一儆百，無罪而罰[191]。其二是試題譏刺時事。後人以為這是查嗣庭出考題「維民所止」，被人告發，心懷悖逆，欲去雍正之首[192]。但雍正及乾隆前期的記載不是這個意思。《雍正朝起居注》、《清世宗實錄》、《上諭內閣》、《永憲錄》等書記查嗣庭所出試題是：《易經》第二題「正大而天地之情可見矣」，第三題「其旨遠其辭文」，《詩經》第四題「百室盈止婦子寧止」。雍正說《易經》第二題與《詩經》第四題，「前用正字，後用止字，而《易經》第三題則用『其旨遠其辭文』，是其寓意欲將前後聯絡。」很明顯，他是把兩個題裏的「正」、「止」二字聯繫起來了。不僅如此，他還聯繫到前不久處斬的汪景祺的〈歷代年號論〉一文。汪說正字有「一止之象」，如前代年號中帶正字的，金海陵王的正隆，金哀宗的正大，元順帝的至正，明武宗的正德，明英宗的正統，都不是吉兆。雍正說查嗣庭與汪景祺一樣，用「正」、「止」兩字，就是把正字去掉一橫成止字，就是攻擊雍正年號，也是一止之象，不是好的兆頭[193]。這裏雍正抓的是查嗣庭「攻擊」雍正年號，詛咒現政權，後人說該題之意是被雍正誤解為要去他的腦袋，是錯會雍正之意了。話說回來，雍正降罪查嗣庭的兩個原因是自相矛盾的，因為後一條是被認為反對當今皇帝，而前一條說對當今還有歌頌，這怎麼能協調呢？其實，他坐降查嗣庭，第一條不是眞正原因，他不過以保衛父皇名聲為藉口，博孝順之名，並為掩蓋懲治查的眞實動機。第二條他看得很重要，但是太沒有說服力，那樣把試題剪貼拼湊，把任何以文為生的人的文字都可以弄成各種罪名，何必只是查嗣庭！雍正也知自己牽強穿鑿，不服人，就說查嗣庭這樣命題，不是「出於無心，偶因文字獲罪」，對他試題那樣分析不是深文周納，不可以「加朕以深刻之名」[194]。這是強行辯解了。問題不僅在試題，還在於他「向來趨附隆科多」[195]和蔡珽。雍正拿他試刀，以推動隆、蔡兩個案子的進行。後來隆科多定成四十一大罪，「保奏大逆之查嗣庭」，作為他結成奸黨罪狀之一[196]。蔡珽亦以「交結大逆不道之查嗣庭」為罪名之一獲譴[197]。

（四）年、隆案簡論

康熙曾說謀立允禩的官僚，豈不是要結恩於他，「為日後恣肆專行之計矣」[198]。深知皇子結黨相爭會有利於朝臣的擴張權力。果然如此，雍正繼位，重用隆科多、年羹堯等人，給予了他們正常情況下臣子所不應有的權力，像「年選」、「佟選」，可與吳三桂的「西選」相比，年羹堯的權力直追大將軍王允禵，在職權範圍以外干涉朝廷和其他官員的職務。他們權力的膨脹，是在皇帝允許前提下恃功驕恣的結果，他們的越權，雍正是無以辭其咎的，他自己在上諭和硃批諭旨中也不斷自責，三年（一七二五年）五月二十二日上諭：年羹堯、隆科多「之妄謬，皆由朕之信任太過」，「朕今深恨辨之不早，寵之太過，愧悔交集，竟無詞以謝天下，惟有自咎而已」[199]。在給紀成斌的硃批諭旨中，說年羹堯之負恩，「殊令朕愧見天下臣工」[200]。從年、隆本身來看，特別是年羹堯，因功高而頭腦發脹，忘乎所以，做出超越臣子本分的事情，反叛稱王之心可以說沒有，但逾越禮法的罪愆也是封建法規所不容。所以年、隆的擅權，是儲位鬥爭之後，他們因功自恣和雍正賞功放縱的結果。

雍正殺年、隆的性質，是君主按照封建君臣關係的準則，收回重臣所不應有的那部分權力。這是君主與大臣的權力分配問題，在封建社會是不斷發生的。雍正給予年、隆過分權力，是自作孽，年、隆不善自處，接受並擴大分外權力，是自釀禍。雍正懲治年、隆，是保衛和加強君主權力，年、隆之案的所謂欺罔、僭越、狂悖、專擅、奸黨之罪，是指控他們擅權，明確他們的一些特權是非法的。與此同時，強化皇帝的權力。山西按察使蔣泂就年羹堯的專擅，提出「欲杜其流，必防其漸，法制一定，大權不分」的建議，雍正回答說：「似汝如是條奏者頗多，朕因踐阼不久，耳目未廣，知人尚少，諸凡且循舊典，徐徐自有制度。」[201]一方面建議大權獨攬，一方面表示非不欲不假手於人，奈因登基之初特殊情況所決定，只要條件成熟就改正過來。在治罪年、隆過程中，雍正說了「生殺之權，操之自朕」[202]的一些話，禁止官僚不要投靠權臣，務以忠於君上為旨歸。通過年、隆之獄，清除了專擅的權臣，雍正眞正大權獨攬了。

在這場君臣權力分配鬥爭中，雙方各有是非，雍正作孽於前，後又專尚殘酷打擊，表現了君主權力的絕對性和他本人的殘忍性。年、隆結黨圖利，身敗名裂，也是咎由自取。或謂雍正是殺功臣滅口，怕自己「篡位」事通過年、隆傳揚出去，於己不利，一殺了卻這樁心事[203]。此說很難令人信服，縱或雍正是改詔篡位，也不存在怕親信揭露的問題。年、隆若要自行稱帝，以此要挾雍正，披露眞相，也就無異於自我暴露，自找倒楣，他們絕不能幹這種蠢事。設或要投奔新主人，拿這絕密事件作進見禮，但又沒有另尋新主的跡象，他們當時所處的地位也不可能再發生這樣的事情。雍正無須乎做殺人滅口的事。

汪景祺、錢名世、查嗣庭之獄，牽連到年羹堯、隆科多、蔡珽諸大案中，是雍正把他們當作朋黨而予以打擊，從而使他們成為政治鬥爭的犧牲品，他們的案子也就成為那幾個大案的組成部分。但是他們本身並不是政治人物，又不是年、隆、蔡的死黨，他們的獲罪還是由被解釋為攻擊朝政的文字所引起，因此基本上是文字獄性質。過往人們把他們的遭禍簡單地視作文字獄，是沒有看到與年隆等案的聯繫；也有指出他們同年、隆案件關係的，但又沒有注意到它以文字獄形式表現出來的基本性質，也沒有把問題說清[204]。

總之，雍正利用年、隆鞏固政權，推行新政，起過積極作用；造成他們擅權，又殘酷打擊，雖為政治統一所要求，但它的出現是雍正初年的一個敗政。

允禩集團收拾淨盡

本章第一節講到二年（一七二四年）七月，雍正宣布親書的《朋黨論》，他要求臣下對這篇文告「洗心滌慮，詳玩熟體」，為此特諭諸王貝勒滿漢文武大臣，他說：

朕即位後，於初御門聽政日，即面諭諸王文武大臣，諄諄以朋黨為戒，今一年以來，此風猶未盡除。聖祖仁皇帝亦時以朋黨訓誡廷臣，俱不能仰體聖心，每分別門户，彼此傾陷，分為兩三黨，各有私人，一時無知之流，不入於此，即入於彼。朕在藩邸時，罔勉獨立，深以朋黨為戒，不入其內，從不示恩，亦無結怨，設若朕當年在朋黨之內，今日何顏對諸臣降此諭旨乎？……

夫朋友亦五倫之一，往來交際，原所不廢，但投分相好，止可施於平日，至於朝廷公事，則宜秉公持正，不可稍涉黨援之私。朕今〈御制朋黨論〉一篇頒示，爾等須洗心滌慮，詳玩熟體。如自信素不預朋黨者，則當益加勉勵，如或不能自保，則當痛改前非，務期君臣一德一心，同好惡，公是非，斷不可存門户之見。……

朕之用人加恩，容有未當之處，或不能保其將來，至於治人以罪，無不詳慎。……夫朕用一人，而非其黨者嫉之，罰一人，是其黨者庇之，使榮辱不關於賞罰，則國法安在乎！嗣後朋黨之習，務期盡除。爾等須捫心自問，不可陽奉陰違，以致欺君罔上，悖理違天。毋謂朕恩寬大，罪不加衆，倘自干國法，萬不能寬。[205]

《御制朋黨論》講：

朕惟天尊地卑，而君臣之分定。為人臣者，義當惟知有君，惟知有君則其情固結不可解，而能與君同好惡，夫是之謂一德一心而上下交。乃有心懷二三，不能與君同好惡，以至於上下之情睽，而尊卑之分逆，則皆朋黨之習為之害也。

夫人君之好惡，惟求其至公而已矣。……人臣乃敢溺私心，樹朋黨，各徇其好惡以為是非，至使人君懲偏聽之生奸，謂反不如獨見之公也，朋黨之罪，可勝誅乎？……

宋歐陽修朋黨論創為邪說，曰君子以同道為朋。夫罔上行私，安得謂道？修之所謂道，亦小人之道耳，自有此論，而小人之為朋者，皆得假同道之名，以濟其同利之實，朕以為君子無朋，惟小人則有之，且如修之論，將使終其黨者，則為君子，解散而不終於黨者，反為小人乎？朋黨之風至於流極而不可挽，實修階之厲也。設修在今日而為此論，朕必誅之以正其惑世之罪。

朕願滿漢文武大小諸臣，合為一心，共竭忠悃，與君同其好惡之公，恪遵大易論語之明訓，而盡去其朋比黨援之積習，庶肅然有以凜尊卑之分，歡然有以洽上下之情。虞廷賡歌颺拜，明良喜起之休風，豈不再見於今日哉！[206]

雍正講這些話，表達的意思是：(1)康熙年間流行的朋黨習氣，雖經他即位以來的糾正，但仍積習未改，現在應當徹底清除了。(2)朋黨違背君臣大義和臣子事君之道，是嚴重罪過。臣下只能以君主之是非為是非，君主之好惡為好惡，絕對忠於君上，而不能擾亂人主權力的施行。(3)批評歐陽修的君子因道同可以結黨的觀點，從理論上說明解散朋黨的道理。(4)指責允禩等人結黨，而為自身洗刷。他以君主身分講這些問題，有的切中時弊，有的則是強詞奪理，不過把他的反朋黨的道理充分表現出來。

雍正發布〈朋黨論〉，原意是向允禩集團發動猛烈進攻。八月，召見諸王宗室，譴責允禔、允禩、允禵、允禟「俱不知本量，結為朋黨，欲成大事」[207]，問題提得很嚴重。不久，因整治年羹堯，放慢了對允禩黨人的進攻速度，惟不時指斥他們，間或處理其中的個別人。十一月，雍正說允禩自受命總理事務以來，「所辦之事，皆要結人心，欲以惡名加之朕躬。」如管工部，凡應嚴追的錢糧虧空，竟行寬免，以圖邀譽[208]。同月發出上諭：「自親王以下閒散人以上，若有歸附允禩結為朋黨者，即為叛國之人，必加以重罪，決不姑貸，亦斷不姑容也！」[209]宣布以叛國罪治允禩黨人，極其嚴厲。十二月，以揆敍為允禩黨人，雖其已死去七年，仍命於其墓前豎立刻有「不忠不孝柔奸陰險揆敍之墓」的碑石，以示譴責[210]。三年（一七二五年）二月，召見諸王大臣，責備允禩黨人，說允禟不按規矩迎接聖旨，竟宣稱「我已欲出家離世之人」，不遵守君臣大義；說允䄉在祈禱疏文中，把「雍正新君」字樣寫入，大為不敬；鄂倫岱在乾清門，當著眾人，將降給阿爾松阿的御紙扔於地上[211]。七月，山西巡撫伊都立參奏前任諾岷包庇允禟。允禟護衛烏雅圖等路過山西平定州，毆打當地生員，諾岷沒有報告，被雍正訪知，責令審理，諾岷只究責打人兇手，未及允禟心腹太監李大成，雍正說諾岷是貝勒滿都護屬下人員，而滿都護與允禟是鄰居，是一黨，因此諾岷有意替允禟掩飾，遂將其革職；允禟不知收斂，猶以九王爺自居，革其貝子[212]。大體上說，在二、三年間（一七二四—一七二五年），雍正對允禩黨人指責多，處理少，待到收拾了年羹堯，調出隆科多，就大力整飭允禩黨人了。

四年（一七二六年）正月初五日，雍正發出上諭，歷數允禩的罪狀：

廉親王允禩狂逆已極，朕若再為隱忍，有實不可以仰對聖祖仁皇帝在天之靈者。……當時允禩，希冀非望，欲沽忠孝之名，欺人耳目，而其奸險不法，事事傷聖祖仁皇帝慈懷，以致忿怒鬱結，無時舒暢。康熙四十七年冬聖祖仁皇帝聖體違和，令朕同允祉、允禩檢點醫藥，凡立方合劑，朕於允祉每日細心商酌，允禩惟同允禟、允禵促坐密語，醫藥之事不曾一問，不過以篋笥收拾方帖而已。天佑聖躬旋即痊愈，朕心喜慰，向允禩云：皇父聖體大安矣，允禩云：目前聖體雖愈，將來之事奈何？朕聞之不勝驚怪。

又，是年二阿哥有事時，聖祖仁皇帝命朕同允禩在京辦理事務，凡有啓奏，皆蒙御批，奏摺交與允禩收貯。後向允禩問及，允禩云：前在要亭時，皇考怒我，恐有不測，比時寄信回家，將一應筆札燒毀，此御批奏摺藏在佛櫃內，遂一併焚之矣。

……朕纘承大統，……允禩總以未遂大志，時懷怨恨，詭詐百出，欲以搖惑眾心，擾亂國政。……三年以來，朕百凡容忍寬免，諄諄訓誡，猶冀其尺改前愆。宗人府及諸大臣交劾，議罪之章，什百累積，朕俱一一寬貸，乃允禩詭譎陰邪，日益加甚。

……允禩心中已無祖宗君上矣。允禩既自絕於天，自絕於祖宗，自絕於朕，宗姓內豈容有此不忠不孝大奸大惡之人乎？213

雍正講的是允禩對不起祖宗和父皇，而實質是在謀取儲位和給他這個新君製造難題。解決這種嚴重對立，就是懲治允禩，褫奪他的黃帶子，削除宗籍，逐出宗室。他的同夥允禟、蘇努等人也遭到了同樣的處分。允禩妻烏雅氏革去福晉，休回母家，嚴行看守，不得往來214。允禟編造類似西洋字的十九字頭與家人通信，被發覺，抄檢他的住宅215。二月，將允禩降為民王，交所屬旗內稽查，不得依宗室諸王例保留所屬佐領人員，隨即圈禁高牆[216]。貝子魯賓當允禩在西北軍前時，代允禩與之聯繫，後又不揭發，亦圈禁[217]。鎮國公永謙也因在允禩案中不據實陳奏，革去世爵[218]。三月，允禩奉命改稱「阿其那」，其子弘旺改名「菩薩保」。「阿其那」係滿語，確切含意不詳，有謂其意為狗，說雍正故意侮辱他的這個弟弟，視之為畜類；或云為相當於漢語的「某某」；有說其引申意思是罵允禩為「畜牲」；有說其引申意思是把某人像狗一樣趕走，以示討厭[219]。「菩薩保」亦為滿語，不知何意，但不會是惡意，滿人中不只一人用這個名字，如努爾哈赤弟弟穆爾哈齊有一個曾孫就以此命名[220]。

這個時候，同情允禩的人們加緊了活動。自雍正登極以來，社會上就有人對允禩等人處境表示不滿，雍正對此一再加以譴責。二年十一月，他說：「在廷諸臣為廉親王所愚，反以朕為過於苛刻，為伊抱屈，即朕屢降諭旨之時，審察眾人神色，未嘗盡以廉親王為非。」[221]三年四月，又說：「朕於諸王大臣前降旨訓誨允禩，視諸王大臣之意，頗有以允禩為屈抑者。」[222]這時有自稱為正黃旗的灤州人蔡懷璽，前往景陵，求見被禁閉於該處的允禵，允禵害怕招事，拒不接見，蔡就寫「二七便為主，貴人守宗山」，「以九王之母為太后」的字條扔於允禵院內，他還認為「十四爺的命大，將來要坐皇帝」[223]。按照他的意思，趕雍正下臺，讓允禵坐皇帝，允禟母親宜妃做太后。他的活動被監視允禵的馬蘭峪總兵范時繹發現，將之投入監獄。大約也在這個時候，天津州民人郭允進自稱遇洪覺禪師，得授韜略，書寫「十月作亂，八佛被囚，軍民怨新主」的傳單，浙江人歐秀臣把它刊刻，廣為散布[224]。允禩被人「目之為佛者」[225]，「八佛被囚」，是責難雍正帝圈禁允禩。「十月作亂」，如果是就雍正即位而言，然而那是在十一月，與之不合；不知是否號召於本年十月起兵反抗，因傳單內還說災禍將要降臨，不信者即被瘟疫吐血而死。又說雍正以來，旱潦災荒不停[226]。像是要把恨新主的怨氣暴發出來。這些人的活動，表明社會上有人反對雍正，爭取實現允禩、允禵的政權。

在這種情況下，雍正加緊了對允禩黨人的處理。五月，向內外臣工、八旗軍民人等頒布允禩、允禟、允禵、允䄉等罪狀[227]。允禟被改名為「塞思黑」[228]，它是滿語，其意今不清楚，或云為猪意；或謂是「迂俗可厭之人」；或云是討厭之意；或謂引申意思是像刺傷人的野猪一樣令人可恨[229]。允禟被都統楚宗從西大通押至保定，直隸總督李紱奉命將之「圈住」。李紱把在衙門附近的小房三間，四面加砌牆垣，投放允禟入內，把前門封閉，設轉桶傳進飲食，在外派官兵看守。房小牆高，時值酷暑，帶著鐵鎖、手梏的允禟時常暈死。到八月，李紱奏報允禟病死，雍正說他服冥誅，罪有應得。允禟大約是被雍正君臣害死的。楚宗曾奏稱，他押允禟到保定，李紱向他傳達「便宜行事」的諭旨，雍正、李紱雖加否定[230]，不過是賴賬罷了。當時有人認為李紱秉承君命謀害了允禟，雍正卻指責李紱沒有把允禟病死情況明白告訴眾人，才引起懷疑[231]。李紱是有口難言，只得承受這種罪責。五月，雍正怕允禵在外不便控制，把他移到京城景山壽皇殿囚禁，這裏有康熙的畫像，命他追思乃父教養之恩，以便改悔[232]。蔡懷璽被迫自殺。雍正治鄂倫岱、阿爾松阿固結朋黨、怙惡不悛罪，處斬，妻子沒入內務府[233]。兩江總督查弼納因與蘇努是姻親被審問，供出「蘇努、七十、阿靈阿、揆敍、鄂倫岱、阿爾松阿結為朋黨，協力欲將阿其那致之大位」，以及允禟、允禩交結情狀[234]，推動了這些案件的審理。七月，將郭允進梟首示眾[235]。九月，允禩死於禁所，雍正也說他是服了冥誅。隨著允禩、允禟的死，這個經營二十多年的政治集團，徹底垮臺了。

與這個集團有某種關聯的人也受到了懲治。山西猗氏縣人令狐士義在京受過允禟資助，後赴西大通找允禟，表示「願附有道之主，不附無道之君」，要聯合山陝兵民，以救允禟[236]。五年

（一七二七年）七月，雍正以他「叛逆昭著，罪大惡極」，梟首示眾[237]。同年，山西布政使高成齡承審允禟太監李大成，沒有以擬斬立決具題，雍正說從前諾岷因此事而得罪，高成齡知道，如今還包庇李大成，一定是同阿其那、塞思黑情熱，故枉法寬縱，轉令審訊高成齡[238]。七年（一七二九年）正月，曾同隆科多一齊對沙俄代表談判的四格，因與蘇努結交而被審處[239]。惟有允禵，因係雍正同母弟，不便處治太嚴，未要其命，使他活到乾隆二十年（一七五五年）病故。

雍正致死允禩、允禟等人，理由是他們在先朝結黨謀奪儲位，今朝仍固結不散，企圖製造新君的誤失而獲掌玉璽。誠然，雍正和允禩的鬥爭，可以劃分為兩個階段，康熙朝為第一個時期，互相爭奪儲位，雍正朝是第二個時期，允禩、允禟及其社會力量不甘心失敗，進行隱隱約約的鬥爭，企圖推翻雍正的統治，建立他們的政權，這就使得這個時期的鬥爭具有保衛皇權和奪取皇權的性質，它是前一階段鬥爭的延續和發展。那麼從全部過程講，就是爭奪儲位——皇位的政治鬥爭。

雍正對允禩集團有舊怨，有新仇。他修宿怨，非致死對手而後快；報新仇，則是要樹立他的君主應有權威。有一次，他向諸王滿漢大臣說：

> 爾諸大臣內，但有一人，或明奏，或密奏，謂允禩賢於朕躬，為人足重，能有益於社稷國家，朕即讓以此位，不少遲疑。[240]

當皇帝，說這樣的話，像是大度量，實在是被迫無奈，以此威脅眾人，反映了他的權威不高。他當然力圖改變這種可悲的狀況。他的一個法寶，就是充分使用君主的法定權力，打擊對方，並以君臣大義要求和制馭臣下。二年（一七二四年）八月，諸王大臣就頒布《朋黨論》進行回奏，雍正說了這樣耐人尋味的話：

朕受聖祖皇帝付託之重，繼登寶位，朕之身上秉祖宗之大統，為天下臣民主，爾等應以大統視朕，不應以昔日在藩之身視朕躬也。241

要求臣下不要以舊日眼光看他，以為他還是雍親王，應該當作雍正皇帝來對待。這就是說儲貳鬥爭的結果，使新君權威不立，大約那位皇子上臺，也會遇到這樣問題，同樣會遭到昔日政敵的反抗。所以康熙死後，清朝政府因統治上層內部的鬥爭面臨著削弱的危險。雍正不敢離京城一步，兢兢業業，勤理政事，致力於打擊允禩黨人，來建立他的權威，強化皇權，鞏固清朝政權，克服可能出現的政治變亂。

康熙、雍正兩朝的四十年的儲位——皇位鬥爭，雍正把它結束了，使皇帝、宗室和一些官僚從黨爭中擺脫出來，以更多的精力從事有益於清朝政府和社會的政務。

儲位——皇位鬥爭中，滿洲貴族遭到一定的打擊，主要是雍正處理了許多宗室王公，從而削弱了他們的勢力，強迫他們圍繞著皇帝的意志從事政治活動。

關於雍正的打擊朋黨，是否可以做這樣的結論：就他個人講含有報舊恨雪新仇的成分，但更重要的是以此強化君權，使統治階級中更多的人去進行正常的政治活動，加強清朝的統治，從而保持清朝前期政治的穩定，有利於形成康雍乾較長時期的社會經濟發展和邊疆的進一步鞏固。

雍正清除允禩黨人時，輿論就責備他刻薄，凌虐弟輩，後人也多作如是之譴責。他總是曉曉置辯，人們對此頗為反感，他又進行辯解，對諸王大臣說：「朕之是非，有關皇考之得失，所以不得不諄諄辯白也。」242拉上他的父親，來說明他的言行的合理性，這是他萬不得已了。事實上，他在處理政敵時，確實表現了他的殘暴的一面，但從當時激烈鬥爭的實際情況分析，他的做法基本上適應了清朝政治發展的需要，具有合理性。應該允許他爭辯，不可以他的「好勝」，全盤否定他的這種行動和言論。

註釋

1 《清世宗實錄》卷一，康熙六十一年十一月乙未條。《永憲錄》記為：十四日，命領侍衛內大臣馬爾賽及隆科多、馬齊輔政，雍正正式繼位後，始命允禩、允祥、隆科多、馬齊總理事務（四九頁、五八頁）。

2 《皇清通志綱要》卷四上。

3 《上諭內閣》，三年九月三十日諭。

4 《上諭內閣》，四年十月初五日諭。

5 《雍正朝起居注》，四年正月二十八日條。

6 《大義覺迷錄》卷三。

7 《上諭內閣》，二年十月二十六日諭。

8 《清世宗實錄》卷一，康熙六十一年十一月乙未條。

9 《永憲錄》卷一，六六頁。

10 《上諭內閣》，三年二月二十九日諭。

11 《上諭內閣》，元年五月二十三日諭。

12 朝鮮《同文滙考》補編《使臣別單》卷四，轉錄金承藝《從「胤禵」問題看清世宗奪位》。這裏允禵的名字，仍是康熙末年「胤禎」一名。在雍正繼位後，宗人府以親王阿哥等名上一字「胤」字與御諱相同，請求更定。雍正說名諱是先帝欽定，不應變動，命禮部奏請皇太后裁奪，到十二月二十日，雍正說皇太后同意，諸兄弟名字上一字改為「允」字（《清世宗實錄》卷二，康熙六十一年十二月辛未條）。自此之後，雍正的兄弟們，為敬避御諱，名字的上一字改用「允」字。後日的文獻記載，涉及這些人時，多書作「允」字，即使原作於康熙朝的文獻，後來出版的，也往往將原作的胤字易為允字。

筆者為尊重實際，康熙諸子的名字，在第一章康熙時代，均寫作「胤某」，到雍正登極，俱書「允某」，以見名諱的變化，實亦反映諸人地位的變異。

13 《上諭內閣》，三年二月二十九日諭。

14 《上諭內閣》，元年五月二十四日諭。

15 《永憲錄》卷二上，一〇二頁。

16 《清世宗實錄》卷七，元年五月庚子、辛丑兩條。

17 指允禵，詳解見後。

18 《大義覺迷錄》卷三。

19 《雍正朝起居注》，二年十月二十日條，三年二月二十九日條；清世宗「硃諭」，第六函。

20 《永憲錄》卷一，六三頁。

21 《永憲錄》卷一，六四-六五頁；《雍正朝起居注》，元年十月十一日條。

22 《上諭內閣》，三年七月二十九日諭；《雍正朝起居注》，三年七月二十六日條。

23 中國第一歷史檔案館藏：《宮中檔・硃批奏摺・民族事務類》，卷一三三，四號，《年羹堯奏摺》及硃批。

24 《掌故叢編》第十輯《年羹堯奏摺》。

25 《清世宗實錄》卷十八，二年四月癸亥條。

26 《上諭內閣》，二年四月初八日、二十六日諭；《雍正朝起居注》，二年十月十七日條。

27 《上諭內閣》，二年四月初八日諭。

28 《雍正朝起居注》，二年五月二十日條。

29 《上諭內閣》，二年四月初九日諭。

30 清世宗「硃諭」，第十二函。

31 《上諭內閣》，元年二月初十日諭。

32 《小倉山房文集》卷三《協辦大學士吏部尚書孫文定公神道碑》。

33 《上諭內閣》，元年二月初十日諭。

34 《上諭內閣》，二年四月初七日諭。

35 《雍正朝起居注》，五年十月初五日條。

36 《雍正朝起居注》，四年十月初二日條。

37 清世宗「硃諭」，第十二函。

38 《文獻叢編》第五輯《年羹堯奏摺》。

39 《上諭內閣》，康熙六十一年十二月十二日諭。

40 《上諭內閣》，元年二月初十日諭。

41 《李朝實錄・景宗實錄》卷十一，三年（雍正元年）二月己卯條，四十二冊一六二頁。

42 《雍正朝起居注》，元年七月、九月條。

43 《上諭內閣》，元年十一月二十九日諭。

44《上諭內閣》，二年四月初七日諭。
45《上諭內閣》，二年五月十四日諭。
46 清世宗「硃諭」，第十二函。
47《上諭內閣》，康熙六十一年十一月二十一日諭。
48《清世宗實錄》，康熙六十一年十一月丙午條。
49《掌故叢編》第十輯《年羹堯奏摺》。
50《清世宗實錄》卷七，元年五月庚子條。
51《硃批諭旨・高其倬奏摺》，元年四月初五日摺硃批。
52《宮中檔・硃批奏摺・民族事務類》，岳鍾琪元年五月初九日摺硃批。
53、54、55、56、58 清世宗「硃諭」，第十二函。
57 清世宗「硃諭」，第七函。
59《雍正朝起居注》，二年十一月初九日條。
60 清世宗「硃諭」，第十二函。
61《掌故叢編》第九輯《年羹堯奏摺》硃批。
62《雍正朝起居注》，二年十一月十五日條。
63《清世宗實錄》卷三十九，三年十二月甲戌條。
64、65 清世宗「硃諭」，第十二函。
66《清世宗實錄》卷三十三，三年六月癸未條。
67《硃批諭旨・莽鵠立奏摺》，三年五月初六日摺硃批。
68《硃批諭旨・李成龍奏摺》，三年元月十一日摺硃批。
69《硃批諭旨・李維鈞奏摺》，二年十一月十三日摺硃批。
70《雍正朝起居注》，四年十二月初七日條。
71《上諭內閣》，四年十二月十二日諭。
72《永憲錄》卷三，一八四頁。
73《上諭內閣》，元年四月十八日諭。
74《雍正朝起居注》，二年十一月二十二日條。
75《小倉山房文集》卷三，《文淵閣大學士史文靖公神道碑》。
76《嘯亭雜錄》卷九《年羹堯之驕》。
77《雍正朝起居注》，二年十一月十三日、十五日條。
78《掌故叢編》第十輯《年羹堯奏摺》。
79、81《文獻叢編》第五輯《年羹堯奏摺》。
80、82 清世宗「硃諭」，第十二函。
83《清世宗實錄》卷三十六，三年九月己酉條。
84《新發現的查抄李煦家產摺單》，見《歷史檔案》，一九八一年第二期。
85 清世宗「硃諭」，第十函。
86 清世宗「硃諭」，第十二函。
87《掌故叢編》第十輯《年羹堯奏摺》硃批。
88《文獻叢編》第六輯《年羹堯奏摺》。

89《上諭內閣》，三年五月十六日諭。
90《上諭內閣》，二年正月初八日諭。
91 清世宗「硃諭」，第十二函。
92《文獻叢編》第四輯《戴鐸口供》。
93《上諭內閣》，二年五月十二日諭。
94《硃批諭旨‧蔣泂奏摺》。
95 許克敬《暝齋雜識》卷一。
96《清史列傳》卷十三《年羹堯傳》。
97《清世宗實錄》卷三十七，三年十月己巳條。
98《硃批諭旨‧蔣泂奏摺》。
99《永憲錄》卷三，一八六頁。
100《清世宗實錄》卷三十三，三年六月癸未條。
101《清世宗實錄》卷三十四，三年七月辛亥條。
102《硃批諭旨‧王景灝奏摺》，二年十一月二十一日摺硃批。
103《清史列傳》卷十三《年羹堯傳》。
104《永憲錄》卷三，一八七頁。
105《永憲錄》卷三，一八六頁。
106《上諭內閣》，三年四月二十二日諭；《清世宗實錄》卷三十一，三年四月己丑條。
107《永憲錄》卷三，一九九頁。
108《永憲錄》卷三，一九七頁。
109、111、112《永憲錄》卷三，一九九頁。
110《永憲錄》卷三，二〇三頁。
113《暝齋雜識》卷一。
114《永憲錄》卷三，一九四頁。
115《永憲錄》卷三，一九三頁。
116《掌故叢編》第八輯《雍正硃批年羹堯奏摺》（照片）；《雍正朝起居注》，二年三月二十日條。
117《嘯亭雜錄》卷九《年羹堯之驕》。
118《永憲錄》卷三，一九六頁。
119《硃批諭旨‧李紱奏摺》，三年六月初九日摺。
120 清世宗「硃諭」，第十三函。
121 清世宗「硃諭」，第六函。
122《雍正朝起居注》，二年十一月十五日條。
123《雍正朝起居注》，五年四月十八日條。
124 阿，為阿其那之簡稱，即允禩，詳見後。
125《永憲錄》續編，三五八頁。
126《硃批諭旨‧李維鈞奏摺》，二年十一月十三日摺硃批。
127《硃批諭旨‧楊宗仁奏摺》，二年十一月十五日摺硃批。

128 《硃批諭旨・王景灝奏摺》，二年十一月初二日摺硃批。
129 《硃批諭旨・齊蘇勒奏摺》，二年十一月十三日摺硃批。
130 《硃批諭旨・高其倬奏摺》，三年二月十二日摺。
131 《硃批諭旨・李成龍奏摺》，三年正月十一日摺硃批。
132 《硃批諭旨・宋可進奏摺》，三年三月初一日摺硃批。
133 《文獻叢編》第六輯《年羹堯奏摺・奏報抵署日期並謝蒙陛見摺硃批》。
134 清世宗「硃諭」，第十二函。
135 《上諭內閣》，三年正月二十二日諭。
136 《雍正朝起居注》，三年三月二十三日條。《清史稿》卷九《世宗本紀》、卷二九五《年羹堯傳》均謂年把「朝乾夕惕」誤書為「夕惕朝乾」。
137 《硃批諭旨・石文焯奏摺》，三年六月二十八日摺硃批。
138 《硃批諭旨・馬覿伯奏摺》，三年三月初七日摺硃批。
139 《硃批諭旨・紀成斌奏摺》，三年二月初一日、五月十一日、六月二十八日等摺硃批。
140 《文獻叢編》第八輯《年羹堯奏摺・奏謝調補杭州將軍摺硃批》。
141 《雍正朝起居注》，五年四月十八日條。
142 《永憲錄》卷三，一八三頁。
143 李紱《穆堂初稿》卷三《議誅逆臣年羹堯疏》。
144 田文鏡《撫豫宣化錄》卷一。
145 《永憲錄》卷三，二四五—二四七頁。
146 《永憲錄》卷三，二四八—二五三頁。
147、148 《雍正朝起居注》，三年十二月十一日條；《清世宗實錄》卷三十九，三年十二月甲戌條。
149 《雍正朝起居注》，三年十二月十一日條。
150 《清史列傳》卷十三《蔡珽傳》；《永憲錄》卷四，二七九—二八〇頁。
151 《永憲錄》卷三，二〇八頁。
152、153 《雍正朝起居注》。
154 《硃批諭旨・佛喜奏摺》，五年正月十二日摺硃批。
155 《雍正朝起居注》，五年四月十八日條。
156 《永憲錄》卷三，二五四頁。
157 見《假西賓高談紀府案， 孝女快慰兩親靈》回。
158 《雍正朝起居注》，三年五月二十二日條。
159 《宮中檔・硃批奏摺・民族事務類》一〇九卷十二號《年羹堯奏摺》。
160 《讀書堂西征隨筆・上年羹堯書》。

161《永憲錄》卷三，二五六頁。

162、164《讀書堂西征隨筆・功臣不可為》。

163 按：朱棣由金川門進金陵，建文亡，此「東川」為「金川」之誤。

165《掌故叢編》第三輯照片。

166《雍正朝起居注》，三年七月十八日條。

167《上諭內閣》，三年十二月十八日諭。

168 劉禺生《世載堂雜憶・乾隆朝之兩名人》。

169《永憲錄》卷四，二七四頁。

170《清世宗實錄》卷四十二，四年三月壬戌條。

171、172《永憲錄》卷四，二七三—二七四頁。

173 沈曰富《沈端恪公年譜》，見《沈端恪公遺書》。

174《雍正朝起居注》，五年十月初五日條。隆科多，先人為漢軍旗人，佟姓，康熙將其家族 旗，為滿洲旗人，姓改稱佟佳氏。因佟姓，故稱「佟選」。

175《雍正朝起居注》，三年五月二十八日條。

176 清世宗「硃諭」，第十二函；《上諭內閣》，三年七月十六日諭。

177 清世宗「硃諭」，第十二函。

178《雍正朝起居注》，三年五月二十二日條。

179《雍正朝起居注》，三年六月初七日條。

180《硃批諭旨・宋可進奏摺》，三年七月十五日摺硃批。

181《雍正朝起居注》，四年正月二十一日條。

182《清世宗實錄》卷四十，四年正月辛酉條。

183 參閱中國科學院近代史研究所編《沙俄侵華史》第一卷第四章第二節。

184、186《雍正朝起居注》，五年六月初八日條。

185 葛斯頓・加恩《早期中俄關係史》中譯本，商務印書館一九六一年版，一一八頁。

187《雍正朝起居注》，五年十月初五日條。

188 蔡珽陷入李紱參劾田文鏡的事件中，詳見後。

189《雍正朝起居注》，五年五月初七日條；《上諭內閣》，五年二月初四日諭。

190《上諭內閣》，四年十一月二十七日諭。

191《雍正朝起居注》，四年九月二十六日條；《永憲錄續編》，四一〇—四一一頁。

192 徐珂《清稗類鈔》獄訟類《查嗣庭以文字被誅》，商務印書館印，第八冊九〇頁。

193、194、195《雍正朝起居注》，四年九月二十六日條；《永憲錄》卷四，三〇四—三〇六頁，續編四一〇—四一二頁。

196《雍正朝起居注》，五年十月初五日條。

197 《清世宗實錄》卷六十一，五年九月戊寅條。

198 《耆獻類徵》卷九，《馬齊傳》。

199 《雍正朝起居注》，三年五月二十二日條。

200 《硃批諭旨·紀成斌奏摺》，三年二月初一日摺硃批。

201 《硃批諭旨，蔣泂奏摺》。

202 《上諭內閣》，三年五月十六日諭。

203 《清世宗入承大統考實》。

204 參閱拙文《查嗣庭案緣由與性質》，《故宮博物院院刊》一九八四年第一期。

205 《雍正朝起居注》，二年七月丁巳條；《上諭內閣》，二年七月十六日諭；《清世宗實錄》卷二十二，二年七月丁巳條。

206 《雍正朝起居注》，二年七月丁巳條；《清世宗實錄》卷二十二，二年七月丁巳條。

207 《雍正朝起居注》，二年八月二十二日條。

208 《上諭內閣》，二年十一月十三日諭。

209 《上諭內閣》，二年十一月二十二日諭。

210 《清史列傳》卷十二《揆敍傳》。

211 《上諭內閣》，三年二月二十九日諭。

212 《上諭內閣》，三年七月二十九日諭；《滿漢名臣傳》卷四十四《諾岷傳》。

213 《上諭內閣》。

214 《雍正朝起居注》，四年正月二十八日條。

215 《雍正朝起居注》，四年正月初四日條。

216 《清世宗實錄》卷四十一，四年二月己巳、癸酉條。

按：圈禁高墻，是圈禁刑法的一種，據《永憲錄》卷三所載：「聞國法圈禁有數等：有以地圈者，高墻固之；有以屋圈者，一室之外，不能移步；有坐圈者，接膝而坐，莫能舉足；有立圈者，四圍並肩而立，更番迭換，罪人居中，不數日委頓不支矣。」（二四一頁）

217 《上諭內閣》，四年二月初十日諭。

218 《清世宗實錄》卷四十一，四年二月乙酉條。

219 參閱《關於江寧織造曹家檔案史料》二一三頁注；富麗《「阿其那」、「塞思黑」新解》，見《文史》第十輯；玉麟《「阿其那」、「塞思黑」二詞釋義》，見《紅樓夢學刊》，一九八一年第一期。

220 康熙四十五年修纂《宗室玉牒》（直格本）。

221 《上諭內閣》，二年十一月十三日諭。

222 《上諭內閣》，三年四月十六日諭。

223 《文獻叢編》第一輯《蔡懷璽投書允禵案》；《清世宗實錄》卷四十四，四年五月乙巳條。

224 《清世宗實錄》卷四十四，四年五月戊申條；《永憲錄》卷四，二九〇頁；《硃批諭旨・李紱奏摺》，四年八月初一日摺。
225 《清世宗實錄》卷四十四，四年五月戊申條。
226 《永憲錄》卷四，二八四頁。
227 《永憲錄》卷四，二八一—二八五頁。
228 《清世宗實錄》卷四十四，四年五月乙巳條。
229 參閱富麗《「阿其那」、「塞思黑」新解》，見《文史》第十輯；玉麟《「阿其那」、「塞思黑」二詞釋義》，見《紅樓夢學刊》一九八一年第一期。
230 《文獻叢編》第一輯《允禩允禟案》。
231 《上諭內閣》，七年十月初六日諭。
232 《永憲錄》卷四，二八五頁。
233 雍正又在阿爾松阿父親阿靈阿墓前，豎立「不臣不弟暴悍貪庸阿靈阿之墓」的石碑以恥辱他。
234 《上諭內閣》，四年五月初九日諭。
235 《上諭內閣》，四年七月二十九日諭。
236 《雍正朝起居注》，四年八月二十八日條。
237 《雍正朝起居注》，五年七月十三日條。
238 《上諭內閣》，六年十月初五日諭。
239 《上諭內閣》，七年正月二十七日諭。
240 《雍正朝起居注》，二年四月初七日條。
241 《雍正朝起居注》，二年八月初三日條。
242 《上諭內閣》，三年四月十六日諭。

第四章　改革賦役，整頓吏治

清查虧空，設立會考府

康熙後期，官吏貪污、錢糧短缺、國庫空虛的情況，雍正即位前就知道了。他說：「歷年戶部庫銀虧空數百萬兩，朕在藩邸，知之甚悉。」[1]這是講的中央財政狀況，地方呢？他在即位之初就說：「近日道府州縣虧空錢糧者正復不少。」[2]「藩庫錢糧虧空，近來或多至數十萬。」[3]雍正要想他的國家強盛，就不能不把整理財政、清查賦稅放在特別重要的地位。

雍正正式即位前，內閣官員草擬登極恩詔，按照慣例，開列了豁免官員虧空一條，雍正認為這樣做是助長貪官污吏僥倖心理，繼續侵佔錢糧，當即不准開載，表示他對官員貪婪不法的深惡痛絕的態度。不多日，即他掌權的一個月——十二月十三日，給戶部下達了全面清查錢糧的命令。他說各地虧空錢糧，不是受上司勒索，就是自身侵漁，都是非法的。在先，大行皇帝寬仁，未對贓官明正法典；所謂勒限追補，也不過虛應故事，虧欠依然如故。但庫藏因此空虛，一旦地方有事，急需開支，則關係匪淺，因此決定清查：

各省督撫將所屬錢糧嚴行稽查，凡有虧空，無論已經參出及未經參出者，三年之內務期如數補足，毋得苛派民間，毋得藉端遮飾，如限滿不完，定行從重治罪。三年補完之後，若再有虧空者，決不寬貸。

其虧空之項，除被上司勒索及因公挪移者，分別處分外，其實在侵欺入己者，確審具奏，即行正法。倘仍徇私容隱，或經朕訪聞得實，或被科道糾參，將督撫一併從重治罪。即如山東藩庫虧空至數十萬，雖以俸工補足為名，實不能不取之民間額外加派。山東如此，他省可知，以小民之膏血，為官府之補苴，地方安得不重困乎？既虧國帑，復累民生，大負皇考愛養元元之至意，此朕所斷斷不能姑容者。[4]

雍正明確規定了在地方上清理錢糧的方針、政策和注意事項。一個月後，即元年（一七二三年）正月十四日，發出在中央設立會考府的上諭。他說錢糧奏銷中弊病很大，主要是看有無「部費」，若沒有，就是正當開支，計算也清楚，戶部也不准奏銷，而一有部費，即糜費百萬，亦准奏銷。當日大行皇帝也知道這種弊端，不過不欲深究，從寬處理，然而「朕今不能如皇考寬容」，此後一應錢糧奏銷事務，無論那一部門，都由新設立的會考府清釐「出入之數」，都要由怡親王允祥、舅舅隆科多、大學士白潢、尚書朱軾會同辦理[5]。雍正要求允祥嚴格推行他的清查政策，對允祥說：「爾若不能清查，朕必另遣大臣；若大臣再不能清查，朕必親自查出。」[6]雍正一再表示他不寬容，決心從上到下、從內到外，把懲辦貪官、清理虧空的鬥爭迅速地、大規模地開展起來。

原來各部院動用錢糧，都是自行奏銷，會考府設立後，由它來稽核，就不能自行營私舞弊了。會考府成立不到三年，辦理部院錢糧奏銷事件五百五十件，其中駁回改正的有九十六件，佔所辦事件的百分之十七[7]。戶部庫銀，經允祥查出虧空二百五十萬兩，雍正責命戶部歷任堂官、司官及部吏賠償一百五十萬兩，另一百萬兩由戶部逐年彌補[8]。清查中涉及到貴族和高級官僚，也不寬貸。康熙第十二子履郡王允祹曾管過內務府事務，追索其虧空，他將家用器皿擺在大街上出賣，以便賠償。第十子敦郡王允䄉也有應賠銀兩，賠了數萬金，尚未全完，後查抄他的家產[9]。內務府官員李英貴夥同張鼎鼐等人冒支正項錢糧百餘萬兩[10]，雍正就抄了他的家。因為厲行清補，人們責怪主持其事的允祥「過於苛刻」[11]，「過於搜求」[12]，雍正說這不是允祥的事，是他為「清弊竇」，飭令著追[13]，自己承擔了責任。

在地方上的清查虧空，雍正元年普遍開展起來。當年被革職查封家產的有湖廣布政使張聖弼、糧儲道許大完、湖南按察使張安世、廣西按察使李繼謨、原直隸巡道宋師曾、江蘇巡撫吳存禮、布政使李世仁、江安糧道王舜、前江南糧道李玉堂[14]。山西巡撫蘇克濟，自康熙四十八年（一七〇九年）起任職，六十年（一七二一年）丁憂去職，雍正元年六月潞州知府加璋告發他勒索各府州縣銀四百五十萬兩，於是籍沒家財，以償虧空，並責令其家人趙七賠償二十萬兩[15]。原河道總督趙世顯剋扣治河工料，侵蝕錢糧，下刑部獄，家財充公[16]。蘇州織造李煦虧空銀三十八萬兩，抄家賠補[17]。

贓官一被揭發，雍正為使他們退出贓銀，保證歸還國庫，主要是採取抄家籍沒的手段。元年八月，通政司右通政錢以塏提出追補辦法：「凡虧空官員題參時，一面嚴搜衙署，一面行文原籍官員，封其家產追變，庶不致隱匿寄頓。」[18]官衙與原籍同時抄檢，避免隱藏，一切家產估價變賣，就可以較多地完納應償虧空。這項建議被雍正採納了，大多數犯官的清償都照此進行。於是社會上流傳雍正「好抄人之家產」的說法，甚至人們打牌，把成牌稱作「抄家湖」[19]，這固然表現了一部分人對雍正抄家的不滿，反之也表明用它作為對付贓官的手段是行之有效的。對人們的攻擊，雍正也作了辯解，說明抄家的必要：「若又聽其以貪婪橫取之貲財，肥身家以長子孫，則國法何在，而人心何以示儆。況犯法之人，原有籍沒家產之例，是以朕將奇貪極酷之吏，抄沒其家資，以備公事賞賚之用。」[20]

與抄家同樣重要的手段是罷官，凡是貪官，一經被人告發，就革職離任，不許再像以往那樣留任以彌補虧空。元年二月，雍正諭吏部：「虧空錢糧各官，若革職留任催追，必致貽累百姓。」不可復留原任；若已清還完畢，尚可為官的，由大吏奏請[21]。雍正看到，若允許留任清補，必然要以新的貪污補償舊項，所謂「不取於民，將從何出？」[22]他嚴厲打擊貪官方針的實行，被罷官的很多。三年（一七二五年），湖南巡撫魏廷珍奏稱，該省官員「參劾已大半」，表示再查出舞弊，繼續糾參[23]。十年（一七三二年），直隸總督李衞說，通省府廳州縣官，在任三年以上的寥寥無幾，官員的頻繁更換，原因之一是被撤職的人多[24]。

既要保證虧欠歸還國庫，又不許贓官得好處，雍正還採取了許多措施：

命親戚幫助賠償。雍正說有的犯官把贓銀寄藏在宗族親友家，這些人也有平時分用贓物的，這時要幫他清償，所以往往抄沒這些人的家產。這樣被觸動的人多，株連太廣，不得人心，實行四年之後，把它停止了[25]。

禁止代賠。過往追贓時，有以地方官和百姓代為清償的，雍正概不准行。元年五月，新任直隸巡撫李維鈞奏請由該省官員幫助前任總督[26]趙弘燮清補虧欠，雍正說縱使州縣官有富裕，只可為地方興利，不可令為他人補漏[27]。二年四月，雍正說合州縣代賠之事，弊病很多，可能是不肖紳衿與貪官勾結，利用題留復任，也可能是棍蠹藉端科斂，因此不准通行[28]。

挪移之罰，先於侵欺。挪移多是因公挪用，常常有不得已的情況；侵欺是貪污。兩種情況，都是虧空，性質有所不同，在處分上也大不一樣。一般的懲治，先抓貪污，後及挪移。官僚遂因之取巧，將侵欺報作挪移，避重就輕，希圖免罪。雍正對這種情弊瞭如指掌，他說貪婪的官員，「藉挪移之名，以掩其侵欺之實，至於萬難掩飾，則以多者為挪移，少者為侵欺，為之脫其重罪，似此相習成風，以致劣員無所畏懼，平時任意侵欺，預料將來被參，亦不過以挪移結案，不至傷及性命，皆視國法為具文，而虧空因之日多矣」[29]。為對付貪官的鑽空子，雍正改變成例，在挪移和侵欺兩項追賠中，不管那個案子發在先頭，一律「將挪移輕罪之項令其先完，侵欺重罪之項令其後完，使捏飾挪移希避重罪之人無所施其伎倆」[30]。他這種辦法，顯然把輕重倒置了，具有不合理的成分，但卻又含有合理因素，即對懲治貪官確有好處。他是不拘成規，想得出，做得出的人。這個辦法只能在特殊情況下行於一時，隨著打擊貪污取得成效，情況有了變化，就恢復舊日先完侵欺後完挪移的成法了。

對畏罪自殺官員加重處理。四年（一七二六年）廣東巡撫楊文乾奏參肇高羅道李濱虧空錢糧，李即自殺。閩浙總督高其倬、福建巡撫毛文銓參革興泉道陶範，還未審理，陶也自盡。雍正說：這是犯官「料必以官職家財既不能保，不若以一死抵賴，留貲財為子孫之計」。為使他們的狡計落空，令督撫將犯官「嫡親子弟並家人等」嚴加審訊，「所有贓款著落追賠」[31]。

使用這些辦法，清查了三年，取得一定效果。各省清償了一部分虧空，有的省做的比較徹底。如直隸總督李維鈞在二年八月報告，該省虧欠銀四十一萬兩，到本年六月已完二十萬兩，下餘二十一萬兩明年可以償清[32]。河南等省也清查較好，下面即將講到。雍正並不滿足，他深知一些封疆大吏沒有很好執行他的政策，即他們開始糾參屬員時很嚴厲，審結時從寬開脫，以使屬員懷恩感畏[33]，所以到了三年清查期滿，事情未能完結。雍正下令展限三年，要求務必達到預期目的，他說：

凡各省虧空未經補完者，再限三年，寬至雍正七年，務須一一清楚，如居期再不全完，定將該督撫從重治罪。如有實在不能依限之處，著該督撫奏聞請旨。[34]

他的決心很大，行不徹底，決不罷休。

在整個清查過程中，有的督撫積極開展，有的由雍正派員前往審理，都反映了地方清查的進行情況。

二年（一七二四年），田文鏡就任河南布政使，尋升巡撫，他一到任，就著力清查虧空，當年四月初六日奏摺表示：「臣不遺餘力檄委各府州互相覺察，設法嚴查，總期徹底澄清，不容纖毫短少。」[35]對犯有貪污罪的官員，毫不徇情，堅決題參革職審查。三年，參劾信陽州知州黃振國「狂悖貪劣，實出異常」[36]。克山縣知縣傅之誠吞沒雍正元、二、三年耗羨銀一千四百多兩，田文鏡將他革職題參[37]。到四年夏天，他共參奏屬員二十二人[38]。經過田文鏡及其前任石文焯的努力，雍正二年就把欠在藩庫的虧空補清，欠在州縣的三四十萬兩也嚴催急補[39]。到十年（一七三二年），河南布政司庫存耗羨銀七十多萬兩[40]，表明河南絕對沒有虧空現象。雍正對田文鏡的雷厲風行很讚賞，說「田文鏡參官最多，鄂爾泰從不輕彈，然二人皆各有道」[41]。對他的清查及各項政事非常滿意。田文鏡因此與推行改土歸流的鄂爾泰成為「模範督撫」。

四年（一七二六年），大規模清查江西錢糧。江西各府州縣倉穀虧空很多，巡撫裴徫度明知而容隱，如此歷任相傳，不能改變虧空局面。雍正命把已調任的裴徫度留於任所，將前任布政使張楷、陳安策發往江西審訊。又以現任巡撫伊都立「為人軟弱，好沽虛名」，不能完成清查劇務，特派吏部侍郎邁柱通察全省錢糧積弊，又派揀選州縣數十人赴贛，以備頂換虧空倉穀的官員[42]。

邁柱認眞清查，遭到江西按察使積善的反對，雍正支持邁柱，讚揚他「到任以來，不避嫌怨，為地方生民計，實心效力」[43]。清理結果，讓裴俸度及歷任藩司補償倉穀的虧缺[44]。

五年（一七二七年），福建布政司沈廷正奏報該省倉穀虧空，雍正認為巡撫毛文銓欺隱，派廣東巡撫楊文乾和許容為欽差大臣前往清查，特發上諭告誡福建民人：因清查即將進行，可能有贓官聞風先借富民的糧食暫充庫存，以圖隱瞞，如若有人出借，該物即成官物，發覺後不再歸還；已揀選候補府州縣官多員隨同欽差赴閩，「現任府州縣內之錢糧稍有不清者，即令更換」[45]，表示徹底清查的決心。後來果然取得一定成效。

雍正有計劃地清查虧空的同時，遇有新的貪贓，嚴懲不貸。五年，原禮科給事中、山西學政陳沂震，退職後回原籍江南吳江縣，被人告發放考時收錢，雍正說他的家鄉正修吳淞江，命巡撫陳時夏、副都統李淑德強迫他出資一二十萬兩助修水利[46]。同年，浙江巡撫李衞奏參原淮徐道潘尚智，雍正命將潘的家產查出，充作浙江海塘工程費用[47]。同年，丁憂原籍江南華亭的翰林院侍講廖賡謨，曾任江西鄉試主考官、山西學政，被人告發貪贓受賄，雍正命他出銀八萬兩疏濬蘇淞河道，另出銀二萬兩送直隸正定府助修城牆[48]。十年（一七三二年），河南學政俞鴻圖被告，「納賄營私」，資財累萬，被處斬刑[49]。

實行耗羨歸公和養廉銀制度

清理錢糧虧空，著落於贓官及其親友，它的另一個途徑，則是用耗羨銀來彌補。火耗之重本已是突出的社會問題，還要用作清欠，雍正就更重視它，越發要解決它的弊端了。

（一）火耗提解的討論和雍正的乾斷推行

火耗以及與它相聯繫的差役和濫徵濫派，雍正早看在眼裏，元年元旦諭地方官文告中說：「今錢糧火耗，日漸加增，重者每兩加至四五錢，民脂民膏，朘削何堪。至州縣差徭，巧立名色，恣其苛派，竭小民衣食之資，供官司奴隸之用。」[50]又說在康熙時，有人請加火耗以補虧空，先帝未允，如今耗羨斷不能加[51]。雍正在考慮既要削減耗羨又要用火耗銀清償虧空的辦法。

耗羨部分歸公，康熙中就有人提出，沒有得到皇帝的允准，未能實行，雍正元年五月，湖廣總督楊宗仁再次提出。他奏稱：地方上的公事開銷，都是地方官勒派百姓供應，不如令州縣官在原有耗羨銀內節省出二成，交到布政司庫房，「以充一切公事之費，此外絲毫不許派捐。」耗羨本來是地方官私徵私用，如康熙所說是地方官的私事，楊宗仁要他們拿出一小部分歸省里，作為公用，實際上是提出了具有耗羨歸公意義的建議。雍正見到他的奏摺，立即加以支持，說他「所言全是，一無瑕疵，勉之」[52]，鼓勵他好好實行。同年，山西巡撫諾岷因該省耗羨問題比較嚴重，要求將山西各州縣全年所得的耗羨銀，通通上交布政司庫，一部分用作抵補無著落的虧空，一部分給各官作養廉銀[53]。這是全面實行火耗歸公的辦法，雍正高興地批准他在山西實行。二年年初，河南巡撫石文焯摺奏：該省共有耗羨銀四十萬兩，給全省各官養廉銀若干，各項雜用公費若干，下餘十五六萬兩解存藩庫，彌補虧空，因此辦公費用都出在耗羨內了，不再議捐朘民。這也是耗羨提解的辦法。雍正原本看不上石文焯，見到這個奏摺，在硃批中表示讚賞：「此奏才見著實，非從前泛泛浮詞可比，封疆大吏，原應如此通盤合算，如何抵項，如何補苴，若干作為養廉，若干作為公用，說得通，行得去，人心既服，事亦不誤，朕自然批個是字。」[54]在雍正支持下，山西、河南首先實行耗羨改革。

雍正想推廣諾岷的辦法，命九卿會議具奏。官員多不贊成，內閣做出請禁提解火耗的條奏。他們的理由是：（甲）耗羨是州縣應得之物，上司不得提解。（乙）「提解火耗，定限每兩若干，不能寓『撫』字於催科」。意思是把不是正稅的火耗當作正稅徵收，使人感到增加賦稅。（丙）「公取分撥，非大臣鼓勵屬員之道」，即督撫公開允許州縣官徵收耗羨，使火耗之私徵合法；這是允許屬員貪婪[55]。這個奏議發出之後，山西布政使高成齡表示不能同意，繕寫奏摺，一一與辯。他說州縣官私徵火耗，以補官俸不足，但其上司沒有火耗，又不能枵腹辦事，就接受州縣官的節禮，這還是出在火耗項上，不如全省徵收，給各官養廉銀。這樣上司也不能再勒索屬員，倒免得州縣官藉口苛徵里甲。他又說耗羨歸公，不是增加火耗，而是要比原來徵收的成數還要少徵，況且火耗歸公，多徵也不歸州縣，誰還濫加成數。他還說大臣收節禮，甚至受賄賂，才不是教育屬員的辦法，不如公開的分養廉銀，共受皇上的恩賜。他的結論是：「耗羨非州縣之已資，應聽分撥於大吏；提解乃萬全之善策，實非為厲於屬員。」[56]他針對當時耗羨濫徵的實際情況，講解了耗羨歸公的好處。九卿所說看似有理，光明正大，既不增加百姓負擔，又讓州縣官滿意，其實是沽名釣譽，說得好聽，而聽任州縣官狂收濫派，不講官吏法規，不管百姓死活，如果遵照他們的意見，只能維持舊日弊端。高成齡反駁得很有力，但他只是站在疆吏的地位，更多地著眼於這個問題上大吏與屬員的關係，對實行耗羨提解的全部意義還沒有透徹的認識。

雍正很重視高成齡的意見，把它交給總理事務王大臣及九卿翰詹科道各官討論，並要求他們「平心靜氣，虛公執正，確議具奏。若有懷挾私意以及任性尚氣，淆亂是非者，則於此一事，必有一二獲罪之人也」[57]。把他支持高成齡的態度表示出來了。但這件事涉及內外官員的切身利益，也涉及到人們的政治觀點，所以反對的人仍然很多。吏部右侍郎沈近思認為耗羨歸公使火耗與額徵無異，不是善法，他說「今日則正項之外更添正項，他日必至耗羨之外更添耗羨」。雍正問他：你作過縣令，是否也收火耗？沈答道：是的，這是為養活妻兒。雍正說你還是為一己之私，沈回說妻兒是不能不養的，否則就絕了人倫[58]。他的觀點不外是私徵有理，歸公無理。左都御史、吏部尚書朱軾也以不便於民，表示反對[59]。山西太原知府金鉷時值入京引見，不同意他的上司諾岷、高成齡的主張，雍正問他是否以地方官的私心反對耗羨提解，他回奏：「臣非為地方官遊說也，從來財在上不如財在下，州縣為親民之官，寧使留其有餘」，讓他們知道廉恥才好[60]。他的意思是多給州縣官一些養廉銀。山西人御史劉灿上疏也反對諾岷的辦法[61]。在這種情況下，諾岷感到孤立，壓力很大，雍正就把劉灿調為刑部郎中，將其弟劉煜、劉熥的舉人革掉[62]，免得他們在山西擾亂耗羨歸公的實行。

雍正看到討論不能取得統一意見，就在二年七月初六日作了實行耗羨提解政策的乾斷。他發出上諭，首先批評官員見識短淺，不懂得火耗歸公的必要，他說：

高成齡提解火耗一事，前朕曾降諭旨，令爾等平心靜氣秉公會議，今觀爾等所議，亦屬平心靜氣，但所見淺小，與朕意未合。州縣火耗，原非應有之項，因通省公費及各官養廉，有不得不取給於此者，然非可以公言也。朕非不願天下州縣絲毫不取於民，而其勢有所不能，且歷來火耗，皆在州縣，而加派橫徵，侵蝕國帑，虧空之數，不下數百餘萬，原其所由，州縣徵收火耗，分送上司，各上司日用之資取給於州縣，以致耗羨之外，種種餽送，名色繁多，故州縣有所藉口而肆其貪婪，上司有所瞻徇而不肯查參，此從來之積弊所當剔除者也。與其州縣存火耗以養上司，何如上司提火耗以養州縣乎！

「與其州縣存火耗以養上司，何如上司提火耗以養州縣。」雍正看得高就在這裏。州縣用火耗養上司，上司就不得不對他們瞻徇容隱，於是乎吏治不清，實行耗羨歸公，就有利於吏治澄清了。

其次，針對有人要在山西先試行，看效果再推廣的建議，雍正說：

此言甚非，天下事，惟有可行與不可行兩端耳，如以為可行，則可通之於天下，如以為不可行，則亦不當試之於山西。

這樣講，表明推行耗羨歸公的不可動搖的決心。

復次，耗羨歸公事屬草創，辦法還不完善，有的州縣官在起解錢糧時，擅自多留地方公用的火耗銀，因此雍正要求州縣官把耗羨銀盡數提交藩庫，他說：

（九卿）奏稱提解火耗，將州縣應得之項，聽其如數扣存，不必解而復撥等語。現今州縣徵收錢糧，皆百姓自封投柜，其拆封起解時，同城官公同驗看，分毫不能入己，州縣皆知重耗無益於己，孰肯額外多徵乎。……若將州縣應得之數扣存於下，勢必額外加增，私收巧取，浮於應得之數，累及小民。況屬之督撫，顯然有據，屬之州縣，難保貪廉，此州縣羨餘之不可扣存者也。63

把州縣合理用銀交上去，再由省里發下來，這樣做是麻煩，但可以免得州縣官多扣留，而且盡數起解，州縣官知道多徵與本身沒有好處，也就不會濫徵了。

這次討論，使疆吏看清雍正態度，遂繼晉、豫二省，迅速仿行起來，並在實踐中解決耗羨重和養廉銀等問題。

（二）耗羨率的降低

雍正對於耗羨及耗羨率，只許減少，不許增加：「倘地方官員，於應取之外，稍有加重者，朕必訪聞，重治其罪」[64]。自從耗羨提解，各省火耗率均有所變動，有的一變再變。各省內的州縣火耗率也不相同，但各省有一個平均數字。現將所知者列表於下。

羨耗歸公後各省火耗率簡表

省區	時間	火耗率（%）	原率（%）	說明	資料出處
山西	元年（一七二三）	二〇	三〇—四〇		《硃批諭旨高成齡奏摺》，三年二月初八日摺
山西	四年（一七二六）	十三			《硃批諭旨・伊都立奏摺》，四年九月二十三日摺
直隸	二年（一七二四）	十五		錢糧二一九萬兩，火耗十三萬兩	《硃批諭旨・李維鈞奏摺》，二年八月初六日摺
湖廣	元年（一七二三）	十			《硃批諭旨・趙城奏摺》，六年十月十日摺

湖廣	九年（一七三一）	十四—十五		加坐平等項	《硃批諭旨・王士俊奏摺》
湖南		十			《硃批諭旨・王國棟奏摺》
江蘇	六年以後（一七二八）	十	五—十		王氏《東華錄》雍正十三年十一月癸未條
江蘇	七年（？）（一七二九）	九		錢糧三七二萬兩 火耗三十四萬兩	《硃批諭旨・王璣奏摺》
浙江	二年（一七二四）	五—六	不及十		《硃批諭旨・石文焯奏摺》，二年十月十五日摺
浙江	五年（一七二七）	六		錢糧二〇五萬兩 火耗十四萬兩	《上諭內閣》七年十月初三日諭
河南	二年（一七二四）	十三	八十		《硃批諭旨・石文焯奏摺》，二年正月二十二日摺；《硃批諭旨・田文鏡奏摺》，七年八月初三日摺
山東	六年以前（一七二八）	十八	八十		《硃批諭旨・田文鏡奏摺》七年八月初三日摺
山東	六年以後（一七二八）	十六			同右
四川	五年（一七二七）	三十			《上諭內閣》五年十月十七日諭
廣東	元年（一七二三）	十	二十以上		《上諭內閣》七年十二月初三日諭

表中所示，在多數地區，耗羨率有不同程度的下降，而且在一些地區隨著時間的推移在遞減，如山西、山東，有的降低幅度較大，如河南、山東。按汪景祺的《西征隨筆》說法，魯、豫兩省原來火耗高達正賦的八成，但田文鏡說山東是按一成二至二成以上徵收的，這兩個數字相差太大，田是據官方報告而言，他也知道：「州縣每有徵多報少之弊」[65]，即實際苛斂的要多，汪說的可能是把地方官所有的私派都算上了，也可能係來自傳聞，有所誇張，然而魯、豫耗羨太重當是事實，因此那裏的耗羨率實際下降的很多。個別地區耗羨率略有上升，如江蘇，這裏錢糧多，原來耗羨率低，耗羨銀絕對量還是大的。這時該地官員大約看到別的地區耗羨率總在一成以上，於是也悄悄增上去。總的狀況是耗羨率降低了，扭轉了康熙後期地方官狂徵濫派的嚴重情況。

（三）耗羨銀用途及養廉銀制度

耗羨歸公後，它的用途，雍正規定是三大項，一是給官員的養廉銀，二是彌補地方虧空，三是留作地方公用。用以清補虧欠，主要是雍正初年的事。如元年，山西實收耗羨銀四十三萬兩，用作補償虧空二十萬兩，佔總數的百分之四十七，各官養廉十一萬兩，佔百分之二十六，給州縣作雜費用的二萬一千兩，通省公費七萬一千兩，計九萬二千兩，佔百分之二十一，尚餘二萬一千兩[66]。各省彌補完畢或基本清楚，補償的這筆費用就轉用到官員的養廉上。

所謂「養廉銀」，是給官員生活、辦公補助費，以此不許他們貪污，保持廉潔奉公。耗羨在州縣官私徵時，是沒有法律規定的但又是合法的徵收，耗羨歸公後，耗羨完全合法了，但收入不歸州縣官，而屬省政府，這樣州縣官失去一條生財之道，勢必在已成正項賦稅的耗羨之外再去橫徵暴斂，為了防止新的貪贓不法的出現，雍正決定給州縣官一部分生活、辦公補助費。過去州縣官的上司靠他們送禮，他們失去了自行支配的耗羨銀，無從餽贈，絕了督撫司道的財源也不行，於是也給他們補助費。這就形成了地方上各級官員的養廉銀。要明白它必不可少的原因，就必須瞭解官僚制度和俸祿制度。

明清兩代，官俸都很少，明代正一品官月俸米八十七石，正四品二十四石，正七品七石五斗，從九品五石[67]。所以清代史學家趙翼說明朝「官俸最薄」[68]。他不好意思說本朝，清朝又何嘗不是這樣。在京文武官員每年俸銀，一品一百八十兩，二品一百五十兩，三品一百三十兩，四品一百零五兩，五品八十兩，六品六十兩，七品四十五兩，八品四十兩，正九品三十三兩一錢，從九品三十一兩五錢。另按俸銀每兩給俸米一斛。在外文官俸銀同於在京官員，但沒有祿米，武官俸銀只及在京武官的一半[69]。這樣封疆大吏的總督年俸一百八十兩，巡撫、布政使一百五十兩，按察使、鹽運使一百三十兩，道員、知府一百零五兩，同知、知州八十兩，通判、州同六十兩，縣令、府學教授四十五兩，縣丞、教諭、訓導四十兩，主簿三十三兩一錢，典史、巡檢三十一兩五錢，吏役錢糧更加微薄，齋夫十二兩，鋪兵八兩，門子、皂隸、馬夫、庫事、門級、轎傘扇夫、禁卒約六兩[70]。靠這一點薪俸，知縣吏役自身的家口也養活不了，州縣官更不能花以百計數的禮金聘請必須具備的幕客了，打點上司、送往迎來的費用即使拿出全部俸銀也不夠作零頭的用場。而出仕的官員，或來自科舉，或來自捐納，或來自恩蔭，他們的出仕，賺錢是重要目的之一，當然不能滿足於微乎其微的俸祿，更不會貼錢做官。這種低俸祿制度和封建官僚制度的性質相結合，必然產生官吏的貪贓營私。他們貪污的途徑很多，訴訟中收受賄賂，歷來是官吏主要財源之一，但這在任何情況下，名義上都是非法的；耗羨私徵是官吏的另一項重要的額外財源，是半合法的。

實行耗羨提解，等於絕了地方官的一個財路，皇帝又不增加薪俸，若不給他們另闢財源，他們是不可能廉潔奉公的。雍正也不要官員枵腹辦公，而是要他們具有合乎他們身分的經濟力量，他說做督撫的，應該「取所當取而不傷乎廉，用所當用而不涉乎濫，固不可朘削以困民，亦不必矯激以沽譽，若一切公用犒賞之需，至於拮据窘乏，殊失封疆之體，非朕意也」[71]。因此耗羨提解同時，「恐各官無以養廉，以致苛索於百姓，故於耗羨中酌定數目，以為日用之資。」[72]即從耗羨銀中提取一部分，發給從總督巡撫到知縣巡檢各級官員以一定的銀兩做養廉費用，它的數目，主要視官職高低來確定，各省之間，由於政務繁簡及賦稅多少的不同，也有若干區別。隨著各地錢糧虧空彌補清楚，養廉銀不斷增加，到十二年（一七三四年）各省官員的養廉銀數有如下表。

地區	總督	巡撫	布政使	按察使	學政	道員	首府	府	直隸州	同知	通判	散州	縣
直隸	一五、000		九、000	八、000	四、000	二、000	二、六00	二、000		七、00／一、000	六00／七00		六00／一、二00
江南	三0、000												
江蘇		一二、000		八、000	四、000	一、五00／六、000	三、000	二、五00	二、000	五00	四00	一、二00／一、五00	一、000／一、八00
蘇州			九、000										
江寧			八、000										
安徽		一0、000	八、000	六、000	四、000	二、000／三、000	二、000	二、000	一、000	五00	四00	八00	六00／一、000
江西		一0、000	八、000	六、000	二、四00	二、六00／三、八00		一、六00	一、四00	六00／九00	六00		八00／一、九00
浙江		一0、000	七、000	四、000	二、五00	二、000／六、000		一、二00／二、四00		四00／一、五00	四00	八00	五00／一、八00

福建	一八，〇〇〇	一三，〇〇〇	八，〇〇〇	六，〇〇〇	四，〇〇〇	一，六〇〇／二，四〇〇		一，六〇〇／二，八〇〇		五〇〇／一，二〇〇	五〇〇	一，二〇〇	六〇〇／一，六〇〇
湖北	一五，〇〇〇	一〇，〇〇〇	八，〇〇〇	六，〇〇〇	三，〇〇〇	二，五〇〇／五，〇〇〇		一，五〇〇／二，六〇〇		六〇〇／七五〇	五〇〇／六二五	八〇〇／一，〇〇〇	六〇〇／一，〇〇〇
湖南		一〇，〇〇〇	八，〇〇〇	六，五〇〇	三，六〇〇	二，〇〇〇／四，〇〇〇		一，五〇〇／二，四〇〇	一，三〇〇	六〇〇／一，〇〇〇	五〇〇／八〇〇	九〇〇	六〇〇／一，二〇〇
山東		一五，〇〇〇	八，〇〇〇	六，〇五九	四，〇〇〇	四，〇〇〇	四，〇〇〇	三，〇〇〇		八〇〇／一，〇〇〇	六〇〇		一，〇〇〇／二，〇〇〇
山西		一五，〇〇〇	八，〇〇〇	七，〇〇〇	四，〇〇〇	四，〇〇〇		三，〇〇〇／四，〇〇〇	一，五〇〇	八〇〇／一，二〇〇	八〇〇／一，二〇〇	八〇〇／一，〇〇〇	八〇〇／一，〇〇〇
河南		一五，〇〇〇	八，〇〇〇	八，四四四	六，六六六	三，八五七／四，二二九	四，〇〇〇	三，〇〇〇	一，八〇〇	八〇〇／一，〇〇〇	六〇〇		一，〇〇〇／二，〇〇〇
四川	一三，〇〇〇		八，〇〇〇	四，〇〇〇	三，〇〇〇	二，〇〇〇／三，五〇〇	二，四〇〇	二，〇〇〇		四〇〇／一，〇〇〇	四〇〇／一，〇〇〇	六〇〇／一，二〇〇	六〇〇／一，〇〇〇
陝西	二〇，〇〇〇	一二，〇〇〇	八，〇〇〇	五，〇〇〇	二，四〇〇	二，〇〇〇／二，四〇〇		二，〇〇〇	一，〇〇〇	八〇〇	六〇〇	六〇〇	六〇〇
甘肅		一二，〇〇〇	七，〇〇〇	四，〇〇〇	一，六〇〇	三，〇〇〇		二，〇〇〇	八〇〇	八〇〇	六〇〇	六〇〇	六〇〇
廣東	一五，〇〇〇	一三，〇〇〇	八，〇〇〇	六，〇〇〇	四，五〇〇	三，〇〇〇／三，八〇〇		一，五〇〇／二，四〇〇		五〇〇／八〇〇	五〇〇／八〇〇	六〇〇／一，二〇〇	六〇〇／一，二〇〇
廣西		一〇，〇〇〇	六，〇〇〇	四，九二〇	二，〇〇〇	二，三六〇／二，四〇〇		一，〇〇〇／二，〇〇〇	一，七五六	六〇〇／九〇〇	五〇〇／七〇〇		七〇五／二，二六五
雲南	二〇，〇〇〇	一〇，〇〇〇	八，〇〇〇	五，〇〇〇	四，〇〇〇	三，五〇〇／五，九〇〇		一，二〇〇／二，〇〇〇		四〇〇／一，〇〇〇	四〇〇／九〇〇	七〇〇／二，〇〇〇	七〇〇／二，〇〇〇
貴州		一〇，〇〇〇	五，〇〇〇	三，〇〇〇	二，七〇〇	二，〇〇〇／二，五〇〇		八〇〇／六，五〇〇		五〇〇／一，〇〇〇	四〇〇／八〇〇	五〇〇／八〇〇	四〇〇／八〇〇

資料出處：《清朝文獻通考》卷四十二《國用》

上表示知，地方上各級官員養廉銀的數量，從數百兩到三萬兩，相差懸殊。各官養廉銀同他們的俸祿相比，高出十幾倍、幾十倍以至上百倍，養廉比俸餉優厚得多。

地方官的問題解決了，京官的俸祿之低就更突出了，不予解決，地方官仍要向他們送禮。雍正顧慮及此，六年（一七二八年）下令，給吏、戶、兵、刑、工五部尚書、侍郎發雙俸，新增的這一分叫「恩俸」。兼管部務的大學士也得雙分俸銀和俸米。漢人小京官，原先每年支領俸米十二石，大多不夠家屬口食，三年（一七二五年），雍正令按照漢官俸銀數目給米，免得花大價錢到市場購買，後又命給他們加俸銀俸米。

耗羨銀也用作地方上的辦公費，在山西初行時就有所明確了，高成齡說提解的耗羨銀除用於養廉外，「通省遇有不得已之費，即可支應」[73]。楊宗仁提解火耗，也以用它「充一切公事之費」為目的之一[74]。雍正批准耗羨歸公，對於耗羨銀的用途，概括為：「將經年費用之款項，衙門事務之繁簡，議定公費，派給養廉，俾公事私用，咸足取資。」[75]即把地方政府的辦公費列為重要開支。雍正政府也是這樣實踐的。楊宗仁在湖廣，開始是提取耗羨銀的百分之二十作衙門辦公經費[76]，後來增加，改提百分之三十[77]。山東巡撫以正稅的百分之一的數字作為地方經費的數字，把這筆錢從耗羨銀中提出，「以為公費之用」。田文鏡在河南也實行這樣的辦法，河南每年實徵錢糧銀三百十四萬餘兩，按百分之一計算，為銀三萬一千多兩，從耗羨銀中提出這個數目的銀子，按官職分給各官作辦公費，如直隸州知州三百兩，大州縣二百四十兩，中州縣二百兩，小州縣一百八十兩，巡檢八十兩[78]。河南信陽州衙門，除知州有公費銀二百四十兩外，還有地丁、黃臘、河銀、漕糧等項解費銀[79]。《清朝文獻通考》關於實行提解火耗寫道：「有司之養廉於此酌撥，地方之公用於此動支。」[80]總結性地指出了耗羨銀用作地方公費的事實。

耗羨銀按地丁稅的一定比例徵收，地丁銀基本上是固定的，耗羨銀因而也是固定的。官員的養廉銀和衙門的辦公用銀，是根據該地方事務的繁簡狀況確定的，即依照需要確定的，一般也不再變化[81]。這就是說，地方政府除去上交國庫的錢糧，自行的收入和使用都是固定化了的，基本上保持收支平衡，這就含有近代政府財政預算、決算的味道。這一點孟森先生已經注意到了。他說：「養廉自督撫至雜職，皆有定額，因公辦有差務，作正開銷，火耗不敷，別支國庫，自前代以來，漫無稽考之贍官吏，辦差徭，作一結束。雖未能入預算決算財政公開軌道，而較之前代，則清之雍乾可謂盡心吏治矣。」[82]日本學者佐伯富認為耗羨歸公，使地方經費明確化、預算化，對地方行政的實施是一大進步[83]。他對耗羨歸公與預算財政的關係提得更明確了。

（四）取締陋規、加派的鬥爭

養廉銀制度實行之前，地方官中的下屬對上司，按規定餽送禮金，若上司身兼數任，就奉送幾分禮物[84]，所以陋規流行，情節極其嚴重。雍正元年（一七二三年），山東巡撫黃炳報告他所主管的衙門，以前每年收規禮銀十一萬兩，其中節禮、壽禮銀六萬兩，丁、地規禮銀一萬餘兩，兩司羨餘銀三萬兩，驛道、糧道規禮銀各二千兩，鹽道及鹽商規禮銀各三千兩。黃炳曾任按察使六年，收鹽商規禮銀三萬兩[85]。巡撫一年的規禮，要比後來實行的養廉銀多好幾倍，按察使所受鹽商規禮一項，就佔到養廉銀的二分之一以上。雍正即位後，注意革除這一弊病，元年發出上諭，禁止欽差接受地方官餽贈，督撫也不得以此向州縣攤派[86]。在實行耗羨銀提解的同時，就大力取締陋規了。這方面，河南巡撫做的比較突出。石文焯在計議耗羨歸公時，考慮到若規禮不除，州縣官還會在耗羨外再行加派，以奉獻上司，為防止它的出現，就將巡撫衙門「所有司道規例，府州縣節禮，及通省上下各衙門一切節壽規禮，盡行革除」[87]。田文鏡繼任，更能以身作則，不收規禮：「家人吏役約束頗嚴，門包小費一概謝絕。」[88]河南有一些特產，如開封府的綾、綿、綢、手帕、西瓜，歸德府的木瓜、牡丹、永棗、崗榴，懷慶的地黃、山藥、竹器，汝南府的光鴨、固鵝、西絹，平原州縣的麥豆，水田州縣的大米，附山州縣的木炭、獸皮、野鷄、鹿、兎等類，上司強令該地方官交納，成為土例。田文鏡一概不收，嚴行禁止地方官交送[89]。

有些官員對規禮貪戀不忍放棄，一經發覺，雍正就嚴加處理。五年（一七二七年），巡察御史博濟到江南，勒索驛站規禮，江南總督范時繹即行參奏，雍正將博濟革職，交當地大員嚴審具奏[90]。山東蒲臺知縣朱成元在任多年，一直給巡撫、布按兩司各官送禮，並有冊簿進行登記。六年（一七二八年）被人揭發，雍正命河東總督田文鏡、署山東巡撫岳濬對朱成元及受禮的前巡撫黃炳及博爾多、余甸等人進行審訊[91]。當時山東的規禮仍很嚴重，州縣官進謁上司一次，巡撫衙門索門包十六兩，布、按八兩，糧道十二兩，驛道和巡道各五兩，本府州十六兩，同知、通判三四兩。解地丁錢糧，則有鞘費、部費、敲平、飯食、驗色、紅薄、掛牌、草薄、寄鞘、劈鞘、大門、二門、內柵、外柵、巡風、付子、實收、投批、投文、茶房等名色。這樣每解銀一千兩，共約需三十兩的雜費銀。田文鏡深知「欲禁州縣之加耗加派，必先禁上司，欲禁上司，必先革陋規」，就採取嚴行整飭態度。雍正對此很滿意，命他好好實行[92]。雍正又通令全國，嚴禁授受規禮：「倘有再私受規禮者，將該員置之重典，其該管之督撫，亦從重治罪。」[93]

犁剔地方陋規的同時，雍正加強對中央官員的約束。原來地方官向戶部交納錢糧，每一千兩稅銀，加送平餘銀二十五兩，飯銀七兩[94]。雍正於即位之初，下令減去平餘的十分之一[95]。耗羨提解實行後，總理戶部三庫事務的允祥建議取消收納錢糧時的加平銀和加色銀，不許地方解送官員短交或以潮銀抵充足色紋銀，不許庫官通同作弊，侵蝕私分，得到雍正的批准[96]。八年（一七三〇年），雍正明確規定，平餘銀、飯銀均減半收納[97]。其他衙門也有部費，如題奏事件，不給部費，就不能了結，甚至新設立的會考府，本是清理錢糧的，也有地方大吏用比部費加倍的銀錢進行打點，雍正於二年十月二十三日諭告各省總督、巡撫、提督、總兵，嚴加禁止[98]。

實行耗羨歸公和養廉銀制度，本來就意味著取消陋規，但是官僚總不想放棄這項財源，力圖維持它，所以反對陋規是一場鬥爭。

（五）簡評耗羨歸公和養廉銀制度

雍正實行耗羨提解，使原先被侵蝕的國賦，用本來為地方官私有的耗羨加以補償；確定養廉銀制度，希圖防止以後再發生侵吞，保證國課不致短缺；控制火耗率，禁止地方官恣意加派，也保障百姓完納正稅。所以這項制度的精神是為保證清朝政府的賦稅收入，做到國庫充盈。

耗羨歸公、清查虧空、養廉銀三事同時進行，它使恣意加派、授受規禮、貪婪勒索的惡劣風習和敗壞的吏治有所改變。

耗羨歸公和養廉銀制度使地方政府的正稅和附加稅都制度化，支出按預計的進行，是政府在財政管理上的進步。

耗羨提解後的耗羨量，大多數地區比州縣私徵時減少了，這對民間自然有好處。乾隆初年內閣學士錢陳羣說：「初定耗羨，視從前聽州縣自徵之數有減無增。奉行以來，吏治肅清，民亦安業。」[99]這樣說不免有溢美之辭，然亦反映耗羨歸公確實有益於民生。

上述種種說明，耗羨歸公和養廉銀制度，表面上肯定了封建政府的加派，實質上有益於整頓吏治，相對減輕人民的負擔，從而有利於社會生產力的發展。

火耗私徵，沿自明朝，到雍正時已有幾百年歷史，它的弊病已充分暴露出來，雍正把它加以改變，並使它與養廉銀制度相輔相成，從而使得它具有在不發生社會制度變革以前的不可變異性。乾隆初年，當政者中一部分人對耗羨歸公持有異議，經過討論，終不能改變它。當時兵部主事彭端淑說它是「萬世不易法也」[100]。「萬世」，太絕對化了，清朝一代循而未改則是事實。由此可知，耗羨歸公的實現，有其歷史的必然性和合理性。雍正能看清形勢，毅然實行這項改革，乾隆時纂修《清朝文獻通考》的官員就此說他「通權達變」[101]，不為過譽。

清朝實行低俸祿制度，對官員的薪俸很吝嗇。雍正時地丁銀約為三千萬兩，鹽課、茶課約四百萬兩，還有糧食四五百萬石[102]，王公百官的俸祿不及一百萬兩[103]，卻不肯掏腰包，又不能阻止官僚貪污，只好拿耗羨銀送給官僚，最終還是要人民來負擔。因此耗羨歸公和養廉銀制度的確立，對非法的盤剝加以承認，把附加稅變成實質上的正稅，對官員的額外搜求給予有限度的認可，它的出現，使得加賦、貪污的醜行部分地公開化了，正常化了，合法化了。所以說，對雍正勇於承受加派罪名，整飭橫徵暴斂的弊政，給以肯定的同時，也要看到他的改革極不徹底性和弱點。

士民一體當差

耗羨歸公，包含解決紳衿與平民耗羨負擔不合理的問題，錢陳羣說：「康熙年間之耗羨，州縣私徵，往往鄉愚多輸，而縉紳士大夫以及胥吏豪強聽其自便，輸納之數較少於齊民。」[104]田文鏡指責某些地方官：「徵收錢糧，濫加火耗，紳衿上役不令與民一體完納，任其減輕，而取償於百姓小戶。」[105]地方官不按田糧向紳富徵收火耗，把他們的耗羨銀轉攤到貧民身上，這種不合理，是官吏在施政過程中給予紳衿的不成文的一種特權。他們還享有法定的和其他不成文的特殊權利。清朝入關之初，依照官員品級優免該戶一定量的丁役，免除士人本身的差役和一切雜辦。地方官在收稅時，就把官員和士人稱為「官戶」、「儒戶」[106]、「宦戶」[107]，各地叫法不一，而且不斷變化，所謂「紳監衿吏戶名，朝改暮遷」[108]，大概講來，秀才稱為「儒戶」，監生稱作「宦戶」[109]。這些紳衿戶都享受法定的免役權。

紳衿還自行搶奪權利，雍正說「蕩檢逾閑不顧名節」的士人，「或出入官署，包攬詞訟；或武斷鄉曲，欺壓平民；或抗違錢糧，藐視國法；或代民納課，私潤身家。種種卑汚下賤之事，難以悉數」[110]。紳衿的不法是：（一）和地方上官吏勾結，包攬詞訟，分享政府的司法權。（二）橫行閭里，欺壓小民，致使平民懼怕他們有時比官吏還厲害。（三）替政府向本宗族、本鄉小民徵收錢糧，與胥吏勾結，加以侵吞。（四）本身抗欠應該交納的丁賦。（五）將宗族、姻親田產掛在名下，使他們也免除雜役負擔，而從中漁利。紳衿的不法行為，同封建政府的職能和權力發生了衝突，他們佔奪一部分行政權力，腐蝕官僚隊伍，是造成吏治敗壞的一個重要因素。封建國家要保持它的機器正常運轉，就必須與不法紳衿作鬥爭。這是一種社會矛盾。

紳衿應有的傜役負擔落在小民肩上，這就在賦役問題上造成貧民與紳衿的矛盾，貧民與維護紳衿特權的封建政府的對立。這又是一種社會矛盾。

雍正認為政府、紳衿、平民三者的矛盾，肇端在不法紳衿，就把矛頭指向他們，希圖剝奪和限制他們的非法特權，使他們同平民一體當差。二年（一七二四年）二月，下令革除儒戶、宦戶名目，不許生監包攬同姓錢糧，不准他們本身拖欠錢糧，如敢抗頑，即行重處。雍正深知地方官易同紳衿勾結，特地告誡他們認眞落實這項政策：「倘有瞻顧，不力革此弊者，或科道官參劾，或被旁人告發，查出必治以重罪。」[111]過了兩年，雍正再次嚴禁紳衿規避丁糧差役，重申紳衿只免本身一丁差徭，「其子孫族戶濫冒及私立儒戶、宦戶，包攬詭寄者，查出治罪」[112]。適應這項方針，雍正政府施行了一些具體政策。

士民一體當差政策。元年（一七二三年），河南鞏縣知縣張可標發出告示，令「生員與百姓一體當差」，引起生監的不滿，恰好他同縣學教官楊倬生不和，本人又曾經向屬民借過銀兩，楊以此為由，煽動生員控告張可標，實際上是反對張的士民一體當差政策。這時內閣學士班第到鞏縣祭宋陵，獲知此事，作了報告，雍正令豫撫石文焯調查張可標是否有貪婪不法情事，同時將鬧事的衿監重繩以法[113]。懲治他們主要是從維護社會秩序出發，堅持士民一體當差政策也是重要原因。二年（一七二四年），河南封邱令唐綏祖因黃河堤防須用民工，定出「每田百畝出夫一，計工受值」的辦法[114]，使有田人出夫，紳衿也不例外，這正是「紳衿里民一例當差」精神在河工上的體現[115]。唐綏祖的上司田文鏡肯定他的做法，進一步規定：在大堤一二百里內有田士的地主，照佃戶多少，認夫幾名，俟防汛工程需要，隨傳隨到。四年（一七二六年），他把這項辦法正式報告雍正[116]。

嚴禁紳衿包納錢糧和抗糧的政策。四年，貢生張鵬生將民人鄭廷桂等應納錢糧包攬入己的案子發生了，刑部議將張枷號三個月，責四十板，雍正拿他作典型，加重處理，枷責之外，發遣黑龍江，同時命令大臣重議生監包攬錢糧的治罪法[117]。次年，批准朝臣的建議：凡貢監生員包攬錢糧而有拖欠的，不論多少，一律革去功名；包攬拖欠至八十兩的，以贓、以枉法論處，並照所納之數，追罰一半入官；百姓聽人攬納，照不應重律治罪；失查的官員，罰俸一年[118]。這一年，保定舉人蘇庭奏請緩徵錢糧，雍正說直隸紳衿包攬嚴重，蘇必定是這裏頭的人，命令革去他的功名，調查他日常行為[119]。還是這一年，直隸東光知縣鄭三才奏稱該縣「地棍紳衿把持包攬，挾制官府，拖累平民，弊端種種」。雍正命嚴行查處[120]。

對紳衿本身的納糧，雍正也加強管理。六年（一七二八年）規定，凡係紳衿錢糧，在稅收印簿和串票內註明紳衿姓名，按限催比，奏銷時將所欠分數逐戶開列，另冊詳報，照紳衿抗糧例治罪，若州縣隱匿不報，照徇庇例議處。八年（一七三〇年）進一步規定，州縣官要把文武生員應納的錢糧造冊送學官鈐印頒發，每完若干，照數註明，按季申送查核[121]。雍正還規定，每年年底，生監要五人互保沒有抗糧、包訟的事情，完納賦糧以後，方准應試[122]。多方面促使紳衿交納稅課。

對拖欠糧賦的紳衿，雍正嚴懲不貸。五年（一七二七年），甘肅階州紳衿抗糧，護理巡撫印務的鍾保，以署知州陳舜裔激變士民的罪名，題請將其革職，雍正不答應，說陳舜裔「催辦國課，並非私派苦累民間，若因此將伊革職，則實心辦事之人必退縮不前，而無賴生事之人皆以挾制官長為得計矣」。指示將抗糧不法人犯嚴加審訊，同時責備鍾保「沽名邀譽」，不要他辦理這件事情[123]。湖廣地區不斷發生士民抗糧事件，安陸縣武生董建勛連年不交錢糧，當地將他革去功名，予以拘禁。九年（一七三一年），該縣士民約會抗糧，總督邁柱和地方官捉拿首犯，雍正指示：「此等刁惡風習，自當一一執法懲究，尤貴平日不時訪察化導於早也。」[124]山東紳衿拖欠錢糧成風，有「不欠錢糧，不成好漢」的俗語[125]。九年，進士舉人秀才監生因欠糧應褫革的有一千四百九十七人，本應加罪，大學士張廷玉以當地荒歉，奏准寬限三年完清[126]。官員催徵紳衿逋負不力的，雍正以因徇庇護嚴加治罪，十二年（一七三四年），為此把甘肅順慶知府潘祥等人革職[127]。

嚴禁官紳勾結包攬詞訟政策。二年（一七二四年），雍正在山東巡撫陳世倌的奏摺上批示：「凡地方上頑劣紳衿貢監之流，宜嚴加約束，毋邀虛譽而事姑息，以滋長刁風。」[128]同年，浙江發生了官員袒護縉紳事件。陳世倌的兄弟陳世侃的家人，在原籍浙江海寧縣賒欠肉鋪銀兩，與商人鬥毆，浙撫黃淑琳審問，讓陳世侃坐在後堂觀看，杖斃肉鋪商人，引起商人罷市。雍正將黃淑琳罷職，命杭州將軍安泰和布政使佟吉圖審理，安泰等奏稱打死人命是實，罷市是虛，雍正認為他們仍有徇隱，命再審查[129]。當時陳世倌摺奏，聲稱嚇得「精神恍惚」，方寸已亂，其母八十高齡，也是「寢食俱廢」，「風燭難保」，請求皇帝憐憫，放寬審訊，雍正毫不為動，責備陳世倌「因私而廢公，器量何其褊小！」[130]足見他不容官官相護和官紳勾結的態度。約在四、五年間，詹事府詹事陳萬策回福建省親，見當地饑荒，命地方官將倉儲平糶給縣民，雍正知道後，以陳萬策欲市恩鄉里，令督撫查其家產，換穀散給貧民，並把他降為翰林院檢討[131]。五年（一七二七年），河南鄉紳和景惠「捏造匿名揭帖」，田文鏡奏其誣告，雍正就把和景惠處了絞刑[132]。河南監生鄭當時誣告佃農高琰，「明火執杖，燒搶其家」，田文鏡革其監生，張貼告示，「使通省之紳衿皆以鄭當時為戒，不敢依恃護符，違禁誣告」[133]。對於劣紳的武斷鄉曲，田文鏡在雍正支持下，絕不留情。項城人進士王輸強奪人牲口，指令伊伯武生王允彝侵佔王天壽地畝，伊族武生王甸極騙佔生員於嗣哲地畝，他們因有功名，田文鏡不能驟行審理，移咨河南學政，把王允彝、王甸極武生革退，同時特疏參奏王輸，雍正革去其進士，對他進行嚴格審查[134]。浙江富陽縣紳士楊六先，私收公糧，佔人妻女，與歷任知縣交好，每年餽送數千兩銀子，署縣令張坦熊到任，拘捕楊六先，提審那天，縣民雇船來縣城觀看的約千餘人[135]。

雍正為防止劣紳干政，不許士民保留地方官。士民保留的去任地方官員，應該是有政績的，或被冤抑的，百姓懷念他，或為他鳴不平而要求他留任。但雍正看到這中間有官員買囑保留的，有劣紳為討好去任官而保留的，是一種刁風惡習，嚴行禁止[136]。

制定主佃關係法令。紳衿不法，虐待佃戶尤甚，雍正在處理主佃關係問題上，也注意打擊不法紳衿。二年（一七二四年），廣西生員陳為翰踢死佃農何壯深，雍正說佃戶必不敢先動手毆打生員，陳為翰一定是劣衿，因令巡撫李紱嚴審清楚。他認為讀書人打死人，與其身分不合，不應該照常人案例論處，命刑部與九卿重議生員「欺凌百姓毆人致死」如何加倍治罪的法令[137]。五年（一七二七年），田文鏡上疏，請將凌虐佃戶的鄉紳按照違制例議處，衿監吏員則革去職銜，雍正說他只考慮了紳衿欺壓佃農一面，沒有顧及佃戶拖欠地租及欺慢田主的問題，命再詳議，於是定出田主苛虐佃戶及佃戶欺慢田主之例[138]。到十二年（一七三四年）又行改定，律文是：

> 凡不法紳衿，私置板棍，擅責佃戶，勘實，鄉紳照違制律議處，監衿吏員革去衣頂職銜，照律治罪。地方官容隱不行查究，經上司題參，照徇庇例議處；失於覺察，照不行查出例罰俸一年。如將佃戶婦女佔為婢妾，皆革去衣頂職銜，按律治罪。地方官徇縱肆虐者，照溺職例革職；不能詳查者，照不行查出例罰俸一年；該管上司徇縱不行揭參，照不揭報劣員例議處。至有奸頑佃戶，拖欠租課，欺慢田主者，照例責罪，所欠之租，照數追給田主。[139]

又具體規定，秀才監生擅責佃戶，除革去功名，還處以杖八十的刑法[140]。清朝法律，凡人之間拷打監禁，罪止杖八十，雍正定律例，將衿監擅責佃戶以滿刑論處，表示了嚴厲禁止紳衿欺壓佃戶的態度，它還表明佃農的法律地位和地主是平等的，起碼在這裏是如此。清代法律專家薛允升論到此事，有所不解，也有所不滿，他說「佃戶究與平民不同，擅責即擬滿杖，似嫌太重」[141]。從這裏可以看出，這個關於主佃關係法令的制定，具有不可忽視的意義。

鎮壓生監罷考的政策。雍正壓抑不法紳衿方針的執行，引起他們的不滿，鞏縣生員反對張可標實行士民一體當差的政策，是他們的最初反映，封邱生員罷考則是一起較大事件。二年（一七二四年）五月，封邱生員王遜、武生范瑚等人攔截知縣唐綏祖，不許他實行按田出夫的辦法，聲稱「徵收錢糧應分別儒戶、宦戶，如何將我等與民一例完糧，一例當差」，強烈要求維護他們的特權。不久，河南學政張廷璐按考到開封府，封邱生童實行罷考，武生范瑚把少數應試者的試卷搶去，以示對士民一體當差政策的抗議。事情發生後，田文鏡、石文焯迅速報告，雍正認為地方上出了這樣的事情，應該「整飭一番，申明國憲」[142]，把為首的拿禁開封，懲辦一二人，以儆其餘[143]，為此特派吏部侍郎沈近思、刑部侍郎阿爾松阿赴豫審理，最後把為首的王遜、范瑚等斬決，王前等絞監候。在審理過程中，科甲出身的學政張廷璐、開歸道陳時夏、欽差沈近思沽名釣譽，有意徇瞻。田文鏡不講情面，所以生童說「宗師甚寬」，「陳守道是好人」，田文鏡則是無人不怨，無人不恨[144]。尤其是陳時夏承審時不坐堂，與諸生坐談，稱他們為「年兄」，央求他們赴考。雍正對此非常不滿，說這是大笑話，「儒生輩慣作如是愚呆舉動，將此以博虛譽，足見襟懷狹隘」[145]。他支持田文鏡，把張廷璐革職，陳時夏革職留任[146]。在處理封邱罷考事件中，清朝政府內部有不同意見，雍正和田文鏡採取堅決打擊不法生監的方針。以後堅持了這一政策。十二年（一七三四年），雍正說各省常有生童與地方官齟齬，因而罷考，以挾制長官。他命令，以後凡有邀約罷考的，就永遠停止他們的考試資格，如果全縣罷試，也照樣辦理，決不姑容[147]。

雍正還採取加強對監生管理的措施。捐納貢監不法的比較多，而清朝政府原定監生革退由禮部批准的規則，不利於地方官和學政強化對他們的約束。田文鏡想改變舊規，二年（一七二四年）、三年（一七二五年）的年終，逕將應革的監生容照學政執行，而後報禮部備案，但禮部駁回，仍令遵行舊例，田文鏡因而上疏，請求把捐納貢監交由學政，與生員一併約束，雍正批准了他的建議[148]，於是形成這樣的規定：衿監凡涉及到訴訟，即革去功名，聽候審理。雍正還規定，生監被斥後，不許出境，以免他們滋事[149]。

雍正用這些辦法調節紳衿、平民、清朝政府三者關係。他對紳衿有所節制，對不法紳衿有所打擊，然而不是與他們為敵，他說有的地方官為得百姓稱譽，故意摧折鄉紳，但是鄉紳或者是父祖，或者是本人為國效勞，這樣的簪纓之族，怎麼能故意壓抑他們呢[150]！他說對紳士應分別情況區別對待：品行端方的，應當加意禮敬，以為四民之表率；有一般過愆的，則勸戒之，令他改正；對那些不肯改過，就應當以法懲處[151]。針對田文鏡處罰田主擅責佃戶建議所作的指示，就是他作為地主階級的最高代表維護紳衿利益的表現。他所反對的是紳衿的不法行為，超越於清朝政府所給予的法定權利，因而侵犯了政府權力，過分危害了平民，不利於封建社會秩序穩定的行為。雍正為保護政府和平民的正當權利，用剝奪紳衿的非法特權、平均賦役的辦法，使平民、紳衿、清朝政府三者間的矛盾得到一定程度的解決，維護清朝的有效統治。

實行益貧損富利國的丁歸田糧制度

差徭和田賦兩項臣民對封建政府的義務，歷來分別徵收。徭役很重，為無田者力所不能負荷，加之上節所述，紳衿規避丁役，差徭不均，迫使勞動者隱匿人口，逃避差役，封建政府的徵徭也沒有保障。這種徭役制度的不合理已成為必須解決的社會問題。

早在明清之際，有的官員鑒於徭役制的弊病，在自己主管地區進行改革。明末，陝西戶縣實行併丁於糧的辦法[152]，即把丁銀歸入田糧徵收，不再按人丁完納。崇禎八年（一六三五年），漢中府城固縣亦實現「丁隨糧行」新法，順治十三年（一六五六年），南鄭縣也推行這一方法[153]。

康熙中，農民以運動的方式表達了反對以丁派役的願望。浙江寧波府農民提出「隨地派丁」的主張，富豪反對，相持不下[154]。杭州府民人王之臣報告產少丁多，賠累不起。錢塘、仁和兩縣，把有產業的稱為「鄉丁」，無產業的稱為「市丁」，或曰「門面光丁」，外來流寓之人稱為「赤腳光丁」，各自承擔丁役，光丁無產應役，承受不起，要求「從田起丁，人不納丁」。布政使趙申喬不允許，貧民願望不得實現，鬥爭不輟[155]。

這種情況下，一些官僚比較深刻地認識到丁役問題的嚴重性，主張改變役法。曾王孫提出丁隨糧行可以去三弊收三利的見解，他說實行丁差，必須不停地編審，但是也得不到人丁的實情，還是出現耄耋為丁，強壯為黃小的弊病；人丁本應死絕除名，但官吏舞弊，使素封之家不任丁役，貧苦人無丁而有丁徭；窮人承擔不起，或逃亡，或拖欠，官府得不到實惠，還害得里甲賠累，官員被懲責。他認為實行丁隨糧辦有三個好處：買田的人增加田賦隨著增添丁役，則賣田的糧去丁亦去，沒有包賠的痛苦；以糧派丁，官吏不能放富差貧，可以澄清吏治；無稅糧的人口不再受丁銀的拖累而逃亡，可以安心在鄉從業[156]。學官盛楓明確提出丁課均入田稅的主張，他說：把一縣的丁銀平均分攤到全縣田畝中，每一畝所增加的有限，不是大毛病，而貧民則免除供輸，會使國課有保障，官員考成無問題，這是「窮變通久之道」[157]。反對丁隨糧辦的官僚也很多。邱家穗講出兩條理由：一是丁併於糧，將使遊手之人無所管羈，二是窮人富人都是人，都應有役，併丁入糧，使貧者遊墮，讓富人代賠他們的丁銀，也是不公平[158]。他站在富人的立場，堅持丁、糧分擔。

康熙實行滋生人丁永不加賦的政策以後，丁役的問題更突出了。康熙宣布以五十年（一七一一年）的人丁數為基準徵收丁銀，以後不論增添多少人丁，也只收那些丁銀，不再增稅。這項政策在中國賦役史上具有重要意義，它把人口稅固定下來，對於後世不斷增加的人丁講，減少了丁銀負擔量，有利於勞動力的增殖。但是原來丁、糧分徵，丁役不均的積弊依然如故，而且出現徵收方法的新問題。人口總在不斷變化，有的戶有死亡，有的戶有增添，這項政策實行後，如何在具體的民戶中開除舊的丁銀額、增添新的丁銀額就不像以前那樣簡單了。死亡和新增人丁數目絕不會相等，往往新增的多，這就不能用某一個新丁接替已死人丁的差傜。不僅如此，由於人丁的增多，原有人丁的負擔也要相對減少，這就需要重新計算每一個人的丁銀量，還需要隨著人丁的變化不斷地計算，而這不是一件容易辦到的事情。因此隨同滋生人丁永不加賦政策的實行，必須尋求落實人丁丁銀的具體辦法。御史董之燧在五十二年（一七一三年）就敏銳地感到這個問題，從而建議把丁銀總數統計清楚，平均攤入到田畝中，按畝徵收。戶部討論了他的建議，認為那樣改變丁、糧分別徵收的老辦法，變化太大，不能實行，但是他提出的問題又不能不解決，就讓廣東和四川兩省試行[159]。於是四川實行「以糧載丁」的辦法，於徵糧賦中帶收丁銀[160]，廣東丁銀按地畝分攤[161]。大約在這時，河南的太康、汝陽等十一州縣也實行「丁隨地派」[162]，浙江常山知縣張德純編審時「均丁於地」，收到「民困以蘇」的效果[163]。

即使到這時，持反對意見的仍很多，福州人李光坡可算代表了。該地官員議論實行按田派丁，李極不贊成，他除具有邱家穗的觀點，又認為滋生人丁永不加派政策使丁銀固定，官吏不能放富差貧了，若按田畝派丁，各地畝積大小不同，做不到平均，若依田糧派丁，則稅糧有輕重不同，又不能不出現偏枯。他還認為丁併於糧，實行久了，或者會以為有糧賦而沒有丁銀，會添設丁課，形成加賦的大害[164]。撇開他的頑固態度不講，他提出了實行丁併於糧可能碰到的問題。

終康熙之世，改變役法與維持舊法的兩種主張爭執不下，把事情拖了下來，雍正繼位就面臨著這個棘手的而又必須解決的問題。

首先觸及這個問題的是山東巡撫黃炳。他在雍正元年（一七二三年）六月奏請按地攤丁，以紓民困。他與曾王孫、盛楓等人有所不同，身任封疆大吏，更感到丁、糧分徵下貧民逃亡問題的嚴重，他認為有地則納丁銀，無地則去丁銀，使貧富負擔均平才是善政，因而主張丁銀攤入地畝徵收。雍正認為「攤丁之議，關係甚重」，不是可以輕率決定的，不但沒有接受他的建議，反而責備他「冒昧瀆陳」，告訴他把一省的刑名錢穀辦理好是正事，這時談改革是事外越例搜求[165]。眞是臣下興致沖沖，主子冷冷相待。一個月後，直隸巡撫李維鈞以有益於貧民為理由，奏請攤丁入糧，他深知有力之家不樂意這樣辦，可能會出來阻撓，而戶部只知按陳規辦事，也不會同意，因此要求雍正乾綱獨斷，批准他實行。雍正不再像對待黃炳那樣，把他的奏章交戶部討論，同時指示：「此事尚可稍緩，更張成例，似宜於豐年暇豫民安物阜之時，以便熟籌利弊，期盡善盡美之效。」[166]他把丁歸田糧視為要事，主張慎重處理，籌謀善策，倒不是反對改革。九月，戶部議復，同意李維鈞的意見。雍正還不放心，命九卿詹事科道共議，諸臣提出幾個問題，一是與李光坡所見相同，畝有大小，按畝分攤，並不平均；二是有人賣田，必先賣去好田，剩下次田，再完丁銀就有困難；三是有人賣田而代買主納錢糧，這就還要代納丁銀。雍正命李維鈞就這些問題詳細規劃，一定做到對國課無損、對窮黎有益，讓人挑不出毛病來。李維鈞回稱準備把地畝分為上中下三等，丁銀按地畝等級攤入，不至於好壞地負擔不均。雍正稱讚他「籌度極當」，批准他於二年（一七二四年）開始實行[167]。但是李維鈞害怕雍正反悔，於十一月又奏稱他遭到「權勢嫌怨」，感到孤立。雍正知是為己而發，告訴他：「驀直做去，坦然勿慮，若信不得自己，即信不得朕矣。朕之耳目豈易為人熒惑耶！」[168]丁歸田糧的問題，從黃炳六月提出，到十一月雍正決心實行，為時半年。這一場討論，是康熙年間爭論的繼續，只是前朝懸而未決，新皇帝很快作了抉擇。就雍正態度看，他從消極轉變到積極，變化迅速。所以能這樣，是由於他本著為政務實的精神，吸取臣僚的正確意見，做出果斷的裁決。以此而論，丁歸田糧制度的建立和實行，決策人物雍正起了積極的作用。

直隸的事情決定之後，雍正指示黃炳向李維鈞瞭解實施情況，黃炳表示第二年春天就題請實行[169]，次年果真實現了他的願望。二年十二月，雲南巡撫楊名時奏報他的轄區「子孫丁」的嚴重情況：有的人戶早已沒有寸椽尺土，人丁也不興旺，但丁役冊上有多人的丁役，累代相仍，編審時也不予減除，使孤貧之丁承繼先人的徭役。楊名時表示要改變這種不合理狀況，向直隸學習，使丁從糧辦。雍正批准了他的要求[170]。同年，浙江官員在原來部分州縣攤丁入糧的基礎上，準備全面推行，田多的富人不同意，到巡撫衙門喊叫阻攔，巡撫法海驚恐地表示暫不實行，無田的窮人很不滿意，聚眾到撫院請願，實行和反實行的兩種勢力激烈地鬥爭著。四年（一七二六年）七月，當鄉試之時，紳衿聚集千餘人到錢塘縣衙，不許推行攤丁入糧，並勒令商人罷市。巡撫李衞採取強硬手段，制服了鬧事者，使十幾年來爭執不定的攤丁入糧制度在全省推行[171]。同年四月，田文鏡在河南進行編審，部分貫徹攤丁入糧精神，把沒有土地的少壯農民的應納丁銀，著落到地多糧多的人戶[172]。八月題請推行併丁入糧，雍正批准他於下年實行[173]。在此後的兩年內，福建、陝西、甘肅、江西、湖北、江蘇、安徽等省陸續實行丁歸糧辦的政策。只有山西沒有跟上來，遲至九年（一七三一年）才開始試行，到乾隆中逐步實現。此外，奉天府民人入籍增減變化較大，仍舊丁、糧分徵[174]。

攤丁入糧，從康熙間辯論要不要實行，到雍正決策施行及制定法規，再到乾隆中在全國徹底實現，中間經歷半個世紀。這個過程表明，它的實現是鬥爭的結果。

併丁於糧的方法，前已涉及。它大體上以州縣為單位，把康熙五十年（一七一一年）該州縣的丁銀數作為應徵額，平均攤入到田畝中隨土地稅徵收。在具體做法上也有兩種情形，一是將一州縣的丁銀平均攤入地糧，即原納田賦銀若干，再加納平均攤入的丁銀若干，由土地所有人統一完納，如河南確山縣，按每地糧銀一兩，攤派丁銀一分八釐多[175]，再如直隸州縣，每地稅一兩，攤入丁銀二錢七釐[176]。這種辦法，著眼於田賦，田糧多的，攤入的丁銀就多。另一種是把一州縣的丁銀平均攤入到田畝之中，如安徽祁門縣每畝土地攤入丁銀一分六釐多[177]，霍邱縣每畝則攤入九釐多[178]。這種辦法著眼在田畝，土地多的，攤入的就多。側重田糧和田畝有所不同，田畝有肥瘠的區別，田糧是根據土地等級確定的，所以攤入田糧較為合理，大多數地區也是採用了這種方法。各州縣因丁銀數量不同，田糧應負擔的丁銀也就不一樣，大致上說，每地糧一兩，攤入丁銀二錢左右[179]。政府徵收時，不再地、丁分徵，統一收納，若原交田糧銀一兩，至此就交一兩二錢。政府只找田糧承擔者要丁稅，而不找人丁要丁銀。

攤丁入糧，使有土地的人增加了賦稅，而「貧者免役」[180]，「貧民無釐毫之費」[181]，這是利貧損富的辦法。對這一點，雍正很清楚，他說「丁銀攤入地畝一事，於窮民有益，而於紳衿富戶不便」[182]。他的臣僚也明白，所以李維鈞講權勢厭惡他，福建布政使沈廷正也說「丁銀歸併地畝，於窮黎有益」[183]。可見，雍正君臣實行攤丁入糧，是有意識地壓抑富戶，扶植貧民，改變過去丁役不均，放富差貧的情況。

但是，更重要的是丁、糧合併徵收，清朝政府的丁銀收入有了保證，因為納糧人完成丁銀的能力，遠遠超過無地的農民。保障丁銀的徵收，這才是雍正的眞正目的。

不管怎麼說，丁歸糧辦，是損富益貧利國的政策。

併丁入糧後，清代有人說從此「無丁賦矣」[184]，還有人說「生斯世者，幾不識丁傜之名」[185]。現代有人講是取消了人口稅。丁銀併入田賦，從清朝政府講仍然收人頭稅，只是變換了收稅途徑，不能說沒有丁傜了，取消了人口稅。但就具體人來講，並不因個人的存在要交納人頭稅，從這個意義上說是沒有人口稅了。這是具有進步意義的事情，從此清朝政府減弱了對人民的封建人身控制。攤丁入糧制度的確定，是中國賦役制度史上的一次重大改革，是值得重視的歷史事件。

清理積欠與首隱

清理積欠，是雍正的一項政策。這主要是指向民間的，重點在江南地區。

江蘇每年的賦銀約三百五十萬兩，在十八個直省中名列前茅，而賦額多的又是蘇州、松江、常州三府。因為賦重，逋欠也多，五年（一七二七年）江蘇巡撫張楷奏稱，自康熙五十一年（一七一二年）起至雍正元年（一七二三年）的十二年中，積欠賦銀八百八十一萬兩[186]，蘇、松、常三府和太倉州各欠一百四十萬至一百八十萬兩之間[187]。他請求將積欠分十年帶徵，雍正予以首肯，但實行不通，雍正因而認為「江蘇吏治民風頹蔽已極」[188]，必須整飭，遂於六年（一七二八年）底決定，派戶部侍郎王璣、刑部侍郎彭維新率領候選、候補州縣官四十餘員前往，分赴各州縣清查。這些官員到地方上，就一面清查，一面追索逋欠。因係多年積欠，要在短期內一併徵收，所以叫做「滙追」。凡是交納清楚的民戶，官吏於門首用紅筆寫明「清查」二字[189]。不能補清的就投入監獄追比，一時之間，「狴犴累累，無容囚處」，一個蘇州府就關押了一千多人[190]。錢糧多的紳衿，欠賦更多，他們也飽嘗了鐵窗的風味[191]。這樣造成人心惶恐和社會的不安定。雍正獲知這種情形，下令暫時停徵逋賦，要求先查明積欠中那些是官員侵佔的，那些是吏胥及包攬人侵蝕的，那些是民間拖欠的，然後分別處理[192]。到九年（一七三一年）清查完畢，自康熙五十年（一七一一年）至雍正四年（一七二六年），積欠一千零十一萬兩，其中官侵吏蝕、豪民包攬為四百七十二萬兩，民欠五百三十九萬兩。雍正命將侵蝕的分作十年帶徵，民欠分作二十年帶徵，又表示開恩，若民戶將本年帶徵之數完納若干，即照所完之數捐免下年應納錢糧的數目。還吸收清查虧空的經驗，規定官吏侵蝕的，只在本人名下追賠，不得株連，民戶所欠，也只由該戶完納，不得波及兄弟親戚[193]。

對浙江錢糧的清查，雍正派性桂為欽差大臣前往，會同督撫李衛協力辦理。查核清楚，將逋欠分年帶徵。五年（一七二七年）、六年（一七二八年）兩年，每年帶徵十五萬兩，到七年（一七二九年）已將三至五年未完的賦銀七十七萬兩帶徵了四十餘萬兩，其餘的也可在規定期間內完成。雍正表示滿意，特命將七年賦銀蠲免十分之二，即六十萬兩[194]。這個數字約與清欠所得相當。

在福建，積欠和虧空兩事一併清理。經過欽差大臣楊文乾、許容等查核，從康熙五十五年

（一七一六年）到雍正四年（一七二六年），積欠四十四萬餘兩，其中屬於民欠的三十三萬多兩。六年（一七二八年），雍正因福建歉收，命蠲除，不再帶徵[195]。

山東逋賦較多，七年，河東總督田文鏡奏報欠銀三百萬兩[196]，到乾隆元年（一七三六年），還有康熙五十八年（一七一九年）至雍正十二年（一七三四年）帶徵未完積欠三百餘萬兩[197]。這就是一面帶徵，一面拖欠，總有巨額欠糧。

安徽鳳陽府有十萬兩舊欠，知府朱鴻緒分清那些是胥吏地棍的包攬侵蝕，那些是民間欠糧，分別立出清償辦法，二年內補交完畢，雍正對他大加表揚，以之諭令各省督撫抓緊清理積欠[198]。

湖北積欠二十萬兩，七年（一七二九年）以前輸納了九萬兩，但沔陽一州，從康熙五十五年（一七一六年）至雍正五年（一七二七年）竟欠八萬餘兩，其中百分之四十是紳衿包攬的，百分之四十為衙役侵蝕的，下餘百分之二十由民戶拖欠[199]。

從各地清理積欠的實際情形看，它的對象，包括侵佔錢糧的官員，包攬錢糧的胥吏和紳衿，拖欠賦稅的有田民戶。這欠糧的田戶，成員複雜，有紳衿，有中小地主，有自耕農民，還有只有極少量土地的半自耕的農民。所以清欠的對象歸納起來，是官吏、紳衿（包括大地主）、中小地主和一般農民四種人。如果用當時的概念，沒有特權的中小地主也是平民，則是官吏、紳衿、平民三方面的人。雍正指示清欠要分清侵欺、包攬、民欠三種類型，是區分這三種人犯法的情況，以便區別對待。他說清理積欠，是因「地方貪官污吏及不法矜棍藉民欠之名，恣意侵蝕，蠹國累民，為害甚巨，不得不清釐懲治」[200]。這是說把打擊重點放在貪官劣矜上，好像不涉及平民，這是他有意的隱諱。各地逋欠，一半以上，或大部分屬於民欠，雍正把清欠抓得那麼緊，就是為追索民間欠糧。可以這樣認為：清欠是雍正向官吏、紳衿、平民三方面四種人全面出擊，而以平民為重點對象。

雍正在實行分年帶徵積欠政策時，搞了一些蠲免，用帶徵來的稅銀蠲去當年應徵的一部分款項，表示他清欠不是為了增加財政收入，而是要掃除官吏、紳衿、平民的不法行為，移風易俗，希望形成優良的吏治和士風、民俗。其實，要錢和移風易俗兩方面的目的他是兼有的，並取得了同樣的效果。他強調經濟要清，在實踐上有重要意義。各方面先清補，使違法者知道警誡，避免以後再犯。補交了欠賦，然後又得到免交一部分賦稅的好處，可以過得去，這樣就便於歷年帶徵的順利進行。

清理逋賦，使一部分紳士和富人受到政治上和經濟上的打擊，有人出賣田產清償積欠，此後要按時交納新的錢糧，還要承擔攤入田畝的丁銀，感到田地負擔重，買田出租並不那麼划算，因而對土地兼併的熱情有所衰減。在清欠搞得激烈的江南地區，這種現象表現得最明顯。人們拋售土地，價格顯著下降。據錢泳的《履園叢話》記載：順治初良田二、三兩一畝，康熙間漲到四、五兩，雍正中恢復順治初的價值，到乾隆初年田價漸漲，乾隆中期就增至七、八兩甚至十兩以上了[201]。清代田價沒有直線上升，也就是放慢了土地兼併的速度，這同雍正的賦稅政策有很大關係。

紳民還有一種逃避賦稅的辦法，就是隱瞞田產。它自然也逃不過雍正的眼睛，也如同眼內有砂子一樣為他所不能容忍。二年（一七二四年），他批准田文鏡提出的自首隱田政策，在河南推行。田文鏡的辦法是允許民間自首，隱田當年交納錢糧，已往所隱，不論年頭久近，不再追徵；對官吏失於查考，亦不究參，以便他們安心承辦首隱事務。這個政策的執行，當年就見成效，清出隱地二千五百多頃，應徵錢糧六千四百餘兩，實收了四千四百多兩[202]。田文鏡對執行不力的官員嚴加懲處，如唐縣有官隱地五百七十餘頃，知縣關𣶏不行造報，田文鏡遂將其揭參[203]。作為「模範督撫」的田文鏡認眞實行，而其他地區則開展不力。雍正為推進這一事業，在五年（一七二七年）下令，於一年之內，許民人自首隱田，免治隱匿之罪。屆期以進展不理想，又展限半年[204]。他執行得很認眞，如江西監生周作孚控告族人欺隱田地六百畝，結果反倒查出他有隱田二百二十七畝，雍正把他的隱田沒收，同時按年追徵錢糧[205]。

雍正令民人自覺呈報同時，在一些地區採行清丈的方法，企圖查出隱匿的墾田。他重點抓的是四川省。清朝初年，四川地廣人稀，賦稅較少，五年，巡撫馬會伯、憲德先後奏稱該省墾田隨著人口增多，隱匿太甚，而且民間訴訟因田土糾紛引起的也太多，要求清丈，以解決這兩個問題。六年（一七二八年），雍正採納他們的建議，派遣給事中高維新等前往辦理。清丈結果，據雍正講，對於「民生風俗大有裨益」[206]。但是有的清丈官員大肆勒索，受賄放賣。豪強本不樂意清丈，於是藉機反對。據說墊江、萬縣一千多人拉起旗幟，不許丈量[207]。又據記載，墊江、忠州等地楊成勛、王可久等人聚眾，被地方官發覺，楊成勛自縊身死，同夥陳文魁、楊成祿等供稱「禍冤起於戊申年（六年，一七二八年）奉旨欽命丈民田」[208]，表明這起事件的矛頭直指雍正。九年（一七三一年），雍正命四川減少額糧較重的州縣的田賦[209]，這大約是考慮到清丈中的問題，而採取的補救措施。

五年，福建官員預備在臺灣清丈，許多人棄產逃亡，臺灣道沈起元怕於首隱不利，建議只查新墾土地，對新查出的按下則起科，而不宜於清丈，於是按他的主意辦理[210]。

清丈的事情涉及到所有與土地所有權有關係的人，觸犯的人太多，歷來難於實行，一般統治者也不敢這樣做，只有在大規模變革時期，如王安石變法、張居正改革，才比較有成效地進行了清丈。雍正對此並無確定主意，四川清丈以前，他說「清丈乃係必不可行之事，視乎其人，因乎其地，斟酌萬妥，然後舉行一二處」[211]。貴州布政使鄂彌達請求清丈，雍正說：「清丈之說萬不可輕舉」，指責他的提出要求本身就「甚屬孟浪」，隨後又以四川開始實行的尙好，在他的奏摺中批道：「丈量之說，朕言其不可輕舉，未言其必不可行也」，「況如四川通省現俱清丈行之得宜，何妨乎？」[212]他並沒有在全國普遍實行清丈，大約是看到後來四川清丈中出現的社會動盪不安的問題，縮手了。雍正既不想進行具有更深刻意義的社會變革，像清丈的事情，原無定見，淺嘗即止，所以只在個別地區實行了。

雍正的滙追和清丈，主要目標是保證政府稅收；對象主要是納稅人——紳衿、中小地主和農民，不法胥吏尙在其次；收到了一定的成效。

錢法與銅禁

雍正費了很大精力，實行禁用銅器的政策，這是保護錢法的需要。

清代商品經濟發展，需要貨幣較多，而製造銅錢的主要原料黃銅生產不足，鑄錢就少，「各省未得流布，民用不敷」[213]，於是出現錢貴銀賤的現象。按照清朝政府規定，每兩銀子換制錢一千文，但在大多數地區換不到這麼多，經過雍正整頓，也沒能改變這一狀況，如九年（一七三一年），戶部因京城錢價昂貴，建議國家拿錢作本，以九百五十文換一兩銀子，到條件成熟，再以一千文兌換[214]。這就是說政府爭取做到一兩銀子值九百五十文，實際上達不到。十年（一七三二年），陝西按察使楊馝報告，該省黃銅不敷鼓鑄，錢貴於銀，一兩銀子只能兌換八百一二十文[215]。這都表明錢價高於銀價。

鑄造銅錢，銅和鉛要有適合的比例，以保證質量，還要有一定的重量。如康熙制錢為銅六鉛四，質量高，雍正制錢為銅、鉛各半，質量差，鑄字模糊[216]。錢不夠用，有些人就私鑄小錢，量輕質次，冒充好錢，從中漁利。如有一種「沙板錢」，鉛多銅少，比制錢小而薄，多有小砂眼，故而得名。還有一種叫做「錘扁錢」，錢小而輕，兩個才能當制錢一個，但作僞者將之錘薄，使與制錢大小略等。這些劣質錢，在每一千制錢中，摻上三四十文，可以合法通行[217]。作僞者有厚利可圖，大量製造，私鑄案不斷出現。二年（一七二四年）滄州人劉七等合夥私鑄，被步軍統領衙門破獲[218]。三年（一七二五年），雍正說：「湖廣、河南等省私鑄之風尤甚。」[219]

私鑄破壞制錢的信譽，同時，因銅為清朝政府控制物資，私鑄者沒有來源，就銷毀制錢，用作原料，這樣一來，制錢更加減少，更使私鑄錢暢行無阻。所以私鑄破壞清朝錢法，侵犯政府利益，也不利於民間。雍正為制止私鑄，採取了幾項措施：

禁止使用銅器，搜集鑄錢原料。三年，御史覺羅勒洪特疏奏，欲杜私毀制錢之弊，必先加強銅禁，雍正命戶部等衙門議行。四年正月戶部建議：除樂部等必需用黃銅鑄造的器皿外，一律不許再用黃銅製造；已成者，當作廢銅交官，估價給值；倘有再造者，照違例造禁物律治罪；失察官員、買用之人，亦照例議處。雍正批准實行[220]。同年九月，他再下禁命，惟准三品以上官員用黃銅器具，其他一概禁止；現有銅器，一律要在三年內交清[221]。十二月，雍正特諭京城文武百官滿漢軍民人等交售銅器[222]。他親自帶頭，宮中不用黃銅造物[223]。

雍正的禁用銅器命令在京城有所實現，地方上反響很小，為此，他於五年（一七二七年）命各省城派出專門官員，設立收買銅器公所，動用藩庫錢糧銀子為基金，大力開展收購[224]。他又考慮到住在邊遠州縣的百姓離交銅器處所太遠，數量也不會多，往城裏交納不便，命戶部討論可否以交納銅器頂替錢糧[225]。「模範督撫」田文鏡別出新裁，提出允許私藏銅器的紳富之家的奴僕告發主人，准許脫籍，並治主人之罪，迫使可能擁有銅器的人家不敢私藏[226]。

民間所有黃銅器皿本不算多，且已成之物，人們愛惜，也不肯當作廢銅交售。紳富愛講排場，有的人明知故犯，違禁私造黃銅器具[227]。所以雍正銅禁雖也收到一些成效，但不是很大。如四年（一七二六年），山西祁縣等五十九州縣收廢銅三千四百斤，小錢九千四百斤[228]，五年（一七二七年）河南城鄉收銅六萬二千多斤[229]。這點數量，比起鑄錢的需要，就太微小了。雍正說銅禁造成「錢價漸平，民用頗利」[230]，不過是信口之言，算不得準。

嚴禁私鑄。三年（一七二五年），雍正命各省督撫申飭地方官：對私鑄犯「密訪查拿，嚴行禁止，毋使奸徒漏網」；官員若不實力辦理，定行從重治罪。他又命三法司制定嚴禁私鑄的條例[231]。隨後他親自定出因私鑄而銷毀制錢的懲治條例：

> 定例毀化制錢本犯與該管地方官並鄰佑房主俱照私鑄例治罪，除銷毀新鑄制錢者仍照私鑄例治罪外，如有毀化小制錢者，其該管地方官，若知情者與本犯同罪，不知情者亦照私鑄例降三級調用，房主鄰佑不分知情與不知情，亦照私鑄例枷號一個月，杖一百，徒一年。[232]

對於私鑄的案子，雍正總是抓住不放。前述滄州私鑄案由步軍統領衙門發現，雍正令直隸總督李維鈞查辦，李回稱查無此事，雍正拿出證據，並就此令各省大吏嚴查，否則照溺職例處分[233]。七年（一七二九年），將私鑄犯劉四海、王四海、郭二判處斬刑，李文榮判處絞刑[234]。十年秋天，有人密報安徽亳州、壽州兩地出現私鑄，雍正令步軍統領差人前往，拿獲案犯，交本地官員審辦。安徽巡撫程元章奏稱事情發生於夏秋之交，私鑄不久即停。雍正以他秋天得知此事，其進行必在夏秋之交以前，認為程元章希圖草率結案，因命再加確訊[235]。

雍正令出必行，惟有銅禁與禁私鑄行不通。早在嘉道間，包世臣就說：「銅禁之嚴，莫如憲廟，其時政事，無不令行禁止者，而銅禁竟不能行。」[236]這個失敗也是必然的。一個事情的順利解決，要抓主要矛盾及其主要方面，私鑄問題的產生，根源在銅的原料不足，因而制錢有限。關鍵要抓銅的生產，這個問題不解決，私鑄就不可能減少。雍正注意到銅的生產[237]，然而它的產量沒有達到鑄錢的需要，所以他儘管大力開展銅禁活動和嚴厲私鑄處分，仍不能達到預期效果。

雍正間，有人批評時政，說「朝廷懲盜臣而重聚斂之臣」[238]。評論公允與否且不管它，它講注意吏治和賦稅，倒基本上概括了本章所敍述的雍正朝賦稅政策及其實踐，以及與之緊密關聯的整飭吏治的問題。當然，對那種議論，雍正另有看法，也作了一番辯論：

> 地方之害，莫大於貪官蠹役之朘削，强紳劣衿之欺凌，地棍土豪之暴横，巨盜積賊之刼奪，此等之人，不能化導懲戒，則百姓不獲安生。假若為大吏有司者圖寬大之名，沽安靜之譽，於貪官蠹役則庇護之，於强紳劣衿則寬假之，於地棍土豪則姑容之，於巨盜積賊則疏縱之，雖在己無殘害百姓之實迹，而留此害民之人，令百姓暗中受其荼毒，無可控訴。……天以牧民之任授之君臣，而百姓又復敬謹尊奉，胼手胝足，竭力輸將，以事其上，為君臣者當共思之，受天之恩，奉天之命，食民之食，衣民之衣，而乃怠忽優游，不能鋤奸禁暴，置民間疾苦於度外，上負穹蒼，下負百姓，誠天地間之大罪人矣。[239]

他反對沽名釣譽，因循守舊，為自己的革新政治辯護。應當怎樣看待雙方的觀點，實質上是如何評價雍正的財政政策和吏治政策。正確的方法還是把它放在當時的社會矛盾中來考察，分析雍正處理是否得當。以此而論，不難發現：

第一、雍正政策緩和了階級矛盾。

紳民一體當差、攤丁入糧、清查積欠以及火耗歸公，對於紳衿地主的經濟利益和政治待遇均有所觸犯，但卻平均了賦役，或多或少地減輕貧窮農民的負擔，因此緩和了農民與國家的矛盾。這些政策的實行，自然不利於清朝政府與地主階級中一部分人關係的融洽，但是雍正政府所打擊的是豪紳劣衿，剝奪他們的非法特權，加重地主的經濟負擔，這是要地主階級從經濟上支持它自身的政權，以便強化它，使它更有力地代表它那個階級。換句話說，雍正政府作為強有力的政權，可以很好地代表地主階級的整體利益和長遠利益。

國賦，從地主手中所徵收的，實質上是地租的再分配，歸根結蒂是剝削農民，雍正政府當然是地主階級政權。國家不是被統治階級與統治階級的調和機關，它是統治階級利益的體現，但是對於階級矛盾的狀況，它的適當政策，可以起一定的調節作用。雍正的政策，就是這樣。

第二、一定程度上整頓了吏治。

壓抑豪紳，不容他們結交官府把持政權，這是整肅吏治的一個途徑，清查虧空、耗羨歸公和養廉銀制度，都是整治不法官吏的比較有效辦法，所以雍正年間官吏的貪贓枉法，比康熙末年有明顯的好轉。乾隆六年（一七四一年），清高宗說：「近見居官者家計多覺艱難，而旗員為甚。」「思其所以致此之由，細推其故，蓋由於查辦虧空時，其囊橐不足抵補，則將房產入官，以致資生無策，棲身無所。且不獨本身為然，旁及兄弟親戚平日霑其餘潤者，亦皆牽帶於中，以補公項，而仕宦之家，遂多致貧乏矣。」[240]雍正時被打擊的贓官到乾隆時還沒有緩過氣來，亦見打擊的嚴厲和吏治的有所澄清了。「吏治乃一篇眞文章也」[241]，雍正的這篇文章，可以說是做得比較好的。

第三、清朝政府財政狀況根本好轉。

雍正的各項理財措施，在基本上不增加貧窮人民負擔的條件下，堵塞官吏侵蝕、紳衿包攬等漏洞，收足賦額，國帑充實起來。康熙死的那一年（一七二二年），國庫存銀只有八百萬兩[242]，第二年，即雍正繼位的頭一年就有了好轉，增為一千七百萬兩，到五年（一七二七年），就高達五千萬兩[243]。雍正因帑藏充盈，才敢於在西北兩路用兵，花費很多，到他末年，庫存猶有三千餘萬兩[244]，或云乾隆初尚存二千四百萬兩[245]。

雍正實行這些政策，得了「愛銀癖」的惡謚[246]，還遭到「嚴刻」之誚。他確實像他自己所說，抱著嚴厲的態度，對待經濟上的不法事情：「嚴治貪婪，清釐帑項，概不得免，而追呼牽擾，亦有所不恤」[247]。他厲行追贓，禁鑄私錢，認眞實行耗羨歸公、養廉銀、攤丁入畝、士民一體當差政策，即實行那個時代比較好的稅收政策，一定程度清釐了積弊，刷新了吏治。他的攤丁入糧、耗羨歸公是中國賦役制度史上的重大改革，是他的革新思想的產物和體現。應當給雍正的這些政策和政治思想以應有的肯定，那些因這些政策而受損害的人的評論，或持有不同政治主張的人的評論，失去客觀合理性，原不足據論。

註釋

1《上諭內閣》，二年十一月十三日諭。
2《上諭內閣》，康熙六十一年十二月十三日諭。
3《清世宗詩文集》卷一《諭巡撫》。
4《上諭內閣》，康熙六十一年十二月十三日諭。
5《文獻叢編》第四十三輯《會考府題奏檔》；《上諭內閣》，元年正月十四日諭；《養吉齋叢錄》卷一。
6《上諭內閣》，二年十一月十三日諭。
7《上諭內閣》，三年八月十三日諭。
8《雍正朝起居注》，二年十一月十三日條；《上諭內閣》，八年五月初十日諭。
9《雍正朝起居注》，二年十月十七日條。
10《雍正朝起居注》，五年六月十九日條。
11《雍正朝起居注》，二年十一月十三日條。
12、13《上諭內閣》，八年五月初十日諭。
14《永憲錄》卷二下，一三七頁。
15《永憲錄》卷二上，一二四頁。
16《永憲錄》卷二下，一五〇頁。
17《新發現的查抄李煦家產摺單》，見《歷史檔案》一九八一年第二期三十五頁；《關於江寧織造曹家檔案史料》，二〇五頁。
18《永憲錄》卷二下，一三七頁。
19《永憲錄》卷四，二八九頁。
20《上諭內閣》，四年七月十七日諭。
21《上諭內閣》，元年二月二十九日諭。
22《硃批諭旨・楊宗仁奏摺》，元年三月初九日摺硃批。
23《雍正朝起居注》，三年四月二十一日條。
24《上諭內閣》，十年十月初八日諭。
25《雍正朝起居注》，三年二月二十七日條；《上諭內閣》，五年正月十九日諭。
26 直隸主官原為巡撫，康熙五十四年特授趙弘燮總督銜，下不為例。李維鈞於雍正元年就任時仍為巡撫，不久授總督，遂成定制。
27《硃批諭旨・李維鈞奏摺》，元年五月初六日摺硃批。
28《上諭內閣》，二年閏四月十二日諭。
29《上諭內閣》，五年三月十二日諭。
30《上諭內閣》，三年三月十九日諭。
31《上諭內閣》，五年二月初三日諭。
32《硃批諭旨・李維鈞奏摺》，二年八月初六日摺。

33《上諭內閣》，六年三月十四日諭。
34《上諭內閣》，四年八月初四日諭。
35《硃批諭旨・田文鏡奏摺》，二年四月初六日摺。
36、38《硃批諭旨・田文鏡奏摺》，四年六月十一日摺。
37《文獻叢編》第九輯《雍正硃批諭旨不錄奏摺》。
39 沈曰富《沈端恪公年譜》。
40 雍正《河南通志》卷一《聖制》。
41《硃批諭旨・馬會伯奏摺》，六年四月二十二日摺硃批。
42《上諭內閣》，五年正月十七日諭。
43《上諭內閣》，五年八月二十日諭。
44《上諭內閣》，五年閏三月十一日諭。
45《上諭內閣》，五年六月初八日、六年五月二十日諭。
46《上諭內閣》，五年閏三月十七日諭。
47《上諭內閣》，五年四月十五日諭。
48《上諭內閣》，五年十月十七日諭。
49《清世宗實錄》卷一三五，十一年九月庚辰條；卷一四一，十二年三月丙申條。
50《清世宗詩文集》卷一《諭布政司》。
51《清世宗詩文集》卷一《諭知州知縣》。
52《硃批諭旨・楊宗仁奏摺》，元年五月十五日摺硃批。
53《滿漢名臣傳》卷四十四《諾岷傳》。
54《硃批諭旨・石文焯奏摺》，二年正月二十二日摺及硃批。
55、56《硃批諭旨・高成齡奏摺》，二年六月初八日摺。
57《硃批諭旨・高成齡奏摺》，二年六月初八日摺硃批。
58 全祖望《鮚埼亭集》外編卷三十《題沈端恪公神道碑後》。
59 張廷玉《澄懷園文存》卷十二《文端朱公墓誌銘》。
60《小倉山房文集》卷三《廣西巡撫金公神道碑》。
61、62《雍正朝起居注》，二年七月二十九日、八月十日條。
63《雍正朝起居注》，二年七月丁未條；《上諭內閣》，二年七月初六日諭；《清世宗實錄》卷二十二，二年七月丁未條。
64《雍正朝起居注》，四年十月十四日條。
65《硃批諭旨・田文鏡奏摺》，七年八月初三日摺。
66《硃批諭旨・高成齡奏摺》，三年二月初八日摺。
67《明史》卷八十二《食貨志》。
68《二十二史箚記》卷三十二《明官俸最薄》。
69《清朝文獻通考》卷四十二《國用》。
70 各地吏役工食銀略有不同，這裏是根據乾隆《震澤縣志》卷十二《官制》、同治《興國縣志》卷十《田賦》、光緒《常熟昭文合志稿》卷十二《錢糧》寫成。

71《硃批諭旨・楊名時奏摺》，元年七月初六日摺硃批。

72《雍正朝起居注》，四年十月十四日條。

73《清世宗實錄》卷二十一，二年六月乙酉條。

74《硃批諭旨・楊宗仁奏摺》，元年五月十五日摺。

75《清世宗實錄》卷一五七，十三年六月乙亥條。

76《硃批諭旨・楊宗仁奏摺》，元年五月十五日摺。

77《硃批諭旨・趙城奏摺》，六年十月十一日摺。

78《硃批諭旨・田文鏡奏摺》，七年六月十五日摺。

79 乾隆《信陽州志》卷三《食貨》。

80 卷三《田賦》。

81 若需調整，也不是為個別人進行，而是全省統一實行。

82《明清史講義》，下冊，中華書局一九八一年版，四八六頁。

83《清代雍正朝にすける養廉銀的研究》，載《東洋史研究》，二十九卷一、二、三號，三十卷四號。

84《上諭內閣》，十三年六月二十三日諭。

85《硃批諭旨・黃炳奏摺》，元年十一月二十三日摺。

86《雍正朝起居注》，元年七月十五日條。

87《硃批諭旨・石文焯奏摺》，二年正月二十二日摺。

88《硃批諭旨・王國棟奏摺》。

89 田文鏡《撫豫宣化錄》卷四《再行嚴禁勒取土產以紓民困事》。

90《上諭內閣》，五年八月二十六日諭。

91《上諭內閣》，六年七月二十六日、八月十九日諭。

92《硃批諭旨・田文鏡奏摺》，六年九月初八日摺及硃批。

93《硃批諭旨・王士俊奏摺》，九年十二月初六日摺引六年七月上諭。

94 朱雲錦《戶部平餘案略》，見《清經世文編》卷二十七。

95《硃批諭旨・楊宗仁奏摺》，元年五月十五日摺引上諭。

96《清世宗實錄》卷十六，二年二月戊申條。

97 朱雲錦《戶部平餘案略》。

98《上諭內閣》，二年十月二十三日諭。

99《香樹齋文集》卷四《條陳耗羨奏疏》。

100《耗羨私議》，見《清經世文編》卷二十七。

101 卷三《田賦》。

102 見《清世宗實錄》每年歲計。

103《清史稿》卷一二五《食貨》。

104《香樹齋文集》卷四《條陳耗羨奏疏》。
105《撫豫宣化錄》卷三下《為再行條約事》。
106 柯聳《編審釐弊疏》，見《清經世文編》卷三十。
107、109《上諭內閣》，二年二月十四日諭。
108 曹一士《四焉齋文集》卷八《先考行狀》。
110《上諭內閣》，四年九月二十七日諭。
111《上諭內閣》，二年二月十四日諭。
112《清世宗實錄》卷四十三，四年四月戊子條。
113《硃批諭旨・石文焯奏摺》附班第奏摺及硃批。
114 錢陳羣《方伯唐公暨夫人吳氏合葬誌銘》，見《碑傳集》卷七十。
115《硃批諭旨・田文鏡奏摺》，二年五月十七日摺。
116《撫豫宣化錄》卷一《題為欽奉上諭事》。
117《雍正朝起居注》，四年十一月十六日條。
118 光緒《大清會典事例》卷一七二，《戶部・田賦・催科禁令》。
119《上諭內閣》，五年閏三月十八日諭。
120《上諭內閣》，五年四月初九日諭。
121 光緒《大清會典事例》卷一七二，《戶部・田賦・催科禁令》。
122《清高宗實錄》卷二十一，乾隆元年六月庚寅條。
123《雍正朝起居注》，五年九月初三日條。
124《硃批諭旨・邁柱奏摺》，九年四月初一日摺硃批。
125《清高宗實錄》卷十七，乾隆元年四月庚辰條。
126 張廷玉《澄懷園語》卷二。
127《上諭內閣》，十二年六月十七日諭。
128《硃批諭旨・陳世倌奏摺》，二年九月十七日摺硃批。
129《雍正朝起居注》，二年十月十七日條；《上諭內閣》，二年十月二十三日諭。
130《硃批諭旨・陳世倌奏摺》，二年九月十七日摺及硃批。
131《養吉齋餘錄》卷四。
132、133《撫豫宣化錄》卷三《為通飭出示曉諭事》。
134《撫豫宣化錄》卷一《題為特參豪紳劣衿倚勢嚼民以安良懦事》。
135《小倉山房文集》續集卷三十五《書張郎湖臬使逸事》。
136《雍正朝起居注》，三年七月十五日條；《上諭內閣》，五年三月十七日諭。
137《雍正朝起居注》，二年六月十二日條。
138《清朝文獻通考》卷一九七《刑考三》；《清世宗實錄》卷六十一，五年九月戊寅條。

139 光緒《大清會典事例》卷一〇〇《吏部・擅責佃戶》。

140 光緒《大清會典事例》卷八〇九《刑部・刑律鬥毆》。

141 《讀例存疑》卷三十五《刑律鬥毆・威力制縛人》。

142 《硃批諭旨・石文焯奏摺》，二年六月二十三日摺硃批。

143 《硃批諭旨・田文鏡奏摺》，二年六月二十二日摺硃批。

144、145 《硃批諭旨・田文鏡奏摺》，二年八月初八日摺及硃批。

146 《雍正朝起居注》，二年九月初三日條。

147 《清世宗實錄》卷一四七，十二年九月戊子條。

148 《撫豫宣化錄》卷二《題教職督課之例》；《上諭內閣》，五年閏三月初十日諭。

149 《清高宗實錄》卷二十一，乾隆元年六月庚寅條。

150 《清世宗實錄》卷六十七，六年三月己未條。

151 《雍正朝起居注》，五年閏三月初九日條。

152 邱家穗《丁役議》，見《清經世文編》卷三十。

153 曾王孫《勘明沔縣丁銀宜隨糧行議》，見《清經世文編》卷三十。

154 《耆獻類徵》卷五十四，蔣金式撰《趙申喬傳》。

155 趙申喬《趙恭毅公賸稿》卷五《丁糧不宜從田起賦詳》，《清查仁、錢二縣光丁詳》。

156 曾王孫《勘明沔縣丁銀宜隨糧行議》，見《清經世文編》卷三十。

157 盛楓《江北均丁說》，《清經世文編》卷三十。

158 邱家穗《丁役議》，《清經世文編》卷三十。

159 《養吉齋餘錄》卷一。

160 《雍正朝起居注》，四年四月二十六日條。

161 《清朝通志》卷八十三《食貨》。

162 雍正《河南通志》卷二十一《田賦》。

163 嘉慶《松江府志》卷五十八《張德純傳》。

164 李光坡《答曾邑候問丁米均派書》，見《清經世文編》卷三十。

165 《硃批諭旨・黃炳奏摺》，元年六月初八日摺及硃批。

166 《硃批諭旨・李維鈞奏摺》，元年七月十二日摺及硃批。

167 《硃批諭旨・李維鈞奏摺》，元年十月十六日摺及硃批。

168 《硃批諭旨・李維鈞奏摺》，元年十一月初一日摺及硃批。

169 《硃批諭旨・黃炳奏摺》，元年十一月十二日摺及硃批。

170 《清史列傳》卷十四《楊名時傳》。

171 《硃批諭旨・李衛奏摺》，四年八月初二日摺；《小倉山房文集》續集卷三十五《書張郎湖臬使逸事》。

172 《撫豫宣化錄》卷四《嚴禁編審積弊以除民累事》。

173《撫豫宣化錄》卷三《題豫省丁隨地派》。
174《清朝通志》卷八十三《食貨》。
175 乾隆《確山縣志》卷二《戶口》。
176《清朝通典》卷十七《食貨》。
177 同治《祁門縣志》卷十三《戶口》。
178 同治九年《霍邱縣志》卷三《食貨》。
179 李元英《請撥糧均丁疏》，見《清經世文編》卷三十。
180 同治《建昌府志》卷三《賦役》。
181 乾隆《蘇州府志》卷八《田賦》。
182《上諭內閣》，四年七月初二日諭。
183《上諭內閣》，四年七月十三日諭。
184 道光《阜陽縣志》卷四《田賦》。
185 朱雲錦《戶口說》，見《清經世文編》卷三十。
186《清朝文獻通考》卷三《田賦》。
187《上諭內閣》，六年十一月三十日諭。
188《硃批諭旨·尹繼善奏摺》，六年九月二十六日摺硃批。
189 黃印《錫金識小錄》卷一《滙追》。
190《小倉山房文集》卷七《蘇州府知府童公傳》。
191 黃印《錫金識小錄》卷一《滙追》。
192《上諭內閣》，七年十月二十三日諭。
193《上諭內閣》，十年二月初二日諭；《清朝通志》卷八十三《食貨》。
194《上諭內閣》，七年二月二十六日諭；《小倉山房文集》卷九《李敏達公遺事》。
195《上諭內閣》，五年六月初八日、六年五月二十日、十一月初六日諭。
196《硃批諭旨·田文鏡奏摺》，七年八月初三日摺。
197《清高宗實錄》卷十七，乾隆元年四月庚辰條。
198《上諭內閣》，六年二月十五日諭。
199《上諭內閣》，七年十一月初十日諭。
200《上諭內閣》，八年八月十七日諭。
201 錢泳《履園叢話》卷一《田價》。
202《硃批諭旨·田文鏡奏摺》，三年九月十一日摺。
203《硃批諭旨·田文鏡奏摺》，二年十一月二十日摺。
204《上諭內閣》，六年七月十五日諭。
205《上諭內閣》，六年十月二十一日諭。
206《上諭內閣》，八年四月初六日、七年三月初十日諭。
207《硃批諭旨·趙弘恩奏摺》，七年十一月初七日摺。
208《上諭內閣》，八年四月初六日、七年三月初十日諭。
209《上諭內閣》，九年十月十九日諭。
210《小倉山房文集》卷八《光祿寺卿沈公行狀》。

211 《上諭內閣》，六年十月初七日諭。
212 《硃批諭旨·鄂彌達奏摺》，七年四月十五日摺及硃批。
213 《雍正朝起居注》，三年五月十六日條。
214 《清世宗實錄》卷一〇八，七年九月戊辰條。
215 《上諭內閣》，十年閏五月二十九日諭。
216 《大義覺迷錄》卷二。
217 《硃批諭旨·田文鏡奏摺》，六年二月初三日摺。
218 《上諭內閣》，六年正月二十三日諭。
219 《雍正朝起居注》，三年五月十六日條。
220 《清世宗實錄》卷四十，四年正月己未條。
221 《上諭內閣》，四年九月初七日諭。
222 《上諭內閣》，四年十二月十九日諭。
223 《上諭內閣》，四年七月十五日諭。
224 《上諭內閣》，五年十月二十一日諭。
225 《上諭內閣》，五年十一月初三日諭。
226 《小倉山房文集》卷七《直隸總督兵部尚書李敏達公傳》。
227 《上諭內閣》，五年十一月十五日諭。
228 《硃批諭旨·德明奏摺》，五年二月二十三日摺。
229 《硃批諭旨·田文鏡奏摺》，六年三月初四日摺。
230 《上諭內閣》，七年六月十五日諭。
231 《雍正朝起居注》，三年五月十六日條。
232 雍正《吏部則例》卷二十《戶部·錢法·欽定例》。
233 《上諭內閣》，六年正月二十二日諭。
234 《上諭內閣》，七年六月初三日諭。
235 《清世宗實錄》卷一一七，十年四月己酉條。
236 《安吳四種》卷二十六《齊民四術·再答王亮生書》。
237 第五章將要講到，這裏不贅。
238 《雍正朝起居注》，三年四月二十一日條。
239 《上諭內閣》，六年六月十七日諭。
240 王先謙《東華錄》乾隆朝卷十三，六年二月乙巳條。
241 《硃批諭旨·楊名時奏摺》，四年十二月十八日摺硃批。
242 阿桂《論增兵籌餉疏》，《清經世文編》卷二十六。
243 《掌故叢編》第四輯《鄂爾泰奏摺》，五年十一月十一日摺硃批。
244 《嘯亭雜錄》卷一《理足國帑》。
245 阿桂《論增兵籌餉疏》，《清經世文編》卷二十六。
246 《李朝實錄·英宗實錄》卷二十四，五年（雍正七年）九月己亥條，四十三冊一六七頁。
247 《上諭內閣》，十年閏五月初十日諭。

第五章　查抄江寧織造曹家

五年十二月二十四日（一七二八年二月三日），雍正以江寧織造曹頫虧空官帑而又轉移財產的罪名下令查抄他的家產。雍正前期，抄了很多人的家，曹頫不過是罹罪者之一，他的官職又小，被抄家對於當時的政局幾乎沒有影響，原無足深論，似乎更沒有在雍正傳記中開闢專章來敍述的道理，但是抄家影響了曹家成員曹雪芹的生活、思想及其《紅樓夢》的創作。《紅樓夢》是罕世奇珍，人們為了理解它，很自然地要瞭解它的作者，瞭解作者的家世，因此曹家的政治經濟地位及其被查抄，就成為引人注目的問題，因而需要對雍正查抄曹家作些說明。

比較早地出現的歷史學上的雍正篡位說及殘暴說，給「紅學」以很大的影響，反過來，由於《紅樓夢》研究的開展，又把歷史學的這些說法深化了，普及了，幾乎成了不可動搖的觀點。在一部分紅學家中形成這樣一種概念：雍正是篡位者；他因得位不正，迫害康熙想要傳位的允禵和深負眾望的允禩；江寧織造曹頫和蘇州織造李煦因係前朝皇帝親信受到打擊，又陷入允禩、允禵案件而遭殃。他們斷言，曹家的被抄，不是雍正所宣布的經濟虧空的原因，而是政治鬥爭的犧牲品，是無辜受迫害。這就進一步提出說明雍正查抄曹家的過程及其原因的必要。

為了弄清這個問題，必須考察曹家的全部興衰史，這樣做就有點離開了雍正史，然而由於這個問題的重要，不得不多少破壞本書的體例，對它加以說明。這或許是值得的吧！

康熙後期曹家的潛伏危機

曹氏是皇帝的家奴，曹雪芹的曾祖父、曹頫的祖父曹璽是康熙的奶公，他於康熙二年（一六六三年）出任江寧織造監督，歷二十二年，死於任所。數年後，他的長子曹寅繼任其缺，至康熙五十一年（一七一二年），也病逝於任上。曹寅除任江寧織造外，受康熙差委，職事很多。他和他的內兄李煦輪流擔任兩淮巡鹽御史，與官商王綱明等人收購滸墅等十四關銅斤，為皇室採辦各種物件，代內務府出賣人參，校刊《全唐詩》、《佩文韻府》等書，奉命聯絡江南漢族士大夫，和江蘇巡撫宋犖成為文壇領袖。曹寅任內，遇上康熙六次南巡中的四次，迎奉康熙駐蹕江寧織造署，還督率商人捐銀修建行宮和寺院，供康熙休憩和遊覽。曹寅的勤勞王事，深得康熙的讚賞和寵愛。就曹氏家事講，曹寅時代是繼曹璽時的發展，達到最勢派、最興旺的階段。

「物極必反」，事物的發展就是這樣，當它最興盛的時候，也是敗落的開始。曹寅在得意之際，已有許多不可消除的隱憂。其子曹顒，嗣子曹頫相繼承擔他的職務以後，為他遺留的問題而奔波，並且不斷出現新的情況，新的事端，使得這個家庭不用到新君雍正時代，即在老主子康熙在世時，已經潛伏著衰敗的危機，走在下坡的路上了。它的危機是：

（一）經濟上的虧空

曹寅父子差事多，花錢的地方也多。曹頫在康熙五十四年（一七一五年）報告說：「奴才父親在日費用很多，不能顧家。」[1]他的挑費大部分用在報效皇室上。接駕是盛事，但康熙南巡沒有正項經費，多仗官、商報效和加派錢糧。曹家四次接駕，開支浩繁，正像曹雪芹在《紅樓夢》

中寫趙嬤嬤講甄家接駕的情景時所說的：「把銀子花的像淌海水似的」，「別講銀子成了糞土，憑是世上有的，沒有不是堆山積海的，『罪過可惜』四個字竟顧不得了。」[2] 其具體開銷雖不得而知，一星半點的資料亦有所透露。康熙四十四年（一七〇五年）的南巡，兩淮鹽商捐銀在揚州修建寶塔灣行宮，曹寅亦捐銀二萬兩[3]；隨行的皇太子允礽到處索取財物，曹寅送給他銀子二萬兩。四十六年（一七〇七年）他隨侍南巡時，又餽送三萬兩。東宮的戲班、工匠所需銀子，也由曹寅負擔，自四十四年三月起至四十七年九月太子出事止，支付二千九百多兩[4]。四十四年宮中要用朱沿元青車六十輛，康熙命曹寅、李煦打造進御[5]。四十七年，江南災荒，曹寅、李煦等三人共同捐銀二萬兩到江西、湖廣採買稻米，運到江南平糶[6]。五十四年，對準噶爾部策妄阿拉布坦的戰爭爆發，清朝政府商議添置駱駝運送軍糧，曹頫為此捐銀三千兩[7]。應酬也是曹家的一項不小的開支。聯絡士人，處處用錢，如曹寅出錢為施閏章刊刻《施愚山先生學餘詩文集》，如原大學士熊賜履病死金陵，康熙指示曹寅「送些禮去」，曹寅即餽贈奠儀二百四十兩[8]，以後曹頫還接濟熊家。曹家給香林寺布施香火田，多達四百二十畝。曹寅為江寧府捐銀修繕學宮。

曹家花錢如水，可是正式收入很少，曹寅每年俸銀一百零五兩，祿米六石[9]，對於他這樣的家庭，簡直微不足道。出支遠不相抵。康熙先後讓曹顒、曹頫報家產，曹頫在五十四年報告，他家有住房四所，典地六百畝，田地三百多畝，本銀七千兩的當舖一所[10]。他對家產會有所隱瞞，但與實際距離不會太大。以他家的地位而言，在南京經營數十年，就這點產業，實在少得可憐。這樣的家產，賠不起龐大的開支。怎麼辦呢？不免求貸於人，如曹寅於五十年報告康熙，他身有債務[11]。借貸總歸有限，最有效的法子是趙嬤嬤說的：「拿著皇上家的銀子往皇上身上使。」[12] 曹寅身任的織造、巡鹽御史經手巨量銀錢，盡可挪用侵佔，但是不可避免地會形成錢糧的虧空。

曹寅虧欠兩淮鹽課和江寧織造錢糧，數量很多，康熙後期的十幾年，由他本人、嗣子及李煦清償，總是一筆補清了，又冒出新的一筆虧空。五十年三月，曹寅自報，在兩淮巡鹽御史任上，歷年虧欠共一百九十萬兩[13]，到六月，償還了五十三萬兩，尚欠一百三十七萬兩[14]。五十一年七月，曹寅臨終，說他拖欠江寧織造衙門錢糧銀九萬兩，兩淮鹽課二十三萬兩[15]。這二十三萬兩可能是一百三十七萬兩項內未完之數，而九萬兩則是新承認的。他對這些虧空，毫無辦法——「無貲可賠，無產可變」[16]。下一年該輪到他管理兩淮鹽課，他已死，李煦要求代他管理，用鹽課餘銀為他彌補虧空。向例兩淮鹽課每年額銀二百多萬兩，另有餘銀五六十萬兩，可作鹽官的機動用費，李煦就是要用餘銀為曹寅補苴，康熙批准了他的要求。五十二年十一月，李煦奏報，用餘銀還清了曹寅的虧空，還剩餘三萬六千兩[17]。曹顒表示要把餘額上交，康熙說：「當日曹寅在日，惟恐虧空銀兩不能完，近身沒之後，得以清了。」但「家中私債想是還有」，何況織造費用不少，應當留心度日，於是只要了六千兩，把三萬兩整數賞給了曹顒[18]。似乎曹寅的虧空是補償清楚了，然而不到一年，康熙又說曹寅、李煦虧欠錢糧一百八十餘萬兩[19]。這時康熙原許曹寅、李煦輪管兩淮鹽課十年的期限已到，李煦請求再管數年，以補償欠銀[20]。康熙不答應，說若再管三、四年，益發虧空大了，因命新任巡鹽御史李陳常用餘銀代替曹、李彌補虧空[21]。據李煦奏報，李陳常為他們巡鹽任內虧空八十三萬兩清償了五十四萬二千兩[22]，織造任內虧空八十一萬九千兩償補了十六萬兩[23]，這八十三萬兩和八十一萬九千兩，合為一百六十四萬九千兩，不知是否就是康熙所說的一百八十萬兩的那筆帳。五十六年，康熙又用李煦為兩淮巡鹽御史，當年，李煦報告所欠二十八萬八千兩已交納完畢，至此還清全部虧欠，而且聲明從明年起，擔任兩淮巡鹽御史的「無欠可補，其差內餘銀應行解部」。康熙也如釋重擔，高興地稱「好」[24]，就令給曹寅，李煦按照全完錢糧之例議敍[25]。曹寅已死不敍，遂給李煦加戶部右侍郎銜。曹、李果眞沒有虧空了嗎？其實不然。六十一年三月，李煦乞求許墅關兼差，自報虧空：自五十三年起，每年挪用蘇州織造銀四萬銀，至五十九年已達三十二萬兩[26]。這就是說在他奏報一切虧空全完的五十六年，已連續四年動用蘇州織造錢糧十六萬兩，所以他不僅五十六年以後有虧空，以前也沒有眞正還清。李煦若不請求兼差，不會暴露此事，曹寅已故，當然不能自我洩漏了，不過這一對患難與共的郎舅，虧空有李煦的分，也就短不了曹寅的。雍正朝，就出現了「曹寅虧空案」，即他還有未清的錢糧。

曹寅虧空總沒有查清，主要原因是康熙對他的姑容、保護。曹寅的巨額虧空，同官自然知道，約在四十九年（一七一〇年），兩江總督噶禮密奏曹寅、李煦虧欠兩淮鹽課三百萬兩，表示要彈劾他們，康熙不答應，才沒有把事情公開化[27]。事關錢糧和吏治，康熙對此當然很重視，私下給曹、李打號呼。他在李煦四十九年八月二十二日的奏摺上批道：

風聞庫帑虧空者甚多，却不知爾等作何法補完？留心，留心，留心，留心，留心！[28]

又在曹寅同年九月初二日的摺子上寫道：

兩淮情弊多端，虧空甚多，必要設法補完，任內無事方好，不可疏忽。千萬小心，小心，小心，小心！[29]

隨後在五十年二月初三日的奏摺上批問：

兩淮虧空近日可曾補完？[30]

在同年三月初九日的奏摺上又作批示：

虧空太多，甚有關係，十分留心，還未知後來如何，不要看輕了！[31]

這些批語的總精神，就是企圖喚起曹、李對虧空問題的重視，設法彌補。連用四個「小心」、五個「留心」，警告他們不要以為自己與皇帝有特殊關係，對虧空不以為意，要知道問題嚴重，才能設法清償。在九月的摺子上批示要人注意彌補虧空，到見次年二月的摺子就追問巨額欠負是否償完，分明不可能，而故作此問，是催促他們從速補償。此亦可見康熙對這個問題的重視和迫切解決的心情。康熙設法幫助曹、李清欠，破例允許李煦代替曹寅巡視兩淮鹽課，指令新鹽政李陳常代他們賠償欠銀，眞是用皇上家的銀子花在皇帝身上。正是因為康熙過問此事，官員已明瞭皇帝的態度，才不敢參奏他們，新鹽政也才被迫承擔清償前任的一部分虧空。

康熙如此包容，大有原因。他在談到曹、李的虧空時，向大臣們說：「曹寅、李煦用銀之處甚多，朕知其中情由。」[32]情由是什麼，他沒有宣布，大家也明白：他們為南巡接駕，為聯絡士大夫，耗去的巨額金錢，全為皇帝而花銷，他們如何報效得起，挪用和侵佔錢糧，實是理所當然的事情。只是康熙不承認南巡有開支，對於曹、李的效力暗中領情，自是不能責之以虧空官帑了。然又礙於輿情，不便不令他們賠補。曹、李開始不以欠帑為意，也是因與皇帝心心相印，有恃無恐，待後才明白過來，光是皇帝袒護還不夠，設若反映太大，皇帝捨棄他們，也就吃罪不起了。康熙於五十六年（一七一七年）再命李煦為巡鹽御史時，警告他這一任與過往不同，「務須另一番作法纔是，若有疏忽，罪不容誅矣。」[33]也就是允許他用餘銀補欠，但不許馬虎從事，掉以輕心。所以康熙保護曹、李，乃因他們辛勤奔走，促成他的南巡大業，執行了他的聯絡漢族上層人士的政策。還有一點也應考慮到，康熙主張實行寬仁政治，對於官員的貪贓，採取睜一眼閉一眼的態度，一般情況下過問不嚴，只對少數人實行懲罰。有此方針，對曹、李兩家自然更不會為難了。

曹寅為康熙的政治及其個人效力，開支浩繁，造成大量虧欠官帑，雖設法彌補，但未能清完。虧空之造成係為公事，它的後果則要當事者承擔。虧空是犯罪行為，有康熙在可以得到諒解和庇護，一旦國君易人，失去保護傘，就是治罪的根由。所以曹家的虧欠錢糧，潛藏著問罪的危機，不爆發則已，一出事就非同小可。

（二）眷寵漸衰

康熙對於曹家始終眷注，這是事實，細察起來，亦有程度的差別。曹璽因係奶公，加銜至一品尚書。曹寅早年伴讀，中晚年勤慎供職，但與皇帝關係終遜乃父一籌，只博得三品通政使加銜。曹顒是康熙看著長大的，惜乎享年不永，效力不多，只做到六品主事，乃父所兼任的鹽政等大差使已經不能問津。康熙還看重他，乃因「他的祖、父，先前也很勤勞」[34]。他已經靠著祖上恩蔭，吃老本，這就是沒落的徵兆。曹顒死，康熙讓曹頫繼任織造，奉養曹寅之妻，這是可憐曹家兩世遺孀，反映他對已故的曹璽、曹寅父子有感情，對生者則是憐憫，感情上已淡薄一層。曹頫青年襲職，人事不熟，辦事也不歷練，對老主子不敢亂獻殷勤，又以資歷淺，政治上小心謹慎，不敢有所作為。五十四年，康熙責問他：「家中大小事為何不奏聞？」雖是表示關懷，然亦含責備曹頫不親近之意。曹頫立即報告家產，說明不自行啓奏的原因：「因事屬猥屑，不敢輕率。」又鄭重聲明所奏完全屬實，如有欺隱，「一經查出，奴才雖粉身碎骨，不足以蔽辜矣」[35]。如此保證，就是怕皇帝信不過。類似的文字，在曹寅的奏摺裏找不到，這就表明兩代人同皇帝疏密關係大不相同。五十七年，康熙指示曹頫：「爾雖無知小孩，但所關非細，念爾父出力年久，故特恩至此，雖不管地方之事，亦可以所聞大小事，照爾父秘密奏聞，是與非朕自有洞鑒，就是笑話也罷，叫老主子笑笑也好。」[36]密報地方情形，在曹寅視為當然，在曹頫就不便自專，他以與皇帝交往不深，不敢造次以親信自居，這就是君臣間的隔閡。五十九年，康熙對曹頫作了一個措詞嚴厲的指示：

近來你家差事甚多，如磁器法瑯之類，先還有旨意：件數到京之後，送至御前覽完，纔燒法瑯。今不知騙了多少磁器，朕總不知。已〔以〕後非上傳旨意，爾即當密摺內聲名〔明〕奏聞，倘瞞著不奏，後來事發，恐爾當不起。一體得罪，悔之其及矣。即有別樣差使，亦是如此。[37]

指責曹家貪污皇家的東西，已不允許曹頫有便宜從事的權力。這樣，過去君臣間沒有芥蒂的情況已不復存在。曹家是賺了皇家不少東西，曹頫時這樣，曹寅時也會如此，只是那時康熙不作這種指斥罷了。事情很清楚，曹頫在康熙心目中的地位，與曹寅無法比擬。到他手裏，曹家同皇帝關係比曹顒時又形疏散，從這個意義上說，他的家勢又有衰微了。像曹寅和康熙那樣的密切狀況，在封建時代的主奴兼君臣關係中是不多見的，顒、頫兄弟輩自然望塵莫及，因而無法恢復父輩的盛況。如果沒有別的變化，越往後與皇帝越疏遠，家運就別想好轉。曹家即使沒有後來抄家那樣致命的打擊，也會每況愈下。曹寅父子三人與康熙的關係一個比一個疏遠，這是自然形成的，而人事上又不能去改變，這也可以說是曹家的一種政治危機。

總的說來，曹家在曹寅的極盛時期，已潛伏著經濟危機，加之曹顒，曹頫時代聖眷漸衰，曹家已走在衰落的道路上。但是只要康熙在，它不會發生驟然的變化；同時，出事的因素存在著，一旦政情改變，有著發生巨變的可能。

雍正對曹頫的希望與失望

雍正在皇子時代與曹家老奴應當有過交往。康熙四十二年（一七〇三年）他侍從南巡，同行的兄弟只有皇太子允礽、皇十三子允祥和他三人，人數不多，曹家一定會在住於織造署中的皇四子、貝勒胤禛面前盡過心。這一年，曹頫也會在家中，不過年齡太小，不可能與胤禛交遊。

雍正繼位後，對曹家的態度，由於史料不充分，僅能從曹頫的奏摺和雍正的硃批窺見一二。

雍正二年（一七二四年）春天，年羹堯青海大捷，朝野歡慶，曹頫恭上賀摺，文字不長，抄錄於下：

竊奴才接閣〔閱〕邸報，伏知大將軍年羹堯欽遵萬歲聖訓，指授方略，乘機進剿，半月之間，遂將羅卜藏丹津逆衆黨羽殲滅殆盡，生擒其世女子弟及從逆之貝勒，臺吉人等，招降男婦人口，收獲牛馬輜重，不可勝計。凱奏膚功，獻俘闕下，從古武功未有如此之神速丕盛者也。欽惟萬歲仁孝性成，智勇兼備，自御極以來，布德施恩，上合天心，知人任使，下符輿論，所以制勝萬全，即時底定，善繼聖祖未竟之志，廣摛荒服來王之威。聖烈鴻庥，普天胥慶。江南紳衿士民聞知，無不歡欣鼓舞。奴才奉職在外，未獲隨在廷諸臣舞蹈丹陛，謹率領物林達、筆帖式等望北叩頭，恭賀奏聞。奴才曷勝欣忭踴躍之至。38

曹頫歌頌了青海勝利，而主要是頌揚了皇帝。他一讚雍正「智勇兼備」，至聖至明，知人善任，從而取得不世之功。雍正自尊心特強，把青海之功歸於皇帝的將將，說到了雍正的心坎上。二讚雍正的仁孝，完成了康熙的未竟事業。雍正變革他父親的政治，但不許人說。青海功成，他發上諭，寫硃批，處處說是乃父養兵育將，深仁厚澤的結果，又為文告祭康熙的景陵。曹頫說他仁孝性成，善繼聖祖未竟之志，正合他的宣傳。三讚皇帝善政愛民，布德施恩，深合天心，因之獲勝。雍正愛講天人感應，自謂修人事，愛百姓，得天帝垂鑒，獲此奇功。這樣君臣思想恰相吻合。雍正見到這個賀摺，從內心感到高興，就在表上硃批：「此篇奏表，文擬甚有趣，簡而備，誠而切，是個大通家作的。」[39]他肯定賀表寫得好，簡明扼要，更好在「誠而切」，即表現了奏摺人對皇帝發自內心的忠誠態度，因而所表達的意思非常準確。雍正欣賞曹頫賀摺的文字，進而反映他對具摺人有一定好感，通過讚揚其文章而表彰其人。曹頫的賀表是官樣文章，但他的思想也不能不於其中有所流露。他是好古嗜學的人，為人正派，權變應酬非其所長，他的這個處處符合雍正心意的文章，看來不會全靠的是揣摩之功，而是他具有那樣的一些認識，在賀表上表現了愛君之心。所以說這時雍正和曹頫之間關係融洽，至少說不會有大的嫌隙。

同年，曹頫上一個請安摺，雍正作了如下指示：

你是奉旨交與怡親王傳奏你的事的，諸事聽王子教導而行。你若自己不為非，諸事王子照看得你來；你若作不法，憑誰不能與你作福。不要亂跑門路，瞎費心思力量買禍受；除怡王之外，竟可不用再求一人拖累自己。為什麼不揀省事有益的做，做費事有害的事？因為你們向來混帳風俗貫（慣）了，恐人指稱朕意撞你，若不懂不解，錯會朕意，故特諭你。若有人恐嚇詐你，不妨你就求問怡親王，況王子甚疼憐你，所以朕將你交與王子。主意要拿定，少亂一點。壞朕聲名，朕就要重重處分，王子也救你不下了。特諭。[40]

雍正命令曹頫有事要同怡親王允祥商量，並經由後者向皇帝奏明請示，於是在君臣之間有了個中間人。這樣做，據雍正講是讓允祥照看曹頫，而這位王爺又疼憐他，也會照應得好。這是眞關懷曹頫，還是如同一些人認為的是對曹頫不信任而加強管制？這就需要瞭解允祥在雍正朝的地位及當時的傳奏制度。允祥是雍正第一個信任的親王，又是皇帝的總管家。他代表雍正與一些封疆大吏，道府官員進行單線聯繫，代轉他們的奏摺或不便題奏而又需要報告皇帝的事情。如元年，雍正指示直隸巡撫李維鈞：「凡有為難不便奏聞小事，密使人同〔怡親〕王商酌。」[41]所以李維鈞首倡攤丁入糧，先同允祥商討。雍正這一指令，顯然是對李維鈞的關懷。二年（一七二四年），署理河南巡撫田文鏡主動派人向允祥致敬，雍正就此向田文鏡說：「此際命王代汝轉奏事件，斷然不可。」因為田文鏡在河南積極推行雍正新政策，與創行耗羨歸公的山西巡撫諾岷為「舉朝所怨」之人，若允許他同允祥結交，必然會被人攻擊為結黨營私，將使他們處境不佳，所以雍正又說：「俟汝根基立定，官聲表著之時，然後降旨，命王照應於汝，則嫌疑無自而生矣。」[42]被指定與允祥聯繫有條件，要看其人官聲如何，寵臣田文鏡想讓允祥為其傳奏尚不可得，亦見由允祥傳奏不是壞事。胡鳳翬，其妻與年貴妃為姊妹，應該是雍正的親信了，元年（一七二三年）受命為蘇州織造，代替李煦，雍正也命允祥照看他，有的旨意就通過允祥下達給他[43]。對於這樣傳奏，雍正給了他與曹頫同樣內容的指示：

> 毋謂朕將爾交與怡親王為己得泰山之靠，遂放膽肆志，任意招搖也。倘少有辜負朕恩處，第一參劾爾者即係怡親王，切其錯會。若希冀王施袒護私恩於爾，別自誤爾之身家體面矣。小心，慎之！[44]

警告胡鳳翬不要以為有了靠山而胡作非為，事情很清楚，傳奏人是被傳奏人的保護人。雍正命允祥為曹頫傳奏，其性質和作用應與李維鈞、胡鳳翬一樣，是為他找了個保護人。再說允祥與曹家關係之深，比李、胡等人又不同。曹寅接駕的那四次康熙南巡，允祥是皇子中惟一的次次都去的人，想來他同曹家感情較深，雍正說他「甚疼憐」曹頫，必是實情。由他作傳奏人，對曹家當更有利。這種做法，便於皇帝與臣下聯繫，含有愛護、籠絡被聯繫人之意，而不是作為管制的手段。當然，具體到曹頫、胡鳳翬之類的家奴，寵信之外，含有教導、管教的意思，不過這種管教不是非正常的強制，是主奴聯繫的正常內容。

雍正在這個硃批中警告曹頫，若在允祥之外亂找門路，就是買禍受；對於別人的欺詐要警惕，只要自己主意拿定，就不會受人愚弄；要注意不做有損皇帝名聲的事，若那樣，允祥也救不了。雍正要求臣工，尤其是家奴，對他應絕對地忠誠，這個硃批體現了這種要求，但也不是只為曹頫而寫。上述給胡鳳翬的硃批是同樣性質的。還有一些硃批表達得更明顯。胡鳳翬因同年羹堯是郎舅關係，其子胡式瑗被年保舉為知縣，年案發生，胡鳳翬自首，雍正警告他：「當極小心謹飭，聞爾頗不安靜，慎之，慎之！」[45]又說：「朕原有旨，除怡王外，不許結交一人，孰意爾尚恐怡親王照顧不周，又復各處鑽營。」[46]最後，胡以年黨被抄家，自殺。曹、胡的硃批有共同的內容，只是沒有說曹頫各處鑽營。雍正的意思，家奴只能依靠主人，或主人指定的管家，絕不可以自找管家，更不可以另尋主人。他的這個硃批就是要求曹頫只同允祥聯繫，不要再找靠山。這是家主對僕人的教訓，沒有對奴才的分外苛求。

雍正的這個硃批，用詞尖刻，態度嚴厲，規勸之中充滿威脅。這樣的態度，在曹頫二年五月初六日奏摺的硃批上又表現出來。曹頫在該摺中報告江南發生蝗蟲，但未成災，且雨水充足，百姓已及時播種。雍正見後大發脾氣，硃批：「蝗蝻聞得還有，地方官為什麼不下力撲滅？二麥雖收，秋禾更要緊。據實奏，凡事有一點欺隱作用，是你自己尋罪，不與朕相干。」[47]曹頫不是地方官，地方上沒能全部消滅蝗蟲，關他甚事，責問於他，豈非找錯了對象？然而雍正不是這樣昏暴的人。他是責怪曹頫沒有報告地方官不下力消除蝗災的原因。他要求臣下的報告一定要準確，以便他掌握實際情況。如不確實，他便會被人蒙蔽，影響他的名譽和威信，當然會轉過來怪罪報告人的欺蔽。

雍正這樣兇惡態度，也是看對象而發。胡鳳翬密奏按察使徐琳居官情景，雍正硃批竟說：「少不慎密，須防爾之首領。」[48]五年（一七二七年）四月初一日杭州織造孫文成摺奏浙江大吏的施政辦法，雍正亦作告誡之硃批：「凡百聞奏，若稍有不實，恐爾領罪不起。須知朕非生長深宮之主，係四十年閱歷世情之雍親王也。」[49]六年（一七二八年）三月初三日，蘇州織造李秉忠奏報當地風調雨順，雍正亦說：「凡如此等之奏，務須一一據實入告，毋得絲毫隱飾。即地方一切事務及大小官員之優劣，若果灼見無疑，亦當據情直陳。倘不慎密，招搖炫露，藉稱朕之耳目，擅作威福，嚇詐地方，則自貽伊戚也。」[50]這些人都是織造，雍正的口氣都很硬。他是把他們當作家奴看待，故不假以辭色。他對這些織造，不管是前朝留下的，還是自己任用的，嚴厲態度是一致的，只要對皇帝忠誠就行。這確乎說明雍正對曹頫沒有特殊的刁難。

上述幾個硃批可以表明，雍正在繼位前二年，對曹頫是信任的，並嚴加管教，希望他成為忠實幹練的家奴。

此後，直至抄家以前，雍正對曹頫的使用是正常的。曹頫按照規定，行使他的織造職能。三年（一七二五年），他因江寧織造署庫存緞匹已多，請問戶部可否上交內府，經戶部請示雍正，准允交納[51]。清朝慣例，江南三織造輪流回京，每年一人，進送織造物件。四年（一七二六年），曹頫按規定進京，於次年二月返回任所，雍正命他路過江蘇儀徵時向兩淮鹽政噶爾泰轉傳聖諭，事後，領旨者向皇帝奏報經過：「雍正五年二月二十七日，江寧織造曹頫自京回南，至儀徵鹽所臣衙門，臣跪請聖安，曹頫口傳聖諭，以臣等呈進龍袍及豐燈、香袋等物，皆用繡地，靡費無益，且恐引誘小民不務生產，有關風俗，特命傳諭。」[52]筆者在《硃批諭旨》中看到類此轉傳諭旨，往往轉傳有誤，雍正知後再加筆削。噶爾泰此摺沒有硃筆改動，可見曹頫準確地轉述了雍正旨意。五年（一七二七年）該輪到蘇州織造高斌進京，五月，高斌就此請旨，雍正不讓他行走，仍命剛剛返任的曹頫「將其應進緞匹送來」[53]。這時，曹家可能還有一些小的差事。康熙末年他家差事不少，而這些差事與織造地位有關，雍正初年，織造職務沒有變，那些小差事不會非正常地取消，即或改變，也非對曹頫另有看待而做出的。如雍正二年底武備院奏稱，從前曹頫等造送的馬鞍、撒袋、刀等物的飾件，所存不多，需要再造，考慮到若再命曹頫等打造，「地方遙遠，且往來收送，難免生弊」，建議在京就便打製，雍正認為所議很好，把它批准了[54]。這是就事而發，不是針對曹頫來的。

以經濟為內容的差事之外，曹頫也有從事政治耳目活動的業務。前述要他據實奏明地方官動向的嚴諭，就是負有這種使命的體現。三年夏天，他奉命與蘇州織造胡鳳翬一道調查山東巡撫陳世倌拘捕揚州居民洛興華的事件，他們通過洛本人，瞭解了陳世倌誤拿洛興華的經過，報告內務府總管，轉呈給雍正[55]。

四年（一七二六年）在北京發生了曹頫家人吳老漢被捕事件，事情的原委是：吳老漢在康熙六十年（一七二一年）代主人賒賣給桑額三千一百多兩銀子的人參，到雍正四年秋天還有一千三百多兩未收，屢次催討，桑額為賴帳，串通番役蔡二格等人，反誣吳老漢欠債，將他拘捕，事情經由內務府管轄番役處審理，眞相大白，遂將桑額枷號兩個月，鞭一百，發往打牲烏拉充打牲夫，欠銀如數交還吳老漢。雍正同意這樣結案，並大大稱讚了管轄番役處的官員，他說：「查出這一案件，很好，應予記錄獎賞。」[56]他表彰的是番役處官員，但他們所辦之事則是為曹家昭雪，由此亦可見對曹頫沒有另眼看待。

正常使用，按一般人對待，這是事實。但從雍正的諭旨看，自始就對曹頫嚴厲，後來曹頫不善為官的表現，增加了雍正對他的不滿。四年，雍正發現新近收進的緞子質量不好，要內務府查出是何處織造所進，結果查明，由蘇州、江寧所織的一部分上用緞、官緞「甚粗糙輕薄，而比早年織進者已大為不如」。內務府就此奏劾說：「查此項綢緞，皆係內廷用品，理應依照舊式，敬謹細織進呈，今粗糙輕薄者，深為不合。」於是把不合格的綢緞挑出，要曹頫等另行織造，又將他們罰俸一年[57]。織造上用物品，本應加意製作，不能偷工減料，又碰上精明嚴厲的雍正，更不能馬虎一點了。然而曹頫識不及此，進呈不合格產品，豈非自討罪戾。當年補上挑出的綢緞，曹頫等還引咎自責：「奴才等係特命辦理織造之人，所織綢緞輕薄粗糙，實屬罪過。」又保證「此後定要倍加謹慎，細密紡織」[58]。五年（一七二七年）閏三月，雍正穿的石青緞褂面落色，追查是何處織造，結果又是江寧生產的，於是又以不敬謹織染，將曹頫罰俸一年[59]。與此同時，兩淮鹽政噶爾泰密奏：「訪得曹頫年少無才，遇事畏縮，織造事務交與管家丁漢臣料理，臣在京見過數次，人亦平常。」[60]這是說曹頫缺乏才能，辦事又不主動熱情，所使用的管家也是平庸的人。噶爾泰的訪察比較準確，曹頫屬於好學而無行政才能的人，所用又非人，只能給曹頫添事，以致織造上用物品屢出差錯，遭到譴責。雍正慣於通過各種渠道考察臣下，大約對曹頫居官已先有所瞭解，及至見到噶爾泰奏摺，就硃批說他「原不成器」，說丁漢臣「豈止平常而已」[61]。雍正的意思，本想把曹頫培養成幹練賢員，經過幾年，認為不長進，表示失望，不再望其成為大器了。不管曹頫本身有無變化，反正雍正對他的看法有了改變：從抱希望到失望。

曹家地位在康熙末年已在走下坡路，君主易人，雙方私人關係更淺，衰落的危機比先前更形嚴重。由於雍正採取維持態度，才沒有急轉直下。

抄家及其原因

五年（一七二七年）冬天，曹頫運送織造緞疋至京。恰在這時，山東巡撫塞楞額摺奏江南三織造「運送龍衣，經過長清縣等處，於勘合外，多索夫馬、程儀、騾價等項銀兩」，請求降旨禁革。十二月初四日，雍正就該摺發出上諭，首先說他早就禁止騷擾驛站——「朕屢降諭旨，不許欽差官員、人役騷擾驛遞。」接著說三織造違令擾累可恨——「今三處織造差人進京，俱於勘合之外，多加夫馬，苛索繁費，苦累驛站，甚屬可惡！」最後指示立案審理：「織造差員現在京師，著內務府、吏部，將塞楞額所參各項，嚴審定擬具奏。」[62]他要親自過問這個案子。

雍正對騷擾驛站的事很重視，如他所說原下過禁令。即如四年（一七二六年）派內閣學士何國宗往山東、河南查看河道，按規定官給驛站馬匹廩糧，可是山東巡撫陳世倌等額外以近萬兩銀子應酬他，後來山東巡撫塞楞額對他的支用盤費進行查核，報告雍正。何國宗到河南，田文鏡沒有餽送，何國宗回京復命，欲加田文鏡不敬欽差的罪名，雍正批評了他，表揚了田文鏡和塞楞額[63]。到十年（一七三二年）步軍統領阿齊圖獲罪，過錯之一是出差在外，「向地方官勒索餽送，騷擾驛站」[64]。這雖是曹頫出事以後的事，看得出雍正一貫禁止官員騷擾驛遞的態度。這說明擾累驛站是可以治罪的事情，不可等閒視之。塞楞額是堅決執行雍正政策的疆吏，在山東力行整頓，類似查檢何國宗的事辦了好幾起。山東官員分用羨餘銀兩，前巡撫黃炳議從蔣陳錫一人名下追補，這就難於補清，塞楞額奏請多頭補償。濟南府將倉糧減價賣給平民，經歷石為壎濫賣給射利之人，塞楞額將他參劾究問。鹽政馬立善向鹽商索賄，塞楞額即行奏報。允禩黨人蘇努之子烏爾金圈禁在濟南，有家人在禁所出入，塞楞額察知即行禁止。塞楞額的行事引起一些人的不滿，諷刺他「精明嚴刻」，雍正為他撐腰：「塞楞額莅任以來，實心辦理數事，而宵小之人不得自便其私，故造作此語，遠近傳播，欲使塞楞額聞之，怠其整頓積習之心，且使眾人聞知，阻其急公效力之念也。」[65]塞楞額參劾江南三織造擾累驛站，理所當然地得到雍正的支持而降罪三織造，恰巧這次是由曹頫解運，罪責最大的就是他了，所以當即對他審查。騷擾驛站，成為曹頫獲罪的導火線。

江南三織造的案子進展很快，十五日，雍正以杭州織造孫文成「年已老邁」，罷其職務，謂曹頫「審案未結」，用內務府郎中綏赫德接替他的差事[66]。二十四日，雍正命江南總督范時繹查封曹頫家產：

將曹頫家中財物，固封看守，並將重要家人，立即嚴拿，家人之財產，亦著固封看守，俟新任織造官員綏赫德到彼之後辦理。伊聞知織造官員易人時，說不定要暗派家人到江南送信，轉移家財。倘有差遣之人到彼處，著范時繹嚴拿，審問該人前去的緣故，不得怠忽！[67]

范時繹得到指令後，監禁曹頫管家數人，進行審訊，並將曹家房產雜物一一查清，造冊封存[68]。綏赫德於六年（一七二八年）二月初二日到任，細查曹家財產，與范時繹登記的相同，即房屋及家人住房十三處，共計四百八十三間；地八處，共一萬九千零六十七畝；家人一百十四口；他人欠曹頫債務，連本帶利共計三萬二千餘兩；此外還有家具、舊衣及當票百餘張。雍正把曹頫「所有田產房屋人口等項」賞給了接任者，並令綏赫德在北京給曹頫酌量留些住房，以便其家屬回京居住[69]。

查抄曹家的原因，雍正說是懲治曹頫的虧空之罪。給范時繹的上諭中說：

> 曹頫行為不端，織造款項虧空甚多，朕屢次施恩寬限，令其賠補。伊倘感激朕成全之恩，理應盡心效力，然伊不但不感恩圖報，反而將家中財產暗移他處，企圖隱蔽，有違朕恩，甚屬可惡！[70]

雍正的意思，曹頫有虧空，這是本罪；他不積極清償，反而轉移家產，希圖免脫，罪上加罪，才獲此重咎。

曹頫虧空，確是事實。元年（一七二三年）自報織造項內有虧空，請求在三年之內分批償還。雍正同意了，曹頫於二年（一七二四年）正月上摺謝恩，說「奴才自負重罪，碎首無詞，今蒙天恩如此保全，實出望外。」保證不顧一切地按期還完欠帑——「只知補清錢糧為重，其餘家口妻孥，雖至飢寒迫切，奴才一切置之度外，在所不顧。凡有可以省得一分，即補一分虧欠，務期於三年之內，清補完全，以無負萬歲開恩矜全之至意。」雍正對他能否如期清償將信將疑，批云：「只要口心相應，若果能如此，大造化人了。」[71]

曹頫的虧空能不能賠補，這要看他的虧欠數量和家產。他的虧欠，如果只是他自身的，不會像曹寅那樣，動輒上百萬，幾十萬，但他須償還的應包括曹寅的虧空。雍正時期，曹寅的欠帑問題再次被提了出來。關於它的具體情況不清楚，不過有件檔案提供了線索。這是內務府於雍正十三年十二月十六日上奏的摺子。它講雍正死後，乾隆下即位恩詔，免追八旗和內務府人員侵貪挪移款項，凡屬分賠、代賠、著賠的，內務府查明報請寬免。該摺開列的分賠項目，共有十一案，其中涉及曹寅的有三案，茲錄原文如下：

一件，雍正八年三月內，正黃旗漢軍都統咨送，原任散秩大臣佛保收受原任總督八十餽送銀五千兩，筆帖式楊文錦餽送銀四千四百兩，原任織造曹寅家人吳老漢開出餽送銀一千七百五十六兩。（下略）

一件，雍正十三年七月內，鑲黃旗滿洲都統咨送，原任織造郎中曹寅家人吳老漢供出銀兩案內，原任大學士兼二等伯馬齊，欠銀七千六百二十六兩六錢。（下略）

一件，雍正十三年十一月內，正黃旗滿洲都統咨送，原任織造郎中曹寅虧空案內，開出喀爾吉善佐領下原任尚書凱音布收受餽送銀五千六十兩。（下略）72

這裏明確的說有個曹寅虧空案，這個案子是何時揭露的，何時定案的，虧空有多少，償還如何，不得而知，總之有這麼一個案子。它說明李煦所宣布的，他和曹寅於康熙五十六年（一七一七年）清償了全部欠帑是不眞實的，那時康熙為馬虎了事，可以認可，但是既有虧欠，到雍正時一查，就被發現了，立案了。為了追賠，自然就落到虧空者的後人曹頫和受過曹寅好處的人身上，因此凱音布等承擔了分賠的責任。所謂曹頫的虧空，大約包括曹頫本人和曹寅的兩項內容。有了曹寅的欠帑在內，其數量一定很大。

巨量虧欠是曹頫力不能完的，綏赫德的抄家清單表明，曹家僅有大約六七萬兩銀子的產業，破他的家也不夠清償。他的償還能力實在太有限了，康熙六十年（一七二一年）代售人參，到次年八月只差銀九千兩參價，不能交清，被內務府要議處，才蹭到雍正元年（西元一七二三年）七月納完[73]。而由吳老漢被捕事獲知，他賣參的銀子還沒有完全收上來，曹頫是用的別項銀子補的這個窟窿。這樣拆東牆補西牆，捉襟見肘，巨額虧空怎麼還法！所以曹頫保證三年還清，至雍正四年到期，並沒能償還。即使雍正再展限，曹頫也是力不從心，繼續欠帑。這樣，雍正終於採取抄家的辦法，強制曹頫彌補欠銀了。

虧欠是不是抄家的眞正原因？有人相信，蕭奭在《永憲錄》中寫到此事，說曹頫「因虧空罷任，封其家貲，止銀數兩，錢數千，質票値千金而已。上（指雍正）聞之惻然」[74]。

虧空確是抄家的原因。道理並不複雜，雍正正在清理財政和整肅吏治，按照他嚴猛施政的原則，雷厲風行，對貪官嚴懲不貸，且貫徹務令退出贓物的精神，所以形成抄家風。不僅如此，雍正對織造府和鹽院的清查頗為注意，元年十二月，兩淮鹽政謝賜履請停止兩淮餘銀滋補江寧、蘇州兩織造，並將當年六月以前給的追回。其中需要曹頫交回的兩筆共八萬五千餘兩，謝賜履行文，派人去催還，曹頫概不理睬，謝因此請皇帝下令，讓曹頫把欠銀送交戶部，雍正准令戶部催收[75]。不久，雍正調兩浙鹽政噶爾泰為兩淮鹽政，「清查浮費」[76]。清理兩淮鹽課，難免要涉及到曹寅。雍正特別命令織造厲行節儉，改變過去貪婪及靡費習氣。他在曹頫奏進物單上批寫：「用不著的東西，再不必進。」[77]諭孫文成：「爾試看一省之中督撫將軍地方文武官員，假若仍踵故習，爾亦循照舊日織造行為舉動可也，否則必當擇善而行方好。」[78]在蘇州織造李秉忠奏摺中寫道：「爾等包衣下賤習氣，率多以欺隱為務，每見小利而不顧品行。」[79]他警惕織造的貪佔，不會放鬆對曹頫的察核。

清理財政、整頓官方政策在中央和地方的全面實行，表明曹頫的遭遇是這一措施的產物。他是被觸及的眾多的虧空官員中的一個，也是其中的一例，既不奇怪，也不特殊。

雍正說曹頫轉移家產，十分可惡。他對此事看得很重，也很惱火。當時隱藏財產的大有人在，雍正對此極為關注，他曾因還在總理事務大臣任上的隆科多做出這樣的事，氣憤地向撫遠大將軍年羹堯說：

> 舅舅隆科多行為豈有此理，昏憒之極，各處藏埋運轉銀子東西。朕如此推誠教導，當感激樂從，今如此居心，可愧可笑！況朕豈有抄沒隆科多家產之理，朕實愧見天下臣工也。你不要做如此醜態，以為天下人笑也。[80]

他那裏知道年羹堯比隆科多做的還厲害，隆只藏於京城親友家和西山寺廟中，而年則分藏於京城和各省[81]。他認為臣下暗移家財是對他的不信任，給他難看；而臣下敢於隱匿，又是對皇帝的不忠誠；當清理之時的暗藏，是企圖僥倖，抗拒彌補虧空。單憑這樣的事，他一怒之下，就可能決定查抄曹頫家產。

促使雍正抄沒曹家的因素，有否來自政治方面的呢？據說在臺北故宮博物院收藏的雍正朝檔案第一九二一〇號，是曹頫奏摺，是他於雍正二年正月十七日至五月初六日寫的四個摺子合在一起的，然而該院出版《宮中檔雍正朝奏摺》沒有把它刊出。見過奏摺原件的楊啓樵說其中第三摺盛讚年大將軍凱旋。曹頫的奏摺在雍正勅編的《硃批諭旨》中沒有輯入，究其原因，楊啓樵聯繫其他人未刊的奏摺，認為是涉及年、隆案件的關係。他說：「……其他尚有多摺，皆為年羹堯、隆科多事而發，俱未刊出，如奉天府丞革職留任程光珠摺、四川按察使程如絲摺、浙江巡撫法海摺、江寧織造曹頫摺等，不列舉。」[82]程光珠詿連於隆案，程如絲係年羹堯參奏之人，法海獲罪與允禵、年羹堯均有關，這是其他資料清楚表明了的，至於曹頫與隆、年有何瓜葛，除楊啓樵所述資料外，別無線索。雍正警告曹頫「不要亂跑門路」，「除怡王之外，竟可不用再求一人拖累自己」。不知他是否在允祥之外，又向權勢煊赫的年大將軍和舅舅隆科多表示親近？這只能是個疑問。

是不是牽連到允禩集團中去了？不少學者作如是之觀。曹家作為老奴，與康熙的兒子會有某種聯繫，與允禩集團的成員有過往來，如康熙五十五年允禟在江寧打造鍍金獅子一對，因鑄得不好，交給曹頫，寄存在織造署附近的萬壽庵中[83]。曹頫是皇帝家奴，而且是在南京的總管，為皇子辦這件事，也是分內之責。如果沒有更深一層的關係，這事不能作為曹頫是允禩黨人的證明。而雍正得知此事，是在綏赫德抄家之後，因而不可能是導致抄家的緣由。

雍正說明查抄曹家原因，沒有提及曹頫是允禩或年、隆黨人，倒可證明他確實不是。雍正大講反對朋黨，以此治了許多人的罪。如曾攝撫遠大將軍印務的貝勒延信，於五年十二月被禁，他有所謂黨援七罪，一結允禩、阿靈阿，二結允禵，三徇隱年羹堯不臣之心[84]。又如四年十二月責備兵部尚書法海，「與允禵私相交結」，「諂附年羹堯」[85]，將他發往寧夏水利處效力。隆科多案中，亦有交結阿靈阿，揆敍的一條罪狀[86]。雍正甚至把自己藩邸舊人戴鐸、巴海、沈竹等人都說成允禩黨人[87]。曹頫案與延信、隆科多等案同時，雍正若治其朋黨之罪，完全沒有必要忌諱，反而會就此大加譴責，以說明他打擊允禩、年、隆黨人的正確。

還有一個事例可以反證曹頫不是允禩黨人。有的研究者已正確指出，曹頫犯案，他的親族沒有受到株連，堂伯曹宜、堂兄曹頎仍在當差，曹宜從護軍校升為護軍參領，曹頎屢蒙賞賜，若曹頫是政治案件，他們就不能不被連累了。此外更有一事值得注意，十三年（一七三五年）七月，曹宜負責「巡察圈禁允禵地方」，發現允禵太監跳出高牆逃跑，即行報告，雍正為此責備管理內務府事的莊親王允祿[88]。如果曹頫由允禩案件牽連，曹宜絕不可能被用作監視允禩黨人允禵。

或謂否定政治原因，強調經濟虧空，為何又把曹頫家產賞給綏赫德，而不作彌補虧欠之用。抄家物資即為國家所有，將之歸入國庫或賞賜私人，這是皇帝的權力了。把抄家物資賜予私人，是常有的事，雍正朝也不例外，如把李煦在京房屋、家奴賞給年羹堯即是一例。

上述種種，如果不誤的話，抄家的原因，是雍正在執行整理財政、清查虧欠政策中，追索曹寅、曹頫的錢糧虧空而對曹頫採取的強制手段；傳聞中的曹頫轉移家產，被雍正視為奸詐不忠，促成了抄沒；騷擾驛站則成了抄家的導火線。曹家同雍正已不復有與康熙那樣密切的私人關係，一旦出事，不會有皇帝的曲意庇護，這是曹家在康、雍兩朝地位的重大變化，對它的不利因素，它喪失了不被抄家的保障。至於說曹頫係允禩黨人而遭殃，沒有根據，與曹頫被命受允祥照看的事實不合，與五年而安穩不動的事實也不合。但曹頫的被懲治，也不是不具有政治內容。雍正實行革新政治，整理財政是其一項內容，且在清理經濟同時整肅官方，從這個意義上說，曹家被抄是雍正新政的必然結果，也是一種政治因素在起作用。然而這同雍正打擊朋黨的政治活動不是一回事，不宜混淆。

關於雍正查抄江寧織造府的問題，不必有成見，一不要因雍正抄家就有惡感，二不必因是曹家就表同情。曹雪芹貢獻出國寶《紅樓夢》，後人感謝他，敬愛他，是理所當然的，他是受之無愧的。愛屋及烏，其先人已予人好印象，何況他們又執行明君康熙的政策，本身又有可敬之處，對他們的慘遭厄運，自然引人同情了。大約為尊考諱的思想也在起作用，對曹雪芹的先人也就不便置一貶詞了。如此這般，雍正便處處佔不到「是」字，只有挨罵的份了。然而這並沒能反映歷史的客觀眞實，對理解曹家地位的變化，曹雪芹政治觀和世界觀的形成不見得有好處。正確分析雍正及其時代，對於弄清這些問題，對於瞭解《紅樓夢》創作的時代背景才是有意義的。

註釋

1《關於江寧織造曹家檔案史料》，一三二頁。
2《紅樓夢》第十六回。
3《關於江寧織造曹家檔案史料》，三〇－三一頁。
4《關於江寧織造曹家檔案史料》，六〇頁。
5《關於江寧織造曹家檔案史料》，三八頁。
6《關於江寧織造曹家檔案史料》，五一頁。
7《關於江寧織造曹家檔案史料》，一三四頁。
8《關於江寧織造曹家檔案史料》，七五頁。
9《關於江寧織造曹家檔案史料》，一三八頁。
10《關於江寧織造曹家檔案史料》，一三二頁。
11《關於江寧織造曹家檔案史料》，八二頁。
12《紅樓夢》十六回。
13《關於江寧織造曹家檔案史料》，八一頁。
14《關於江寧織造曹家檔案史料》，八五頁。
15、16《關於江寧織造曹家檔案史料》，九九－一〇〇頁。
17《關於江寧織造曹家檔案史料》，一一八頁。
18《關於江寧織造曹家檔案史料》，一二二－一二三頁。
19《關於江寧織造曹家檔案史料》，一二四頁。
20《關於江寧織造曹家檔案史料》，一二二－一二三頁。
21《關於江寧織造曹家檔案史料》，一二四頁。
22《關於江寧織造曹家檔案史料》，一四五頁。
23《關於江寧織造曹家檔案史料》，一三六頁。
24《關於江寧織造曹家檔案史料》，一四六頁。
25《關於江寧織造曹家檔案史料》，一四七頁。
26《李煦奏摺》，二八七頁。
27《關於江寧織造曹家檔案史料》，一二四頁。

28《李煦奏摺》，八九頁。
29《關於江寧織造曹家檔案史料》，七八頁。
30《關於江寧織造曹家檔案史料》，八一頁。
31《關於江寧織造曹家檔案史料》，八二頁。
32《關於江寧織造曹家檔案史料》，一三六頁。
33《關於江寧織造曹家檔案史料》，一四四頁。
34《關於江寧織造曹家檔案史料》，一二五頁。
35《關於江寧織造曹家檔案史料》，一三一－一三二頁。
36《關於江寧織造曹家檔案史料》，一四九－一五〇頁。
37《關於江寧織造曹家檔案史料》，一五三頁。
38《關於江寧織造曹家檔案史料》，一八五頁。
39《關於江寧織造曹家檔案史料》，一五八頁。
40《關於江寧織造曹家檔案史料》，一六五頁。
41《硃批諭旨・李維鈞奏摺》，元年十一月初九日摺。
42《硃批諭旨・田文鏡奏摺》，二年十一月二十日摺硃批。
43《硃批諭旨・胡鳳翬奏摺》，三年八月十七日摺。
44《硃批諭旨・胡鳳翬奏摺》，二年十二月十八日摺硃批。
45《硃批諭旨・胡鳳翬奏摺》，三年九月二十六日摺硃批。
46《硃批諭旨・胡鳳翬奏摺》，三年十月初三日摺硃批。
47《關於江寧織造曹家檔案史料》，一六三頁。
48《硃批諭旨・胡鳳翬奏摺》，二年十二月十八日摺硃批。據楊啟樵《雍正帝及其密摺制度研究》所敘，臺北故宮博物院所藏硃批奏摺原件，這句話是：「少不機密一點，仔細頭」。（見該書十三頁）
49《硃批諭旨・孫文成奏摺》，五年四月初一日摺硃批。
50《硃批諭旨・李秉忠奏摺》，六年三月初三日摺硃批。
51《關於江寧織造曹家檔案史料》，一六六－一六七頁。
52《硃批諭旨・噶爾泰奏摺》，五年三月初十日摺。
53《關於江寧織造曹家檔案史料》，一八〇頁。
54《關於江寧織造曹家檔案史料》，一七一－一七二頁。
55《關於江寧織造曹家檔案史料》，一六八－一七一頁。
56《關於江寧織造曹家檔案史料》，一七八－一八〇頁。
57《關於江寧織造曹家檔案史料》，一七四－一七五頁。
58《關於江寧織造曹家檔案史料》，一七七頁。
59《關於江寧織造曹家檔案史料》，一八一－一八二頁。
60《硃批諭旨・噶爾泰奏摺》，五年一月十八日摺。
61《硃批諭旨・噶爾泰奏摺》，五年一月十八日摺硃批。
62《關於江寧織造曹家檔案史料》，一八二－一八三頁。
63《上諭內閣》，五年四月初八日，四年十二月十七日諭。

65《上諭內閣》，五年四月初八日，四年十二月十七日諭。

66《關於江南織造曹家檔案史料》，一八四頁。

67《關於江南織造曹家檔案史料》，一八五頁。

68參閱《關於江南織造曹家檔案史料》，一八六頁。

69《關於江寧織造曹家檔案史料》，一八七—一八八頁。

70《關於江寧織造曹家檔案史料》，一八五頁。

71《關於江寧織造曹家檔案史料》，一五七頁。

72《關於江寧織造曹家檔案史料》，二〇二—二〇四頁；參閱一九八—二〇一頁內務府十月二十一日的摺子。

73《關於江寧織造曹家檔案史料》，一五五—一五六頁，一六〇頁。

74《永憲錄》三九〇頁。

75《硃批諭旨・謝賜履奏摺》，元年十二月初一日摺。

76《硃批諭旨・噶爾泰奏摺》，三年九月十一日摺。

77《關於江寧織造曹家檔案史料》，一八四頁。

78《硃批諭旨・孫文成奏摺》，五年正月初一日摺硃批。

79《硃批諭旨・李秉忠奏摺》，六年二月二十七日摺硃批。

80清世宗「硃諭」，第十二函。

81《上諭內閣》，三年七月十六日諭。

82《雍正帝及其密摺制度研究》，一九八頁，一九九頁注十四。

83《關於江寧織造曹家檔案史料》，一八八頁。

84《清史列傳》卷三《延信傳》。

85《清史列傳》卷十三《法海傳》。

86《雍正朝起居注》，五年十月初五日條。

87《雍正朝起居注》，四年八月三十日條。

88《關於江寧織造曹家檔案史料》，一九七—一九八頁。

第六章　實行重農抑末的政策

五年（一七二七年），雍正發布禁止奢侈的上諭，談到各業人戶在社會中的地位，他說：「朕觀四民之業，士之外，農為最貴，凡士、農、工、賈，皆賴食於農，以故農為天下之本務，而工賈皆其末也。」他重視農業，是因為它能給人們提供食糧。他為維持農業，就不願意多出工商業者，認為「市肆之中多一工作之人，則田畝之中少一耕稼之人」[1]。他處在農業是最主要的生產部門的封建社會，深深體會到它的重要，所以如同以往的封建統治者一樣具有重農業賤工商的觀點，並且實行重本抑末政策。

種種重農措施及其弊病

雍正即位不久，就說：「我國家休養生息，數十年來，戶口日繁，而土地止有此數，非率天下農民竭力耕耘，兼收倍獲，欲家室寧止，必不可得。」[2]他較清楚地看到人口繁多、墾田有限而食糧不足的問題，為此設法推動農業生產，採取了許多措施，其中有沿襲前人的，也有他的創造。他的舉措有：

授予老農頂戴。二年（一七二四年），雍正說農民辛勞作苦以供租賦，不僅工商不及，連不肖士人也不如他們。因此下令各州縣官，每年在每鄉中選擇一兩個勤勞儉樸、沒有過失的老年農民，給予八品頂戴，以示獎勵[3]，這就是所謂老農總吏之例。雍正認為只有農民竭力耕耘，大幅度增產，才能解決食糧問題。而他又以為農民努力生產不夠，他說：「朕聞江南、江西、湖廣、粵東數省有一歲再熟之稻，風土如此，而仍至於乏食者，是土地之力有餘，而播因之功不足。」[4]他予老農頂戴，就是希圖在農民當中樹立「楷模」，以便眾人仿效，也努力生產，同時賦予老農督課農民生產的責任。清朝地方政府只管收稅，沒有課農的官員，雍正特設老農，想讓它起到農官的作用。但在實踐中，州縣官選擇老農，聽憑紳衿保薦，有的豪民就向紳衿餽送財物，邀得中選，這樣，勤勞樸實的農民很難入選，一些無賴豪橫之輩倒混個頂戴榮身，藉以大耍威風，作惡鄉里。有的老農擊鼓升堂，傳見農民，儼然以父母官自居；有的自稱「某縣左堂」，建旗幟，設軍牢捕役，以八品官自命，意欲凌駕正式官員九品的巡檢、未入流的典史之上。七年（一七二九年），雍正發現這些問題，命把冒濫生事的老農革退，另選題補；准許不法老農及保送官員自首，免予追究，否則查出重治不貸[5]。雍正又命把一年一舉改為三年一次，以昭鄭重。但是選期拖長之後，老農頂戴難於得到，賄賂更加嚴重。雍正的辦法避免不了似農非農的豪民的鑽營。乾隆即位，就把它廢棄[6]。

推廣耤田法。「農事惟邦本，先民履畝東。翠華臨廣陌，彩輤駕春風。禮備明神格，年期率土豐。勸耕時廑慮，何敢惜勞躬」[7]。這是雍正親耕耤田有感而作。他自二年二月首行親耕禮，以後經常舉行。康熙於十一年（一六七二年）行耕耤禮，到雍正再舉行，是實現「五十餘年之曠典」[8]。行耕耤禮，始於周天子，是以農為邦本的觀念和政策的表現形式，如漢文帝所說：「農，天下之本，其開耤田，朕躬耕以給宗廟粢盛。」[9]雍正在春耕伊始，親自開犁，和先代帝王一樣，也正如他詩中所述，表現他對農本的重視。耤田和先農壇原來設於首都，雍正於四年（一七二六年）下令，命各府州縣設立先農壇，備置耤田，每年仲春亥日地方官舉行耕耤禮，意思是讓他們知道皇帝「敬天勤民」，學習皇帝注重農功的精神，勸率百姓力田務本[10]。使官員「存重農課稼之心」，農民「無苟安怠惰之習」[11]。他的命令立刻得到實現，五年（一七二七年）春天各地開始舉行耕耤禮。個別地方實行不力，他就嚴肅處理。五年九月，廣西巡撫韓良輔奏參臨桂縣知縣楊詢朋將耤田荒蕪，顆粒無收，雍正命將楊革職，留於該縣管理耤田十年，並以此為例，懲治犯同類錯誤的官員[12]。六年（一七二八年）六月，浙江總督李衞題參永康縣試用知縣陳桂於耤田大典草率不合規制，雍正也將他革職[13]。雍正這樣做是任意為法，不過表現了他嚴格要求地方官重視農業生產的決心。州縣的耤田只有四畝九分，但種好這點田，必須瞭解天時氣節，土地肥瘠，農民生產情緒，可以以此指導全州縣的生產，所以仍然有一定意義。在實行得好的地方，促進了農業生產。江南松江府民謠：「雨過番灣[14]滑大堤，先農壇下看扶犁。爭傳野老榮冠帶，到處撐猷早罱泥。」[15]這是推行耕耤禮和老農頂戴政策，起了提高農民生產熱情的作用。

限制經濟作物的發展。在耕地有限的情況下，如何解決糧食作物和經濟作物爭田地爭勞力的矛盾呢？雍正碰到了這個問題。五年（一七二七年），廣西巡撫韓良輔報告：廣東人多種龍眼、甘蔗、煙草、青靛，收入多，富有，但產米少，不夠食用，轉向廣西採買，而廣西產量有限，不能滿足廣東人的需要，還引起當地糧荒[16]。雍正採用兩種方法處理這類矛盾：一是凡適合種糧食的地方，勸令農民生產食糧，不要種植經濟作物，尤其不要栽種煙草[17]。二是在不適宜生產糧食作物的土地上，鼓勵種植各種物產。二年，他要求在舍旁、田畔、荒山曠野，度量土宜，栽培桑柘、棗栗、柏桐以及樹木荊棘，以便飼蠶、佐食，做材木和薪炭[18]。五年三月，他講：「不可以種植五穀之處，則不妨種他物以取利。」[19]同年，令州縣官勸諭農民在村坊種植棗栗，河堤植柳，陂塘淀種菱藕養魚鳧，其他適宜於種桑麻的處所，更要栽植。他要求地方官每年按村坊報告種植情況[20]。雍正盡先照顧食糧生產，是出於形勢的需要，此外他也不可能有更好的辦法。但是他的政策影響了經濟作物的生產，有些地方官在奉行時，把已生長的經濟作物毀掉，改種糧食，也因失去農時而不能生長[21]，更是一種破壞。減少經濟作物的生產，使手工業原料不夠豐富，不利於商品經濟的發展。

墾荒。二年，雍正說開墾能夠解決民食問題，「於百姓最有裨益」。這是盡人皆知的道理，問題是他試圖克服墾荒中的一些難題。過去民間報墾，官員勒索費用，以致墾荒之費比買田價格還高，故而農民不願報墾。雍正下令，允許民人相度地宜，自墾自報，官吏不得勒索和阻撓。從前報墾，水田六年、旱田九年起科，雍正命水田照舊，旱田推遲為十年，並著為定例[22]。山西、河南、山東閒曠土地，民人無力開墾的，官給牛具，起科後官給執照，永為世業[23]。墾荒令下達後，各地陸續推行，而以田文鏡在河南實行最有力。據記載，他嚴飭墾荒，在雍正元年至八年的八年中，墾荒和自首的隱田共五萬四千一百頃，而康熙九年至六十一年的五十三年中，報墾和首隱的為十二萬六千九百頃[24]。這就是說康熙間河南每年平均增加墾首田近二千四百頃，雍正間為四千六百多頃，後者比前者增長速度高出一點六七倍。記載又說，雍正十年（一七三二年）河南墾稅田為六十二萬九千多頃[25]，以八年的首墾田論，它佔到墾田總數的百分之八點二，可見河南墾首田增加的速度快，幅度大。在這報墾荒田中也有弄虛作假的，有的地方官為顯示政績，謊報墾田數字，「以虛糧累民」[26]。有的按現耕田加賦，以多徵之稅，虛報墾田[27]。當王士俊接任河東總督後，這個問題更突出了。雍正在晚年也意識到事情的乖張，他說地方上報墾荒，有的以多報少，有的以少報多，或將已墾之地重報，荒熟地畝不分，混行造報，要給予不同的處分[28]。他死後，反對報墾荒的人很多，乾隆帶頭指責王士俊的墾荒是「並未開墾，不過將升科錢糧飛灑於見在地畝之中，名為開荒，實則加賦」[29]。大學士朱軾「首陳除開墾、省刑罰兩疏」[30]。監察御史金溶要求「開墾之地，緩其升科」[31]。給事中曹一士請禁州縣捏報墾荒，勿使「仁民之政，反啓累民之階」[32]。他說得很好，雍正號召墾荒，原想增加生產，也起了一些好作用，但副作用很大。

在墾荒中，雍正有組織地做了兩件事，一是直隸營田。三年（一七二五年）春天，直隸總督李維鈞奏報在保定挖溝渠、興水利的事，雍正責怪他孟浪，說「此事必通盤將地之高下，水之去來，明白繪畫審視，斟酌而後可定。」[33]他贊成修水利，但主張審慎，先作考察，瞭解河水來龍去脈，地形高低，以便設計優佳的施工方案，取得預期效果。李維鈞想幹就幹，因而不合他的心意。這一年直隸大水災，促使雍正下決心早日經營畿輔地區的水利，當即派怡親王允祥、大學士朱軾率員考察，經過他們一冬和次年春天的勘探，製成水域圖進呈。雍正見到，大為欣賞，讚揚他們「於直隸地方東西南三面數千里之廣，俱身履其地，不憚煩勞，凡巨川細流，莫不窮究竟委，相度周詳，且因地制宜，準今酌古，曲盡籌畫，以期有益於民生」[34]。於是設立營田水利府，下轄四個營田局，委派允祥、朱軾董理其事，興辦直隸水利田。為加速工程的進度，朱軾提出四項建議：一是民人自行營田，照畝積多寡，給予九品以上、五品以下的頂戴，鼓勵私人墾闢；一是到水利府工程處效力的民人，視其包幹完成的工程量的大小，錄用為不同職務的官員；一是降級、革職的官員赴工程處效力者，工成准予開復；一是流徙以上的罪犯效力者，准予減等[35]。這是開捐納，藉民人和官員的力量興造水利，但朱軾說是為收「諳練之員效力營田」，「集眾力厚民生」，不是國家捨不得出工本[36]。雍正批准了朱軾的建議，在五年（一七二七年）就大力開展起來。營田工程有兩項內容，一是修治河道，疏濬建閘，一是造田，主要是水田。據擔任營田觀察使的陳儀講，工程中注意「留湖心毋墾」，即建設水庫，宣洩洪水。當時要增加墾田，留湖心就與它矛盾，從長遠利益看還以留湖心為宜，所以陳儀說這是措施中的妙著，「捨尺寸之利，而遠無窮之害」[37]。北方農民不懂得種水田，雍正命招募江南、浙江的老農來進行教耕，所需水田農具和水利工具，延請江浙工匠製造，並命直隸工匠跟從學習，以便把技術傳接下來[38]。營田很快收到一些效果，雍正五年（一七二七年），官私墾田八千多頃，每畝可收稻穀五至七石[39]。北方人不習慣吃稻米，雍正命發官帑平價收購，不使穀賤傷農。有的地方官強迫農民出賣，雍正對這種劣員非常痛恨，說他們「較之一切貪劣之員，尤為可惡」，命直隸總督嚴參治罪[40]。雍正對與事官員嚴格實行獎懲制度，以期用命蕆事。知縣李正茂在洪水爆發時，奮力防護堤工，擢為知府。知縣吳檠實心辦事，亦升為知府。知縣魏德茂專務虛名，防守工程廢弛，革職。徐谷瑞見堤工危險，推諉規避，交吏部議處[41]。雍正堅持直隸營田，直至末年。乾隆對此不熱心，認為營田是地方上的事，決定撤銷水利局，將它的業務交所在州縣官管理[42]，事實上取消了營田。促成乾隆做出這個決定的原因，可能是捐贖事例。清制，捐納監生，需要用銀三百兩，而直隸營田捐贖例規定，營田一畝，相當於交銀一兩，開渠建閘用銀一兩作營田一畝計，只需用一百兩銀子建設營田，就可成為監生，比定例交銀，減少了三分之二的費用。其他營田捐納職員，州同的費用，也比單純交銀子的少。雍正原意是以此招徠，加速墾闢，但實行一長，就同捐納成例產生較大矛盾，因有「名器濫觴」之譏[43]。當然，營田要能堅持下去，必須根治直隸河道，這是雍正、乾隆父子做不到的，所以只能行於一時，而不能持久。直隸水利田問題，為一些帝王和地方官留意，北魏幽州刺史裴延儁、唐朝瀛州刺史盧暉、宋代制置河北屯田使何承矩、明代汪應蛟都行過引水灌溉，元代郭守敬、明朝徐貞明之論畿輔水利更為著名，但以帝王而頃注巨大心血的，要數雍正了。僅此一事，不能不說他關心農業生產。

雍正還組織了寧夏墾荒。二年（一七二四年），雍正命川陝總督年羹堯到寧夏察看河渠[44]，三年（一七二五年），改寧夏左、右衛為寧夏府，下轄四縣，五年（一七二七年），增置新渠縣，七年（一七二九年），又設寶豐縣。設府添縣，反映寧夏地區的發展。雍正聽說該地若得水利，可墾地二萬餘頃，若每戶授田百畝，可安置二萬戶。特派大臣單疇書到寧夏插漢拖灰，與陝西總督、甘肅巡撫共同治理渠道，募民墾種，官給牛具籽種銀兩，所闢土地，永為世業，還號召寧夏籍的文武官員在原籍盡力開墾[45]。七年，單疇書死在寧夏工程上，就派右通政使史在甲前往接任，不久又派兵部侍郎通智主持其事。寧夏原有大清、漢、唐三條水渠，但年久失修，水道淤淺，雍正命集中力量疏濬，又命開濬惠農、昌潤二渠，工程取得一些進展。十年（一七三二年），因西北用兵，使用民力較多，顧不上寧夏河工，撤回通智、史在甲，將其事交寧夏水利同知專管，即按常規進行。乾隆三年（一七三八年），撤銷新渠、寶豐兩個縣的建制，說明寧夏水利工程未達預期效果。

在墾田方面，雍正還注意到四川的開發。當時四川仍處地廣人稀的狀態，農民生產技術較低，雍正命地方官勸諭開墾，招聘湖廣、江西在四川的老農教授土著居民墾荒的方法，給予老農衣糧，等到開墾有成效了，給以老農頂戴[46]。六年（一七二八年），湖廣、江西、廣東、廣西四省民人數十萬進入四川，雍正命根據各地區流來人口的多寡，分給三四十畝、五六十畝不等的荒地，並給牛種口糧，以事安置[47]。

雍正還修築了浙江、江南海塘。元年（一七二三年），他指出康熙間建築浙江海塘，官員沒有實心辦事，仍使海潮妨害杭嘉湖三府民田水利，二年就派吏部尚書朱軾往江浙會同巡撫何天培、法海商議修治辦法，朱軾提出動用帑銀十五萬築浙江海塘，十九萬築松江海塘，雍正予以批准[48]。松江海塘開始修築的是土塘，雍正說不牢固，東南是財賦重地，應保證安全，改築石塘。後來在石塘之外，增修貼石土塘一道[49]。在施工中，浙江總督請將驟決不可緩待的工程，先行搶修，隨後奏聞，雍正同意照辦。浙江、江南修了海塘，而江北鹽場出了大事。一次海潮沖決范公堤，沿海二十九個鹽場被淹，溺死灶丁男婦四萬九千餘人[50]。

提倡社倉。這是救荒的辦法，早在宋代，朱熹著文大力鼓吹，然難於實行。康熙中有官員建議推行，康熙一概不准，戶部侍郎張伯行強烈要求實行，康熙就懲罰他在山西舉辦，張在實踐中處處碰壁，主動請求作罷，才算了事。雍正同乃父態度大不一樣，即位就諭令湖廣督撫楊宗仁等設立社倉，官員迎合他，強令百姓輸納倉糧，規定凡交正賦銀一兩的，外納社倉穀一石，並以存儲多少，作為州縣官的考成[51]。這等於是新的加派，而且很重。二年（一七二四年），雍正發現問題，對辦理社倉提出明確方針：由民間承辦，不用官辦；官員只宜勸導舉行，不可強迫命令；倉中存糧數目，出入辦法，官府都不要經管[52]。同時確定管理獎懲辦法：倉糧由百姓捐輸，捐至十石給花紅，三十石以上掛匾，三四百石以上的給八品頂戴；每社設正副社長，選擇人品端方家道殷實者充任，幹得好，十年以上亦給八品頂戴；侵蝕倉糧的法辦；借穀收息，一石加息二斗，若遇荒歉年頭，小歉減半，大歉全免，只收本穀[53]。這個方針下達以後，並未收到預想的效果，五年（一七二七年），署湖廣總督傅敏盤查社倉，發現倉穀儲藏不多，據他分析，可能是被官員侵蝕或挪用了，也可能是楊宗仁初辦時，州縣官為迎合上憲之意，虛報存倉之數[54]。但是雍正相信有治人無治法，認為只要適合的人來辦，還是可以把事情辦好，所以同年任命田文鏡為河南總督的敕書中，要求他於「地方備儲之計，如常平、社倉等事，責令有司，力行修舉」[55]。陝西總督岳鍾琪奉命設立社倉，發司庫耗羨銀於各州縣，採買穀麥近四十萬石。但州縣官始而勒買，繼而勒借，百姓不滿，稱之為「皇糧」。雍正獲知後，把社倉條約刻立碑石，禁止官吏作弊[56]。浙督李衞針對出現的問題，預籌對策：倉穀出糶要在青黃不接之時，減價出售，以平準商人的高價；買補倉糧，要在秋收的時候，避免哄擡糧價[57]。

社倉的辦法難於實行，雍正並非沒有意識到。他知道富饒之家自有儲蓄，即使遇上荒年，也不依賴倉穀，是以不願輸納；貧乏人家，希望社倉辦好，然而無力納粟，官吏對有關考成的常平倉尚有侵蝕挪用之弊，對不計考成的社倉更難望其用心辦好了[58]。就是這樣他還要實踐，說明他辦事不免主觀而不尊重實際，也說明他救荒心切，不管辦法可行與否，總想一試。

嚴禁開礦和滇銅的生產

社會經濟的發展，要求礦冶業的相應擴大生產，如商品經濟發展，貨幣流通量大，鑄造制錢的原料銅、鉛的需要量就增加；耕地有限，人口增殖，人們就要在農業之外廣謀生路，開拓手工業。發展礦冶業、手工業的要求擺在雍正面前，也不時通過一些官員的建議反映出來，有待於雍正的裁決。

雍正初執政時，對礦冶業比較陌生，沒有定見。元年，他在廣東巡撫年羹堯報告驅逐盜礦礦徒的奏摺中批道：

> 民利未必能全禁，只要地方官不貪取容忍，聚多不令至於數百，又不官採，又不明開，權巧相機而行方可。若盡行禁止，行得來時，妙不可言，恐此圖利小民不能忍受也。此不過朕數千里之外遙奪之言，總要你們地方官公正，實行籌畫，認真任事，那裏有行不來的事？[59]

他認為不開礦最好，在已開的情況下又不便全行禁止，因可允許少數人在半公開半隱蔽狀態下開採，如何掌握得好，就要看地方官的行政藝術了。這時他禁採的傾向性已有了，但沒有決定，他還考慮礦徒開採的既成事實。次年四月，新任廣西巡撫李紱陛辭，雍正要他對開礦的事「時刻留心」[60]，反映雍正關心此事，希望多聽各方面意見，以便決策。約在五月，雍正將通政司右通政梁文科請求允許廣東開礦的條陳發給兩廣總督孔毓珣評議，梁的奏疏說：「查廣東各處山內出產鉛錫，原係天地自然之利，可以贍養窮民。近年奉禁不許刨挖，則民間無此生業矣。嗣後似應任民刨挖，以為餬口之計。」[61]梁所說的近年奉禁，係指康熙後期封閉礦峒。他講開礦有利於窮民生計，是要解決社會就業問題。雍正說有人極力反對開採，而梁文科「乃一老成人，且在廣年久，未必肯孟浪多事」，因此才要孔毓珣發表意見[62]。六月，孔毓珣回奏：

> 查廣東田少人多，窮民無以資生，鉛錫等礦原係天地自然之利，所以資養窮民。臣愚以為棄之可惜，不如擇無礙民間田地廬墓、出產鉛錫之山場，招商開採，俾附近窮民可藉工作養生，並堪抽收課餉，實係有益無損。[63]

他主張開採，原因是一養窮民，二增國課。但有個前提，即所開的礦場，不妨礙民間的田地廬墓。開礦，可能損壞山林，使水土流失，堵塞河道，影響水利，破壞已開墾的農田；還可能毀掉居民的祖墳，而這是長期受宗法觀念統治的人所不能接受的。這兩點是禁礦論者所持的主要理由，孔毓珣預先聲明，要注意這些問題，以便能實現他的主張。雍正把他的奏疏交戶部討論，遭到了反對。到九月，雍正經過一年多的考慮之後，決策禁止開礦，他在給孔毓珣的上諭中明確表示：「招商開廠，設官徵稅」，「斷不可行」。針對開採派的理由，說明他的看法：第一，解決窮民的生活問題，應當加強農業，而不在逐末開礦，他說：「養民之道，惟在勸農務本，若皆捨本逐末，爭趨目前之利，不肯盡力畎畝，殊非經常之道。」他害怕開礦了，人民棄本逐末。他還是從農業與工商業的基本關係出發，把雙方絕對對立起來，為固本而抑末。第二，開礦將使民人聚集，會出亂子。他說康熙年間，廣東有一二十萬礦夫，「遂致盜賊漸起，鄰郡戒嚴」，所以才禁止開採。他還認為開礦不像種莊稼，弄不好就斷了礦脈，生產不成，而礦徒中奸良不一，當有利可圖時人們聚攏了，礦閉時，礦徒沒處去，就要鬧亂子。可見維護封建治安，是他不許開礦的重要原因，而對礦冶業前途的不能把握，則是當時生產力水平所決定。第三，不言開礦徵稅之利，他表示「富有四海，何籍於此」[64]。廣東田少人多，人民生活困苦，而山多正可供開採，解決民間困難，是以開礦者多，政府禁而不散。廣東的官員面臨地方上急需解決的嚴重問題，才從實際出發，提請開礦。雍正對他們的態度很不滿意，說孔毓珣、布政使王士俊、署按察使樓儼等人受到「格外成全委任」，可是「王士俊反有開礦之請，是何意見耶！」要他們捫心自問，以知愧恥，實心辦事，不要以請開礦作為地方事務治理不善的託詞[65]。他們只好自認愚昧，不敢堅持。但仍另有官員不時提請開採，雍正遂在九年（一七三一年）斷言：「粵東礦廠，除嚴禁之外，無二議也。」[66]毫無通融之意。

　　十二年（一七三四年），廣東總督鄂彌達疏請允許商人在廣東惠州、潮州、肇慶、韶州等府開礦。他認為解決小民資生之策，應開發天然礦藏，他說這樣做是「應時通變，以疏眾貨之源」。

他把開礦看作民生經濟的一個新部門，開闢新的經濟領域，不拘泥於農業，確是審時度變的有識之論。他針對礦徒易聚難散、恐為「匪類」的觀點，講述了廣東從事鐵冶的有幾萬人而相安無事的事實，說明不要怕人多聚眾，只要辦好生產，就不會出亂子，以打消禁採派的疑懼。他還指出開礦可以供應鑄造制錢的原料銅、鉛，有利於錢幣流通[67]。制錢原料不足，是雍正苦心謀圖改變的問題，鄂彌達希圖以此撥動皇帝的心弦。果然有點效果，雍正准允實行。鄂彌達剛開始辦理，就有幾名官員條陳反對，道理不過是廣東「盜案」多和礦夫增而民食不足兩條，這本是老生常談，然卻為雍正所接受。十三年（一七三五年）四月，他說：「廣東近年以來，年穀順成，米價平減，盜賊漸少，地方寧謐，與從前風景迥異，今若舉行開採之事，聚集多人，其中良頑不一，難於稽察管束，恐為閭閻之擾累」，因命鄂彌達停止辦理[68]。又兩次告誡他：「地方一切事務，自當以久遠寧帖，永無後患，始為盡善。」「為大吏者當以鎮靜處之，不當引之於動。」[69]

雍正在許多事情上，主張因時制宜，從務實出發，興利除弊。在開礦問題上，他也多方面徵詢臣工意見，反覆考慮，認為開礦有利有弊，而「權其利與害之輕重大小」，是害多利少[70]。他所謂的「害」，關鍵又在「易聚難散」上。歸結起來，害怕新的生產部門的發展，衝擊崇本抑末的方針，破壞封建秩序，因而頑固地堅持禁止開礦的政策。

雍正礦禁，惟對採銅開一面之網。六年（一七二八年），廣西巡撫金鉷疏請於桂林府滂江等礦，召募本地殷實商人開採，所得礦砂，三分歸公，七分歸商。又謂「粵西貧瘠，銅器稀少，如開採得銅，並請價買，以資鼓鑄。」[71]滂江等礦是銅礦，雍正就批准在那裏招商生產。雲南的採銅，得到雍正的特許，因而有較大的發展。雍正初年，雲南產銅每年約八九十萬斤[72]，一百餘萬斤[73]，四年（一七二六年），驟增至二百十五萬斤[74]，五年（一七二七年），又將近翻了一番，達四百萬斤[75]。雲南採銅業的發展，同其他採礦業嚴遭禁止，踟蹰不前的狀況，形成了強烈的對比，也是尖銳的矛盾。雍正厚此薄彼，在於他急需黃銅鑄造貨幣。他允許雲南開發銅礦，心情一定複雜，一則喜其提供鑄幣原料，一則憂其可能擾亂他的社會秩序。他的思想、政策也是充滿了矛盾。

清朝前期，社會生產和商品經濟的發展，要求正確處理手工業、商業與農業之間的關係，要求正確處理農業內部糧食作物與經濟作物生產之間的關係，雍正在這兩個重大問題上的決策，墨守歷朝政府的重農抑末的政策，違背經濟發展的要求，阻礙手工業、商業的發展，從而不利於資本主義萌芽的生長，不利於清代社會的前進。他的這一決策，表明他對社會提出的新問題不能理解和處理，表明他有地主階級頑固守舊思想，同他在別的問題上通權達變比較起來，這是他思想中的糟粕，行政上的敗政。

制約農業生產迅速發展的根本問題是封建地主土地所有制，雍正沒有接觸它，這也是那個時代任何人解決不了的事情。雍正企圖提高農業生產，所採取的那些措施，涉及到的只是少數地區、少數農民，談不上是發展農業生產的有效辦法。

雍正在墾荒、水利事業中，大量開捐，五年行直隸營田事例，已如前述，六年開雲貴墾荒事例，八年廣西開墾事例，十一年海塘事例。清政府的收入主要來自田賦，雍正卻捨不得多少拿出點來興農業，庫存很多，還要大開捐納，好得錢財，如廣西在八年十一月十五日至九年十二月開捐一年，收官生捐墾銀二十五萬九千餘兩[76]。雍正說不是為得錢，是要用捐納人做官，可以破壞科舉出身官員的朋黨[77]，然而主要目的還是為增加收入。捐納賣官，從捐納制度看，它是政治敗壞的表現，不是好事。

農工商業的矛盾得不到較合理的解決，雍正的崇本抑末，實質上也是阻礙農業發展的。

註釋

1《雍正朝起居注》，五年五月初四日條。
2《上諭內閣》，二年二月初九日諭。
3、4《上諭內閣》，二年二月初九日、二十日諭。
5《上諭內閣》，七年正月二十七日諭。
6《清高宗實錄》卷二十二，元年七月庚卯條。
7《清世宗文集》卷二十八《四宜堂集・耕耤》。
8 李紱《穆堂初稿》卷一《耦田賦》。
9《文獻通考》卷八十七《郊社・耦田祭先農》。
10《上諭內閣》，七年四月二十二日諭。
11《清朝通典》卷四十四《吉禮・耦田》。
12《雍正朝起居注》，五年九月二十二日條。
13《上諭內閣》，六年六月初四日諭。
14 番灣，松江府先農壇所在地。
15 陳金浩《松江衢歌》。
16《上諭內閣》，五年二月二十八日諭。
17《雍正朝起居注》，五年三月初三日條。
18《上諭內閣》，二年二月初九日諭。
19《上諭內閣》，五年四月十三日諭。
20《清朝文獻通考》卷三《田賦》。
21《雍正朝起居注》，五年七月初八日條。
22《雍正朝起居注》，元年四月二十六日條。
23《清朝文獻通考》卷三《田賦》。
24、25 雍正《河南通志》卷二十一《田賦》。該書將墾荒田與自首隱田統計在一起，今無法分清各是多少，只能攏在一起敘述。
26 乾隆《光州志》卷四十九《顧心楷傳》。
27 謝濟世《謝梅莊先生遺集》卷一《遵旨陳言疏》。
28《清朝文獻通考》卷三《田賦》。
29《清高宗實錄》卷四，雍正十三年十月乙亥條。
30《小倉山房文集》卷二《文華殿大學士太傅朱文端公神道碑》。
31《小倉山房文集》續集卷三十三《浙江督糧道金公傳》。
32《四焉齋文集》卷二《請核實開墾地畝》。
33《硃批諭旨・李維鈞奏摺》，三年二月二十五日摺硃批。
34《上諭內閣》，四年四月十四日諭。
35《清史列傳》卷十四《朱軾傳》。

36《永憲錄》續編，三三二頁。
37 陳儀《後湖官地議》，見《清經世文編》卷一〇九。
38《清朝文獻通考》卷六《水利田》。
39《清世宗實錄》卷六十，五年八月己酉條。
40《上諭內閣》，五年十一月初八日諭。
41《上諭內閣》，五年五月初九日諭。
42《清高宗實錄》卷七，雍正十三年十一月壬戌條。
43《永憲錄》續編，三三三頁。
44 蔣良騏《東華錄》卷二十六，中華書局一九八〇年版，四二三頁。
45《上諭內閣》，六年十二月十一日諭。
46《清朝通典》卷一《民田》。
47《清朝通典》卷九《戶口丁中》。
48《清史列傳》卷十四《朱軾傳》。
49《清朝文獻通考》卷六《田賦》。
50 清世宗「硃諭」，第六函。
51、52《清朝文獻通考》卷三十五《市糴》。
53 清世宗「硃諭」，第九函。
54《上諭內閣》，五年六月初一日諭。
55 雍正《河南通志》卷一《聖制》。
56《上諭內閣》，七年六月二十六日諭。
57 李衛《欽遵聖諭條列事宜》，見《欽頒州縣事宜》。
58《上諭內閣》，五年六月初一日諭。
59《硃批奏摺》，轉引自中國人民大學清史研究所等編《清代的礦業》，中華書局一九八三年版，二二頁。
60《硃批諭旨·李紱奏摺》，二年八月初四日摺。
61《硃批諭旨·孔毓珣奏摺》附錄。
62《硃批諭旨·孔毓珣奏摺》附錄梁文科條陳硃批。
63《硃批諭旨·孔毓珣奏摺》，二年六月二十四日摺。
64《硃批諭旨·孔毓珣奏摺》，二年九月初八日摺硃批；《清世宗實錄》卷二十四，二年九月戊申條。
65《硃批諭旨·樓儼奏摺》，七年四月二十六日摺硃批。
66《硃批諭旨·焦祈年奏摺》，九年六月二十九日摺硃批。
67《請開礦採鑄疏》，見《清經世文編》卷五十二。
68《上諭內閣》，十三年四月十七日諭。
69《硃批諭旨·鄂彌達奏摺》，十二年三月十五日摺及硃批。
70《清世宗實錄》卷五十五，五年閏五月戊午條。
71《清世宗實錄》卷七十六，六年十二月丙申條。
72《清史稿》卷一二四《食貨·礦政》。

73、74《硃批諭旨・楊名時奏摺》，五年六月十七日摺。
75《硃批諭旨・鄂爾泰奏摺》，六年四月二十六日摺。
76《硃批諭旨・金鉷奏摺》，十年正月十二日摺。
77《永憲錄》續編，四一七頁。

第七章　圍繞士人的矛盾和政治鬥爭

李紱與田文鏡互參案，打擊「科甲朋黨」

第三章說過雍正在四年（一七二六年）完成了兩個大規模的反對朋黨鬥爭，徹底打垮了允禩集團、年羹堯集團。這種鬥爭甫告完結，又出現了直隸總督李紱彈劾河南巡撫田文鏡案子，引出第三次打擊「朋黨」事件，即反對科甲官員「朋黨」的鬥爭。

（一）李紱奏參田文鏡

當康熙廢太子時，滿朝官員傾心於允禩，其中的漢人官僚絕大多數是科舉出身，允禩的寬仁，也深得士人之心，這就必然造成雍正對科甲人的隱恨，因而在他的政策中表現出來。

三年（一七二五年）六月，長蘆巡鹽御史莽鵠立摺請禁止官員投拜門生，他說：

> 臣見鑽營附勢之徒，廣通聲氣，投拜門生，未中者遇科場則求關節，已仕者遇計典則圖薦舉，且有素不相睦，一拜師生，遂成膠漆，求分說情，每至以直為曲，偏徇庇護，罔顧法紀。

科舉制下的師生特殊關係，自這個制度於隋唐形成以來就出現了，至此相沿千年，積習之深之重，自不待莽鵠立說明而盡人皆知，只是並無師生關係的官員，下級要拜朝中權貴為老師，是清朝的嚴重陋習，莽鵠立所說原有嫌隙之人一拜師生而契合，即為指斥時弊了。他又說：

有無厭之輩，一遇門生升授外職，老師、世兄以及同年故舊，或親行探望，或差人索取，名曰「抽豐」。在門生情不能卻，送往迎來，周旋應接，非剝削民脂，即挪移正項，窮員虧空，從此漸多，倘稍為拒卻，人皆鄙笑，指為刻薄寡情。

他指出官員挪移虧空的一個原因是為應付打秋風，這就同雍正的整理財政聯繫起來了。雍正看到很高興，硃批：「師生黨比之風，朕所深惡，此奏甚屬得理，與朕意合。」[1]因命九卿會議，採納莽鵠立的建議，禁止內外官員投拜門生與打抽豐。

在這之前，田文鏡就在河南約束師生，不得朋比，二年十二月發出「嚴禁夤緣鑽刺以正官方以肅法紀」的告示，說他對於「師生一道，平日痛惡於心」，自詡為官四十年，「從未曳裾於顯要之門」[2]。雍正和田文鏡式官員的這些舉措，產生「天下方輕讀書人，不齒舉人進士」[3]的對士人不利的情況。

田文鏡是監生出身，年輕時出仕為縣丞，歷四十年始升為地方大員，不入朋黨，沒有也不可能有師生同年的援引，惟知感激雍正的拔識，竭力以圖報效。他視師生朋比為弊端，因對科甲出身的屬員並不特別禮遇，而嚴格以他們所任官職的責任要求他們。三年（一七二五年）十一月，題參信陽州知縣黃振國「狂悖貪劣，實出異常」[4]，次年正月密參汝寧府知府張玢「浮而不實，漸加放縱」，息縣知縣邵言綸「任櫃書銀匠朦官作弊，重等收糧」，固始縣知縣汪諴「向鹽商借貸，至用十四兩小秤發賣食鹽」，陳州知州蔡維翰「怠惰偷安，並不清查保甲，盜案壘壘，亦不比緝」[5]。黃振國、張玢、邵言綸和汪諴都是康熙四十八年的進士，有些人聯繫田文鏡不許師生夤緣等主張，又以他是非科甲出身，認為他無端排斥士人，「不容讀書之人在豫省做官」[6]。事有湊巧，也是康熙四十八年的進士、廣西巡撫李紱奉調為道隸總督，於四年三月間路過河南，面責田文鏡「有心蹂踐讀書人」[7]。李紱到京入覲，面陳田文鏡負國殃民，雍正認真聽取，至午夜方罷[8]。李紱隨又上疏參劾田文鏡「信用僉邪，賢否倒置」；信任「本屬市井無賴」的署理知州張球；張球向邵言綸勒借未滿所欲，勒索汪誠餽送不遂，轉向田文鏡誣告，致使田文鏡誤參他們，因懇乞雍正干預，以使「公道彰而人心勸」[9]。又說田文鏡把黃振國害死在獄中，以殺人滅口。雍正對田文鏡的為人深信不疑，但據李紱所參，怕他上了屬員的當，因將李摺發給他，要他審查張球[10]。田文鏡於四月二十七日仍以張球為賢能之員回奏。他明知這個彈章為李紱所發，佯作不知，說觀疏內斥張球為「市井無賴」，可知此人必為進士[11]。六月，他更以黃、張、邵、汪都是同年為理由，進一步說他們同年弟兄「不無徇私袒護」，對他們的被參「羣起妄議」，這樣下去，「科甲之員如有貪污苟且，督撫諸臣斷不敢為題參矣」。又說皇上屢次頒旨解散朋黨，似此是違背聖意，性質嚴重。田文鏡不愧為老吏，找出反對朋黨的大題目，而且以科甲人為對象，把矛頭隱隱指向李紱，欲陷敵手於非命。雍正果然重視他的話，引起對新的朋黨問題的注意說田文鏡奏的很對，「浮言嘖嘖，朕亦聞之，此風何可滋長」。但他還不相信田文鏡一面之詞，決心把事情弄個水落石出，於六月派遣刑部侍郎海壽、工部侍郎史貽直為欽差大臣，到河南審理黃振國等案[12]。海壽等查明張球貪婪不法，證明田文鏡袒護張球，但對全案做出有利於田的審斷。欽差承審中，河南管河道佟鎮向欽差揭發田文鏡信用的道員陳世倕。佟鎮是隆科多親屬，而隆又說過汪誠是好官，被參受寃抑[13]。雍正早知道年羹堯、隆科多對田文鏡不滿[14]，又見佟鎮以揭發陳世倕為名反對田文鏡，遂聯繫到隆科多，懷疑彈劾田文鏡是朋黨活動。欽差到河南，證實黃振國並沒有被田文鏡害死，而黃振國原是兵部尚書蔡珽在四川巡撫任內的屬員，大計被參革，由於蔡珽的推薦才得任知州[15]，李紱聽傳聞為他叫屈，使雍正想到李紱與蔡珽的密切關係，懷疑他們搞朋黨，害怕再出現年、隆專擅的局面。因此在田文鏡承認受張球欺騙的錯誤後，決心支持他，特地賜給風羊、荔枝，使河南「通省臣民驚為異數」[16]，田文鏡也就在羞愧中振作起來，繼續貫徹雍正的方針政策。與此同時，李紱還在攻詰田文鏡，就袒護同年的說法為自己辯護，他認為這種言論「立說甚巧，而實未合」，因他也題參過同年張玢、陳世倕及廣西官員孫來賀。雍正討厭他的置辯，謂為「喋喋之詞，而見輕於朕」[17]，加以申飭，並將他調離直隸總督要缺，改任工部侍郎，又以蔡珽在直隸總督任內徇庇昌平營參將楊雲棟為名，把他降為奉天府尹[18]。以上是四年（一七二六年）十二月以前發生的事情。

（二）謝濟世題參田文鏡，李紱的失敗

翰林院檢討陳學海跟隨海壽、史貽直赴河南審查，不同意欽差的意見，回京後向浙江道監察御史謝濟世說明了自己的看法，想上奏，又膽怯，謝濟世遂以「濟世」為己任，於四年十二月上疏劾奏田文鏡，「營私負國、貪虐不法十罪。」雍正把他的奏章擲還，即不讓他參劾，他卻堅持，雍正大怒，說他所奏內容，與李紱的完全相同，顯然是受人指使，「公然結為大黨，擾亂國政，顛倒是非」，為了嚴懲這種結黨排陷傾害的惡習，將謝濟世革職，發往阿爾泰軍前效力贖罪[19]。

雍正認為謝濟世是受了李紱的指使，就把李、田互控案推向深入。他要查清李紱與謝濟世關係，命令廣西提督、署巡撫事韓良輔調查謝濟世在其家鄉的行止，瞭解李紱巡撫任內同謝的關係[20]。韓沒有查出把柄，雍正仍不作罷，就以李紱在廣西、直隸任內事把他革職。七年（一七二九

年），謝濟世在阿爾泰軍營承認參劾田文鏡是受李紱、蔡珽的支使，雍正就把李紱投入監獄。據文學家袁枚記載，兩次決囚，雍正命李紱陪綁，刀置其頸，問現在知道田文鏡的公忠了嗎？李回稱我愚笨，雖死也不知道田文鏡的好處[21]。這個情節很難說是準確的，李因田而獲罪入獄，則是事實。蔡珽降調之後，在川撫任上受知府程如絲之賄案發，又審出他袒護黃振國在川監斃二命、枷斃二命及杖斃一命的情罪，連及謝濟世事，雍正命把他判斬刑，監候處決，黃振國斬立決，張球絞監候。以後，乾隆即位，李紱恢復官籍，蔡珽獲釋。李、蔡一方受到了沉重打擊。雍正對田文鏡迭加升賞，五年（一七二七年），特授他為河南總督，加兵部尚書銜。田文鏡原籍正藍旗，擡入上三旗。六年（一七二八年）升任河南山東總督，七年（一七二九年）加太子太保，八年（一七三〇年）兼河北總督。田文鏡取得了完全的勝利。

李紱與田文鏡都是雍正的寵臣。雍正在李紱二年十二月初四日的奏摺上批道：「汝與田文鏡二人，實難辜負朕恩也。」[22]李紱在康熙末年待罪於永定河工地，雍正登極，立即給他侍郎銜管理戶部三庫，逾月補戶部左侍郎，再逾月又兼兵部右侍郎，以後任督撫，當他就任直隸總督陛見時，賜宴內庭，賞四團龍褂、五爪龍袍，賜對聯曰：「畿輔旬宣膺重寄，扶風節鉞選名臣。」[23]雍正談他同李紱的關係，總說「爾乃不由旁人薦舉，為朕所特用之人」[24]，「爾實非他人可比」[25]，「汝之出處與眾不同」[26]，並特別稱讚他：「誠然不黨者李紱也。」[27]兩個親信相爭，雍正開始想加調和，對挑起爭端的李紱說：過處在你，不在田文鏡，你不應當辯解了[28]。但事態的發展，尤其是謝濟世的參預，使雍正肯定李紱和蔡珽搞了個科目人朋黨，從而注定了他們的慘敗。

李紱揭發田文鏡誤用張球是準確的，而為黃振國鳴冤是錯誤的，他不是朝臣，又非言官，河南的事本不和他相干，對田文鏡的過失他又抓得不確切，那麼為什麼要責備田文鏡，非要上諸彈章呢？他是骨鯁在喉，非發不可。原因何在？他是有名學者，康熙中理學名臣李光地說六百年以來，沒人能超過歐陽修和曾鞏，而李紱大有希望。詩壇領袖王士禎說：通觀當時的文士，沒有一個頂得上李紱的[29]。但是他在康熙六十年任會試副考官時，遭到落第舉子的哄鬧，栽了大觔斗。可以想像，他蔑視落第士人和非士人，對監生出身的田文鏡之流打擊科甲官員會憤恨不平。如在雍正三年春天，他的門生楊夢琰在河南做官，他就認楊「必不得田文鏡之歡心」[30]，可見對田的作為早懷不滿情緒。他的思想和所處地位決定，他們有意或無意地同不重視科甲的社會勢力作鬥爭，為科舉者爭地位，鳴不平，又恃有雍正的寵信，才敢於向田文鏡發難。謝濟世、陳學登等科舉出身者與李紱具有同樣的思想感情，是以追隨其後。李、謝等科目人為被參劾的同類呼號，他們的攻詰田文鏡，具有了科甲官員與非科甲官員鬥爭的性質。不過問題還要複雜，雍正的打擊李、蔡還有超過田、李互控範圍的緣由。

（三）有計劃地打擊科目人及其原因

雍正處置謝濟世的後幾天，就提出科甲人結黨的事情了。他說：「師生同年之聯絡聲氣，徇私滅公，惑人聽聞之邪說，其害於世道人心者更大。」「若科目出身者徇私結黨，互相排陷，必至擾亂國政，肆行無忌。」[31]五年（一七二七年）二月，雍正諭大學士九卿詹事科道：科甲出身的人作弊，還不如非科舉出身的，因為後者易於敗露，而前者巧詐隱密，互相袒護，不易識破。他表示要把官場中科甲人的「唐宋元明積染之習，盡行洗滌」[32]。七年（一七二九年），諭科目進身官員：「乃科甲出身之人，不思秉公持正，以報國恩，相率而趨於植黨營私之習，夤緣請託，朋比袒護，以至顛倒是非，排陷報復，無所不為。」又說：「科甲流品相誇尚，其風自唐宋以來就有之，至前明而流弊已極。」又說：「科甲之習一日不革，則天下之公理一日不著，爾等當豁然醒悟，庶可使歷代相沿之弊習，廓然頓除也。」[33]他看出科甲人的朋比是唐宋以來的千年積習，不清理不得了，明確了反對科甲朋比的任務。他的決心很大，即使廢掉科舉也在所不惜[34]。

他採取擒賊先擒王的辦法，有計劃地打擊科目領袖，懲治李紱，即為顯例，而抑迫吏部尚書、雲貴總督管雲南巡撫事的楊名時又是一個典型事例。雍正在給雲貴總督鄂爾泰的硃諭中說：「今海內李光地輩已逝，如楊名時者少矣」，「朕整理科甲積習，伊挺身樂為領袖」，「仗伊向來夙望，必因其黨庇惡習，抗違朕意，即如朱軾、張廷玉現任大學士，莫不因伊前輩，懾服尊重」，若不懲治他，「惡習萬不能革」[35]。於是屢次降旨呵責楊名時。五年閏三月撤銷他的職務，只命他署理滇撫事務。這時楊名時奏請用鹽務盈餘銀兩修濬洱海河道，雍正就此大加責難，說他即將離任，始有是請，是給自己在地方上留好名聲；他的請求不用摺本先請示，而逕用題本，欲令眾人皆知，以博讚譽；不把好事留給後任，也是沽名，所以他「但知有己而不知有人，並不知有君，尚得靦顏自命為讀書人乎？」又說他既想加惠地方，就命他以己資修治洱海河道，他死後，「著伊子孫承辦，使天下之人知沽名邀譽之徒不但己身獲罪，而且遺累子孫也。」[36]同年秋天，新任巡撫朱綱參奏楊名時任內虧空錢糧倉穀，雍正說虧空應當同布政使常德壽有關，但楊名時不行彈劾，是樂於自負其責，就勒令他賠償，而不與常德壽相干[37]。次年正月，雍正命楊名時進京，特諭地方官民，在楊行程中，不許以禮接待，不許為他鳴不平，不許造作謗語，揭帖[38]。可見雍正是蓄意打擊他。

雍正對一般科舉進身的官員，也搜尋他們的過失，予以懲治。五年（一七二七年），任命浙江觀風整俗使王國棟為湖南巡撫，要他到任不要犯「偏袒科目、姑息紳衿」的毛病，要他嚴參一二科甲出身的庸員，重懲數名敗檢不肖的劣生，「令眾人曉然知爾心迹方好，否則年誼故舊之夤緣請託，音問書札，絡繹紛紜，即不勝其酬酢矣」[39]。同年，田文鏡又題參進士出身的知縣周知非「頑廢不職」，雍正認為這是科甲入仕者怨恨田文鏡而廢弛政治，將其革職拿問，「俾科目出身之員因結黨怨望上司而廢弛公事者知所儆戒」[40]。與此相聯繫，對科甲人間的相互包容嚴肅處理。五年，湖南攸縣革職知縣陳溥任內倉穀霉變，沒有買糧補足，接任知縣蕭師謌報稱陳已補完，接印理事。蕭、陳都是科目人，雍正認為蕭師謌故意袒護陳溥，朋比為奸，因罰他代替陳完納虧項，若在一年內不能全完，即監禁嚴追[41]。給事中崔致遠丁憂回山西原籍，雍正說他人品不好，命晉撫伊都立考察他，一年後伊都立沒覆奏，雍正說他因係科甲進身，保護同類，故而不能奉命，命將他交吏部嚴行議處[42]。

雍正還從組織措施上壓抑科目人。給事中、御史和吏部司官，歷來從科甲中銓選，雍正為杜絕黨援的弊病，收用人的效果，變通舊例，命這些官職的補充，不一定非從科甲中選拔[43]。封建時代對官員的任用有許多迴避的規則，但沒有師生迴避的條例。七年（一七二九年），御史闇鑋提出外任官迴避各種條款，雍正因命知府、知縣若為師生，自應迴避，司道以下有誼關師生者申報督撫，督撫有者報吏部存案[44]。接著吏部定出師生陋習徇庇處分例，規定若師生餽送徇庇，道府失查州縣、督撫兩司失查道府均須議處[45]。雍正希望用這些辦法，防止科甲官員結黨營私。

雍正懲治科目人的原因，結黨以外，還有重要內容。他說謝濟世參劾田文鏡的目的，「不過欲使天下督撫皆因循苟且，庸碌偷安，邀眾人之虛譽，保一己之身家，而不為國家實心效力，以快其黨錮之私心」[46]。為難楊名時的時候，已指責他好名而不顧及君父和同僚，又痛詆他「性喜沽名邀譽，而苟且因循，置國家之事於膜外」[47]。雍正厭惡科目出身的官員講假道學，不務實政，只能因循苟且，博安靜持重的虛名，不利於貫徹他的革新的政治方針，是以對好犯因循廢弛毛病的科目人大加整飭。

由李紱彈劾田文鏡產生的雍正打擊、壓抑科目官員，就具體問題論，田、李各有是非，雍正全面支持田，重懲李，看似不公平，然而他不是有心袒護一方。反對朋黨，改革積弊，這是他的既定施政方針，科舉人易犯的徇庇和守舊的毛病，正是他所要清理的內容，李紱、謝濟世不期而然地反對執行他的方針最有力的「模範疆吏」田文鏡，他才把科甲人當作結黨營私加以打擊，以推行他的政令。他曾說：

> 朕早夜孜孜，欲使萬民各得其所，措天下於長治久安，何事不加整頓釐飭，務令秩然就理，豈容爾等科甲中黨援積習，為世道民生之害，而不望其翕然丕變乎？[48]

把他反對科甲朋比與他總的清釐政務方針的關係說得很清楚。被他嚴懲的科甲領袖楊名時，「以道自任，不與時合」[49]。他們君臣處於對立狀態，是政見不同，這就是雍正打擊科甲朋黨的原因和性質。

科甲官員之間徇情瞻顧的現象，確如雍正所說是很嚴重的，但是把李紱、謝濟世等當作特定的朋黨加以打擊，未免冤抑。他們只是思想相通，沒有有形的或無形的組織。當謝濟世參劾田文鏡的時候，雍正咬定他受人指使，刑部尚書勵廷儀承審，問謝受何人指令？謝回答說是孔孟，因為「自幼讀孔孟書，知事上以忠藎，即為孔孟所主使也」[50]。意為做臣子的應忠諫，揭發奸臣。其後在阿爾泰軍營承認受蔡珽、李紱指使，是受不住壓力的違心話，到乾隆時就推翻了。楊名時所受的不白之冤也多，在處理他時同情者不乏其人，乾隆登基即召用他，入京路上，「天下想望其丰采，滇黔人狂走歡告，老幼相率觀公，或張酒宴羅拜，繼以泣，至環馬首不得前」51。也是反映人們的一種情緒。但是雍正在這個活動中，反對虛名邀譽、苟且因循，徇情瞻顧，是針對士風吏習的時弊而發，是富有革新進取精神的表現，是應當基本肯定的。李紱、謝濟世、楊名時等人雖未結成有形的科甲朋黨，然而為維護科目人的利益積極活動，所受懲創也含有咎由自取的成分。

（四）陸生柟「通鑑論」案

當謝濟世發往阿爾泰軍營效力時，他的同鄉陸生柟也遭到同樣的厄運。陸生柟，舉人出身，部選江南吳縣知縣，引見，雍正將他改授工部主事。外任知縣，歷俸多年，或大計卓異行取，才能升補此職，陸生柟初仕就得到這種任用，應該說是受到雍正賞識的。自李紱、謝濟世事發，雍正因他是廣西人，「平日必有與李紱、謝濟世結為黨援之處」，就把他革職，也發往軍前，與謝濟世一塊效力。七年（一七二九年）五月，振武將軍、順承郡王錫保奏參陸生柟書寫《通鑑論》十七篇：「抗憤不平之語甚多，其論封建之利，言詞更屬狂悖，顯係誹議時政。」陸生柟對封建、建儲、兵制、君臣關係、無為之治等問題，就《資治通鑑》所敘述的歷史，發表了許多議論。他以為古代的分封制，是「萬世無弊之良規，廢之為害，不循其制亦為害，至於今，害深禍烈，不可勝言」。陸生柟就漢武帝戾太子事件議論建儲，認為「儲貳不宜干預外事」，而且要使他懂得干涉政事對於朝政的危機。又以鈎弋宮堯母門之事，認為應早立儲君。他談到無為之治，認為國事應抓綱領，「不人人而察，但察銓選之任；不事事而理，只理付託之人」。他說人主只需要「察言動，謹幾微，防讒間，慮疏虞，憂盛危明，防微杜漸而已。若籩豆之事，則有司存」等等。陸生柟譏刺康熙前不能教育太子，至有廢黜之事，後不能預立儲貳，至使皇子互爭，骨肉成為仇人。

他同情允禩等人，譴責雍正濫用君權，主張無為而治。雍正說他「藉託古人之事幾，誣引古人之言論，以洩一己不平之怨怒」。對他的觀點逐條進行辯難。雍正認為封建抑或郡縣，是「時勢」決定的，稱讚柳宗元的公天下自秦始、蘇軾的封建者爭之端的觀點是確有所見，並從秦朝、元朝及清朝的統一，說明郡縣優於封建，反對陸生枏主張分封的觀點。陸生枏講到「蓄必深，發必毒」，雍正說這是他「指阿其那等而言」，意即雍正與允禩等積怨太深太重，所以處理狠毒，因此雍正指斥他「狂悖惡亂，不亦甚乎！」挑明陸生枏的觀點與允禩的關係。講到皇帝的親理庶務，雍正說：聖明君主「未有不以勤勞為勵，而以逸樂無為為治者也」。皇帝一定要勵精圖治，親理庶務，革新政治[52]。

陸生枏作為一個小臣，讀書人，探討政權形式和治理方法，雍正同他的爭辯，是地主階級內部不同政治見解的交鋒，本來是正常的。但是陸生枏結合時政進行評論，抨擊了康熙和雍正兩朝的某些政事，站在允禩一方，對雍正政治的指責並沒有多少道理。雍正「以牙還牙」，說他「罪大惡極，情無可免」，於七年年底下令，把他在軍前正法[53]。對陸作一些行政處分不是不可以，處以極刑，未免太殘酷了。

謝濟世與陸生枏可以說是難兄難弟，錫保在告發陸生枏時，也把謝濟世參了一本，說他藉著批注《大學》，譏刺時政，怙惡不悛[54]。這是對他的文字加以附會，亂加罪名。雍正也深明其事，免其死刑，但同他開了一個「玩笑」，命錫保假意將他和陸生枏同時正法，俟陪綁後才宣布免死的決定。雍正要弄這種心機，是刻薄的表現。

雍正反對允禩集團、年羹堯集團，打擊的對象是一部分滿洲貴族和一部分官僚，這些官僚中，有科舉出身的，也有非科目人，而第三次整治朋黨，則以反對科舉入仕者為目標，所以三次反黨比，內容、性質各不相同，而出問題多的則在第三次，這是他在前兩次勝利的情況下，不夠謹慎所產生的。而這三起事件的目標，歸結起來則是一個，就是澄清官方，推行他的改革政治。

曾靜投書案與呂留良文字獄

六年（一七二八年），反對科甲朋黨還沒有完全結束，湖南秀才曾靜上書川陝總督岳鍾琪，策動他反清，雍正就此大作文章，嚴加審訊，廣肆株連，引出後世赫赫有名的呂留良文字獄。眞是一波未平，一波又起。

（一）曾靜投書岳鍾琪與雍正在輿論上的不利地位

曾靜選擇岳鍾琪作為下書對象，當然是事出有因，不妨先從岳鍾琪說起。岳是漢人，籍貫四川成都，在平定羅卜藏丹津叛亂中立有大功，受封三等公，年羹堯出事後，接任川陝總督。這個職位，自康熙十九年定例，是八旗人員的專缺[55]，他破例得任這個職務，表明他深得雍正的寵信，然而招來不少人的嫉妒，在曾靜投書以前，向雍正密參他的「謗書」就有一篋之多[56]。當岳受命總督之際，議政大臣、署理直隸總督、漢軍旗人蔡珽奏稱岳鍾琪「不可深信」，後岳陛見進京，路過保定，蔡珽告訴他：怡親王對你非常惱怒，皇上藩邸舊人傅鼐告訴你要留心[57]。允祥是雍正最信任的兄弟，這無非是說雍正懷疑他，使他惶懼不安，不知怎樣做才好。當時倒岳的言論，一個重要內容，是說他為岳飛後人，要替漢人報仇，反對清朝[58]。這是社會上層的看法，下層也是這樣。五年（一七二七年）六月，民人盧宗漢在成都街道上大叫，「岳公爺帶川陝兵丁造反」，並說成都四門設有黑店，殺人。同時社會上傳說岳鍾琪已遭到譴責，他的長子岳濬業已捉拿問罪[59]。尋經四川提督黃廷桂等審問，盧宗漢是神經病患者，處死了事。岳鍾琪益發不安，疏請解退總督職務，雍正對他大加安撫，說那是「蔡珽、程如絲等鬼魅之所為」，要他繼續供職，「愈加鼓勵精神，協贊朕躬，利益社稷蒼生，措天下於泰山之安，理大清於磐石之固，造無窮之福以遺子孫也」。當時，雍正在考慮對準噶爾部用兵事，又暗示岳鍾琪，可能還要同他協商[60]。雍正對岳鍾琪沒有任何懷疑，依賴信任如初。但是岳鍾琪與朝廷關係不協調的話卻在民間廣泛流傳著，四州、湖南人中傳說岳鍾琪「上一諫本，說些不知忌諱的話，勸皇上修德行仁」[61]。郴州永興人曾靜聽傳說：岳鍾琪盡忠愛民，可是皇上疑他，防他，要召他進京削奪兵權，他不奉召。因他是大學士朱軾保的，令朱軾召他才進京，後允許他回任，還讓朱保他，朱不願再保，別的大臣也不保，這時就有人奏稱，朱不保他，是和他預謀造反，更不應該讓岳離京。雍正於是派吳荊山追岳回京，岳不從命，吳就自殺了。岳到任所，就上章非議朝政[62]。可見岳鍾琪是朝野矚目的人物，朝中有人因他是權重的漢人而忌他防他，民間則又以為他是忠義愛民的、反對皇帝暴政的人，對他寄予希望。這就使得他成為政治鬥爭和民族矛盾的一個測量器，是他本人所不樂意，也沒有充分意識到的事情。

曾靜中年棄舉業，教授生徒，人稱「蒲潭先生」[63]，有自己的政治觀。他根據社會的看法和自己的理解，相信岳鍾琪能實現他的目標，就派遣門人張熙帶著他的書信和《生員應詔書》赴陝策動岳造反。六年九月，張熙在西安向岳遞交了書信。

曾靜書信封面稱岳鍾琪為「天吏元帥」，它的內容，據岳轉述，是「江南無主遊民夏靚遣徒張倬上書。其中皆詆毀天朝，言極悖亂，且謂係宋武穆王岳飛後裔，今握重兵，居要地，當乘時反叛，為宋、明復仇等語」[64]。夏靚、張倬顯係曾靜、張熙師徒的化名，所謂「無主遊民」，是不承認清朝政府。書信的意思是，岳鍾琪是宋朝岳飛後代，清朝皇帝是金朝女眞人的後代，岳飛抗金，他的遺胤不應該侍奉女眞人的後人，希望他利用手中的兵力反對清朝，為祖宗報仇，替漢人雪恥。這個觀點與別人密告岳鍾琪的說法相同，與盧宗漢的呼叫類似，岳當即找陝西巡撫、滿人西琳同審張熙，西琳有事未到，由按察使、滿人碩色於暗室同聽，岳問張的師父是誰，張不回答，拷打昏絕，堅不吐口[65]，惟說他們勢力散布湖廣、江西、廣東、廣西、雲南、貴州六省，這些地方傳檄可定[66]。岳鍾琪見動刑無效，改設騙局，以禮相待，表示他早想造反，希望其師來輔佐，又賭咒發誓，痛哭流涕，以示誠意。張熙缺乏政治鬥爭經驗，受騙說了實情[67]。

曾靜的政治觀點，在他的著作《知新錄》[68]和被捕審問口供中所表述的，有三個方面。

（1）雍正是失德的暴君。他認為雍正有十大罪狀，即「謀父」、「逼母」、「弑兄」、「屠弟」、「貪財」、「好殺」、「酗酒」、「淫色」、「懷疑誅忠」、「好諛任佞」[69]。他相信雍正毒死康熙的傳說，認為新皇帝處處與老皇帝「為仇為敵」[70]；逼母是指仁壽皇太后之死為被迫自殺；弑兄是因被囚的允礽死於雍正二年，懷疑是被雍正殺害；屠弟當然是指允禩、允禟之死了；淫色是說雍正將廢太子的「妃嬪收了」[71]；誅忠無疑是指年羹堯、隆科多的案子；酗酒，乃因社會上傳說皇帝好飲酒，帶著大臣在圓明園白晝飲酒作樂，不理政事；貪財，內容更多，如曾靜說雍正「使人從四川販米，至江南蘇州發賣」[72]。這十條罪名，包括了雍正繼位及在頭五、六年的重大政治事件，曾靜都持否定態度，認為他是暴君。

（2）主張「華夷之分大於君臣之倫」，反對清朝統治。清朝皇帝是滿人，又是君主，按封建倫常，臣民對君主應該絕對忠順，依照一部分漢人的「夷夏之大防」的觀念，對少數民族的皇帝又要反抗，那麼應當如何看待滿人的統治呢？曾靜說：「先明君喪其德，臣失其守，中原陸沉，夷狄乘虛竊其神器，乾坤反覆，地塌天荒，八十餘年，天運衰歇，天震地怒，鬼哭神號。」[73]他反對清朝的代明，認為它帶來了巨大的災難。他之所以這樣看待，並非完全從實際出發，而是他認為區分漢族與少數民族的統治比君臣大義還重要，他在《知新錄》中就孔子對管仲的態度對此作了說明：「管仲忘君事仇，孔子何故恕之而反許以仁？蓋以華夷之分大於君臣之倫，華之與夷，乃人與物之分界，為域中第一義，所以聖人許管仲之功。」因此對已經號令全國的少數民族統治者，他主張逐殺，他說「夷狄侵陵中國，在聖人所必誅而不宥者，只有殺而已矣，砍而已矣。」[74]反對滿族為統治者的觀點非常明確。

（3）希望拯救百姓於貧窮。岳鍾琪審問張熙為什麼謀反，回答說：「百姓貧窮，只為救民起見。」[75]曾靜著書說：「土田盡為富室所收，富者日富，貧者日貧。」[76]他看到了社會上財富佔有不平均，特別是土地集中的情況，又從自身的經歷中得到深刻的感受。他出身於「家事單寒」的家庭。在清朝「湖廣填四川」的移民運動中，他父親就想遷居蜀中，沒能實現。曾靜時家中景況更壞，他收張熙、廖易兩個徒弟在家，住房也不夠。他先有同居的兄、嫂，這夫妻反目，哥哥把妻子改嫁，單這一件事就充分說明他是寒素之家了。他的岳家「貧不能自立」，在康熙末年搬到四川去了。張熙、廖易「家事亦貧寒」，張熙赴陝，靠典當的家產做路費。曾靜師徒及親友是小土地所有者，生活沒有保障。所以曾靜讀到《孟子•滕文公篇》，對講井田制，「心中覺得快活」，認為現時應該實行[77]。他希望農民的耕地問題能得到解決，使他們並包括自身從困苦中解脫出來。

看來曾靜是比較清苦的漢族讀書人，具有敵視滿族政權和不滿意貧富不均的思想，碰上輿論中頗多異議的雍正政治，激化了原有的反抗意識。他的發難，當然首先是對雍正的挑戰。

雍正在儲位鬥爭中，以其繼位獲得了初步的勝利；接著在反對朋黨鬥爭中，沉重打擊不甘心失敗的政敵允禩、允禟、允禵，鞏固了帝位；當功臣年羹堯、隆科多出現尾大不掉之勢，迭興大獄，使他們灰飛煙滅；他懷疑科舉出身的官僚會結成新的朋黨，藉著李紱參劾田文鏡的案子，重重地壓抑了科目人；他即位就清查錢糧，實行耗羨歸公和養廉銀制度，攤丁入糧制度，從而整飭了吏治，打擊了不法紳衿。在所有這些方面，他都如願以償，可以說他是政治上的勝利者，組織上的勝利者。但是那些政敵和被打擊的人並不因失敗而完全退出政治舞臺，他們中的一部分人採取了各種方式進行不同程度的反抗。對雍正的繼位及其政治，人們看法不一，懷疑的，不滿的，反對的，都大有人在。曾靜宣布的雍正十大罪狀，並非是他的發明，不過是社會上流傳的攻詰雍正觀點的歸納。輿論中把雍正描繪成篡逆的僞君，不講人倫的畜類，凶惡殘忍、不行仁政的暴君，希望他立即垮臺，以便有道明君的治理。不用說，在思想和輿論上，雍正不但沒有像在政治、組織上那樣獲得成功，而是處於不利的地位。曾靜的投書，就是利用他的這種弱點，反對滿人統治，企圖恢復漢人的江山。

（二）雍正的「出奇料理」

岳鍾琪得到曾靜書信後，即行奏報。雍正極力撫慰他，誇獎他的忠誠，說他朝夕焚香，對天祖叩首，祝願岳鍾琪「多福多壽多男子」。並說他給岳的諭旨，都是眞心話，「少有口心相異處，天祖必殛之」[78]。對臣子起誓，如同昔日對待年羹堯一樣，表示對岳的絕對信任，進一步把岳穩定住。

雍正以更大的精力處理曾靜案子，派遣刑部侍郎杭奕祿、正白旗副都統覺羅海蘭到湖南，會同湘撫王國棟審理曾靜一干人犯。曾靜供出他的思想受浙江呂留良的影響，張熙見過呂的弟子嚴鴻逵及再傳弟子沈再寬，因是廣泛株連。後因涉及人多，地域廣，為加速審理進度，將案中人統統調往北京審訊。

他對曾靜案的方針，在一開始就定下來了。他在六年（一七二八年）十月十七日的岳鍾琪的奏摺上批道：

> 朕覽逆書，驚訝墮淚。覽之，夢中亦未料天下有人如此論朕也，亦未料其逆情如此之大也。此等逆物，如此自首，非天而何？朕實感天祖之恩，昊天罔極矣。此書一無可隱諱處，事情明白後，朕另有諭。[79]

他說自己受到莫大的冤枉，但卻是好事——正好洗刷冤情。他雖說料不到有人那樣議論他，其實，他實行的奏摺制度，能很快獲得各種消息，他知道關於他的嗣位，處理允禩黨人，誅戮年、隆，朝野頗多私議，只是自己不便挑明，公開論戰，因而隱忍不發，或只一般談談，如元年、二年兩次講到有人說他「凌逼弟輩」[80]，「凌逼眾阿哥」[81]，僅表示那是攻擊，並不追究造言者。曾靜出來了，固然把他罵得狗血噴頭，但有人承認了這些言論，正好順藤摸瓜，清其源而塞其流。所以他在上述硃批諭旨中指示岳鍾琪：「卿可將寃抑處，伊從何處聽聞，隨便再與言之，看伊如何論議。」[82]這就是說他重點追查關於他的失德言論的根源。他的寵臣、雲貴廣西總督鄂爾泰在關於曾靜案的奏摺中說：曾靜「誣謗聖躬」，「所以能如此，得如此者，臣以為其事有漸，其來有因」，「若非由內而外，由滿而漢，誰能以影響全無之言據為可信，此阿其那、塞思黑等之本意，為逆賊曾靜之本說也。」[83]他分析像授受之際的事情，民間的傳說，必來自官場，而本源必在皇室內部，具體說就是允禩、允禟。雍正稱讚他的奏摺「懇摯詳明，深誅奸逆之心」[84]。他們君臣追造言人的看法完全一致。

承審官員稟命追問曾靜，曾供認係聽安仁縣生員何立忠、永興縣醫生陳象侯所說，而何、陳都是聞聽於茶陵州堪輿陳帝西，陳供稱在往衡州路上，碰見四個說官話、穿馬褂、像是旗人的人，互相說「岳老爺上了諫本，不知避諱，恐怕不便。」[85]這樣輾轉審問，雍正斷定是發配南方邊疆的犯人傳說的，命沿途各省長吏查究。各省巡撫應命相繼報告。廣西巡撫金鉷奏報發往該省人犯所造的流言，雍正讚許他「逐一密查，確有證據」[86]。田文鏡據解守人員供報，摺奏發遣廣西人犯達色、馬守柱、蔡登科、耿桑格、六格、太監吳守義、霍成等言行[87]。湘撫王國棟、布政使趙城、按察使郭朝祚審不出根由，雍正屢次降旨催責，要他們「再行詳訊，務必追出傳言之人，則此事方可歸著」[88]。王等仍沒弄清，就將王調進京城，趙、郭革職[89]。繼任巡撫趙弘恩懲前任之失，極意追詢，終於報稱：允禩等人太監發往戍地，「沿途稱冤，逢人訕謗，解送之兵役，住宿之店家共聞之。凡遇村店城市高聲呼喊：你們都來聽新皇帝的新聞，我們已受冤屈，要向你們告訴，好等你們向人傳說。又云：只好問我們的罪，豈能封我們的口？」[90]據三藩之一耿精忠的孫子耿六格供招，他被充發在三姓地方時，在允禩黨人允䄉使用過的八寶家中，聽允禩心腹太監何玉柱、于義向八寶妻子講述皇上改詔篡位，毒死康熙，逼死太后的話。達色供認允禩太監馬起雲向他講太后自殺的情況[91]。這樣，雍正找到允禩集團是他失德輿論的散播者。為此，採取對策，一方面再次宣布允禩等人的罪過，另一方面，就曾靜所說他的罪狀，逐條辯析他沒有過失，這樣他發了很多上諭。他深知關鍵是繼嗣問題，特加解說，在說明他的嗣統合法性基礎上，進而指責曾靜謀反與允禩集團的關係。他說：允禩、允禟等人的「奴隸、太監平日相助為虐者，多發遣黔粵煙瘴地方，故於經過之處，布散流言，而逆賊曾靜等又素懷不臣之心，一經傳聞，遂藉以為蠱惑人心之具耳」[92]。利用曾靜的案子，雍正自我宣布找到了誣蔑他失德的輿論根源。這是他在這個案件中著意追查的第一個內容，他還在曾靜與呂留良關係問題上大作文章。

岳鍾琪誘騙張熙時，張就明白表示，他們最崇敬的是呂留良。張說他去過呂家，見其詩文，且隨身帶有呂的詩冊，讓岳觀看。岳說看不出呂詩有什麼反清觀點，張為他一一指明[93]。張熙的見解來自曾靜，曾讀呂的評選時文，認為呂是「進世名儒」，及讀他的詩，反覆推敲，得其旨意，遂以「華夷之見橫介於中心」[94]。也就是說曾靜師徒的華夷之辨的觀念，受呂留良的影響很大。曾靜對呂留良欽佩得五體投地，認為呂應當做皇帝。他在《知新錄》中寫道：「皇帝合該是吾學中儒者做，不該把世路上英雄做。周末局變，在位多不知學，盡是世路中英雄，甚至老奸巨猾，即諺所謂光棍也。」他以為合格做皇帝的，春秋時應是孔子，戰國該是孟子，秦以後應為程、朱，「明末皇帝該呂子做」[95]。

呂留良（一六二九—一六八三年），號晚村，浙江石門人，順治十年（一六五三年）中秀才，後思想大變，悔恨獵取清朝功名，康熙五年（一六六六年）棄青衿，操選政，名氣很大，被人尊稱為「東海夫子」。他在著述中強調區分華夷的不同。他說「華夷之分，大於君臣之義」[96]。教人站穩華夏的民族立場，不能效忠於夷狄政權。他曾藉講述歷史道出對清朝的看法，他說「德祐以後，天地大變，亘古未經，於今復見」[97]。南宋德祐二年（一二七六年）二月，元軍進臨安，南宋實已滅亡，與此同時，蒙古族的元朝在全國建立了統治，這是第一個統一全國的少數民族政權，所以呂留良說是從古未有的不幸事變。清朝是繼元之後的統理全國的少數民族政權，呂留良也把它的出現看作是絕大的災難。他懷念著明朝，在文中說南明永曆帝朱由榔被緬甸送回國時，「滿漢皆傾心」，向他下跪；處死他時，「天地晦霾，日月失光」，百里以內的關帝廟都被雷擊[98]，意為天怨人怒，反對清朝暴政。他堅持漢族的立場，不承認清朝政府，謂之為「彼中」、「燕」、「北」、「清」[99]，而不稱「大清」、「國朝」、「聖朝」。他拒絕為清朝服務，康熙十八年（一六七九年）開博學鴻詞科，官員推薦他，誓死不就，次年，地方官又以山林隱逸薦舉他，堅辭不赴[100]。他把這些薦揚看作逼他出仕，厭惡至極。免得再被糾纏，就削髮為僧[101]。他這個立場，加上作為理學家的聲望，成為具有一定影響的學者，所謂「窮鄉晚進有志之士，風聞而興起者甚眾」[102]。僻處湘南山區的曾靜聞其名而嚮往之，可見其名播海內。

呂的門人嚴鴻逵等繼承了他的思想。嚴敵視清朝，希望發生變故，一日觀天象，說數年之內，「吳越有兵起於市井之中」。他總想看滿人的笑話，說索倫發生地裂，熱河大水淹死滿洲人兩萬多，同情朱三太子。大學士朱軾推薦他纂修《明史》，他在日記中表示：「予意自定，當以死拒之耳。」[103]嚴的學生沈在寬作詩云：「陸沉不必由洪水，誰為神州理舊疆？」還說「更無地著避秦人」。又錄呂留良私淑門人黃補庵詩：「聞說深山無甲子，可知雍正又三年。」[104]這時清朝統治已近百年，他稟承師說，拒不承認清朝，希望恢復漢人的神州。張熙到東南訪求呂留良遺書，嚴、沈熱情接待。所以呂留良雖死，而後繼有人。

雍正說呂留良以批評時藝，託名講學，造成「海內士子尊崇其著述非一日矣」[105]。深知要清除一部分漢人的反滿情緒，要批駁曾靜的華夷之辨，必須結合觸及他們所崇拜的呂留良，於是將呂師徒和曾靜一併譴責。他指斥呂留良「凶頑梗化，肆為誣謗，極盡悖逆」。嚴鴻逵為呂留良羽翼，其言詞有較呂更惡劣處。沈在寬「墮惑逆黨之邪說，習染兇徒之餘風」，亦是不逞之徒[106]。更重要的是雍正駁難呂、曾等堅持的華夷之辨。他針對漢人反對少數民族做皇帝的觀點，提出不以地域作為區別君主好壞標準的理論，他說帝王所以成為國君，是生民選擇有德之人，而不是挑選那個地方的人[107]。這個為分析少數民族統治全國立了一個標準，即合不合生民的需要。他舉例說：虞舜是東夷之人，文王是西夷之人，並不因地域而不能做君主，也不能損害他們的聖德。因此，他說清朝「之為滿洲，猶中國之有籍貫」，同虞舜、文王一樣可以為君主[108]，聲明清朝統治的合理。雍正還說了清朝統治的好處：(1)清朝使中國疆土開拓廣遠，是中國臣民的幸事。(2)清朝創造了太平盛世，使「四方無事，百姓康樂，戶口蕃庶」，田野日闢。(3)清朝是從李自成手中得的天下，不但不是奪的明朝皇位，還為明報仇雪恥，漢人專以朱明後裔為反清旗號，是叛逆的行為[109]。(4)清朝的衣冠是天命來主中國的形式，「孔雀翎，馬蹄袖，衣冠中禽獸」的話，是無知之人的詆毀[110]。雍正在華夷之辨中具有自豪感，認為南北朝時，君主只能統馭一方，所以南人指北人為索虜，北人詆南人為島夷[111]。明朝朱元璋的威德不足以撫育蒙古，才兢兢於邊防[112]。他以各族都在清朝統治之下的事實，說明華夷無別，維護以滿族為統治民族的清朝政權。雍正主張不分地域，以德為王，在理論上，在實踐上，對維護多民族國家的統一有積極意義。但他以地域觀念代替民族觀念，是偷換概念，迴避清朝的民族壓迫和民族歧視問題，這是由他作為少數民族統治者的地位所決定。

經過案情的審查和思想觀點的駁詰，雍正遂作結案的處理，就此又抓了兩個方面，一是文字上的，另一是組織上的。

雍正在曾案初發時表示曾書不必隱諱，將來自有處置，過了將近一年，即在七年（一七二九年）九月，下令將論述這個案子的上諭編輯在一起，附上曾靜的口供和懺悔的《歸仁錄》，集成

《大義覺迷錄》一書，加以刊刻，頒於全國各府州縣學，使讀書士子觀覽知悉。如果不知此書，一經發現，就將該省學政、該州縣教官從重治罪[113]。曾靜口供和《歸仁錄》，說清世宗至孝純仁，受位於康熙，兼得傳子、傳賢二意；又說雍正朝乾夕惕，懲貪婪，減浮糧，勤政愛民。所以《大義覺迷錄》一書是為世宗嗣位及初政作宣傳的著述。

同年十月，雍正命將曾靜、張熙免罪釋放，並且宣布不但他不殺他們，「即朕之子孫將來亦不得以其詆毀朕躬而追究誅戮之」[114]。這樣處理的原因據說有兩條，一是岳鍾琪為明瞭投書眞相曾同張熙盟過誓，岳為股肱大臣，與皇上應視為一體，不能讓他失信，故應寬免曾、張。二是因曾靜投書，才獲知造作謗言之人為阿其那、塞思黑的太監，追出元兇，得以曉諭百姓，這樣看曾靜還有功，不應斬殺[115]。其實，眞正的原因是為用他們現身說法，宣傳《大義覺迷錄》。他命杭奕祿帶領曾靜到江南江寧、蘇州、浙江杭州等地宣講，然後秘密押送到湖南，在觀風整俗使衙門聽用[116]。張熙由尚書史貽直帶往陝西，在各地宣講完畢，送回原籍，在家候旨，以便隨傳隨到[117]。他們的宣傳作用，是任何人所不能起到的。

對呂留良一干人等的處理要複雜一些。八年（一七三〇年）十二月，刑部提出結案意見，雍正命交各省學政，遍詢各學生監的意見，因為要焚禁呂的著作，怕有人私藏，故以此為名，多做宣傳工作。雍正還命大學士朱軾等批駁呂留良的四書講義、語錄，到九年（一七三一年）十二月書成，也刊刻頒發學宮[118]。又過了一年，才正式定案，將呂留良及其子、已故進士呂葆中、嚴鴻逵戮屍梟示，另一子呂毅中、沈在寬斬立決，呂和嚴的孫輩，人數眾多，俱發遣寧古塔給披甲人為奴，倘有「頂替隱匿等弊，一經發覺，將浙省辦理此案之官員與該犯一體治罪」。呂家財產沒官，充浙江工程用費[119]。案中牽連人分別判處：黃補庵已死，妻妾子女給功臣家為奴，父母祖孫兄弟流二千里；刻書人車鼎臣、車鼎賁[120]、與呂留良交往的孫克用、收藏呂留良書籍的周敬輿均應斬，秋後處決；呂門人房明疇、金子尙革去生員，僉妻流三千里；陳祖陶、沈允懷等十一人革去教諭、舉人、監生、秀才，杖一百；嚴鴻逵、沈在寬的學生朱霞山、張聖範等人因年幼釋放[121]。被處分的還有呂留良的同鄉朱振基，他景仰呂的為人，在任廣東連州知州時，供奉呂留良牌位，呂案發生時，他已調任廣州府理瑤同知，但連州生員告發他，雍正將他革職嚴審，使其死於獄中[122]。

在審查曾靜不久，雍正就此事在寵臣田文鏡的奏摺上批道：「遇此種怪物，不得不有一番出奇料理，傾耳以聽可也！」[123]對鄂爾泰亦作了同樣內容的硃批[124]。經過他的精心料理，由曾靜枝蔓出呂留良，作了曾輕呂重的結案處置，確實夠出奇的了！虧他想得出！

（三）雍正嗣位及其初年政治鬥爭的總結

曾靜以抨擊雍正失德，作為反對清朝統治的武器，有著明確的政治目標。雍正如何處理他，原是可以多樣的，可以抓他的造反問題，或反滿問題，可以不擴大線索，可以秘密進行，也可以公開審理，這就要看雍正的需要了。前已說明，雍正在政治上的成功，同在思想、輿論上的不利地位形成突出的矛盾，在一定程度上影響他的政治成就，影響他的統治的進一步鞏固，他需要在思想、輿論上再打一仗，以鞏固和擴大他在政治上的勝利。而在雍正五年以前，初政繁忙，還來不及做這件事，曾靜出來了，提出的恰是他繼位和初政問題，正是思想、輿論界對他不信任的因素，他一下子就敏感到了，抓住了，遂藉曾靜出的題目，憑恃帝王的權威，在思想上向政敵開火。他在案件初起就對岳鍾琪說曾靜投書也是好事，隨後給浙江總督李衞的硃諭進一步明確了這個觀點，他說：關於朕的謠言，由曾靜暴露出來，是「天道昭彰，令自投首。靜言思之，翻足感慶，藉此表明於天下後世，不使白璧蒙污，莫非上蒼篤佑乎！」[125]他把曾靜的發難視作天賜良機，利用它說明得位的正當，政治舉措的得當，政敵的錯誤，進而說明反對他的輿論根源在於對手的惡意中傷，希圖改變人們對他嗣統與初政的看法。雍正的「奇料理」，奇在敢於抓曾靜的觀點，公開辯論，敢於把不利於他的觀點加以公布，敢於把曾靜、張熙放到社會上，這個「奇」，表明他有政治氣魄，善於料理重大政治事務。當他頒布關於曾靜的上諭，鄂爾泰說：「捧讀上諭，坦然惻然，自問自慊，不為一曾靜，而為千百億萬人，遍示臣民，布告中外，自非大光明，大智慧，無我無人，惟中惟正，固未有能幾此者。」[126]撇開他的諛獻成分，講不為曾靜而為眾人，鄂爾泰說到了雍正心坎上，他是拿曾靜做文章，爭取輿論同情。由此可見，曾靜本身的反清與雍正處理的、旨在說明他嗣位合法性、政治合理性的曾靜案不完全一致。這個案子是雍正在思想上打了一仗，被他用作說明繼統與初政的工具了，即用作政治鬥爭的工具了。它是雍正嗣位和初年政治鬥爭的延續和總結，它的出現是雍正朝政治鬥爭的必然結果。

呂留良的事和曾靜不完全相同。清初，漢族士大夫中一部分人具有強烈的反滿思想，呂留良就是其中的一員，他是思想家而不是政治家，他宣傳夷夏之防主要是認識問題，出家不仕也涉及到政治，然而是次要的方面。曾靜的政治事件把他株連上，他的思想被曾靜接受並產生出政治行動，這應由曾靜負責，已故的呂留良自不能成為這個事件的主謀，雍正把他作為元兇，處以戮屍酷刑，是按政治犯對待的，但是呂留良本身非政治活動性質並不因人為的加以政治罪名而改變。所以呂留良、嚴鴻逵、沈在寬的獲罪，在於他們具有和宣傳反滿思想，是文字之禍。這個案子搞得那麼嚴重，是雍正處理曾靜案的需要。他在曾靜案辯嗣位問題中，是被置於被告席的，被告自然願意把事情講清，然而糾纏不休，總使自身處於被動地位，於己不利，雍正要改變這種狀況，奪取主動權，就放大視野，擴大事態，抓住呂留良，大講華夷問題，扭轉嗣統問題上的被動狀態，所以呂案是掩蓋曾案的，是為解決曾案問題服務的。不難明瞭，呂案中人是無辜的受害者。這個冤獄，充分表現了雍正和封建文化專制主義的殘暴，還反映了清朝滿族統治者對漢人的民族壓迫。

由此可見，曾靜案和呂留良案是既有聯繫又有區別的兩件事，不是一個案子。

文字之禍的蔓延

曾靜案和呂留良案發生後，雍正和官員更加注意對人們思想的控制，文字獄和準文字獄接踵發生。

七年（一七二九年）十二月，湘撫趙弘恩摺奏，瀏陽縣發現《朱姓家規》一書，端首稱謂條內，有「侏儚左衽，可變華夏」二語。趙就此說：「當此聖明之世，飲和食德，在在蒙休，乃敢肆其犬吠，狂悖褻慢」。以為朱姓是曾靜一黨，嚴加審訊，沒有結果，遂將《朱姓家規》送呈雍正。「侏儚左衽，可變華夏」，是漢人觀點，具有普遍性，《朱姓家規》所寫，並沒有反清的特殊意義，而且與曾靜案毫無關係，雍正因此指示不必深究，但要對朱姓嚴加教育，以警其餘[127]。

張熙往見岳鍾琪時，說他聽說廣東有屈溫山，詩文很好，亦不出仕，可惜沒有見過，岳為引誘他上鈎，說藏有《屈溫山集》。八年（一七三〇年）十月，署理廣東巡撫傅泰看到《大義覺迷錄》，因「屈溫山」，想到廣東著名學者屈大均號「翁山」，認定屈溫山是屈翁山讀音之誤，遂查到屈翁山文外、詩外、文鈔諸書，發現其中「多有悖逆之詞，隱藏抑鬱不平之氣，遇到明朝稱呼之處俱空擡一字。這時屈大均已死三十多年，其子屈明洪任惠來縣教諭，自動到廣州投監，交出所存乃父詩文及刊板。傅泰因以其為線索，進行嚴審，並上報雍正。刑部議請按大逆律問罪，屈大均戮屍梟示。雍正以其子自首，減等論處，終將他的後人流放福建，詩文毀禁128。

徐駿，江蘇昆山人，刑部尚書徐乾學的兒子，中進士，選庶吉士，作詩有「明月有情還顧我，清風無意不留人」句，被人告發「思念明代，不念本朝，出語詆毀，大逆不道」。雍正說這是議訕悖亂的言論，將他照大不敬律斬決，文稿盡行焚毀。徐駿出身大官僚家庭，青年時驕狂暴劣，據說暗置毒藥，害死其塾師，因而為情理所不容129。但他「明月清風」詩句，本為文人騷客所濫用的詞藻，與反清復明思想風馬牛不相及。他死於文字之禍，不能說不是冤枉的。

八年（一七三〇年），福建汀州府上杭縣童生范世傑讀到《大義覺迷錄》，向福建觀風整俗使劉師恕投遞詞呈，斥曾靜，頌雍正，劉師恕稱讚他「忠愛之心可嘉」。待到福建學政戴瀚按考到汀州，他又上呈文，說曾靜的話是「逆天悖命越禮犯分之言」，對曾指責雍正的言論一一加以駁斥，說雍正在繼位之前，以子道事父母，以臣道事君父，授受之際，「三兄有撫馭之才，欽遵父命，讓弟居之，而聖君不敢自以為是，三揖三讓，而後升堂踐天子位焉」。說明雍正同諸兄弟和睦，得位正當，沒有弒兄屠弟的事。他還說雍正世道比三代還強，為生於這樣的盛世而慶幸。他滿以為會得到學政的賞識，豈料遭到拘禁審問。戴瀚問他三兄讓位的話從何而來，是什麼意思？范世傑供稱，在汀州城裏，人人都是這樣說的。戴瀚很敏感，理解為這是講誠親王允祉有撫馭之才，應該當皇帝，所以嚴厲追問，並立即將范世傑呈詞上奏。雍正認為他做的很正確，說地方大員若能對這樣的事情不隱諱，范世傑之類的棍徒匪類必能盡除。遂命戴瀚會同督撫密審，又準情度理，認為范世傑是一個企圖僥倖進身的小人，不會有多大背景，不必鋪張擴大事態。隨後，戴瀚與福建總督劉世明、巡撫趙國麟密訊范世傑，重點審問三兄讓位的話頭。范供稱，他知道雍正序居第四，他即位，必是三個哥哥讓位，所謂三兄，不是指第三個哥哥，而是長、二、三三位；說三哥有撫馭之才，也不是眞知道，只是想天家的龍子龍孫自然都該是賢才，他們讓位，更說明皇上聰明天縱。他將三兄解釋為三個兄長，是為避允祉的實指所進行的詭辯，因為他聽人說過：「朝廷家有個三爺，雖然有才，乃是稟性兇暴，做不得人君。」不過他的原意還是說允祉儘管有才，做不了皇帝，雍正不是搶皇位，謙讓再三才坐的龍廷。三位疆吏審不出什麼來，只能說他造言生事，建議將他押交原籍地方官，嚴加管束，每逢朔望，令其宣讀《大義覺迷錄》，若再多事，即行治罪。雍正於九年（一七三一年）六月同意了他們的處置辦法[130]。

范世傑寫呈時二十三歲，不甘於童生地位，想藉指斥曾靜、頌揚雍正為進身之階，那知這是政治鬥爭，豈能兒戲。頌聖要頌在點子上，講雍正繼位，要以上諭為準，添枝加葉，將民間傳說寫進呈文，豈非自討苦吃！好心不得好報，這是他利令智昏，也是咎由自取。頌聖是范世傑呈文的主旨，僅因三兄讓位的話飽嘗鐵窗風味，亦見雍正朝文字獄的兇殘。范世傑說雍正推辭帝位的話，在其即位之初，遣使到朝鮮告康熙之喪，朝鮮接待人員就聽說：雍正在康熙死後六、七天才登基，是因「新皇屢次讓位，以致遷就」[131]。這是官方講雍正推讓，范世傑也講這個問題，就有了錯，眞是只許州官放火，不許百姓點燈。

江南崇明縣人沈倫，著有《大樵山人詩集》，於雍正十二年（一七三四年）九月病故，該縣施天一與沈家爭田產，遂挾嫌首告沈倫詩內有狂悖語句，江南總督趙弘恩查出沈倫名在沈在寬案內，詩板藏在蘇州沈蒼林家，就捉拿沈倫嗣孫沈自耕、沈蒼林、施天一等人，徹底查究。雍正極表贊同，在趙弘恩的奏摺上寫道：「凡似此狂妄之徒，自應徹底究懲，以靖悖逆風習。」[132]此案如何結局，未見資料。施天一以詩句狂悖告詰仇人，則是文字之禍成風的一種表現。

吳茂育，浙江淳安人，官宛平縣丞，著作《求志編》，被族弟、生員吳霽告發，浙江總督程元章立即拿審，認為該書評論古今，「語言感慨，詞氣不平，肆口妄談，毫無忌憚。」該書一種本子上的李沛霖序文，於紀年處只用干支，書「癸卯九月」，不寫雍正元年，更干法紀。雍正誇獎程元章辦理的得體和用心，要求他「嚴加審究，毋涉疏縱」，並向他講解這種匪人比盜賊有害的道理：盜賊有形迹外露，該管有司不想懲治也不可能，而託名斯文，藉口著述的奸匪，盡可置之不問，所以除盜賊易，除思想犯人難。而地方官不盡心的原因，在於不認識這個問題的嚴重，也在於怕煩勞和招人抱怨，因此，做純臣就「不可因遠『多事苛求』四字之嫌，而貽誤於世道生民」。《求志編》的另一種本子，有吳茂育的自序，就書寫了清朝年號[133]。究竟該書有無吳霽、程元章等人所說的狂悖文字，這也是人們理解的問題，當文字獄盛行之時，原是可以任意添加這個罪名的。

上述數案，發生在雍正後期，它們與前期的汪景祺、查嗣庭、錢名世等案有所不同，汪、查、錢等之獲罪，雖同文字有關，但是涉及到年羹堯、隆科多的政治鬥爭中了，曾靜案和呂留良案發生之後，使事情發生了變化，後來出現的徐駿諸獄，犯事人本身沒有政治主張，也未牽涉到政治集團，完全是受了文字之累。所以雍正朝的文字之禍，有著發展變化，前期是政治鬥爭的一個組成部分，後期則是加強思想統治的問題，有著不同的性質和內容。前期遭禍的人，以及曾案中人，是政治鬥爭的犧牲品，後期寃情更增，多是無辜受害者。如果說雍正搞汪、查、錢、曾還有一定道理，整治呂、屈、徐等文人，純粹是出於強化思想統治的需要，適足表現封建文化專制主義的嚴密和反動。

註釋

1 《硃批諭旨・莽鵠立奏摺》，三年六月初二日摺及硃批。
2 《撫豫宣化錄》卷三上。
3 《西征隨筆・繆禮科條奏》。
4 《硃批諭旨・田文鏡奏摺》，四年六月十一日摺。
5 《硃批諭旨・田文鏡奏摺》，四年正月二十一日摺。
6 《硃批諭旨・田文鏡奏摺》，四年六月十一日摺。
7、8 《小倉山房文集》卷二十七《內閣學士原任直隸總督臨川李公傳》。
9 《硃批諭旨・田文鏡奏摺》附錄李紱奏摺。
10 《硃批諭旨・田文鏡奏摺》附錄李紱奏摺硃批。
11 《硃批諭旨・田文鏡奏摺》，四年四月二十一日摺。
12 《硃批諭旨・田文鏡奏摺》，四年六月十一日摺及硃批。
13 《上諭內閣》，四年九月十二日諭。
14 《硃批諭旨・田文鏡奏摺》，二年十二月十五日摺硃批。
15 《上諭內閣》，四年十二月初七日諭。
16 《硃批諭旨・田文鏡奏摺》，四年九月二十一日摺。
17 《硃批諭旨・李紱奏摺》，四年七月初一日摺硃批。
18 《清史列傳》卷十三《蔡珽傳》。
19 《雍正朝起居注》，四年十二月初七日、初八日諭。
20 《硃批諭旨・韓良輔奏摺》，五年正月十六日摺硃批。
21 《小倉山房文集》卷二十七《內閣學士原任直隸總督臨川李公傳》。
22 《硃批諭旨・李紱奏摺》。
23 《永憲錄》卷四，二七四頁。
24 《硃批諭旨・李紱奏摺》，二年十月初六日摺硃批。
25 《硃批諭旨・李紱奏摺》，二年九月二十八日摺硃批。
26 《硃批諭旨・李紱奏摺》，四年八月初一日摺硃批。
27 《硃批諭旨・李紱奏摺》，二年十月初六日摺硃批。
28 《硃批諭旨・李紱奏摺》，四年七月初一日摺硃批。
29 《穆堂別稿》，安常《序》。
30 《硃批諭旨・田文鏡奏摺》，四年十月初九日摺硃批。
31 《上諭內閣》，四年十月十二日諭。
32 《雍正朝起居注》，五年二月初三日條。
33 《清世宗實錄》卷八十七，七年十月乙丑條。
34 《上諭內閣》，四年十二月十二日諭。
35 清世宗「硃諭」，第六函。
36 《上諭內閣》，五年六月十五日諭。
37 《上諭內閣》，五年十二月二十日諭。

38《上諭內閣》，六年正月二十三日諭。
39《硃批諭旨・王國棟奏摺》。
40《上諭內閣》，五年八月二十六日諭。
41《上諭內閣》，五年七月十六日諭。
42《上諭內閣》，五年七月十七日諭。
43《上諭內閣》，五年十月初三日諭。
44《上諭內閣》，七年閏七月二十一日諭。
45《上諭內閣》，七年九月十九日諭。
46《上諭內閣》，四年十二月初八日諭。
47《清史列傳》卷十四《楊名時傳》。
48《清世宗實錄》卷八十七，七年十月乙丑條。
49《小倉山房文集》卷二《禮部尚書太子太傅楊公神道碑》。
50《國朝先正事略》卷十五《謝梅莊觀察事略》；《嘯亭雜錄》卷九《謝濟世》。
51《小倉山房文集》卷二《禮部尚書太子太傅楊公神道碑》。
52《清世宗實錄》卷八十三，七年七月丙午條；《上諭內閣》，七年六月二十六日諭。
53《清世宗實錄》卷八十九，七年十二月壬戌條。
54《清世宗實錄》卷八十三，七年七月戊申條。
55 福格《聽雨叢談》卷三《八旗直省督撫大臣考》。
56《上諭內閣》，五年七月初三日諭。
57《永憲錄》續編，四〇四頁。
58《上諭內閣》，五年七月初三日諭。
59、60《文獻叢編》第三輯《盧宗漢案》，二頁下－四頁下。
61《文獻叢編》第一輯《張倬投書岳鍾琪案》，十九。
62《大義覺迷錄》卷三。
63《大義覺迷錄》卷四。
64、65《文獻叢編》第二輯《張倬投書岳鍾琪案》，二五頁上－二六頁上。
66《文獻叢編》第一輯《張倬投書岳鍾琪案》，二頁上。
67《大義覺迷錄》卷三。
68 曾靜著有《知新錄》、《知幾錄》，均未刊行。雍正「上諭」和審訊曾靜問話中常轉述《知新錄》一書中的話，它們散見在《大義覺迷錄》一書中。
69《大義覺迷錄》卷一。
70《大義覺迷錄》卷二。
71、72《大義覺迷錄》卷三。
73、74《大義覺迷錄》卷一。
75《大義覺迷錄》卷二。
76《文獻叢編》第二輯《張倬投書岳鍾琪案》，二五頁下。

77《大義覺迷錄》卷一。
78《文獻叢編》第一輯《張倬投書岳鍾琪案》，三頁下。
79《文獻叢編》第一輯《張倬投書岳鍾琪案》，四頁。
80《上諭內閣》，元年二月初十日諭。
81《上諭內閣》，二年正月初八日諭。
82《文獻叢編》第一輯《張倬投書岳鍾琪案》，四頁下。
83《硃批諭旨·鄂爾泰奏摺》，七年四月十五日摺。
84《上諭內閣》，七年十月初十日諭。
85《文獻叢編》第二輯《張倬投書岳鍾琪案》，二一頁下。
86《上諭內閣》，七年九月初二日諭。
87《硃批諭旨·田文鏡奏摺》，七年十一月十六日摺。
88《文獻叢編》第一輯《張倬投書岳鍾琪案》，二二頁上。
89《上諭內閣》，七年九月初二日、十月初七日諭。
90《大義覺迷錄》卷三。
91《大義覺迷錄》卷三。關於改詔、謀父、逼母等說法及雍正自云繼位合法的內容在第一章、第三章中均有說明，這裏不贅述。
92《大義覺迷錄》卷一。
93《文獻叢編》第一輯《張倬投書岳鍾琪案》，二頁下。
94《大義覺迷錄》卷三。
95《大義覺迷錄》卷二。
96《大義覺迷錄》卷三。
97《大義覺迷錄》卷一。
98、99《大義覺迷錄》卷四。
100、101、102 呂留良《呂晚村先生文集》附錄呂葆中等撰《行略》。
103《大義覺迷錄》卷四。
104 蔣良驥《東華錄》卷三〇，四九六頁。
105《上諭內閣》，八年十二月十九日諭。
106《清世宗實錄》卷八十二，七年六月丙戌、戊子條。
107、108《大義覺迷錄》卷一。雍正講：「……在逆賊等之意，徒謂本朝以滿洲之君，入為中國之主，妄生此疆彼界之私，遂故為訕謗詆譏之說耳。不知本朝之為滿洲，猶中國之有籍貫。舜為東夷之人，文王為西夷之人，曾何損於聖德乎！《詩》言『戎狄是膺，荊舒是懲』者，以其僭王猾夏，不知君臣之大義，故聲其罪而懲艾之，非以其戎狄而外之也。若以戎狄而言，則孔子周遊，不當至楚應昭王之聘；而秦穆之霸西戎，孔子刪定之時，不應以其誓列於《周書》之後矣。」

109、111《大義覺迷錄》卷一。

110、112《大義覺迷錄》卷二。

113《大義覺迷錄》卷一。

114《大義覺迷錄》卷三。

115《上諭內閣》，七年十月初六日諭。

116《硃批諭旨・趙弘恩奏摺》，八年二月初四日摺；《硃批諭旨・李衞奏摺》，八年二月初八日摺。

117《硃批諭旨・史貽直奏摺》，十年二月初三日摺。

118《上諭內閣》，九年十二月十六日諭。

119《清世宗實錄》卷一二六，十年十二月乙丑條。

120 車氏兄弟，江寧上元縣人，亦具反滿思想。據說車鼎賁與車鼎豐飲酒，酒杯為明朝磁器，底有成化年造款識，車鼎豐把酒杯翻過來，說「大明天下今重見」，車鼎賁把酒壺放在一邊，說「又把壺兒擱一邊」，利用「壺」、「胡」同音，謂把滿人的清朝棄置在一旁。車鼎賁之兄車鼎晉曾奉詔在曹寅主持下校刊《全唐詩》，因這個案子的影響，憂懼而死。見陳作霖著《炳燭裏談》卷上《文字禍》。

121《清世宗實錄》卷一二六，十年十二月庚午條。

122《清世宗實錄》卷八十九，七年十二月丙午條；《硃批諭旨・王士俊奏摺》，八年十月十一日摺。

123《硃批諭旨・田文鏡奏摺》，七年五月二十一日摺及硃批。

124《硃批諭旨・鄂爾泰奏摺》，七年四月十五日摺硃批。

125 清世宗「硃諭」，第九函。

126《硃批諭旨・鄂爾泰奏摺》，七年四月十五日摺。

127《硃批諭旨・趙弘恩奏摺》，七年十二月初九日摺及硃批。

128《清代文字獄檔・屈大均詩文及雨花臺衣冠冢案》；《硃批諭旨・傅泰奏摺》，八年九月十九日摺。

129《清世宗實錄》卷九十九，八年十月己亥條；劉禺生《世載堂雜憶》，中華書局一九六〇年版，二〇頁。

130《文獻叢編》第七輯《雍正朝文字獄・范世傑呈詞案》。

131《李朝實錄・景宗實錄》卷十，二年（康熙六十一年）十二月戊辰條，四十二冊一五一頁。

132《硃批諭旨・趙弘恩奏摺》，十二年十二月初九日摺及硃批。

133《硃批諭旨・程元章奏摺》。

第八章　軍機處的創建和奏摺制度的確立

雍正整頓吏治的同時，對行政機構、管理制度也相應作了一些變革，最主要的是確立奏摺制度和設立軍機處。

「臺省合一」和觀風整俗使的設置

元年（一七二三年），雍正說六科的掌印給事中責任緊要，人選交都察院公同揀選保奏。並具體規定各科掌印給事中員缺，該科知會吏部，開列各科不掌印的給事中名單，送都察院揀選二人，出具考語，轉回吏科，繕本具題。題本用都察院的印信[1]。這是把六科給事中的考核交都察院掌管，使他們成為該院的屬吏，都御史的屬員。都察院的監察御史，向例有巡視京師五城、京通倉、巡鹽、巡漕等差，給事中歸都察院考核後，都御史把他們與御史一體對待，巡視城、漕、鹽、倉等差[2]。於是給事中與御史沒有什麼區別了。

六科，原是一個衙署，職責是所謂「傳達綸音，稽考庶政」[3]。它把皇帝批過的臣工題本，從內閣領出，謄抄清楚，發給有關部門執行。它不僅轉發文件，還具有封駁權，已經皇帝批准的奏章，六科認為有不妥的地方，可以封還執奏，若內閣票簽批本錯誤，原奏章的失當之處，就應當接受它的駁正。它還稽察六部，察核奉旨事件完結情況，如有遷延遲誤情事，即行參奏[4]。六科給事中所理之事，在唐朝屬於門下省，是宰執機關的事情，清初雖沿元、明之舊，沒有門下省，但給事中有封還奏章之權，職位不高，而地位重要。

給事中自歸都察院管轄，被按照御史來分派差遣，原來分外的事多了，以至「奔走內外，朝夕不遑」，原屬分內的事，沒有時間和精力去管。有時大量被派遣出去，本科只留一人，忙不過來，把領到的本章，匆匆發出，來不及詳細審讀，封駁就無從談起了[5]。這樣就削弱了給事中的職權，使他們等同於御史了。都察院在唐代為御史臺，雍正使六科實質上隸屬於都察院，按當時的說法，是「臺省合一」。

六科由都察院管轄的命令剛一下達，引起一些人的不滿，給事中崔致遠「嘵嘵陳奏」，反對這一措施[6]，雍正拒不理睬。乾隆初有人說這個做法是「輕重倒置」，是不尊重綸綍[7]。雍正恰是要重者輕之，使給事中不能抗皇帝之命，使綸音得到絕對尊崇。

雍正這樣做，還是接受明末黨爭的歷史教訓。明朝六科，比較能夠實現「制敕宣行，大事復奏，小事署而頒之，有失，封還執奏」[8]的權力，明後期，以言官的身分，較多地干預了朝政。這種情況，清初已經有所改變，但康熙後期儲位鬥爭，也就是雍正說的朋黨之弊嚴重，明末遺風不息，而六科官員又參預其間，給事中秦道然為允禟管理家政即是一例。雍正為打擊朋黨，就對六科的官制進行了相應的改革。

雍正貶低給事中職能，卻加重了監察御史的職責，向地方派遣了各種類型的巡察御史。元年（一七二三年），以黑龍江船廠等處人口增殖，貿易事繁，原設將軍料理不開，命派出御史、給事中二員，巡視吉林和黑龍江[9]。三年（一七二五年），向各省派遣巡察御史，其中山東、河南各一人，兩湖一人，江寧、安徽兩布政司共一人，官員由小京堂、科道及各部郎中內揀選[10]，他們到各省，處理一些政事，監察地方官吏，有欽差的味道。四年（一七二六年），因直隸旗下人多，不法者眾，派御史和給事中數人往八府巡視，凡旗下告退官員、莊頭、內監的親戚、在籍紳衿，犯法的，即會同地方官懲處[11]。七年（一七二九年），又因直隸興建了營田，特派巡農御史，巡歷州縣，查察農民生產情形，以定州縣考成，以示重視農業[12]。在京城，於四年添設稽察內務府的御史四員[13]，五年（一七二七年）又增設稽察宗人府的御史二員[14]。

臺省合一，削弱六科諫議權，加強都察院對臣工的監察，兩者相輔相成，是強化皇權的兩個側面。雍正這一改制，使皇帝更加集權了。

向地方派遣觀風整俗使，也是雍正的一個創造。浙江文化發達，人才較多，浙籍士人與江南士人一起壟斷科闈，官員散布朝內外，幕客布滿各衙門。三年（一七二五年）十月發案的汪景祺、四年九月判決的查嗣庭都是浙江人，這兩個案子引起雍正的警覺，他再聯想到歐秀臣為允禩造輿論，杭州發生反對攤丁入糧的運動，對浙江的印象之壞可想而知了。四年八月，浙撫李衞摺奏，謂該省「民刁俗悍，動則錢糧掛誤，命案參黜」，以致「大吏屢易其人，守令席不暇暖」[15]。這就更使雍正認為「浙江風俗澆漓，甚於他省」[16]，紳衿「好尚議論」，浙江人是「恩德所不能感化者，狼子野心聚於一方」[17]，決心對他大加整頓，當年十月，決定派遣專職官員到浙江「查問風俗，稽察奸僞，應勸導者勸導之，應懲治者懲治之，應交於地方官審結者即交地方官審結，應參奏提問者即參奏提問，務使紳衿士庶有所儆戒，盡除浮薄囂陵之習。」[18]規定了赴浙官員的任務。至於用什麼官名，吏部以為唐太宗貞觀年間派遣蕭瑀、李靖等巡行天下，號「觀風使」，可仿之取名「觀風整俗使」，雍正接受這個建議，任命光祿寺卿、河南學政王國棟為右僉都御史銜浙江觀風整俗使。十二月，雍正說浙江風俗既如此敗壞，士人「挾其筆墨之微長，遂忘綱常之大義，則開科取士又復何用？」因命停止浙江人的鄉會試[19]。同月，浙江人、吏部左侍郎沈近思奏請整頓其故鄉風俗十事，說該省逆種迭生，「越水增羞，吳山蒙恥。」他的十議是：(1)童生縣府試不得求鄉紳請託，違者府縣、鄉紳、父、師、本童各坐罪。(2)生員不得奔走當事投拜門生，通謁顯貴，乞求關節，不許造作揭帖誣蔑官民，違者以光棍例治罪。(3)禁士子寫作淫詞艷曲，不得刊刻詩歌獻媚權貴。(4)遇有地方事務，嚴禁舉貢生監哭廟擡神，以免干預官方。(5)禁止鄉紳關說公事。(6)生監不許聯名公呈。(7)禁無賴棍徒包攬衙門。(8)禁止衙役勾結鄉紳訟棍挾制本官。(9)禁士人要紙牌馬吊及打降等事。(10)禁地棍強派賽神演戲錢，禁婦女遊覽寺觀。雍正認為這十議切中浙江情弊，敕令浙撫和觀風整俗使貫徹施行，又誇獎沈近思不為惡俗所染，足「洗越水吳山之羞恥」[20]。王國棟赴任前進京覲見，雍正給他關於浙江棚民的兩份奏摺，又要他清查錢糧積欠[21]。王國棟到任，遍巡浙江府縣，到處召集紳衿於孔廟明倫堂訓話，宣布雍正整飭浙江士俗民風的宗旨。那時查嗣庭的家鄉海寧縣發生「屠城」的謠傳[22]，有的居民遷出縣城，人心惶惶，王國棟前往宣講，使紳士「戰戰慄慄叩頭謝恩，切齒查〔嗣庭〕賊」[23]。他在一般的宣講之外，做了三件事，一是清查錢糧，行文各府州縣依限催徵，及時將徵收情況報告給他，凡未按期完納的，如係紳衿黎庶頑抗，不待州縣詳報，即分別輕重處分，應參究的參究，應革懲的革懲，以使錢糧清楚[24]。他為清積欠，嚴懲包攬紳衿，還預備在仙居縣清丈土地[25]。一是清查各府州縣命盜訟獄案件。再一項是清查保甲，編審棚民。此外，他對整理營伍，興修水利，買糧備荒等事亦行參預。雍正對王國棟的活動很滿意，在他的奏摺上批寫：「爾到浙與〔巡撫〕李衛協衷任事，能推誠布公，宣明朕旨，風俗人心頗覺轉移，朕聞知嘉悅之至。」[26]「所奏辦理數事，均屬公當明白。」[27]他到任半年多，雍正就將他升為湖南巡撫，把他同鄂爾泰、田文鏡相提並論，說「朕又慶得一好撫臣矣」[28]。王調任後，由浙江糧道許容接任，六年（一七二八年）許升甘肅巡撫，遺缺由糧道蔡仕舢補進，七年（一七二九年）蔡署巡撫，八年（一七三〇年），雍正以浙江風俗已漸改移，又有總督李衞善於訓導，因而不再派遣觀風整俗使[29]。從雍正的歷次上諭和王國棟在浙江的實際做法可知，這個官職，是針對某省的特殊情況設置的，其使命主要是懲治不法紳衿，改變當地風俗，強化對紳衿和人民的統治。觀風整俗使所辦理的事務，有的與巡撫職責相衝突，因此雍正要王國棟與李衞和衷共濟，又命他將徵收錢糧等具體業務交李衞辦理[30]，避免雙方矛盾的發展，並在觀風整俗使任務完成之後，即行撤銷。

曾靜案發之後，湖南被官方認為「風俗不端，人情刁惡」[31]，雍正即向這裏派遣觀風整俗使。七年，雍正以廣東「盜案繁多，民俗獷悍，設置觀風整俗使加以整訓[32]。前已敍過，廣東礦徒問題嚴重，雍正很是擔憂，這是他向廣東派出觀風整俗使的主要原因。福建地處沿海，民窮事繁，雍正也派了觀風整俗使。湘、粵、閩等省的觀風整俗使，在職權上都不如王國棟。八年六月，粵藩王士俊摺奏觀風整俗使焦祈年行為虛浮，大約是焦好勝越出職權，與地方官發生了衝突，雍正為支持觀風整俗使，並不責備焦祈年，然而說：「其責任不過為稽查耳目之寄，非有專閫重權，縱使儀制少逾，庸何傷乎？」[33]說明這個職務已不能管理多少政事了。

與觀風整俗使性質相近似的，是雍正向陝甘派出的宣諭化導使。雍正後期，陝甘人民因西北用兵負擔加重，不滿情緒大增，雍正派尚書史貽直、侍郎杭奕祿、署理內務府總管鄭禪寶率領翰林院庶吉士、進士分赴六部學習人員、國子監肄業的貢生，到陝甘宣撫，希望民人「篤尊君親上之義，消亢戾怨懟之情」[34]。

「雍正間，或用人惟賢，或因事權授，往往不拘定制。」[35]吳振棫的這個評論比較反映實際。督撫的設置亦時有變化。直隸原設巡撫，為李維鈞改作總督，後成為定制，原無布、按二司，亦行增設[36]。河南巡撫田文鏡為雍正寵信，特為他授河南總督，又置河南、山東總督，轄這兩個省。閩浙總督先為一人，雍正用李衛為浙江總督，兼理江南五府二州的盜案，於是福建也單獨為一總督。兩廣總督轄下的廣西割歸雲貴總督，廣東仍保留總督。巡撫，歷來各省只有一個，雍正在有的省派人協理。當王國棟署理山東巡撫時，雍正又用吏部左侍郎劉於義協辦山東巡撫事務[37]。伊都立為晉撫，布政使高成齡協辦巡撫事。馬爾泰署陝撫，宣諭化導使史貽直亦為協理巡撫，待史任署撫，雍正又用內閣學士德齡協辦巡撫事，後又命甘肅布政使鄂昌協辦。直隸總督宜兆雄任上，禮部侍郎劉師恕被任命為協辦總督，後何世璂接替宜兆雄，劉師恕協辦如故。齊蘇勒任河道總督多年，雍正又命署理廣東巡撫尹繼善為總河協辦。大學士也增添協辦。二年（一七二四年），雍正命田從典為協理大學士，六年（一七二八年），命尹泰、陳元龍為額外大學士，十年（一七三二年），用福敏為協理大學士，到乾隆時，協辦大學士就成了定制。

雍正對這些官制的變動，有的成為定制，反映了客觀事物發展的需要；有的因特殊情況所必需，事竣即裁撤；有的是他觀察客觀事物不準確，故亦不能長久；有的是他為酬勞寵臣，特為立制，他說的很明確，人去事變，不為保持。

奏摺制度與政令的推行

比臺省合一更影響政治的是奏摺制度的全面實行。

奏摺是後起的官文書，在先，地方官有事報告皇帝，凡係地方公事，用題本，若係個人私事，則用奏本，前一種蓋官印，後種不用印，兩種文體都交由通政司進呈，在皇帝觀覽之前，已先由有關官員看過，因此這兩種文體的奏章，是公開的，不是只有皇帝拆閱的秘密奏疏。這樣的文體，有些事情官員不便奏聞，皇帝想知道的從中得不到，不利於下情上達。這本是明朝制度，清朝沿襲以來，皇帝感到不便，據記載，在順治年間產生了補救的文書——秘密奏摺，但今天見不到實物，不能證實。至遲到康熙三十二年（一六九三年），它已確實存在了。今存蘇州織造李煦在那年七月奏報蘇州得雨、糧價和民情的摺子，康熙見到後，硃筆批復說：「五月間聞得淮徐以南時暘舛候，夏澤愆期，民心慌慌，兩浙尤甚。朕夙夜焦思，寢食不安，但有南來者，必問詳細，聞爾所奏，少解宵旰之勞。秋收之後，還寫奏帖奏來。凡有奏帖，萬不可與人知道。」[38]由此獲知，不得讓第三者知道的奏章，是秘密的，不是題本、奏本；這種文字，當時叫做「奏帖」；它的要點，是在一個「密」字。康熙在江寧織造曹寅於四十三年（一七〇四年）七月二十九日的奏摺上硃批：「倘有疑難之事，可以密摺請旨。凡奏摺不可令人寫，但有風聲，關係匪淺。小心，小心，小心，小心！」[39]康熙於再立允礽後，聽到有不同的輿論，苦於不知其詳，因在李煦的奏摺上寫道：「近日聞得南方有許多閒言，無中作有，議論大小事。朕無可以託人打聽，爾等受恩深重，但有所聞，可以親手書摺奏聞才好。此話斷不可叫人知道，若有人知，爾即招禍矣。」[40]奏摺人李煦、曹寅，都是皇帝的家奴，是特別親信者。康熙四十年（一七〇一年），江蘇巡撫宋犖的奏摺，由李煦代達[41]，這表明當時具有寫、送奏摺權力的人，不在官階，而在同皇帝的關係。五十一年（一七一二年），康熙諭領侍衛內大臣、大學士、都統、尚書、副都統、侍郎、學士、副都御史等，說他有聽不到的話，常令總督、巡撫、提督、總兵官、將軍在請安摺內，「附陳密奏，故各省之事不能欺隱」。因令這些官員也於請安摺上，「將應奏之事，各罄所見，開列陳奏」。並表示代為保密，原摺硃批後發還[42]。這說明康熙晚年能上奏摺的官員增多了。所以說，康熙間密摺已經產生，大多數的情況是官員利用請安摺子，密陳地方官民動態，內容尚不甚廣，能夠書寫奏摺的官員也不太多，因而還沒有形成嚴格的奏摺制度。

雍正時期，奏摺人的範圍明顯地擴大了。元年（一七二三年），雍正下令各省督撫密上奏摺，於是封疆大吏都有了這個權力，只是在實行中有的犯了錯誤，遭到處分，停止其使用權。後來雍正又給提督、總兵官、布政使、按察使和學政全體官員書寫密摺的權力，只是在上交的渠道上與督撫有所不同。督撫提鎮藩臬學政均是地方大員，此外，一些微末之員，由於雍正的特許，也可逕上密章，像湖南衡永郴道王柔、廣西右江道喬於瀛、福建鹽驛道伊拉齊、浙江糧道蔡仕舢、杭嘉湖道徐鼎、江安糧道葛森、陝西平慶道李元英、糧鹽道杜濱、寧夏道鄂昌、直隸通永道高鑛、雲南驛鹽道李衛、浙江杭州知府孫國璽、山東兗州知府吳關杰、湖廣鄖陽府同知廖坤、山東沂州營副將楊鵬等。這些道府同知副將是中級官員，而用雍正的話說：「道府等員，乃係小臣，品級卑微，無奏對之分。」[43]他們的能上奏摺，是雍正特給的恩寵。這些人或者與雍正有特殊關係，或者為親重大臣的子侄，或在引見時獲得青睞，因得榮膺書寫奏摺之寵。由中央派到地方的常設官員，如江寧、蘇州、杭州三織造、各處巡監御史、稅關監督、各種臨時性的巡察御史、給事中，或因掛有科道銜名，或因為皇帝家臣，自然賦予密摺言事之責。還有的臨時派到地方辦事，也可密上摺子，如清理江蘇積欠，負責大員戶部侍郎王璣有此權利自不必說，連分查松江府錢糧的王溯維也得奏摺言事。在中央，京堂以上和翰詹科道官員都能書寫奏摺。雍正擴大奏摺人員的範圍，使它達到了一定的數量，僅《硃批諭旨》一書所收的奏摺的撰寫人，即達二百二十三人，實際奏摺人多達一千人以上。

奏摺，幾乎全有皇帝的硃筆批語，叫做「硃批諭旨」，批過的奏摺稱作「硃批奏摺」，奏摺和硃批諭旨構成奏摺制度的必備成分。

雍正朝的奏摺內容，比康熙朝大大豐富了。君臣籌商全國的或地方的政務，是最重要的內涵。二年（一七二四年）十一月，雍正向大學士等發出上諭：「凡督撫大吏任封疆之寄，其所陳奏皆有關國計民生，故於本章之外准用奏摺，以本所不能盡者，亦可於奏摺中詳悉批示，以定行止。」[44]督撫所要陳奏的政事，限於題本程式和保密要求，很難詳盡，皇帝就不能徹底瞭解臣下隱衷和下情，而皇帝的指示也以同樣的原因不能盡述，使臣下對皇帝的意圖瞭解也受到限制。這樣，上邊難於決策，下面不能全力奉行。雍正就是要用奏摺這種公文，使臣工和皇帝雙方亮明觀點，經過討論，定策施行。雍正朝的重大改革，許多是先經君臣密商，而後決策付諸實行，前述攤丁入糧制度，就是雍正同黃炳、李維鈞及九卿通過奏摺，反覆商酌決定下來的，這裏不作贅言。改土歸流的政策，也是在多人的奏摺中，君臣密籌，議而後定。雍正元年（一七二三年），禮部掌印給事中繆沅就處理苗民事務，疏請令土司諸子分襲以殺其勢，雍正把它交湖廣總督楊宗仁議奏，楊不同意，認為那樣做會出現強弱兼併的後遺症，雍正硃批不以為然，他寫道：

從來統馭外蕃，以衆建諸侯以分其勢為善策，一時陡然舉行，彼中頭目自必不願遵依，苟可緩緩設法，諭令聽從，逐漸分襲，似亦潛移默化安邊之一道，其強弱欺凌之虞，何必為之遠慮耶！朕謂其勢既分，心即離異，日後縱欲鴟張其中，必互相掣肘，或畏懼相誡，則其邪謀自息矣。於我內地頗覺有益。朕偶然見及於此，非欲必行其事，爾等切勿勉強遵承，以求符朕旨為念，當徐徐斟酌，詳議具奏可也。45

就這個問題詳述自己意見，不作結論，然後要臣工討論。

至於改土歸流，雍正起始並不贊成，他於二年（一七二四年）在廣西巡撫李紱的奏摺上批云：

土官相襲已久，若一旦無故奪其職守，改土為流，誰不驚疑？

李紱服膺主子的見解，上奏摺表態，雍正又批道：

斟酌處頗為合宜，諸凡總在爾等封疆大吏審擇中道而行也。46

三年，貴州提督馬會伯奏請對苗民用兵，以推行改土歸流，雍正讓他同雲南巡撫管雲貴總督事鄂爾泰商討，硃批說：

黔屬犿苗之凶悍及從前地方官之姑息因循，皆朕所悉知，覽所奏數條，雖屬有理，然不可輕舉妄動。鄂爾泰慎重明敏，實心為國人也，諸凡與之詳細商酌而行。47

這時署理貴州巡撫石禮哈亦欲用兵，雍正內心贊同他們的意見，但怕他們少年魯莽，把事情辦壞，故而壓住了。不久，何世璂出任黔撫，摺奏主張招撫，雍正內心不以為然，但亦允許他實行，然而不見效驗。四年四月，鄂爾泰摺請貴州用兵，雍正大加讚賞，硃批寫道：

前者馬會伯奏到，朕恐其孟浪，後見何世璂之奏，朕又恐其怯懦因循，正在憂疑，覺汝此奏，朕始寬懷，量爾料理必得事情之中也。事定之時，應具本題奏，當以軍功賞敘。石禮哈已調用廣州將軍，因汝此奏，復命其暫停往，俟料理此事畢，再赴新任矣[48]。

至此決定強力推行改土歸流。這是幾年間持有不同意見的君臣往復磋商的結果，就中，雍正從對苗民事務的不熟悉，主意不定，到把握實情，做出裁斷，是他吸收臣下意見的過程，所以這種奏摺，便於君臣商討事務，決定政策措施。

河工的問題，雍正亦通過河臣的奏摺進行探討，決定行止。李紱曾向雍正當面提出疏濬淮揚運河的建議，雍正覺得有些道理，命他與河道總督齊蘇勒商酌，齊以工程浩大，不敢輕定，擬於實地考察之後，再提出具體意見。他的奏摺上呈後，雍正硃批：

朕命李紱來傳諭旨，不過令爾得知有此一論，細細再為斟酌，並不為其所奏必可行也。大率河官惟希望興舉工程，爾屬員多不可信。況此事關係甚大，豈可孟浪，若徒勞無益，而反有害，不但虛耗錢糧，抑且為千古笑柄。倘果於國計民生有益，亦不可畏難而中止，總在爾詳悉籌畫妥確，將始終利益通盤打算定時，備細一一奏聞。並非目下急務，尤非輕舉妄動之事也[49]。

李紱的建議是否可行，雍正說的全是活話，他並非為推卸己責，事成則居乾斷之功，事敗則推諉臣下，而是要大家商量，他則從中考慮。即如治黃專家靳輔的兒子靳治豫奏稱滾水壩無益，減水壩有利，雍正說他「實未洞徹」其利弊，而「河務關係甚大，不便自立主意」。因將靳治豫打發到齊蘇勒處，命他們「悉心通盤打算，酌量為之」[50]。有一官員摺陳河工備料的弊端，雍正匿去撰摺人姓名，將摺轉發齊蘇勒，命其「盡心籌畫」，齊蘇勒遵旨陳奏事情原委，雍正覽後硃批：「所奏是當之至，朕原甚不然其說，但既有此論，其中或不無些少裨益，所以詢汝者，此意耳。今覽爾奏，朕洞徹矣。」[51]河工事務複雜，學問甚大，雍正早年雖曾隨侍康熙南巡視察河工，參預過永定河工程，但畢竟不是身任其事，瞭解有限，登極後要拿主意，又不能魯莽蠻幹，自認知識有限，多方考察，臣工奏摺就成為他考慮決策的一種材料。上述與齊蘇勒商議的幾件事，都被否定了，也是處決了政事。雍正君臣利用奏摺籌商政務，雖巨細非一，行否不定，但卻是奏摺的重要內容。

奏摺的其他內容，雍正在寧夏道鄂昌奏謝允其奏摺言事的摺子後寫了一篇六七百字的長諭，講敘極其詳明，他寫道：

> 今許汝等下僚亦得摺奏者，不過欲廣耳目之意。於汝責任外，一切地方之利弊，通省吏治之勤惰，上司孰公孰私，屬員某優某劣，營伍是否整飭，雨暘果否時若，百姓之生計若何，風俗之淳澆奚似，即鄰近遠省，以及都門內外，凡有駭人聽聞之事，不必待真知灼見，悉可以風聞入告也。只須於奏中將有無確據，抑或偶爾風聞之處，分析陳明，以便朕更加採訪，得其實情，汝等既非本所管轄，欲求真知灼見而不可得，所奏縱有謬誤失實，斷不加責。[52]

雍正要瞭解的情況較多，有地方政事的好壞，地方官的勤惰優劣，大吏待屬員是否公正或徇私，軍隊的訓練和紀律，水旱和農業生產，百姓的生活和風俗，以及本省和外地的重大事情，概括起來，不外兩條，即地方吏治和民情，可以說它們分別是奏摺的第二項、第三項內容。

雍正用奏摺考察地方吏治，從他的實踐看，著重點是在對地方官吏的察核。當李衞任雲南鹽驛道時，雍正在雲南永北鎮總兵馬會伯奏摺上批道：「近聞李衞行事狂縱，操守亦不如前，果然否？一毫不可瞻顧情面及存酬恩報怨之心，據實奏聞。」[53]這是調查李衞。待其任浙江巡撫時，雍正在他的奏摺上批示說：對新任黃岩鎮總兵董一隆的優劣所知不多，「於伊莅任後，其細加察訪，密奏以聞」[54]。雍正派大理寺卿性桂赴浙江清查倉儲錢糧，要他到浙後，「凡有風聞之事，即行密奏。」性桂到任後報告杭州將軍鄂彌達與李衞的隔閡[55]。田文鏡也摺奏，說李衞是「當世之賢員，所謂難能而可貴者也」，但「馭吏繩尺未免稍疏，振肅規模未免少檢，則於大僚之體有未全，於皇上任使之意亦有所未付」[56]。以「模範督撫」李衞來講，他密奏別人，別人也密查他。當雍正派李紱為廣西巡撫時，李正得寵信，然在他赴任之際，命原廣西署撫、提督韓良輔「細訪其吏治，密奏朕知」[57]。雍正要重慶總兵任國榮留心文武官聲名，他於七年六月摺奏：四川學政宋在詩「公而且明，聲名甚好」。川東道陸賜書「辦事細心，人去得」。永寧道劉嵩齡「人明白，身子甚弱」。永寧協副將張英「聲名平常」，漳臘營游擊張朝良「操守廉潔，諳練營伍，但不識字」。雍正對這些人分別給了批語：「謹慎自守，小才器」；「為人老成，才情未能倜儻」；「觀其人甚有長進，於引見時不似有病，為何如此？」「原係甚平常人，且有孟浪多事之疵」；「其人優劣，前此未知」[58]。湖南布政使朱綱深受雍正信任，亦同樣受人考察。雍正在湘撫王朝恩奏摺上批示：「朱綱行止，輿論不一，依朕觀之，似欲速成者，然否？據實奏來。密之！」[59]而在此以前是讓朱綱訪查他的頂頭上司王朝恩——在朱的二年九月初五日的奏摺上批語講其引見王朝恩的印象：「觀其為人於地方吏治頗為諳練，但才具微覺狹小」，「汝其事事留意，看其居心行事，倘少有不妥處，密奏以聞。」又怕他有顧慮，指示說：「如稍隱匿，不以實告，欺蔽之咎，汝難辭也。」[60]雍正對親信和非親信，瞭解的或不甚瞭解的，都令臣下互相監察，文員武弁，上下級之間，中央差遣人員和地方官員都在互相進行。文武不同途，互察出了正常範圍。上級監督下級，本是應有職責，但又要密訪密奏，就不全是正常的考核了。中央特差人員只解決專門問題，報告地方吏治，則是額外的事情。屬員向皇帝滙報主官的事，是不正常的，而雍正很重視這類報告，他要鄂昌奏述「上司孰公孰私」即指此。

對於地方上紳民的情況，雍正甚為關切，希望從奏摺中獲得確實消息。六年三月，蘇州織造李秉忠奏報蘇州春雨調和，油菜、小麥長勢良好，物價平穩，小民樂業，雍正批道：「覽雨水調和情形深慰朕懷，凡如此等之奏，務須一一據實入告，毋得絲毫隱飾。」「蘇州地當孔道，為四方輻輳之所，其來往官員暨經過商賈，或遇有關係之事，亦應留心體訪明白，密奏以聞。」[61]同年，雍正在廣西學政衞昌績的奏摺上批示：「地方上所聞所見，何不乘便奏聞耶？」[62]衞昌績隨即應詔摺奏：「粵西風俗之惡薄有宜整齊者，紳士之強橫有宜約束者。」[63]使雍正獲知該省百姓「畏鄉紳如虎，畏士子如狼，故俗有『舉人閣老，秀才尙書』之語，其畏官長也不如畏紳士，故俗有『官如河水流，紳衿石頭在』之語。」[64]七年，署理直隸總督劉於義摺奏：趙州隆平縣民李思義等妄稱跪拜太陽可以禳災避難，接受信徒，騙取錢財，然並無黨羽，請將李思義發遣邊疆，餘眾枷責。雍正同意，但指出摺中未言及李到發遣地後的管束問題，命作題本時添敘明白[65]。兩廣總督孔毓珣等奏報廣東龍門營千總劉貴於巡查中捕人，遭遇搶犯，被殺身死，業已將攔截者抓獲，題請正法，並請治疏忽之罪。雍正硃批：「地方上凡遇此等事件，但要據實奏聞，何罪之有？若隱諱支飾，則反獲罪於朕矣！」[66]就是這些奏摺，使雍正及時地掌握了各地方的民風習俗、生產生活和吏治情況。

討論用人問題和宣布對官員的任使，也是奏摺的一項內容，也即第四個內容了。四年

（一七二六年）八月，鄂爾泰摺奏滇黔兩省大小文武各官的情況，雍正作了長篇批語：

> 治天下惟以用人為本，其餘皆枝葉事耳。覽汝所論之文武大吏以至於微弁，就朕所知者，甚合朕意。……覽卿之奏，非大公不能如是，非注意留神為國得人不能如是，非虛明覺照不能如是，朕實嘉之。但所見如是，仍必明試以功，臨事經驗，方可信任，即經歷幾事，亦只可信其已往，猶當留意觀其將來，萬不可信其必不改移也。[67]

他很明確，用人是為政的根本大事，而觀察人，是看其實踐，看他的變化。他自己要掌握這個方法，還要通過硃批讓大臣運用這個法則。

雍正利用硃批啓示官員如何做人和任職。田文鏡剛被提拔為河南巡撫，感恩圖報心切，會急躁辦壞事，雍正顧慮及此，在其奏摺中硃批：「豫撫之任，汝優為之。但天下事過猶不及，適中為貴，朕不慮不及，反恐報效心切，或失之少過耳。」[68]在另一個摺子上，就田文鏡處理一事不妥善，批示說：「大凡臨事，最忌猶豫，尤不宜迎合，設一味揣摩遷就，反致乖忤本意。……今後勿更如是游移無定，隨時變轉，始於身任封疆重寄，臨大節而不可奪之義相符也，切記勿忘。」[69]讓他不要迎合，正確理解皇帝意圖，方是大臣立足的根基。這是針對具體人、事而發，此類事例很多，如在李秉忠的一個摺子上批道：「今將爾調任蘇州織造矣。勉力供職，惟當以顧惜顏面為務。」[70]另一摺上批云：「竭力保全顏面，莫負朕任用之恩，但爾等包衣下賤習氣，率多以欺隱為務，每見小利而不顧品行，辜恩者不一其人，即爾奏中矢公矢慎之語，朕亦未能遽信，試勉力行與朕看。」[71]

官員之間，特別是平級的，只有和衷共濟，才能理好政事，雍正常以此考查和啓示臣下。在李衛的敍及鄂彌達赴京陛見、希望令其早日回任的奏摺上，雍正批道：「盡心奉職之人，同城共事，焉有不彼此相惜之理，鄂彌達於駐防武臣中論，實一好將軍，汝今奏伊約束駐兵之長，伊在朕前極口讚服汝之勤敏，亦出公誠。朕覽之甚為欣悅，如是方好。」[72]禪濟布與丁士一同為巡視臺灣御史，在他們的奏摺上，雍正指示說：「和衷二字最為官箴之要，倘有意見不同處，秉公據實密奏，不可匿怨而友，尤不可徇友誤公。」[73]不怕有不同的政見，問題在於秉公辦理，這樣的批示是正確的。

雍正用奏摺表彰或訓飭一些官員。元年四月江南提督高其位的請安摺，雍正批道：「覽高其位此奏，字句之外，實有一片愛君之心，發乎至誠，非泛泛虛文可比，朕觀之不覺淚落，該部傳諭嘉獎之，以表其誠。」[74]雍正在硃批中要領旨人向「模範官吏」效法，他寫：「魯論云擇善而從，何不努力效法李衛、鄂爾泰、田文鏡三人耶？內外臣工不肯似其居心行事之故，朕殊不解。若不能如三人之行為，而冀朕如三人之信任，不可得也。亟宜殫心竭力黽勉盡職。」[75]雍正在硃批中訓斥臣下，非常嚴厲。楊名時奏摺論因循乾譽，雍正於行間批云：「人為流俗所染，每苦不自知，然所謂漸染者，不過沽名矯廉之習，其病本輕而可治，無如身既為流俗所染，而反泥古自信，認古之非者為是，則病入膏肓，難以救藥也。」「一切姑聽朕之訓示，反躬內省，有則改之，無則加勉，不必簧鼓唇吻，掉弄機鋒也。」最後作總批：「朕因欲汝洞悉朕之居心，故走筆而諭，不覺言之纚迤而繁也。」[76]指責楊名時犯了沽名釣譽的毛病。

雍正藉用奏摺評論人物，並決定或宣布官員的取捨任用。李衛奏摺稱仁和知縣紀逯宜「過於拘禁」，不能勝繁劇之任。候補官朱永齡如上諭所說，人去得，確係誠實勤慎，但因係北方人，不熟習南方情況，恐怕難於承擔仁和縣重任。此外還論到浙江知縣張坦熊、雲南知州張坦驄、知州張坦讓的居官情形。雍正則向他評論新發往浙江的袁皡與申成章二人[77]。

雍正時或命人轉傳諭旨，又謂傳錯了，用硃批諭旨改過來。福建按察使劉藩長向布政使潘體豐傳達諭旨，謂「潘體豐人草率，亦鹵莽，因他在那裏搖搖不定，朕也拿不住他」。潘聽後慌懼上摺，轉述劉言，雍正閱後，說是被劉弄錯混傳了，將之改正為「潘體豐係朕物色之人，但涉於草率，辦事亦鹵莽，因他主見尚在搖搖未定，朕亦未之確許，命他堅定志向，以精詳和平自勉」[78]。

雍正在硃批中對官員的除陟降調先打招呼，預告本人，或他的主官。如在江蘇崇明總兵官李灿九年十月初一日奏摺上硃批宣布：「今命爾署理浙江總督印務，須當竭力黽勉。」[79]七年八月，廣東瓊州總兵官施廷專奏報香山澳洋船遭風事，雍正批云：「今已調爾離瓊，該鎮地方一切總與爾無涉矣。」[80]

雍正對奏摺的批諭，具有很強的針對性，往往因人而異，有的事相近，而批語卻大不一樣。他為此在關於《硃批諭旨》一書的上諭中特作說明：

> 至其中有兩奏事，而朕之批示迥乎不同者，此則因人而施，量材而教，嚴急者導之以寬和，優柔者濟之以剛毅，過者裁之，不及者引之，並非逞一時之胸臆，信筆旨畫，前後矛盾，讀者當體朕苦心也。[81]

有些事有特別的機密性，雍正通過硃批諭旨下達命令，這可以說是奏摺的又一項內容。查嗣庭案發，雍正在李衞奏摺上批示，要杭州將軍鄂彌達委派副都統傅森、李衞選派可信屬官一同星速馳去抄查嗣庭的家[82]。這是急待執行的絕密命令，不走頒布正式公文的渠道，避免被查抄人獲知消息，先行準備，破壞抄檢，這樣，通過奏摺途徑保證秘密不至洩漏。

奏摺內容，包羅廣泛，既然涉及政策的制定和執行，涉及官員的取捨，不要說那些絕密事件的貫徹，就是這些政治事務，也決定了它的保密性。雍正一再以此要求具摺人，在命鄂昌書寫奏摺的硃批上說：「密之一字，最為緊要，不可令一人知之，即汝叔鄂爾泰亦不必令知。假若藉此擅作威福，挾制上司，凌人舞弊，少存私意於其間，豈但非榮事，反為取禍之捷徑也。」[83]對禪濟布的奏摺，雍正於保密問題說的極透徹：「至於密摺奏聞之事，在朕斟酌，偶一宣露則可，在爾既非露章，惟以審密不洩為要，否則大不利於爾，而亦無益於國事也。其凜遵毋忽。」[84]又向李秉忠說：「地方上事件，從未見爾陳奏一次，此後亦當留心訪詢，但須慎密，毋藉此作威福於人，若不能密，不如不奏也。」[85]不能保密，就不要上奏摺，保密與奏摺完全一致，保密是寫作奏摺的前提條件。這是要求具摺人不要聲揚文件內容，同時要求領受硃批諭旨的人保守硃批的機密，不得轉告他人，更不能交他人觀看，只有雍正特別指令告訴某有關人員時，才令其閱讀，或轉傳諭旨精神，若私相傳述，即使保密性較小的內容，也是非法的。如原甘肅提督路振聲將硃批中對其弟固原提督路振揚的褒語抄告乃弟，路振揚又因此上摺謝恩，雍正就此指出：「朕有旨，一切密諭，非奉旨通知，不許傳告一人，今路振聲公然將朕批諭抄錄，宣示於爾，甚屬不合，朕已另諭申飭。可見爾等武夫粗率，不達事體也。」[86]雍正嚴格要求大小臣工保守奏摺內容和硃批的機密，特別是對小臣，教導不厭其煩，並以洩密對他們不利相威脅。他考慮到小臣得此榮寵，容易擅作威福，挾制上司和同僚，造成官僚間互相猜忌，政治混亂，對國事不利。

對於不遵守奏摺機密的人，雍正採取了必要的懲罰措施。雍正初年，封疆大吏多半派親屬或親信在京，拆看奏摺，為的是讓他們瞭解朝中情況，看此奏摺合否時宜，有無罣礙，決定上奏與否，對於皇帝的硃批，他們也先行閱視，以便早作料理和應付。二年（一七二四年），雍正發現了浙閩總督覺羅滿保、山西巡撫諾岷、江蘇布政使鄂爾泰、雲南巡撫楊名時等人的這種情況，決定停止他們書寫奏摺的權力，以示懲罰[87]。這樣一來，需要同皇帝商酌的事不好辦了，楊名時等為此承認錯誤，請求恢復他們的密奏權，雍正也從政事出發允許了。沒有處分路振聲，乃因他是武人，不知書。看來對這類具摺人要求低一些。

雍正知道，制裁不能成為主要手段，重要是制定奏摺保密制度。他採取了四項措施，一是收回硃批奏摺。雍正即位的當月，命令內外官員上交康熙硃批、硃諭的上諭中，又規定：「嗣後朕親批密旨，亦著交進，不得抄寫存留。」[88]此後定制，奏摺人在得到硃批諭旨的一定時期後，將原摺及硃批一併上交，於宮中保存，本人不得抄存留底。奏摺中的硃批，亦不得寫入題本，作為奏事的依據。楊名時有一次把硃批敍入本章，暴露了機密，雍正指責他是有意這樣辦，以證明他過去洩漏硃批沒有罪[89]。二是打造奏摺專用箱鎖。雍正於內廷特製皮匣，配備鎖鑰，發給具奏官員，凡有奏摺，均裝匣內，差專人送至京城。鑰匙備有兩份，一給奏摺人，一執於皇帝手中，這樣只有具摺人和皇帝二人能夠開匣，別人不能也不敢私開。為具摺人不斷書寫奏摺的需要，奏匣每員發數個，一般為四個，它只作傳遞奏摺用，凡所上奏摺只能用它封裝，否則內廷亦不接受。廣州巡撫常賚的奏匣被賊盜去，只得借用廣東將軍石禮哈的奏匣，不敢仿製。三是奏摺直送內廷。奏摺由地方送到北京，不同於題本投遞辦法，不送通政司轉呈，若是督撫的摺子，直接送到內廷的乾清門，交內奏事處太監逕呈皇帝；其他地方官的奏摺不能直送宮門，交由雍正指定的王大臣轉呈。雍正說若小臣逕赴宮門送摺，不成體統，其實他是為具摺的小臣保密，不使人知道除了方面大員以外有一些什麼人能上摺子。被指定轉傳奏摺的人，有怡親王允祥、尚書隆科多、大學士張廷玉、蔣廷錫等人，如趙向奎、鄂昌的奏摺送怡親王府，潘體豐、王溯維的交張廷玉，呂耀曾的交蔣廷錫，朱綱的交隆科多[90]。邊遠地區的小臣，還有送交巡撫代呈的，如雍正命廣西右江道喬于瀛將奏摺交巡撫李紱或提督韓良輔轉送[91]。轉呈的王大臣都是雍正的親信，他們只是代轉，亦不得拆看，具摺人也不向代呈人說明奏摺內容，如朱綱一再在奏摺中保證所奏內容絕對秘密，連隆科多「亦不敢令聞知一字」[92]。四是雍正親自閱看，不假手於人。摺子到了內廷，雍正一人開閱，寫硃批，不要任何人員參與此事。他說：「各省文武官員之奏摺，一日之間，嘗至二三十件，多或至五六十件不等，皆朕親自覽閱批發，從無留滯，無一人贊襄於左右，不但宮中無檔可查，亦並無專司其事之人。」[93]由於他要專斷，以及奏摺的保密性，不會讓他人與聞，他在這裏所說的是實際情況。雍正批閱以後，一般摺子轉回到具摺人手中，以便他們遵循硃批諭旨辦事，有少量摺子所敍問題，雍正一時拿不定主意，就將它留中，待到有了成熟意見再批發下去。

關於奏摺制度的作用，雍正作過說明。他在《硃批諭旨・卷首上諭》中寫道：

（朕）受皇考聖祖仁皇帝付託之重，臨御寰區，惟日孜孜，勤求治理，以為敷政寧人之本，然耳目不廣，見聞未周，何以宣達下情，洞悉庶務，而訓導未切，誥誡未詳，又何以使臣工共知朕心，相率而遵道遵路，以繼治平之政績，是以內外臣工皆令其具摺奏事，以廣諮諏，其中確有可採者，即見諸施行，而介在兩可者，則或敕交部議，或密諭督撫酌奪奏聞。其有應行指示開導及戒勉懲儆者，則因彼之敷陳，發朕之訓諭，每摺或手批數十言，或數百言，且有多至千言者，皆出一己之見，未敢言其必當，然而教人為善，戒人為非，示以安民察吏之方，訓以正德厚生之要，曉以福善禍淫之理，勉以存誠去偽之功，往復周詳，連篇累牘，其大指不過如是，亦既殫竭苦心矣。[94]

他把硃批奏摺的作用歸結為兩點，一是通上下之情，以便施政；二是啓示臣工，以利其從政。他說的有一定道理，但是並不透徹，他每日看幾十封奏摺，書寫千百言批語，對其作用自然清晰，不過有的話他不便明說，故未談及。其實奏摺制度的作用，可以概括為如下三點：

第一、皇帝直接處理庶務，強化其專斷權力。明朝初年，朱元璋廢中書省，罷丞相，由皇帝親領庶務，皇權最重。迨後內閣制形成，它的票擬權使大學士握有一定的宰輔權力。清初承明之制，又有議政王大臣會議，都分散一部分皇帝權力。康熙致力強化皇權，設南書房，用一部分職位低的文人協助議政，用少數人寫告密文書的奏摺，加強了對下情的瞭解。雍正比乃父又跨進一大步，使奏摺成為正式官文書，一切比較重大的事情，官員都先通過奏摺請示皇帝，而這種奏摺既不通過內閣所屬的通政司轉呈，皇帝的批示完全出自御撰，不需要同內閣大臣商討，這樣奏摺文書由皇帝親自處理，部分剝奪了內閣票擬權，即把內閣拋在一邊了。雍正時內閣中書葉鳳毛說：「國朝擬旨有定例，內外大臣言官奏摺，則直達御前；天子親筆批答，閣臣不得與聞。」[95]正是說的奏摺制下的情況、《四庫全書總目》亦云：「自增用奏摺以後，皆高居紫極，親御丹毫，在廷之臣，一詞莫贊，即《硃批諭旨》是也。」[96]雍正中期又設立作為纂述轉達機構的軍機處，代行內閣職權[97]，這就使皇權如同朱元璋時代，眞正是「庶務事皆朝廷總之」了。內閣職能削弱的同時，封疆大吏的職權也有所下降，稍微大一點的地方事情，都要上奏摺請示，稟承皇帝旨意辦理，他們眞是成為皇帝的膀臂，由中樞神經來支配，使中央與地方眞正融成一體，在皇帝絕對統治下行施國家機構的職能。章學誠曾就讀《硃批諭旨》的感受，說「彼時以督撫之威嚴，至不能彈一執法縣令、詈悞之吏，但使操持可信，大吏雖欲擠之死，而皇覽能燭其微。愚嘗讀《硃批諭旨》，而嘆當時清節孤直之臣遭逢如此，雖使感激殺身，亦不足為報也。」[98]說明當時政令確係出自雍正。奏摺制度不僅加強了皇權，還為皇帝行施至高無上的權力提供必要的條件。各種不同身分官員反映各種社會問題的奏摺，使皇帝瞭解情況，洞悉下情，為制定政策、任用官員提供了較為可靠的根據。奏摺文書含有互相通訊的意思，君臣間在私下討論一些問題，君主不懂的事情可以詢問臣下，從而增長見識，有利於決策，也即有利於君主集權。

第二、推行雍正政治的工具。奏摺文書的制度化，除反映強化皇權的共性外，還體現了雍正的特殊要求。雍正登極，立志改革，他的大政，也即他所說的「機密緊要之事」，通過奏摺和硃批諭旨的往復討論，迅速決定下來，又利用這種文書，指導和監督它的實行。這些，前述奏摺的內容已經說明，這裏不再覆述。要之，雍正把奏摺利用為推行其革新政治的一種工具。他那些重大改制的完成，原因是多方面的，他在實行耗羨歸公、攤丁入畝、改土歸流等重大政策的同時，實行的奏摺制度，促使了這些改革的實現。關於這個問題，楊啓樵在《雍正帝及其密摺制度研究》一書中認為，密摺制是雍正推行政治的主要手段，筆者雖不完全贊同，但這確係有識之見，在很大程度上反映了奏摺制度實行的意義。凡是推行改革政策，必須雷厲風行，講求高效率。奏摺制度，使臣下奏議「無不立達御前」，這是免去中間的轉呈機關的必然結果。奏摺迅速遞到雍正手中，他又勤於政事，挑燈閱覽，立刻批示，該執行的馬上付諸實施，從而大大提高行政效率，促進改革政治的實現。

第三、控制官員的一種手段。康熙間的儲位鬥爭及其在雍正初年的延續，造成雍正瞭解官民動向的迫切性，增強對官僚控制方的迫切性。秘密奏摺制度，在官僚的職責範圍以外，使他們互相告密，迫使他們彼此監督，各存戒心，不敢放膽妄為，不敢擅權，因而對雍正更存畏懼之心，做忠順的奴才，而雍正則可從奏摺中窺見臣下的思想、心術以至隱衷，因之予以鼓勵和教誨，這樣多方聯絡，上下通情，就能在更大程度上控制臣下。

奏摺制度，就其密察官員講，也是一種告密制度。告密，是一般人所反對的，因為這是不正當的。康熙初行奏摺，具摺人少，保密程度也高，沒有引起多大反響。雍正推廣奏摺制，就出現反對勢力了。他在責備楊名時將奏摺硃批敍入題本時，說楊犯錯的根本原因，是「其心中以為不當有密奏密批之事耳」[99]。透露出不滿奏摺制度的力量的存在。他死後一個多月，謝濟世代替伯爵欽拜書寫《論開言路疏》，提出「欲收開言路之利，且先除開言路之弊」的呼籲，而所謂言路之弊就是奏摺告密。疏中說：「告密之例，小人多以此讒害君子，首告者不知主名，被告者無由申訴，上下相忌，君臣相疑。」因此「請自今除軍機外，皆用露章，不許密奏」[100]。謝濟世和欽拜的發難，是乘雍正之喪，代表反對奏摺制的勢力要求取消這一制度。據說該疏得到乾隆的首肯，然而新君實際堅持實行奏摺制，並於十二年停止奏本的使用，進一步肯定了奏摺制度。總而言之，奏摺制度下官員互相告密，使他們本身具有特務性質，但這種制度把官員秘密言事變為做官的職能，變為本職工作的一部分，他們不是專業的特務，把特務的職任寓於一般官職之中了，這是奏摺制下官僚政治的一個特點，因此，雍正政治不宜於視為特務橫行的政治。

說到告密，雍正有時不忌諱，而關於這方面的傳說又很多，不妨在這裏一敍。雍正自云：「朕勵精圖治，耳目甚廣。」[101]他所說的耳目，包括科道言官，奏摺撰寫人，另外還有不同類型的人。被他引見的官員，必須上條奏[102]，其中會有官方吏治的內容，這是一種人。另一類是發往督撫處試用後補的侍衛，如派侍衛王守國等六人到直隸總督李紱身邊[103]，又如把侍衛派到年羹堯處，被年用作擺隊，引起他的惱火。這些侍衛賦有瞭解該地官民情況的職責，如年羹堯調離陝西時，雍正要掌握他赴浙江的沿途情況，指示田文鏡調查，田即派分發豫省試用的侍衛白琦去跟蹤，用皇帝的耳目去察看，雍正當然相信，田文鏡確係老吏多謀，然亦表明赴各省的侍衛的特務性質。一種是臨時派員到指定地區密訪。八年（一七三〇年），雍正派御史嚴瑞龍和旗人安某到江南、江西辦事，又命他們順路到浙江，「密訪吏治民風，沿海戰船營汛。」嚴瑞龍去過浙江後，又託其四川同鄉、原任河工通判張鵬飛代為留心暗察。李衛報告這件事，雍正避開嚴瑞龍、安某不談，說早知道張鵬飛愛招搖生事，已令江蘇巡撫尹繼善查拿了。又說即位以來，「並無一次差人密訪之事」，今後若有人稱密訪者，「督撫即拿之，參之」[104]。說得很兇，並沒有從嚴、安、張開始究處，可見這是欺人之談，由他派出是實。密訪人種類也多，有的情況因資料語焉不詳弄不清楚了，但他們幹密察勾當則是明確的，如《嘯亭雜錄》記有數事：一官入都引見，購置新帽子，為熟人所見，告知其故，次日引見時，免冠謝恩，雍正笑著說：小心，不要弄髒你的新帽子。就是說置帽當天已有人報告了。鼎甲出身的官僚王雲錦於新年休沐日在家與友好耍葉子戲，忽然丟掉一張，一天上朝，雍正問他元旦幹什麼了，王從實回奏，雍正對他的誠實很高興，說細事不欺君，不愧為狀元郎[105]。隨著從袖中把葉子拿出來給他。昭槤還記一事：王士俊離京赴任，張廷玉向他推薦一名長隨，此人供役也很勤謹，後來王士俊要入京陛見，他先告辭，王問為什麼要走，他說：我跟你數年，看你沒有大錯，先進京見皇帝，報告你的情況。其後知道這個人是侍衛，是雍正通過張廷玉安置到王士俊身邊監視他的[106]。還有記載說田文鏡的幕客烏思道是雍正派的暗探，故烏對田要挾高價，不許變更他草擬的奏摺，田對他言聽計從，參揭隆科多，因而更得到雍正信任，及至對烏尊禮不足，烏不給書寫奏摺，田就失寵，只好又貴待他。還有記載說雍正私訪，某年除夕夜，小吏蘭某在衙門值宿，突然一個偉男子進來，問何不回家過年，回說別人都走了，怕有事要辦，故留下了，於是二人對飲，問蘭有何欲望，答願得廣東河泊所。迨後雍正坐朝，問廣東有何稅務官缺，命以蘭某補用。這些說法近於演義，不實成分很多，有的根本不是那麼回事，如烏思道事，李紱奏參田文鏡疏，說烏是張球向田推薦的，田自云與烏是舊相識[107]。更重要的是謂田因烏而寵有盛衰，與田之始終得寵的實際不相合，可見是後人編造。話說回來，雍正用了一些密探，當是事實。

雍正用耳目是為獲得眞實情況，又知道耳目有時矇蔽人，反倒得不到實情，所以對他們也非絕對信任。四川巡撫憲德上任之初，苦於無耳目，不瞭解情況，並以此上奏摺，雍正批道：

耳目見聞之論，朕殊不以為然。若能用耳目，即道路之人皆可為我之耳目，否則左右前後無非蔽明塞聽之輩。偏用一二人，寄以心腹，非善策也。朕御極之初，實一人不識，然彼時之耳目甚公且確；近數年來股肱心膂大臣多矣，而耳目較前反似不及。訪察二字，不被人所愚弄甚屬難事，至於用耳目，惟宜於新。勉之，慎之！古云聽言當以理察於博採廣諮中，要須平情酌理，辨別真偽，方可以言用耳目也。[108]

說不用耳目是瞎話，但他深知用耳目有利有弊，要善於利用他們，要能夠識別眞假，獲得眞知灼見。是用耳目，而不是為耳目所用，這是他區別於一般平庸君主的地方。

奏摺制度是一種文書制度，它的確立，不像某個官衙的設置，似乎是無形的。其實，它的影響之大，遠遠超出一般衙門的興廢，它涉及到君臣間權力的分配，皇帝政令的施行，是官僚政治上的重大變化。雍正這方面的活動，值得研究。日本學者在五〇年代，舉辦《硃批諭旨》研讀班，重視這個問題，並有不少研究成果問世，是可喜的事情。

設立軍機處與皇帝綜理庶務

雍正即位一周年之際，說「國家政治，皆皇考所遺，朕年尚壯，爾等大學士所應為之事，尚可勉力代理，爾等安樂怡養，心力無耗，得以延年益壽，是亦朕之惠也。」[109]他的代行臣下之事，除硃批奏摺外，就是設立軍機處，直接處理庶務。

七年（一七二九年），雍正開始對準噶爾策妄阿拉布坦用兵。為了這場戰爭的順利進行，他採取了許多措施，設立軍機處，便為其中的一項。六月，雍正發出上諭：「兩路軍機，朕籌算者久矣。其軍需一應事宜，交與怡親王、大學士張廷玉、蔣廷錫密為辦理。」[110]這是正式建立軍機房，派允祥、張廷玉等主持其事。

雍正究竟於那一年設立這個機構，載籍所示不一，有七年、八年、十年諸說，其實是可以統一的。王昶在〈軍機處題名記〉一文中說：「雍正七年青海軍事興，始設軍機房，領以親王大臣。」[111]他於乾隆前期即為軍機章京多年，所說軍機房設於雍正七年具有權威性。嘉慶末年梁章鉅亦充任軍機章京，他說：「自雍正庚戌〔八年〕設立軍機處，迨茲九十餘年」云云[112]，認為軍機處建立於雍正八年。迨後，吳振棫不知所從，含糊地說：「雍正七八年間，以西北兩路用兵，設軍機房。」[113]但是他在說到軍機處官員軍機章京准懸朝珠一事時，又說這是「自雍正七年始」[114]，這就又肯定為雍正七年了。《清史稿》的記載，在《職官志》和《軍機大臣年表》兩處自相矛盾，年表處列軍機大臣自七年始，而《職官志》則說：「雍正十年，用兵西北，慮儤值者洩機密，始設軍機房，後改軍機處。」[115]它的誤失很大，然亦有原因。十年（一七三二年）春，雍正命大學士等議定軍機處的印信，三月初三日，大學士等擬議印文用「辦理軍機印信」字樣，雍正同意，命交禮部鑄造，製得歸軍機處，派專員管理，並將印文通知各省及西北兩路軍營[116]。不久，印信改由內奏事處保管，軍機處使用時請出[117]。由上述諸說可知，雍正設立軍機處，經歷一個過程，即七年置軍機房，八年改名辦理軍機處（軍機處），十年鑄造關防，這是這一機構不斷完善和成為定制的過程。雍正死，乾隆守喪期間，把它改名總理處，諒陰畢，復名軍機處，後來這個機構堅持到清末，所以說雍正創立軍機處，成為清朝一代的制度。

軍機處設有軍機大臣，雍正從大學士、尚書、侍郎等官員中指定充任，人數不限，正式稱呼是「軍機處大臣上行走」、「軍機大臣上學習行走」，統稱「辦理軍機大臣」，「軍機大臣」則是它的簡稱了。它是軍機處的主官，下屬有軍機章京，雍正時也沒有定員，由內閣、翰林院、六部、理藩院、議政處等衙門官員中選擇充任，他們負責滿、漢、蒙古諸種文字工作。

軍機處要辦理機密緊急事務，辦公地點必然要靠近寢宮，而不能像內閣在太和門外。據王昶記錄，軍機值房最初設在乾清門外西邊，尋遷於乾清門內，與南書房相鄰，後來移到隆宗門的西面[118]。無論是在乾清門內或門外，都離雍正寢宮養心殿很近，聯繫較便捷。雍正初設軍機處時，它的房舍是用木板蓋成，乾隆初年才改造瓦房[119]，建築很不講究。

軍機處只有值房，沒有正式衙門，有軍機大臣和軍機章京，但他們都因有別的官職，派充的軍機處職務；軍機大臣不是專職，本職事務仍照常辦理；軍機章京以此為職責，但仍屬原衙門的編制，佔其缺額，升轉也在原衙門進行，因此王昶說軍機處「無公署，大小無專官」[120]。

軍機處這樣聞名後世的機構，原來是這樣子的，所以它問世後的一段時間內，沒有被人們承認為正式衙門。即如最早擔任軍機大臣的張廷玉，乾隆中自陳履歷，備言他歷任各種官職和世爵，以及臨時性的差使，惟獨沒有提到擔任軍機大臣的事[121]。乾隆五十年前後纂修成功的《清朝通典》、《清朝通志》、《清朝文獻通考》等官書，也沒有把軍機處作為正式衙署看待。軍機處成立了，人們還沒有充分意識到它的重要性，這是由於它沒有官署和專職人員的特點所決定。

軍機處的職掌是，面奉諭旨，書成文字，並予轉發。雍正每天召見軍機大臣，形成一套制度，其詳細情況，記載缺略，不得而知。稍後的情形是，每天寅時（三—五點），軍機大臣、章京進入值房，辰時（七—九點），皇帝召見，或有緊要事務，提前召見。每天見面一次，有時幾次[122]。退出後，軍機大臣書寫文件。雍正勤政，估計他召見軍機大臣的時間不會晚，次數不會少。當雍正即位之初，辦理康熙喪事，特命吏部左侍郎張廷玉協辦翰林院文章之事，那時，「凡有詔旨，則命廷玉入內，口授大意，或於御前伏地以書，或隔簾授幾，稿就即呈御覽，每日不下十數次」[123]。由於撰寫諭旨的需要，每日召見多至十幾次，這當然不是張廷玉後來軍機大臣任上的情況，但它卻是日後雍正召見軍機大臣，指授區劃的預演。及至張廷玉為軍機大臣時，「西北兩路用兵，內直自朝至暮，間有一二鼓者」[124]。八九年間，雍正身體不好，「凡有密旨，悉以諭之」[125]。這時，張廷玉可能是在圓明園內軍機處值房中工作，雍正不分晝夜地召見，以至一二更後才返回住宅。在鄂爾泰入閣以前，張廷玉是雍正最親近的朝臣，他的繁忙比一般官僚又不同，不過他的每日頻被召見，則還是反映了軍機大臣的情況。

雍正向軍機大臣所授旨意，以西北兩路用兵之事為重要內容。如十年（一七三二年）二月，寧遠大將軍岳鍾琪奏劾副將軍石文焯縱敵，雍正命辦理軍機大臣議奏[126]。同年，西路軍大本營要移駐穆壘，雍正為它選定六月初四日巳時啓行，於四月十三日命軍機大臣通知岳鍾琪，「將一應事宜預先留心備辦，但軍營切宜慎密，以防漏洩」[127]。其他方面的軍政、八旗事務，也命軍機大臣辦理。九年（一七三一年），雍正認為山東登州是濱海重鎮，所轄地方遼闊，只有六千兵丁，怕不夠用，命軍機大臣詳細討論，是否酌量增添兵額[128]。次年，打牲烏拉地方的丁壯問題，也命軍機大臣提出處理意見[129]。看來，在軍機處設立之初，主要是辦理戰爭、軍政和八旗事務，而後擴大範圍到所有的機要政事。

軍機大臣面聆皇帝旨意，草擬文書。在清代，皇帝的詔令有數種。「旨」，批答朝內外官員關於一般事務的題本的文書；「敕」，頒給各地駐防將軍、總督、巡撫、學政、提督、總兵官、榷稅使的文書。這兩種文書均由內閣草擬，經內閣發六科抄出，宣示有關衙門和人員。「上諭」，有兩種，一是宣布巡幸、上陵、經筵、蠲賑以及侍郎、知府、總兵官以上官員的黜陟調補諸事，這也由內閣傳抄發送，叫做「明發上諭」；另一種內容是「誥誡臣工，指授兵略，查核政事，責問刑罰之不當者」，由軍機處撰擬，抄寫，密封發出，叫做「寄信上諭」，它因不是由內閣，而是朝廷直接寄出，故又稱「廷寄」[130]。這幾種公文，軍機處承辦的寄信上諭最重要，內閣所辦理的倒是一般性事務。廷寄，經由張廷玉的規劃，形成一套制度，凡給經略大將軍、欽差大臣、參贊大臣、都統、副都統、辦事領隊大臣、總督、巡撫、學政的，叫「軍機大臣字寄」，凡給鹽政、關差、布政使、按察使的，叫「軍機大臣傳諭」。字寄、傳諭封函的表面都注明「某處某官開拆」，封口處蓋有軍機處印信，所以保密程度高[131]。有關軍國要務，面奉諭旨，草擬繕發，這是軍機處的主要任務。

軍機處還有被諮詢的任務，前述雍正命軍機大臣議奏增加登州駐軍問題，即為徵詢意見，以備採擇，這是皇帝主動提出的問題。朝內外官員所上奏疏，雍正有的發給軍機大臣審議。這樣軍機大臣可以和皇帝面議政事，有參議的職責和權力。

官員的奏摺，皇帝覽閱，硃批「該部議奏」、「該部知道」的，或沒有硃批的，交軍機處抄成副本（即「錄副奏摺」），加以保存，這也是軍機處的一項工作。

軍機處三項任務，最後一項係保存文件，對決定政事無關緊要。參議政事一項，要由皇帝決定參議某事，不是固定職權，是被顧問性質，其與聞事務的多少，與皇帝從政能力、興趣有關，雍正時代，軍機大臣不過是承旨辦事，乾隆時當過軍機章京的趙翼說：雍正以來，軍機大臣「只供傳述繕撰，而不能稍有贊畫於其間」[132]。這個結論，用在雍正時代最為確切。軍機處作文字工作，王昶就此說它職司的「知制誥之職」[133]。唐代知制誥，為翰林學士官，專掌詔令撰擬，它是朝廷官職，但又具有「天子私人」的性質[134]，即秘書性質，所以軍機處成為皇帝的秘書處了。軍機大臣對皇帝負責，它的下屬軍機章京因係其他部門官員兼任，所以他們之間雖有上下級關係，但後者不是前者的絕對屬吏，很難結成死黨，因此軍機大臣不能對皇帝形成尾大不掉之勢，只能絕對稟命於君主。

軍機大臣奉旨撰擬機務和用兵大事，而這是原來內閣票擬的內容，至此為軍機處所奪，使它只能草寫尋常事務的文件，這就降低了內閣的職權。軍事要務由軍機處承旨，內閣的兵部從事軍官考核、稽查軍隊名額和籍簿，這是些日常瑣務，用兵方略，軍政區劃都無由問津了。

雍正所用的滿人軍機章京，係從議政處調來[135]，這就給它來了個釜底抽薪，也使它名存實亡。

雍正時軍機處的性質，還從軍機大臣和軍機章京的任用顯示出來。雍正任命怡親王允祥、大學士張廷玉、蔣廷錫、鄂爾泰、馬爾賽、平郡王福彭、貴州提督哈元生、領侍衛內大臣馬蘭泰、兵部尚書性桂、內閣學士雙喜、理藩院侍郎班第、鑾儀使訥親、都統莽鵠立、豐盛額等為軍機大臣，內閣侍讀學士舒赫德、蔣炳、兵部主事常鈞、庶吉士鄂容安、內閣中書柴潮生、翰林院編修張若靄等人為軍機章京。允祥、張廷玉、鄂爾泰與雍正關係密切自不必說，蔣廷錫於雍正四年任戶部尚書，協助允祥辦理財政，獲得雍正的信任。馬爾賽被雍正用為北路軍營撫遠大將軍，早得眷寵。莽鵠立於雍正初年為長蘆鹽政，即得雍正的歡心。哈元生，在西南改土歸流中立有大功，雍正見他，解御衣賜之，寵恃有加。訥親，雍正病篤，以之為顧命大臣，可見信任之專。張若靄、鄂容安分別為張廷玉、鄂爾泰之子。雍正的軍機大臣，原來的官職，由正一品至從四品，相差懸殊，所以他們之被任命為軍機大臣，官職是必要條件，但主要的取決於他同皇帝的私人關係，吳振棫就此指出：「軍機大臣惟用親信，不問出身。」[136]這些親信入選之後，必定更稟命於皇帝，所以軍機大臣只能從事撰述傳達工作，而不能成為與天子有一定抗衡權的宰相。雍正給軍機處書寫「一堂和氣」的匾額[137]，希望他的親信們和衷共濟，不另立門戶，共同對他負責，安心做忠順奴才。

歸軍機處辦的事情，不問大小，「悉以本日完結」[138]，絕不壓積。這樣的辦事作風，效率自然較高。寄信方法也是快捷的。張廷玉提出的廷寄辦法，是軍機處將上諭函封後交兵部，由驛站遞相傳送。軍機處根據函件內容，決定遞送速度，寫於函面，凡標「馬上飛遞」字樣的，日行三百里，緊急事，另寫日行里數，或四、五百里，或六百里，甚至有八百里的[139]。這就和內閣發出的不同了，內閣的明發上諭，或由六科抄發，或由有關部門行文，多一個衙門周轉，就費時日，保密也不容易，往往被地方官員探到消息，雇人先行投遞，他們在正式公文到來之前，已悉內情，作了準備，加以應付。這樣的事不乏其例，如四川布政使程如絲貪婪、人命重案，在成都審理，待後刑部的判處死刑意見被雍正批准，程竟在公文下達前五、六天獲得消息，自殺於獄中[140]。雍正深知這些情弊，不止一次地講到這類問題，並設法加以制止。五年（一七二七年）三月，他說洩密嚴重：「內外咨呈文書往來，該衙門尤易疏忽，以致匪類探聽，多生弊端，間有緝拿之犯，聞訊遠揚，遂致漏網，此皆不慎之故，貽誤匪輕。」他命令，「有關涉緊要之案，與緝拿人犯之處，內外各衙門應密封投遞，各該管應謹慎辦理，以防漏洩。」如有疏忽，從重治罪[141]。他在軍機處設立前，已著手解決重要公文的保密和驛遞問題，軍機處成立，經張廷玉規劃，創廷寄之法，「密且速矣」[142]，於是既保證中央政令的嚴格貫徹，速度又較前加快，從而提高了清朝政府的行政效率。

軍機處是在雍正清理財政之後設立的，當時整個吏治比較好。軍機處官員處機要之地，但沒有什麼特權。軍機大臣有每日晉謁皇帝之榮，沒有分外特權。雍正允許軍機章京和軍機處筆帖式掛朝珠[143]，表示寵異。朝珠，文職五品、武職四品以上才許懸掛[144]，出任軍機章京的大多是六七品官員，其中編修、檢討、內閣中書均是七品小官，他們破例得同四品以上官員一樣掛朝珠，是雍正給的特殊榮譽。然而這種虛榮，並沒有實質性的好處。其時軍機處官員非常注意保密，不與不相干人員往來。嘉慶五年（一八〇〇年），仁宗曾就軍機處漏密事件發布上諭，他說：「軍機處臺階上下，窗外廊邊，擁擠多人，藉回事畫稿為名，探聽消息。」因此規定不許任何閒人到軍機處，即使親王、貝勒、貝子、公、大臣亦不得到軍機值房同軍機大臣議事，違者重處不赦。又特派科道官一人，輪流在軍機處糾察[145]。這是乾隆後期以後吏治敗壞下的情況，雍正年間完全不是這樣。張廷玉任職年久，據說「門無竿牘，餽禮有價值百金者輒卻之」，納親「門庭峻絕，無有能干以私者」[146]。雍正年間軍機處官員的廉潔，使他們有可能不違法，保守機密，得以忠實的履行職責。

雍正創設軍機處，使它日益取代內閣的作用，是行政制度上的重大改革。它使議政處名存實亡，使內閣形同虛設，軍機大臣雖具有一定權力，但主要是稟承皇帝意旨辦事，沒有議政處的議決權，內閣的票擬權，這些權力統統歸於皇帝了。所以行政機構的改革，加強了皇權，削弱了滿洲貴族和滿漢大臣的「相權」。軍機處設立與奏摺制度的確立相輔相成，雍正親自批答奏摺，向軍機大臣面授機宜，天下庶務皆歸他一人處決。前已說過，雍正的專權與明朝的朱元璋相同，但是又有不同，朱元璋日理萬機，忙不過來，找幾個學士做顧問，然而不是固定的班子在皇帝指導下處理政事，因此皇權是強化了，行政效率卻不一定高，而雍正建立軍機處，加強皇權的同時，還提高了行政效率，使得皇權能夠眞正地充分地實現，所以他的權力實際上比朱元璋還要集中，他以前的其他帝王對他更是不可企及的了。

改定律令

清律，訂於順治三年（一六四六年），大體上沿襲於明律。康熙中有所變化，以《現行則例》頒發執行，對律文未作正式變動。雍正元年（一七二三年），御史湯之旭以《現行則例》有擬罪輕重不一、事同而法異等弊病，建議重新修訂律例。雍正採納他的建議，命吏部尚書朱軾為總裁主持這件事，雍正還因這是個大事，非常重視，朱軾所擬條文，「一句一字，必親加省覽」，還同諸臣討論，加以裁定[147]。三年（一七二五年），書成，五年（一七二七年）正式公布。律文四百三十六條，附例八百二十四條，卷首有《六贓圖》、《五刑圖》、《獄具圖》、《喪服圖》、《納贖諸例圖》等圖。律有正文和注釋，其文字比舊律多有改易。它刪除舊律七條，都是過時了的，如婚姻門的「蒙古、色目人婚姻」條，清朝已不像明朝存在這個問題，它已成為具文；新律將舊律的一些瑣碎的條文加以合併，如將「邊遠充軍」條歸入「充軍地方」條內；它對舊律的某些條文作了若干變動，又增添了新的條文。這次律文制成之後，後代雖有變化，但只是增加附例，而律文本身沒有任何改動。到宣統年間，《現行刑律》制定，才對它作了較大更改[148]。

雍正對律例所作的變動，以有關盜賊方面的為多。康熙中，對竊盜、窩主、逃人，處以割腳筋的刑法。雍正二年（一七二四年）二月，他認為這個刑法將受刑者變成殘廢，使用應當謹慎，次年又說受此刑的人甚多，沒有能區分輕重，起不到警戒的作用，下令將它永遠廢除[149]。六年（一七二八年）十一月，改定奴僕盜竊家長財物例，原例犯此罪者，照平民犯罪減等論處，免刺字，罪止僉流。改定為：若奴僕自盜，依平民處理，不減等，仍刺字；若勾引他人，按贓數，遞加一等，贓在一百二十兩以上者擬絞刑，監候處決，三百兩以上則擬斬刑，俱不准援赦[150]。這個改動，由雍正主動提出，他比照監守自盜例論處，是將這類案情從重處理。七年（一七二九年）四月，刑部奏請制定盜賊家屬處分例，提議：凡盜賊同居的父兄伯叔，明知其為匪，或者還分受財物，只要據實出首，均准免罪，連本犯亦得照律減免；如不出首，不分贓而知情的，照知人謀害他人不行首告律，杖一百，若知情而又分贓，照本犯罪減一等發落。雍正批准了他們的建議[151]。八年（一七三〇年），雍正以直隸盜案多於他省，為嚴行懲治，將盜夥不分首從，皆行正法，是所謂「以辟止辟」，至十一年（一七三三年），以盜案減少，遂取消實行於該地的這個特殊條例，再有盜案，仿照其他省分，按「法無可貸」、「情有可原」不同情況擬定結案[152]。

雍正從維護宗族制度出發，改定有關律例。清朝秋審，原將案件分為情實、緩決、可矜、可疑四種，判決有死刑立即執行的、有緩刑的，有留待進一步調查處理的。康熙五十年後情況複雜一些了，這一年定例：凡犯死罪而非常赦所不原的，高、曾、祖父母及父母年在七十以上又有疾病需要侍養的，家中又沒有次丁、成丁，可以根據他犯罪情節，由皇帝決定是否處以死刑；若犯徒流罪的，就杖一百，餘罪收贖，存留養親[153]。雍正繼位就將它制度化，二年（一七二四年），指示要看被害者家中是否有成丁、次丁，否則殺人之人反得留養，死者家中若無次丁、成丁，就不合情理了[154]。同時他嚴格要求留養者賠償銀兩，於三年（一七二五年）定出具體數目，若不能賠償，仍照應得之罪法辦[155]。同年又規定：凡軍流徒犯及免死流犯，家中祖父母、父母老疾，沒有次丁、成丁侍養，軍流徒犯，照數決杖，餘罪收贖；免死流犯，枷號兩月，杖一百，俱准存留養親[156]。存留養親，本為養活尊親，也包含有使尊親後嗣有人，家門永存，香火不斷之意，雍正十一年的有關定例，把這個意思進一步明確了。如有關條例規定：若夫毆死妻，不是故殺，父母已故，別無承祀之人，可將該犯枷號兩月，責四十板，准其存留承祀[157]。設立了這類條例，自雍正起，秋審四類處分外，增加「留養承祀」一類。對於宗族內成員之間的犯罪律例，雍正亦有所改動。江西永新縣民朱寧三屢次犯竊，迫使乃兄朱倫三賣子鬻產代為賠償，後又偷牛被獲，朱倫三遂和其侄朱三杰把朱寧三淹死，案發，刑部擬朱倫三流徒，朱三杰徒刑，雍正不批准，他認為賠累伯叔兄弟的惡人，犯罪可能不至於死，而族人為剪除凶惡，訓誡子弟，治以家法，至於身死，亦是懲惡防範之道，情非得已，不當按律擬以抵償，因此將朱倫三、朱三杰二人免罪釋放。同時命制定類似事例，於是經九卿討論，雍正批准，定出新例：閤族公憤，以家法處死不肖子孫，如死者確有應死之罪，將為首者照罪人應死而擅殺律予杖，若罪不至死，將為首者照應得之罪減一等，免其抵償[158]。又有福建建安縣民人魏華音，偷割人稻禾，竟將已故之胞兄獨子勒死，嫁禍於人，以圖逃脫自身的偷竊罪，刑部擬罪，按尊長致死卑幼論刑，雍正不贊成，他說魏華音固然是死者的親叔，但其凶惡慘毒已在倫常之外，兇手與死者就不能論尊卑長幼名分了。對於這樣的事情，過去條例沒有詳加分析，並不妥當。他指示：「其將卑幼致死以脫卸己罪及誣賴他人者，應另定治罪之條。」於是議定：凡屬這類情形的，「應照親伯叔奪兄弟之子房產等情故殺例擬絞監候」[159]。他針對原來律例中尊長卑幼名分關係而處刑不合理的問題，改定新例，既維護尊長的權力，又不允許他們恣意為非作歹，使刑律改得合理一些。他所定為代表宗族利益懲治惡逆的人減刑的律例，使宗族在實際上具有一定的司法權，這是維護宗族制度的法律手段。

清律沿襲唐、明歷代之舊章，有贖刑，但有其特點，即捐贖的通行。順治十八年（一六六一年）定官員犯流徒籍沒認工贖罪例，康熙二十九年（一六九〇年）定死罪現監人犯輸米邊口贖罪例，三十年（一六九一年）又定軍流人犯贖罪例，六十年（一七二一年）又有河工捐贖例，等等。這些捐贖事例，都是因事需要而制定，事畢即停止實行。雍正初年，定西安駝捐例、營田事例，都包含捐贖條款。至十二年（一七三四年），吸收以前事例辦法，定預籌運糧事例，規定：不管是旗人還是民人，凡罪應斬、絞而情有可原的，三品以上官員捐運糧銀一萬二千兩，四品官捐運糧銀五千兩，五六品官捐銀四千兩，七品以下暨進士、舉人捐銀二千五百兩，貢監生二千兩，平人一千二百兩，俱准減死罪；若犯罪應服充軍、流放刑法的，各類人各自交足死刑捐銀數的百分之六十；若犯徒刑以下的罪，各類人各自交足死刑捐銀數的百分之四十。這些犯人就改行枷號杖責，照徒罪捐贖。這時西北正在兩路用兵，軍費大增，雍正用這個辦法以增加財政收入。雍正以後，清朝用兵之事仍多，使得這個捐贖例基本上堅持下去。官員和富人用金銀贖免死罪，不管什麼原因總是壞事，雍正自知理虧，在實行中要求從嚴掌握。五年（一七二七年）十月，刑部議准王惠等數人照營田贖罪例贖罪，雍正覆審，允許楊廷璋等三人贖罪，以王惠毆死人命，林必映、林鼎動身為舉人、監生，開設賭場，大干法紀，不准捐贖抵罪[160]。

雍正在司法行政方面，對決囚頗為注意。雍正朝以前，秋審人犯，在京的審為「情實」者，要三覆奏，以定「預勾」（死罪立即執行）、「未勾」（死罪暫緩施行），在地方的，逕行勾決，即沒有三覆審的可能。雍正表示要「慎重民命」，於二年（一七二四年）四月下令，地方秋審情實人犯亦要三覆奏聞[161]。次年秋天，雍正親自決囚。這在以前，還是康熙五十八年（一七一九年）勾決囚犯的，至此已五年沒有進行了[162]。這次雍正搞了一個多月，勾決范受德等斬犯，對一些斬犯未予勾決。斬犯鄭人進原聘王北辰之女為妻，後王北辰賴婚，鄭人進因將北辰女搶去，尚未成親，王北辰率王蘭桂前往強接，以致鄭人進打死王蘭桂。雍正說這是賴婚引起的搶親，曲在王北辰，鄭人進雖有人命，但係鬥毆致死，並非有意殺害，遂定為緩決[163]。前面說過的浙江縉紳陳世倌家人致死人命，囑託浙撫黃淑琳一案，定為死刑，雍正決囚，以陳世倌之父陳詵為康熙時禮部尚書，「居官尚屬謹慎」，從寬免勾[164]。雍正自云重視刑名，「每年秋審、朝審時，朕先將招冊細細披覽，及至勾到之日，覆面與大學士、刑部堂官等往復講論，至再至三，然後降旨」[165]。地方決囚，亦需三覆奏，這是把處決權收歸中央，而最終是加強皇帝的司法權。

雍正不斷研究司法中的問題，他發現人命案件中，故殺、謀殺的少，鬥毆中誤傷的多，起因多半是為微小物品，或口角相爭，打起架來就不顧性命了，及至抵罪，追悔莫及。他認為這是愚民無知，不懂法律的關係。他也知道律令條文太多，一般人也難於盡知，為此命令刑部，把毆殺人命的律例逐條摘出，詳細講解說明，由地方官刊刻，在大小村落張掛，使家喻戶曉，人知守法，減少人命案件[166]。監獄的弊病很多，刑部衙門，凡遇八旗、各部院、步軍統領及五城御史交送人犯，不論事情大小、罪犯之首從，一概收禁候審，受獄吏欺凌嚇詐，等到定案，重犯少而輕犯多，還有無辜者，白受監禁之苦。十一年（一七三三年），大學士張廷玉提出區別情況分別收禁的條陳，雍正命九卿議奏，遂不許將輕罪人犯混行送部收禁。張廷玉還發現刑部定案所引律文，往往不當，這就容易出現官吏舞弊，使重罪輕判，或輕罪重判，他要求都察院和大理寺真正起到監察作用，雍正採納他的意見，也命九卿議定糾正的辦法[167]。「八議」是封建等級制在法律上的反映，歷代相沿，被統治者視為不易之法。雍正對它另有看法，他說刑法應是至公至平的，不能隨意忽輕忽重，有了「八議」，對親、故、功、賢等類人的犯罪，有意為他們曲法優容，這就使法律可以任意低昂了，這是不公平的。何況這些人，平時已得國家優崇，更應當帶頭守法，為士民的表率，他們犯罪，再得到曲宥，人們怎能心服，怎麼達到懲惡勸善的目的？並且由於有八議，這些人中的不肖者反倒可以放肆作惡。他認為這樣的律文不可為訓。不過他承認這是成法，不能取消，也不可完全按它實行[168]。雍正對宗室、貴族、功臣中多人用刑，他是把八議撇在一邊了。

上述雍正的司法活動，可以看出他的精神主旨：

第一、是為強化治安，如對奴僕盜家長財產罪、盜賊家屬連坐罪的從嚴改定，以嚴刑峻法威嚇觸犯刑律的平民和賤民，維護封建社會秩序和地主階級的私有財產制度，所以他的司法的地主階級性質非常清楚。

第二、是進一步增強皇帝的司法權，如全面實行三覆審制度所表現出來的。

第三、貫穿了他的為政務實精神，不拘於成例，從實際出發加以改變，如改定關於宗族成員間犯案處分的律例，既不一味維護尊長利益，又不使卑幼無故遭殃。八議雖不取消，又不完全執行，也是根據實際情況執法的表現。

第四、執法從嚴，有的地方甚為殘酷。三年（一七二五年），雍正決囚時說：「人命重案，務使情法得中，嚴固不可，寬亦不可。」又說：「從來法寬則愚民易犯，非刑期無刑之意。」[169]他講執中，司法要合情合理，其實是為他嚴刑作解釋。他的遺詔說從前寬厚的律例，經他改嚴的，是為整飭人心，改變風俗，原來只打算行於一時，等到弊病革除之後，就可酌情恢復舊章。以後遇到這類事情，就要細加考慮，該照舊例實行的就取消新例[170]。是他自認嚴了，還是嗣君乾隆認為他嚴了，反正他是嚴了，前述對盜案家屬的處理新例即是明證。他在司法上的嚴，也是他主張嚴猛政治的體現。

升府州和更定地方官缺

雍正大量增設府、直隸州和州、縣等地方行政機構，對親民官的任用也作了一些改變。

二年（一七二四年），山西巡撫諾岷建議撤銷衛所，改歸州縣管轄。雍正命兵部等衙門議覆，兵部不贊成，理由是軍、民戶役不同，不便歸併；武科甲人員出路是衛所的守備、千總，裁撤衛所，是去了他們做官之路。雍正與他們的看法截然不同，責備他們「所見甚小」，指示除邊遠衛所外，「內地所有衛所，悉令歸併州縣。」為了把這件事做好，他要求各省督撫詳細規劃合併事項，吏、兵二部研究武科甲出路問題[171]。變衛所為州縣，他的決心很大，這是地方行政區劃改革的內容之一。同時進行的是增置府州，這比衛所改制涉及範圍更大。各地督撫見雍正支持諾岷，紛紛效尤，提出申請[172]，雍正一一採納，在短期間內許多省的行政區劃作了變動。山西原有寧武衛，改升為寧武府，另設寧武縣為其附郭，將右衛等三衛改為縣，設朔平府領之，升平定、忻、代、保、解、絳、吉、隰等八個散州為直隸州，各領屬縣。在直隸，添設熱河廳、張家口廳，改冀、定、晉、趙、深五散州為直隸州，升天津衛為直隸州，尋升為府。在江蘇，將太倉、邳、海、通四州升為直隸州，把蘇州府長洲縣、松江府華亭縣、常州府武進縣、揚州府江都縣等縣析分為二個縣或三個縣，使蘇州府有三個首縣，松江府、常州府、揚州府也各有二個附郭縣，另改金山衛為金山縣。安徽的潁、亳、泗、六安等州，山東的泰安、武定、濱、濟寧、曹、沂六州，陝西的商、同、華、耀、乾、邠、鄜、綏德、葭等州，廣西的鬱林、賓、西隆州等州都升為直隸州。甘肅的甘州、涼州、西寧、寧夏等衛改為府，肅、秦、階三州升成直隸州，臺灣增設彰化縣。陸續增置的府廳州縣，今據《清史稿．地理志》所載，約略計算一下，增設和復置的府三十三個，直隸州、廳五十八個，州、廳二十八個，縣八十五個，共計二百零四個。清代約有一千七百個府廳州縣，雍正年間變動的佔到總數的百分之十二，可見改動的比較多。這些是添設和提格的，還有的縣及縣下的村鎮改變所隸省分，如直隸的內黃、滑、濬三縣撥歸河南，而河南的磁州轉屬直隸，祥符縣的辛安社、儀封縣的李家莊改隸山東曹縣[173]。所有這些變易，都由雍正批准。他還給新置州縣命名，如因太湖古名震澤，就以之名吳江縣析出之縣，山東博山、臺灣彰化等等都是他定的名稱。

在未增置州縣以前，福建人藍鼎元撰《論江南應分州縣書》一文，認為蘇州、松江、常州、太倉等府州的屬縣應當析小，原因是這裏賦稅多，縣官忙不過來，化小了才便於徵收[174]。他的分析，正是後來兩江總督查弼納提請分縣的理由：該地「額徵賦稅，款項繁多，獄訟刑名，案牘紛積，為牧令者，即有肆應之才，亦難治理」[175]。蘇、松、常是著名的財賦重地，其轄縣，錢糧多的，每年至四十多萬兩，少的亦不下二三十萬[176]。一縣的錢糧，比有的省分還要多，如雲南通省一年的正額錢糧不過二十萬兩，貴州全省地稅丁銀六萬六千兩，雜稅一萬三千兩，倉糧十一萬四千石[177]。蘇、松、常、太所屬的長洲、昆山、吳江、嘉定、常熟、華亭、婁縣、上海、青浦、武進、無錫、宜興、太倉，合計正賦銀米三百五十五萬[178]，比滇黔兩省的總和還多。達到全國地丁銀的百分之十以上。這麼多的賦稅由極少數人來管，很難徵收齊全，需要增添縣署。江南分縣之後，松江民謠：「百里分城隔浦天，東南半壁又三分。莫看斗大州容易，堂上琴聲幾處聞。」[179]反映這裏州縣事務依舊殷繁。江南分縣最具代表性，其他地區亦有類似情況。山西布政使高成齡摺奏將散州、蒲州、澤州升格為直隸州，緣由之一是「本州稅糧」倍於他郡[180]。署理兩江總督范時繹奏請在江西安福、永新兩縣劃出一片地方另設新縣，原因是那些地方離縣城遼遠，「每當徵收之時，差役不能制服，是以歷來兩縣錢糧舊欠未清，新徵不足」[181]。雍正命他再行調查具奏，後終添設蓮花廳。查弼納、高成齡、范時繹講的升州增縣的共同原因是為了徵稅。

直隸滑縣等三縣改歸河南是解決河南漕糧運輸問題。河南每年漕糧二十萬石，定限於次年三月初一日以前送到通州糧倉，運輸由河南負責，運道是由衞河進入大運河，轉輸線上有一段屬直隸轄境，河道多沙石淺灘，需要經常疏濬，施工時因該地區不屬河南管轄，指揮很不靈便，因而河道不能暢通，河南漕糧不能及時交倉[182]。河南巡撫田文鏡為按期運至通倉，奏請將沿河的滑、濬等三縣改隸河南，這幾縣比較富庶，直隸總督李維鈞不樂意劃分，雍正還是於三年（一七二五年）批准了田文鏡的奏議，改變該三縣的隸屬關係。事情立見效果，當年的漕糧即如期交倉了[183]。雍正於四年（一七二六年）向李維鈞的後任李紱說起此事，李紱認為這是三年雨水大，才得幸運成事，不是行政區劃變動造成的。四年的漕糧，田文鏡上交的更早，雍正又問李紱還有什麼話說[184]。事實上，這種改變是取得了預期的效果。

清初，四川因人煙稀少，歸併裁撤二十個縣，康熙五十年（一七一一年），川撫年羹堯提請復銅梁、岳池二縣[185]，至六十年（一七二一年）銅梁始獲准復置。雍正七年（一七二九年），川撫憲德疏言四川已「生聚日繁」，改變了「地廣人稀，政事簡少」的情況，建議恢復雙流、崇寧等十四縣，雍正全部批准了他的要求[186]。此外，改建寧衞為寧遠府，升雅州、嘉定、銅川三州為府，升錦州、茂州、達州、忠州及資縣為直隸州[187]。

以上地方政區和行政單位的變化，無論是為賦多事繁、是為通漕、是為人口增殖，都是雍正為保證清朝政府的賦稅徵收，適應客觀條件的變化而採取的措施。所以說保障賦稅，是產生這種變更的基本原因。

原因是多方面的，還有另一種情況。福建總督郝玉麟疏言：「福寧地當衝要，崇山峻嶺，向設直隸州，不足以資彈壓，請改為福寧府。」[188]寧遠大將軍、川陝總督岳鍾琪請將榆林衛改府的事，說了同樣的話：「（該地）夷漢雜居，必須大員彈壓，請於榆林地方設知府一員。」[189]湘撫王國棟疏請將岳州府的澧州升為直隸州，他說：「岳州府屬遼闊，中隔洞庭，……文移每至稽遲，有鞭長不及之慮。」若將澧州升為直隸，領屬石門等三縣，岳州府的事就好辦了[190]。九年（一七三一年），署理直隸總督唐執玉建言將天津州改為府，他說：「天津直隸州係水陸通衢，五方雜處，事務繁多，請升為府。」[191]同年，署理兩江總督尹繼善說：「淮安府屬之山陽縣、揚州府屬之江都縣，事務殷繁，幅員遼闊，請各添設知縣。」[192]他們的請求都被雍正批准了。雍正君臣的出發點，皆因原來轄區大，管理不方便；官員職務卑小，不足以任其事，為了加強對地方的治理，才進行地方機構的調整。

升府州，與地方官的任用制度有關聯。道員、知府的任用，在康熙中，由吏部按照官員的俸資，挨次選授，知州、知縣的選用大體相同。道、府、州、縣員缺，又分「繁」、「簡」兩項，如何劃分繁、簡，標準不甚清楚。雍正初年沿用了前朝成法，遺留問題亦未解決，六年（一七二八年），廣西布政使金鉷提出新的補授辦法，即府州縣的事務分出「衝」、「繁」、「疲」、「難」四種情況，「衝」指地理位置的重要，或係交通要道，或係軍事重地，或係險阻處所；「繁」指事務殷雜，或錢糧多，或差役雜，或為首府首縣；「難」指士習刁淩，「民風強悍」，獄訟繁多，難於治理。根據這四項內容，確定各府州縣的官職屬於何種缺分，以備選擇相應官員補任。雍正把他的意見發交九卿討論，最後決定：在衝、疲、繁、難四項中，該府州縣具備四項或三項，則成為「最要缺」、「要缺」，否則為「中缺」、「簡缺」。屬於最要缺、要缺的知府由吏部開列可以補任的官員名單，經皇帝選擇，予以補授，這是所謂「請旨補授」，也即所謂「特用」。州縣官的補授，凡屬最要缺、要缺的，由督撫從現任州縣官的能員中提出名單加以任用，稱為「題授」，這種官缺就叫做「題缺」，若係中、簡缺分，則由吏部除授，叫做「選授」，該官缺則為「選缺」[193]。選授是按俸資排列應升官員名單秩序，然後按序升轉，它只講資格，不重視才能。題授、請旨補授選拔才力之人，可以超越俸資，含有鼓勵人才的意思。

增設府縣，提升直隸州，更定府州縣官員補授方法，一個後果是加強了皇帝和督撫對基層的控制。田文鏡曾說：「我皇上眷念中土，特增加直隸，事得專達。」[194]直隸州屬於省里，題授由督撫進行，他們對州縣官的考核和任用權實際上加大了。請旨補授，這是雍正把吏部銓選權削弱了，使皇帝進一步加強對地方行政的指導。所以地方行政制度的變化，同雍正改革中央官制和文書制度相一致。雍正從中央到地方全面地調整了官制，其結果是進一步強化了皇權。

註釋

1 光緒《大清會典事例》卷一〇一四，《都察院・六科・掌印》。
2 曹一士《四焉齋文集》卷二《請復六科舊制》。
3 《清朝通志》卷六十五《職官》。
4 光緒《大清會典事例》卷一〇一四《都察院・六科》；《清朝文獻通考》卷八十二《職官・六科》。
5、7 《四焉齋文集》卷二《請復六科舊制》。
6 《上諭內閣》，五年十月十五日諭。
8 《明史》卷七十四《職官志》，中華書局標點本一八〇五頁。
9 《上諭內閣》，元年四月十三日諭；《清史稿》卷一一五《職官・都察院》。
10 《上諭內閣》，三年十一月二十一日諭。
11 《上諭內閣》，四年十月十一日諭。
12 《上諭內閣》，七年二月十九日諭。
13、14 雍正《吏部則例・銓選滿官則例》。
15 《硃批諭旨・李衞奏摺》，四年八月初二日摺。
16、18 《雍正朝起居注》，四年十月初六日條。
17 《硃批諭旨・陳世倌奏摺》，四年十一月十六日摺硃批。
19 《永憲錄》卷四，三三二頁；《清世宗實錄》卷五十，四年十一月乙卯條。
20 《永憲錄》卷四，三二五—三二六頁。
21、23、24、25 《硃批諭旨・王國棟奏摺》。
22 《雍正朝起居注》，五年六月初二日條。
26、27 《硃批諭旨・王國棟奏摺》摺及硃批。
28 《硃批諭旨・王國棟奏摺》摺及硃批。
29 《清史稿》卷二九一《蔡仕舢傳》。
30 《硃批諭旨・王國棟摺》摺及硃批。
31 《硃批諭旨・趙弘恩奏摺》，七年十一月初七日摺。
32 《上諭內閣》，七年十二月初八日諭。
33 《硃批諭旨・王士俊奏摺》，八年六月初二日摺硃批。
34 《上諭內閣》，九年四月初八日諭。
35 《養吉齋叢錄》卷三。
36 《雍正朝起居注》，二年十二月初九日條。
37 《清世宗實錄》卷九十九，八年十月甲子條。
38 《李煦奏摺》，一—二頁。
39 《關於江寧織造曹家檔案史料》，二十三頁。

40《李煦奏摺》，七十六頁。
41《李煦奏摺》，二十三頁。
42《清聖祖實錄》卷二四九，五十一年正月壬子條。
43《硃批諭旨・王柔奏摺》。
44《清史列傳》卷十二《覺羅滿保傳》。
45《硃批諭旨・楊宗仁奏摺》，元年四月初五日摺硃批。
46《硃批諭旨・李紱奏摺》，二年十二月二十六日摺硃批。
47《硃批諭旨・馬會伯奏摺》，三年十月二十八日摺硃批。
48《硃批諭旨・鄂爾泰奏摺》，四年四月初九日摺硃批。
49《硃批諭旨・齊蘇勒奏摺》，二年閏四月十五日摺及硃批。
50《硃批諭旨・齊蘇勒奏摺》，三年十二月十五日摺及硃批。
51《硃批諭旨・齊蘇勒奏摺》，四年二月初九日摺及硃批。
52《硃批諭旨・鄂昌奏摺》，七年六月十八日摺硃批。
53《硃批諭旨・馬會伯奏摺》，二年七月十一日摺硃批。
54《硃批諭旨・李衞奏摺》，五年四月十一日摺硃批。
55《硃批諭旨・性桂奏摺》，六年八月初三日摺。
56《硃批諭旨・田文鏡奏摺》，七年三月二十日摺。
57《硃批諭旨・韓良輔奏摺》，二年閏四月十七日摺硃批。
58《硃批諭旨・任國榮奏摺》，七年六月二十七日摺硃批。
59《硃批諭旨・王朝恩奏摺》，二年十一月初四日摺硃批。
60《硃批諭旨・朱綱奏摺》，二年九月初五日摺硃批。
61《硃批諭旨・李秉忠奏摺》，六年三月初三日摺及硃批。
62《硃批諭旨・衞昌績奏摺》，六年七月十六日摺硃批。
63《硃批諭旨・衞昌績奏摺》，七年四月二十九日摺。
64《上諭內閣》，七年六月初十日諭。
65《硃批諭旨・劉於義奏摺》，十年閏五月初六日摺及硃批。
66《硃批諭旨・孔毓珣奏摺》，三年二月二十五日摺及硃批。
67《硃批諭旨・鄂爾泰奏摺》，四年六月初八日摺及硃批。
68《硃批諭旨・田文鏡奏摺》，二年九月初三日摺硃批。
69《硃批諭旨・田文鏡奏摺》，二年十一月初九日摺硃批。

70《硃批諭旨・李秉忠奏摺》，六年二月十二日摺硃批。

71《硃批諭旨・李秉忠奏摺》，六年二月二十七日摺硃批。

72《硃批諭旨・李衞奏摺》，四年十二月初二日摺及硃批。

73《硃批諭旨・禪濟布奏摺》，二年六月十五日摺硃批。

74《硃批諭旨・高其位奏摺》，元年四月二十七日摺硃批。

75《硃批諭旨・王朔維奏摺》，七年閏七月初十日摺硃批。

76《硃批諭旨・楊名時奏摺》，四年九月初四日摺硃批。

77《硃批諭旨・李衞奏摺》，五年二月十七日摺及硃批。

78《硃批諭旨・潘體豐奏摺》。

79《硃批諭旨・李灿奏摺》，九年十月初一日摺硃批。

80《硃批諭旨・施廷專奏摺》，七年八月十二日摺硃批。

81《硃批諭旨・卷首上諭》。

82《硃批諭旨・李衞奏摺》，四年十月初九日摺硃批。

83《硃批諭旨・鄂昌奏摺》，七年六月十八日摺硃批。

84《硃批諭旨・禪濟布奏摺》，三年十月初七日摺硃批。

85《硃批諭旨・李秉忠奏摺》，七年三月初十日摺硃批。

86《硃批諭旨・路振揚奏摺》，四年六月十五日摺硃批。

87《雍正朝起居注》，二年十一月初九日條。

88《上諭內閣》，康熙六十一年十一月二十七日諭。

89《上諭內閣》，四年十一月二十五日諭。

90《硃批諭旨・朱綱奏摺》，二年九月初五日摺；《硃批諭旨・趙向奎奏摺》。

91《硃批諭旨・喬于瀛奏摺》，二年十一月初七日摺。

92《硃批諭旨・朱綱奏摺》，三年正月初七日摺。

93《上諭內閣》，八年七月初七日諭。

94《硃批諭旨》卷首；《清世宗文集》卷八《硃批諭旨序》。

95《內閣小記・自序》。

96《四庫全書總目》卷五十五《詔含奏議類》，中華書局一九六五年版，四九四頁。

97 關於軍機處，下節即將說明。

98《章氏遺書》卷二十九《三上韓城相公書》。

99《上諭內閣》，四年十一月二十五日諭。

100《謝梅莊先生遺集》卷一。

101《清世宗實錄》卷七十八，七年二月丙子條。

102《永憲錄》續編，三五六頁。

103《穆堂別稿》卷三十《請分發後補侍衞疏》。

104《上諭內閣》，八年五月十二日諭。
105 此事又見趙翼《簷曝雜記》卷二《王雲錦》。
106《嘯亭雜錄》卷一《察下清》。
107《硃批諭旨・田文鏡奏摺》，附錄李紱奏摺，四年四月二十七日摺。
108《硃批諭旨・憲德奏摺》，五年六月二十四日摺硃批。
109《上諭內閣》，元年十一月初八日諭。
110《清世宗實錄》卷八十二，七年六月癸未條。
111《春融堂集》卷四十七。
112《樞垣紀略・自序》。
113《養吉齋叢錄》卷四。
114《養吉齋叢錄》卷二十二。
115《清史稿》卷一一四、卷一七六。
116《清世宗實錄》卷一一六，十年三月庚申條。乾隆初印文改為「辦理軍機事務印記」，見《養吉齋叢錄》卷四。
117《春融堂集》卷四十七《軍機處題名記》；參閱《養吉齋叢錄》卷四；《樞垣紀略》卷十三《規制》。
118《春融堂集》卷四十七《軍機處題名記》。
119《簷曝雜記》卷一《軍機處》。
120《春融堂集》卷四十七《軍機處題名記》。
121《澄懷園文存》卷五《遵例自陳第一疏》。
122《樞垣紀略》卷十三《規制》。
123《澄懷園主人自訂年譜》卷一。
124《澄懷園主人自訂年譜》卷二。
125《澄懷園主人自訂年譜》卷三。
126《清世宗實錄》卷一一五，十年二月辛亥條。
127《清世宗實錄》卷一一七，十年四月己亥條。
128《上諭內閣》，九年十一月初六日諭。
129《清世宗實錄》卷一一六，十年三月丁卯條。
130《春融堂集》卷四十七《軍機處題名記》；《養吉齋叢錄》卷四。
131《養吉齋叢錄》卷四。
132《簷曝雜記》卷一《軍機處》。
133《春融堂集》卷四十七《軍機處題名記》。
134《新唐書》卷四十六《百官志》。
135《樞垣題名・後記》。
136《養吉齋叢錄》卷四。
137 見《文獻叢編》第二十輯照片。
138《樞垣題名》吳榮光「記」。
139《簷曝雜記》卷一《廷寄》；《春融堂集》卷四十七《軍機處題名記》。

140《上諭內閣》，六年二月二十五日諭。
141《清世宗實錄》卷五十四，五年三月丁未條。
142《簷曝雜記》卷一《廷寄》。
143《養吉齋叢錄》卷二十二。
144 福格《聽雨叢談》卷五《朝珠》。
145《樞垣紀略》卷十四。
146《簷曝雜記》卷一《軍機不與外臣交接》。
147《大清律集解序》，《清世宗文集》卷六。
148《清史稿》卷一四四《刑法志》；《清朝文獻通考》卷一九七《刑考》。
149《清世宗實錄》卷十六，二年二月庚戌條；卷二十九，三年二月庚午條；《雍正朝起居注》，三年二月初一日條。
150《清世宗實錄》卷七十五，六年十一月丙辰條。
151《清世宗實錄》卷八十，七年四月己卯條。
152《上諭內閣》，十一年四月十四日諭。
153、155、156 光緒《大清會典事例》卷七三二《刑部・名例律・犯罪存留養親》。
154 光緒《大清會典事例》卷七三三《刑部・名例律・犯罪存留養親》。
157 光緒《大清會典事例》卷七三二《刑部・名例律・犯罪存留養親》。
158《雍正朝起居注》，五年五月初十日條。
159《上諭內閣》，六年六月初四日諭。
160《上諭內閣》，五年十月十五日諭。
161《雍正朝起居注》，三年十一月初七日條。
162《雍正朝起居注》，三年九月十九日條。
163《雍正朝起居注》，三年九月二十一日條。
164《雍正朝起居注》，三年九月二十二日條。
165《上諭內閣》，十三年閏四月二十八日諭。
166《雍正朝起居注》，二年閏四月初五日條。
167《清世宗實錄》卷一二九，十一年三月乙酉條。
168《上諭內閣》，六年三月二十六日諭。
169《雍正朝起居注》，三年九月十九日條。
170《清世宗實錄》卷一五九，十三年八月己丑條。
171《上諭內閣》，二年閏四月十一日諭。
172《永憲錄》卷三，二一七頁。
173 乾隆《河南通志》卷二十六《田賦》。
174《鹿洲初集》卷三。
175《清世宗實錄》卷二十四，二年九月甲辰條。
176 光緒《常熟昭文合志稿》卷一《疆域》。
177《硃批諭旨・丁士傑奏摺》，三年五月初二日摺。

178《鹿洲初集》卷三。
179 陳金浩《松江衢歌》。
180《硃批諭旨・高成齡奏摺》，五年九月十六日摺。
181《硃批諭旨・范時繹奏摺》，四年十二月初六日摺。
182 雍正《河南通志》卷二十五《漕運》。
183《上諭內閣》，四年二月二十八日諭。
184《上諭內閣》，七年十一月十六日諭。
185《掌故叢編》第五輯《年羹堯奏摺》十七頁下。
186《清世宗實錄》卷八十七，七年十月己酉條。
187《清史稿》卷六十九《地理・四川》。
188《清世宗實錄》卷一四三，十二年五月辛卯條。
189《清世宗實錄》卷一〇〇，八年十一月壬午條。
190《滿漢名臣傳》卷四十五《王國棟傳》。
191《清世宗實錄》卷一〇三，九年二月丙辰條。
192《清世宗實錄》卷一〇九，九年八月丁酉條。
193《清高宗實錄》卷五，雍正十三年十月乙亥；卷七，十一月甲子；卷二八九，乾隆十二年四月丁丑條；《小倉山房文集》卷三《廣西巡撫金公神道碑》；《上諭內閣》，十二年九月初五日諭。
194 雍正《河南通志》卷二《輿圖序》。

第九章　改革旗務和處理滿漢矛盾

下五旗私屬關係的終結

努爾哈赤創建八旗制度，由子侄分任各旗旗主，旗主與旗下有嚴格的主從關係，皇帝要調發旗下人員，必須通過旗主。旗下隸屬於旗主，同皇帝是間接關係，也就是說旗下有兩個主人，即旗主和皇帝。各旗內親王、貝勒、公是世襲的，他們世代掌管所在旗。這樣在對待旗民的統治上，皇帝要直接掌管旗民，加強皇權，旗主要維持對旗下的所有權，因而產生皇權與旗主權的矛盾。自清太宗起的清朝前幾代皇帝都謀求削弱旗主的權力，太宗、順治兩朝使鑲黃旗、正黃旗、正白旗成為上三旗，由天子自將，於是剩下其他五旗，即下五旗旗主問題。康熙在統治後期，派皇七子胤祐管理滿洲、蒙古、漢軍正藍旗三旗旗務。當今皇帝的兒子到下五旗中作管主，代替原來的旗主，實際上削弱了旗主的權力。所以雍正以前，八旗旗主勢力逐漸衰微，已無力與皇權抗衡，但是他們還擁有一部分權力，影響著皇權在八旗中的進一步行使。

雍正繼位初年，承襲乃父遺策，任用親信弟兄和王公管理旗務，如以康親王崇安管理正藍旗三旗事務[1]，皇十七弟果郡王允禮管理鑲紅旗事。他在對管主的使用中，發現它和皇帝及八旗內官員的矛盾，管旗務的諸王因身分崇高，還是影響皇帝對旗民的直接統治，而管主同都統等官員職權難分，往往互相摩擦，對於「公事，亦未免耽誤」，雍正遂於六年（一七二八年）減少管主，取消崇安、錫保及信郡王德昭等的管理旗務[2]，七年（一七二九年），雍正「命莊親王允祿管理鑲白旗滿洲都統」[3]，九年（一七三一年），改「命莊親王允祿管理正紅旗滿洲都統事務」[4]，十年（一七三二年），用平郡王福彭「管理鑲藍旗滿洲都統事務」[5]。允祿、福彭是管理都統事務，與管旗務大不相同，管旗務是八旗都統的太上皇，是管主，都統得惟命是從，管理都統事務，本身相當於都統，或是兼職都統。都統是所謂掌「八旗之政令，稽其戶口，經其教養，序其官爵，簡其軍賦，以贊上理旗務」[6]。是八旗的軍政長官，是一種職務，由皇帝臨時任命，不能世襲，與所在旗的旗民是官民關係，而不是主從關係。允祿是雍正第十六弟，又以親王身分管都統事，他已不是管主，降為一旗長官了，而這不是他個人的榮辱問題，因為他長期受雍正信任，後來為乾隆顧命大臣之一，他的出任管理都統事務，表明皇子、親王在八旗中地位的降低，表明管主的被取消。至此，清代管理八旗事務人員經過了三個階段的變化：旗主——管主——宗室貴族管理都統事務，每一次的變化，都是旗內主從關係的削弱，旗主不再具有原先的旗內自主權，皇帝將它剝奪淨盡了。這個三部曲是皇權在八旗內（主要是下五旗）強化的過程，雍正的宗室貴胄管理都統事的辦法，則是它的終結。這是八旗制度內皇權、旗主權消長過程的主線，圍繞著它，雍正還採取了許多相應措施。

八旗都統，清文為「固山額眞」，印信即以此為文「額眞」，滿語意為「主」。雍正元年（一七二三年），給事中碩塞條奏：「額眞二字，所關甚巨，非臣下所可濫用」，請加改定。雍正為正名分，崇君主，接受他的建議，命將「固山額眞」改為「固山昂邦」，意為總管，即漢文的都統，又將「伊都額眞」改為「伊都章京」[7]，意為領班。臣下不能稱為「主」，只能尊奉一個主人——皇帝。「固山額眞」，是努爾哈赤建旗時的老名稱，後來的都統早已不復是旗主的意思。至此，雍正又在文字上加以改變，從意識形態上革除旗主的痕迹，從而也標誌旗主權力的實際消失。

旗員的官缺，向分旗缺、翼缺、公缺數種。旗缺，是某一官職例由某旗人員充任；八旗又分左右兩翼，翼缺是專屬於某一翼的人員的官缺；公缺是所有八旗人員的。旗缺、翼缺只在某旗某翼內進行揀選，旗主、管主可以把持這些缺位，也使得各旗之人具有向心力，團結自固，但在八個旗內，各旗人才不一，因而有的旗升轉較快，有的則較遲滯，也不公平。這一問題，康熙初年即著手解決，八年（一六六九年）、十年（一六七一年），分別將各部堂主事、郎中改為公缺，通同論俸升轉，但員外郎、主事仍按旗升轉。雍正六年（一七二八年），以銓法劃一為理由，將原屬於旗缺、翼缺的各部員外郎、主事、內閣中書、監察御史、給事中、工部造庫郎中，一律改為公缺[8]。既解決銓法的不公平，亦不使旗主、管主干預旗缺中任何一部分旗員的任用。對八旗內部缺分的補授，雍正亦行更改，原來下五旗王公所謂公中佐領之缺，只在該王屬下揀選，八年（一七三〇年），雍正認為這樣做不易得到合適的人，命於該旗中揀選官員引見補授，若該王屬下之人可用的當然也可以揀選[9]。企圖使諸王所用人員盡量少同他有密切關係。

佐領是八旗基層牛錄的主官，職位雖不甚高，但地位重要，特別是原管佐領（勛舊佐領），係清朝開國時期率族眾歸來的，被編為牛錄，佐領在一個家族世襲，也即使它永遠掌握這個基層組織。世管佐領，也是早期投入後金政權的部眾，佐領也是世襲[10]。雍正於四年（一七二六年）二月說，他們中年幼的，愚昧的，衰老不能辦事的，只給佐領的俸祿，不許管理事務，其事另選擇該旗大臣官員兼理[11]。這就等於取消了原管佐領、世管佐領的世襲罔替。可見雍正對八旗各級主人下手，褫奪他們的統治權。

對於王公與屬下的關係，雍正作了許多規定。元年（一七二三年），禁止王公在所屬佐領內濫派差役，只許挑選人員充任護衞、散騎郎、典儀、親軍校、親軍，不許兼管家務，若用作包衣官職，或令跟隨子侄，都要列名請旨，並且要知會該旗都統，由都統覆奏。若屬下犯罪，王公要奏聞，交刑部處理，雍正說：「不請旨，斷不可也。」[12]這是說王公對屬人沒有任意使用權和處罰權。二年（一七二四年），雍正不許下五旗王公聽信讒言，將屬下妄加殘害，或藉端送刑部治罪，若有此種情況，則將這些被害者撤離原主門下。同時規定，王公屬下有被問罪發遣的，不許發往該王公打牲處所，免得他們發生聯繫，私自回到該王公門上[13]。政府懲治王公屬下，不容原主包庇，王公迫害其屬下，政府不容其肆惡，這是一個問題兩個方面，即不許王公與屬下有不正常關係。同年，更定王公擁有的護軍、領催、馬甲數，親王為護軍、領催四十名，馬甲一百六十名；郡王護軍、領催三十名，馬甲一百二十名；貝勒護軍、領催十六名，馬甲八十名；貝子護軍、領催十六名，馬甲六十四名；鎮國公護軍、領催十二名，馬甲四十八名；輔國公護軍、領催八名，馬甲三十二名[14]，比原來的數目減少了。同年還下令，諸王所屬佐領，凡移出的，其內人員不得再與舊主往來，否則從重治罪[15]。使王公對舊部不能發揮影響。

雍正特別不許王公勒揹屬下，元年（一七二三年），他說五旗諸王不體恤門下人在外省做司道府縣官的，向他們分外勒取，或縱容門下管事人員肆意貪求，為除此弊，他允許該等官員封章密揭[16]。次年，他發現公爵星尼向屬人王承勛勒取幾千兩銀子，為此特發上諭，說星尼才是公爵，而王承勛不過是州縣官，就要這麼多銀子，若主人是王府，屬人為地方大員，則不知要多少了。他就此事警告王公，若不悛改，「必將五旗王府佐領下人一概裁撤，永不敍用」[17]。十一年（一七三三年），太原知府劉崇元告發他的佐領李永安，在其回京時，李永安到他家索去銀子一百二十兩及馬匹、衣物，後李永安又派人到他任所，勒取騾頭、潞綢，還要三二百兩銀子。雍正下令對李永安嚴行查處[18]。

削弱八旗王公與屬下的私屬關係，在雍正初年有特殊意義。雍正嚴禁諸王濫役屬人時說：早先諸王對屬下尚知恩撫，而「朕之兄弟，分給包衣佐領之人既少，而差役復多，其餘諸王亦從而效之」[19]。他把諸兄弟視作罪魁，藉此整飭，收回王公任用屬人的權力，所以這是他打擊宗室朋黨的一個內容。他把嚴禁王公勒索旗下，納入了清查錢糧、打擊貪贓、肅清吏治的措施之中。他指責王公的勒逼造成旗下官員的貪贓：「該員竭蹷餽送，不能潔己自好，凡虧空公帑，罹罪罷黜者多由於此。」[20]可見他在繼位之初，急急忙忙地改革旗務，是同打擊朋黨、整頓吏治緊密結合。

二年（一七二四年），雍正下令設立宗學，按八旗的左右兩翼各立一學，招收宗室子弟學習，每學設正教長、副教長，由翰林院編修、檢討充任。宗學招收宗室子弟，學習滿文、漢文，演習騎射，由政府按月發給銀米、紙筆。每年雍正派大臣去考試，進行獎勵和懲罰[21]。七年（一七二九年），雍正因宗學不能容納覺羅子弟，特於各旗設立覺羅學，令覺羅子弟讀書學射[22]。此外，雍正還設立咸安宮八旗官學，選擇八旗子弟中俊秀者入學，內務府包衣佐領的景山官學中的優秀者亦可入選[23]。雍正對他興辦宗學的原因作過說明，他認為宗室中人各懷私心，互相傾軋，把骨肉視為仇敵，更有甚者，「要結朋黨，專事鑽營」；還有一種人驕奢淫侈，蕩盡產業，也是不肖子孫。為改變這種風習，要作許多工作，但必須加強對他們的教育，以事挽救——「急籌保全之道，若非立學設教，鼓舞作興，循循善誘，安能使之改過遷善，望其有誠。」[24]他又說：「必教以典禮倫常及治生之計，俾各好善惡惡，崇儉戒奢，方可謂教育有成。」[25]他把辦宗學與削奪諸王權力、宗室朋黨同時進行，以鞏固他在政治上的勝利。

試圖解決八旗生計問題

清朝入關之初，八旗人口微少，他們為官作宦，當兵吃糧，又有旗地可以耕作，不存在生計問題，但時間稍長，如到雍正繼位，已八十年了，這時人口增殖甚多，而官職缺額和兵額都有限量，旗地沒有增加，除了上述職業以外，清政府又不允許他們自謀生活出路，因此出現了新添人口的生活問題，此外旗人因長期脫離生產，出現生活上追逐奢華的問題。二年（一七二四年），雍正向八旗官員和民人說：

> 爾等家世武功，業在騎射，近多慕為文職，漸至武備廢弛；而由文途進身者，又只僥倖成名，不能苦心向學，玩日愒時，迄無所就；平居積習，尤以奢侈相尚，居室用器，衣服飲饌，無不備極紛華，爭誇靡麗，甚且沉湎梨園，遨遊博肆，不念從前積累之維艱，不顧向後日用之難繼，任意糜費，取快目前，彼此效尤，其害莫甚[26]。

他敏銳地看到旗人逐漸丟掉尚武精神，向追求生活享樂方面發展。對後一方面感受尤深，他知京中一部分旗人以酗酒、賭博、赴園館、鬥鷄、鶉、蟋蟀為事，京外他去過盛京，見旗人以「演戲、飲酒為事」，以至城中酒肆多的不得了[27]。他還知道，有的旗人的享樂，靠著變賣家產和錢糧來維持，他說他們「多有以口腹之故而鬻賣房產者，即如每飯必欲食酒，將一月所得錢糧，不過多食肉數次，即罄盡矣。又將每季米石，不思存儲備用，違背禁令，以賤價盡行糶賣」[28]。

雍正針對一些旗人糜費和不善治生的問題，採取種種措施維持旗人的生活，希望他的國家的根本——八旗軍不致為生活問題而動搖。

雍正告誡旗人「量入為出，謀百年之生計」[29]。他嚴厲禁止旗人分外享樂，元年（一七二三年），不許旗人酗酒、鬥鷄，重定公侯及八旗軍民婚喪儀制，讓旗人崇尚節儉是重要的原因。到十二年（一七三四年），他就此事說：「近聞八旗人等仍有未改陋習，以誇多鬥靡相尚者。」因命八旗都統務必加強教育[30]。這些禁令，主要是進行教育，收效自不會多，即如變賣祿米，仍是司空見慣之事。五年（一七二七年），順承郡王錫保報告，賈富成私自偷買旗軍甲米，又向旗人放高利貸，雍正命他加以追查，將所買甲米及高利貸本利銀追出，賞給破獲此案的官兵[31]。他感到一個一個追查不是根絕旗丁出賣祿米的辦法，於六年（一七二八年）令在京倉附近設立八旗米局二十四個，即滿、蒙、漢軍每旗一個，在通州倉附近按八旗左右兩翼，設立米局兩處，每局都派有專官，稽查祿米的買賣[32]。這是限制旗人的糜費，以便量入為出。

雍正為增加旗人的收入，實行優恤政策。元年（一七二三年），發內帑銀八十萬兩，分給各旗，作為官兵婚嫁喪葬的費用，於是規定護軍校、驍騎校等婚事給銀十兩，喪葬給銀二十兩，馬甲、步軍等給銀遞減[33]。這是臨時性的補助，對八旗生活所助有限。

旗人繁衍了，而八旗兵額是固定的，所以出現很多餘丁，沒有職業，生活無著。雍正想擴大兵額，但又受政府財力的限制，就略為增加兵數，令從滿、蒙、漢軍中選取四千八百人為養育兵，每一旗滿、蒙、漢軍分配六百名，其中滿洲四百六十名，蒙古六十名，漢軍八十名。每一個滿洲、蒙古養育兵每月關餉銀三兩，漢軍每月也應為三兩，但實給二兩，多餘的餉銀給額外增加的養育兵，這樣漢軍每旗又可增添四十人，這次總計添加養育兵五千一百二十人[34]。同年，雍正又特別增長漢軍額數，把漢軍二百六十五個佐領又二個半佐領，擴充為二百七十個佐領，兵額從一萬七千五百二十八名，增至二萬名[35]。適當增加八旗兵額，雍正堅持了這項政策。九年（一七三一年），西安將軍秦布奏稱，他所管轄官兵定額八千名，然因戶口繁盛，旗丁已近四萬人，因請在餘丁中挑選一千名當差，每月僅給餉銀一兩、米三斗，雍正批准了他的要求[36]。就此，他考慮到駐防各地的八旗情況相類，因命其他駐防地也擴大兵額，挑選餘丁充任[37]。

八旗莊田是公田，旗人只有使用權而沒有所有權，但是時間長了，實際上成了所有者，因而能將所使用的旗地典當或出售，當然這是不合法的。七年（一七二九年），雍正過問這類事情，他考慮典賣旗地之事相沿已久，不便依法懲治，又不能不處理而任其發展，因此命各旗查明典賣情況，動支內庫銀按原價贖回，留在旗內，限原業主一年之內取贖，過限不贖，准本旗及別旗人照原價購買[38]。十二年（一七三四年），命清查直隸旗地。他力圖保持旗人產業，不令流落八旗之外。

限制出賣甲米和旗地，是消極的防範措施，雍正還著眼於發展旗人生產，即位之初，就興辦熱河屯墾。元年（一七二三年）六月命於熱河、喀喇和屯、樺榆溝三處屯田，從京城滿洲、蒙古八旗中擇取沒有產業的旗丁八百名前往，編設佐領，另設總管從事經理[39]。十一年（一七三三年），命喜峰口駐防兵屯田，每名給地一百五十畝，菜園四分，照民田例交稅，稅銀留充兵餉[40]。

雍正下力推行的是八旗井田。孟軻講的井田制，二千年間，眞正試行者是雍正。二年（一七二四年），他批准戶部侍郎塞德的建議，設立井田，令撥京南霸州、永清、固安、新城等縣官田二百多頃，作為井田，在京城八旗內，選擇十六歲以上、六十歲以下沒有產業的人員前往耕種，按照孟軻所說的井田制精神，每戶授給一百畝為私田，十二畝半為公田，八家共有公田一百畝，私田在外，公田在內，又給每戶十二畝半作室廬揚圃之用，官給蓋房屋，按人口分配。另給每戶發銀五十兩，購置耕牛、農具、種籽。私田收入歸井田戶，公田收成，在三年後全部交公[41]。為辦理此事，設置井田管理處，派建議人塞德前往料理。實行以後，願去的人很少。五年（一七二七年），雍正說：那些沒有產業，遊手好閒的旗人，依靠親戚為生，使好人受累，而他們卻能為非作惡，遂強迫他們遷往井田處耕種，那些犯了枷號鞭責罪的革退八旗官兵，也罰往耕種[42]。以後，又把侍郎哲暹、尚書石文焯等先後發往井田處效力[43]。由於所去旗人多「非安分食力之人」[44]，不僅不好好從事生產，反而偷賣官牛，私自出租井田。管理官員又將井田分成等第，徇私調換，干沒公田租課[45]。種種情弊，不斷發生。乾隆繼位就把井田改為屯田，不願屯田的井田戶撤回京中原旗，留下田房交地方官出租，願意留下屯種的，按地畝完納錢糧[46]。雍正試行井田制十年，最後以失敗而告終。關於井田制，議論者多，然都不敢貿然實行。康熙年間亦有議行的，康熙說井田法好是好，但形勢已不允許它實行了，「後世有欲於曠閒之壤仿古行井田之法者，不惟無補於民，正恐益滋煩擾。天下事興一利不如去一弊之為愈，增一事不如省一事之為得也。」[47]雍正不怕多事，他宣布：「特開井田，以為八旗養贍之地」[48]，希望它能解決八旗的生計，滋擾之弊，在所不計。但是，他的認識不符合於客觀實際。第一，一部分旗人因長期脫離生產，成為寄生蟲，要他們改變習性和生活習慣，不是一般的行政命令所能做到的，所以用他們實行井田制，他們就只能破壞而不能建設。第二，實行井田制不是一個孤立的簡單的事情，它同土地所有制、政治制度、賦稅制度等相關，在封建土地私有制已流行千百年後，沒有經歷社會革命，實行以土地公有制為基礎的井田制，即使在一片國有地上實行，在地主土地私有制的包圍下，它也不可能長期存在，必然會出現將井田私租出賣的現象，如此，井田怎能維持！第三，縱令雍正的井田法得以長期維持，墾田不過二百餘頃，戶民不過約二百家，人、田均極少，而要想擴大，政府給田、房、開墾費就要增多，也是力量所難達到的，這就是說井田很難大規模發展。那樣的小規模進行，根本解決不了旗人的生產生活問題。因此，雍正實行井田制，雖力求解決旗人生計問題，勇於實踐，但以主觀代替客觀，盲目實踐，失敗也是理所當然的。

雍正晚年謀圖擴大旗人的生產地區，令人往黑龍江、寧古塔等處調查，規劃分撥旗人前往居住耕種，正當就緒之時，由於他的故世而沒能實行[49]。

在八旗人員逐漸地脫離生產、追逐享樂、生活窘迫的現實面前，雍正力圖挽救危機，勸誡他們節儉，為他們堵塞錢財漏洞，又希望用發展生產增加他們的財源。他的種種努力收效甚微，沒有阻止得了旗人的腐化趨勢，旗人的生計問題依然存在。他以後，問題更趨嚴重。這是清朝一代的問題。清朝對八旗用養起來的辦法，使他們漸漸成為寄生者，漸漸成為廢人，這個基本政策不改變，旗人的問題根本解決不了。雍正希望發展旗人的生產，是有識之見，但沒有從根本上變更對旗人的方針，所以就不可能改變旗人的狀況。

滿漢關係的調處

在曾靜案一節提到雍正反對華夷之辨，強調滿族統治的合理性，至於滿漢關係，他還有具體的處理辦法。

（一）為明朝皇帝立嗣

反滿復明思想，自清朝入關後，就在一部分漢人中流行著，有的人積極實踐，故而朱三太子事件不斷出現。

崇禎有七個兒子，第二、五、六、七四子都殤逝，長子朱慈烺立為皇太子，三子朱慈炯為周皇后所生，封為定王，四子慈炤生母為田貴妃，受封永王。李自成進北京，獲朱慈烺，封之為宋王，得朱慈炯，封為宅安公[50]，朱慈炤下落不明。李自成退出北京，朱慈烺和朱慈炯兄弟也不知存亡去向，可是不久有人自稱是故太子朱慈烺投奔南京福王政權，因眞僞莫辨，被朱由崧囚禁。據《明史》記載，該人為明駙馬都尉王昺之孫王之明，迨清軍至南京，乃投降清朝[51]。至此，崇禎的長子已不為人所注意，他的遺胤最尊貴的就是第三子朱慈炯了。因為此人不知所終，漢人正好利用他的名號反清。康熙十二年（一六七三年），京城有人稱朱三太子，記載說叫楊起隆，又叫朱慈璊，他草創政權，建年號廣德，封了大學士、軍師、總督、提督、齊扃王、護駕指揮、黃門官等官，聯繫鄭成功部下降清將領，準備在首都起兵，被人告發，「朱三太子」逃亡，其妻馬氏及齊扃王等被捕。此後，有人詐稱楊起隆，也即詐稱朱三太子，在陝西造反，被撫遠大將軍圖海拿獲，於十九年（一六八〇年）解至北京遇害[52]。與楊起隆活動的同時，蔡寅在福建稱「朱三太子」，組織數萬人，與在臺灣的鄭經聯合，攻打清朝的漳州，被清朝海澄公黃芳世打敗[53]。有個明朝後裔叫朱慈煥，贅於浙江餘姚縣胡家，生有六子，本人流浪四方，教書為生，化名何誡、王士元。清朝政府對他有所察覺，康熙四十五年（一七〇六年）將他的三個兒子拿獲下入湖州長興縣監獄。其時，在寧波、紹興等府，有張念一（張廿一、張君玉）、張念二（張廿二、張君錫）、施爾遠等人從事反清活動，尊奉朱慈煥為朱三太子，四十六年（一七〇七年）十一月，清軍對他們圍剿，他們打敗官軍，進入四明山中的大嵐山堅守，次年初失敗。在蘇州，有一念和尚，也聲稱尊奉朱三太子（慈煥），秘密組織羣眾，當清軍圍攻張念一時，他們豎起大明旗號，頭裹紅布，搶刼太倉州典鋪，聲言攻打州倉庫，當即被州官鎮壓。江南、浙江兩案發生後，康熙派遣侍郎穆丹到杭州審查，張廿一、張廿二、朱慈煥、一念和尚先後在蘇州、山東、吳江等地被逮捕。康熙以朱三父子為首惡，將他們殺害[54]。又據吳振棫記載，江南有金和尚，詐稱崇禎第四子永王朱慈炤是朱三太子，將之擁立，聚眾於太湖，準備在康熙南巡時起事，活捉康熙，屆時發炮不響，遂為清軍破獲[55]。康熙最後一次南巡是在四十六年春天，吳振棫所記，與一念和尚的活動在同時同地，但情節又有所不同，因此尚難於斷定為一件事。如果金和尚就是一念和尚，則他的活動計劃是較龐大的。

康熙對出現的反清復明活動嚴厲鎮壓，也做出對前朝並無惡感的姿態，他南巡到江寧，親至朱元璋明孝陵祭奠，或派官員往祀，表示對朱元璋的敬意。他保護明十三陵，派皇子巡查、掃祭，以此籠絡漢人，希望消弭反清思明情緒。雍正深知關於「朱三太子」的活動及其能量，特別是大嵐山及一念和尚的案子，他應當是很清楚的。他也參加了查看明十三陵的活動。也就是說對反清復明他不僅知道，而且要採取對策。

元年（一七二三年）九月，雍正說他發現康熙的未發諭旨，稱讚朱元璋統一華夏，經文緯武，為漢唐宋諸君所未及，因命訪求明太祖的後裔，以便奉其禋祀[56]。次年，找出正白旗籍、正定知府朱之璉，封為一等侯，世襲，承擔明朝諸陵的祭祀，同時把他族內人丁都擡入正白旗。朱之璉的先人朱文元，是明宗室代簡王的後人，在松山戰役中被俘，入了八旗[57]，是早已滿化了的朱明後人。雍正利用這類旗人，完全不用擔心他們會和擁護朱明的漢人攪在一起，卻可當作招牌，用作宣傳不仇視明朝，不歧視漢人的工具。

雍正中，漢人假藉朱姓之名反清的仍不乏其人。七年（一七二九年），雍正說：「山東人張玉僞稱朱姓，冒充前明帝裔，宣稱星士為他算命，當有帝王之分。」[58]同年，廣東總督郝玉麟在恩平縣拿獲藏有「楚震公」令旗的羣眾，據說他們的軍師叫李梅，以災變勸人造反，他宣稱有一個人，生辰八字俱是王寅，今年八歲，現在交趾，山西、陝西、福建、廣西各省都有他的人，都發了委任書。又據說：康熙末年在臺灣造反的朱一貴的兒子稱朱三太子，原在交趾小西天，已出發到巫山，有眾幾十萬，不久就要領大兵來了[59]。郝玉麟稱這個案子「人犯眾多，情事重大」。案中人原計劃在七年十二月初二日攻打恩平縣，事機不密，被清政府發覺，首領區在臺、陳京乾、梁偉傑等被捕，李梅逃亡，後被捕，又逃脫了，雍正對這個案子始終關注，責怪郝玉麟辦理不力[60]。同時期，廣西人張淑言、福建延津道員家人馬姓等說：欽天監奏紫微星落於福建，朝廷業已派人到閩，把三歲以上、九歲以下的男子全部斬殺。李梅、張淑言等人的言行透露，有「朱三太子」活動在國境之外，可能在南方鄰國安南。他們是否為一夥，資料沒有揭示清楚，但李梅提到八歲孩童勢力達到福建、廣西，而張淑言正是廣西人，又說福建將發生變故。他們所說的地區、內容相同，似非偶合，估計當時兩廣、福建部分漢人假藉朱三太子旗號，進行反清活動，並有一定的勢力。有人認為康熙朝破獲朱慈煥案件後，反清力量轉移到海外呂宋、交趾等地[61]。此說不無見地，因反清勢力屢受挫折，國內活動困難，一部分就轉往鄰國。然而這只是講了一方面的道理，還要看到，隨著不斷發生的「朱三太子」事件的一一失敗，再簡單地詐稱朱三太子，很難使羣眾相信，不便於首領的活動，而詭稱其在海外，把他當作一個偶像，則可以用它繼續組織羣眾，這是一個原因；另一方面，清朝加強了對北方和江浙的控制，反清力量不易在這些地方集聚，而兩廣、福建處於邊遠地區，又有反清傳統，因此反清復明的活動就南移了。

上面說的是雍正朝出現的「朱三太子」，另外，康熙朝朱慈煥餘眾仍在活動。案內人甘鳳池，當日亦被捕，受過兩次夾刑，後放出，繼續進行反清秘密活動。他被人稱為「煉氣粗勁，武藝高強」，「各處聞名，聲氣頗廣」，成為領袖人物[62]。和他共同為首的有周昆來，原籍河南商邱，久居江寧，原姓朱，或說是明朝封在河南的周王的後人，曾往蘇州見過朱慈煥，與其認為叔侄[63]。有張雲如，有人說他是明朝後裔[64]，以相命、唸符、練槍為手段，廣收門徒[65]。他們聯絡各階層人士，因為名氣大，和地方大吏都有往來。張雲如被兩江總督范時繹請至官署，范為學其坐功，欲下拜求師，張堅辭，就上坐，范在側領教[66]。江蘇按察使馬世烆命其子向張雲如學習，稱張為師。江寧駐防旗人佛插、赫者庫亦同張交遊。江寧人于璉捐納為候選縣丞，張雲如收為徒弟，告訴他「輔助海中眞主」，又把他薦給揚州鹽商程漢瞻[67]。

浙江總督李衞獲悉甘鳳池、張雲如等活動，要從甘鳳池突破，假意為他的兒子學武藝，請甘鳳池及其子甘述為師，甘氏父子應允入衙而被捕[68]。雖是受騙上當，亦可見他們有較高地位，也自視不凡。

他們聯絡各地人士，其中有蔡胡子，浙江人，在安慶算命，說八年（一七三〇年）秋天要舉事。有鎮江旗人潘朝輔，賣私鹽，「有大志，結交往來過客。」有常州人陸劍門，會天文六壬奇門，懂得兵法，在松江水師提督柏之藩幕中作事，遍遊南北十省，交際人甚多。有平湖人陸同庵，是貢生，立志反清，往來蘇松各處，看視河道地勢，在昆山教習徒眾。有無錫范龍友，亦是生員，教人拳棒，聯絡醫生李九徵，說海上四方山有朱姓聚集，遣人到內地聯繫，舉人張介綏及金甸南、華希渭往浙江乍浦尋覓未遇。有蘇州踹匠欒爾集，與段秀清等二十二人拜把結盟，準備進行齊行增價的鬥爭。嘉定有踹匠王朝和監生姚秉忠，姚給其聯絡人餉銀，每季七兩二錢，說是從海上領來，有事聽徵集調用[69]。還有江寧人夏林生，在河南固始縣賣花樹，聯絡該縣武生周圖廉，周組織小車會，「黨羽甚眾」，常對結盟弟兄說：「我們雖然窮困，終了還有出頭日子。」七年（一七二九年），甘鳳池叫他到鎮江相會，屆期，甘被李衞「請」去，周圖廉因缺乏盤費，延期赴會，未得相遇[70]。這些人有的相互間有交往，有的沒有，但眾人都以甘鳳池曉得天文兵書，「欲得以為將帥，無不與之邀結往來」[71]。這些人均以反清復明為目標，甘鳳池隨身攜帶兩個密本，記載各省山川關隘，險要形勢，攻守機宜[72]，他要奪天下。他們與「朱三太子」朱慈煥一案關聯，後仍堅持信仰朱明後裔。陸劍門勸陸同庵入夥，以「呂宋山島內有朱家苗裔」為說詞，在給其委任狀上用「東明龍飛六年」紀年[73]。他們中人總宣傳朱家後人在海上有寄託，是進行政治鬥爭。甘鳳池等的活動，被李衞派人打入內部，暴露了秘密，七年（一七二九年）、八年（一七三〇年）間相繼被捕。雍正深知反清復明活動對清朝統治的不利，對這個案子極力注意，他說：

> 此種匪類，行藏詭秘，習尚乖張，暗懷幸災樂禍之心，敢作逆理亂常之事，關係國家隱憂。[74]

又說：

> 斯種匪類，為生民害甚於盜賊，孟子所謂惡莠恐其亂苗也。[75]

在他認為，盜竊犯只是單個人的行動，政治犯則可以影響到一羣人。有鑒於此，他特派工部尚書李永升到浙江會審。范時繹、馬世炘因與張雲如有交往，為護己之短，與李衞不協調，雍正支持李衞，讚揚他「矢志堅定，勇於奉公」[76]，「能於眾所忽處留心究察」[77]。樹為「督撫模範」。他對朱明後裔之說倍加警覺。向李衞說：

呂宋山島前明苗裔之真偽有無，極當確切鞫訊。前歲因西洋人來密奏及此，隨命閩粵大吏加意訪察，僉云子虛。斯事當年聖祖亦曾垂意，今據云審究自不待言，即此案不得實耗，將來仍宜另行設法探訪。[78]

隨後李衞回奏：對此問題留心已久，還在密探之中[79]。這是他們君臣所謂隱患的核心問題。雍正用暴力鎮壓漢人的反清勢力，又以優待明裔感化漢人，力圖處理好圍繞清朝統治是否合法的鬥爭問題。

（二）調處直隸旗、漢矛盾

直隸多旗地，旗人甚眾，他們依恃特權，欺壓漢民，造成嚴重的旗漢衝突。

雍正元年（一七二三年），直隸巡撫李維鈞密奏房山縣莊頭李信與宛平縣莊頭索保住勾結作惡的罪行，他說李信等獨霸房山縣石行，把附近居民的牲口搶去，為其拉石料出售；放高利貸，拿百姓房產作抵押，不能償還的，勒逼人妻、子、女為奴；強佔房山、宛平縣民間婦女多人為妾；打死人命。他們的行為造成嚴重的後果，「以致宣化府士民罷市」。雍正痛恨莊頭作惡，見奏即指示李維鈞將李信等嚴審究擬，「以示懲創，以舒暢小民怨抑之氣。」他知道此等莊頭，必勾結內廷勢要，去之不易，他怕李維鈞遇到阻力，退縮不前，因在李的奏摺上批道：「爾斷不可游移軟懦，倘遇難以推卸之處，直告之日上意指示，何敢見寬。」[80]與此同時，公開向李維鈞發出諭旨：

畿甸之內，旗、民雜處，向日所在旗人暴横，小民受累，地方官雖知之，莫敢誰何，朕所稔悉。爾當奮勉整飭，不必避忌旗漢冰炭之形迹，不可畏懼勳戚王公之評論，即皇莊內有擾害地方者，毋得姑容，皆密奏以聞。[81]

李維鈞是漢人，若對旗人據法懲治，必遭王公反對，會被安上漢人反對旗人的罪名，雍正給李維鈞撐腰，警告貴胄不得對他陷害，以便他順利處置不法的旗人，適當消釋漢人的怨恨。七月，李維鈞密奏寶坻莊頭焦國棟、焦國璧在城鄉佔據田土一千餘頃，開設當鋪、商店數處，打死人命六條，奸佔婦女，包攬詞訟，私立場集。雍正指示李維鈞：「除暴安良，爾分所當為，類此等事，宜極力振作，更勿慮朕以多事見責。」[82]十月，雍正諭內務府，加強對莊頭的管理，對怙惡不悛的即行革退[83]。十二月又諭，莊頭不得奢華，住房不得過制，不得擅用非分之物，否則正法不貸[84]。經過一番整飭，有的凶惡莊頭有所收斂，自動將地租和當鋪利息各減一分，李維鈞因他們知過省改，請求免予治罪。雍正回答說：惡人稟性難移，對他們仍要留心訪察，如少蹈前轍，立即參處，不可稍存姑息之念，絕不要始勤終怠。他還作了除惡務盡的表示：「朕必永斷此惡而後已。」[85]正是在雍正的鼓勵與督責下，李維鈞繼續打擊作惡莊頭，二年（一七二四年）正月又將靜海縣鑲黃旗惡霸莊頭李大權捉拿歸案[86]。

對於莊頭以外的凶橫旗人，雍正亦從嚴懲罰。康熙末，許二倚恃是旗人，率眾打死民人劉國玉，雍正即位有赦免恩詔，刑部援引詔書，欲為之減刑，大學士等覆奏，雍正說許二倚仗旗人犯罪，實屬可惡，不可援赦宥免，仍應按原罪擬絞監候，秋後處決[87]。四年（一七二六年）八月，直隸總督李紱奏報：鑲黃旗人王三格，據稱是內務府倉官，在滿城縣有祖遺圈地，早年轉典給縣人孫含夫、冉鐸等取租，雍正三年（一七二五年）回到滿城，毆打孫含夫及佃農，佔奪原地。轉年三月孫含夫到保定控告，還未審理，王三格因冉鐸吃齋被鄉人稱為老道，就誣告冉鐸邪黨聚眾，自稱教主，任命孫含夫等人為將軍、總管。直隸按察使據報將冉鐸等人拘捕審訊，造成冤獄。王三格因是倉官，地方官不便審理，請將其官職革退，以便審結。雍正指示：「三格實屬可惡，宜加倍嚴懲，以警刁誣。倉官非官，彼自名之為官也，殊可發一大笑！」[88]王三格奪人財產，又肆誣陷，可見旗人對漢民欺壓的嚴重。他可以自稱倉官，封疆大吏的總督也對他無可奈何，亦見旗人特權之大。雍正加倍嚴懲的態度，才可以多少打擊不法旗人的囂張氣焰。五年（一七二七年），順義縣旗人方冬魁在酒館中見到張四，張未讓坐，方即對之打罵，激怒張將其殺死，署理直隸總督宜兆熊承審，擬將張四定為絞監候罪，雍正不以為然，他說：「向來莊居旗人，欺凌民人者甚多，即方冬魁之事可見。」因此對張四從寬發落：免死，枷號兩月，責四十板完結，「以為旗人不論理恃強凌弱欺壓民人者之戒」，並將此事曉諭八旗及各屯莊居住之旗人，以引起警惕[89]。這樣從輕處理張四，於法律不合，但不失為糾正旗人肆意作惡弊端的一個措施。

旗、漢民之間的糾紛案件，向例，旗民不由地方官審理，到康熙三十七年（一六九八年），經直隸巡撫于成龍題請，設立滿洲理事同知一員，駐保定，審理旗人鬥毆、賭博、租佃、債務諸事，至於人命盜匪等重案，則會同督撫鞫審[90]。這個理事同知，專由滿人承當，與作為知府副手的同知不同。州縣官不能隨意審查旗人案件，也不能對旗人用刑[91]。雍正初，以直隸旗、漢互相呈控事件繁多，增設滿洲通判一員，亦駐保定，協助理事同知處理事務。不久，仍以事多，旗、漢糾紛均赴保定辦理不便，遂將張家口、河間、天津的旗、漢事件分別交張家口同知和天津同知審理[92]。這是雍正維持康熙朝舊制，只是增設專管旗民事務的官員，以便比較迅速的處理糾紛案件。六年（一七二八年），良鄉縣知縣冉裕棐杖責旗人烏雲珠，署直隸總督宜兆熊以違例虐待旗人將他題參。雍正說：「旗、民均屬一體，地方官審理事務，只當論理之曲直，分別賞罰，不當分別旗、民。」冉裕棐奉公守法，不應當革職聽審，因將宜兆熊的題本擲還。他還說不知道有不許地方官體刑旗人的成例，要刑部查明具奏[93]。刑部查出果有這種案例，雍正命把它廢掉，依他的指示執行，同時指責宜兆熊那樣對待屬員，過於苛刻[94]。

旗人與漢人在處刑上，向來有所不同，漢人犯流徙罪的照律充發，旗人則可改為枷號、杖責結案，實際是從輕發落。四年（一七二六年），雍正感到它使法律不能一致，因命大學士、八旗都統及滿洲、漢軍中的九卿共同商議，可否將旗人的改折刑法取消，一律按照統一的刑律與漢民一樣處置[95]。大學士等認為准折刑法是不好，易使旗人輕於犯罪，但滿人、蒙古人缺乏營生之術，發遣難於圖存，請維持舊例不變，惟漢軍有犯軍流罪者，則照律發遣[96]。

在旗民與漢民關係問題上，雍正亦欲作些改革，但因照顧旗人的方針不變，所以在法令上就不能不遵奉舊制了。然而在實踐上，打擊不法旗人，尤其是作惡多端的莊頭，一定程度地緩和旗、漢矛盾。在這裏，人們可以看到，他維護旗人特權，但又不使它過分，這同他對待漢人中的紳衿是一樣的，即承認其法定權利，而不允許非法虐民。只有這樣，才有利於鞏固清朝的統治。

（三）所謂「滿漢臣工均為一體」

與旗人欺凌漢民相一致，在官僚中，旗員傲視漢員，這是清朝的職官制度所決定的。雍正宣稱：「朕即位以來，視滿漢臣工均為一體。」[97]又聲言：「朕待臣下至公至平，從無一毫偏向，惟視其人如何耳。」[98]聽其言而察其行，他的言行並不完全一致。

清朝對大學士、六部尚書、侍郎等官實行復職制，滿漢兼用，且為同等職務，但總有一個主事的，即所謂在前行走者，這卻法定為滿人。五年（一七二七年），雍正規定，大學士領班以滿人中居首的充任，其餘大學士的行走秩序，不必分別滿漢，要依補授時間排列名次，由皇帝臨時決定，並指定漢人大學士張廷玉行走在旗人孫柱之前[99]。六部滿尚書在漢尚書之上，張廷玉以大學士管吏部、戶部尚書事，雍正不顧定制，命張廷玉行走在前。六年（一七二八年），公爵傅爾丹管部務，張廷玉因他為貴冑，不敢越過他，向雍正請求，讓傅爾丹在前行走，雍正不答應，令張廷玉安心居前[100]。漢人勵廷儀任刑部尚書多年，其屬滿人侍郎海壽升任尚書，按規定超居其上，雍正為表示對勵廷儀的重視，命他在前行走[101]。雍正一面執行以滿人為領班的制度，一面又因人而異，重用一部分漢人。

滿漢官員在政府中的不同地位，自然會產生矛盾，互相排斥。雍正見到：「滿洲為上司則以滿洲為可信任；漢人為上司，則以漢人為可信任；漢軍為上司，則以漢軍為可信任。」[102]雍正認為這種偏向，將影響政事的治理，時加警惕。漢軍楊文乾為廣東巡撫，廣州將軍石禮哈及廣東官員阿克敦、常賚、官達等四個滿人協謀陷害他，被雍正識破，因訓飭他們。雍正說他信任的滿員邁柱、漢員李衞、漢軍田文鏡和楊文乾，什麼出身都有，「但能竭忠盡力，則彼挾私傾陷之徒，無論其為滿洲、漢軍、漢人，皆不得施其狡獪，肆其奸謀」[103]。在這相互排斥之中，滿人佔居主導地位，他們不僅據要津，即使為漢人的下屬，亦以旗籍而蔑視主官，雍正知道這是旗人的常習，時加警戒。漢人孔毓珣任廣西巡撫時，漢軍劉廷琛為按察使，雍正叮囑他：「凡百處不可越分，毋因巡撫係漢人遂失兩司之體，而主張分外之事，朕如有所聞，必加以僭妄處分也。」[104]雍正考慮到政事的治理，需要官員的團結一致，他告訴官員：都是辦的朝廷事情，何必分滿洲、漢人、漢軍、蒙古，應當「滿漢協心，文武共濟，而後能致治」[105]。他以此律人，也應該說這是他的眞實思想，他為了很好地利用漢官，不願過分的歧視他們。

雍正說：「天之生人，滿漢一理，其才質不齊，有善有不善者，乃人情之常，用人惟當辨其可否，不當論其為滿洲為漢人也。」[106]這裏說的是對滿漢一視同仁，惟看其才質。可是他又對臣下說：朕「惟望爾等習為善人，如宗室內有一善人，滿洲內亦有一善人，朕必先用宗室；滿洲內有一善人，漢軍內亦有一善人，朕必先用滿洲；推之漢軍、漢人皆然。苟宗室不及滿洲，則朕定用滿洲矣。」[107]同樣人才，先宗室，次滿人，再次漢軍，最後才是漢人，滿漢就是有區別、有等第。所以說雍正依然執行清朝傳統的依靠滿洲團結漢人的用人方針，但是他比較重視才能，給某些漢人以較高的地位和特殊的榮譽，有利於這些漢人發揮政治作用。

（四）鞏固滿洲地位的方針

雍正即位不久，召見八旗大臣，宣稱：「八旗滿洲為我朝根本」，植本一定要牢固，為此要根據滿洲現存問題，逐一解決，限諸臣於三年之內，「將一切廢弛陋習，悉行整飭，其各實心任事，訓練騎射，整齊器械，教以生理，有頑劣者，即懲之以法」[108]。解決八旗生計問題，是他鞏固滿洲根基一項措施，此外，他還抓了幾件事。

滿洲八旗軍事訓練在較長和平時期之後逐漸廢弛。雍正在藩邸就知道，八旗訓練不過是虛應故事，每至校射之期，管旗大臣不過至校場飲茶，閒談一陣散夥，有人擔任領侍衛內大臣三年，竟沒有看過侍衛騎射。軍械損壞，官員也不修理，將修理費、添置費落入私囊，政府雖有定期檢驗制度，但彼時各旗互相挪借，以至「租箭呈驗」，進行欺蔽。雍正說此種情況，先帝沒有怪罪，他本人「則不能寬恕」，定行整頓。他立限一年，要將器械修整完備，屆時檢驗一旗，即行封存，防止挪移租箭積弊[109]。訓練亦行加強，命教養兵練習長槍、挑刀各藝，八旗前鋒營每月習射六次，馬甲春秋兩季合操。雍正還增加駐防外省八旗軍的人數和地區，太原、德州各添五百人，增設駐防福州水師營、浙江乍浦水師營、廣州水師營，設甘肅涼州八旗兵二千人，莊浪八旗兵一千人，添設駐防山東青州將軍、副都統，八旗兵二千[110]。雍正說「省省皆有駐防滿兵，方為全美」[111]。他希望通過訓練和擴大防區，維持和增強八旗軍的戰鬥力。

語言，是一個民族得以獨立存在的基本條件，雍正致力於防止滿人的漢化，在語言上頗為留神，他說「滿洲舊習最重學習清語」[112]，「八旗兵丁學習清語最為緊要」[113]。六年（一七二八年），他發現侍衛護軍廢棄滿語不講，用漢話互相調笑，遂指示他們專心學習滿語。十一年（一七三三年）又下令，凡是侍衛護軍，只許說滿語，不許講漢話。八旗訓練時，亦只講滿語，如果仍有說漢話的，定將該管大臣、官員嚴肅治罪[114]。語言與文字緊密相聯，雍正辦宗學、覺羅學、八旗官學，亦以滿文為主要課程，教育旗人不忘本民族文字。雍正注意滿文翻譯的準確性，他說若拘泥字句，則文義不能貫通，若追求通俗易曉，修詞就不能典雅，他講求詞意兼到之法。康熙曾命顧八代用滿文翻譯朱熹輯的《小學》，沒有刊刻，雍正將它印刷頒布，並作序言[115]。雍正令把《孝經》譯成滿文出版，也為它寫了序[116]。

滿人散處各地，儘管駐防的旗人有固定居住地區，即俗謂滿城，但總是和漢人雜處，往來增多，自不可避免民族間的通婚。雍正採取禁止的政策。蔡良赴福州將軍任前，雍正對他說：「駐防兵丁均係旗人，竟有與漢人聯姻者。」要他到任後嚴行禁絕。蔡良至閩，查明旗人娶漢人為妻的二百一十四人，嫁出者二人。雍正說不會就這些人，不過既往者不究，「將來者當加嚴禁」[117]。

漢族文明高於滿族，滿族雖居統治地位，然而漢化卻是不可避免的趨勢，雍正極力保持滿族的語言文字，風俗習慣，禁止滿漢通婚，防止滿人的漢化，不利於民族融合，違背歷史的潮流。

其所以如此，是使滿族以本來面貌，維持其對全國的統治。

雍正處理滿漢關係的原則，可以歸結為兩條，一是以八旗滿洲為立國根本，保護它，維持其生計和特權地位，防止滿人漢化；二是適當調節滿漢矛盾，打擊恣意壓迫漢人的不法旗人，重用漢人中的有才能的人士。第一條表現了他的頑固態度，第二點則反映了他的應變精神。

註釋

1 《雍正朝起居注》，五年五月二十一日條。
2 《清世宗實錄》卷七十四，六年十月癸巳條。
3 《清世宗實錄》卷八十三，七年七月甲寅條。
4 《清世宗實錄》卷一〇二，九年一月甲申條。
5 《關於江寧織造曹家檔案史料》，二二〇頁。
6 光緒《大清會典》卷八十四《八旗都統》。
7 《清世宗實錄》卷四十二，四年三月丁未條。
8 《清世宗實錄》卷七〇，六年六月庚辰條。
9 《清世宗實錄》卷一〇〇，八年十一月癸巳條。
10 《清聖祖實錄》卷二八一，五十七年十月乙巳條；《養吉齋叢錄》卷一；《聽雨叢談》卷一《佐領》，二十三頁。
11 《清世宗實錄》卷四十一，四年二月辛卯條。
12 《雍正朝起居注》，元年七月十六日條。
13 《雍正朝起居注》，二年三月二十日條。
14 《清世宗實錄》卷二十三，二年八月戊寅條。
15 《清世宗實錄》卷二十六，二年十一月辛亥條。
16 《雍正朝起居注》，元年六月二十九日條。
17 《上諭內閣》，二年六月二十三日諭。
18 《上諭內閣》，十一年九月二十日諭。
19 《雍正朝起居注》，元年七月十六日條。
20 《雍正朝起居注》，元年六月二十九日條。

21、24《上諭內閣》，二年閏四月初五日諭；《養吉齋叢錄》卷三；《嘯亭雜錄》卷九《宗學》。
22《清世宗實錄》卷八十四，七年閏七月癸未條。
23《清世宗實錄》卷七十五，六年十一月丙辰條；《嘯亭雜錄》卷九《八旗官學》。
25《清世宗實錄》卷四十一，四年二月辛卯條。
26《清世宗實錄》卷十六，二年二月丙午條。
27《雍正朝起居注》，三年四月十二日條。
28《清世宗實錄》卷五十六，五年四月己亥條。
29《清世宗實錄》卷十六，二年二月丙午條。
30《上諭內閣》，十二年五月十七日諭。
31《上諭內閣》，五年六月二十八日諭。
32《清世宗實錄》卷六十六，六年二月甲午條。
33光緒《大清會典事例》卷一一三九《八旗都統·優恤》。
34《上諭內閣》，二年正月二十六日諭。
35光緒《大清會典事例》卷一一二一，《八旗都統·兵制》。
36《清世宗實錄》卷一〇八，九年七月初二日條。
37《上諭內閣》，九年七月二十二日諭。
38光緒《大清會典事例》卷一一一七《八旗都統·田宅》。
39《清世宗實錄》卷八，元年六月辛酉條。
40《清朝通典》卷三《駐防莊田》。
41《清世宗實錄》卷二十一，二年六月甲午條。
42《清世宗實錄》卷五十五，五年閏三月丁巳條。
43《雍正朝起居注》，五年七月二十二日條。
44王慶雲《熙朝紀政》卷四《記屯田·附記井田》。
45中國第一歷史檔案館檔案，內閣全宗雍正朝題本田賦類，第三函三十一號海濤為查奏井田事。
46光緒《大清會典事例》卷一六一《戶部·田賦·井田改屯地》。
47鍾琦《皇朝瑣屑錄》卷三。
48《雍正朝起居注》，二年十一月十五日條。
49梁詩正《八旗屯種疏》，見《清經世文編》卷三十五。
50計六奇《明季北略》卷二十《內臣獻太子》。
51《明史》卷一二〇《莊烈帝諸子傳》。
52蔣良騏《東華錄》卷十二，一九三頁；《養吉齋餘錄》卷四。
53《養吉齋餘錄》卷四；《清史稿》卷二六一《黃芳世傳》。
54《清聖祖實錄》卷二三二，四十七年四月戊午；卷二三三，六月丁巳條；《李煦奏摺》四〇頁，四一－四二頁，四三－四四頁，五〇－五一頁，五五頁，五六頁。
55《養吉齋餘錄》卷四。
56《雍正朝起居注》，元年九月十九日條。
57《清世宗實錄》卷十六，二年二月丙辰；卷二十五，十月戊寅條。
58《清世宗實錄》卷八十六，七年九月癸未條。
59《硃批諭旨・王士俊奏摺》，八年正月初二日摺。
60 檔案「硃批奏摺」，轉見《康雍乾時期城鄉人民反抗鬥爭資料》，六一三—六一四頁。
61 日本竺沙雅章《朱三太子案——關於清初江南秘密結社的一個考察》，見《史林》六十二卷四號，一九七九年。
62《硃批諭旨・李衞奏摺》，七年十二月初二日摺。
63《硃批諭旨・李衞奏摺》，七年十二月十一日摺。
64《硃批諭旨・李衞奏摺》，八年正月十七日摺。
65《硃批諭旨・李衞奏摺》，七年十二月初二日摺。
66《硃批諭旨・李衞奏摺》，八年二月二十五日摺。
67、68、69《硃批諭旨・李衞奏摺》，七年十二月初二日摺。
70《硃批諭旨・田文鏡奏摺》，八年二月初一日摺。
71《硃批諭旨・李衞奏摺》，七年十二月初二日摺及硃批。
72《硃批諭旨・田文鏡奏摺》，八年二月初一日摺及硃批。
73、74《硃批諭旨・李衞奏摺》，七年十二月初二日摺及硃批。
75《硃批諭旨・田文鏡奏摺》，八年二月初一日摺及硃批。
76《硃批諭旨・李衞奏摺》，七年十二月初二日摺硃批。
77《硃批諭旨・田文鏡奏摺》，八年二月初一日摺硃批。
78《硃批諭旨・李衞奏摺》，七年十二月初二日摺硃批。
79《硃批諭旨・李衞奏摺》，八年正月十七日摺。
80《硃批諭旨・李維鈞奏摺》，元年五月十六日摺及硃批，十八日摺。
81《清世宗實錄》卷八，元年六月壬申條。
82《硃批諭旨・李維鈞奏摺》，元年七月三十日摺及硃批。
83《硃批諭旨・李維鈞奏摺》，元年十一月二十九日摺。
84《上諭內閣》，元年十二月初五日諭。
85《硃批諭旨・李維鈞奏摺》，元年十一月二十九日摺及硃批。

86《硃批諭旨・李維鈞奏摺》，二年正月十九日摺。

87《雍正朝起居注》，元年七月十八日條。

88《硃批諭旨・李紱奏摺》，四年八月初一日摺及硃批。

89《雍正朝起居注》，五年四月丁未條。

90《永憲錄》卷一，六〇頁。

91《澄懷園文存》卷十二《甘汝來墓誌銘》。

92《穆堂初稿》卷三十九《請定理事同知通判分審旗人案件疏》。

93《上諭內閣》，六年三月初三日諭。

94《上諭內閣》，六年三月二十四日諭。

95《清世宗實錄》卷四十一，四年二月癸酉條。

96《清世宗實錄》卷四十八，四年九月辛卯條。

97《雍正朝起居注》，四年十二月二十六日條。

98《上諭內閣》，六年八月初九日諭。

99《雍正朝起居注》，五年九月二十二日條。

100《澄懷園語》卷二。

101《澄懷園文存》卷十二《勵廷儀墓誌銘》。

102《上諭內閣》，四年五月初二日諭。

103《上諭內閣》，六年八月初九日諭。

104《硃批諭旨・劉廷琛奏摺》，元年六月二十九日摺硃批。

105《上諭內閣》，六年八月初九日諭。

106《上諭內閣》，六年十月初六日諭。

107《上諭內閣》，三年三月十三日諭。

108《清世宗實錄》卷十二，元年十月辛未條。

109《上諭內閣》，元年四月十八日、九月十一日諭。

110《清史稿》卷一三〇《兵志》。

111《硃批諭旨・田文鏡奏摺》，六年十二月十六日摺硃批。

112《清世宗實錄》卷六十五，六年正月庚辰條。

113、114《上諭內閣》，十一年十一月二十七日諭。

115《清世宗詩文集》卷七《清漢文小學序》。

116《清世宗詩文集》卷七《清漢文孝經序》。

117《硃批諭旨・蔡良奏摺》，五年二月二十七日摺及硃批。

第十章　西南改土歸流與西北兩路用兵

經營青海和西藏

（一）任用年羹堯平叛

青海和碩特蒙古人，原為居住新疆的厄魯特四部之一，該部首領固始汗於明末率眾進入青海和西藏，其後裔在西藏的為拉藏汗，在青海的為鄂齊圖汗，在河西的為阿拉山王，稍後，厄魯特準噶爾人興起，噶爾丹滅掉鄂齊圖汗，阿拉山王投降清朝，康熙命他們在賀蘭山遊牧。當康熙親征噶爾丹時，固始汗子孫八家臺吉往見康熙，康熙封固始汗子達什巴圖爾為親王，其餘授予貝勒、貝子、公等爵，至此青海和碩特受清朝統轄。康熙末年，準噶爾的策妄阿拉布坦派兵入藏，殺拉藏汗，清軍分兩路進藏平亂，達什巴圖爾子羅卜藏丹津於康熙六十年（一七二一年）隨軍前進，勝利後返回青海。因為進藏的功績，固始汗子孫勢力復振，羅卜藏丹津襲爵親王，又以固始汗嫡孫自居，希望成為青海和碩特諸部的首領，乃暗中與策妄阿拉布坦勾結，於雍正元年夏天，召集諸部首領於察罕托羅海，令眾人放棄清朝封爵，恢復舊日稱號，自稱達賴混臺吉統馭諸部。和碩特另一親王察罕丹津、郡王額爾德尼額爾克托克托鼐不從，羅卜藏丹津率兵進攻，他們逃到甘肅河州地區，雍正予以安置。這時羅卜藏丹津詭稱察罕丹津等陰謀割據青海，故對其用兵，以麻痺清朝。青海和碩特自康熙中期歸清，已三十年，卻與世仇準噶爾相勾結，所以羅卜藏丹津是野心家，分裂主義分子。

康熙在西藏問題解決後，即把用兵重心轉向準噶爾部，大軍移駐河西走廊。羅卜藏丹津事發，雍正因繼位不久，朝中需要處理的事務很多，不希望在邊疆用兵，因作兩種部署，一方面派在西寧的侍郎常壽往羅卜藏丹津處，令其罷兵，一面任命川陝總督年羹堯為撫遠大將軍，準備打仗。

羅卜藏丹津不聽勸告，將常壽扣留，又同西寧附近的塔爾寺大喇嘛察罕諾門汗聯繫，希望得其援助。塔爾寺是喇嘛教聖地，它的大喇嘛深得青海僧眾的信仰。察罕諾門汗決定幫助羅卜藏丹津，於是歸附他的有二十萬人，羅卜藏丹津遂大肆叛亂，進攻西寧。在甘肅、四川的藏人也附從為亂。

反報到京，雍正決心討逆，諭令在西北的平逆將軍延信，邊防理餉諸大臣，四川、陝西、雲南的督撫提鎮，軍事事務都告知年羹堯，以統一行動。年羹堯令四川提督岳鍾琪率兵駐松藩，以便進剿。岳鍾琪於九月三十日摺奏，以軍機不可預料，設有情況，請不必同年羹堯合期並進，以便相機行事。雍正回稱：「朕信得你，但凡百以持重為上，西邊有年羹堯、你二人，朕豈有西顧之慮，願你等速速成功，朕喜聞捷報。」[1]表明他堅決對羅卜藏丹津用兵，並把此事交由年羹堯負責，對未來的立功者岳鍾琪予以高度的信任。

年羹堯受命之後，對戰爭作了周密的部署，他從甘州軍營移駐西寧，派兵駐守永昌和布隆吉河，防止敵軍進入甘肅內地，分兵固守裏塘、巴塘、黃勝關，截斷叛軍入藏通路，又請雍正敕令靖逆將軍富寧安屯兵吐魯番和噶斯口，隔絕敵軍與準噶爾的聯繫。與此同時，開展對敵軍的進攻。羅卜藏丹津見狀恐懼，送還常壽，請求罷兵。雍正因諭年羹堯：

伊乃深負國恩，與大軍對敵之叛賊，國法斷不可宥，不得因伊曾封王爵，稍存疑慮。其與羅卜藏丹津同謀之王、貝勒、貝子、公等，既經背叛，即宜削爵。伊等或來歸順，或被擒獲，不必更論封爵。但視行事輕重，可寬宥者從寬，應治罪者治罪。[2]

不許叛逆請和，堅持武力平亂。

年羹堯經過雍正元年冬天的征戰，使敵軍十萬眾投降，羅卜藏丹津逃往柴達木。年羹堯與諸將商議進軍方略，意欲調兵二萬，分四路征討。岳鍾琪認為青海地區遼闊，敵軍尚有十萬，若深入其境，它分散誘我，擊此失彼，反會四面受敵，不如以精兵五千，直搗賊巢。雍正認為岳鍾琪的方案可行，命他為奮威將軍，參贊軍務。二年（一七二四年）二月初八日，岳鍾琪等進擊，猛烈追殺，俘獲羅卜藏丹津母親和妹妹、叛亂頭子吹喇克諾木齊、阿喇布坦鄂木布和藏巴札木，羅卜藏丹津改著女裝逃跑到準噶爾部，戰鬥到二十二日結束，為時十五天，這是草原上的大戰少有的速度。三月初一軍隊凱旋，四月十二日，雍正命舉行獻俘儀式，祭告太廟、社稷、康熙景陵，晉封年羹堯一等公、岳鍾琪三等公[3]。

（二）青海善後事務的處理

戰爭結束，年羹堯於五月提出處理善後事宜十三條，經總理王大臣討論，雍正批准實行。這十三條是：

（1）根據青海和碩特諸部首領對戰爭的態度，給以獎賞或懲治，使恩威並用，以警戒叛服不常的諸部。

(2)仿照內蒙古，實行札薩克制度，將和碩特各部指定遊牧地區，編為佐領，授其佐領為札薩克，使其內部不得侵凌征戰，亦不能反抗中央。各部有每年會盟習慣，仍許舉行，然盟長由諭旨指定，不許私自推尊。

(3)定朝貢和互市制度。原來和碩特人朝貢沒有定制，自是將他們按部落分為三班，三年一班入貢，九年一輪迴；貢時自備馬駝，由口外進出。和碩特與內地人的貿易，指定在西寧和西川口外日月山進行，每年四季交易四次。

(4)在青海的喀爾喀蒙古人，原受和碩特的統治，為分和碩特之勢，允許喀爾喀編設佐領，建立札薩克，稟命於中央政府。

(5)青海境內的藏人原受制於和碩特，納賦貢役，甘肅、四川的藏人亦然，他們也參預了羅卜藏丹津的叛亂，應乘此時機，把藏民收為編戶齊民，設立衞所，收其賦稅，另在一部分藏人中任命土千戶、百戶、巡檢，歸早先設立的道、廳和新添建的衞所管轄。他們所納錢糧，要少於原交和碩特和喇嘛寺的額數，以便撫綏。

(6)因和碩特的統治與達賴、班禪治區有交叉，故議及撫綏達賴、班禪辦法，每年賜達賴茶葉五千斤，班禪二千五百斤。過去藏人與內地貿易，達賴在叉木多、乍丫等處收「鞍租」，清朝在打箭爐收稅，自是定議兩處免收，以利貿易的發展。

(7)整頓青海喇嘛寺，西寧各寺，大者僧徒二三千人，少者五六百人，廣收錢糧，供應叛匪，因此限定僧侶每寺不能超過三百人，並不得收稅，由政府按人供給衣糧。

(8)自西寧之北川口外，至大通河、野馬河，至甘州扁都口外，修築土牆，建設城堡，禁止蒙古人入內地遊牧。

（9）在西寧等處增添駐軍，以便彈壓。在大通河北設大通鎮總兵官，駐軍三千，鹽地設副將，駐兵一千六百，鎮海營參將移駐西川口外丹噶爾寺，添兵至一千名。西寧原有通判，改設同知，原屬河州的保安、歸德二堡，因靠近西寧，改歸西寧轄屬。

（10）在藏人居住區增設安西鎮，駐木鴉的革達地方，裏塘設副將，領兵一千二百名，鄂洛、巴塘、宗俄等地各設駐軍。

（11）因新設鎮營，相應內地鎮營可以裁撤或減少營兵，如撤川北、重慶二鎮，減少西寧駐軍。

（12）在西寧與甘州、涼州之間，興辦屯田，將直隸、山西、河南、山東、陝西等省軍流人犯解往此處，給予種子、耕牛和土地，從事農墾，三年後起科，土地歸墾種者為永業。

（13）年羹堯從西寧前線撤回西安，以便辦理川陝總督事務，留岳鍾琪率兵四千，於西寧辦理善後事宜。又甘州有藏人部落，俟秋天馬肥時，由西寧出兵加以招撫[4]。

年羹堯還條奏禁約青海十二事，雍正認為他條劃周詳，也都批准了[5]。

平定羅卜藏丹津的叛亂及善後處置，清朝政府加強了對青海地區的統治。康熙雖封固始汗子孫，但對青海多數地區乃是間接的管理，甘肅、四川一些地方也因和碩特人和藏人的聯合使清朝削弱了控制力，平定羅卜藏丹津，就大大改變了這種情況。雍正在青海派駐辦事大臣，處理蒙藏民事務，把西寧衛改為西寧府，下置西寧縣、碾伯縣、大通衛，將青海的重要地區直隸於中央。又改甘肅省的涼州衛為涼州府，新設武威縣，改鎮番衛、永昌衛、古浪所為縣，改莊浪所為平番縣，改甘州左衛、右衛為張掖縣，改高臺所為縣。隨著建制的改變，清朝中央政府對青海地區的統治鞏固了。

青海問題，主要是解決青海蒙古人的問題，同時也涉及到西藏人，由善後十三條事宜中的有關規定可以看出了。青海、西藏毗連，中央加強對青海的治理，有利於對西藏的進一步經營。

平叛以後開展屯田，興辦農業，促進少數民族地區的經濟發展，這也具有積極意義。

在青海的迅速勝利，出乎雍正的預料。他在年羹堯奏摺上寫道：「前青海勢湧，正當危急之時，朕原存一念，即便事不能善結，朕不肯認此大過，何也？當不起，原是聖祖所遺之事，今如此出於望外，好就將此奇勛自己認起來，實實面愧心慚之至。」[6]他提到這是康熙的未竟事業，這是值得注意的。青海和碩特自康熙中期與清朝加強聯繫以來，越往後越密切，這對它本身的發展、對清朝加強在青海的統治都有益處，而且這也是歷史發展的趨勢。羅卜藏丹津不順應這個歷史潮流，卻要搞分裂割據，不得人心，自身也會舉棋不定，叛亂後，一些和碩特人歸順清朝，歷史發展注定他要失敗。而清朝政府，開始想和平解決，一旦發現這是不現實的，即堅決用兵，中途不再接受投降，以利徹底解決問題。主持這一大局的雍正態度堅定，用人得當；前線總指揮年羹堯調度有方，善後措施得宜；深入敵營的岳鍾琪，有膽有識，建立奇功。雍正君臣的活動，都為這一事件的順利發展作了積極貢獻。

（三）駐藏大臣的濫觴

康熙季年，清軍進藏，驅逐了準噶爾勢力，留蒙古兵二千名駐守，封參戰有功的藏人康濟鼐、阿爾布巴為貝子、隆布奈為輔國公，以康濟鼐總理前藏事務，授頗羅鼐為札薩克一等臺吉，管理後藏事務，他們還都擔任噶布倫。

雍正繼位時，四川巡撫蔡珽奏請安定八旗人心，以為從西藏撤兵是必要的方法。雍正的態度，據公布的《硃批諭旨》所云，是以蔡珽的建議為謬妄，說那樣做是孟浪的，是「以皇考舉行此事為非」[7]。這不是當日硃批的實錄，是篡改過的。原來他說蔡的看法，「與朕意、廷臣議同，正在此辦理。是。」[8]事實上，他在元年（一七二三年）就把駐藏部隊撤回內地了[9]，只在四川的察木多（今西藏自治區昌都）留軍駐守。

雍正五年（一七二七年），西藏噶布倫阿爾布巴、隆布奈、扎爾鼐等忌康濟鼐掌權，舉兵殺害了他，又陰謀投奔準噶爾。雍正自從西藏撤軍，深知對藏中控制力削弱了。阿爾布巴叛亂發生，認為這是一個彌補前咎的機會：「當趁此機，先將西藏事宜料理清楚，以為邊防久遠之計。」他的辦法就是出兵，中心任務是「將達賴喇嘛移至西寧，則西藏可永遠無事矣」。當時雲貴總督鄂爾泰對出兵持保留態度，希望雍正以撫為上，剿殺次之，羈縻為上，駕馭次之。雍正不聽他的意見，表示一定發兵，而且不惜費用[10]。於是下令準備進軍。不久，他考慮到，若一發兵，阿爾布巴畏懼而挾持達賴逃亡準噶爾，事情就複雜了，還不如暫不進兵，因而下令停止出師[11]。

叛亂發生後，管理後藏的頗羅鼐即統領後藏和阿里的兵士九千，一面截斷叛匪逃向準噶爾的道路，一面進軍拉薩，擒獲阿爾布巴等首逆。雍正獲悉頗羅鼐的成功，知達賴不可能去準部，決計出兵，命左都御史查郎阿率領陝西、四川、雲南駐軍一萬五千人進藏，繼續平叛。六年（一七二八年）秋，查郎阿至拉薩，誅殺首惡。雍正封頗羅鼐為貝子，總管前後藏事務，後又為他晉爵貝勒。

雍正吸收了上次撤兵的教訓，為鞏固在西藏的統治，設駐藏大臣，正副二人，留兵二千，分駐前後藏，歸駐藏大臣統轄。因駐藏大臣係固定職務，不便頻繁更換，又怕內地官員入藏生活上不適應，遂定三年一換辦法。這時的駐藏大臣重要任務是管理清軍，穩定藏中政局。與乾隆後期定的駐藏大臣同達賴共管藏中事務制度有所不同，但它卻是這一制度的發端。駐藏大臣是清朝政府的代表，是中央政府與西藏地方政府聯繫的橋樑，密切著雙方關係，有利於我國統一多民族國家的鞏固。

阿爾布巴叛亂的同年，準噶爾的策妄阿拉布坦死，子噶爾丹策零繼立，揚言送還康熙間擄去的拉藏汗的兩個兒子，即要干涉藏中事務。雍正下命嚴防。準噶爾進藏有三條道路，一為西路，由葉爾羌至阿里，此道至前藏迂遠，藏中易於準備。一為東路，走喀喇河，然需經過青海，通行不便。一為中路，經騰格里海，到西藏最便捷。因此，駐藏部隊每年夏天到騰格里海駐防，冬天因大雪封山而撤離。達賴喇嘛為藏人、蒙人所信仰，然而也成為蒙、藏貴族爭奪的對象，把他利用為掌權的工具。雍正怕噶爾丹策零入藏劫持達賴，就把達賴六世遷到他的家鄉打箭爐（今四川康定）西邊的噶達，用幾十萬兩銀子建造規模雄壯的惠遠寺，供他居住[12]。尋又把他遷移到泰寧寺（康定西北），派兵一千名護守。十二年（一七三四年），雍正因同準噶爾的關係將有改善，派果親王允禮迎達賴六世進京，達賴因未出痘，不便遠行[13]，遂把他送回西藏。

巴塘、裏塘地區，康熙時已由清朝治理，雍正初年因從藏中撤兵，這裏遂由西藏地方政府管理，平定阿爾布巴之亂以後，雍正命於巴塘、裏塘建立宣慰土司，歸四川省統轄。又設維西、中甸二廳，歸屬於雲南省。後來章嘉呼圖克圖以巴塘、裏塘為達賴六世出生地，請將該地仍隸前藏，雍正以當地每年商稅銀五千兩賜之，而地仍為四川轄區[14]。

西藏隸屬於清朝政府，大體上經過三個時期，崇德、順治為開創期，康熙、雍正為發展期，乾隆為鞏固期。雍正初年撤軍，雖有客觀原因，恰如他所說是孟浪舉動，缺乏遠見，後來積極平叛，設立駐藏大臣，彌補了過失。

在西藏事件中，雍正總把西藏問題與蒙古問題聯在一起考慮，他說：

西藏、諄噶爾之事，比不得安南、鄂洛素海外諸國，〔內蒙〕四十八旗、西海、喀爾喀等衆蒙古人心繫焉。諄噶爾事一日不靖，西藏事一日不妥；西藏料理不能妥協，衆蒙古心懷疑二。此二處實為國家隱憂，社稷生民憂戚繫焉。[15]

在他看來，西藏和準噶爾的關係是：準噶爾安寧，西藏則不會生事；西藏不平靜，也會引起蒙古的騷動。造成這種相互關係的是喇嘛教。雍正又說：「蒙古之人，尊信佛教，惟言是從，故欲約束蒙古，則喇嘛之教亦不輕棄。」[16]也就是說蒙古人不安靜，可以用喇嘛教撫綏，而要利用喇嘛教，就不得不注意西藏問題。注重喇嘛教，首先要籠絡教王達賴，這就是雍正以能否控制達賴為前提決定是否進軍西藏的原因。

康熙也持同樣的見解，所以在命令允禵征討準噶爾的敕書中說：「朕欲保護黃教，拯救生靈，特命爾為撫遠大將軍。」[17]清朝前期的皇帝多能如此，史學家趙翼說清朝優待喇嘛教，「正所以帖服外夷，乃長駕遠馭之深意」[18]。由此可見，雍正在處理西藏問題時，兼顧準噶爾問題，具有全局觀念，是正確的。

批准鄂爾泰的建議與改土歸流的實行

（一）土司制度的弊端

雲南、貴州、廣西以及同它們鄰近的湖南、湖北、四川居住著許多少數民族，他們經濟落後，生產方式不同，與中央政府關係疏密不一。大體上說，元、明以來，實行土司制度，土司管轄各該民族，他們的承繼行世襲法，然需中央政府批准；土司在內部自行徵納賦役，僅向中央進貢少許銀物；土司自定成文的和不成文的法令，對屬民生殺予奪，中央政府概不過問，在這裏實現的是土司的意志，而不是中央的政策。還有一些少數民族，連中央政府承認的土司也沒有，只受該族頭人的統治，可以說是土舍制，但他們往往受鄰近的土司控制。

土司、土舍是大大小小的割據者，因而產生中央要加強對他們轄區的統治與他們維護舊制度的矛盾。明朝以來，中央政府就在條件成熟的地區，取消土司世襲制，設置府廳州縣等地方政權，派遣一定時間進行調換的流官前往治理。這就是改土歸流。這種辦法，明朝和清初偶或實行，所以土司制的問題嚴重存在著。在雍正時期，由於弊端的積累，暴露得更清楚了。

土司對屬民任情役使，賦稅是「一年四小派，三年一大派，小派計錢，大派計兩」[19]。他們掠奪的，比向中央上貢的多得多。如雲南鎮沅土知府刀瀚於雍正初年，每年進貢銀三十六兩，米一百石，而向土民徵收銀二千三百四十八兩，米一千二百一十二石[20]。強徵的比上貢的多幾十倍。土司恣意虐殺屬民，對犯其法而被殺害者的家屬，要徵六十兩、四十兩、二十四兩不等的銀子，還名之曰「塾刀銀」，眞是凶惡至極。康雍時人蘭鼎元說屬民對土司「無官民之禮，而有萬世奴僕之勢，子女財帛總非本人所自有」[21]。說的一點不假。

土司之間，為了爭奪土地、人畜，互相廝殺，經年不解，世代為仇。如廣西西隆州古隆地方土司王尚氏等與貴州普安州捧酢地方的土司阿九等常年爭奪歪染、烏舍、壩犂、魯磋等寨，雍正二年（一七二四年）告到官府，因事涉兩省，地方官互相推諉，到四年（一七二六年）還沒有審理[22]。又如湖南永順地方的諸土舍，於雍正元年相互仇殺[23]。

明代土司還發動過對中央的戰爭，清代雖無此事，但土司、土舍到鄰近州縣搶劫，屠殺漢民的事屢屢發生。於是出現雙重矛盾，一是土司屬民與漢民的對立，屬民往往成羣結夥騷擾漢民，有的在夜間乘人不備，焚屋屠戮，但他們又害怕漢民，一離開村寨，就怕被漢人殺害[24]。土民、漢民問題基本上還是土司造成的，土司與地方政府也是矛盾重重。有的漢人犯罪，逃匿土司，為其保護，州縣官只有「用銀錢買求」，才能得到[25]，這就破壞了地方政府的司法權。有的地方官無端欺凌土司，土司繼承，需要州縣官轉呈，有的州縣官藉機勒索，否則多方刁難[26]。有的土司向州縣官送禮，若被上司知道，州縣官反誣土司行賄鑽營，若不送禮，「則加以傲抗之名，摭拾小事，申報上司」，使土司左右不是[27]。有的地方官向土司要錢，致使土司不敢到府縣城裏，怕被拘留勒逼[28]。這些弊病，令土、漢民遭殃，中央政令不能統一貫徹，是產生地方吏治敗壞的一個原因。

在土司內部，為爭奪繼承權，也經常發生戰爭，如雍正三年（一七二五年），署川陝總督岳鍾琪奏報大小金川土司爭位仇殺[29]。

土司制妨礙國家的統一，破壞地方經濟文化的發展，不利於社會安定，是阻礙社會進步的因素，破壞它，是歷史發展的要求。而實現的條件，一則是它的落後性充分暴露，愈加不能為土民與漢民所容忍，一則是中央政府力量強大，有能力瓦解土司的勢力。

到康雍之世，土司制的罪惡已暴露無遺，土民有著脫離土司統治的強烈願望，有的全村離開土司、土舍，呈請改歸地方政府統轄。漢人也關心這樣的事情。雍正二年（一七二四年），幕客藍鼎元提出削奪土司的辦法：依據土司犯罪輕重，削減他的村落里數，這如同官員的罰俸降級處分；若罪情嚴重，則奪其土司，將地方改歸流官治理；若不便改土歸流的地方，就將為惡的土司除掉，把他的領地分散給其子弟，以眾建土司，分其勢力[30]。可見大規模改土歸流的條件業已具備，剩下的問題就看當政者的認識和態度了。

（二）鄂爾泰的建議和雍正的決策

對於土司問題，雍正初年，大臣中看法不同，廣西巡撫李紱認為土司雖然為惡，但還不至於非改土歸流不可[31]。雍正對土司的過惡是清楚的，二年（一七二四年）五月諭四川、陝西、湖廣、廣東、廣西、雲南、貴州等省督撫提鎮：

> 朕聞各處土司，鮮知法紀，所屬土民，每年科派，較之有司徵收正供，不啻倍蓰，甚至取其牛馬，奪其子女，生殺任情，土民受其魚肉，敢怒而不敢言。莫非朕之赤子，天下共享樂利，而土民獨使向隅，朕心深為不忍。[32]

因此要求這些封疆大吏加強對土司的管轄，但如何加強，他並沒有辦法。

三年（一七二五年），雲貴總督高其倬奏准，在貴州貴陽府廣順州仲家族的村寨建設營房，增置防汛，當即在宗角蓋造完畢，及至計劃在長寨建築，該寨土舍用大石堵塞路口，不容清軍建房進駐。署理貴州巡撫石禮哈、提督馬會伯先後提出用兵要求。但如在第八章第二節所講到的，雍正儘管認為石禮哈、馬會伯所奏有理，但怕他們年少孟浪，謀慮不周，不能成功，反倒惹事，因此要他們「萬不可輕舉妄動」[33]。又怕石禮哈「過於勇往直前」[34]，派何世璂為貴州巡撫。何反對用兵，奏請招撫，雍正准許，然而何並沒有招撫辦法，一無成效。這時雍正的思想是：土司、土舍問題應當解決，但要有得力的官員和妥善的辦法。他認為石禮哈等人不是能了這件大事的主持人，因此不能下用兵的決心。

同年冬，雍正任命鄂爾泰為雲南巡撫管雲貴總督事，召高其倬至京，進一步瞭解雲貴少數民族情況，並徵詢他的意見，高主張征剿，雍正遂下旨詢問鄂爾泰。這時已是四年春天，廣順土舍更加猖狂，焚燒清軍營房。鄂爾泰看到事態嚴重，必須用兵，「窮究到底，殺一警百，使不敢再犯」[35]。雍正欣賞鄂爾泰的才能，認為他是「才德兼優之督臣」，必能擔此重任[36]，同意他進兵，並預先指示他，將來事定，「當以軍功賞敘」[37]，表明他對此事的重視。在鄂爾泰進軍過程中，何世璂主張適可而止，總兵官暫理貴州大定協副將事丁士傑提出三不可剿說，鄂爾泰表示決不姑息，並以三不可不剿答覆丁士傑[38]，要把事情進行到底。雍正支持鄂爾泰，指責何世璂是書生之見，要他努力協助鄂爾泰完成此役[39]；數說丁士傑見解謬妄，失於怯懦因循[40]。

鄂爾泰在對長寨用兵中，感到對土司、土舍蹈襲陣法難於治理，用兵時他們逃跑了，或僞裝投降，軍隊一撤，事故立即出現，這時他認為籌措一勞永逸之法是當務之急[41]。到九月，正式提出改土歸流的建議。他在奏摺中說：土司相殺相劫，「漢民被其摧殘，夷人受其荼毒，此邊疆大害，必當翦除者也。」辦法就是改土歸流，否則，雖是擒拿首惡，不過是臨事治標，而不能從根本上解決問題。他還認為在滇黔的行政當中，第一要務是處理土司事務，其他錢糧兵刑之事，即使辦理得宜，也是沒有抓住主要事項。他還知道，變更舊制，實行改土歸流，有失敗的可能，則將受到輿論的圍攻和行政的制裁，而實行得好，必須殫竭心力，勤奮不懈，所以「稍有瞻顧，必不敢行，稍有懈怠，必不能行」。要實行，則必秉公實力去做。改土歸流要講求方法，他提議：「計擒為上策，兵剿為下策；令自投獻為上策，勒令投獻為下策。」對於投獻者，「但收其田賦，稽其戶口，仍量予養贍，授以職銜冠帶終身，以示鼓勵」，使土司懂得強暴不如安順[42]。鄂爾泰闡述了改土歸流的必要，推行這一政策的戰略方針和具體措施。他對改土歸流的客觀要求認識很深刻，才能擺在雲貴大吏的第一要務上；他的改流策略，既要用兵，又不專恃用兵，爭取波及面小，盡量減少阻力，以便快速實現，而且少留後遺症，是正確的原則。

雍正閱覽鄂爾泰奏摺，於數處作了行間批語：「即此二句，上天鑒之矣。」「好。」「務有名問罪為要。」「具題時當將此意入題，即如此意好。」最後總批：「朕中心嘉悅，竟至於感矣！有何可諭，勉之。」[43]全部批准鄂爾泰的建議，勉勵他努力實行。當鄂爾泰提出條陳時，據說「盈庭失色」，朝臣們都為他捏一把汗，以為雍正將要降罪，但是同人們擔心的相反，「世宗大悅，曰：卿，朕奇臣也，此天以卿賜朕也。」[44]雍正對改土歸流的態度，與對耗羨歸公一樣，經歷了不贊成——調查研究——贊成的過程，值得注意的是當中一個環節，他進一步瞭解土司制的弊病、改流的必要性和迫切性，研究和制定了改流的方針、辦法，選擇了合適的執行人，這才下了決心。由此可見他是善於考察社會問題，肯於接納臣下的意見，也正是由於有這樣的政治品格，才比較適時地決策：推行改土歸流的政策。

有些土司、土舍地處兩省或三省的邊界，發生事故，一省處治不了；有些土司、土舍屬於某省，而從治理方面來看，那種區劃不便於政令推行。鄂爾泰深知這些弊端，不利於改土歸流的實行，早在全面提出改流建議之前，就提議改變不合理的行政區劃。他以東川府為例說：東川屬四川，離成都二千八百里，距昆明僅四百里。該府已於康熙中改流，然實際情況與未改差不多。它在四川的鄰境是烏蒙土府，該土司攻劫它，知府報告四川不能及時得到救援，只有請求雲南救護。東川還與雲南的尋甸、祿勸、霑益三土州接壤，東川土人到三土州搶掠人口牲畜，告到官府，因隔省審理，多有徇庇，而且長年不能結案。鄂爾泰又說烏蒙土司，不僅荼毒東川，滇、黔、蜀接壤之地沒有不受其害的。因此，他要求把東川劃歸雲南，以便統一事權，有步驟地實行改土歸流。

他的主張也因甚合雍正之意獲得批准。雍正還命他會同川陝總督岳鍾琪料理烏蒙土府事務[45]。隨後又將烏蒙、鎮雄二土府改歸雲南建制。變更數省交界處的行政區劃，以統一事權，是改土歸流的必要條件，也是改流方針的內容。

（三）改土歸流的實現

四年（一七二六年）四月，鄂爾泰命令對廣順州長寨用兵，不久親至貴州，到長寨等地巡視，事定後，設立長寨廳（今長順縣）。長寨用兵，成為雍正時期大規模改土歸流的開端。

同年十月，雍正實授鄂爾泰雲貴總督，並加兵部尚書銜，以利他在轄區推行改土歸流和其他政策。在改流過程中，因廣西與貴州接壤，改流事務也較多，雍正遂將它從兩廣總督轄下劃出，歸雲貴總督管理，於六年（一七二八年）十二月特授鄂爾泰為雲南、貴州、廣西三省總督。鄂爾泰受命後，奏稱廣西情形與雲貴稍異，請容他斟酌實際情況，積極料理，但速度從緩。雍正照准，並說：「卿自有次第料理措置之道，實不煩朕南顧之懷也。」[46]鄂爾泰以改土歸流為己任，雍正對他充分信賴，君臣際合，改流事項就能大力推行了。

鎮沅土知府刀瀚、霑益土知州安于蕃是一夥「勢重地廣」的「積惡土官」，他們視「命盜為兒戲，倚賄庇作生涯，私佔橫徵，任其苛索」[47]，四年六月，鄂爾泰發兵擒拿刀瀚、安于蕃，在其地分設鎮沅州（今鎮沅縣）、霑益州（今霑益縣）。同年冬天，鄂爾泰因烏蒙土知府祿萬鍾攻掠東川府，鎮雄土知府隴慶侯助之為虐，遂命游擊哈元生率軍討伐，在四川軍隊配合下獲得全勝，即其地改設烏蒙府（後改稱昭通府）和鎮雄州（今鎮雄縣）。雍正為獎勵哈元生的功勞，命鄂爾泰以副將或參將題用。後來哈元生所至立功，幾年間升至雲南提督。

五年（一七二七年），廣西泗城土知府岑映宸以力量較強，聚兵四千，耀武於南盤江以北地區，當他聽到烏蒙改土歸流的消息，遂撤兵斂迹。鄂爾泰巡察到貴州南部安籠鎮，準備對他進剿，岑映宸乞降，就把南盤江以北劃歸貴州省，設立永豐州（後改稱貞豐州，今貞豐布衣族苗族自治縣），又改泗城為府（治所為今凌雲縣）。這時梧州、柳州、慶遠等地土民，為反對土舍的酷虐，「爭備糧請兵」[48]，推動了廣西的改土歸流和設官建制。

六年（一七二八年），鄂爾泰認為清理黔東南土民問題，重點應在都匀府，其次是黎平府，復次為鎮遠，要分別輕重，次第解決[49]。就命貴州按察使張廣泗帶兵深入黎平府古州（今榕江縣）地區的古州江（今都柳江）流域，都匀府丹江（今雷山縣）地區小丹江（九股河上游）流域和八寨（今丹寨縣），在鎮壓頑抗土舍勢力基礎上，設廳，置同知，理民事。

與雲貴廣西接界的湖南、湖北、四川等省的土司、土舍，本來就因比較接近內地，勢力較小，與地方政府的聯繫也較多，土、漢民交往密切，這些是改土歸流的有利條件。及至雲貴廣西改流、建制的浩大聲勢，給它們以猛烈的衝擊。在其內部，土民紛紛逃向官府，請求改流、建官。土司在內外強大壓力之下，相繼呈請交出世襲印信，讓出領地。六年，湖南桑植、保靖二處土民分別控告土司向國棟、彭御彬，湖南巡撫王國棟出兵問罪，這時處在二地之間的永順土司彭肇槐自動申請改土歸流，雍正接受他的請求。授予參將，賜給拖沙喇哈番世職，世襲罔替，又賞銀一萬兩，聽其在江西祖籍置買產業[50]。次年於其地設立永順府，並設桑植、保靖二縣，歸該府轄治[51]。

當永順府建立之時，鄰近它的湖北容美土司田旻如心懷疑懼，表示改惡從善，雍正降旨誡諭，望其改過自新[52]。但他依舊私徵錢糧，擄掠鄰近土民，濫發委任狀，雍正因命其進京詢問，他拒不應召，土民見其不道，相繼逃亡，其所屬石梁司長官張彤硅亦率領土民投交印信令箭，由於土司內的民眾催促田旻如出首，田內外交困，自縊死，於是把他的家屬「分別安插到別省居住」[53]，將其地改置為鶴峰州（今鶴峰縣）[54]。施南土司覃禹鼎與田旻如為翁婿，相濟為惡，容美土民將覃禹鼎押交官府。與此同時，忠峒土司田光祖等十五個土司到武昌省城，懇請歸流，於是在施南土司處設宣恩縣，忠峒等土司亦隸屬於它[55]。

四川土司，經總督岳鍾琪、巡撫憲德、總督黃廷桂等先後料理，有的實行了改流。七年（一七二九年），將天全土司改為天全州，土、漢民雜居的黎大所改為清溪縣，原來統轄這些地區的雅州直隸州升為雅州府[56]。十三年（一七三五年）七月，在酉陽土司處改置縣制[57]。

在改土歸流時，對土司本人，根據他們的態度給以不同的處置，對自動交印者，多加獎賞，給予現任武職，或給世職；對頑抗者加以懲罰，沒收全部或大部分財產。開始，將土司及其家屬留於原地。五年（一七二七年）春，原鎮沅土官刀瀚族人、屬官鬧事，滇撫楊名時題請將刀瀚家屬遷往昆明，雍正考慮：若留原處，管束太嚴，則不能生存，放鬆管理，又會鬧事，不如遠遠打發他們，因命將刀瀚家屬遷往江蘇的江寧，由兩江總督進行安頓[58]。烏蒙土司祿鼎坤，先因其投降較早，免長途遷徙，安插於昆明[59]，後仍以不妥，移至河南，授為歸德營參將，賞銀一萬兩作安家費，由歸德知府代其置辦產業[60]。酉陽土司冉廣烜發往浙江安置[61]。接受安插土司的各地督撫，往往不著意辦理，不及時撥給房屋，所給土地由州縣經手，胥役中飽，以致生活無著，私自逃跑。雍正因命各地妥善辦理[62]。遷移土司，使他們遠離原來的領地，這是比較徹底地實現改土歸流的有效措施。

改流的實行，清軍駐防地擴大，雍正為加強對新設府縣的控制，增添營汛。在雲南設置烏蒙鎮、昭通雄威鎮及普洱元威鎮，貴州另設古州鎮和臺拱鎮，廣西添立右江鎮，湖廣增加永順協、永綏協[63]。

清朝政府在改流地區，變革賦役方法，廢除原來土司的徵收制度，與內地一樣，實行按田畝徵稅的原則，但徵收多少，又根據當地的情況來確定，一般少於內地。如原來永順土司納貢銀一百六十兩，保靖九十六兩，桑植二十四兩，可是永順土司按土民炊爨徵錢，每一炊灶徵銀二錢二分，叫「火坑錢」。桑植也是這種辦法，不過名曰「煙火錢」。保靖土司則收「鋤頭錢」，土民每用一鋤生產，則納三、五錢不等。這樣按戶、按人的賦稅辦法，不考慮財產狀況，很不合理，改土歸流後清朝政府不便沿襲，雍正命以原定貢額為準，各戶自報田產，然後計畝徵銀，改變了無田土民而有賦稅負擔的狀況[64]。又如麗江土府改流後，經楊名時提議，將舊額錢糧，照田畝等則均攤，革去舊日「有田無糧，無糧輸賦」的弊病[65]。有的土司原有土貢，改流後，既然納稅，土貢自應取消。廣西巡撫韓良輔請將泗城土府的土貢歸入正項錢糧，遭到雍正的申斥，命他把土貢等物豁除[66]。改流後，土民所受的剝削比前稍微減輕了。

賦稅與土地相聯繫。原來土司佔有大量耕地，設立莊園，他們的宗族和土目也擁有很多田地，土民只有小量的瘠土[67]。改流時，將土司、土舍的田產當作逆產加以沒收，發給兵士，每丁三十畝，實行軍屯[68]。所給土地為「軍田」，許軍丁照民田買賣[69]。這就是說清朝政府把土司的田產轉給軍官和士兵。清朝還對土司強買的土地，實行允許土民按價贖回的政策。個別地方，允許土民佔有原土司的部分土地。但總的說來，土民耕地不足的問題，在改土歸流中沒有也不可能得到解決。

改土歸流和設官建制，不僅使原土司、土舍地區與內地政治、經濟聯繫密切了，文化也相應的發展了，十二年，署理湖南巡撫鍾保以永順設府以來，「人文日盛」，奏請於府縣設學，府學設教授，額取文武童生各十二名，保靖等縣各設訓導，各取童生八名，另在府城建立考棚。雍正給予批准[70]。次年，四川學政隋人鵬也以土民與漢民日趨接近，應鼓勵土民讀書，提出土民與漢民文武童生一體考試的要求，也獲得雍正的准許[71]。原來土司不許屬民讀書應試，怕出仕脫離其統治，所以辦學也是破壞土司積弊的一項內容。

改土歸流，包括上述取消世襲土司，觸動土舍，設置府廳州縣，派遣流官，增添營汛，建築城池，興辦學校，實行科舉，改革賦役制度等內容。實行的地區，為滇、黔、桂、川、湘、鄂六省，而以滇、黔為主，貴州省的改流設官地區之廣，大約相當於原來州縣的面積[72]。改流時間自四年（一七二六年）開始，一直延續到雍正末。因主要地區在雲、貴，八年（一七三〇年），鄂爾泰在雲、貴邊界築橋，是年為庚戌年，雍正遂為之命名「庚戌橋」，以紀念鄂爾泰推行改流政策的功績，這一年可視為改流基本成功的年份。改流的方式，以用兵為先導，以撫綏繼之；在開初用兵較多，隨後則憑威勢，先聲奪人，和平解決為多。基本上按照鄂爾泰的方針進行的。改流中發揮作用的大臣首推鄂爾泰，次為哈元生、張廣泗。鄂爾泰不僅是這一方針政策的倡議人，還是實行家，親赴各地指導，又制定具體的戰、撫方案。縱觀改流全過程，雍正發揮了主宰的作用。第一，他決策施行，堅持到底。黔撫何世璂在用兵以後，仍「屢言可撫」，雍正怕軍中意見不一，將之內調為刑部侍郎[73]，讓贊成改流的疆吏順利推行其政策。第二，任用鄂爾泰等人。他因兩江總督事務繁劇，欲調鄂爾泰往任，尋以改流事重，需要他辦理，就令他久留其地，至事情基本成功，才於九年（一七三一年）內召，用為軍機大臣、大學士，賞賜伯爵。對哈元生不秩拔擢，召見時解衣賜之，亦命為軍機大臣。在兩年之間，把張廣泗由知府重用為巡撫。獎賞政策，激勵他們發揮能動作用，在改流中爭立功勛。

（四）鎮壓古州叛亂

改土歸流，廢除數百年的土司制度，是一次較大的社會改革，必然引起敵對勢力的反抗，改流是鬥爭的過程，鞏固成果也需要繼續努力。

鎮沅改流後，署理知府劉洪度查田編賦，觸及原土司上層的利益，他的家人又藉機謀利，原土司刀瀚的族人和土目就以劉洪度「編糧苛刻」、「勒索銀錢」為藉口，於五年（一七二七年）正月聚眾焚燒府衙，殺死劉洪度。鄂爾泰當即發兵往討。雍正認為事件的發生，一則是土司好亂，再則是委官不當，不能妥善治理[74]。他說的相當準確，以後面一點而言，有的清軍到新地方肆行搶掠，有的流官不善經理，驟然增加賦稅，興派徭役，自身又貪婪不法，加之新設鎮營的隊伍大多是從鄰近營汛抽調來的，造成原防區力量的空虛，給原土司上層煽動叛亂以口舌和可乘之機。

貴州古州、臺拱地方設官後，原土舍勢力仍大，十二年（一七三四年），當地傳言「出有苗王」，陰謀恢復舊日局面[75]。雍正為消弭可能發生的事端，派遣吏部侍郎呂耀曾、大理寺卿德福到貴州，會同當地官員去古州宣諭化導，希望該地安靜無事[76]。但是毫無效果。次年二月，終於發生了叛亂。叛亂者以古州、臺拱為中心，攻陷鎮遠府黃平，焚劫都勻府凱里（今黔東南苗族侗族自治州凱里縣），圍困都勻府丹江廳（今雷山縣），眾至數萬，貴陽為之戒嚴。雍正任命貴州提督哈元生為揚威將軍，湖廣提督董芳為副將軍，率領滇、黔、楚、粵諸軍往討，並要求他們「痛加剿除，務盡根株，不遺後患」[77]。又命刑部尚書張照為撫定苗疆大臣，去貴州。還任用果親王允禮、皇四子寶親王弘曆、皇五子和親王弘晝、大學士鄂爾泰、張廷玉、公戶部尚書復慶等人辦理苗疆事務[78]。鄂爾泰因事變發生，以對改土歸流「布置未妥，籌慮未周」請罪，雍正宣布根據有功則賞、無功則辭的原則，削其伯爵，給假養病[79]，實際仍信任他，令他照前參預政務。在貴州，董芳與哈元生不合作，張照支持董芳。他們認為從前不應當改流、建制，現在應該招撫，恢復舊狀[80]。因主張不一，將領不和，征伐沒有進展。八月雍正死，乾隆繼位，堅持平叛，召回張照，命張廣泗為七省經略，統一指揮作戰，次年成功。在處理善後時，乾隆命將「古州等處新設錢糧，盡行豁免，永不徵收」，「嗣後苗眾一切自相爭訟之事，俱照苗俗完結，不必繩以官法」[81]。根據少數民族地區的特點進行統治。

雍正朝的改土歸流和設官建制，只是在西南少數民族的一些地區實行了，未改流的地方還不少，土舍地區還很多。即使改流的地方，土司殘餘勢力也還存在，他們仍能不同程度地控制屬民，一些地方的流官的權威比他們小得多[82]。但是這一次改流，打擊了土司割據勢力，減少了叛亂因素，加強了中央政府對邊疆的統治；一定程度廢除土司、土舍凌虐屬民制度，有利於少數民族地區社會經濟文化的發展；由於政體的統一，使得民族雜居地區減少了戰爭，社會秩序比較安定，為民族聯繫的加強，提供了條件。一句話，它對我國多民族國家的統一、經濟文化的發展有著積極意義。它的出現，體現了社會歷史發展的要求，反映了被壓迫的土民和受騷擾的漢民的願望。主持其事的雍正和鄂爾泰，正確地反映了時代的要求，適時地做出了判斷，並付諸實行，他們作了有益的貢獻。

調度乖方，西北兩路用兵的失敗

青海和碩特叛亂首領羅卜藏丹津逃亡準噶爾，為策妄阿拉布坦所接納，清朝政府索取，策妄阿拉布坦拒不交出，適足說明雙方處於敵對狀態。這是康熙末年雙方關係的繼續。

自從撫遠大將軍允禵於康熙六十年五月移駐甘州（張掖），對準噶爾採取進攻的態勢，但是康熙實行的是防禦性手段，沒有深入敵巢徹底消滅對方的打算。雍正一繼位，即以兵丁在前線日久，勤勞過度，撤回內地。策妄阿拉布坦亦派遣使臣根敦到北京講和，雍正厚加接待，以事籠絡，時值雍正二年（一七二四年）元旦，該使臣要求隨同廷臣一起朝賀，雍正讓他與朝鮮使臣一道行禮，事後，雍正說「其行禮時，光景十分虔敬」，大約是反映了策妄阿拉布坦講和的一些誠意[83]。因之，雍正派佛保等到準噶爾議和，然遇到羅卜藏丹津的干擾，談判頗不順利，策妄阿拉布坦又遣人到京，雍正如同前次厚禮相待[84]。但是沒有商談出結果，雙方依然處於敵對狀態。雍正因內部事務繁多和經濟力量不足，暫不用兵，而密切注視對方的動靜，尤其留心它同西藏的關係和它對喀爾喀蒙古的侵凌。因此，雍正初年，受形勢所迫，雍正渴望和談，實際上是採取的守勢，與康熙末年以攻為守有所不同。

雍正隨著政治改革的實現，政局穩定，財力充足，就有條件解決準噶爾人的問題了。五年（一七二七年）初就籌謀討伐準噶爾，及至阿爾布巴叛亂事發，促使他下決心用兵，到五年年底，他說：「（準噶爾、西藏）二處實為國家隱憂，社稷生民憂戚繫焉，所以聖祖明見事之始末利益之意，滅取諄噶爾，安定西藏者，聖知灼見，不得已必應舉行者也。」他認為阿爾布巴事件，正是討叛伐罪的機會，決心六年解決西藏問題，七年轉向準噶爾，「命兩路整大兵勒取，相機聲罪致討，必滅此而後朝食」[85]。同年，策妄阿拉布坦死，子噶爾丹策零繼立，雍正認為是可乘之機，遂下定用兵的決心。

雍正開始籌畫用兵事宜，只同怡親王允祥、大學士張廷玉、岳鍾琪等極少數人密商[86]，因事關錢糧，戶部尚書蔣廷錫時或與聞此事。雍正在他們支持之下，決定兵馬糧餉屯守進取的方略。

雍正備戰首先重視的是軍士的挑選和訓練。五年（一七二七年）十一月密令河南、山東、山西三省督撫，於步兵內各揀選二千人，他們不必善長弓馬，但要能放鳥槍，以備駕車開墾之用。預計明年秋冬時差遣，為期約二十月，並要三省督撫妥善安排應選兵丁的行裝和安家費用[87]。七年春夏之交，岳鍾琪密令四川松潘鎮總兵張元佐整飭馬步兵丁一千名，預備一切軍裝器械，聽候調遣[88]。

西北用兵，長途運輸，需要大量的駱駝、騾馬。五年，命河南總督田文鏡購買馱騾三千匹，於六年二月送交西安岳鍾琪處，田在河南買足額數，如期送到指定地點，驗收時因口老口小等不合格處，只收兩千六百多頭，岳鍾琪一面報告雍正收驗情況，一面怕趕不上應用，在陝西省購買補足。雍正相信田文鏡認眞辦事，此事不能按要求辦好，必是像以前受張球之騙一樣，「又被屬員欺瞞矣」，要他愼重辦理[89]。所以在準備上雍正君臣都非常鄭重嚴肅。

準噶爾是遊牧民族，騎戰是其所長，轉移比較捷便。清軍與之打仗，自須有強大的騎兵，但是要深入敵人的後方，徹底消滅它，軍需供應是嚴重問題，靠駝馬運輸，代價太大，且易受到攻擊，難於保障供給。岳鍾琪針對這一情況，提出車戰的建議。他的辦法是造寬二尺、長五尺的戰車，用一人推輦，四人保護，即一車五人，五車為一伍，二十五車為一乘，一百車為一隊，每一千車為營。行軍時，車上裝載軍糧軍衣；駐防時，以車為營盤；打仗時，兩隊在前，進行衝鋒格鬥，三隊隨後跟進，其餘五隊保護大營，劫殺衝入的敵軍。雍正採納了他的意見，命打造戰車，挑選滿洲護軍組成車騎營，進行練習[90]。在豫、魯、晉三省選調的備駕車用的軍士，就是為用於車戰的[91]。

雍正對他的準備很滿意，自稱：「選派將領，悉係鎮協中優等人才，揀選兵丁，率皆行伍中出格精壯，殊非草率從事。」[92]到七年二月，他認為可以把事情公開了，發布上諭，歷數準噶爾首領之罪惡，說噶爾丹策零無悔改之意，對之用兵，乃是完成聖祖的未竟事業，如今國帑充實，士卒振奮，正是用兵之時，若遲疑不決，將來後悔莫及[93]。因命朝臣討論用兵事宜。大學士朱軾、散秩大臣達福認為進攻的條件還不成熟，噶爾丹策零能利用先人的舊臣，內部一致，沒有可以利用的機會，反對發兵[94]。還有人以為對準部戰爭是窮兵黷武，得土不足以耕，得民不足以使，不應用兵。大學士張廷玉極力主戰。雲貴廣西總督鄂爾泰認為那些反對派是「庸人畏事，識見不遠，但知論難易，而不論是非，並不論利害」，「皆不足道耳」[95]。其實雍正主意早定，不聽反對之言，於七年（一七二九年）三月下令兩路進軍，討伐準噶爾。命領侍衞內大臣、三等公傅爾丹為靖邊大將軍，振武將軍、公、巴賽為副將軍，順承郡王錫保管理振武將軍印務，都統、侯、陳泰，石禮哈，散秩大臣、公、達福，前鋒統領衮泰等為參贊大臣，法敏、伊都立、巴泰、西琳、傅德管理糧餉，屯阿爾泰山，是為北路軍營。命三等公、川陝總督岳鍾琪為寧遠大將軍，四川提督紀成斌參贊軍務，屯巴里坤，為西路軍營。

六月，雍正以出師告祭太廟，說明討伐噶爾丹策零的原因：「若不迅行撲滅，將來必為蒙古之巨害，貽中國之隱憂。」[96]在太和殿舉行隆重的受鉞禮，與傅爾丹、巴賽、陳泰等大將軍、參贊大臣一一行跪抱禮，以昭鄭重[97]。雍正還檢閱車騎營兵，禮成，作詩二首，一曰：

陳師鞠旅卜良朝，萬里餱糧備已饒。
習戰自能閒紀律，臨戎惟在戒矜驕。
劍瑩鷤鵜清光閃，旗繞龍蛇赤羽飄。
聽徹前鋒歌六月，雲臺合待姓名標。

另一首有句：

萬里玉關平虜穴，三秋瀚海渡天兵。
裹糧帶甲須珍重，掃蕩塵氛遠塞清。[98]

他躊躇滿志，以為準備充足，選擇了上好的出師日子，只希望領兵將帥戒驕戒躁，蕩平敵寇，凱旋回京，論功行賞，再舉雲臺題名、凌煙繪像之盛。

岳鍾琪出師之際，疏言有「十勝」的把握，即：一曰主德，二曰天時，三曰地利，四曰人和，五曰糗糧廣儲，六曰將士精良，七曰車騎營陣盡善，八曰火器兵械銳利，九曰連環迭戰，攻守咸宜，十曰士馬遠征，節制整暇，所以斷言「指日蕩平，以報國恩」[99]。從後來的實踐看，他的十勝中含有大言、浮言成分，然而他要這樣說，也有其客觀情況。他所統領的西路軍，主要成分是綠旗軍，將領多是漢人。他深知滿漢矛盾集中在他身上，這時曾靜、呂留良案尚未正式結案，他為防嫌，一味迎合雍正意願，極力促成西征，欲以直搗準噶爾龍庭表其忠誠。然而客觀存在滿漢矛盾，對他進軍不利，他的前途並不美妙。北路軍隊主要是滿洲兵和蒙古兵，統帥是滿洲貴族，輔之以蒙古人和漢軍旗人。從以前允禵駐軍甘州的事實分析，西路應為用兵主力，雍正與岳鍾琪籌措各項事宜，說明西路是主攻力量，但後來大戰又是在北路打的。前已說過，滿人已趨腐化，北路滿人戰鬥力如何，面臨著一場考驗。

清軍出師，突然有準噶爾使臣特磊到達岳鍾琪軍前，詭稱羅卜藏丹津陰謀殺害噶爾丹策零，後者發覺了，把他解送清朝，走到半路，聽到清朝進軍的消息，就又把他送回伊犂。特磊前來，表示要求和平，岳鍾琪當即向雍正報信，並表示對準噶爾誠意的懷疑。但雍正命將特磊送至京城，暫緩進兵，又召傅爾丹、岳鍾琪進京商議軍情。

岳鍾琪離開前線，由紀成斌護理寧遠大將軍印務。紀認為滿洲人強悍，就派副參領查廩率軍牧放馬駝於科舍圖，然而查廩怯懦畏寒，置馬駝不顧，「率眾避寒山谷間，日置酒高會，挾倡伎以為樂。」準噶爾人兩萬來劫掠牲畜十幾萬頭，查廩逃遁，求救於總兵曹勷，曹倉卒出戰，大敗，總兵樊廷、張元佐、副將冶大雄往救，奪回被擄掠的大部分馬駝。為此事，紀成斌嘲笑說：「滿人之勇，固如是耶！」把查廩綁縛論斬，適值岳鍾琪自京回營，見狀大驚，說紀成斌要遭滅族之禍了：「滿人為國舊人，黨類甚眾，吾儕漢臣，豈可與之相抗以干其怒也？」立解查縛[100]。紀遂罪曹勷，並以大捷上奏，雍正獎賞樊廷等人，授予世職，遣內務府總管鄂善到前線犒師。九年（一七三一年）二月，岳鍾琪奏議軍機事宜十六條，請在吐魯番屯田，於哈密、吐魯番之間設哨所。這時雍正已知道謊報軍情，以敗為勝，但因自己已予嘉獎，不便說明，就藉此責備他，說他所議「無一可採之處」，責問他：「過去倡言長驅深入，以今日之勢，能保必勝嗎！」[101]三月，命都統伊禮布為西路副將軍，帶領八旗家選兵二千名赴任，若岳鍾琪有統兵行走之處，伊禮布引領滿洲兵一同前往[102]，實即監視岳鍾琪。同時，責備岳的堅壁防守主張，說他統兵二萬九千名，不能禦敵，是籌度無方[103]。五月，派石雲倬為西路副將軍，以分岳鍾琪統兵之權。滿人查郎阿於岳鍾琪出兵之時，即署理川陝總督，八年（一七三〇年）在肅州（酒泉）專理軍需，他奪了岳鍾琪的總督權。岳的後方在陝甘，因而受到查郎阿的挾制。

九年（一七三一年），噶爾丹策零派遣大策零敦多卜、小策零敦多卜領兵三萬，東犯北路軍營，而派間諜到傅爾丹處報稱噶爾丹策零怕受哈薩克人的襲擊，分兵防守，又有羅卜藏丹津的族人羅卜藏策零謀反，噶爾丹策零正在和他周旋，所以大策零敦多卜不能出兵，只有小策零敦多卜東來。傅爾丹有勇無謀，信以為眞，率領一萬人輕裝前進。副都統定壽、海國、永壽等諫言敵人有計，不宜輕往，傅爾丹不聽。六月，在和通泊與敵軍二萬相遇，大敗，副將軍巴賽、查弼納陣亡，只有二千人逃至科布多。雍正聞訊，掩蓋失敗，惟說兵馬有損失，而傅爾丹等無恙，並說他們能竭力迎戰，將自束的腰帶賜給傅爾丹繫用。他話是這樣說，實也知眞相，乃降傅爾丹為振武將軍，以順承郡王錫保代為靖邊大將軍，斬臨陣遁逃的參贊大臣陳泰。並命大學士、公、馬爾賽為撫遠大將軍，駐防歸化（今呼和浩特市）。尋又以馬爾賽為綏遠將軍，其撫遠大將軍印務交康親王崇安暫行管理。

十年（一七三二年）正月，噶爾丹策零以六千人自烏魯木齊擾掠哈密，岳鍾琪命曹勷往擊，命副將軍石雲倬往斷敵之歸路，曹勷敗敵，石雲倬動作遲緩，縱敵逃去。岳鍾琪奏劾之，大學士鄂爾泰並劾岳鍾琪擁重兵數萬，縱投網之敵，不能料敵於先，復不能殲敵於後，雍正遂將岳召回京城，指責他「將國家軍旅重務，視同泛常，且賞罰不公，號令不一，不恤士卒，不納善言，傲慢不恭，剛愎自用」[104]，削其公爵，降三等侯，隨即改組西路軍營統帥部，命查郎阿署理寧遠大將軍印務，調漢軍旗人、貴州巡撫張廣泗為副將軍，護軍統領阿思海為前鋒統領，管轄滿洲兵，侍郎武格為揚威將軍，統轄巴爾庫爾滿洲兵，副將軍劉世明統領巴爾庫爾綠旗兵，並命鄂爾泰督巡陝甘，經略軍務。這樣，西路軍的統帥權，就由漢人手中，轉到滿人手裏，而以漢軍旗人為輔佐。張廣泗就任，奏參岳鍾琪車營法，不適宜於沙磧溝塹，在調兵籌餉、統馭將士諸方面，都不得當。查郎阿與岳鍾琪共事多年，本對岳不滿，前述喪失馬駝的查廩為其親戚，查廩懷恨舊仇，因向查郎阿進讒言，十一年（一七三三年），查郎阿奏劾岳鍾琪、紀成斌、曹勷等人[105]，雍正命斬紀成斌、曹勷於軍前，囚禁岳鍾琪。十二年（一七三四年），大學士等議將岳鍾琪處死，雍正命監候待決。

十年（一七三二年）七月，噶爾丹策零親率大兵，越過阿爾泰山，振武將軍傅爾丹與戰於烏遜珠勒，大敗，準噶爾軍進至杭愛山，迫使哲布尊丹巴胡圖克圖遷徙多倫泊，又襲擊喀爾喀蒙古諸部中最強大的策凌部。策凌為額駙、和碩親王、喀爾喀大札薩克，他因不在營中，致使子女被掠，聞訊後，割髮及所乘馬尾誓天，率部深入敵後，突擊準噶爾軍，狙擊於鄂爾渾河畔的額爾德尼昭（光顯寺），殺敵萬餘，準噶爾餘部奔逃[106]。錫保和策凌要求已降為綏遠將軍的馬爾賽邀擊，馬爾賽和都統李杕擁兵一萬三千，拒不出擊，諸將懇求出戰，參贊大臣傅鼐跪請，馬爾賽終不應允，致使準噶爾敗軍逃去。光顯寺大捷後，雍正大賞策凌，賜號超勇親王，授定邊左副將軍，屯兵科布多，經理軍務。雍正以貽誤軍機罪，斬馬爾賽、李杕於軍中，削傅爾丹公爵和官職，留軍營效力。又以錫保調遣失宜，怯懦畏葸，罷靖邊大將軍，派平郡王福彭為定邊大將軍。

噶爾丹策零光顯寺失敗之後，無力發動進攻，於十一年下半年放出口風，要釋放清軍俘虜。福彭不明敵意，不知是眞送還是假送，因此無法進行軍事部署[107]。

清朝在幾年的戰鬥中，人力物力消耗很大，用兵前庫帑銀五六千萬兩，到雍正末年只剩下二千多萬兩，大部分是耗費在西北戰場上了。其時，翰林院檢討周彬上疏，說西征造成「糜費疲憊」，要求迅速撤兵，「軍務俱行停止」，「舒天下之力」，「養天下之命」[108]。雍正看到師久無功，所派將帥皆不如意，殺戮降調也不能解決問題，感到已不能打下去了。十一年五月宣布暫停進兵，召策凌、查郎阿至京與王大臣會議軍事，策凌、查郎阿與莊親王允祿主張繼續開戰，張廷玉等希望議和，若噶爾丹策零再事擾亂，重新出兵。雍正就罷兵事徵求傅鼐意見，傅鼐叩頭說，「此社稷之福也」[109]，表示贊成。十二年（一七三四年）七月，雍正決意議和。他總結了戰爭的進程：失敗多，獲勝少，兩路共用兵十餘萬，跟役近十萬，消耗太大。他把失敗的責任歸之於將帥，也作了一點自我反省：「朕之籌畫於事先者雖未有爽，而臣工之失機於臨事者不一而足，亦皆朕無能不明之咎。」[110]戰爭不能進行了，就派傅鼐、內閣學士阿克敦、副都統羅密往準噶爾議和，為準噶爾與喀爾喀劃分遊牧地，欲以阿爾泰山梁為分界線，噶爾丹策零要求以杭愛山為界，阿爾泰山為其牧地。後又遣使到京，改求以哲爾格西喇呼魯蘇為界，雍正命策凌與議。策凌同意以此為界，但準噶爾人不得過阿爾泰山。雍正採納策凌意見，噶爾丹策零又不滿意，於是和談持續不決。雍正鑒於形勢的緩和，於十三年上半年批准兩路撤軍的計劃，量留守兵，西路用綠旗兵駐哈密，北路留滿洲、蒙古兵。到乾隆四年（一七三九年），終於同噶爾丹策零定議，以阿爾泰山作為準噶爾與喀爾喀分界線。

雍正自七年主動向準噶爾用兵，至十二年自動停止進兵，要求議和。戰爭之發生實出有因，和戰又聽他選擇，似是由他掌握主動權，但是經過六年的戰爭，他損兵折將，耗費錢糧，沒有達到目的。他的用兵是失敗了。他及時地煞車，也曾消滅對方的一部分力量，尚不算慘敗。

西北兩路用兵的失敗，應當歸咎於雍正的調度乖方。他對準噶爾情況不明，上當受騙。他以為策妄阿拉布坦之喪是可乘之機，實踐證明，這是主觀臆斷。出師之初，噶爾丹策零以詐降作緩兵之計，他不審敵勢，輕易信之，推遲進軍日期，使初出之師折了銳氣。他的敵前將帥和他一樣，盡受對方間諜的愚弄，或如傅爾丹的輕進喪師，或如科舍圖之受襲擊。他用人無方，朝三暮四，北路軍營三易統帥，帥外有帥（錫保與馬爾賽一度為互不統屬的大將軍）。而這些人皆非帥才，傅爾丹為靖邊大將軍時不能料敵與指揮部署，做振武將軍時不能臨敵打仗。據記載，岳鍾琪曾到他的營帳，見四壁刀槍箭戟，問置此何用，傅爾丹回稱是素來用之練武，懸之以鼓勵士卒。岳鍾琪當面不便批評，私下說：「為大將，不恃謀而恃勇，敗矣。」[111]這樣的人怎能膺專閫之寄。錫保惟以逢迎為能，奏參軍前效力的陸生楠、謝濟世很積極，而軍事卻無建樹，將「兵丁時撤時撥」，兩年內損傷馬匹數萬，「合營無不怨恨譏誚者」[112]。馬爾賽之庸劣怯戰更不必說了。福彭年輕無威望，雍正收他為佛門弟子，加以重用，但並未在任大將軍職務中顯示出軍事才能。西路岳鍾琪是一員戰將，康熙末的入藏與雍正初的平青海兩大戰役中顯示了他的這種本領，但他不是帥才，主持西路軍三、四年，未建功業而有過失。雍正始則對他抱有厚望，寵待異常，如在其臨出征前，特命其子署理山東巡撫岳濬到西安送行，科舍圖失利後，對他又過分失望，派人監視，讓他無所措手足，終令庸才查郎阿代之，使西路軍更無從進展了。賞罰不當，也是雍正調度失宜的一個表現和內容。傅爾丹和通泊之敗，還將御帶賜給他，再敗於烏遜珠勒，除削爵外，別無處分，後牽連進伊都立侵蝕軍餉案下獄，則不是他作為統帥而處治的了。岳鍾琪雖然未建功業，但罪不至下獄論死，紀成斌飾敗有罪，曹勷戰敗有罪，都處斬了，可是罪情重大的查廩卻逍遙法外。如此意為輕重，怎能服人？怎能令前線將士心情舒暢，全力對敵。雍正對車戰法缺乏全面正確的認識，取捨不當。始初對車騎營抱極大希望，親自檢閱，用於西北兩路。但它不利於士卒的進攻和撤退，後來就把失敗歸咎於它，於是廢掉車騎營，張廣泗還以此追論岳鍾琪的責任，雍正又徹底否認了車戰法。對遊牧民族的騎兵，固應用騎兵、步兵相結合來對付，但輔之以車騎營，並不為過。禮親王昭槤論及此事，說和通泊之敗，「乃將帥驕慢，悞墮賊計，未必皆車騎營之咎也。」113 總之在車戰法上找原因是找錯了，雍正以之責岳鍾琪當然不公平。

導致雍正調度乖方的因素之一，是他的驕傲情緒。青海和西藏的迅速成功，令他產生錯覺，以為準噶爾的問題也能輕而易舉地獲得成功。因此對朱軾等人的敵人無隙可擊的正確意見聽不進去。早在五年年底，他剛準備打仗，就說「一切兵馬糧餉屯守進取之策已籌畫萬全」114，就是浮誇之表現。雍正虛驕，就不可能對戰爭的戰略、戰役的部署作周密的、正確的思考和安排，對將領作人盡其才的任用。雍正自身驕滿，出師時要求將帥「戒矜驕」，不過是空話罷了。上有好者，下必甚焉。岳鍾琪的「十勝」妄說，傅爾丹的輕信敵言，都是在雍正輕敵思想影響下出現的驕傲情緒的表露。雍正熱衷祥瑞，誇耀盛世，也反映到軍隊中，西路軍營報告：七年十二月二十八日巴爾庫爾軍營有「紫色祥光，綿亙東北，歷四時之久，光華絢爛」。九年二月署川陝總督查郎阿奏稱，鞏昌府靖遠衞紅咀子渡口，往年二月解凍，本年正月即開凍通航，便於運送軍糧。這種以祥瑞自欺欺人，進一步造成軍隊麻痺大意，被敵人偷襲。雍正曾反省說：被偷襲這類事情的發生，是否為「軍志驕矜，有干盛滿之戒，天心特以此示儆耶！上年被賊侵擾之處，朕於大將軍岳鍾琪等不能計慮於事先，實難辭疏忽之過」115。但他並沒有眞正改過來。虛驕思想下不去認眞解決戰爭中的問題，只能舉措失宜，歸於失敗。

用兵之失，僅歸罪於雍正個人，自然不公正，也是不符合於歷史唯物主義的，個人對歷史的進程只起一定的作用，雍正也負不起這個責任。同時，他的過失也有產生的社會根源。八旗軍戰鬥力削弱，是致敗的因素之一。前已說過，滿洲上層在逐漸腐化，它必然反映到軍隊裏，從將軍到士兵，以出征為苦，出征前盡量逃避，不得已從征，也像平時追求安逸享樂。雍正看出滿人出兵差時，「胸懷退避，並無勇往之誠心，竟至派出統領之大臣，不以為榮任選用之恩，而以為上意不喜，特令遠離，服勞受苦者，又或疑人讒譖而有此差者。」[116]馬爾賽就是如此，他在眾大臣集會時，公開的說做統領大將軍，還不如發遣黑龍江倒為安逸[117]。士兵們貪圖飲食，肆意糜費，有的人餉銀不夠花，變賣衣服，換取食物[118]。這種精神狀態，如此生活狀況，那裏有多大戰鬥力呢？只會為保全生命，畏縮不前，縱敵不戰，或臨陣而逃，不戰即潰，或不加警戒，受敵人突然襲擊，遭到失敗。查廩的科舍圖之敗，馬爾賽的坐失良機，陳泰的不戰而遁，都是顯例。

滿漢矛盾在戰爭中暴露了，也影響到戰爭的結局。滿漢不平等，八旗兵待遇高於綠營兵，歧視綠營兵。綠營兵不滿，反抗也是理所當然的。紀成斌蔑視打仗無能的查廩之輩，反映了綠營對八旗的不滿情緒，深知滿漢矛盾利害的岳鍾琪，欲事彌合，卒未成功，說明這個矛盾是不可調和的，雖然尚不致於激化。雍正始初重用岳鍾琪，不愧為有識之見，但他仍然堅持依靠滿洲的基本政策，偏袒滿員，這就是他獎懲不公的一個原因。八旗和綠營的矛盾，因而軍前不能一心一德，通力合作，綠營軍也不可能充分發揮它的戰鬥力。

八旗軍趨於衰落與滿漢矛盾，是貫穿清朝一代的問題，它們影響著西北兩路用兵的結局，不是孤立地起作用，是同雍正調度乖方結合在一起，共同發生作用，如果不是雍正的用兵無方，它們的影響可能小一些，所以對這兩種原因，應具體分析，不可過分強調。

用兵儘管失敗了，然仍有一定意義。噶爾丹策零三次出兵喀爾喀，起始勝利了，也立即退去，終不敢留在這裏，最後還是以阿爾泰山為界。清朝與準噶爾的緊張關係，是準噶爾在康熙末年挑起的，雍正對它的進攻是一種反擊，失敗了，也起了扼制它發展的作用，使它不能干預喀爾喀、青海和碩特和西藏的事務。雍正在喀爾喀西北部設烏里雅蘇臺定邊左副將軍，轄治阿爾泰山東邊的科布多、唐努烏梁海等地，營造了科布多城，使喀爾喀人更加依賴清朝政府，如十一年（一七三三年），車臣汗垂札卜請求給予俸祿，雍正欣然接受。再擴大範圍來看，雍正時期在青海、西藏、喀爾喀的成功，與一定程度控制準噶爾相結合，為乾隆時期最終解決準噶爾問題奠定了某種基礎，魏源講到清朝經營西北、西藏問題時說：「聖祖墾之，世宗耨之，高宗獲之。」[119]道出了康、雍、乾三代的各自貢獻，相當中肯，總之，雍正對西北邊疆的經營有其成效，可以肯定。

註釋

1 中國第一歷史檔案館藏檔案，《宮中檔・硃批奏摺・民族事務類》，全宗四，一〇九卷二號，岳鍾琪元年九月三十日奏摺及硃批。

2 《清史稿》卷五二二《青海額魯特傳》。

3 以上參閱魏源《聖武記》卷三《雍正兩征厄魯特記》；《清世宗詩文集》卷十四《平定青海告成太學碑文》；《清史列傳》卷十三《年羹堯傳》，卷十七《岳鍾琪傳》；《清史稿》卷五二二《青海額魯特傳》。

4、5 以上參見《文獻叢編》第六、七輯《年羹堯條陳青海善後事宜摺》；王先謙《東華錄》，雍正二年五月戊辰條；《聖武記》卷三《雍正兩征厄魯特記》；《清史稿》卷五二二《青海額魯特傳》。

6 《文獻叢編》第五輯《年羹堯奏摺》，二年三月二十九日摺硃批。

7 《硃批諭旨・蔡珽奏摺》，康熙六十一年十二月十二日摺及硃批。

8 檔案，藏臺北「故宮博物院」，雍正檔，八〇九六號，轉見《雍正帝及其密摺制度研究》，一七三頁。

9 《雍正朝起居注》，元年七月二十九日條。

10 《掌故叢編》第四輯《鄂爾泰奏摺・論西藏事宜摺一》。

11 清世宗「硃諭」，第十三函。

12《清世宗詩文集》卷十六《惠遠廟碑文》。

13《清世宗實錄》卷一五四，十三年閏四月庚午條。

14 以上參見《聖武記》卷五《國朝撫綏西藏記》；《清史稿》卷五二五《西藏傳》，卷二九七《查郎阿傳》。

15《掌故叢編》第四輯《鄂爾泰奏摺》。

16《上諭內閣》，五年四月初八日諭。

17《明清史料》丁編第八冊七八二頁。

18《簷曝雜記》卷一《蒙古尊奉喇嘛》。

19、21《鹿洲初集》卷一《論邊省苗蠻事宜書》。

20《硃批諭旨·鄂爾泰奏摺》，四年九月十九日摺。

22《上諭內閣》，五年三月初三日諭。

23 嚴如熤《苗防備覽》卷十五《經制》。

24《鹿洲初集》卷一《論邊省苗蠻事宜書》。

25 李紱《穆堂別稿》卷二十一《廣西二兵記》。

26、29《宮中檔·硃批諭旨·民族事務類·岳鍾琪奏摺》，全宗四，八九八卷一號。

27《上諭內閣》，七年十二月二十七日諭。

28《硃批諭旨·李紱奏摺》，二年十二月二十六日摺。

30《鹿洲初集》卷一《論邊省苗蠻事宜書》。

31《硃批諭旨·李紱奏摺》，二年十二月二十六日摺。

32《上諭內閣》，二年五月十九日諭。

33《硃批諭旨·馬會伯奏摺》，三年十月二十八日摺硃批。

34、36《硃批諭旨·丁士傑奏摺》，四年五月初十日摺硃批。

35、37《硃批諭旨·鄂爾泰奏摺》，四年四月初九日摺及硃批。

38《硃批諭旨·鄂爾泰奏摺》，四年十一月十五日摺。

39、41《硃批諭旨·鄂爾泰奏摺》，四年五月二十五日摺及硃批。

40《硃批諭旨·丁士傑奏摺》，四年六月二十七日摺硃批。

42《硃批諭旨·鄂爾泰奏摺》，四年九月十九日摺、十一月十五日摺。

43《硃批諭旨·鄂爾泰奏摺》，四年九月十九日摺硃批。

44《小倉山房文集》卷八《武英殿大學士太傅鄂文端公行略》。

45《硃批諭旨·鄂爾泰奏摺》，四年三月二十日摺及硃批。

46 鄂容安《襄勤伯鄂文端年譜》，載《清史資料》第二輯一一一頁。

47《硃批諭旨·鄂爾泰奏摺》，四年七月初九日摺。

48《聖武記》卷七《雍正西南夷改流記上》。

49《硃批諭旨·鄂爾泰奏摺》，六年二月初十日摺。

50《上諭內閣》，六年二月二十一日諭。

51《清世宗實錄》卷八十一，七年五月戊午條；《苗防備覽》卷十五《經制》。
52《上諭內閣》，五年十月二十八日諭。
53《清世宗實錄》卷一四二，十二年四月丁未條；卷一五〇，十二月壬戌條。
54《清世宗實錄》卷一五三，十三年三月己卯條。
55《清世宗實錄》卷一四三，十二年五月己卯條；《上諭內閣》，十二年六月初三日諭；《清史稿》卷六十七《湖北・施南府》。
56《清世宗實錄》卷八十，七年四月辛巳條；卷八十九，十二月乙卯條。
57《清世宗實錄》卷一五八，十三年七月戊戌條。
58《硃批諭旨・鄂爾泰奏摺》，五年二月初十日摺，三月十二日摺；《雍正朝起居注》，五年八月二十四日條。
59《上諭內閣》，六年七月十二日諭。
60《硃批諭旨・田文鏡奏摺》，八年八月初四日摺。
61《宮中檔・硃批諭旨・民族事務類・黃廷桂、楊馝奏摺》，全宗四，八七二卷三號。
62《上諭內閣》，十一年六月十七日諭。
63光緒《大清會典事例》卷五五一、五五五。
64《上諭內閣》，八年三月十八日諭。
65《清史列傳》卷十四《楊名時傳》。
66《上諭內閣》，五年十二月初九日諭。
67《上諭內閣》，八年三月十八日諭；《硃批諭旨・鄂爾泰奏摺》，四年九月十九日摺。
68《清世宗實錄》卷九十六，八年五月乙酉條。
69《清世宗實錄》卷八十三，七年七月戊申條。
70《清世宗實錄》卷一四八，十二年十月丁未條。
71《清世宗實錄》卷一五四，十三年四月乙巳條。
72參閱《上諭內閣》，九年十二月初六日諭。
73俞正燮《癸巳存稿》卷十五《何端簡父子事述》。
74《硃批諭旨・鄂爾泰奏摺》，五年二月初十日，三月十二日兩摺及硃批。
75《上諭內閣》，十三年三月二十四日諭。
76《上諭內閣》，十二年九月十二日諭。
77《上諭內閣》，十三年五月十八日諭。
78《清世宗實錄》卷一五六，十三年五月甲子條。
79《清世宗實錄》卷一五八，十三年七月乙卯條。
80《聖武記》卷七《雍正西南夷改流記下》。
81《清高宗實錄》卷二十二，元年七月辛丑條。
82參閱《簷曝雜記》卷四《黔中倮俗》。

83 清世宗「硃諭」，第十二函，該諭寫於二年正月初一。

84 清世宗「硃諭」，第十二函，該諭約寫於二年夏秋。

85、86《掌故叢編》第四輯《鄂爾泰奏摺》，五年十一月十一日摺硃批。

87《硃批諭旨・田文鏡奏摺》，六年二月初三日摺。

88《硃批諭旨・張元佐奏摺》，七年五月初九日摺。

89、90《嘯亭雜錄》卷十《車騎營》。

91《硃批諭旨・田文鏡奏摺》，六年二月初三日摺硃批。

92《硃批諭旨・張元佐奏摺》，七年五月初九日摺硃批。

93《聖武記》卷七《雍正兩征厄魯特記》。

94《清世宗實錄》卷七十八，七年二月癸巳條。

95《宮中檔・硃批奏摺・民族事務類》，鄂爾泰七年四月十五日摺，全宗四，一〇七卷七號。

96《清世宗聖訓》卷十一《武功》。

97《清世宗實錄》卷八十二，七年六月乙未條。

98《清世宗詩文集》卷二十九《己酉夏南甸大閱》。

99《清世宗實錄》卷八十二，七年六月癸未條。

100《嘯亭雜錄》卷十《岳威信始末》。

101 蔣良騏《東華錄》卷三十一，五一一頁。

102《清世宗實錄》卷一〇四，九年三月戊子條。

103《清世宗實錄》卷一〇四，九年三月乙亥條。

104《上諭內閣》，十年十月二十六日諭。

105《嘯亭雜錄》卷十《岳威信始末》。

106《嘯亭雜錄》卷十《書光顯寺戰事》。

107《宮中檔・硃批奏摺・民族事務類》，福彭十一年十二月十三日奏摺，全宗四，一〇五卷。

108《宮中檔・硃批奏摺・民族事務類・周彬奏摺》，全宗四，一〇七卷八號。

109《嘯亭雜錄》卷七《傅閣峰尚書》。

110《上諭內閣》，十二年七月二十一日諭。

111《清史稿》卷二九七《傅爾丹傳》。

112《上諭內閣》，十一年七月十一日諭。

113《嘯亭雜錄》卷十《車騎營》。

114《掌故叢編》第四輯《鄂爾泰奏摺》，五年十一月十一日摺硃批。

115《上諭內閣》，九年二月二十五日諭。

116《清世宗實錄》卷一五九，十三年八月辛未條。

117《清世宗實錄》卷一二四，十年十月初八日條。

118《上諭內閣》，十年九月初一日諭。

119《聖武記》卷七《雍正兩征厄魯特記》。

第十一章　惴惴於民間的反抗運動

雍正對民眾運動的態度和相應政策，是他行政的重要內容，本章敍述他在這一領域的活動。

推行保甲和宗族制度

二年（一七二四年）二月，雍正頒布《聖諭廣訓》，第十五條為「聯保甲以弭盜賊」，他說安民之道在於消弭「盜賊」，而治賊的最有效辦法是實行保甲制，使民眾互相監察，不容奸匪窩藏，盜賊竊發。他看到當時保甲法推行無力，有名無實，盜匪不能肅清。他希望改變這種狀況，要求「城市鄉村嚴行保甲，每處各自分保，每保各統一甲，城以防分，鄉以團別，排鄰比戶，互相防閒。」歷代封建政府對民眾的日常統轄辦法是戶口編審，保甲制則是一種輔助法規，它實行的狀況，歷代亦不盡相同，只在少數情況下推行得徹底一些。這時雍正也是在戶口編審為主要制度的前提下，談保甲制的推行和作用。然而事情很快就起了變化，四年（一七二六年），雍正再次強調實行保甲法就有了新的內容和意義。

清初實行戶口登記，以戶為單位，記注丁口、籍貫、職業。丁口，是政府徵發傜役的根據；籍貫關係到人們讀書、應試、做官等權力；職業，有的不能隨意改變。這些內容關係政府和民人的利害，雙方都很重視，政府由於據以進行剝削和統治，更加留心。人們的家庭情況總在不斷地變化，所以戶籍登記不間斷地進行。清初政府規定三年進行一次編審（後改五年一次），稽查戶口，尤注意於核實丁口，所以叫做「編審壯丁」。當編審之年，各省於年終報告戶部，若違限不報，經管官員都要照違限例議處[1]。可見編審戶口，是地方政府的重要事務。雍正實行攤丁入糧制度，使編審壯丁的必要性大大降低了。

最早實現攤丁入糧的直隸，在實行二、三年後，總督李紱發現了新問題，即丁役體現的丁銀已攤派到錢糧裏面，而且丁銀的數量是固定的，不再考慮增減，因此政府瞭解人丁數字，已同徵收錢糧沒有關係，這樣編審制度就成為多餘的了。他在四年五月的密摺中說：「直隸丁銀業已照糧均攤，是編丁之增損與一定之丁銀全無關涉」，「似宜斟酌變法」。編審不僅是多餘的，它需要一筆經費，購買紙墨，登記造冊，報部，這些費用派向民間，胥吏還要貪佔。為免除這個弊病，他要求停止編審。可是廢棄編審後，如何管制民人，他也思謀到了。他認為保甲法既能清查戶口，又能稽察遊民，比編審更好，因此建議嚴飭地方官推行保甲：「於編排保甲時逐戶清查實在人丁，自十五歲以上毋許一名遺漏，歲底造冊申送布政司，滙齊另造總冊，具題進呈御覽。」[2]以保甲代替編審，雍正也在考慮這一問題，在李紱摺奏前半個月，他再次發布實行保甲法的上諭。他指責地方官把保甲當作陳規故套，「奉行不實，稽查不嚴。」針對村落零散、沿海、少數民族地區不宜實行的觀點，指出數家亦可編為一甲，漢化較高的苗民、僮民都可編為齊民。他怕地方官依然不實力奉行，命制定相應的獎懲條令[3]。當見到李紱奏摺後，雍正詳細披閱，認為所議「甚近情理」，只是實行攤丁入糧不久，驟然取消編審是否會產生別的問題，還吃不透，因此要李紱正式題本，發給廷臣，廣泛徵求意見[4]。七月，吏部遵照雍正的指示，議定保甲條例：（1）十戶為一牌，設一牌頭，十牌為一甲，設甲長，十甲為一保，設保正。(2)畸零村莊、「熟苗」、「熟僮」，一體編入保甲。(3)地方官不實力奉行，按情節分別議處。(4)建立民間勸懲辦法，對違犯保甲條令的人，若行告發，按被揭發的人數給獎，若為隱匿，予以杖責。雍正批准這一條例，命各省通行，限一年內執行完畢[5]。這時就在事實上停止了編審，到乾隆三十七年（一七七二年）正式取消這一制度。編審停止後的保甲法，與從前的不同，它包含調查戶口與維持治安兩項內容，突出了它的治安管制的性質。也就是說自此以後，封建政府日常控制人民的手段，主要是保甲法。所以說自四年起，雍正厲行保甲，是在攤丁入糧新形勢下對人民進行約束。

自此之後，清朝政府就把推行保甲制當作考核地方官吏的重要內容。在這方面，田文鏡也是一個模範疆吏。他在三年（一七二五年）就抓了推行保甲法的注意事項，要求州縣官做好選擇捕役、嚴查窩家、訓練民壯、查察寺廟飯店等項事務[6]。四年（一七二六年），他以保甲推行狀況衡量屬員優劣，唐縣知縣周璠「不能勤查保甲，一任捕役縱賊」，加之「諸務廢弛」，田文鏡就把他參劾。固始縣縣丞程秉禮署理光山縣及息縣知縣事，「奉行保甲極其謹嚴」，又能革除地方積弊，將他推薦，提升為唐縣令[7]。田文鏡還讚揚老城知縣高鎧「稽察保甲，亦無盜案」[8]。田文鏡的捕務、民壯、保甲相結合的辦法，浙江總督李衞也在推行。

在編排保甲時，雍正解決了對棚民的控制問題。有一部分在本籍無業的農民，到異地謀生，開山種地，或作雇工，因係搭棚居住，被稱作「棚民」。他們多生活在丘陵地帶，江西、安徽、浙江、福建、湖北、陝西、四川等省山區尤多。他們生活沒有保障，遷徙不常，還曾發生過武裝起義，引起統治者的注意。雍正二年（一七二四年），戶部尚書張廷玉說浙、贛的一些搶掠事件，是棚民煽惑倡首，應設法安置，疏請敕令督撫派遣能幹的州縣官嚴行管制，加以編排，在稽核保甲時一體查察，並請允許棚民讀書進學，把他們變為土著，以綏靖地方[9]。雍正命有關官員議處，三年（一七二五年），兩江總督查弼納、浙閩總督覺羅滿保疏奏處置浙、閩、贛三省棚民辦法，四年（一七二六年），雍正令仿照保甲的法規，按戶將棚民編審入冊，租地的山主、雇工的雇主，要對棚民進行擔保；願入籍的棚民一經獲准，即與土著一體當差；入籍二十年的可以參加文武生的考試[10]。條令制定了，由各地督撫落實。李衛和觀風整俗使王國棟嚴厲執行，把浙江棚民控制起來。六年（一七二八年），大理寺卿性桂到衢州密訪後，奏稱「棚民近日光景，皆知安分，不敢生事」。雍正自負地說：「在昔棚民，何有今日光景，經大費一番措置，方能如是帖然。」[11]編查棚民法令下達時間一長，地方官和擔保的山主、地主就忽視它了，而雍正結記不忘，死前的上個月，猶發出上諭，要求「督撫等轉飭有司實力奉行，毋或怠惰，倘有不遵，即行嚴參，從重議處，若督撫失於覺察，朕訪聞亦必加以嚴譴」[12]。雍正在位，始終大力推行保甲法（包括棚民編查），企圖使人民俯首帖耳，任其擺佈。

實行孝道，歷來被封建統治者視為做人的根本。順治、康熙兩朝撰述《孝經衍義》，康熙四十一年以前，會試第二場的論題，就從《孝經》選出，以後因著力提倡宋儒理學，改在周敦頤的《太極圖說》、《通書》等書中出題。雍正繼位，強調「孝為百行之首」，重視《孝經》，命從元年恩科會試起，仍用《孝經》命題，「庶士子咸知誦習，而民間亦敦本勵行，即移孝作忠之道胥由此乎。」[13]就是令人懂得孝道，在家做孝子，而這種人到了社會上，無論是做官為民，必能竭盡本分，忠實於朝廷。所以早在東漢時期，就有人說「求忠臣必於孝子之門」[14]。雍正把它概括為「移孝作忠」，更說明統治者的提倡孝道，終極目的是要臣民忠君做順民。雍正圍繞這個目標，更自覺地、大力地倡導孝道和與它相聯繫的宗族制度，實行以孝治天下的方針。

孝道實行於家庭，家庭又是宗族成員，崇孝道，必然重宗族。雍正在《聖諭廣訓》第一條講解了敦孝悌之後，就在第二條說明「篤宗族以昭雍睦」，他首先分析宗族內部發生不和睦的原因：

大抵宗族所以不篤者，或富者多吝而無解推之德，或貧者多求而生觖望之思，或以貴凌賤而勢利汨其天親，或以賤驕人而忿傲施於骨肉，或貨財相競不念袒免之情，或意見偶乖頓失宗親之義，或偏聽妻孥之淺識，或誤中讒慝之虛詞，因而詬誶傾排，無所不至，非惟不知雍睦，抑且忘為宗族矣。

接著要求族人以同宗共祖而相親相愛：

凡屬一家一姓，當念乃祖乃宗，寧厚毋薄，寧親毋疏，長幼必以序相洽，尊卑必以分相聯，喜則相慶以結其綢繆，戚則相憐以通其緩急。

為此他號召宗族：

立家廟以薦烝嘗，設家塾以課子弟，置義田以贍貧乏，修族譜以聯疏遠。[15]

他把興建祠堂、設立宗族學校、添置族產、纂修譜牒四事，當作維持宗族制度的要務。

在清代，一部分家族設立宗祠，有的大族還另立支祠，祠堂設有族長，大祠堂還有其他管理人員。祠堂的職責名義上是管理祭祀，實際是統治族人的機構。雍正為了強化它的職權，於四年（一七二六年）下令在宗族設立族正，「察族之賢不肖」，即考察族內民人的行為是否符合封建的道德標準，表彰遵守模範，譴責它的破壞者[16]。族長的選擇，是宗族內自主的事情，他主持族政，政府一般給予支持。族正，由政府指定，代表官方，加重了宗祠的權力。五年（一七二七年），雍正更改與祠堂有關係的法律條例，他說經官懲治而不悔改的人，准許祠堂告官，可以將他流徙遠方，以為宗族除害；若祠堂私自以族規處治，以致身死，可免執行人的抵罪。經過九卿討論，根據他的指示精神，擬定了相關的律例[17]。司法權原只在政府手中，這一變更，使祠堂也擁有了懲治族人的某種司法權，族長的權力加大了。雍正企圖用宗族權力輔佐政權，使兩者更好地結合起來，維護清朝的統治。但是這種改變，破壞了政府司法權的完整性，造成政府與宗族的矛盾。因而族正和處理族人司法權的律例能否長期存在，就成了問題。乾隆初年把族正給否定了，至二十二年（一七五七年）重新設立，可見雍正父子在探索如何更好地進行族權與政權的配合。

十年（一七三二年），內閣學士兼禮部侍郎張照奏稱：讀《聖諭廣訓》有「置義田以贍貧乏」之教，其祖張淇用己田一千畝作為義田，養贍同族的貧民，現今請求皇上允許立案，在政府註冊，載入縣志，該項土地不許別人侵佔，即使張淇子孫亦不得出賣，他人亦不許私買，違者照律治罪。如此則該項田產可以長久保持，以利解決貧宗的生活問題。雍正見是響應他的號召，高興地允許立冊存案，並說：「張淇以己田作為公產贍養宗黨，其敦本厚族之誼可嘉。」應當表彰他這種義舉[18]。張淇用私田作義田，建立義莊，經張照的登記，可以長久的保存，它的土地不僅他人不得侵犯，連政府也保證不損害它。義莊始設於北宋的范仲淹，他的事業一直維持下來，雍正中，該族范瑤又以己田一千畝擴建它，收租贍族，其擴充部分，亦申請立案。該義莊所在地的江蘇巡撫尹繼善奏稱，范瑤的行為是受皇上《聖諭廣訓》教導的結果，現在「化行俗美，羣黎編德，三吳士庶，莫不聞風興起，詠歌盛世，傳為美談」。雍正說范瑤義風可嘉，應予鼓勵，於是將他從候選知州補授為員外郎。雍正同時教訓尹繼善：「地方上偶一善事，何得遽云化行俗美，羣黎編德？」[19]他不以有少數義莊為滿足，希望它大量的出現，以實現他倡導義行的主張。義田、義莊的地租，一部分用作贍濟宗族內貧宗成員。雍正號召置立義田，是利用宗族的力量實行互助，減少政府的壓力，使那些不穩定的因素因生活問題得到某種解決而暫時穩定下來。這也是用宗族制度支持政權。

雍正表彰義莊的建立者，只是他旌表義行的一個內容。元年（一七二三年）二月，命禮部研討建立忠孝節義牌坊事務，他說以往疆吏把此事當作形式，未認眞執行，富室巨姓濫膺表揚，窮鄉僻壤的孝子節婦反遭隱沒不聞，督撫學政必須加意搜羅[20]。報請旌表，申請人需要到縣城，要花路費，胥吏討索酒食錢，這筆開銷，造成貧民不能申請。雍正著意於寒素之家，就是要在實際上擴大旌表對象，以發揮它的影響。禮部遵照雍正指示，議請建立兩種祠宇，一為忠義孝悌，一為節孝婦女。建坊銀兩由政府發給。雍正把它批准了[21]。實行情況各地不盡相同，但都比較重視。七年（一七二九年），馬淑襄被任命為河南光州學政，「抵任値督撫旌表節孝，即為悉心採舉，於無力者尤亟搜揚」[22]。有的地方官侵佔建坊銀兩，以致易於傾圮，雍正對此大為惱火，下命把查檢祠宇作為地方官交盤的一項內容[23]。忠孝節義祠表彰的是個人，對於「模範宗族」，雍正同過往君主一樣施行表揚，十年（一七三二年），親書「世篤仁風」匾額，賜給湖南沅江縣七世同居的譙衿家族[24]，同年，還給七世同居的陝西武功縣李倬、同州劉運惇賜了御書匾額，照例建立牌坊[25]。他的臣子也仿效執行，如湖南宜章知縣胡星說該地禾倉堆曹族，「循理守法，安分樂業，秀者詩書，樸者耒耜，凡牽牛服賈之儔，莫不以孝悌為先，而寇攘奸宄之事無聞焉。」於是贈送「淳善可風」匾[26]。

咸同時間的思想家馮桂芬，鑒於攤丁入畝後「民輕去其鄉」，政府不易控制的狀態，認為需要實行「以保甲為經，宗法為緯」的統治[27]。雍正在攤丁入糧實行之始，就停止編審，制定新的保甲法，設立族正，倡導孝道。他雖然沒有像馮桂芬那樣總結出保甲與宗族的經緯關係，但卻是這樣實踐的。他這樣做，把封建統治真正深入到民間，把人民置於保甲與祠堂交織的嚴密羅網中。他這樣做，使政權自上而下地支持族權，宗祠又自下而上地維護政權，兩者結合，封建統治更穩固了。雍正實現行政機構改革，加強了皇權，加上這些地方組織的強化，增強政府統治力，所以雍正時代，從上到下，封建統治更加嚴酷了。

清人張惠言說：「保甲之法，原為保安富戶起見。」[28]宗法也是如此，那些賑貧的「義行」，其實行者的目的，也如清人孫璜所說：「一以行惠，一以保家。」[29]雍正的地方組織政策，是為保障富人的利益，他的政權的地主階級性質以此而愈趨明顯。

更定服色婚喪儀制

元年（一七二三年）八月，雍正諭百官：「國家欲安黎庶，莫先於厚風俗；厚風俗，莫要於崇節儉。《周禮》一書，上下有等，財用有度，所以防僭越，禁奢侈也。」[30]這裏提出安黎民、易風俗、崇節儉、防僭越幾者間的關係，他認為崇尚節儉，才能使官民各守本分，尊重名器，無有僭越，因而社會安定，黎民樂業，而要做到崇樸素去奢華，在於採取必要的措施，形成良好的社會風氣。他就根據這種認識，倡導移風易俗，維護既定的服色、婚喪法規，並對它的不完善的或不實用的部分加以改定。

元年五月，雍正下令，文武百官要按品級規定戴素珠，穿馬褂，用坐褥，放引馬。他說大小官員有一定的品級，就有一定的服制，「所以重名器也」，但近來多不按品級，隨便用素珠、踢纓（馬項懸纓）、導馬，都是不應該的僭越，因令八旗大臣、步軍統領、都察院嚴行查核，對違犯者即行指參[31]。接著，福建巡撫黃國材摺奏，請將服色違制的人，治以僭妄之罪。雍正說移風易俗，宜漸不宜驟，以從寬不迫為好，對違犯的人先徐徐勸導，然後嚴為定制，以法繩之[32]。他禁止亂用服色，但要有節奏地進行，逐步加嚴。

同年八月，禁止官民服用有五爪龍圖案的紗緞衣物[33]。次年二月，左都御史尹泰疏稱：玄狐、黃色、米色、香色久經禁止官民服用，如有違犯，加等治罪，雍正允准[34]。五年（一七二七年），雍正諭諸王大臣：王公百官朝服頂戴都早有規制，但平時所用服色沒有區別，需按官品分別確定下來。經過討論，規定貴冑百官和士人的暖帽、涼帽制式：親王、郡王、入八分鎮國公用紅寶石帽頂；不入八分公、民公、侯伯、鎮國、輔國、奉國將軍、固倫、和碩、多羅額駙、一品大臣用淨明珊瑚頂；二三品大臣用起花珊瑚頂；奉恩將軍、固山額駙、四品官員用青寶石頂；五六品官用水晶石頂；七品以下官員及進士、舉人、貢生用金頂，生員、監生用銀頂[35]。八年（一七三〇年）十月，又因一品以下官員帽頂區分不夠細緻，作了進一步的詳細規定[36]。

康熙六十一年（一七二二年）十二月，雍正要求喪葬「務從簡樸，毋得僭妄」，命九卿分別為滿漢職官和兵民制定婚喪禮儀[37]。次年五月規定官民婚嫁彩禮、鼓樂數目，漢人納彩成婚，四品以上官員之家，綢緞、首飾以八件為限，食物限十樣，五品以下官分別遞減，平民之家送綢絹，果盒限四種。舉行婚禮這一天，品官用本官執事，限用六個燈，十二個吹鼓手，庶民限四燈、八名鼓樂人[38]。兵民喪葬，前後斂衣五襲，鞍馬一具，棺罩用春布，若是秀才、監生則用春絹[39]。

二年（一七二四年），又對出殯作補充規定，因有的地方軍民送葬前一天，聚集親友，設筵演戲，出殯時隊列前也演戲，雍正嚴加禁止[40]。五年（一七二七年），雍正說用金銀殉葬，對死者絲毫沒有好處，是極愚昧的行為，應當曉諭勸阻[41]。

勸人節儉，雍正不殫其煩，前述告誡旗人儉約外，對商人尤加注意，元年八月，諭各省鹽政官員，指責鹽商過於糜費：

衣服屋宇，窮極奢華，飲食器具，備求精巧，俳優伎樂，恒舞酣歌，宴會嬉遊，殆無虛日，金錢珠貝，視為泥沙。甚至悍僕豪奴，服食起居，同於仕宦。越禮犯分，罔知自檢，驕奢淫佚，相習成風。

要求對他們嚴行約束：「使其痛自改悔，庶徇禮安分，不致蹈僭越之愆。」[42]

民間向有春祈秋報，酬神賽會，除了迷信成分以外，也是民人難得的娛樂機會。雍正元年，鴻臚寺卿李鳳翥認為迎神演戲，使得男女混雜，耗費多端，要求加以禁止。雍正表示同感，以為集會可以招致匪類，有礙治安，男女混雜，有傷風化，演戲費錢，影響生活，同意禁止[43]。這些活動都與農業收成有關，而且成了根深蒂固的習慣。在以農為本的封建社會，對於農民祈求好年成的願望，豐收的謝神，大多數統治者不予干涉。雍正在禁止幾年後，發覺自己做錯了。五年（一七二七年）四月，田文鏡奏摺中講他在禁止迎神賽會，雍正就不以為然了，說酬神祭餉是慶祝有秋之意，不要簡單的禁絕，只需懲治藉端生事的地棍就可以了[44]。六年（一七二八年）三月，安徽巡撫魏廷珍疏稱將違禁演戲的歙縣保長處責了八十板，雍正說演戲要區別情況，給以不同的對待：

有力之家祀神酬願，歡慶之會，歌頌太平，在民間有必不容己之情，在國法無一概禁止之理。今但稱違例演戲，而未分析其緣由，則是凡屬演戲者皆為犯法，國家無此科條也。[45]

其實應該禁絕的是豪勢藉端斂財，魚肉農民的弊病，雍正並未在此下力，是不得要領。

在戲禁中，雍正對官員自設戲班，尤為不滿。二年（一七二四年）十二月，他說地方官私人設劇團，用二、三十人，一年要開支幾千兩銀子。官員以此為樂，耽誤公事，如廣西按察使白洵終日以看戲為事，諸務俱皆廢弛。所養演員，有的仗勢擾害平民，有的送於屬員、鄉紳處打秋風，因而接交，夤緣生事。於是下令禁止督撫提鎮司道府官家中設立戲班[46]。

在這些活動中，雍正大講移風易俗，要官民在衣食住行、婚喪、社交等方面，遵循清朝定制，安分守己，奉公守法，防止可能發生的人民反抗和統治集團的內亂。所以說，維護封建的等級制，鞏固清朝統治，是雍正更定禮樂制度的目的所在。

「教化」種種

（一）鄉約與宣講《聖諭廣訓》

七年（一七二九年），雍正命在鄉村設立鄉約，凡大鄉大村，派約正一人，值月三、四人。約正由地方官於生員中揀選充當，政府酌量發給廩餼，值月由耆民充任。他們備置兩種簿冊，一記民間「善行」，一記「過惡」，以便對民人進行表彰和規教[47]。其實，鄉約主要任務是宣講《聖諭廣訓》。

康熙頒布「聖諭十六條」，命在各地宣講。這十六條是：敦孝悌以重人倫，篤宗族以昭雍睦，和鄉黨以息爭訟，重農桑以足衣食，尚勤儉以惜財用，隆學校以端士習，黜異端以崇正學，講法律以儆愚頑，明禮讓以厚風俗，務本業以定民志，訓子弟以禁非為，息誣告以全善良，誡匿逃以免株連，完錢糧以省追科，聯保甲以弭盜賊，解仇忿以重身命。它全面系統地宣揚三綱五常，讓人民安分守法，甘當順民。雍正深知它的作用，說它「自綱常名教之際，以至於耕桑作息之間，本末精粗，公私巨細」，民間一切問題都講到了。他為了使人明瞭十六條，對它加以解釋，寫成洋洋萬言的《聖諭廣訓》，希望人民不要把它當成條教虛文，以之「共勉為謹身節用之庶人，盡除夫浮薄囂凌之陋習」[48]。

雍正要求在八旗和直省民間宣傳《聖諭廣訓》，每月初一、十五宣講兩次，一定要做到家喻戶曉。宣講的事情，在直省由鄉約負責，八旗由各級衙門經管。他始終注意宣講情況，晚年發現八旗中的宣講流產了，於死前數日諭令八旗都統，於每月逢三、逢八操練之後，講解一、二條[49]。

地方上的宣講，在州縣，每月朔望兩日進行，地方官和紳衿會集於明倫堂，主講者在鼓聲中登上講臺，宣讀《聖諭廣訓》條文[50]。在農村，由值月宣讀，約正用通俗的語言解說，以便聽眾明白。有不清楚的地方可以提問。講解完畢，就進行善惡二冊的登記。在省會，儀式非常隆重，屆期，先在公堂設香案，文武官齊集，穿著蟒衣，行三跪九叩禮，禮畢赴宣講所，先由司禮生宣布講解會議開始，宣講人到香案前跪拜畢，捧上諭登講臺，由司教老人跪著宣講，司禮生再宣布開講，宣講人始行解說。在這過程中，軍民都站立嚴肅諦聽[51]。

曾靜案中撰輯的《大義覺迷錄》，也由地方官和鄉約宣講，有的同《聖諭廣訓》的宣傳結合進行[52]。

有的地方官考慮到宣講時有過惡的人不出席，無法教育，建議在鄉約公所前樹立木榜，上書「奸盜詐僞，干名犯義，有傷風俗，現經犯法治罪」的人，以便鄰里宗族幫助他，監督他，迨一年後改正了，再把名字從榜上去掉。雍正說橫暴不法的人，鄉約一定不敢公布他們的名字，而有小過的良懦鄉民倒可能給寫上了，怕此舉會有名無實。不過他又認為這是有益無損的事，可以試行，只是注意辦好，不要弄成民間的笑料[53]。

《聖諭廣訓》不過萬言，逐條宣講，有十六次也行了，每月兩次，用時也只八個月，而雍正要成年累月地進行，勢必重複，更令人生厭了。所以雍正督責雖嚴，聽眾和宣講人都把它視為具文，宣講流於形式。

（二）倡建義堂與「樂善好施」的議敘

二年（一七二四年），雍正號召各地興辦普濟堂和育嬰堂。他在北京彰義門外建普濟堂，收養鰥寡孤獨無依靠的老人，無以為生的病人，由國庫撥款作每年的經費，每月派大臣去稽察[54]。北京廣渠門內原有育嬰堂，雍正把它擴充，交給順天府尹經管，政府撥錢外，京中貴族、官僚、士人和有錢人加以資助，收養棄嬰。雍正說：孔子講大道之行也，人不獨親其親，不獨子其子。這些善堂的建立，就是實現孔子講的大道。他希望京城做出榜樣，四方都來學習，做到「老安少懷，風俗益臻醇茂」[55]。在雍正帶動下，一些地方官、士紳、大商人紛紛效尤，建設各種善堂。江蘇揚州貢生耿兆組捐田三百畝，另每年捐銀二千兩，建瓜洲普濟堂[56]。河南確山縣令與紳商共建普濟堂，官撥公田，紳商買田捐助，收入給貧民作衣糧[57]。江西新城知縣邵鴻元與監生鄧其銓建成普濟堂[58]。山東淄川知縣和紳士買地、捐田，也設置了普濟堂[59]。江蘇蘇州府創建錫類堂，為無力安葬的死者收屍[60]。松江府南滙縣紳士朱日成等興辦育嬰堂[61]。江西南昌原有育嬰堂，但有名無實，沒有普濟堂，兩江總督趙弘恩動用公項建房置產，交由董事經理[62]。此外紳衿商人和一般地主還捐獻銀錢田產，修繕或興建文廟、城垣、書院、義學、考棚、道路、橋樑、義倉、宗族義田。雍正為鼓勵臣民的「樂善好施」，制定旌獎辦法，凡捐助多的，由疆吏題請議敘；少的，給匾額，登記檔冊，免去差徭。這是把「樂善好施」的捐助與捐官的捐納同樣對待，比照捐納議敘例給捐助者議敘，即有職銜而沒有實缺的官員可以即用，有職銜的可以即升，無職的貢生、監生准給銜選用。江南有個革職通判倪兆鵬作了捐助，便准復還職銜，給予原品頂戴[63]。捐助議敘，前無此例，所以李紱議及此事，把它同前代作對比，說「授以秩官，視有明之所以勸之者尤厚」[64]。

「樂善好施」，是官僚、地主、大商人把剝削人民的錢財拿出一小部分，解決極少數人的生存問題，緩和貧富對立、人民與政府對立的關係，它幫助政府賑濟貧乏，政府給予敘用的報答。就政府講，是用富人的錢財穩定它的統治，而以議敘作為與富人的交換條件。從議敘講，捐助與捐納有相同之處，捐助議敘也具有賣官的性質。後來雍正也在一定程度上承認了這一點。十三年（一七三五年）春天，山西巡撫石麟奏報曲陽、汾陽兩縣紳衿願捐銀兩，存貯公所，以備周濟鄉里貧民之用。原來「樂善好施」都是因事而捐，而這卻是無事備用，分明是為議敘而來，所以雍正說「此乃另開捐納之條也」[65]。乾隆初，監察御史郭石渠更進而指責捐助議敘本身了，他說：「素封之家，趨捐助以博功名，假好善之虛聲，啓夤緣之捷徑，因之賄囑官吏以虛作實，以少報多，受爵公朝，拜恩私室，種種弊端，皆從此起。」[66]

捐助應是自願的，然因雍正提倡，視作移風易俗的一種標誌，疆吏為博取化民成俗、風氣丕變的美譽，授意下屬捐助；州縣官為顯示勤於職守，根據屬民的財產狀況，定出認捐數目，強迫交納。實行起來，與捐助原則也不合。

雍正對這個問題，表現也不一致。趙弘恩摺奏在江西、江蘇料理慈善事業，雍正批寫道：「育嬰、普濟固屬應行善舉，然亦不過婦女慈仁之類，非急務也。」[67]他公開發的上諭，與這密摺硃批大不相同，硃批是絕密的私房話，他把善堂事業放在政治中的次要地位，他不過是用它麻醉貧民，對統治者產生幻想，甘於安貧守賤。這是欺騙人民的花招。

（三）旌獎拾金不昧

五年（一七二七年），上駟院奏稱，鍘草夫滿人六十一送錢糧的回程，發現車內有別人遺落的元寶一個，呈報主官。雍正說：一個卑微的夫役能獻出拾物，深屬可嘉，就將那個元寶賞給他，並命把這件事在八旗裏宣傳[68]。這是雍正朝報告拾金不昧的先河。次年六月，田文鏡摺奏：河南孟津縣農民翟世有在地裏拾得商人秦泰一百七十兩銀子，交給原主，秦泰要分給他一半，堅辭不受，他的妻子徐氏支持他這樣做。田文鏡遂給他賞銀五十兩，送「士女淳良」匾額，又在縣裏給他立碑，教育民人，向他學習[69]。雍正命給翟世有七品頂戴，另賞銀一百兩，以表彰他的善行。雍正還就六十一和翟世有的事，要官紳士民廣為效法，說那些貪贓納賄，出入公門，網利營私，不守官箴，不端士品的人，怎不慚愧呢[70]！一個月後，田文鏡又報商邱貧民陳懷金拾銀二十四兩八錢，交還失主，堅不受謝，與翟世有的事相仿，「仰見聖教流行之速」。雍正說：「朕訓誨臣民，惟以正人心厚風俗為首務，期以薄海內外去澆漓之習，敦仁讓之風。」翟、陳事出，「可見民心淳樸性善，皆同率教」，「實風俗轉移之機會」，希望今後「人人各懷樂善之心」。遂給陳懷金九品頂帶，賞銀五十兩[71]。自此之後，各省相繼效尤，紛紛呈報路不拾遺的事情。同年，直隸總督何世璂先後奏報平山縣民郭見忠、景州民李世齊拾金不昧，雍正命各賞八品頂戴、銀五十兩[72]。此後，疆吏再報不拾遺金的人，就是各行各業，各種類型的了。川陝總督岳鍾琪報告綠營兵丁劉子奮在張掖拾銀交給原主[73]。鄂爾泰報稱雲南兵丁李應芳、金貴拾金不昧。雍正說這些事出在邊疆，更為可嘉，除賞給銀兩外，給予把總銜，遇缺撥補[74]。直隸巡察御史鄂昌奏報文安縣織蓆民婦盧梁氏拾金不受謝，雍正命賞米、布和匾額[75]。磁州佃農楊進朝拾銀四十兩，送交地主，轉給失主，也按例給賞[76]。貴州巡撫張廣泗奏報古州土通事楊士奇、麥董寨仲家人阿羅拾金交還原主，雍正因為這事出在新近改土歸流的地方，非常高興[77]。又有湖南鳳凰營漢人婦女張林氏，迷路走入苗民村寨苗龍有家，苗龍有報官，將人送回。雍正說：「苗民有此善舉，足徵苗俗之奉公向化，應加格外之恩，以示嘉獎。」[78]在臺灣，有高山族母女二人，拾得銀錢衣物，報官還給原主，雍正以「廉讓之義舉見之番黎婦女，更屬可嘉」，賞銀三十兩，以示獎勵[79]。

路不拾遺，表明民風淳美，世道清明，自古以來作為盛世的標誌。它偶或見於史書記載，那也是像貞觀之治的時代，希世罕有。雍正旌表拾金不昧，含有雙重意義，一是用以教育民人，以便政府的治理。他要人講禮義，興仁讓，端正心術，做出事來就符合禮法。人人如此，社會風俗就淳正了，壓倒了邪氣，壞事就少了，或不出了，這樣人民就易於治理，他說：「天下之治平，在乎端風俗，而風俗之整理，在乎正人心。」[80]他用倡導路不拾遺作為正人心的一種手段。二是宣傳他的統治已趨向盛世。按照他的說明，拾金不昧發生在社會下層，軍民男女，內地邊疆，滿、漢、苗、高山、仲家各民族，在在皆有，似乎形成了社會風尚，彷彿雍正時代已經成為太平治世。田文鏡就翟世有的事歌頌雍正，「聖治淳熙，化及愚夫愚婦」[81]，雍正則說那是「風俗休美之明徵，國家實在之祥瑞」[82]。這種人心向化，風俗休美，只有仁育萬民的政治才能做到，因此，雍正雖未把拾金不昧諸事說成是堯舜之世的再現，但已儼然以盛世自居了。人民之間互助，以及拾金不昧，是廣大人民的美德，本來就在民間存在著，雍正大肆渲染，並予官職、物質和精神的鼓勵，其規模之大，前所未有，這就使此類事超出了當時人民自覺的美德範圍，用名利引誘人交還拾金，從而把它納入封建倫理軌道，加之雍正藉它宣揚自己的政治，所以這種旌表，成為雍正統治人民的一種手段，而不是「風俗休美」的表現。

以重賞誘人不取遺金，不可避免出現作弊現象，有人弄虛作假，謊作拾金不昧，領取獎賞。官員為表示他化導有方，勸獎有功，也以製造拾金不昧獵取名聲，為升遷鋪平道路。乾隆繼位，有鑒於此，加以禁遏。他規定：若真有拾金不昧，州縣官可以酌量獎勵，不許申報上司，督撫大吏亦不得以此陳奏[83]。由此可見，雍正朝的道不拾遺，多係雍正君臣的宣教。

除豁賤民

雍正元年三月，監察御史年熙上書請除豁山西、陝西樂戶的賤籍。山陝樂戶的祖先，是明朝永樂帝奪天下時，堅決擁護建文帝的官員，永樂成功後，除加害這些政敵本人，還將他們的妻女罰入教坊司，充當官妓，世代相傳，久習賤業。他們想脫離卑賤處境，因身陷樂籍，政府不准，即地方上的紳衿惡霸以他們為蹂躪的對象，也不容他們跳出火坑。年熙奏疏說他們是忠義之士的後代，沉淪至此，無由自新，請求雍正開豁他們的賤籍，准許他們改業從良。年熙是年羹堯的長子，就是雍正賜給隆科多為子的「得住」，這時他的生父在川陝總督任上，山西也是年羹堯勢力所及之處。年熙的建議很可能跟他生父商討過，他又同雍正關係密切，也可能事先瞭解雍正對這個問題的看法。他的條議上呈之後，雍正說很好，令禮部議行。王大臣們稟從旨意，說「壓良為賤，前朝弊政。我國家化民成俗，以禮義廉恥為先，似此有傷風化之事，亟宜革除」。雍正就批准山陝樂戶改業從良，同時命各省檢查，若有類似賤民一律准許出賤為良[84]。於是其他省區的賤民也得開豁。削除樂籍，是一項仁政，後來年羹堯出事，署理山西巡撫伊都立參劾他，說他將皇上乾綱獨斷的樂戶出籍的事攘為己功，且向澤州樂戶竇經榮索取謝銀十萬兩。雍正命年羹堯回奏，年辯白說：改樂戶為良，是「聖主首端風化」，沒敢掠奪為己功[85]。此一番辯駁，實可表明樂戶除籍之議發端於年羹堯，裁決於雍正。

山陝樂戶削籍的同時，雍正命除豁京中教坊司樂戶。清初定制，凡宮懸大樂，均由教坊司演奏，雍正命樂戶從良，另選精通音樂的良人，充當教坊司樂工，從事演奏[86]。這使教坊司的樂人改變了屬籍，成為良人的職業了。七年（一七二九年），雍正又把教坊司改為和聲署[87]，由內務府管理，官員由內務府、太常寺、鴻臚寺官兼攝。教坊司樂工改用良人後，由於人們的習慣觀念，認為它名實不一，改名和聲署，是良人充役的良人機構，名實相副，這一改，進一步鞏固樂戶除籍的成果。

元年七月，兩浙巡鹽御史噶爾泰因樂戶的削籍，上奏摺請求除豁浙江紹興府惰民丐籍。他的摺子概述了惰民的基本情況：

> 所謂惰民者，細問土人，並查紹興志書，相傳為宋罪俘之遺，故擯之，而名以惰民。其

內外率習污賤無賴，四民中居業不得佔，四民中所籍不得籍，即四民中所常服彼亦不得服，特別以辱之者也。……男子只許捕蛙、賣餳、逐鬼為業，婦則習媒，或伴良家新娶嫁，為人髻冠梳髮，或穿珠花，羣走市巷，兼就所私，醜穢不堪，辱賤已極，實於樂籍無二。間有流入他方者，人皆賤之。[88]

據講惰民的來源是宋代罪人的遺胤，已有數百年的歷史。惰民籍屬丐戶，不得列於士農工商四民的名籍，是為賤籍，不許改變。他們的職業，是士農工商所不屑於幹的，男子作小手藝和小買賣，塑造土牛，木偶，拗竹燈檠，編機扣，捕蛙、龜，賣餳、餅，或者當吹鼓手，演戲，抬轎子，女子保媒，當伴娘，充櫛工，賣珠，做收生婆。他們從事的是服務性的、被當時人賤視的工作。政府不許惰民讀書應舉，不能做官，不得充當吏員、里長，不准與良人通婚，也不得與良人平等相處。封建政府為侮辱他們，在居住地區、房屋式樣、穿著打扮、行路乘車等方面，都作了規定。所以惰民同樂戶一樣，沒有任何政治權利，沒有人格，沒有尊嚴，是被侮辱被損害的最受壓迫的人羣。

噶爾泰認為應給惰民自新之路，請求照山陝樂籍例開豁，雍正命禮部議奏。禮部認為捕龜、賣餅、穿珠、作媒是貧民餬口職業，若除其籍，就是不許他們再幹這些事，他們反倒無法為生了，不同意削籍[89]。雍正說除籍「亦係好事」，禮部不要反對了[90]。於是令惰民放棄原來職業，別習新職，脫離丐籍，轉為民戶，按照良民納稅服役。

五年（一七二七年），雍正親自提出安徽寧國府「世僕」、徽州府「伴當」的開豁為良問題。他說：

近聞江南省中，徽州府則有伴當，寧國府則有世僕，本地呼為細民。其籍業下賤，幾與樂户、惰民相同。又其甚者，譬如二姓，丁户村莊相等，而此姓乃係彼姓伴當、世僕，彼姓凡有婚喪之事，此姓即往執役，有如奴隸，稍有不合，人人皆得加以箠楚。迨訊其僕役起自何時，則皆茫然無考，非實有上下之分，不過相沿惡習耳。此朕得諸傳聞者，若果有此等之人，應予開豁為良，俾得奮興向上，免至汚賤終身，且及於後裔。[91]

遂令安徽巡撫魏廷珍查核，提出處理意見。魏廷珍議請區別對待：紳衿之家典買奴僕，有文契可考，未經贖身者，本身及其子孫俱應聽從伊主使役；即已贖身，其本身及在主家所生子孫仍應有主僕名分；奴僕在贖身後所生子孫，與原主沒有也不應再有主僕名分，應准許豁免為良；年代久遠，沒有文契，也不受主家豢養的，一概不許以伴當、世僕對待。雍正認為他所議允當，批准執行[92]。世僕、伴當所受壓迫，雍正講的以外，同惰民一樣，習鼓吹、抬轎，不與大姓聯姻，不報考，不與大姓平等相稱、同坐共食[93]。雍正的除豁，使他們中的一部分人免遭主姓凌辱，得為編戶齊民。然在實行中，對年代久遠、文契無存的賤民，如何區別豢養與不豢養，不好把握，紛爭不已[94]。

廣東沿江沿海有一種蜑民，早在宋元時期，就採集眞珠，向政府納貢，還被稱為「烏蜑戶」[95]，明代又稱「龍戶」，清初稱為「獺家」，在廣州河泊所下轄的，每年按戶按船交納魚課，少數人已略通文字，上岸居住[96]。雍正於二年（一七二四年）親書硃諭，命將蜑民編立埠次，加以約束[97]。七年（一七二九年），向廣東督撫發出上諭：

蜑户即苗蠻之類，以船為家，以捕魚為業。通省河路，俱有蜑船，生齒繁多，不可數計。

粵民視蜑户為卑賤之流，不容登岸居住，蜑户亦不敢與平民抗衡，畏威隱忍，跼蹐舟中，終身不獲安居之樂，深可憫惻。蜑户本屬良民，無可輕賤擯棄之處，且彼輸納魚課，與齊民一體，安得因地方積習，强為區別，而使之飄蕩靡寧乎！

他承認蜑戶被抑為賤民的不合理，應以他們交納魚課為基本事實，把他們當作平民百姓。因此指示廣東督撫：

凡無力之蜑户，聽其在船自便，不必强令登岸。如有力能建造房屋及搭棚棲身者，准其在於近水村莊居住，與齊民一同編列甲户，以便稽查，勢豪土棍不得藉端欺凌驅逐。並令有司勸諭蜑户，開墾荒地，播種力田，共為務本之人。[98]

這個上諭為蜑戶開闢了自新之路。

江南蘇州府常熟、昭文二縣有一種丐戶，籍屬、社會地位與浙江的惰民完全一樣。八年（一七三〇年），江蘇巡撫尹繼善以他們業已「化行俗美，深知愧恥，欲滌前污」，請照樂戶、惰民事例，除其丐籍，列入編戶。雍正答應了他的請求[99]。

雍正在短短的幾年中，宣布削除樂戶等賤民名籍，試圖解決數百年來存在的問題。促使他這樣做的原因是：

第一、把它作為釐革前朝弊政的一項內容。雍正以清除前代積弊為政治綱領，數百年來壓抑賤民的傳統政策是一種弊端。雍正君臣認為永樂「壓良為賤」產生的山陝樂戶，是「前朝弊政」，故「亟宜革除」。在宋朝有罪的惰民，到清朝並沒有罪，再加繼承，於理不順，應當「特沛恩綸」，給予開豁。因此，開豁賤民，同攤丁入糧，耗羨歸公，改土歸流等項政事一樣，是改革政治整體中的一個組成部分。

第二、獲取政治資本的手段。據記載，樂戶除籍「令下之日，人皆流涕」[100]。伊都立又說年羹堯攘奪這分功績，說明除豁賤民是功德之事，統治者都想佔有它。噶爾泰請求削除惰民丐籍，說此舉「使堯天舜日之中，無一物不被其澤，豈獨浙省惰民生者結環，死者銜草，即千萬世之後，共戴皇恩於無既矣」[101]。可見釋放賤民作為一種仁政，可以提高皇帝的威望。在雍正初年，統治尚不穩固，特別需要民眾的支持，這也是雍正忙於處理賤民問題的原因。

第三、移風易俗，維護封建秩序和倫理。在封建地主階級中，對待賤民的態度，歷來有兩種，一是堅持等級制度，殘暴地奴役賤民，一是主張部分地釋免賤民。如明初人解縉說：「夫罪人不孥，罰弗及嗣。……律以人倫為重，而有給配婦女之條，聽之於不義，則又何取夫節義哉？此風化之所由也。」[102]從維護封建倫常出發，反對降罪人於樂戶。雍正君臣與這類人的思想相一致，朝臣說：「我國家化民成俗，以禮義廉恥為先」，賤民「有傷風化」，理應清除[103]。雍正自己則說：「朕以移風易俗為心，凡習俗相沿，不能振拔者，咸與以自新之路。」令賤民改業從良，就是「勵廉恥，而廣風化也」[104]。表明他們的動機是維護統治階級自定的封建道德，同其內部自我破壞其道德準則的人作鬥爭。

第四、壓抑紳權與消弭賤民反抗的一個措施。雍正執行打擊不法紳衿的政策，賤民主要受紳衿控制，為他們服務，賤民要脫籍，觸犯紳衿的利益，他們不樂意，所以雍正除豁賤民的法令中，包含禁止紳衿土棍阻攔賤民出籍的條文。釋放賤民，也是同不法紳衿的鬥爭。

賤民所受的欺凌，迫使他們產生不滿情緒，時或爆發反抗鬥爭。徽州府祁門縣的賤民的政治態度，在康熙間發生了較大變化，在這以前默默忍受非人的虐待，這時起而奮發反抗，所謂「越分跳樑者比比，是為厲階」[105]。他們的鬥爭已經被統治者視為嚴重的社會問題。寧國府涇縣的「附丁」，即是雍正所說的一姓奴役一姓關係中的世僕，於康熙二十七年要求開戶獨立，爭取擺脫主姓的控制。因為鬥爭的激烈，得到清朝政府的允許。雍正六年開豁令下達之後，執行中受到紳衿阻撓，十二年（一七三四年），世僕葛遇等十人到北京鳴寃告狀，請求立戶，終於實現了心願[106]。官定的浙江惰民服制，逐漸遭到他們的抵制，還在明朝中葉就不太遵守了[107]。常熟有一部分丐戶以製繩為業，康熙二十七年，該地造船，勒派丐戶交繩索，丐戶陸三、周文等向江蘇巡撫上告，反對額外差派，經蘇州知府查明，是常熟縣奸徒搞的鬼，於是在該縣立碑，禁止再差派丐戶供應繩索，如有違犯，「即嚴拿究解，官以失察指參，役以蔑功令處死」[108]。這裏的丐戶通過鬥爭解除了不合理的差役。

賤民的各種形式的反抗鬥爭，迫使統治者考慮改變對他們的統治辦法，雍正又要壓抑紳權，就把這兩方面結合起來，開豁賤籍，既可消弭賤民的對抗情緒，又是取消不法紳衿特權的一個方法。

賤民除籍令下之後，少數賤民改業從良，擺脫了屈辱的地位，多數賤民依然固舊。蘇州的丐戶還要應承迎春扮演的差役[109]。寧波府沒有得到削籍的很多，矛盾嚴重，終於在光緒三十年（一九〇四年）發生第二次除豁事件[110]。安徽賤民與紳衿的鬥爭一直拖到清朝末年，紳衿頑固地制馭世僕，不容改業。如祈門縣有周姓為李姓世僕，嘉慶十四年（一八〇九年）按雍正例開豁為良，但周姓恐李姓不依，照舊服役。道光元年（一八二一年），李姓的李應芳強迫周覺春充當吹鼓手，以致鬧出人命案子[111]。

清朝政府對從良的賤民非常苛刻，如乾隆三十六年（一七七一年）定例，規定出籍賤民的應試資格，要從報官改業的人起，「下逮四世，本族親枝皆清白者方准報捐應試，若僅一二世及親伯叔姑姊尙習猥業者，一概不許濫厠士類」[112]。這都影響賤民的眞正脫離被奴役地位。所以雍正的一紙命令和某些努力，並沒有眞能拯救賤民，而他們的最終脫離苦海，也不是靠某個人的恩賜所能達到的。

這是因為賤民的解放，不是某個人的意志所能決定的事情，它取決於社會狀況。賤民改業從良，要求社會給他們提供新的就業機會，可是雍正時代並沒有準備這個條件。在討論噶爾泰的建議時，禮部就指出惰民的就業問題不能解決，是考慮實際問題的。事情也正是這樣，在大多數賤民沒有新的謀生之道以前，不可能做到削籍從良。

儘管如此，雍正的開豁令仍具有一定意義。它為賤民脫離賤籍解除了法律禁令，是賤民解放的開始。具體一點說，削籍令是政府宣布取消對賤民的特殊控制法，是使賤民有了離開賤籍的可能。賤民只要依照政府的條件申請改業從良，就可以按照齊民的方式進行生活，一定時期之後可以應試出仕，如果同平民發生糾紛，可以以良人的身分出現在官廷上，可以不會像過去那樣因是賤民而遭受不應有的歧視和打擊。所有這些，起碼在道理上講是能夠達到的了。賤民的除籍，使他們數百年的積鬱有所申舒，生活欲望有所增強，奴才性有所消減，從而使他們受到極大壓抑的創造力得到一定程度的解放。所以削除賤籍，是對這一部分人的生產力的某種解放。再者，雍正實行攤丁入糧制度後，人民的封建隸屬關係有所削弱，賤民的除籍，與這一歷史趨勢相一致。它們共同地反映變革生產關係的要求，發展生產力的要求。

丐戶、樂戶、蜑戶、世僕、伴當等賤民是歷史遺留問題，持續幾百年了。有沒有人像雍正一樣來觸動它們呢？明朝人沈德符曾不解地說：「『何以自宋迄今六百餘年』，惰民『不蒙寬宥』？」[113]其實對賤民也有人做過一點事情，如明英宗釋放教坊司樂工三千八百餘人為民[114]。明景帝時議准，凡原為民人而落入樂戶的，准許改回去，原為樂戶而願從良的，也允許申請改業，與民一體當差[115]。康熙年間裁革揚州樂戶[116]。這些君主只在樂戶範圍內，釋放一部分人，小手小腳，而雍正則大刀闊斧，不僅削去山陝樂籍，取消教坊司，削除全部樂戶，又豁除丐戶等其他賤籍，所以清人俞正燮研究樂戶、丐戶史指出：「本朝盡除其籍，而天地為之廓清矣。」[117]「廓清」為諛詞過譽，下令除籍則是事實。在上述帝王的行事中，不難看出，雍正很有政治氣魄，敢於革除舊弊，使政治趨於修明。

殘暴鎮壓民眾運動

雍正推行保甲、宗法、禮法等制度，宣傳綱常名教，沒有也不可能窒息人民的反抗思想，沒有也不可能絕對控制人民的行動。雍正年間，農民、工匠進行了多種形式的鬥爭；雍正仇恨人民運動，一概殘酷鎮壓。

（一）社會下層的各種反抗鬥爭

康熙六十年（一七二一年），臺灣朱一貴的起義雖然當年就失敗了，餘眾卻在大陸繼續活動。福建上杭人溫上貴在臺灣被朱一貴封為元帥，即返回家鄉組織羣眾，朱一貴犧牲後，他轉移到江西萬載，聯繫棚民，準備攻打縣城，雍正元年被知縣施昭庭偵破，就與前來鎮壓的清兵格鬥，三百餘人英勇就義，溫上貴被俘遇害，雍正命給施昭庭議敍[118]。溫上貴的同伴裘永錫等逃亡，清政府嚴行緝捕。又在萬載、瑞州一帶添設同知、游擊，加強對該地區的統治。溫上貴的族弟溫廷瑞繼續進行反抗活動，任命沈子榮為大將軍，溫淘濱、溫庭奉為軍師。他們夜聚曉散，操練武藝，打造兵器。十一年（一七三三年）九月，趙弘恩署理兩江總督，重申對溫案的通緝令，次年二月，被溫廷瑞委任為千總的溫坤生向清朝政府自首，溫廷瑞等遂遭逮捕。雍正得到報告，說「蔓草不除，逢時勃發」，憂慮於溫上貴黨眾活動的長久性，要求趙弘恩繼續「嚴飭搜緝，務盡根荄，毋使一匪漏網」[119]。

湖南辰溪人謝祿正於康熙五十九年開始組織反抗隊伍，佔據山谷，雍正四年（一七二六年），清軍一千多人前來鎮壓，謝祿正等奮起抵抗，失敗後，謝逃亡。雍正指責湖廣提督趙坤等「因循疏忽，縱盜養奸」[120]。不久謝祿正被捕，慘遭凌遲，妻子沒為奴隸，同伴陳彬臣等被殺，張如茂等被充發到三姓地方為奴[121]。溫上貴和謝祿正分別組織了一部分羣眾，準備武裝起義，正在發展中，就被雍正政府鎮壓，但從他們與清軍對陣情況看，已構成武裝暴動性質。

江西興國縣佃農於康熙間組織會館，反對地主撤佃轉佃，於五十二年（一七一三年）取得一定成功。會館保持下來，每到分租季節，就以收成只有七、八成，不許地主按原額取租，地主若不應承，就率眾搗毀他家房屋，收回已取的地租。雍正初年也是這種情況。佃農林其昌反對田主、舉人曾霖的退佃，曾霖告官，林其昌邀集同夥，乘曾霖出門之機，在路途中將他痛打。江西巡撫邁柱獲知後，嚴酷鎮壓，拆毀會館，解散農民組織，地主分子因而慶幸「頑梗無自逞也」[122]。江蘇崇明縣地主對佃農的剝削花樣繁多，每年收夏、秋兩季地租，還要轎錢、折飯、家人雜費等附加地租。八年（一七三〇年）五月，地主催收麥租，迫使佃戶反抗，拒不交納，商人罷市支持。夏君欽等撰寫傳單，貼於街市，揭露大地主施大受與崇明鎮總兵施廷專聯宗，餽送金帛美女，倚勢勒逼佃戶交租。浙江總督兼管江蘇盜案的李衛認為這是佃戶圖賴正租，聚眾妄行，惡風斷不可長，一定要捉拿為首之人，嚴行懲治。雍正說：「崇明邊海要地，刁風尤當禁遏。」支持李衛的行動，同時把施廷專調離崇明，免得他同不法豪紳相勾結，使事態擴大[123]。佃農和地主的對立，是構成封建社會基本矛盾的要素，興國、崇明農民反對撤佃和抗租，反映了農民要求耕地和反對地租剝削的願望。

約在雍正元年冬天，山西萬泉縣農民幾千人，衝破關閉的城門，進入縣城，焚燒衙署，抗議知縣瞿某的橫徵暴斂，瞿某及其幕客、家奴跳牆逃跑，巡撫諾岷一面參劾瞿某，一面令平陽知府董紳擒拿羣眾首領。董紳調綠營兵和民壯二百人去農村拘捕，憤怒的羣眾拿起弓刀，操起火器，把官兵幾乎全部殺死。董紳親自前來，發誓不傷害羣眾，只要他們交出三個人來，給官府一個面子，就可以完結，對交出的人，董紳寫了文書，保證不加殺害。這樣才把事情了結[124]。四年（一七二六年），福建安溪人民反對追徵屯地欠銀，舉行罷市，浙閩總督高其倬逮捕為首的羣眾，嚴刑打死，雍正支持他，說「應如是懲治，以警刁頑」[125]。約在六年（一七二八年），安徽唐縉等抗糧，發動罷市，打鬧公堂[126]。抗糧，把矛頭直接指向清朝政府的賦役剝削。

四年五月，廣東米貴，羣眾搶米廠，到衙門說理，打傷前來阻攔的軍官和士兵，參加的人中還有駐防士兵。雍正認為事態嚴重，派兵部左侍郎塞楞額馳驛赴廣州，會同署理廣州將軍阿克敦、巡撫楊文乾審究[127]。五年春天，湖北人民因去年水災，春荒無食，結夥找富戶強借糧食。雍正要求署理湖廣總督福敏「竭力懲治，以振其頹風」[128]。勒借和搶糧，是農民羣眾強行收回部分被削剝的勞動成果。

蘇州的踹匠，是碾布作坊手工工人，多是來自江蘇南北和安徽的失業農民，人數眾多，雍正時期達到兩萬餘人[129]。他們工價低廉，還受作坊包頭的盤剝和壓迫，並受清朝政府的嚴密控制。他們入坊要有保人，被政府編入保甲，白天做工，夜間被關閉在作坊，駐防兵丁晝夜不停地在附近巡察。踹匠若投河、自刎、自縊由保人及親屬領回屍體，不得告官[130]。踹匠不堪坊主與政府的壓迫，又無家口拖累，不斷進行鬥爭，所謂「凡遇盜案發覺，常有踹匠在內」[131]。康熙九年（一六七〇年），踹匠竇桂甫因米價上漲，發動停踹，要求增加工錢，勒令破壞罷工的店主程美請戲賠禮[132]。三十二年（一六九三年），踹匠羅貴領導「齊行增價」鬥爭，撕毀清政府的鎮壓告示[133]。雍正中他們繼續戰鬥，元年（一七二三年），踹匠欒晉公、徐樂也聚眾，預備於五月五日奪取倉庫，若遇官兵即行戰鬥，失敗就逃亡海上，正在籌備中，被包頭吳景範獲知告官，三十五人被逮捕，雍正政府殘酷地屠殺十三人，欒晉公、徐樂也逃亡，清朝政府多年搜捕，均告失敗[134]。七年（一七二九年），欒晉公的侄兒欒爾集與段秀清等人拜把結盟，遭到巡營把總的迫害。同時，松江府嘉定縣踹匠王朝也在進行反抗活動[135]，此事在九章三節業已提到，這裏不贅。

蘇州絲織業發達，機工很多，他們同踹匠一樣進行反對作坊主機戶和清朝政府的鬥爭，聯合夥友停工，要求增加工錢，作坊主請求地方政府干涉。雍正十二年（一七三四年），蘇州府長洲縣發生「禁機匠聚眾叫歇勒加阻工一案」，地方政府豎立「永禁機匠叫歇碑」，迫使機工停止反抗[136]。兼管江蘇督撫事務李衞、署兩江總督史貽直、江蘇巡撫尹繼善為了有效的統治踹匠、機工以及其他各界人民，加強對蘇州、松江的管理，聯名向雍正建議：設立專事「彈壓」的官員，適當改變地方駐軍的規制，嚴格實行關汛的巡邏，進一步規劃稽察治安的方法。雍正認為條議很好，同意實行[137]。

六年（一七二八年），戶部寶泉局鑄錢工匠潘士花等人集合抗議官員剋扣工食錢，雍正說：若匠役曾為工食事稟過監督，責在監督，「若不曾稟明，輒敢聚眾喧嚷，則刁風斷不可長，應將匠役人等嚴加治罪」[138]。

內務府佐領每年所需錢糧，康熙中為三十餘萬兩，雍正初增了一倍多，至七十餘萬兩，雍正為減少開支，於二年（一七二四年）十月，命削減內務府佐領披甲人數，佐領下人見奪其錢糧，數百人到參預此事的廉親王允禩、內務府總管李延禧家中吵鬧，步軍統領阿奇圖派兵捉拿為首者。雍正說這件事是辦事人經理不善，將管理內務府總管事莊親王允祿罰俸三年，革去常明、來保內務府總管，後者還枷號三月，鞭一百，以平眾怒，同時把鬧事的佐領下人中一部分人分發雲南、貴州、四川、廣西，另戶安插當苦差，若原係奴僕，則給該處兵丁為奴。這件事，是八旗下層的反抗活動。

五年（一七二七年）七月，河道總督標下參將興王政剋扣兵餉，激起兵丁交甲退伍。雍正命將興王政革職拿問，同時嚴懲鬧事兵士：「至該營兵丁等果有被屈情由，理應赴上司衙門控告，何得倡率喧嘩，目無法紀。」著嚴提究審：「將為首者按律治罪，其願退名糧者，具著革退兵丁，押回本籍，令該縣嚴加管束，不許復生事端，倘再有過犯，從重懲治。」[139]

以上，有農民的反對地租和賦役剝削；有城市居民的搶糧，也即所謂民變；有工匠的鬥爭，可稱為工變；有旗下人的鬥爭，可視為旗變；還有士卒鬧退伍的兵變。這些事變，規模不大，但涉及各種職業的人，可以說社會下層中不滿雍正政府的勢力，以一定的方式表達了他們的態度。

（二）盜案累累

雍正說：「從來直隸、江南兩省盜案多於別省。」[140]盜案普遍存在，江南、直隸尤多，確係事實。「南方多暴客，殺奪為耕耘。鞾刀裹紅帕，行劫無昏晨。事主訴縣官，縣官不欲聞」[141]。蘇州人沈德潛這首紀實詩，反映了盜劫在江南的普遍性。雍正初兩江總督查弼納因「盜賊」多，想在河道釘木樁，以防盜船的出沒。儘管他們加強了防範，三年六月十七日至七月十七日的一個月中，江南所報盜案就有一百零九起，沒有報的當還不少[142]。五年（一七二七年），松江府奉賢縣發生黃三聖等搶劫裴詩度當鋪事件[143]。次年，江蘇巡撫陳時夏奏報有四人竊得綢布三千餘匹，雍正說這是陳時夏受了下屬欺蔽，那有四個人能偷這麼多布匹，這不是毛賊小竊，而是大盜搶劫[144]。七年（一七二九年）正月初，江寧城裏發生的強盜夜劫案有四、五起，小偷小摸就更多了[145]。

直隸盜風，經過整肅，到六年（一七二八年），據雍正講業已「漸覺少息」，然也接連發生。六月初九日，盜入署理盧龍縣知縣僞步青衙門，將幕賓誤認為知縣，綁縛拷逼，劫去財物，僞步青怕因有盜而遭處分，只報了個失竊。同夜，賊入山永協副將胡傑內宅，胡傑因寢於外堂，發覺了，賊逃去，胡也不報案。十一月，數人白晝搶劫山海關何字號當鋪舖，官役兵弁如同不知其[illegible]，不聞不問。直隸有總督、提督，還有巡察御史，既不查處，也不奏報，雍正很不滿[illegible]責令他們明白回奏[146]。

其他省區也是盜案屢發，情節嚴重。六年（一七二八年），山東濟寧[illegible]內，一夥人劫獄，搶了倉庫，又持執兵器，突然襲擊正在聚會的文武官員，將游擊、守[illegible]同、閘官等官員砍傷。雍正為此命給地方官配備長隨，以資保護[147]。在江西南昌，沈[illegible]等人盜竊南昌知府和鹽驛道員兩個衙門，潛逃河南，被田文鏡捕獲，發回江西，在押途中，又行逃脫[148]。

廣東是多盜之區，廣南韶道林兆惠命差役往從化縣山中採買陵工木料，被當地盜夥擄去十二人，放回四人，命官衙拿數百兩銀子去贖取餘人。另一夥數百人，沒有兵器，到龍門營七子汛搶奪器械，該汛有官兵三十餘人，躲藏起來，這夥人把所有的兵器搶去，從事劫掠。署督阿克敦不敢緝捕，揑稱在兵丁睡熟之時，被十餘名竊賊偷去兵械，薄責兵弁了事。高州電白縣山中聚有千餘人，白晝沿鄉搶劫，有時一天連搶二十幾家，把追捕的鄉勇捉入山中，割去雙耳放出，威脅官府不要追趕。廣州將軍石禮哈的標兵中，有人窩盜分贓，巡撫常賚發函要求提審，石禮哈護短，囑常賚審作被人誣陷，常賚顧於情面，不再提審。常賚衙門亦曾被盜，連奏摺匣子的鑰匙都被盜出，只得向石禮哈借用，他怎敢認眞審理盜案。盜夥在廣州城內任意活動，當地民謠：「孔督（孔毓珣）去，阿婆（阿克敦）來，盜結黨，民何賴。」[149]可見盜夥力量的強大和官府的無能為力。兩廣人韋庭耀等一百餘人結夥，打劫湖南寧遠縣生員荊之竇家，劫持其家口，打死打傷前來拘捕的官兵多人[150]。七年二月，山西蒲州盜夥，同一天夜間，明火執杖，到道員、知府和武職衙門，搶去衣物[151]。

上述種種盜案，有個別人的小摸小竊，有幾百人的成羣結夥，劫持官兵，強劫官衙和府庫，鬧得官府不得安寧。這種「盜案」和「盜賊」，性質比較複雜，有的土匪、竊賊，不分對象，亂搶亂殺，也危害到人民，然而也打劫了官僚、富戶，破壞封建秩序的安寧，一定程度表現了失業人民的反抗情緒，是階級鬥爭的曲折反映，故應對它作具體的分析。

雍正極端重視盜案，五年（一七二七年），在田文鏡的奏摺上批道：「朕自即位五年以來，曾經日夜思維，總無善策，不得已而為嚴責督撫大吏，俾督撫大吏嚴責州縣有司，有司自必勒比捕役，勿令玩愒疏縱。」[152]儘管他嚴行督責，地方官對盜案緝捕仍然不力，這有它的原因。大計，有才力不及、罷軟無力的處分標準，地方多盜賊，正是它的內容。因此地方官盜案報的多，倒說明他撫緝無方，有礙考成，不如隱匿不報，或以搶為竊，或以多報少，潦草結案。雍正知道這種情況，力圖改變，採取了多種措施。

重定諱盜不報處分例。元年十二月，他說：「州縣有司因畏盜案參處，往往諱盜不報，或以搶為竊，或以多報少，或賄囑事主通同隱匿，以致盜賊肆無忌憚。」為此命九卿重議處治地方官諱盜辦法和怎樣加重對盜案的治理[153]。次年二月，刑部議復諱盜不報處分例：凡諱盜不報，州縣官革職，道、府、同知、通判失察的，降二級調用，徇庇者降三級調用；州縣既經揭報，而上司不行轉報者，降四級調用。州縣官以強盜為竊賊，案重而報輕，上司不行核查，代為轉報，及解審時又不能審出眞情，亦降三級調用；若督撫失察，降一級留任。由武官兼職的，亦照文職例議處。法律規定，犯竊罪的，到三次該處絞刑，賊贓至一百二十兩以上的也該絞，官員若不照章究擬，或於竊賊初犯、再犯時不依律文處罰刺字，因而使他得以屢次犯案，也照失出例議處。雍正把它全部批准了[154]。此後，注意對它的實行。五年（一七二七年），湖北磁陽知縣惠克廣不及時審理盜案，吏部議請將其革職，雍正說他既不提審人犯，又不申報上司，情罪可惡，不但革職，還把他投入該縣監獄，等到該案查清之後，再行釋放，以為不實力奉行嚴懲盜賊政策的州縣官的鑒戒[155]。這就比他制定的諱盜處分例嚴厲了。事實上地方官仍然諱盜，「疏縱盜賊，習以為常，故失察之案甚多」。到六年（一七二八年），他力圖改變這種狀況，規定：對雍正三年以前的過失者不再究治，而「自雍正三年正月以後失察盜案之官員仍照例查參處分」[156]。事實表明，他的努力沒有結果。

教育官員重視盜案。五年（一七二七年），河南河北鎮總兵官紀成斌在奏摺中講到一起盜案，說案犯不過是遊手無賴之徒，「其意在於劫掠富戶，似非謀為不軌之類。」雍正對他的看法大不以為然，將他嚴加訓飭：

出語可謂亂道之至。試思此等匪類，目無法紀，刼掠富户之後，將作何結局？身膺封疆之責，凡百寧過於堪重，小事如大事辦理方是。似此立意寬縱疏忽，甚負朕之任用。[157]

雍正是如履薄冰，以安為危，以小事為大事，從盜賊掠富，想到羣眾武力反抗他的國家，故而訓誡臣下，抓盜賊如臨大敵，慎重辦理盜案。

整頓京城治安。五年三月，雍正下令，京師中除了有職業的、趕考的、作幕的外地人允許居住外，其他無業的，即係奸僞棍徒，步軍統領、巡城御史即行驅逐，客店、寺廟、官民人等都不許容留可疑的人[158]。閏三月，特命步軍統領阿齊圖，把京城中的遊方僧道、自稱神仙、聚衆做會者遞解回籍，行文原管地方官，永遠不許他們出境，若有再來而被查獲的，連同該地方官一體治罪，斷不姑容，並命地方官於年底將解犯情況上報步軍統領衙門[159]。

（三）嚴禁民間秘密結社

人民為了反抗封建政府和異族統治，往往通過秘密結社，組織起來，當條件成熟時，打出旗號，進行武力抗爭。清朝以前的赤眉、銅馬、黃巾、瓦崗軍，乃至唐末和明末的所謂「流寇」，都是如此。秘密宗教，一般都有連續性，一次起事失敗了，後來者換個名稱，或者逕用舊名，繼續利用它從事組織活動。雍正時期，民間有許多秘密宗教，繼前朝遺緒，活動不輟。它們的名目很多，叫做清淨教、無為教、白蓮教、羅門教、悟眞教、三元會、祖師教，等等。活動地區廣泛，山東、河南、直隸、山西、陝西、湖南、湖北、江西、浙江、江蘇諸省都有它們的組織，冀、魯、豫三省的尤為活躍。活動方式隱蔽，夜間聚會，教首演說，信徒燒香求福，白晝即行散去，其首領解說內容，或預言天災、瘟疫要流行，指導教友消災去難的方法；或言人之生老病死，為人治病除祟；或言天命，如何爭取幸福世道的來臨。會中有紀律，徒眾交香錢。會眾有組織，教首設立名號，給教徒封號符札。

秘密宗教的活動，使雍正如芒在背，非禁絕而後快。他即位就向各地疆吏布置緝破秘密結社的任務和方法。元年春，命石文焯為河南巡撫，陛辭時要他秘密清除白蓮教，一年後，見受命者沒有反映，特別指示他：

> 處處留心，時時密訪。第不可妄囑屬員，致令擾民驚衆，魁奸得以詗知消息，深藏潛匿，反與事無益，須不露聲色，嚴加伺察，少有風聲，即權巧設法，不惜重賞，弋獲首惡，必能除其教長，方為拔樹尋根之善着，庶可永斷瓜葛。倘若處置失宜，反致激出事端，則又大不可也。160

要求他不要因密辦而不去辦，只是要特別注意查辦的方法。石文焯隨即摺奏查拿白蓮教事，雍正又指示他：

> 涓涓不塞，流為江河，所以聖人謹於防微杜漸，若不除之於早，其害必致蔓延，此事慎毋泛泛視之。一者整齊風俗，清潔地方；二者抑邪扶正，消弭禍患於未形也。161

二年，諭告湖廣總督楊宗仁楚省秘密教徒不少，要「飭行所屬各員密訪渠魁，嚴拿究懲，化導協從，去邪返正」，「但須密加偵伺，設法緝擒」，「切戒無知屬員急遽聲揚，擾民駭眾，致生事端，則非徒無益而有害也。愼之，密之」[162]。同年，因江西「頗有邪教」，要求該省官員「密訪為首之人，嚴加懲治」[163]。又在浙撫黃淑琳奏摺上告知該省「頗尚邪教」，「若不早絕根株，俾致滋蔓，則大費減除矣」。黃隨奏報無為教活動情況，雍正遂批示：「此當徐徐而行之事，非急務也，但須時刻留心，不可日久而怠。」[164]又給江南總督查弼納、鎮海將軍署江蘇巡撫何天培硃諭：「聞江南頗有邪教，妄立各號，惑誘愚氓。」要他們將「為首之人嚴拿治罪，有能去邪歸正者概予從寬，出首者量加獎賞」[165]。從這些硃批、硃諭中，可以看出，雍正對待秘密結社的方針，一是高度重視，把它看作隱患，不因其勢未成，其變未作而忽視。二是秘密進行，以密對密，不動聲色，企圖抓住首領，一網打盡。三是穩妥，不要躁急圖成，因秘密結社不是一朝之事，也非一日能致政府於死命的，故要講求方法，穩步瓦解它。

雍正在後來的幾年實踐中，更加知道破壞秘密結社的困難，並想出打入羣眾團體內部進行破壞的毒辣方法。五年（一七二七年），他在田文鏡的奏摺上批道：「此等邪黨，率皆詭寄深藏，惟彼同類之人，聲應氣求，原無彰明較著形迹，猝難發摘。」[166]因指示說：「非深入其教者斷不能窺測底裏，訪察愈嚴則閉藏愈固，不但地方大吏莫能施為，便州縣有司亦無從探其脈絡。蓋胥吏中即有黨羽為之耳目，以伺官之動靜，非才能牧令默運機巧，設法鈎致，弗克稽獲。」[167]田文鏡遂令有才能的州縣官選擇一二心腹人，「改裝易姓，潛入其教」[168]。

在雍正的嚴密搜查下，發生了兩起與秘密結社有關的較大案件。一起是五年發生的「澤州匪類妖言聚眾」案。案中主要人物，有翟斌如，又稱翟神仙，河南濟源縣人，曾在陝西郃陽縣所謂「妖道」潘鳳池率領下傳授符術[169]，會看風水，以行醫為掩護。有張冉公，組織教會，藏有立天后會經一部，內中「俱是洩漏天機的話」，雍正說它是「妖妄邪書」[170]。有楊廷選，原是河南濟源縣千總。有靳廣，原為山西澤州王泰來家人，不滿富人的刻薄，聚眾在大箕村，練習武術，準備打劫王泰來家，被人告密。澤州知州劉毓嵒以查點保甲為名，逮捕會友二人，靳廣遂帶領羣眾於途中搶劫被捕人員，打傷州役一人，擒拿十三人，劉毓嵒請紳士出面講和，靳廣等將州役放回，劉毓嵒卻暗中抓人[171]。山西方面知會河南，田文鏡等極力配合，翟斌如、靳廣先後被捕，楊廷選自殺。此案發生後，雍正派監察御史性桂到山西審理，指示有關人員，「此案人犯竭力緝捕，毋令一名致有兎脫」[172]，「未獲人犯，當速行密設賞格，嚴督擒捕務獲」[173]。雍正還說：此案中人有康熙末年亢珽暴動的餘眾，這是大害，不可大意[174]。最後，雍正命將翟斌如、靳廣、張冉公等六人斬決，楊世隆等秋後處斬；辦理此案不力的山西巡撫德明銷去記錄兩次，田文鏡等從優議敍[175]。因為這件事，令怡親王允祥和大學士轉諭各省督撫藩臬，務將民間秘密結社「隨時隨地逐一搜剔，鏟除淨盡」[176]。

另一起是山東三元會案。山東東平州人牛三花拉（又名牛三花子，眞名牛見德），組織三元會，又名空宗教，以貿易為名，在萊州、青州等府進行傳教活動，自云能超度人的祖宗，宣傳「正[177]空家鄉，無生父母，現在如來，彌勒我主」經文，告人可以去災獲福。廣收徒眾[178]。六年（一七二八年）七月，被人告密，高密縣令首先抓人，牛三花拉逃亡。雍正得到山東總兵萬際瑞的報告，即指示：「既然是邪教，一定查清是什麼教，為何立教，那些人參加，要分清有政治目標與為斂財兩種情況，區別對待。」[179]但「渠魁務須捕獲，萬勿疎脫」[180]。山東、河南官員追查一年，毫無牛三花拉的踪影，河東總督田文鏡題請將空宗教徒分別判處枷號三個月重責四十板、枷號二月重責四十板的刑法，雍正同意了，仍要求他「嚴緝正犯，務獲究擬示懲」181。

秘密結社，形式上是落後的，內容上有許多荒誕無稽的東西，但在清代，人民處於痛苦之中，要求得到解脫，科學文化又不發達，很容易把希望寄託於秘密宗教的神明，想靠天神和自己力量的結合，反抗封建的黑暗現實，贏得幸福生活，這就是它的合理性。

雍正時期，沒有大規模的民變，總的講，封建社會秩序是穩定的，但上述從羣眾性的秘密組織活動到小規模的農民暴動的出現，說明人民的反抗運動始終在進行著，社會並不十分安定。雍正的種種強化統治措施，起到了控制人民的一定作用，所以秘密結社被破壞和其他反抗鬥爭被鎮壓；但是這些鬥爭的不斷出現，表明即使雍正那樣的嚴密統治網，也不能阻止人民運動的爆發。

人民因生活困苦而反抗，在那個時代是必然的。封建社會裏，土地佔有的不平均，使人民遭受地租、高利貸的剝削，加上政府的賦役壓榨，生活無著，當然要採取對付剝削者、壓迫者的辦法，以致不惜違犯政府禁令，鋌而走險了。雍正的改革賦役，打擊貪官污吏和不法紳衿，一定程度上減少了人民的負擔至少在多數情況下沒有增加對人民的剝削。但他厲行徵收額定賦稅，也是一部分人民所不能承擔的，他又極力保護地主階級的法定利益，使一部分農民在封建盤剝下無法生活。雍正朝存在著農民與地主階級的基本矛盾，人民與政府的對立。這些矛盾，自然會引出人民的反抗運動。這種鬥爭是正當的。

雍正對待人民的反抗，以鎮壓為基本方針，不論具體情節，只要是抗官的，就被視為邪黨亂民，即以犯上作亂的反叛罪論處，對那些首領，嚴刑殺戮，從不手軟。他的另一方針是對民眾運動中暴露出的官府問題認真處理，對為惡和失職的官吏也不姑息。就是說他在屠殺反抗羣眾的同時，也改革弊政，以減少日後可能發生的反抗運動。他代表地主階級政治利益，鎮壓民眾運動是反動的；他謀求改良，又是政治家的作為。反對人民運動，改革政治，他是這兩者的結合體。所以說，他是地主階級的政治家。

註釋

1 乾隆《吏部則吏》卷十八《戶口》。
2 《硃批諭旨・李紱奏摺》，四年五月初十日摺；《穆堂初稿》卷三十九，《請通融編審之法疏》。
3 《上諭內閣》，四年四月二十三日諭。
4 《硃批諭旨・李紱奏摺》，四年五月初十日摺硃批。
5 《清世宗實錄》卷四十六，四年七月乙卯條。
6 《撫豫宣化錄》卷三上，《特揭保甲之要法以課吏治事》。
7 《撫豫宣化錄》卷一，《奏請調補事》。
8 《撫豫宣化錄》卷一，《題考城高令能改舊習》。
9 《澄懷園文存》卷四《請定安輯棚民之法疏》。
10 《清朝通典》卷九《戶口丁中》。
11 《硃批諭旨・性桂奏摺》，六年九月二十八日摺及硃批。
12 《上諭內閣》，十三年七月十四日諭。
13 《上諭內閣》，元年五月二十一日諭。
14 《後漢書》卷二十六《韋彪傳》。
15 《聖諭廣訓》，宣統二年印本。
16 《清朝文獻通考》卷十九《戶口》；王士俊《吏治學古編》卷下《勸戒》。
17 《雍正朝起居注》，五年五月初十日條。這個問題，在《改定律令》一節已有說明。
18 《張氏捐義田奏摺》，抄本，藏南開大學圖書館。
19 《硃批諭旨・尹繼善奏摺》，八年三月二十二日摺及硃批。
20 《上諭內閣》，元年二月十三日諭。
21 《清世宗實錄》卷十二，元年十月甲寅條。
22 乾隆《光州志》卷四十九《宦迹》。

23《雍正朝起居注》，五年閏三月二十九日條。

24《清世宗實錄》卷一二五，十年十一月乙未條。

25《上諭內閣》，十年十二月十五日諭。

26（宜章）《曹氏族譜》。

27《校邠廬抗議·稽戶口議、復宗法議》。

28《論保甲事宜書》，見《清經世文編》卷七十四。

29沈德潛《歸愚文鈔·餘集》卷五《文學孫古愚傳》。

30《清世宗實錄》卷十，元年八月己酉條。

31《上諭內閣》，元年五月初六日諭；《永憲錄》卷二上，一一四頁。

32《清世宗實錄》卷十，元年八月己未條。

33《清世宗實錄》卷十，元年八月庚申條。

34《清世宗實錄》卷十，二年二月壬申條。

35《清世宗實錄》卷六十一，五年九月丙寅條；《永憲錄·續編》，三六八頁。

36《清世宗實錄》卷九十九，八年十月庚子條；《永憲錄·續編》，三六九—三七〇頁。

37《上諭內閣》，康熙六十一年十二月十二日諭。

38《清朝文獻通考》卷五十五《樂考》；《清史稿》卷八十九《禮志》。

39《清史稿》卷九十三《禮制》。

40《清世宗實錄》卷二十八，二年十一月庚戌條。

41光緒《大清會典事例》卷七六八《刑部·禮律儀制》。

42《上諭內閣》，元年八月初二日諭。

43、45《上諭內閣》，元年六月二十三日諭。

44《硃批諭旨·田文鏡奏摺》，五年四月二十八日摺及硃批。

46《上諭內閣》，二年十二月十八日諭。

47王士俊《吏治學古篇》卷下《勸戒》；凌如煥《敬陳風化之要疏》，見《清經世文編》卷二十三。

48《聖諭廣訓·序》。

49《上諭內閣》，十三年八月十六日諭。

50光緒《奉賢縣志》卷五《學校》，鄉約附引舊志。

51雍正《河南通志》卷十《禮樂》；《硃批諭旨·王士俊奏摺》，八年二月十六日摺。

52雍正《河南通志》卷十《禮樂》；《清代文字獄檔·屈大均詩文及雨花臺衣冠塚案》。

53《硃批諭旨·王士俊奏摺》，八年二月十六日摺硃批。

54《歸愚文鈔·餘集》卷四《淮安普濟堂記》。

55《清世宗詩文集》卷十四《育嬰堂碑文》。

56嘉慶《揚州府志》卷十八《公署》，卷五十二《篤行》。

57乾隆《確山縣志》卷四《藝文》。

58 同治《新城縣志》卷二《寺觀》。
59 乾隆四十一年《淄川縣志》卷二《公署》。
60 乾隆《蘇州府志》卷十五《義局》。
61 嘉慶《松江府志》卷十六《建置》。
62 《硃批諭旨‧趙弘恩奏摺》，十二年二月初八日摺。
63 《澄懷園文存》卷四《議復好善樂施獎勵敘用疏》。
64 《穆堂別稿》卷二十四《尚義左氏族譜序》。
65 《清世宗實錄》卷一五六，十三年五月癸亥條。
66 《澄懷園文存》卷四《議復好善樂施獎勵敘用疏》。
67 《硃批諭旨‧趙弘恩奏摺》，十二年二月初八日摺硃批。
68 《上諭內閣》，五年十二月十三日諭。
69 《硃批諭旨‧田文鏡奏摺》，六年六月二十一日摺。
70 《上諭內閣》，六年七月初五日諭。
71 《上諭內閣》，六年八月十六日諭。
72 《上諭內閣》，六年十一月二十六日、十二月二十日諭。
73 《上諭內閣》，七年二月十六日諭。
74 《上諭內閣》，七年六月二十一日諭。
75 《上諭內閣》，七年九月初七日諭。
76 《上諭內閣》，七年十月十四日諭。
77 《上諭內閣》，八年元月初二日諭。
78 《上諭內閣》，十二年四月十二日諭。
79 《上諭內閣》，十三年閏四月二十八日諭。
80 《上諭內閣》，六年七月初五日諭。
81 《硃批諭旨‧田文鏡奏摺》，六年六月二十一日摺。
82 《上諭內閣》，六年七月初五日諭。
83 《清高宗實錄》卷五，雍正十三年十月乙酉條。
84 阮葵生《茶餘客話》卷二《樂戶惰民丐戶之世襲》；《永憲錄》卷二上，一〇二一一〇三頁。
85 《文獻叢編》第八輯《年羹堯奏摺》，四十三頁。
86 光緒《大清會典事例》卷五二四，《樂部‧設官》。
87 《清朝通典》卷六十三《樂典》。
88 《硃批諭旨‧噶爾泰奏摺》，元年七月十一日摺。
89 《永憲錄》卷二下，一三二頁。
90 《雍正朝起居注》，元年九月初六日條。
91 《上諭內閣》，五年四月二十七日諭。
92 《清世宗實錄》卷五十六，五年四月癸丑條。
93 《刑案滙覽》卷三十九《刑律鬥毆‧道光五年四月題准案》。
94 《硃批諭旨‧劉柟奏摺》。
95 俞正燮《癸巳類稿》卷十二《除樂戶丐戶籍及女樂

附考古事》；陶宗儀《輟耕錄》卷十《烏蜑戶》。

96 屈大鈞《廣東新語》卷十八《舟語・蜑家艇》。

97 《硃批諭旨・孔毓珣奏摺》，二年九月初八日摺。

98 《上諭內閣》，七年五月二十八日諭。

99 《清世宗實錄》卷九十四，八年五月丙戌條。

100 《清朝文獻通考》卷一五二《王禮・泰陵聖德神功碑》。

101 《硃批諭旨・噶爾泰奏摺》，元年七月十一日摺。

102 《明史》卷一四七《解縉傳》，四一一八-四一一九頁。

103 《永憲錄》卷二上，一〇二頁。

104 《清世宗實錄》卷五十六，五年四月癸丑條。

105 同治《祁門縣志》卷五《風俗》引康熙志。

106 乾隆《涇縣志》卷二下《鄉都》。

107 徐渭《青藤書屋文集》卷十八《會稽縣志諸論・風俗論》。

108 《江蘇省明清以來碑刻資料選集》，六二一-六二二頁。

109 《江蘇省明清以來碑刻資料選集》，二七六-二七七頁，六四五頁。

110 《清德宗實錄》卷五三六，三十年十月丙寅條。

111 《刑案滙覽》卷三十九《刑律鬥毆・道光五年四月題准案》。

112 《清高宗實錄》卷八八六，三十六年六月庚辰條。

113 《萬曆野獲編》卷二十四《丐戶》。

114 《萬曆野獲編》卷一《釋樂工夷婦》。

115 《茶餘客話》卷四《教坊司》。

116 《皇朝瑣屑錄》卷三十八《風俗》。

117 《癸巳類稿》卷十二。

118 《清世宗實錄》卷十三，元年十一月乙未條。

119 《硃批諭旨・趙弘恩奏摺》，十二年三月十五日摺及硃批。

120 《上諭內閣》，四年九月初十日諭。

121 《清世宗實錄》卷六十，五年八月乙未條。

122 同治《興國縣志》卷四十六《雜記》。

123 《硃批諭旨・李衛奏摺》，八年六月初六日摺及硃批；《硃批諭旨・尹繼善奏摺》，八年六月初三日摺。

124 汪景祺《西征隨筆・西安吏治》。

125 《硃批諭旨・高其倬奏摺》，四年十月十三日摺及硃批。

126 《上諭內閣》，七年七月初三日諭。

127 《清世宗實錄》卷四十四，四年五月丁巳條。

128《硃批諭旨・福敏奏摺》，五年三月十六日摺及硃批。
129、131《硃批諭旨・胡鳳翬奏摺》，元年四月初五日摺。
130《江蘇省明清以來碑刻資料選集》，四十四-四十五頁。
132《江蘇省明清以來碑刻資料選集》，三十三頁。
133《江蘇省明清以來碑刻資料選集》，三十四-三十六頁。
134《硃批諭旨・李衛奏摺》，八年七月二十五日摺。
135《硃批諭旨・李衛奏摺》，七年十二月初二日摺。
136《江蘇省明清以來碑刻資料選集》，六頁。
137《硃批諭旨・李衛奏摺》，八年七月二十五日摺及硃批。
138《上諭內閣》，六年二月初五日諭。
139《上諭內閣》，五年七月十五日諭。
140《上諭內閣》，四年八月初九日諭。
141《歸愚詩鈔》卷五《百一詩》。
142《雍正朝起居注》，三年七月二十一日條。
143《清世宗實錄》卷六十，五年八月癸丑條。
144《上諭內閣》，六年七月十一日諭。
145《上諭內閣》，七年二月十九日諭。
146《上諭內閣》，六年十二月初十日諭。
147《上諭內閣》，六年十一月十三日、二十五日諭。
148《上諭內閣》，七年十二月二十七日諭。
149《硃批諭旨・孔毓珣奏摺》，六年四月十一日摺附硃諭。
150《硃批諭旨・孔毓珣奏摺》，六年四月十一日摺。
151《上諭內閣》，七年二月二十三日諭。
152《硃批諭旨・田文鏡奏摺》，五年八月二十八日摺硃批。
153《清世宗實錄》卷十四，元年十二月庚申條。
154《清世宗實錄》卷十五，二年二月癸卯條。
155《上諭內閣》，五年四月二十六日諭。
156《上諭內閣》，六年十月十九日諭。
157《硃批諭旨・紀成斌奏摺》，五年七月初八日摺及硃批。
158《上諭內閣》，五年三月二十六日諭。
159《上諭內閣》，五年閏三月十八日諭。
160《硃批諭旨・石文焯奏摺》，二年五月十八日摺批諭。
161《硃批諭旨・石文焯奏摺》，二年六月十三日摺及硃批。
162《硃批諭旨・楊宗仁奏摺》，二年閏四月二十二日摺硃批。

163《清世宗實錄》卷二十一，二年六月庚子條。
164《硃批諭旨・黃淑琳奏摺》。
165《硃批諭旨・何天培奏摺》，二年閏四月二十六日摺後硃諭。
166《硃批諭旨・田文鏡奏摺》，五年閏三月二十日摺硃批。
167《硃批諭旨・田文鏡奏摺》，五年六月初三日摺硃批。
168《硃批諭旨・田文鏡奏摺》，五年七月初四日摺硃批。
169《上諭內閣》，六年四月二十九日諭。
170《硃批諭旨・高成齡奏摺》，五年八月十六日摺及硃批。
171《硃批諭旨・紀成斌奏摺》，五年七月初八日摺。
172《硃批諭旨・田文鏡奏摺》，五年八月二十八日摺硃批。
173《硃批諭旨・高成齡奏摺》，五年八月十六日摺硃批。
174《硃批諭旨・田文鏡奏摺》，五年九月二十五日摺硃批。
175、176《上諭內閣》，六年三月二十五日諭。
177「正」字應為「真」字，這是記錄此事的文件寫作人為避胤禛名諱而改寫的。
178《硃批諭旨・田文鏡奏摺》，六年九月初八日摺。
179《硃批諭旨・萬際瑞奏摺》，六年七月二十二日摺硃批。
180《硃批諭旨・岳濬奏摺》，六年八月十七日摺硃批。
181《硃批諭旨・田文鏡奏摺》，七年七月二十一日摺硃批。

第十二章　對外關係與對外貿易政策

遷西洋人於澳門和開閩粵洋禁

（一）驅逐傳教士於澳門、廣州

康熙對來華的西方傳教士區別對待，利用他們的科技知識，發展數學、天文學、曆法的研究，並有所成就。對他們的傳播天主教，對教皇格勒門得十一世干涉中國內政的傳教方針嚴予駁斥，至晚年尤甚。五十六年（一七一七年），再次嚴禁天主教的傳播[1]。五十九年（一七二〇年），命羅馬教廷使臣嘉樂帶回除願意留下服務的技藝人之外的所有傳教士[2]，又因西洋人德里格妄行陳奏，將之囚禁[3]。對中國人的出洋貿易，加以限制，有的人外出噶喇巴（今印尼爪哇）、呂宋（今菲律賓）等地，久居不歸，清朝政府害怕他們成為海盜，於五十六年禁止民人往南洋貿易，前已出洋的限三年之內回籍[4]。其久留外洋的，知情同去的人坐罪枷號一個月，清朝政府並行文該居留國，要求將留住清人解送回國，立處斬刑[5]。可見康熙晚年嚴禁西洋人在華傳教和華人出洋貿易，目的是為了保障封建社會秩序。雍正初年，基本上繼承了前朝政策，而後稍有變動。

康熙末年禁止天主教的法令實行不徹底，雍正元年，浙閩總督覺羅滿保重新提出查禁的建議，他說西洋人在各省行教，人心漸被煽惑，請把他們通曉技藝又願赴京效力的送到北京，其餘一律送到澳門。雍正同意他的要求，指令地方官做好西洋人的遷移澳門事務，毋使其勞苦[6]。命令執行中，西洋人戴進賢請求不要把他們全部驅逐到澳門，雍正飭令有關督撫討論，兩廣總督孔毓珣認為西洋人於吏治民生原無大害，只是別為一教，「原非中國聖人之道，愚民輕信誤聽，究非長遠之計」。因請將各省西洋人，不必盡送澳門，可在廣州等候該國船來搭乘回國，其中老弱不願歸去的，令其居住於廣州天主堂內，不許出外行教，亦不許百姓入教。其他地方的天主堂一律改為公所，入教的民人令他們放棄信仰。雍正說他對「西洋教法原無深惡痛絕之處，但念於我中國聖人之道無甚裨益，不過聊從眾議耳」。西洋人只要沒有大惡，應從寬對待，不要繩之過嚴[7]。同時批准了孔毓珣的建議。他和康熙一樣禁止西洋人傳教，把他們驅逐到澳門，或集中於廣州，但在人身上保證他們安全。

驅逐西洋傳教士的政策，在各地執行得比較緩慢，因為後來允許俄國人在京建立教堂，不得不從緩進行。五年（一七二七年）十一月，浙江巡撫李衞稱奏，西洋人傳教，以金錢引誘中國人，因而許多人暗中入教，現在雖無大害，但應禁革。雍正說：「姑且以理化導，不宜遽繩以法，何也？現今都中許其行教，一旦嚴懲，人豈誠服？若論沿海省分，尤當禁革，徐徐逐漸為之甚是。」[8]李衞還是積極辦理，八年（一七三〇年），把西洋人馬德諾遣送到澳門，將杭州天主堂改為天后宮[9]。雍正禁止傳教，用意是在不許中國人信教，尤其不准滿人崇信。貝勒蘇努的兒子蘇爾金、庫爾陳、烏爾陳等信奉天主教，蘇努因是允禩黨人遭到打擊，雍正多次指責他的信教的兒子們背祖宗、違朝廷的罪過[10]。李衞在報告地方上信教情形時，特地說明「駐防旗下亦染此風」[11]。他們君臣怕人信仰天主教後違背儒家的綱常大義。

這一次驅逐，對天主教是一次較大打擊，清末北京主教樊國梁說：「各省大小聖堂，一時俱拆毀盡淨，其聖堂之房屋院落，或改為倉廒，或改為書院，一所不留。京師順天府屬之文安縣、古北口、宣化府等處，均有聖堂，至是盡改為官所，京都之北堂，亦改為病院矣。其堂之聖像、聖龕，盡遭焚毀，從來中國聖教之厄，未有列於是時者也。」[12]反映了教堂被摧毀的情況。

雍正與羅馬教廷也發生過交往。三年（一七二五年）十月，教皇伯納地哆的使臣噶達都易德豐朝見雍正，祝賀他的登基。雍正深感滿意，表示對來華的西洋人，只要他們「愼守法度，行止無愆」，一定「推恩撫恤」[13]。康熙時被囚禁的德里格，合於雍正即位恩詔的赦免條款，前已釋放，尚有傳教士畢天祥、計有綱也於康熙間關在廣州，教皇要求援德里格之例把他們開釋，雍正查檢他們的犯罪情節，符合釋放條件，同意了他的請求[14]。

耶穌會士來華，既帶來某些西方的科學知識，又是西方資本主義侵略勢力的先導。清朝政府針鋒相對，部分利用其技術，防制其傳教和顛覆活動，雍正也執行這一方針。他的驅逐傳教士於澳門、廣州，是防範他們深入民間，影響民眾思想。傳教士是外來者，佔進攻地位，雍正的措施，實質上具有防禦性。雍正在驅逐時，強調作好護送工作，後又允許居留廣州，做的有節制。在驅逐時，雖也命令精通技藝的西洋人留在北京服務，但對他們的利用遠不如康熙那樣熱心，這一點大不及於乃父。

對待西歐來的使臣，雍正以禮相待。五年（一七二七年），博爾都噶爾（今葡萄牙）使臣麥德樂到北京，雍正召見，於常賜之外，又賜人參、瓷器、漆器、紙墨、字畫、香囊等物，特遣御史常保住伴送到澳門，命他們走江南、浙江、江西一線，觀看富庶和人文發達的地區，指示各地厚予照顧，使與「各國貢使不同」。常保住乘機圖利，為勒索地方官，故意擡高麥德樂身價，以便得遂其私，因此各地督撫待以不尋常的禮遇。如江蘇巡撫陳時夏出郭十里迎接他們，在常保住、麥德樂前跪請皇帝安好。設宴招待他們，陳時夏親自往請，否則不赴席。他們一行到浙江，李衞因沒有改變接待儀注的諭旨，認為像陳時夏那樣做，是有損國威，於是只在常保住面前跪請聖安，讓麥德樂在遠處觀看，使知中國尊君禮節，常保住要李衞等先拜見麥德樂，李衞堅持請麥德樂到官廳相會。使臣過後，李衞奏報麥德樂「驕橫」，常保住「不顧國體，但藉之以作威福」。雍正很欣賞李衞的做法，硃批說：「所奏殊屬可嘉之至，各省封疆諸臣悉能如此居心，顧惜國體，天下何愁不治。」又指責「陳時夏身為大吏，不應卑躬失體至於若是」。要求李衞調查使臣離浙赴粵情況[15]。使臣到澳門，兩廣總督孔毓珣摺奏，說常保住「一路廉靜，待夷人亦甚得體」。雍正據李衞的報告，要求他據實奏聞[16]。此後具摺回奏：前報常保住廉靜，是因他離廣州時拒收各官公送程儀八百兩。其實他在廣東，來回都派家人打前站，所至勒要抄塡勘合銀、小包及其他費用，「在澳門收受西洋人食物，則人皆知道，收受西洋人是何禮物，則外人不知」[17]。說明常保住確實不惜以傷國體撈取錢財。雍正對麥德樂的優待，使他深為感激，到澳門正值雍正壽辰，經徵得常保住同意，率領西洋商人，在天主堂作祈禱，為雍正祝壽[18]。雍正對天主教、西洋人，如前所述，並無惡感，他有西洋髮式頭部畫像，也可以作為明證。

（二）行商貿易

雍正中，西洋和南洋的商人來華貿易，均至廣州，來的商船不算多，然而不少於康熙時期。三年（一七二五年），到廣州的外國商船總計十艘，其中英國船六隻，載來貨物有黑鉛、番錢、哆羅（寬幅毛織呢）、嗶嘰以及胡椒、檀香等物，法國船一隻，所載黑鉛、番錢、羽緞、哆羅，大體與英貨相同。噶喇巴（爪哇）、呵沙、嗎吧喇斯各一隻，貨物為胡椒、蘇木、檀香[19]。北歐的瑞典、丹麥商人，都是在雍正年間來到廣州進行貿易[20]。所有的外商貿易量不大，如署粵撫兼管粵海關稅務常賚所說：「貨物無幾，大半均屬番銀。」[21]

到廣州的外國船，清政府一律令在黃埔停泊，進行嚴格管理，其船所帶炮位，由中國官方起卸保存，離去時始行發還[22]。船到後，中國派兵看守，只許正商數人與中國行商進行交易，其餘水手人等都在船上等候，不許上岸行走[23]，由粵海關進行徵稅和查貨[24]。中國的與外商貿易無關的人員，一律不許進入外商船隻[25]。要求外商於當年十一月、十二月乘信風便利，辦理清楚離去[26]。雍正同意這些規則和做法，只是強調「嚴加約束稽查」[27]。

與外商洽談貿易的行商，又叫「洋商」、「官商」，他們在康熙年間組織公行，經過向政府申請，獲得允許，負責對外商的貿易。雍正初年洋行名為「十三行」，其實有四五十家。三年（一七二五年），粵撫楊文乾在行商中設立行頭，專用其中的六家，洋船報稅上貨等事全由他們專理[28]，這就是說清朝政府用行商壟斷外商的貿易，楊文乾又選擇少數行商壟斷洋行生意。

雍正時，管理外商的官員往往大肆貪污。楊文乾是被雍正視為實心奉公、不避嫌怨的好官，當兩廣總督孔毓珣、廣東藩司常賚、官達等揭露他貪贓時，雍正很不以為然，大加保護[29]，可是後來眞相大白。楊文乾於粵海關每年額稅四萬兩外，以溢耗之名，多得十一萬兩；外商帶來的銀兩，每兩抽銀三分九釐，共得兩萬餘兩；紅黃顏色的綢緞向例不許出口，楊文乾違禁准許，每匹得銀七錢，約計可得銀萬兩；外商回船，不論其買貨多少，按其携來銀兩，每兩加抽一分，獲銀四萬三千兩；以進上為名從外商船上揀選奇巧物件自用，由洋行商人代給貨價，計銀萬兩。這樣楊文乾每年因管理外商事務，約計貪贓二十萬兩。五年（一七二七年）夏天，楊文乾進京陛見，而時值外船到來之時，不能細查外商貿易情況，故行前傳令，外商凡買湖絲一擔，扣銀二十兩，茶葉一擔扣銀五兩，瓷器等貨扣銀二兩[30]。楊文乾還向行商索取銀錢，行商按接洽的外商船隻大小，包送楊文乾一萬兩，或八千兩、六千兩、三千兩不等。雍正六、七年間，傅泰署理粵撫印務，為時八月，對屬官節禮、陋規一概不收，表示清廉，但補用粵海關書吏五人，向他們每人收銀三百兩[31]，否則不予錄用。楊文乾、傅泰在其他方面清廉，獨涉及外商事，以為貪濁無礙。雍正揭露他們的心理是：以為這些事「不關國計民生，設法巧取，而名實兼收」[32]。官吏藉外商而獲巨利，由楊、傅事可見一斑。雍正在對洋人關係上處處以國體為重，官吏專在與洋人貿易上舞弊，收受賄賂，也是有失國體，而他卻留意不夠。

對於後世臭名昭著的鴉片貿易，雍正時鴉片進口數量還小，但已引起雍正的重視，禁止販賣鴉片煙，官員也較認眞執行。福建漳州知府李治國為清源塞流，注意查拿販毒人。七年（一七二九年），在陳遠家中查獲鴉片三十三斤，擬以枷號充軍之罪，陳遠稱寃說他所有的是藥用鴉片，不是鴉片煙，經巡撫劉世明交藥店鑒別，確係醫藥用品，尙未製成毒煙，因將陳遠釋放，鴉片貯存藩庫。劉世明認為李治國犯了失入的過錯，本擬究參，又怕因此使人誤會，以為解除鴉片煙禁，故只密摺奏聞。雍正對此事的看法與劉世明不全相同，他說：「李治國於此一事雖欠明察，然乃過於從事之咎，情理尙在可原，不就此案參處甚是。」至於沒收陳遠鴉片，「若係犯法之物，即不應寬釋，若不違禁，何故貯存藩庫，此皆小民貿易血本，豈可將錯就錯，奪其生計。如欲留為異日證據，數兩幾斤足矣，未有全留貯庫之理！雖係細事，殊關輿論，汝等身膺封疆重任，愼勿因其細而漫忽視之。」[33]此一事反映雍正治事的細密不說外，他對鴉片政策是：販賣毒品，嚴懲不貸；嚴格區分藥用鴉片與毒品鴉片煙，毒品嚴禁，藥用毫不干涉，且照顧到小本商人的正當利益。

在廣州與外商進行貿易的同時，清政府注意到對澳門外商的管理。康熙末年禁止中國人到南洋貿易，於是這一路的生意歸在澳門的外國人所得，他們逐年添置船隻，擴大交易。雍正初，澳門的洋船已達二十五隻，居住西洋人男女三千五百多人，引起朝內外官員的注目。元年（一七二三年），廣東人、通政司右通政梁文科條奏，請在澳門增設官兵，以便彈壓。二年，孔毓珣提出全面規劃：澳門西洋人現有船舶二十五隻，以此為限，損壞了可以修理，但不得再行添置，防止其貿易擴大，招引西洋人來澳居住；葡萄牙派來的管理人，許其自行更換；無故來澳門的人，即令隨來船離去，不許容留居住。他的建議經兵部討論，雍正批准執行[34]。

決定來澳門的外國人的留住，限制他們的商業活動，都是雍正年間清朝政府行施對澳門主權的表現。在澳門的外國僑民要遵守清朝法令和交納賦稅。清朝在澳門設有駐防軍，由把總領兵五十名駐守，又在澳門和內地的通道上設立城池關卡，由都司、守備帶領兵丁駐防，四面安設炮臺，不許西洋人隨便進入內地[35]。

十八世紀上半葉，西方殖民主義者向中國輸送文化和商品，為日後大規模的侵略作準備，但此時還沒有構成嚴重威脅。康熙、雍正父子對西洋人的活動非常警惕，主要是防止侵略者和中國一部分民人的結合，以免發生社會動亂，影響清朝的統治，為此而驅逐傳教士，限制澳門西洋人貿易。值得注意的是西洋商人慣於向中國官吏行賄，敗壞中國吏治，而中國一部分官僚利用辦理對外事務的機會，貪污舞弊，那些在對內事務中清廉的人的犯罪，更說明問題的嚴重性。

（三）閩粵洋禁的開放

康熙五十六年禁止人民往南洋貿易後，使一部分人失業，無法生活，在廣東的官員大多看出這一問題。雍正初年，孔毓珣建議取消洋禁，允許人民出海貿易。雍正交廷臣密議，隆科多反對。雍正認為兩方面都有道理，委決不下[36]。二年秋天，產生了傾向性意見，反對開禁，他告訴孔毓詢：「料理地方一切事宜，當於遠大處熟籌深計，凡出一令舉一事，必期永久可行，有利無害方好，不可只顧目前小利。」[37]又說：「海禁寧嚴毋寬，餘無善策。」[38]他錯誤地認為開禁對眼前有利，對將來有害，而繼續嚴禁是視野遠大的措施。

福建是地少人眾、糧食不足的地區，人民常以甘薯充飢，尚難滿足。若再有荒災，民食問題更嚴重。人民在生活無著時，就發動各種形式的反抗。雍正三年秋季歉收，次年又遇春荒，各地相繼出現民眾運動，興化府南臺縣民反對糧食出境，搶劫米店，福州人民要求降低米價，巡撫毛文銓不允，羣眾打破巡撫轅門柵欄和巡捕官的轎子。邵武府建寧縣百姓罷市，汀州人民因米、鹽價昂，趕罵知府何國棟，上杭人民搶米[39]。

「地狹人稠，無田可耕，民且去而為盜。」這是浙閩總督高其倬於四年（一七二六年）總結福建情況而得出的福建不安定的原因之一，他把它作為請求開禁的根本理由，因為民無食又無其他辦法，才被迫為「盜」，要弭盜，最好為他們籌畫謀生之路。開洋禁，允許民人出洋貿易，不失為消除人民反抗的一個方法，他說：「出海貿易，富者為船主，為商人，貧者為頭舵，為水手，一舟養百人，且得餘利歸贍家屬。」他針對主禁派的觀點進行批駁：怕開禁大米出口，食糧越發不夠，其實外洋產米地方甚多，糧食不會成為大宗出口物品；或慮把中國的船料賣給外國人，然而中國船小，外國人得了沒有用。他經過正反兩方面的分析，請求雍正解除海禁[40]。五年（一七二七年）三月，雍正原則上同意了他的分析，命高其倬與福建巡撫常賚、廣東巡撫楊文乾商討具體辦法，並命內閣將康熙年間辦理海洋事務的成案，滙編成《海洋事宜》，發給高其倬等籌議時參考[41]。高其倬、常賚、楊文乾等主要是討論出洋民人的回歸問題。九月，摺奏民人留住外洋情況：過去出洋一隻船，船戶只報六七十人，七八十人，實際二三百人，甚至四五百人，多數人都不回歸，因此僑居爪哇的有萬餘人或幾萬人，留住菲律賓的有幾千人。他們認為留居問題的解決，首要的是禁止民人再偷流出國，所以開洋禁著重考慮如何使出洋的人員按時歸來。他們建議採取兩項辦法，一是外出者交具保結，凡出洋的船主、水手、商人都要由族鄰保甲出具保單，再用同業三船連環互保，手續齊全，地方官發給出洋執照，同時登記外出者姓名、年齡、面貌，注明指紋，到出洋時由有關官員檢驗，回歸時同樣查核，如有去多回少情事，先將船戶人等嚴行治罪，再將留住之人家屬嚴刑追比。另一項是指定出洋地點，為了避免徇情隱瞞的弊端，出洋船隻不許於所在地出口，一律到指定地點檢核出洋，福建集中於廈門，廣東則為虎門，若在其他口岸出海，照私越之例治罪。雍正認為第二條辦法好，第一條言之有理，但不便於實行。更不同的是他不贊成高其倬等人的基本精神，高其倬等人的目的是讓出洋之人一定回來，雍正則說：

> 朕非欲必令此輩旋歸也。即盡數旋歸，於國家亦復何益？所慮者既經久離鄉井，安身異域，宜乎首邱之念絕矣，而一旦返回故土，其中保無奸徒包藏詭謀，勾連串通之故乎！[42]

他所顧慮的是久離鄉井的人回來，是否別有企圖，影響治安。次年正月，高其倬、常賚、楊文乾三人會奏，堅持上年原議，雍正甚為不滿，說他們膠執謬見，「惟恐內地人外出，設為種種嚴切科條，殊屬可笑，朕實不解」。又說久留於外洋的人，「忽復內返，踪迹莫可端倪，倘有與外夷勾連，奸詭陰謀，不可不思患預防耳」。又針對楊等嚴密的保結條文說：大海茫茫，失風飄沒是常有的事，追比其家屬，有這個道理嗎？[43] 雍正的辦法是規定出洋期限，對於逾期不歸的人，就認為他是甘心流落外方，不值得憐憫，不許再回國，這樣就使那些想回來的人不敢滯留於外了[44]。雍正是把外出者的按期歸來與逾限歸來兩個問題綜合考慮，不像高其倬等主要考慮前一問題。他的中心意思是保障社會秩序，而對民人的歸國與否則不太感興趣。

經過閩、粵督撫和廷臣、雍正的反覆磋商，於六年（一七二八年）十月制定閩粵民人出洋貿易規則：船隻出口，按規定期限進行，出口船於每年四月提出申請，進口船於九月造報，入口船如因在外洋商務未清，未能按期進口，准於來年六、七月進港，若遭風飄泊他處，取該地方官印結，隨時可以返回，若故意遲延，徇私揑報，則行究處。每船携帶食米，去暹羅的大船限三百石，中船二百石；去爪哇的大船二百五十石，中船二百石；去菲律賓的大船二百石，中船一百石。如若多帶，按接濟外洋例論罪。各船所需用的釘、棕、麻等物，許可酌量携帶，但要登記清楚，以便查驗[45]。其他方面，如出洋取結，指定港口都沒有變動。

高其倬等籌議之時，也即在五年（一七二七年），就在福建宣布開放洋禁，允許民人往南洋貿易，同時公布了他們擬議中的出洋條規，依照實行。在高其倬開福建洋禁奏議獲准之後的一個月，當時擔任廣東布政使的常賚亦摺請廣東與福建一體開禁。他說廣東也是田少人多，沿海居民藉開洋生業的人不可勝數，比福建更需要開禁，以便彌補「耕耘之不足」[46]。雍正也允准了，正逢廣東巡撫楊文乾奉命赴福建清查倉庫，雍正遂命他與高其倬會同籌商開洋事務。所以開海禁，施行於閩、粵二省。有些史書只提福建洋禁之開，忽略了廣東的實行，給人以錯覺，應當糾正。

洋禁初開之時，雍正堅決執行規則。五年夏天，高其倬發出允許出洋貿易的通告，到十一月，船戶和商人報告：水手手皮粗厚，螺紋不明，難於取得印結；每船總有數十人，難免臨開船時有人死亡，則需另雇，一時保結不易辦妥；船上客人有的是遠州別府的，倉卒趕來，到本地取結，耽誤時日。但是風汛不等人，過了初春就不能出洋，因此請求在保結方面加以變通。高其倬回答說：通告已發布數月之久，船戶與商人不積極辦理手續，到臨行的時候，「欲以誤期誤貨脅制」政府，斷難實行通融。並以此態度向雍正奏報[47]。這時商人因造船、辦貨投入本錢，若屆風汛之期不能出洋，必有損失，水手人等將失去生活之道，若沒有開洋之說，他們沒有指望，現若不能按時出洋，則會產生抱怨，發生民變[48]。高其倬上奏摺，說的很強硬，心裏也有些擔心。常賚也是這樣，於六年（一七二八年）正月奏報各商船貨俱集而原籍地方官印結未到不能出洋的情況[49]。雍正在高其倬奏摺上批道：「堅持不移甚善。魯論云民無信不立，凡百處悉宜如是，無可疑者。當此創始之際，稍若游移將就，向後法不行矣。誤貨誤期，皆伊等自誤，與人何涉！」[50]對常賚的摺子更有指責意味，說「誤亦係彼自誤，與汝等何涉？」[51]雍正的意思是立法必行，對不遵守的採取高壓手段，不怕出亂子，不因多人的不遵守或反對而隨便更改。他的開洋法規就這樣執行了。

雍正六年份（即五年冬至六年秋），從廈門出口的福建洋船共二十一隻，到七月以前返回的十二隻，載回大米一萬一千多石，還有燕窩、海參、蘇木、牛皮等物，同時帶回流落南洋的居民三十多人，其中有的人已在外居住十七八年，在那裏種田、種園、賣茶，在家鄉多有妻子，高其倬讓他們回籍安插，並向雍正報告，「此等留住外國之人，實因往彼貿易、種田謀生」。雍正批准高其倬對他們的安置，同時指示：「毋即信以為然，寧可再加察訪，在外如許年歲，一旦復回，安保毫無情故，飭令屬員徐徐設法訪問，務悉其底裏。」[52]從制定開洋條規到檢查出洋情況，雍正拳拳以保證國內治安為念。

在廢弛海禁問題上，雍正先以怕留居海外的民人歸來懷有異心，策動反叛，成為頑固的主禁派，迨後，鑒於閩粵民人生活困窘，社會動盪，為取寧謐，轉而贊成開洋，企圖消弭不安定因素。但對長期留住外洋民人的回歸仍有戒心，與臣下往復計議，謀求善策。由此可見，作為最高統治者的雍正，考慮任何政策，都是圍繞維護清朝的長遠統治進行的，為此，他沒有成見，可以適應環境，調整統治政策。他的開放洋禁，使南方沿海一部分人民恢復康熙末年被剝奪的謀生手段，有利於中國與南洋地區進行經濟文化交流。但如果把他的海洋政策同西方資本主義國家政府鼓勵對外貿易的方針相對比，不用說，他的限制人民出洋的種種規定，是落後的。對於久留國外民人的葉落歸根的故國之思毫不珍惜與歡迎，反映了他的封建統治者仇視人民的立場。中國在淪為半殖民地國家後，華僑在外國備受欺凌，受不到祖國保護。雍正統治時代，還有他的父祖及兒孫時代，國力尚強，也棄置華僑於不顧，這卻是中國封建統治者沒有世界眼光的結果。所以說，在國際鬥爭舞臺上，這些佼佼者的帝王往往是昏庸者。

簽訂恰克圖條約

雍正驅逐天主教士，卻允許俄國人在北京興建教堂，顯得很矛盾。他對俄國的政策是什麼？為什麼實行這樣的政策？

事情得從尼布楚條約說起。康熙二十八年（一六八九年）簽訂的這個條約，劃定了中俄東段邊境。但是沙俄殖民主義者繼續實行它的侵略政策，蠶食中國領土，對喀爾喀蒙古地區的侵蝕尤其嚴重。與此同時，引誘中國邊民，製造叛逃事件。清朝政府為了制止沙俄的領土侵略，多次行文俄國，要求雙方舉行談判，劃定疆界，俄國拒不回答，以事拖延。三十二年（一六九三年），俄國使臣義傑斯到北京，以未奉沙皇訓令拒絕談判邊界問題[53]。五十六年（一七一七年），康熙說：關於議定中俄喀爾喀蒙古地區的疆界，給俄國去信十餘年，至今沒有得到答覆[54]。《尼布楚條約》規定，雙方可以開展貿易，俄國人企圖通過商業對中國進行掠奪。三十二年（一六九三年），清朝政府定例，允許俄國商人到北京做買賣，三年進行一次，每次不得超過二百人，在京不得超過八十天，一應貨物俱不納稅，犯禁之物不准交易，商人路費自理，在京期間不供給伙食[55]。雖是這麼規定了，但對俄國商人往往給以優待，如康熙所說：對前來的數百人的商隊，「俱令乘驛，送至京城，留住數月，給以廩食，飼餵馬匹，諸事應付，所費錢糧甚多」[56]。四十九年（一七一〇年），康熙命原任大學士馬齊管理俄國商人事務[57]。康熙前期，清朝政府以俄人組成俄羅斯佐領，屬鑲黃旗，康熙賜給寺院，他們擅自改為東正教教堂，有神父。《尼布楚條約》簽訂後，俄國要求派人到北京學習滿文和漢文，俟學成之後換回，再派人來。清朝政府於翰林院下設俄羅斯學，派人教育俄國學生。俄國教士、學生，都住在俄羅斯館內。

《尼布楚條約》簽訂前後，清朝政府正同中國的準噶爾部噶爾丹集團作鬥爭。康熙五十一年（一七一二年），是準部策妄阿拉布坦集團向清朝進攻的前夕，康熙想聯絡在半個多世紀前被準噶爾人壓迫遷徙到伏爾加河下游的土爾扈特人，擬派遣使團前往探望，需要假道俄國，俄國為了發展它的對華貿易和派遣傳教士來華，同意為清朝使團提供方便，同時要求允許俄國增派傳教士來北京。結果是圖理琛使團去土爾扈特部，於五十四年（一七一五年）回國時帶來俄國修士大司祭。康熙末年，清朝政府同策妄阿拉布坦進行戰爭，俄國政府妄圖誘迫策妄阿拉布坦臣服於它，嚴重干涉中國內政，激起清朝的憤怒，六十一年（一七二二年），通知俄國商隊離開北京，並不得在蒙古地區的庫倫進行貿易，拒絕俄國派遣來華的庫爾齊茨基主教入境。這些事實說明，康熙時期的中俄關係中，除清朝政府和沙俄政府雙方外，還涉及到中國的準噶爾人和居住在伏爾加河下游的土爾扈特人，俄國政府力圖把土爾扈特人役為屬民，陰謀利用準噶爾叛亂勢力侵略中國。值得注意的問題正在這裏。一七〇〇年前後的半個世紀中，準噶爾分裂勢力猖獗，攻打喀爾喀，控制西藏。康熙為了儘快清除這個破壞因素，割斷俄國殖民主義者與準噶爾分裂集團的聯繫，為了遏制俄國的侵略，爭取同俄國訂立條約，為此被迫作了一些讓步，俄國殖民主義者以支持準噶爾分裂勢力為籌碼，與清朝政府討價還價，攫取侵略利益。清朝政府對付俄國侵略者的手段，主要是停止貿易和拒絕接受俄國教士。

雍正即位後，全部繼承了康熙的對俄國政策。元年（一七二三年），有一部分被清軍俘虜的準噶爾叛亂分子逃亡俄國，清朝政府要求俄國交回逃人，未獲結果，雍正政府就拒絕次年應入境的俄國特列季亞科夫商隊的來華。

俄國政府鑒於中國政府的堅決態度，深感中斷貿易對它的不利，遂改變策略，於雍正二年（一七二四年）初表示部分遣返中國逃人，雍正政府當即派遣一等公、都統鄂倫岱和理藩院侍郎特古忒前往邊境洽談，他們又一次代表中國政府要求兩國訂立新的邊界和逃人問題的條約[58]。三年（一七二五年），俄國新沙皇葉卡捷琳娜一世決定派遣薩瓦・務拉的斯拉維赤伯爵為出使中國大使，祝賀雍正登基和宣布她本人的繼位，談判兩國貿易和劃界問題。薩瓦是俄國外交界和商界老手，受命之後，一面組織人員繪製中俄邊境地圖，一面準備錢貨，以便收買清朝官員和在華西方傳教士。他把在彼德堡的房子租給法國駐俄大使康普里頓，由該大使寫信給法國在華的耶穌會士，為他們搭橋。

雍正在得到俄國遣使通知後，於四年（一七二六年）正月命原理藩院尚書、舅舅、一等公隆科多在察視阿爾泰山後，往喀爾喀蒙古邊境查看疆界，等候與俄國使臣會談。雍正還指令喀爾喀郡王、額駙策凌和散秩大臣、伯、四格為談判成員[59]。同年夏天，隆科多、四格與薩瓦相會於恰克圖附近的布爾河，薩瓦表示要祝賀雍正登極，要求率領商隊和庫爾齊茨基主教同行，隆科多同意薩瓦進京，而使商隊、教士留在該地，等待談判後決定行止。薩瓦於冬天到京，雍正令吏部尚書察畢那、理藩院尚書特古忒、侍郎圖理琛與俄使會談，薩瓦為等待其屬員繪製地圖，極力拖延對邊界問題的討論，卻利用時機，收買法國在華傳教士巴多明，又經由巴多明的牽引，結識多年負責俄國事務的大學士馬齊，用卑鄙的收買辦法，從馬齊處獲得中國談判代表團的內情[60]。歷時半年，雙方就原則問題達成初步協議。薩瓦回到布爾河，與隆科多、策凌、四格、圖理琛繼續會談，隆科多堅決要求俄國歸還所侵佔的喀爾喀土地，薩瓦蠻橫地以發動戰爭威脅中國放棄領土要求。恰在這時，早就受審查的隆科多私藏玉牒底本的事情被揭發了，雍正非常惱怒，說從前差遣隆科多料理邊疆事務，「並非不得辦理鄂洛斯事件之人」，且「鄂洛斯事件係最易完之事」，把他從談判代表團撤回治罪[61]，還派馬齊參預對他的審理[62]。察察為明的雍正在這裏誤信非人，過分看重隆科多的過失，不利於邊界堅持原則的談判，隆科多走後，策凌和薩瓦分別代表中俄兩國，於五年（一七二七年）七月在布爾河畔簽定《布連斯奇條約》，劃定中俄在喀爾喀地區的疆界。中國方面又就此條約和前此在北京所達成的協議，擬成總條約草案，六年（一七二八年）五月，雙方代表在恰克圖正式簽字，這就是《恰克圖條約》，它共有十一款，主要內容是：

劃定中俄喀爾喀地區邊界。以恰克圖為分界點，東自額爾古納河，西至沙畢納依嶺（沙賓達巴哈，位於唐努烏梁海地區的西北端）為界線，線以南為中國境，北為俄國境。

處理越境人犯。以往逃人不再追究，嗣後雙方不得收容，並嚴行查拿，送交對方守邊人員。

確定貿易方法。基本上維持康熙年間做法，俄商三年至北京一次，每次不超過二百人，中國不收賦稅。零星貿易另於尼布楚、色楞格二地區擇地進行。

規定宗教職員和留學生人數。俄國原在北京駐有傳教士一人，條約規定可增加三人，中國接受俄國學童四人來京學習滿文和漢文，另接受通曉俄文、拉丁文二人，總共十人。規定十年一輪換。同時中國政府幫助俄國在北京建立一所教堂[63]。

條約簽訂後，俄國極力開展活動，清朝政府按照條約給俄國人提供方便。五年（一七二七年），接受俄國東正教學生四人。次年，雍正命翰林院選派滿漢助教各一人充任俄國學生教官。十年（一七三二年），為俄國興建的新教堂建成。自此之後，俄國人得以按期向中國派遣傳教士團和留學生。在貿易方面，還在談判期間，俄方要求將俄商的馬匹牛羊留在邊界放牧，雍正諭允，要俄國約束其放牧者，不得生事，派理藩院官員前往照料，通知附近的蒙古官員嚴防盜賊，若俄商馬匹牲畜失竊，由該地方總管賠償[64]。同時期，談判代表圖理琛擅自允許俄商入境貿易，清朝政府有關官員要求以非貿易年究治圖理琛之罪，雍正予以寬免。九年（一七三一年），清朝政府定例，俄商自恰克圖入口，由喀爾喀土謝圖汗等報告理藩院，經皇帝委派官員前往邊境，伴同俄商進京。雍正還任命內大臣、部院大臣數人總理俄羅斯事務，又從內閣侍讀學士、科道等官中簡用監視貿易官。同年賜給俄國商隊銀子一萬兩，補助其路途馬匹的耗費[65]。在邊境上，俄國在恰克圖建立貿易市場，中國在它的對面興建買賣城，作為雙方的互市場所。自從《恰克圖條約》簽訂以後，俄商不再經由尼布楚、黑龍江進入北京，逕直由買賣城，經張家口抵達北京，免得再東繞一圈，所以自此以後買賣城一線成了俄國商隊主要通路，給它取得了便利。

《恰克圖條約》簽訂以前，雍正已在準備對準噶爾的戰爭，條約正式簽字的第二年（一七二九年）即開始了西北兩路進軍，討伐噶爾丹策零。出師後，他派滿泰、阿思海前往土爾扈特，托時、廣錫往俄羅斯，告知該汗和沙皇對準噶爾用兵的事。前已說明，清軍出發之初，噶爾丹策零謊稱和好，清軍暫停進攻，雍正又命將此事通知滿泰、托時等人，要他們將情況向使往處說明[66]。雍正聯絡土爾扈特，無疑是利用它與準噶爾的歷史性矛盾，爭取它，孤立準部，把中國內部事務正式通告俄國，是制止俄國勾結噶爾丹策零，利用中國分裂勢力侵略我國。中俄既然簽訂了《恰克圖條約》，它對雙方都有約束力，它所規定的中俄喀爾喀地區的邊界，也是準噶爾部內野心家覬覦的地方。俄國人如果不想破壞這個條約的話，就不能公開的、大規模的支持準噶爾分裂勢力的活動。事實上，條約簽訂後，在所規定的邊界地區，沒有發生大的變化。清朝政府也加強了喀爾喀地區的防務，設立卡倫（邊防哨所）五十九個，東邊十二個屬黑龍江將軍統轄，西邊四十七個由喀爾喀四部管理。由這些情況可知，雍正簽訂《恰克圖條約》，是為防禦俄國殖民主義者的侵略，保衛喀爾喀地方領土，也是為中國解決準噶爾問題時，防止俄國殖民主義者干涉中國內政。雍正的目標基本達到了，在一個時期內遏制了俄國人的侵略野心。但是條約簽訂前，中國喀爾喀地區被俄國殖民主義者所侵佔的土地喪失了，清朝在貿易、宗教方面給了俄國人優惠待遇，是其他西方殖民主義者所企求的，它們屢次向清朝政府提出要求給予俄國人的那些東西，均為清朝政府所拒絕，可見俄國人得了便宜。雍正簽訂《恰克圖條約》，付出了相當的代價。他撤換隆科多，是不可饒恕的罪過。訂約過程中馬齊等的受賄，不僅表明清朝官員在對外事務中受賄成風，更說明殖民主義者用行賄作為侵略中國的一個手段，方法至為卑鄙無恥。

註釋

1 蔣良騏《東華錄》卷二十三，三七四頁。
2《康熙與羅馬使節關係文書》影印本第十三《嘉樂來朝日記》。
3《清朝文獻通考》卷二九八《意大利亞》。
4《清朝文獻通考》卷二九七《噶喇巴》。
5《硃批諭旨・高其倬奏摺》，六年正月初八日摺。
6《清世宗實錄》卷十四，元年十二月壬戌條；《硃批諭旨・孔毓珣奏摺》，二年十月二十九日摺。
7《清世宗實錄》卷二十七，二年十二月己丑；《硃批諭旨・孔毓珣奏摺》，二年十月二十九日摺及硃批。
8《硃批諭旨・李衞奏摺》，五年十一月初八日摺及硃批。
9、11《硃批諭旨・李衞奏摺》，八年五月初二日摺。
10《雍正朝起居注》，五年四月初八日摺；參閱《陳垣學術論文集・雍乾間奉天主教之宗室》，中華書局一九八〇年版。
12《燕京開教略・中篇》。
13《上諭內閣》，三年十月初八日諭。
14《上諭內閣》，四年六月初五日諭。
15《硃批諭旨・李衞奏摺》，五年九月十九日摺。
16、18《硃批諭旨・孔毓珣奏摺》，五年十一月十六日摺及硃批。
17《硃批諭旨・孔毓珣奏摺》，六年三月二十二日摺。
19《硃批諭旨・孔毓珣奏摺》，三年九月初九日摺。
20《清史稿》卷一五九《邦交》。
21《硃批諭旨・常賚奏摺》，五年七月十九日摺。
22《清高宗實錄》卷二十八，乾隆元年十月甲子條。
23、26《硃批諭旨・孔毓珣奏摺》，二年十月二十九日摺。
24《硃批諭旨・孔毓珣奏摺》，二年六月二十四日摺。
25、27《硃批諭旨・孔毓珣奏摺》，三年九月初九日摺。
28《硃批諭旨・官達奏摺》，五年五月二十日摺。
29《硃批諭旨・官達奏摺》，五年五月二十日摺硃批；《硃批諭旨・孔毓珣奏摺》，六年七月十八日摺及硃批。
30《硃批諭旨・常賚奏摺》，五年十月二十五日摺。
31《硃批諭旨・王士俊奏摺》，七年六月十一日摺。
32《硃批諭旨・常賚奏摺》，五年十月二十五日摺硃批。

33《硃批諭旨・劉世明奏摺》，七年七月二十六日摺及硃批。
34《清世宗實錄》卷二十九，三年二月己巳條；《硃批諭旨・孔毓珣奏摺》，二年十月二十九日摺。
35《硃批諭旨・孔毓珣奏摺》，二年六月二十四日摺。
36 清世宗「硃諭」，第九函。
37《硃批諭旨・孔毓珣奏摺》，二年六月二十四日摺硃批。
38《硃批諭旨・孔毓珣奏摺》，二年十月初九日摺硃批。
39《硃批諭旨・高其倬奏摺》，四年六月十九日摺。
40《清史稿》卷二九二《高其倬傳》。
41《硃批諭旨・高其倬奏摺》，五年九月初九日摺。
42《硃批諭旨・孔毓珣奏摺》，五年九月初九日摺及硃批。
43《硃批諭旨・高其倬奏摺》，六年正月初八日摺。
44《上諭內閣》，五年六月二十二日諭。
45《清世宗實錄》卷七十四，六年十月己卯條。
46《文獻叢編》第二十輯《雍正朝關稅史料》。
47《硃批諭旨・高其倬奏摺》。
48《小倉山房文集》卷八《光祿寺卿沈公行狀》。
49《硃批諭旨・常賚奏摺》，六年正月初八日摺。
50《硃批諭旨・高其倬奏摺》，硃批。
51《硃批諭旨・常賚奏摺》，六年正月初八日摺硃批。
52《硃批諭旨・高其倬奏摺》，六年八月初十日摺及硃批。
53 葛斯頓・加思《早期中俄關係史》，中譯本，商務印書館一九六一年版，一六八頁；班第什——卡緬斯基《一六一九—一七九二年俄中外交資料滙編》，六十八頁，轉引自中國社會科學院近代史研究所《沙俄侵華史》第一卷，二二四頁。
54、56《清聖祖實錄》卷二七三，五十六年七月壬申條。
55 何秋濤《朔方備乘》卷三十七《俄羅斯互市始末》。
57《朔方備乘》卷三十七《俄羅斯互市始末》。
58《一六一九—一七九二年俄中外交資料滙編》，一一〇頁，轉自《沙俄侵華史》第一卷，二三九頁。
59《雍正朝起居注》，四年正月二十一日條。
60《早期中俄關係史》，一一五頁。
61《雍正朝起居注》，五年六月初八日條。
62《雍正朝起居注》，五年五月二十八日條。
63《朔方備乘》卷九《北徼條例考》；《清世宗實錄》

卷六十，五年八月乙巳條；《文獻叢編》第二十七輯《俄羅斯檔》，四頁上。
64《雍正朝起居注》，五年十月初五日條。
65《朔方備乘》卷三十七《俄羅斯互市始末》。
66《上諭內閣》，八年五月十三日諭。

第十三章　文化思想與政策

向孔子頂禮膜拜和教育方針

雍正對孔子的尊崇，超越於前輩帝王，做人所未做，言人所未言，也留其特性於後世。元年（一七二三年）三月，雍正追封孔子先世為王。他說：天地君親師是人人所至為尊重的，而闡明天地君親大義的則是教育，教育又以孔子為最優，所以自幼讀書，就極其崇敬他，但孔子既被尊為「大成至聖先師」，已脫離人臣的封號，沒有辦法再尊稱了，因此決定追封孔子五世先人。把他們由前代封的公爵，改封為王爵[1]。二年（一七二四年），雍正將「幸學」改稱「詣學」。他在舉行臨雍釋奠禮以前，諭告禮部，過去帝王去學宮，稱做「幸學」，尊帝王之巡幸，這本是臣下尊君的意思，但「朕心有所未安」，以後凡去太學，一應奏章記注，「將幸字改為詣字，以申崇敬」[2]。同年六月，曲阜孔廟火災，燒了大成殿及兩廡，雍正命工部堂官趕去興修[3]，三年（一七二五年），雍正終歸想出尊孔的新花樣，命對孔子的名諱像對君主一樣予以敬避，凡地名、姓氏均加改易。禮部議請：除天壇圜丘之「丘」字不避外，凡遇姓氏都加偏旁，作「邱」字，如係地名，則改用他字，至於單用「丘」字，則書古體「㐀」字。雍正說：今文出於古文，若改用「㐀」字，還是沒有迴避，這個字還有「期」音，以後除「四書」、「五經」外，並加「阝」旁，作「邱」字，地名也不必改，通用「邱」字，讀「期」音[4]。四年（一七二六年），雍正親書「生民未有」四字匾額，懸掛於天下學宮。為曲阜孔廟書寫「德冠生民，道隆羣聖」對聯，並書大成殿榜額[5]，還應衍聖公孔傳鐸之請，為《聖迹圖像》作序文，親自書寫[6]。又親祭孔子。過去帝王在奠帛獻爵時，從不行跪拜禮，雍正逕行下跪，事後告訴禮部和太常寺官員，他不按照儀注所定行禮沒有錯誤，因「若立獻於先師之前，朕心有所不安」[7]。他是把孔子眞正當作老師來對待了。五年（一七二七年），定八月二十七日為孔子聖誕，其典禮規格同於康熙聖誕節，這一天禁止屠宰，命天下虔誠齋肅[8]。孔子誕辰祀典，過去本為中祀，至此改為大祀了。八年（一七三〇年），雍正以聖廟執事人員沒有爵秩，不足以光祀典，因特設執事官，三品的二員，四品的四員。這些人員由衍聖公在孔氏子孫內揀選，報禮部備案[9]。同年十月，曲阜孔廟大成殿修成，「黃瓦畫棟，悉仿宮殿制」，所用器皿，也由宮中頒出[10]，用銀一百十五萬兩。雍正命皇五子弘晝、淳郡王弘景前往參加落成告祭典禮，弘晝回京復命，奏報孔林圍牆傾圮，雍正又遣官往修。[11]

雍正如此尊孔，自有他的認識。他說：

> 至聖先師孔子以仁義道德啓迪萬世之人心，而三綱以正，五倫以明，後之繼天御宇兼君師之任者有所則效，以敷政立教，企及乎唐虞三代之隆大矣哉。聖人之道，其為福於羣黎也甚溥，而為益於帝王也甚宏，宜乎尊崇之典與天地共悠久也。[12]

又說：

> 若無孔子之教，則人將忽於天秩天敍之經，昧於民彝物則之理，勢必以小加大，以少陵長，以賤妨貴，尊卑倒置，上下無等，干名犯分，越禮悖義，所謂君不君，臣不臣，父不父，

子不子，雖有粟，吾得而食諸？其為世道人心之害尚可勝言哉！……使為君者不知尊崇孔子，亦何以建極於上而表正萬邦乎？人第知孔子之教在明倫紀，辨名分，正人心，端風俗，亦知倫紀既明，名分既辨，人心既正，風俗既端，而受其益者之尤在君上也哉！朕故表而出之，以見孔子之道之大，而孔子之功之隆也。13

他直言不諱，講君主從孔子學說得的利益最多，所以才極力尊崇他。孔子思想，敬人各守本分，君君臣臣父父子子，三綱五常一實現，沒有犯上作亂的，君主的統治就安穩，當然是帝王從中受益最多了。過往人們只講遵循孔子名教，使風俗端淳，於民有益，不懂得對君主的好處更大。他體察到了，公開地講出來，這有他坦白的一面，更重要的是在孔學與維護君主統治的關係上，他比大多數統治者要認識得深刻。

雍正對於儒家的思想，也有他的理解，並且超出常人之外。五年（一七二七年）會試，出的論題有「士人當有禮義廉恥」，雍正看了試卷，認為貢士們所答，「皆詞章記誦之常談，未能眞知題中之理蘊而實有發明」。批評他們「所言止於儀文末節而已，非禮義廉恥之大者也」。他認為禮義廉恥所指甚遠，所包甚宏。他說所謂禮，若講究進退周旋、俯仰揖讓，這是小禮，「化民成俗，立教明倫，使天下之人為臣皆知忠，為子皆知孝」，這才是禮的本意。至於「義」，主要是講開誠布公，蕩平正直，使天下之人無黨無偏，和衷共濟；講信用，不欺人，謹言行，這是對義的狹隘理解。做官的不吃喝老百姓的東西這是小廉，而眞正的廉，是要善於理財，教民務本崇儉，做到家給人足，路不拾遺，盜賊不生，爭訟不作，貪官污吏無以自容。「恥」，對不同的人，要求也不一樣，作為人君，當以一夫不獲其所為恥，而人臣則當以其君之不為堯舜為恥，一般百姓以不失言於人、不失色於人為恥，則是恥之末意。他的結論是：士人以天下為己任，有致君之責，不可徒知小節而不懂它的大義，拘於小節，檢束一身，不敢擔負天下重任，這是小民的行為，而不是士人之道[14]。即此一端，可見雍正從君主的需要出發，解釋儒家的思想，使它更適合統治者的需要。

雍正宣傳儒家思想，重要的途徑是學校教育和科舉。雍正以前的鄉試、會試，各考三場，頭場試題從「四書」、「五經」裏出，「四書」題由皇帝裁定，二場作策論、判文、表文，三場作經詩時務策[15]。三場中最重要的是頭場，解釋「四書」經文。雍正取士，第一重視「四書」文，十年（一七三二年），敕諭負責科舉事務的禮部：「制科以『四書』文取士，所以覘士子實學，且和其聲以鳴國家之盛也。」他認為只有「四書」才是檢驗士子眞才實學的標準，加以提倡。他要求「四書」文一定要做得「雅正清眞」，「雅」、「清」當指文章優美，分量適中，「正」是思想醇正，「眞」是講解眞切，符合於儒家聖賢的原意。他的這個要求，針對科場文風而發，他感到當時「士子逞其才氣辭華，不免有冗長浮靡之習」。要求考官衡文，「支蔓浮誇之言，當所屏去」[16]。以科舉衡文制約文風。朱熹作《四書章句集注》，考「四書」，是以他的注釋為標準，雍正重「四書」文，要求士子按照朱注觀點，發表議論。但是科舉早已成為人們進身的敲門磚，以「四書」為內容的八股文已經不可能做為經世致用之學的文體了。雍正中，沈近思上疏說：「近來士子惟知習學時文（按即『四書』文），以為梯榮之具，身心民物，久置度外。」[17]這是老問題了，但它的嚴重，與雍正的提倡有很大關係。後來乾隆也如乃父以經義取士，敕命學士方苞選輯了《欽定四書文》，頒布為標準。經過兩代人的倡導，於是士子「以『四書』文義相為矜尚」，把通曉經典和古今之變的看作「雜學」，寫作詩古文詞的目為「雜作」，不精於「四書」文的不被承認為有學問[18]。這是一種極其惡劣的學風，把人束縛於「四書」及朱注，不研究實際問題，不關心國計民生，使士人成為汲汲於個人私利而又沒有眞才實學的庸人。雍正聲稱改變唐宋以來科舉積弊，但是他對科舉制本身不作任何變動，就不可能去觸動它，以朱注為標準的八股文取士的傳統不變，士人攻習章句就不可能振作有為，所以他的提倡「四書」文，只能窒息人才，培養忠實於帝王的奴才。

雍正提倡「四書」文，是以儒家理學為正宗，這是繼承了康熙傳統政策。但在實踐上，他對理學並不迷信，他用什麼，根據需要來確定。他要講求孝道，就恢復順治時鄉會試二場從《孝經》出題的辦法，捨棄了宋儒的性理著作，他說：「宋儒之書，雖足羽翼經傳，未若聖言之廣大悉備。」[19]十一年（一七三三年），福建學政楊炳條奏，認為《孝經》中可出的題目不多，要求在它之外，也從性理著述中選出一些題。雍正不答應，他說：《孝經》是孔子的撰述，宋儒理學再好也是解釋聖人著作的東西，兩者不能等量齊觀。他所以還護士人留心理學，「蓋欲其實體聖賢之德性，非徒記誦宋儒之文詞」[20]。所以還是專從《孝經》出題。不僅如此，國子監司業那布爾建議，把錄取童生復試時用的「小學」試題，改用《孝經》之題，雍正痛快地把它接受了[21]。不過《孝經》確實分量小，可出之題不多，所以乾隆繼位，鄉會試二場的論題，就參用性理之書了[22]。但是雍正對程朱理學還是尊崇的，提倡的，他是把儒家鼻祖孔子的原著和宋儒的注釋視為一體，在使用時有所側重。

有統治思想，必然會有對抗思想的出現，異端的出現。雍正四年因參劾田文鏡而被發往阿爾泰軍營效力的謝濟世，不以懲罰在身而有所顧忌，批注《大學》，被當權者說為「識謗程朱」[23]。當時他究竟關於程朱寫了些什麼，沒有紀錄，無法獲知。後來，他在乾隆初年出版經書注疏，批評朱注《論語》、《中庸》「錯誤支離」，提出了自己的見解——「以己意箋釋釋之」[24]。他自己在《進學庸注疏》中，就指責他毀斥程朱一事辯解說：「蓋以誹謗者因先儒之有疵，諷刺者特行文之失檢也。」他主張「發揮孔、曾、思、孟，何必拘泥周、程、張、朱」，「遵古本而不遵程朱」[25]。他大膽攻詰程朱，不怕獲罪。這雖是乾隆初年的言論，想雍正中可能銳氣更盛。雍正不允許他抨擊程朱，又認為他是藉題發揮，譏訕時政，進一步罰他在軍營當苦差效力贖罪[26]。謝濟世是在清代朱學地位提到高峯之後，早期反對它的一個代表，此後，不滿意它的人增多，至乾隆後期，形成「宋儒語錄，言不雅馴，又騰空說，其義雖有甚醇，學者罕誦習之」的局面[27]。由此可見，雍正堅持的儒家及其理學，在統治階級內部也不甚得人心，他用它愚弄人民和訓練忠實奴才，與社會的進步背道而馳。

科舉是讀書人的仕進之路，科舉的做法實際上起著指導教育的作用。雍正反對朋黨，打擊過科目人，但並非不要科目人，他不滿意的只是科甲朋黨，對於教育、科舉、科甲出身的官僚相當重視，採取了許多優崇士人的措施：

增加科目和科次。雍正即位後，下令於元年舉辦恩科會試，又考慮到入闈官員的子弟需遵例迴避，這個規矩不能破，還要不使他們向隅，決定另開迴避卷，使他們得以應試[28]。雍正在即位恩詔中，要求府州縣衞官員各舉孝廉方正，暫給六品頂戴榮身，以備召用。數月後沒有官員推薦，雍正再命各省督撫速遵前詔，「廣詢博訪」，屬民中「果有行誼篤實，素為鄉黨所推者，即列名具奏」[29]。次年根據浙江、直隸、福建、廣西疆吏的薦舉，各用二人為知縣，年齡在五十五以上的用為知州[30]。這是清朝實行孝廉方正科的開始，此後新皇帝繼位照例舉行。三年（一七二五年），命在八旗、漢軍中推舉孝友讀書人士。五年（一七二七年）四月，又要州縣官會同該地教官，在每個府州縣學的貢生、生員內，公舉「居家孝友，行己端方，才可辦事，而文亦可觀」的一個人，於年底申報上司，偏僻之地無人可舉，要縣官、教官出具印結，避免人才的遺漏[31]。這兩項也是舉行孝廉方正科的意思。雍正元年，命八旗滿洲人於考試漢字生員、舉人、進士外，另試翻譯，恢復康熙間中斷的滿洲翻譯科。九年（一七三一年），雍正怕蒙古文字的廢棄，特設蒙文翻譯科，取生員、舉人、進士，以備理藩院使用[32]。雍正還下令開設專門技術科。元年（一七二三年），侍講學士戚麟祥疏奏，請設醫學，考取醫生，雍正「欲得良醫以濟眾」，命禮部議奏，尋因禮部意見不當，又讓吏部和禮部協商，「將如何教習方成良醫之處詳議具奏」[33]。十一年（一七三三年），雍正以算法為六藝之一，要求各部院筆帖式、官學生、候補筆帖式學習，三年後舉行考試[34]。還沒到期，他就離世而不能舉行了。康熙開博學鴻詞科，雍正亦行效法，十一年下令準備開科，要求三品以上京官各舉所知，外省督撫會同學政保題，除現任翰林院、詹事府官員外，都可被推薦，屆時親試，優加錄用，「廣示興賢之典，茂昭稽古之榮」[35]。兩年中，只有河東總督和直隸總督各舉了一二人，其他疆吏遲延不動，雍正下詔催促[36]，然而他尋即死去，此事由乾隆分兩年舉行，其影響遠不及康熙朝的盛大。

擴大錄取範圍。元年，順天鄉試，雍正命檢查落榜的試卷，從中選取二人。同年會試，復檢落卷，中選竟多至七十八人。次年會試，如上年一樣復檢。清代鄉試有取副榜的制度，雍正四年（一七二六年）鄉試，命中副榜者，若前曾中過，則授予舉人，這是雍正的創例。五年（一七二七年）會試，雍正命於落第的舉人中，選擇「文理明通」的，引見後發往各省，擔任教職[37]。拔貢，舊例州縣學每十二年一選取，雍正即位開恩，普選一次。至五年，命以後六年一選，以增加它的名額[38]。雍正以這些辦法擴大中式的額數，增加讀書人入仕的機會。

雍正還**以種種辦法籠絡士子**。元年的恩科，殿試在十月二十七日進行，時天已寒冷，雍正怕硯水結冰，令將貢士在丹墀對策改於太和殿內舉行，又讓太監多置火爐，使溫暖以便書寫[39]。五年的會試原定在二月，因天寒改在三月，天仍冷，若再延期，怕舉子盤費不夠，遂按期舉行，特許携帶手爐和穿皮衣、厚棉衣入場，並由官家供給木炭、薑湯[40]。湖南省的鄉試，過往在湖北省進行，雍正以有的應試人要經過洞庭湖，有覆溺的危險，因命在湖南建立試院[41]。國子監進士題名碑原由公費樹立，康熙三年裁省，由進士出資自建，雍正認為這是關係國家振興文教的大事，命仍用公費建造，以使士子觀覽豐碑，「知讀書之可以榮名，益勵其自修上達之志」[42]。

雍正不僅是獎勵，他還**用科舉做為懲罰手段**。如因查嗣庭、汪景祺的緣故，停止浙江鄉會試。最有意思的是，雍正要推廣官話，也以不許參加科舉相制裁。六年（一七二八年），他說：官員臨民，說話要讓老百姓聽得懂，才能通達上下之情，把政事辦好。可是每逢召見閩、粵籍的官員，聽他們的鄉音不能全懂，他們到地方上處理公事百姓就聽不清楚，需要胥吏代傳，這就會出現弊竇了，因此要求這兩省的士人首先改變鄉音。並定則例：生童舉監要在八年內學會官話，否則不得參加科舉；待到改變了鄉音，方能應試，到十年（一七三二年），署理廣東巡撫楊永斌摺奏：廣東人學官話很困難，已經學習四年了，一點還沒有變[43]。推廣官話，有利於政令的推行，有益於人們思想感情的交流，有益於生產力和民族文化的提高，本來是好事，採取強制推行的辦法，未免粗暴不得當了。

帝王講求禎祥，是中國歷史上常見的事情。古人把「天降甘露」、「麒麟見」、「瑞芝生」之類當作嘉慶禎祥，以為它們標誌著政治清明，人民樂業的太平治世的出現。相信和製造祥瑞的主要是統治者，在歷代皇帝中有一些人熱衷於它，也有人對此並不感興趣，康熙屬於後一類型，他認為講慶雲、景星、鳳凰、麒麟、靈芝、甘露、天書、月宮諸事，是貽譏後世的事情[44]，可是他注意災異，每當遇到日月蝕、旱澇不常的情況，就認為是天象示警，表示要理好政治，以挽回天心，為民求福。雍正與乃父不同，屬於前一類型的帝王，大講祥瑞。

（一）官員紛紛呈報禎祥和宣付史館

雍正朝，自始至終，所謂祥瑞層出不窮。凡是歷史上說有的，這時也差不多被說成出現了。諸如：

嘉禾。元年八月，大學士等奏稱：江南、山東出產的麥、穀，大多雙歧、雙穗，蜀黍有一本四穗的，這都是「皇上聖德之所感召」，請宣付史館。雍正同意了[45]。這是報瑞穀的開始。不過這時只報一本兩穗、四穗，以後則越報越多，越離奇了。二年（一七二四年），順天府尹張令璜進呈耤田瑞穀，一莖四穗[46]。同時，大學士等報雍正親自耕種的豐澤園稻田，大量出現多穗稻，且「穗長盈尺，珠粒圓堅」[47]。五年（一七二七年），田文鏡奏報河南所產穀子，有一莖十五穗的，雍正很高興，說這是田文鏡忠誠任事感召天和的表現[48]。其他官僚不甘落後，大幅度多報。陝撫張保送進一莖十二穗的麥子，據說「穎粒堅硬，莖本豐茂」[49]。總兵官馬覿伯奏報鄂爾坤圖拉地方的屯田，麥子高產有一莖十五穗的[50]。七年（一七二九年），黔撫張廣泗報告，新近改土歸流的地區，稻穀粟米一莖數穗，多的達十五、六穗，稻穀每穗四、五百粒，七百粒，粟米每穗長至二尺多。雍正命把他呈進的瑞穀及圖重新繪畫刊刻，頒發各省督撫觀覽[51]。十二年（一七三四年），鎮筸鎮總兵官楊凱、侍郎蔣洞分別摺奏改土歸流地區穀子一莖五、六穗，或十餘穗，雍正把他們的奏摺及穀本圖樣發給廷臣觀看[52]。雍正還把地方官奏報的瑞穀，製成《嘉禾圖》、《瑞穀圖》，親自作跋，他說：「覽各種瑞穀，碩大堅實，迥異尋常，不但目所未見，實亦耳所未聞，若但見圖畫而未見穀本，則人且疑而不信矣。」[53]他自己相信那是眞的，也要求臣民和他共同相信實有其事。七年，順天府尹進呈的耤田嘉禾二十四穗，雍正說這種穀子本來是多穗品種，叫「龍爪穀」，播種時不應將它摻入，因此告誡該尹：「嗣後不可被小人愚詐。」[54]他以此證明他懂得那些是眞的嘉禾、瑞穀，不會被人欺騙。其實他是在自欺欺人。

瑞繭。七年，署理浙江總督性桂奏稱，湖州民人王文隆家萬蠶同織瑞繭一幅，長五尺八寸，寬二尺三寸，老農都說這是從來沒有的事。雍正懷疑有人為加工成分，命確查清楚[55]。性桂回報確係天然而成，雍正遂把它向廷臣宣布[56]。

蓍草、瑞芝。元年四月，馬蘭峪總兵官范時繹進呈蓍草，說是順治的孝陵所生，雍正命廷臣傳閱，百官「驚喜贊頌以為奇瑞」[57]。七年，康熙景陵的聖德神功碑建成，領侍衛內大臣尙崇廙奏稱碑亭儀柱石上生出瑞芝一本，長六七寸，「祥光煥發」，雍正說這是「上天特賜嘉祥，以表揚我皇考功德之隆盛」[58]。十年（一七三二年）和十二年（一七三四年）官員都奏報景陵生瑞芝，雍正命宣付史館，昭示中外[59]。

瑞麟。山東巡撫岳濬於十年報告，鉅野縣民家牛生瑞麟，麕身牛尾，遍身皆甲，甲縫有紫毫，玉定文頂，光彩爛生，實為盛德瑞徵。雍正說山東連年水旱災浸，不敢言瑞，但將此事告諭天下臣民共知[60]。次年四川總督黃廷桂奏，鹽亭縣農家牛生瑞麟，繪出圖形進呈[61]。十二年（一七三四年）十月，山東官員又報稱寧陽縣牛產毓麒麟[62]。「聖人生，王道行」，則麒麟現。雍正朝三次獲麟，當然是「奇瑞」了。

鳳鳥。八年（一七三〇年），雍正正在經營他的陵寢，總理石道事務，散秩大臣常明等奏，在房山縣採石工地上，飛來一隻鳳凰，「五色具備，文采燦然。」同時另有官員報告，見到高五、六尺的神鳥，「毛羽如錦，五色具備，所立處，羣鳥環繞，北向飛鳴」[63]。自古以來稱鳳鳥為王者的嘉祥，出現在陵工採石場，更同皇帝聖德聯繫起來了。

甘露。據浙江觀風整俗使蔡仕舢摺奏，七年（一七二九年）正月二十二日，天降甘露於嘉善、嘉興二縣，遍結樹枝葦竹之上，形若脂凝，味如飴美，實係太平上瑞。雍正信而不疑，說「汝等大員果肯秉公持正，察吏安民，實心為國家宣猶敷化，此等徵應，乃必有者也。勉之」[64]。

五星聯珠。一九八二年出現了兩次九星聯珠，太陽系的九大行星集於太陽一側的約一百度角的範圍以內。中國古人尚不知道圍繞太陽運轉的有九大行星，但已有五星聯珠之說。清代把金木水火土五星同在太陽一側四十五度角範圍以內叫「五星聯珠」。雍正三年（一七二五年）二月初二日，發生了日月同升（「日月合璧」）和五星聯珠的自然現象。這種異常情況，數百年才會出現一次，歷來被古人視為嘉瑞，欽天監在推算出這一現象將要發生之後，雍正以為這是難得遭逢的幸事，命令史館加以記錄，並宣告臣民知曉[65]。屆時舉朝慶賀。

黃河清。河道總督齊蘇勒、漕運總督張大有、河南巡撫田文鏡、山東巡撫塞楞額、陝西巡撫法敏等人先後奏報黃河水清。據說陝、豫、魯三千一百餘里的黃河道上，在四年（一七二六年）

十二月初八日至次年正月十三日之間，河水清澈見底[66]。與此同時，晉撫德明奏報，河曲縣至垣曲縣黃河水，在四年十二月初九日、初十日逐漸澄清，冰冷之處，鑿冰取水，水清亦覺異常。雍正說黃河之水雖然渾濁，而結冰則清，今以冰清為河清之據，未免牽強[67]。八年（一七三〇年），甘肅巡撫許容摺奏，七月五日起的三天內，積石關一帶河流澄清澈底。雍正認為這是正在河源處籌建河神廟，才得到這個祥瑞[68]。對於齊蘇勒等所報的黃河清，雍正君臣大肆張揚，羣臣說這是從來未有的上瑞，雍正說這是上天和皇考的賜福，他不願獨享，轉賜諸臣，給知縣、參將、主事以上朝內外文武百官每人加一級的恩典[69]。在羣臣受賞喜慶之時，也有個倒楣的人。因為河清，文臣遍寫賀詞，太常寺卿鄒汝魯作《河清頌》，中有「舊染維新，風移俗易」一語，原意是說皇帝實行新政，才得此河清之瑞。這本是獻媚的話，原沒有錯，不想卻惹起雍正的惱怒，他說：

朕御極以來，用人行政，事事效法皇考，凡朕所行政務，皆皇考已行之舊章，所須諭者，皆皇考所頒之寶訓，初未嘗少有所增損更張也。

接著責問鄒汝魯：

所移者何風，所易者何俗，舊染者何事，維新者何政？[70]

並把他革職，發到湖北荊州沿江工程處效力。雍正對他父親的政治作了許多改變，但又要打著法祖的旗號，現今正在說河清是康熙保佑的結果，鄒汝魯卻說對舊政作了改革，這不是和皇帝唱反調了嗎？鄒是書呆子，拍馬屁也不會拍，活該受罰！而雍正大耍淫威，實屬可恨。

卿雲現。據雍正朝曾任總督、侍郎的李紱記載，康熙六十一年十一月二十日雍正即位的前數日，天氣陰霾慘淡，到舉行登基典禮時，「天忽晴明，赤日中天，臣民歡呼，佔為聖主之瑞」，待到第三天，空中發現了卿雲。元年（一七二三年）九月，雍正送他的生母孝恭仁皇后的靈柩赴遵化景陵時，卿雲再次出現。次年正月，他舉行祈穀祭天禮畢，卿雲又發生了[71]。這些卿雲現，未見官員的報告，也未見雍正的批諭。六年（一七二八年）十二月，雲貴總督鄂爾泰摺奏：十月二十九日聖壽節這一天[72]，雲南四府三縣地方，出現「五色卿雲，光燦捧日」，次日「絢爛倍常」[73]。七年（一七二九年）閏七月，鄂爾泰又摺奏，貴州省思州和古州在一個月之內祥雲連續七次出現。有的官員不贊成鄂爾泰這樣獻媚，如大理縣劉姓知縣說，我的眼睛迷了沙子，怎麼看不見慶雲啊[74]！雍正自然支持鄂爾泰，很不滿意那些官員，他說像鄂爾泰這樣督撫的陳奏祥瑞，是出於強烈的愛君眞實感情，認為他是迎合、諂諛的，那是藏有幸災樂禍的邪心，不單單是春秋責備賢者的意思[75]。在雍正支持下，繼鄂爾泰報卿雲的紛來沓至。同年，署山東巡撫岳濬奏報，當曲阜孔廟修繕工程進行到大成殿上樑的前兩天，慶雲出現在闕里上空。雍正說前次闕里火災，此次慶雲，可視為功過相抵，不算祥瑞，但增明年會試的取中額，由上科二百二十六人，加至四百名[76]。山西巡撫石麟奏報十一月初二日保德州人民發現卿雲捧日，外繞三環，光華四射[77]。又報臨晉縣卿雲麗日，五色繽紛，霞光萬丈。雍正認為這是山西民風淳樸的驗證，命照獎勵河南的事例，每州縣可多報一個老農，賞給八品頂戴[78]。八年（一七三〇年）五月，湖廣鎮筸鎮總兵官周一德奏報，白沙等處「慶雲麗日，霞光萬道」[79]。不久湖廣提督岳超龍奏稱，萬壽節時，鎮筸鎮「祥雲五色，捧繞日輪，光華四射」[80]。九年（一七三一年）、十年（一七三二年）、十二年（一七三四年），山西、山東、雲南大吏繼續報告慶雲呈瑞[81]。

官員這樣奏報禎祥，雍正迭加獎勵，可是他說「朕從來不言祥瑞」[82]，「朕素不言祥瑞」[83]。

他用尙崇廣奏直隸遵化州鳳凰翔集、鄂爾泰奏貴州都勻府石芝叢生二事沒有向廷臣宣布的事實，表明他不談祥瑞——「天下之人勿誤以為朕為誇張祥瑞而忘自修之道也」[84]，不管他怎樣表白，官員的報祥瑞是在他鼓勵、指導之下進行的。

（二）「天人感應，捷如影響」的說教

古人認為天意有兩種表現形式，當國泰民安時屢現嘉祥，至政亂刑紊之際，則災異頻興。雍正篤信天理，認為老天的賞罰最公平。每當新春之時，他愛寫「福」字，賜給臣下，官員感謝皇帝的賜福，雍正說不要這樣看，不但皇帝不能以意賜福，「即上天亦豈能以福私與人哉！」[85]衍聖公孔傳鐸在奏賀慶雲的本章中，把祥瑞的出現說成是「乾坤效靈」，雍正說看到奏本，心裏很不安寧，因為「朕於事天神至誠至敬，惟望天地神祇俯垂默佑，錫福兆庶，共享昇平，……今乃謂天地神祇效靈於人君，豈不聞王者父天而母地，而敢為此褻慢之語乎！」[86]他這樣敬天，尤篤信於董仲舒的天人感應之說。二年（一七二四年）三月初五日，他說在二月二十八日向刑部官員講：「刑獄上關天和，當欽恤民命，牽連之人，毋得久羈監禁。」刑部遵旨釋放了幾百人，到三月初三日感動上天，普降大雨。消除了春旱的危險，因此，「天人之感，捷如影響，莫謂適逢其會，事屬偶然」[87]。三年（一七二五年）四月十一日又說：三月底田文鏡奏報開封乾旱，他於四月初一日祈禱神明，初三日河南就得雨了。據此，他進一步闡發天人感應的道理：「天人感應之理至微而實至顯，凡人果實盡誠敬，自能上格天心，人君受天眷命，日鑒在玆，其感通為尤捷。」[88]

雍正把自然現象與朝中政治、民間風俗聯繫起來，用以說明他的政治清明，具體說是：

宣揚雍正政治，海宇昇平。官員報祥瑞，總不忘聲明這是「皇上敬誠所感，仁孝所孚」[89]，「此

皆皇上之至誠足以感召天和，協應地靈」[90]。把它歸之於雍正敬天法祖的結果。對此，雍正毫不推讓，完全承受。他就五星聯珠，日月合璧一事說：日月五星運行於天，原本有規則，是可以測算出來的，但是在什麼時候遇到它，是幸運的，這時候，必定是「海宇昇平，民安物阜」[91]。他之所以大肆慶賀五星聯珠，日月合璧，就是為了說明它的統治造成了太平盛世。

藉以教育、鼓勵臣僚研究政治得失。雍正說他堅信天人感應，一時一刻「不敢自懈自逸」[92]，凡是遇到水旱災浸，就「內省行事之過愆，詳察政治之闕失」[93]。九年（一七三一年）上半年天旱，自認是他「一人之咎」[94]。他這樣說，包含有內省的因素，但主要是為教導百官。凡是他寵幸的人報禎祥，必就此稱讚他們治績顯著，堪為臣僚表率，如田文鏡奏報十五穗瑞穀，雍正就說：「朕前降旨言田文鏡、楊文乾、李衞皆實心辦理地方事務，今聞廣東、浙江二省今歲皆獲豐收，而廣東之熟為數年所未有，豫省民田又產瑞穀，此即該省巡撫誠意感通之徵驗也。」[95]表彰田文鏡治績，連帶肯定楊文乾、李衞的行政。雍正不滿意的官員奏報災害時，必遭一通責罵，往往說有你這樣的封疆大吏，地方上不受災才怪呢！雍正用天人感應說要求官員檢查自身的行政，道理上是荒唐的，但若真能藉此考察政治，改變吏治，也還有其意義。對人君來講，言官的進諫在可採與不可採之間，若「天變示警」，對於迷信的君主講也許能起點作用——使他作些微的內省，這就是腐朽的東西化作神奇了。

宣傳雍正聖孝。祥瑞出現最多的是卿雲。慶雲、卿雲，是一回事。相傳虞舜將讓位給大禹，和臣僚一起唱歌：「卿雲爛兮，糺縵縵兮，日月光華，且復旦兮。」[96]卿雲現是表示太平氣象。此外還別有含意。鄂爾泰在六年十二月報告卿雲呈現摺子中援引《孝經緯・援神契》的話：「天子孝，則慶雲現。」說明雲南出現的卿雲，是「皇上大孝格天」所至的麻徵。雍正見到這個奏摺異常高興，在硃批中寫道：「朕每遇此祥瑞，蒙上天慈恩，豈有不感喜之理。」因為這個禎祥是鄂爾泰報告的，所以嘉許他是上天恩給的「不世出之良臣」[97]。隨即諭告廷臣，特別引出「天子孝則慶雲現」的話，並說「朕之事親，不敢言孝，但自藩邸以至於今，四十餘年，誠敬之心，有如一日，只此一念，可以自信」[98]。因為鄂爾泰把慶雲與天子孝順連在一起，使他的這次報慶雲不同尋常，雍正大肆開恩，為雲貴官員加級晉爵。鄂爾泰由頭等輕車都尉超授為三等男爵，雲南提督郝玉麟從雲騎尉晉為騎都衛，其他巡撫、提督、總兵官各加二級，知縣、千總以上俱加一級[99]。雍正重視這件事，同曾靜案有密切關係。鄂爾泰奏報前的三個月，曾靜案子發生，曾靜指責雍正謀父、逼母、弒兄、屠弟，即是大逆不孝的人，在這種情況下，不管雍正有無謀父之事，頌揚他是聖孝的天子，正適合他在政治鬥爭上的需要，他以此證明他是無辜者，誰若再相信曾靜一流的傳說，就是悖逆天理昧於忠義的亂臣賊子了。所以慶雲現，不是一般的談祥瑞，而是雍正政治鬥爭的工具。

（三）地震中的雍正

雍正中，朝鮮使臣李眞望等人回國，向國王說雍正「惡聞災異，欽天監雖有災不敢奏」[100]。當時朝鮮君臣對雍正有偏見，但在這一點上是求實的。雍正時代，由於追求祥瑞，把歷來視為災異的自然現象也認為是禎祥了。八年（一七三〇年）六月初一日發生日蝕，晉撫石麟奏稱，太原當日蝕時，濃雲密雨，等到天晴，太陽已經復原，所以沒有見到日蝕，因此具本題賀[101]。如果說日蝕是災異，太原見到與否，它總是發生了，總不是好事，怎麼會稱起賀來呢？無獨有偶，江寧織造隋赫德也奏報，日蝕之前，江寧陰雨，等到天色晴明時，日光無雲，沒有見到日蝕，也把它當作禎祥具摺祝賀[102]。雍正雖然沒有接受他們的賀摺，但這種荒唐事情的出現，則是惡言災異的結果。

八年（一七三〇年）八月十九日，北京發生劇烈地震。中國史書對它有所記錄，但缺乏雍正的活動資料，還是朝鮮人作了點滴的記敍。朝鮮英宗六年（即雍正八年，一七三〇年）十一月、七年（一七三一年）四月出使中國的朝鮮官員李樞、李橈，分別講述親歷北京地震和耳聞的情況。據他們講，地震之前，忽然狂風暴雨，接著地震，掀動了桌椅，居民用的沙器，互相撞擊，都打破了。房屋倒坍嚴重，皇宮、圓明園、暢春園都有破壞，連太和殿的一角也傾頹了。死的人很多，有說二萬多的，也有說四萬的。這時雍正的情況，朝鮮人聽清朝內大臣常明講，皇上「乘船幕處，以避崩壓」。這是說地震發生後，雍正先是跑到船上，後來住在臨時搭的帳篷中，沒有回宮室理政和休息。這個話若眞是出自常明之口，當是可信的，因為他是皇帝身邊的人。雍正泛舟而居，眞是驚慌失措，變了常態。朝鮮英宗譏笑他，「以萬乘之主」，作此「舉措」，「可謂駭異矣」[103]。

唐宋以前，君主在政治上不景氣時，常向禎祥求救，以欺騙民眾，維持自己的統治，這樣也把祥瑞搞臭了。雍正在這之後講求禎祥，總是羞羞答答，遮遮掩掩，可是又非搞不可。究其原因，一方面是他相信天人感應，另一方面也是更重要的原因，是複雜的政治鬥爭的需要，他藉此打擊政敵，爭取民眾。

講祥瑞，弄虛作假，愚弄民眾，是統治階級腐敗的表現，無力的表現，雍正大搞禎瑞，是愚蠢的做法。乾隆即位，把獻祥瑞也當作前朝敗政之一取消了[104]。

崇佛、用佛的精神教主

尊崇喇嘛教是清朝的國策，然而實踐中各個皇帝的態度不盡相同。康熙很有節制，如他所說：「一切僧道原不可過於優崇，若一時優崇，日後漸加縱肆，或別致妄為。」[105]雍正也有所節制，但比他父親優寵佛徒，自身也修廟宇，大做佛事。

（一）雍邸時與僧衲往還論佛

雍正青年時期，與當時的其他貴族一樣，雇人代他出家，即有替僧（替身）。在他做皇帝後，僧人正修，自稱又名「四和尚」，曾為雍親王府附近的柏林寺住持，是「王府替僧」，求見總督倉場戶部右侍郎法敏，代人請求差事。法敏將此事摺奏雍正，後者硃批寫道：「王府豈有此等替僧，一毫影響全無之事也。殊屬大膽可惡之極，即嚴拿來訊，審明定擬具奏。此奏併朕此諭皆不必敍入本內。」[106]正修不一定是雍親王替僧，有可能是詐騙犯，然從硃批可知，雍正有替僧，他自己也不否認，只是不承認正修罷了。

雍正自云少年時代就喜歡閱讀佛家典籍。成年之後，更事研討，與僧侶密相往來，過從較多的是章嘉呼土克圖喇嘛、迦陵性音、弘素等人。康熙五十一年（一七一二年）、五十二年（一七一三年），雍正在藩邸舉行法會，進行坐七，與章嘉活佛、迦陵性音論說佛法，受到章嘉指點，得蹈「三關」，章嘉讚許他「得大自在矣」，他則稱章嘉為「證明恩師」。這時他自視精通佛法，要找京中高僧講論，眾僧推薦千佛音禪師，遂召之來問難，迫使對方說「王爺解路過於大慧果，貧衲實無計奈何矣」[107]。他在雍邸贈給僧人扇子，親書五言律詩：「綠陰垂永晝，人靜鳥啼煙。脫網游金鯽，翻階艷石蟬。無心猶是妄，有說即非元。偶值朝來暇，留師品茗泉。」[108]是他研討佛理、交結僧衲的紀錄。他在西山建大覺寺，用迦陵性音做住持[109]。這個寺後來成為西山名剎之一。

在本書第一章講到儲位鬥爭中雍正搞《悅心集》，以宣傳清心寡欲掩蓋他參加儲貳的爭奪。在那本書中，他還收輯了闡發佛家出世思想的文字，如卷四所錄無名氏的《醒世歌》：「南來北往走西東，看得浮生總是空。天也空，地也空，人生杳杳在其中。日也空，月也空，來來往往有何功。田也空，地也空，換了多少主人翁。金也空，銀也空，死後何曾在手中。妻也空，子也空，黃泉路上不相逢。《大藏經》中空是色，《般若經》中色是空。朝走西來暮走東，人生恰是採花蜂。採得百花成蜜後，到頭辛苦一場空。夜深聽得三更鼓，翻身不覺五更鐘。從頭仔細思量看，便是南柯一夢中。」宣揚人生如夢，一切皆空，不如「安心坐下念彌陀」[110]。那時雍正在藩邸集雲堂坐七，作《集雲百問》論佛旨。所以那時的雍正從儒、佛兩家吸取思想，同時也以禮佛掩蓋他參加儲位的鬥爭。

（二）繼位後自比「釋主」

雍正在位期間，自云「十年未談禪宗」[111]，實情並非如此。他在臣工奏摺的批語中好談佛法，一日看了年羹堯於二年七月初二日上的摺子，批了一段與該摺內容毫不相關的閒話：

京中有一姓劉的道人，久有名的，說他幾百歲，壽不可考。前者怡王見他，此人漫言人的前生，他說怡王生前是個道士。朕大笑說：這是你們生前的緣法，應如是也，但只是為什麼商量來與我和尚出力？王未能答。朕說不是這樣真佛真仙真聖人，不過是大家來為利益眾生，栽培福田，那裏在色像上着脚，若是力量差些的，還得去做和尚，當道士，各立門庭，方使得。大家大笑一回，閒寫來令你一笑。112

語氣和內容，反映的是君臣間歡洽地談佛論道。在這裏，雍正把怡親王允祥視為道士，自比和尙，是戲言，然又表示了他的某種實際思想。他說他們君臣不是眞佛眞仙眞聖人，只是來為眾生栽培福田的。雖然不是眞出世，但比一般的出家人要高明。文中說他問怡王，你這個道士為什麼來為我和尙出力，而「王未能答」，他遂講了一番道理。這樣的交談及記錄它的行文方法，是採用禪宗的機鋒，允祥不能回答皇帝的問題，是沒有覺悟的俗人，只好傾聽得道的皇帝的教誨。不僅自稱和尙，雍正還自視為「野僧」。他在題為〈自疑〉的詩中說：

誰道空門最上乘，謾言白日可飛升。
垂裳宇內一閒客，不衲人間個野僧。113

自謂是不著僧服的野盤僧，無有閒暇地為眾生奔走四方，把自己打扮成在家的為臣民謀利益的皇帝。五年（一七二七年）正月，當羣臣慶賀「黃河清」時，蒙古王公進覲朝賀，並要求誦經祈福。雍正說：若蒙古地區因做佛事而人畜興旺，是受我之賜，「朕亦即是釋主」。不但允許，還要給以資助114。在這裏已不是一般地比作佛徒，而是自稱教主了。雍正自號破塵居士，又稱圓明居士，表示他身不出家，卻在家修行。十一年（一七三三年）在宮中舉行法會，召集全國有學行的僧人參加，凡預會者以為榮耀。雍正親自說法，收門徒十四人，為愛月居士莊親王允祿，自得居士果親王允禮，長春居士寶親王弘曆，旭日居士和親王弘晝，如心居士多羅平郡王福彭，坦然居士大學士鄂爾泰，澄懷居士大學士張廷玉，得意居士左都御史張照，文覺禪師元信雪鴻，悟修禪師明楚楚雲，妙正眞人婁近垣，僧超善若水，僧超鼎玉鉉，僧超盛如川[115]。其中俗家八人，和尚五人，道士一個。雍正把和尚、野僧、釋主唸不離口，可見他當皇帝也沒有忘掉談佛。不僅如此，他還引用僧人過問政治。

（三）用比丘密參帷幄

文覺禪師住於宮中，雍正命他參預議論國家最機密的要務，「倚之如左右手」。據說年羹堯、隆科多、允禩、允禟等人的案子，他都出了主意，成了雍正的高級參謀。十一年（一七三三年），文覺年滿七十，雍正命他往江南朝山，行程中，「儀衛尊嚴等王公」，所過地方的官員多對他頂禮膜拜，文華殿大學士、吏部尚書、江南河道總督嵇曾筠、稅關監督年希堯等都以弟子禮相見[116]，可見他因密參帷幄具有較高的地位，有類於他的先輩唐朝的李泌、明朝的姚廣孝，不過始終沒有公開政治身分罷了。

三年（一七二五年）五月，雍正講：「近日直隸宣化府、江南蘇州府等處竟有僧人假稱朕旨，在彼招搖生事。」[117]比丘何以敢於冒稱聖旨？而且又不只一起？和尚弘素是雍正的老相識，他的門徒在外地要刊刻《金剛經》，據說是雍正在藩邸賜給弘素的，還有雍親王親書的序文。雍正叫把序文送京觀看，不承認是他寫的[118]。是否為他所書，今已不得而知。這件事和前述正修稱朁僧，都是和尚爭言與皇帝有密切關係。雍正對迦陵性音的態度，前後有絕大的變化。四年（一七二六年），雍正說他登極後，性音不圖權勢，到廬山隱居寺修行，「謹守清規，謝絕塵境」，與江西官吏絕無往還，一居四年，默默圓寂。又說性音對佛學「深悟圓通，能闡微妙」，「其語錄乃近代僧人之罕能者」。為了表彰他的眞修翼善之功，下命追贈國師，賜給謚號，其語錄收入經藏[119]。數年之後，雍正大變其調，說他早看出性音品行不端，「好干世法」，所以在御極後即令其出京，以保護法門的清規。性音的語錄也是「含糊處不少」，不是「徹底利生之作」，於是性音不能作為「人天師範」，削黜封號，語錄撤出藏經。不僅如此，還命地方官查訪，不許性音門徒「將朕當年藩邸之舊迹私記作留，違者重治其罪」[120]。這些和尚聲稱與皇帝有爪葛，雍正或不承認，或加斥責，究其原因，他們是假藉與皇帝關係之名，干預政務，雍正對他們的排斥，是不允許他們從政，或超過他允許的範圍的干政，但也從反面說明確有僧人參與政事。

（四）朝臣反對言佛及雍正的克制態度

雍正的引用僧人和信佛，很自然地引起一些篤信儒學而又正直的大臣的不滿，並藉用各種方式表達他們的意見。五年（一七二七年），青年時曾為沙門的沈近思升任左都御史，雍正問他：你必定精通佛教宗旨，不妨陳說一些。沈回奏：臣少年潦倒時逃於佛門，待到進入黌宮，專心於經世之學，以報效國家，那有閒情顧及佛學。臣知道皇上聖明天縱，早悟大乘之學，但是萬機庶務，繫於聖躬一身，「是以臣願皇上為堯舜，不願皇上為釋迦」。臣就是懂得佛學，也不敢向主上妄陳，「以分睿慮」[121]。這一番儒家道理，那時人認為是光明正大的，迫使雍正改容稱是。在沈近思以前，侍郎李紱尚得雍正寵幸時，也諫言佛教無補於天下國家[122]。據記載，有一天雍正賜宴，九卿侍坐，為討得皇帝歡心，大家竟談禪學，這時雍正問戶部侍郎趙殿最，你也能談這個嗎，趙回奏沒有學過，雍正笑著說你不妨試著講一下，隨即以一佛語問他，趙殿最不願說佛法，就用儒家的觀念加以解釋，雍正被弄得哭笑不得，只好對羣臣說，他「眞鈍根也」[123]。另一日，雍正問翰林院檢討任啓運佛教經論，任奏稱：「臣未之學。」雍正只好訕訕地說：「朕知卿非堯舜之道不陳耳。」[124]當文覺禪師頤指南下，地方官趨迎之時，漕運總督魏廷珍獨不為禮，且上疏聲稱：「臣不能從佛法」，以示抗議[125]。陸生楠在被任命主事前的引見時，呈遞的奏摺上說：「五經、四書中如惠迪吉，從逆凶，何以異於佛老。」據雍正講，這是譏刺他崇尚佛老[126]。這些官僚從維持朝綱的大題目出發，主張獨尊儒術，排斥釋氏。

一些官僚提出抑佛的具體建議，有的還付諸實行。三年（一七二五年），御史錢以瑛奏請敕下各省督撫，勒令僧尼還俗[127]。直隸唐山縣令驅逐和尚，強奪僧舍，改為民房[128]。有的地方官建言把寺宇改為書院，發展儒學。有的要求重申禁止私度為僧的條令。

雍正對官僚的反佛言行，有時暴跳如雷，而在處理上還是有所克制，如直隸一個趕逐僧道的知縣，被他下旨拿問，侍郎留保為之委婉解頤，說僧道都是無法生活的窮人，寺廟實際上是他們的收容所，皇帝容留他們，就如同周文王視民如傷的意思一樣，不過是把他們當作鰥寡孤獨加以照顧，然而那個學究式的縣令不能領會皇上的聖意，難免犯錯誤。雍正見他說得堂而皇之，捧了自己，又堵了自己的嘴，就把那個知縣從輕發落了[129]。

雍正盡力為自己信佛辯解，他說佛教的善應感報的學說，有「補於人之身心」，「然於治天下之道則實無裨益」[130]。又說：「凡體國經邦一應庶務自有古帝王治世大法，佛氏見性明心之學與世無涉。」[131]所以沒有「密用僧人贊助之理」[132]。他甚至瞪著眼睛說瞎話：「試問黃冠緇衣之徒，何人為朕所聽信優待乎！」[133]但也懂得一手遮不住天下人耳目，用緇衣總有人知曉，就又為沙門參政作解說。他說乃祖順治徵召禪僧玉林琇入內廷，研究佛學，就像黃帝到崆峒山訪問廣成子，講求治身之要[134]。黃帝是聖王，所有的行為都是正確的，因此順治延攬僧人，是師法黃帝，當然沒有錯。言外之意，我雍正皇帝效法古聖王，師法祖宗，與僧衲過從有何過失！抵賴、辯解也說明他不敢公開地以佛教作為執掌朝綱的政治勢力，他信佛、崇佛，也是有所節制的。有人說雍正十年以前內廷不舉行法會，是沈近思、李紱反對言佛的結果[135]，有一定道理。中國歷史上統治階級中總有一部分人反佛，形成了傳統，密用僧人是不名譽的事情，因此雍正不能不有所顧忌，從而不能恣意信佛、用佛。

（五）直接干預佛教內部事務及與釋子辯是非

皇帝對佛教內部事務的經管，歷來多寡不一。雍正的干預之多，在許多方面超過了其他帝王。主要表現在任命寺院住持，擴建、修繕梵宮，賜予佛徒封號，反對僧衲中的「邪說」等方面。

雍正說要扶持禪宗，「仍擇宗門法侶具正知正見者，為之表率倡導」[136]，即使用他認為是正道僧侶持掌寺院事務。如允祥、弘曉父子重修香山臥佛寺成功，因禪師超盛在當時「宗徒內無有出其右者」[137]，特命其去掌法席[138]。又如北京護國寺修繕竣工，雍正選擇玉林琇的徒孫超善去充任方丈[139]。根據這些情況，蕭奭才在《永憲錄》中說：「凡名山古寺，皆內遣僧主之。」[140]

雍正在晚年大量修繕古刹名寺。江南荊溪（今宜興縣）崇恩寺，係玉林琇國師、茚溪森禪師傳法之所，雍正以該寺規模較小，容納桑門有限，於十一年（一七三三年）加以擴充，增建殿宇[141]。浙江紹興報恩寺是玉林琇開堂之所，為傳其法，予以維修[142]。浙江舟山普陀山是所謂觀音大士示現的聖地，該處普濟寺，建於後梁，歷代維修，雍正特發帑金，派專官董理修飾，同時修繕了普陀山的法雨寺[143]。南嶽恒山是雍正的主壽山，湖南巡撫趙弘恩奏請動用庫銀修葺，以為皇上祝壽。雍正說為朕延壽不必進行，但為崇祀江河山嶽之神則可以，批准了他的建議，指責了他的「識見鄙陋」[144]。華山佛宇遭火災，雍正命江南督撫供給錢財，不計數量，務必恢復原狀，於是佛寺及道觀均修葺一新[145]。他所維修的蘭若，一類是佛教聖地的名寺，再則是他所表彰的玉林琇一派的修行之處，表現了他提倡佛教宗派。

十一年（一七三三年），雍正表彰他認為的聖僧，賜以封號。授鳩摩羅什高足僧肇為大智圓正聖僧禪師，溈仰宗的創始人靈祐及其弟子慧寂分別封為靈覺大圓禪師、眞證智通禪師。雍正說這些名僧闡揚佛旨，「救拔羣迷」，千百年後帝王旌獎他們，希望時下釋徒力求奉信正宗正論[146]。

雍正在賜號、修廟中已表明崇的是玉林琇一派，但覺不夠，又親自著述《揀魔辨異錄》，發布有關上諭，直接參加佛教宗派學術鬥爭。明崇禎間，漢月藏（法藏）著《五宗原》，密雲悟與之論辯，產生宗旨之爭。漢月藏法嗣弘吉忍（弘忍）作《五宗救》闡述師說，深受學者歡迎，密雲悟又作《辟妄救》駁難。雍正把漢月藏、弘吉忍之說當作邪魔外道，說自己明於「禪宗之旨，洞知魔外之情，灼見現在魔業之大，預識將來魔患之深」，為了拯救佛徒，「不得不言，不忍不言」，乃摘抄藏、忍語錄八十餘條，一一指斥，成《揀魔辨異錄》一書。同時命令銷毀藏、忍語錄及《五宗原》、《五宗救》等書，若有僧徒私自收藏的，以不敬律論罪。又命地方官查明漢月藏派下徒眾，盡除出禪宗臨濟宗，永遠不許復入祖庭[147]。為了同樣的目的，即不許「邪說橫行」，雍正又在僧侶的語錄中，選擇「提持向上，直指眞宗」的，搞了《御選語錄》一書[148]，入選的有僧肇、永嘉覺、寒山、拾得、溈山祐、仰山寂、趙州諗、雲門偃、永明壽、紫陽眞人、雪竇顯、圜悟勤、玉林琇、茆溪森等僧侶、道士的語錄，還編入他自己的《圓明語錄》、《圓明百問》，附錄《當今法會》。於十一年作序，刊刻問世。十二年，雍正令沛天上人組織四十多名僧侶校勘藏經[149]。他還刻印釋典《宗鏡錄》、《宗鏡大綱》、《經海一滴》諸書。他採取行政命令的方法解決宗教內部的派別鬥爭、宗旨之爭，以皇帝的權威干涉宗教內部事務。

雍正與釋子辯難，遭人譏笑，「以人天子與匹夫搏」[150]。不過這倒符合他一貫的作風。前此與草民曾靜、小吏陸生枏駁詰，再與沙門對陣，毫不奇怪。他所注重的是辯明思想，即要以符合自己意見的觀念作為指導思想，不僅要把它貫徹在俗民中，還要統治方外世界，為此就不顧及自己的身分地位了。

（六）利用道家

雍正謀求儲位時相信武夷山道士的算命，已見其對道家的態度。他在當皇子時也和道士結交，瞭解老氏之學，在他的《藩邸集》中，收錄〈贈羽士〉（二首）、〈羣仙冊〉（十八首），記錄了他對道家的認識和要求。〈碧霞祠題寶旛步虛詞〉之二云：

瓊宇璇宮日月長，奇花瑤草總飄香。
琉璃作殿蒼龍衞，雲霧裁帷青鳥翔。
拂露霓旌珠燦爛，御風鸞駕玉鏗鏘。
常將天福人間錫，獎孝褒忠佑乃方。[151]

希望道士們存濟世之心，宣傳忠孝，協助君王的治理。

繼位後的雍正，對道家的興趣不減當年。北京白雲觀，據說是金代所建，長春眞人邱處機曾在此著書[152]，是道家的重地。雍正時與白雲觀道士往還。該觀道士羅清山於五年（一七二七年）

初死去，雍正命內務府官員為他料理喪事，指示按道家禮節從優辦理，又追封他為眞人[153]，可見他們關係的密切。道士婁近垣，江西人，雍正將他召來，居於光明殿，還把他收為自己的佛家子弟，他為雍正「結幡招鶴」，被封為「妙應眞人」[154]。雍正把道士賈士芳、張太虛、王定乾等人養在宮苑，用他們治病和修煉丹藥[155]。

雍正對道家思想並不看得那麼重要。他在御極後作的〈蓬萊洲詠古〉中寫道：

唐家空築望仙樓，秦漢何人到十洲。
塵外嘯歌紅樹晚，壺中坐臥碧天秋。
廟堂待起煙霞侶，泉石還看鶴鹿遊。
弱水三千休問渡，皇家自有濟川舟。[156]

是啊，古來誰到過蓬萊瀛洲，唐明皇佇立望仙樓，既無仙人來會，自己也是肉胎俗身。雍正相信他的辦法能夠治理天下，沒對道教思想寄託多大希望。

（七）融合儒佛道三教於一爐

作為剝削階級的意識形態，儒佛道三學有許多共同的東西，雍正抓住它們，參以己意，給予說明。他講三教有共同的目標，即教育百姓如何作人：「三教之覺民於海內也，理同出於一原，道並行而不悖。」比如勸人為善棄惡，儒家用五常百行之說，「誘掖獎勸」，佛家的五戒十善，也是「導人於善」。他說：「勸善者，治天下之要道也。」儒佛都勸善，共同起著「致君澤民」的作用。他還以天命論的觀念解釋儒佛的共性。儒家天人感應說警戒人們省修過愆，雍正認為求佛也是如此，他說：「天人感應之理無他，曰誠敬而已。」當人誠心拜佛，那怕是微賤的，愚夫愚婦，他的精神，會引起神明的憐憫而給予拯救和惠澤。他的結論是，儒佛有共同的思想，同一的育民作用。

釋老矛盾重重，雍正以帝王之力大作調和。他說「性命無二途，仙佛無二道」157，強把佛道捏合在一起。他收佛門弟子，卻接受了妙應眞人婁近垣；他編選佛家的語錄，把道家紫陽眞人張伯端的著述選了進去；他給沙門賜封號，也贈張伯端為「大慈圓通禪仙紫陽眞人」。他認為張伯端的《悟眞篇》，儘管是道家的著作，即在佛學中也是最上乘的158。

儒家思想歷來處於神聖不可動搖的統治地位，雍正尊儒，又把儒佛道拉在一起，是以儒助佛，擡高佛教的地位，為自己信佛辯解。他把道家的著作歸入佛家典籍，使佛經駁雜了，但卻是把道歸入於佛，含有揚佛的意思。所以雍正揉合儒佛道三家，要旨在於提倡佛教。當然，揉合了三教，更可以全面利用它們，充分發揮它們各自的御用工具的作用。

（八）政權與神權的高度結合

雍正一生與佛老結下了不解之緣，以萬乘之尊而自稱「居士」；在日理萬機的繁忙中，自撰《佛學語錄》，編選和刊刻《釋氏經典》；大開法會，廣收門徒；大力干預梵宮內部事務，興修廟宇，任命住持，表彰高僧，擯斥外道；對朝中出現的奉佛與反佛的摩擦，雖有所顧忌，仍堅持信佛。為什麼他在譏笑和反對之中還要揚佛呢？自然有著社會的和個人的原因。

第一、是強化封建專制主義思想統治的需要。雍正深知佛教對於穩定封建秩序的作用。他講佛家勸人為善，要被壓迫的受苦受難的羣眾，相信今生的不幸是前生作孽的報應，既然如此，只好甘心忍受，以求來生的幸福。雍正欣賞的是佛教中的禪宗，而禪宗是把佛性灌輸到人的內心，給人的心靈套上枷鎖，使俗人也變成了僧侶[159]。一句話，佛教要人做逆來順受的良民，極其有利於封建秩序的穩定。孔孟之道作為官方哲學，是統治人民思想的工具，雍正極力利用它，又給佛學以較高地位，用來輔助儒學，這樣就加強了對臣民的專制主義思想統治。

第二、用釋徒為謀主必然提高佛教的地位。雍正由於政治鬥爭的需要，利用僧衲密參帷幄，使他們起到高級助手作用。因之，也要受他們的一些影響，反映他們的一定願望，給他們應有的社會地位。所以他的修蘭若，賜法號，也是使用比丘而採取的必要的獎勵手段。

第三、是統治蒙古人的需要。用喇嘛教聯繫、控制蒙古人，這是清朝滿族統治者的傳統政策，雍正也在自覺地使用它，此點已無需細說。

雍正崇佛，是利用佛教為他的統治服務，他不是佞佛，不是讓沙門利用他。他左右佛堂，而不允許佛教駕馭他。他打擊一些比丘，除前述教派宗旨關係，還有政治原因。他懲治迦陵性音門人，同時反對木陳忞徒眾。木陳忞與玉林琇同時受到順治禮遇的高僧，曾作《北遊集》，涉及侍奉內廷之事，透露其對順治的影響。雍正指責他是無知妄人，「於瞻顧天顏後，即私亂記載，以無為有，恣意矜誇」。他是否造作順治的謠言倒不一定，但有以御用僧地位進行招搖之嫌。雍正把木陳忞、迦陵性音看作一類人物，他們雖死，但對他們的徒子徒孫實行管制，毀禁他們的書籍[160]。雍正用僧人作高參，但給他們一個活動範圍，不許逾越，否則懲治，他把僧侶玩弄於股掌之中，所以雖崇佛，而沒有桑門亂政的事情。還要看到，雍正大修廟宇，耗費了許多金錢，搞了些虛文，虛熱鬧，這同崇尚務實、反對靡費的精神相違背。

總之，雍正身為天子，是俗民的最高統治者；又以佛教宗旨的權威解釋人自居，大量干預佛教事務，有類於精神教主。他身兼俗王與法王的地位，使他的統治成為政權與神權的高度結合物。當然，前此的君主也擁有神權，也有利用佛教、道教的，但雍正利用得更自覺、更廣泛，且不受宗教的支配，因而有其顯著特點。他這樣使人神高度結合起來，強化了清朝政府對人民的統治，這也是封建專制主義的發展。

註釋

1 《永憲錄》卷二上，九十九頁。
2 《清世宗實錄》卷十六，二年二月辛酉條。
3 《清世宗聖訓》卷一《聖德》。
4 《清世宗聖訓》卷一《聖德》；《永憲錄》卷三，二二六頁、卷四，二六八頁。
5 近代史研究所中華民國史研究室、曲阜文管會編《孔府檔案選編》，中華書局一九八二年版，上冊二十二頁。
6 《永憲錄》卷三，二三八頁。
7 《清朝通典》卷四十八《禮典》。
8 《永憲錄》續編，三四七頁。
9、11 《清世宗聖訓》卷二《聖德》。
10 《清史稿》卷八十四《禮志》。
12 《清世宗聖訓》卷四《聖學》。
13 《清世宗實錄》卷五十九，五年七月癸酉條。
14 《清世宗聖訓》卷四《聖學》。
15 《清朝通志》卷七十二《選舉略》。
16 《上諭內閣》，十年七月二十八日諭。
17 沈曰富《沈端恪公年譜》卷下。
18 章學誠《文史通義》外篇卷三《答沈楓墀論學》。
19 《雍正朝起居注》，元年五月二十一日條。
20 《上諭內閣》，十一年九月二十四日諭。

21《清世宗實錄》卷一四五，十二年七月己卯條。
22《清朝通志》卷七十二《選舉略》。
23蔣良騏《東華錄》卷三〇，四九七頁。
24《清代文字獄檔·謝濟世著書案》。
25《謝梅莊先生遺集》卷一。
26《清世宗實錄》卷八十九，七年十二月壬戌條。
27《文史通義》外篇卷三《答沈楓墀論學》。
28《雍正朝起居注》，元年十月二十一日條。
29《上諭內閣》，元年四月十五日諭。
30《清朝通典》卷十八《選舉》。
31《上諭內閣》，五年四月初八日諭。
32《上諭內閣》，九年四月三十日諭。
33《雍正朝起居注》，元年十月初二日條。
34《上諭內閣》，十一年五月初一日諭。
35《上諭內閣》十一年四月初八日諭。
36《上諭內閣》，十三年二月二十八日諭。
37、38《清世宗聖訓》卷一〇《文教》。
39《雍正朝起居注》，元年十月二十一日條。
40、41《清世宗聖訓》卷一〇《文教》。
42《雍正朝起居注》，二年十二月初四日條。
43《上諭內閣》，六年八月初六日諭；《硃批諭旨·楊永斌奏摺》，十年五月二十七日摺。
44《清聖祖實錄》卷二九一，六十年三月乙丑條。
45《清世宗實錄》卷一〇，元年八月戊午條。
46《清世宗實錄》卷二十三，二年八月癸未條。
47《清世宗實錄》卷二十三，二年八月己亥條。
48《上諭內閣》，五年八月二十日諭。
49《雍正朝起居注》，五年十月初十日條。
50《雍正朝起居注》，五年十一月十七日條。
51《上諭內閣》，七年十一月初四日諭。
52《上諭內閣》，十二年十月二十六日諭。
53《清世宗詩文集》卷十二《瑞穀圖跋》。
54《上諭內閣》，七年閏七月二十四日諭。
55《上諭內閣》，七年七月二十七日諭。
56《上諭內閣》，七年八月十八日諭。
57《清世宗實錄》卷六，元年四月丁丑條。
58《上諭內閣》，七年十月初五日諭。
59《上諭內閣》，十年七月初三日、十二年十月二十六日諭。
60《上諭內閣》，十年七月初三日諭。
61《上諭內閣》，十一年七月二十一日諭。
62《上諭內閣》，十三年正月初八日諭。

63《上諭內閣》，八年正月二十九日諭。
64《硃批諭旨・蔡仕舢奏摺》，七年三月二十日摺及硃批。
65《上諭內閣》，三年正月二十九日諭。
66《清世宗詩文集》卷十五《黃河澄清碑記》。
67《雍正朝起居注》，五年三月二十七日條。
68《上諭內閣》，八年八月十三日諭。
69《上諭內閣》，五年正月十三日諭。
70《雍正朝起居注》，五年正月二十九日條。
71《穆堂初稿》卷一《卿雲頌》。
72 按：雍正生日在三十日，本月係小月，故以二十九日為聖誕日。
73《硃批諭旨・鄂爾泰奏摺》，六年十二月初八日摺。
74《耆獻類徵》卷十六，袁枚撰《鄂爾泰行略》。
75《上諭內閣》，七年八月二十一日諭。
76《上諭內閣》，七年十二月十三日諭。
77《上諭內閣》，七年十二月十九日諭。
78《上諭內閣》，七年十二月二十九日諭。
79《上諭內閣》，八年六月二十二日諭。
80《清世宗實錄》卷一〇一，八年十二月辛丑條。
81《清世宗實錄》卷一〇三，五年二月丙辰條；卷一五〇，十二年十二月庚申條；《上諭內閣》，十年七月二十三日諭。
82《清世宗詩文集》卷十二《瑞穀圖跋》。
83《上諭內閣》，七年八月十八日諭。
84《上諭內閣》，七年十二月二十一日諭。
85《上諭內閣》，四年十二月二十二日諭。
86《上諭內閣》，七年五月初四日諭。
87《上諭內閣》，二年三月初五日諭。
88《上諭內閣》，三年四月十一日諭。
89《清世宗實錄》卷二十三，二年八月己亥條。
90《上諭內閣》，七年十月二十日諭。
91《上諭內閣》，三年正月二十九日諭。
92《上諭內閣》，十二年正月初一日諭。
93《雍正朝起居注》，三年四月十一日條。
94《硃批諭旨・鄂爾泰奏摺》，九年五月二十八日摺硃批。
95《上諭內閣》，四年八月十五日諭。
96 陳壽祺輯《尚書大傳》卷一下《虞夏傳》。
97《硃批諭旨・鄂爾泰奏摺》，六年十二月初八日摺及硃批。
98《上諭內閣》，七年正月初九日諭。

99 《上諭內閣》，七年正月二十四日諭。
100 《李朝實錄・英宗實錄》卷三十四，九年（雍正十一年）四月戊午條，四十三冊三五〇頁上。
101 《上諭內閣》，八年六月十八日諭。
102 《上諭內閣》，八年六月三十日諭。
103 《李朝實錄・英宗實錄》卷二十八，六年（雍正八年）十一月戊辰、壬午條，四十三冊二三六頁上—二三八頁上。
104 《清高宗實錄》卷七，雍正十三年十一月癸亥條。
105 《清聖祖實錄》卷一一一，二十二年七月乙未條。
106 《硃批諭旨・法敏奏摺》，二年八月初八日摺及硃批。
107 清世宗《御選語錄》卷十八《御制後序》。
108 《清世宗詩文集》卷二十六《雍邸集・書扇與僧》。
109 《雍正朝起居注》，四年十二月初八日條。
110 《悅心集》卷四所錄馮其源《題布袋和尚》中詞句。
111 《御選語錄・御制總序》。
112 《文獻叢編》第六輯《年羹堯奏摺》。
113 《清世宗詩文集》卷三〇《四宜堂集》。
114 《雍正朝起居注》，五年正月十八日條。
115 《御選語錄》卷十九《當今法會》；《永憲錄》續編，三五八頁。
116 《永憲錄》續編，三五八頁；《養吉齋餘錄》卷四。
117、118 《雍正朝起居注》，三年五月二十五日條。
119 《雍正朝起居注》，四年十二月初八日條。
120 《文獻叢編》第三輯《清世宗關於佛學之諭旨（一）》。
121、122 沈曰富《沈端恪公年譜》卷下。
123 全祖望《鮚埼亭集》卷十八《工部尚書仁和趙公神道碑銘》。
124 《國朝先正事略》卷三十四《任鈞臺先生事略》。
125 《永憲錄》續編，三五八頁。
126 《上諭內閣》，七年六月二十五日諭。「惠廸吉」句出於《尚書・大禹謨》：「禹曰：惠廸吉，從逆凶，惟影響。」
127 《上諭內閣》，三年十二月初一日諭。
128 《小倉山房文集》卷四《安徽布政使李公墓誌銘》。
129 《小倉山房文集》續集卷三十三《吏部侍郎留裔松先生傳》。
130 《上諭內閣》，四年七月初二日諭。
131 《上諭內閣》，四年十二月初八日諭。
132 《上諭內閣》，三年五月二十五日諭。
133 《上諭內閣》，七年六月二十六日諭。
134 《清世宗詩文集》卷十七《報恩寺碑文》。

135 沈曰富《沈端恪公年譜》卷下。
136、139《清世宗詩文集》卷十七《拈花寺碑文》。
137《文獻叢編》第三輯《清世宗關於佛學之諭旨（五）》。
138《清世宗詩文集》卷十七《十方普覺寺碑文》。
140《永憲錄》三五八頁。
141《清世宗詩文集》卷十七《崇恩寺碑文》。
142《清世宗詩文集》卷十七《報恩寺碑文》。
143《清世宗詩文集》卷十七《普陀山普濟寺碑文》，《普陀山法雨寺碑文》。
144《上諭內閣》，十年七月二十五日諭。
145《文獻叢編》第三輯《清世宗關於佛學之諭旨（四）》。
146《永憲錄》續編，三五八頁。
147《揀魔辨異錄》所收十一年四月初八日上諭；參閱陳垣《明季滇黔佛教考》卷二。
148《御選語錄・御制總序》。
149《養吉齋餘錄》卷三。
150《明季滇黔佛教考》，四十九頁。
151《清世宗詩文集》卷二十六。
152 富察敦崇《燕京歲時記・白雲觀》，北京出版社一九六一年版，四十九頁。
153《雍正朝起居注》，五年二月初七日條。
154《嘯亭雜錄》卷九《婁真人》。
155 關於煉丹事，將在雍正死亡章中說明。
156《清世宗詩文集》卷三十《四宜堂集》。
157《文獻叢編》第三輯《清世宗關於佛學之諭旨（二）》；《清世宗詩文集》卷十七《天竺寺碑文》。
158《文獻叢編》第三輯《清世宗關於佛學之諭旨（三）》。
159 參閱任繼愈《漢唐佛教思想論集》。
160《文獻叢編》第三輯《清世宗關於佛學之諭旨（一）》。

第十四章　用人、待人和寵臣

論才技而不限成例的方針

雍正對於官吏的任用非常重視，前述在鄂爾泰的奏摺上批寫「治天下惟以用人為本，其餘皆枝葉事耳」[1]即為一例。四年（一七二六年），對諸王大臣等說：「從古帝王之治天下，皆言理財、用人，朕思用人之關係，更在理財之上，果任用得人，又何患財之不理，事之不辦乎？」[2]六年（一七二八年），在署理江蘇巡撫尹繼善的奏摺上批寫：「朕之責任，不過擢用汝等數員督撫而已。」[3]把用人看作行政的第一件大事，根本重事。因此，對用人的原則、方法倍加考究，也形成他的風格和特點。

雍正的任用官僚，不像乃父，康熙對人比較寬厚，官僚隊伍相對穩定，任職較為長久，雍正時人事變動頻繁，一些官員來去匆匆，有的微員驟升大僚，而一些大吏被逐出政治舞臺，看似混亂，其實亦有章法。三年（一七二五年），他說用人變化迅速的原因：「事無一定，又不可拘執，有時似若好翻前案，不知其中實有苦心，總欲歸於至是，是故或一缺而屢易其人，或一人而忽用忽捨，前後頓異，蓋朕隨時轉移，以求其當者，亦出乎不得已。」[4]「總欲歸於至是」，想把事情辦好，因而在用人上顛配來倒過去，以求人和職結合得當。這還是一般地講用人原則。五年（一七二七年），他說得就更清楚了：

> 朕現今用人之法，亦止堪暫行一時，將來自仍歸於聖祖疇昔銓衡之成憲。朕緣目擊官常懈弛，吏治因循，專以積累為勞，坐廢濯磨之志，不得不大示鼓舞，以振作羣工委靡之氣。俟咸知奮勉，治行改觀時，自另有裁處之道。[5]

雍正要清掃康熙末季積弊，使雍正改元出現新氣象，與這個政治方針相適應，確定用人的原則：造成一個振作有為的官吏隊伍，去革新政治，因此破壞常規的任用官僚辦法，反對因循腐敗的吏治。在這個總原則下，有一整套用人的具體辦法。

雍正和鄂爾泰通過奏摺和硃批討論識人和用人，表明他們對官員的要求。鄂爾泰在四年八月初六日奏摺中說：

> 政有緩急難易，人有強柔短長，用違其才，雖能者亦難以自效，雖賢者亦或致誤公；用當其可，即中人亦可以有為，即小人亦每能濟事，因材、因地、因事、因時，必官無棄人，斯政無廢事。

他強調用人一定要得當，要因事擇人，不能因人派差事。雍正異常讚賞他的觀點，轉告他批諭田文鏡的關於用人的兩句話：

> 可信者非人何求，不可信者非人而何。

又說：

> 不明此理不可以言用人也，朕實以此法用人，卿等當法之，則永不被人愚矣。

這兩句話，提出如何對待可信任的人與他的能力之間的關係問題，即對那些可信任而又不能勝任官職的人，就不能抱有什麼指望，對不可信又不能勝任的人就不必給他職責了。他不僅重視官員的可信程度，更重要的是把它同他們的才能結合在一塊考慮。雍正接著在硃批中寫道：

凡有才具之員，當惜之，教之。朕意雖魑魅魍魎，亦不能逃我範圍，何懼之有？及至教而不聽，有真憑實據時，處之以法，乃伊自取也，何礙乎？卿等封疆大臣，只以留神用才為要，庸碌安分、潔己沽名之人，駕馭雖然省力，惟恐誤事。但用才情之人，要費心力，方可操縱。若無能大員，轉不如用忠厚老成人，然亦不過得中醫之法耳，究非盡人力聽天之道也。6

提出用人要用人才之人。他還看到，這種人未免恃才傲物，與那些庸愚聽話的人不同，不容易駕馭，但是他認為不必懼怕他們，應當用心去掌握他們。在這裏尤需注意的是「惜之、教之」的思想，這是說人才難得，對已經湧現出來的幹才，儘管他們有缺陷，也要愛惜，不能摧殘；愛惜的方法之一，是對他們加強教育，幫助他們改正過失，以利充分發揮他們的才智。鄂爾泰見到硃批後，於十一月十五日具摺陳述自己的意見：

可信、不可信原俱在人，而能用、不能用則實由己，忠厚老成而略無才具者，可信而不可用，聰明才智而動出範圍者，可用而不可信。朝廷設官分職，原以濟事，非為衆人藏身地，但能濟事，俱屬可用，雖小人亦當惜之，教之；但不能濟事，俱屬無用，即善人亦當移之，置之。

他認為國家設官定職，出發點是為辦事，不是為用人，尤其不是為養閒人，誰能把事情辦好就應當用誰，而不必管他是君子，抑或是小人。在這個前提下，對於有缺陷的能人加強教育，對不能辦事的善人，或調換職務，或離職賦閒，讓出缺位給有能力的人來幹。他進一步說明和發展了雍正的使用有才能的人及其有缺點即加以教育的用人方針，雍正看後大為欣賞，稱讚他的說理「實可開拓人之胸襟」[7]。雍正用人，一定要使他的才能和職務相當，有才而不肖，賢而無才，取前者而捨後者，這是他用才思想的一個內容。

在賢和才的取棄上，雍正還有更深入的考慮。自從司馬昭給官員提出「清慎勤」三字要求之後，歷代的封建統治者皆奉之為圭臬，康熙也不例外，雍正卻提出了異議。他在論巡撫的職責時說：「巡撫一官，原極繁難，非勉能清、慎、勤三字便可謂勝任也。用人雖不求備，惟至督撫必須全才，方不有所貽誤，若無包羅通省之襟懷，統馭羣僚之器量，即為不稱厥職。」又說：「凡事當務大者遠者，若只思就區區目前支吾，以盡職任而已，未有不顧此失彼，跋前躓後者，當努力勉一大字。」[8]他把清（廉潔奉公）、慎（忠誠謹慎）、勤（勤勞王事），視作對高級官員的基本要求，另要他們胸有全局，目光遠大，辦事瞻前顧後，能夠駕馭屬員，即要兼有才能與忠於職守的品德。署理湖廣提督岳超龍在奏謝摺中表示：「惟有益思正己率屬，砥礪官方，以仰報高厚之恩。」雍正告訴他，即使做到了正己率屬，「若不知訓練兵丁，滌除陋習，不過自了一身而已，與木偶何異，曠職之愆，仍不能免」[9]。說得很清楚，身為提督大員，以自身的模範行動帶領下屬清正廉潔固然很好，但若不能將軍隊訓練好，把從前的弊病革除掉，這樣的人品行再好，也不過像個木偶，起不到他所擔任的職責的作用。他以這個標尺衡量湘撫王國棟，認為王「心有餘而力不足，清慎勤三字朕皆許之，然不能擴充識見，毫無益於地方，殊不勝任」。

於是將之內調，並以此教育其後任趙弘恩[10]。直隸巡撫李維鈞考察吳橋知縣常三樂，「操守廉潔」，「但懦弱不振，難膺民社之寄」，擬將其改任不理民事的教職，報吏部審批。吏部認為，既說常三樂「生性懦弱，必有廢弛實迹」，而李維鈞又不實指糾參，不予批准。李維鈞感到常三樂清廉並無劣迹可議，但不稱職，不便留任，不知如何處理才好，特請雍正裁奪。雍正回說，這事很好辦，就照他「居官罷軟，殊屬溺職，相應參革」[11]。有德無才的官，在雍正手下難於得到重任。

一個政府對人員的使用，有許多規章制度，雍正去庸人用才幹的方針，同清朝的一些固有規則發生了矛盾，他就以不惜破壞定制的精神貫徹自己的原則。他表示：「朕用人原只論才技，從不拘限成例。」[12]又說：「惟期要缺得人，何論升遷之遲速，則例之合否耶！」[13]那些關於官員除陟的規則，主要內容是資歷、出身、旗漢區別。他不取消有關規定，在實行中加以變通。元年（一七二三年），雍正向湖廣總督楊宗仁說：「如遇有為有守賢能之員，即行越格保題，以示獎勵。如此則官吏勸而民心悅，地方有不改觀者乎？」[14]主張不要按資歷升轉，越級提拔賢能官員，以鼓勵官員奮發向上。二年（一七二四年），要充任布政使的田文鏡推薦能夠擔當這種職務的人：「若有才守兼優堪任藩司之職，為爾素所深知者，密舉二三員來，以備選擢。朕從來用人，不悉拘資格，即或階級懸殊，亦屬無妨。」[15]七年（一七二九年），命京官學士、侍郎以上，外官布、按以上，各人密保一人，「將其人可勝督撫之任，或可勝藩臬之任，據實奏明。不必拘定滿漢，亦不限定資格，即府縣等員，官階尚遠者，果有眞知灼見，信其可任封疆大僚，亦准列於薦牘之內」[16]。准薦府縣為督撫，眞是要破格選人才。十二年（一七三四年），贛南道缺出，雍正命署理兩江總督趙弘恩在屬員或瞭解的官員中，「無論越銜與否，擬定一員」，摺奏請旨，以便任用補缺[17]。雍正在位期間，一直注意把有才能的人迅速地提到重要官職上。

人們的出身，無論是科甲的或門第的因素，都影響到人的前程和才能的發揮。雍正也重視官員的出身，但有分寸。他說：

國家用人，但當論其賢否，不當限以出身。朕即位以來，亦素重待科甲，然立賢無方，不可謂科甲之外遂無人可用，倘自恃科甲而輕忽非科甲之人，尤為不可。自古來名臣良輔，不從科甲出身者甚多，而科甲出身之人，亦屢見有蕩檢逾閑者。……[18]

他有意壓抑一些科目人，在科舉時代，實不多見。

雍正任用才力官員，自然對年老多病的官員表示反感和不能容忍。元年，在指示湖廣總督楊宗仁越格薦人的同時，要他考察屬員，將「貪婪酷劣及老病無能向來苟且姑留之輩，盡數糾參」[19]。十一年（一七三三年），責備兵部堂官將「年力衰邁」的郎中阿爾哈圖、瑪紳不行清理，他說：「此等人員留於部內，不但於部務無益，且礙後進之階」，命他們原品休致。同時傳諭各部院衙門，如「章京、筆帖式內有此等年老衰邁、人平常者即行奏聞」[20]，以便清除。他對老病而無能的官員的態度，更從對官員的正常考核的大計、京察、軍政中表現出來。其考核情況，略見下表：

雍正八至十一年大計、京察、軍政情況表

時間	考核類別	地區範圍	卓異	貪官	浮躁官	年老官	不謹官	罷軟官	有疾官	才力不及官	資料出處
八年	大計	奉天直隸及七省等	二八	一	一二	五五	三六	一三	二六	三四	《清世宗實錄》卷一〇三，九年二月丙午條
九	京察				一	一	四	三	六	六	《實錄》卷一一七，十年四月丙辰條
一〇	軍政		三	二		三			二	一	《實錄》卷一二六，十年十二月庚午條
一一	大計	浙江等十省	二二		一七	五六	三六	二三	二四	三二	《實錄》卷一四〇，十二年三月壬戌條
一一	大計	直隸及直隸總河	七		四	二三	二	二	三	八	《實錄》卷一四三，十二年五月庚寅條

這些考察，都照例處理了。在被處分的人中，最多的是年老官，尤其是在大計中，遠遠多於其他類型的官員。這是雍正不容年老多病官員留於任上的表現。

雍正對官員有一套寵信駕馭的辦法，最常用的是賞賜，如賜世職，加銜，加級，加紀錄，賜四團龍補服、雙眼花翎、黃帶、紫轡，賜「福」字，賞書，賞賜各種食品、藥物、人參，以獎勵「公忠奉職，勤慎持己」的官僚[21]。雍正對一些官員的身體表示關懷。元年，湖廣總督楊宗仁因

病奏請命其子、陝西榆林道楊文乾到武昌侍養，雍正立即批准，為使楊宗仁安心養病，給楊文乾加按察使銜，又派深知為好醫官的御醫趙士英赴鄂為楊宗仁診治[22]。三年（一七二五年）七月，兩廣總督孔毓珣摺奏廣東按察使宋瑋「才守兼優」，可惜有病，恰在他的奏摺未到之前，雍正已命宋瑋赴京引見，及見孔摺，即命宋暫停來京，告訴孔毓珣，轉告宋瑋：等全好了，可以走路了，再前進，「切勿任伊勉強扶病而行」，免得趕路把他拖垮了[23]。這是因愛才而憐惜之。十一月，孔毓珣摺奏宋瑋已痊癒起程，雍正知道了很高興[24]。八年（一七三〇年），浙江按察使方覲調任陝西布政使，上任途中病倒了，雍正要他回家好好休養，等候派遣的御醫前往看視，並告他陝西藩司之職已另委他人，要其痊癒後即行報告[25]。雍正還關懷到官員的家屬。陳時夏在封丘罷考事件中被革職，兩年後卻升為江蘇巡撫，他是雲南人，願將八旬老母迎養任所，雍正就令雲南督撫把陳母送到江蘇，特地指示：「起身日期一聽其母之便，在路隨意歇息行走，不必因乘驛定限。」如此優寵，就是要陳時夏盡力辦事，他直言不諱地說：「朕既擢用陳時夏，欲其宣力以報朝廷，自不忍令伊垂白之母睽違數千里外，兩相懸切。」[26]四年（一七二六年），雍正見河南禹州知州孫國璽，問他寡母的年齡，要他俟其母至八十歲時奏請御賜匾額[27]。六年（一七二八年），孫國璽任臺灣道，因這個職務不能帶家屬，就將老母寄居漳州，並將此情摺奏雍正，雍正為使他能夠迎養，改任他為福建鹽驛道[28]。十年（一七三二年），孫母已屆八旬，孫國璽遂為其母請求匾額和誥封，然而雍正大變其調：「朕初期望於汝之心實惟天鑒，豈料汝如是負朕深恩也。今日不但汝母匾額無須啓齒，汝若不痛自悛改，仍循潔己沽譽欺蒙隱飾轍迹，身家性命，目前難保，累及汝母，尚在未定。具何心膽面皮，輒敢冒請封典耶！觀汝此奏甚屬妄誕，可惡之至！」[29]雍正因他沽名釣譽，不實心辦事，收回了給他母親恩典的諾言。由此可見，雍正關懷臣下，一則是為賞功，一則也是駕馭手段，使臣工感激莫名，效忠圖報，稍或不謹，就給顏色。袁枚寫過雍正關心臣下的兩個故事，不一定全都可靠，也可敍來作參考。侍郎留保奉命赴浙江，雍正在他的奏摺上批云：聞汝尚無子，可在浙買一、二婢妾回京。杭州織造隆升因將女子奴奴贈送給他，於是世間傳說留保「奉旨取妾」，以為不世之榮[30]。雍正用尹泰為協辦大學士，用其子尹繼善為總督，尹繼善生母徐氏為尹泰之妾，她兒子位至封疆，卻仍青衣伺候主母。一日尹繼善陛見，將有所請，雍正說你不用講了，想為你生母事，回家聽旨吧。歸家，尹泰以子不先請示於己，就上奏，要拿主上恩眷壓抑老父，就以杖擊之，至徐氏跪求乃止。雍正聽說此事，派宮娥四人至尹宅，為徐氏梳妝，頃刻間，內閣學士來宣旨，封徐氏為一品夫人，並令尹泰先拜徐氏，因其生有賢子[31]。用這個方法寵恃尹繼善。

雍正打擊政敵，殘酷無情，但對一些持有不同政策見解的人，只要不同政治鬥爭相聯繫，不但不迫害，照舊予以使用和信任。朱軾，康熙末為左都御史，雍正繼位，封太子太傅，二年（一七二四年）命兼吏部尚書，賜詩，云「忠豈惟供職，清能不近名。眷言思共理，為國福蒼生」[32]。希望在他輔佐下治好國家。但是朱軾違反雍正意願，反對耗羨歸公。三年（一七二五年），雍正用他為大學士，還要他教育皇子弘曆等人。後來他又反對西北用兵，據傳說，他曾不安於位，以病乞休，雍正挽留他，說「爾病如不可醫，朕何忍留，如尚可醫，爾亦何忍言去」。他感激涕零，從此不復有去志[33]，及至雍正死，他立即針對老主子政策，上條陳，指責司法嚴刻和墾荒之弊，旋即病死，遺疏反對言利[34]。他同雍正的一些主張唱反調，雍正知道他的思想，但仍然重用他。太原知府金鉷也反對耗羨歸公，雍正卻很快提升他為廣西按察使，尋即擢為巡撫。他為地方官任用的合理，向雍正建議把州縣分為衝、疲、繁、難四類，依據分類情況，任用官吏。前已說過，他的辦法為雍正所接受[35]。曾靜案子中，他清查軍流人犯在廣西散布反雍正的流言。他既得到雍正的信任，也極力為主子效勞。侍郎沈近思反對火耗提解，雍正仍重其為人，賜詩讚許他：「操比寒潭潔，心同秋月明。」[36]沈近思反對雍正崇佛，雍正並不為意，他死後，加禮部尚書、太子少傅，遣官往祭，又以其子幼，令吏部派司官經理喪事。另一反對耗羨歸公的御史劉燦，雍正始初認為他有私心，改授刑部郎中[37]。後見他「居心尚屬純謹」，升之為福建汀漳道。五年（一七二七年），他因漳州府及屬縣倉米短少，揭報督撫，文書被府縣截回，他氣得以頭撞壁，福建陸路提督丁士傑密參他浮躁失體統，雍正保護他，說他是感恩圖報心切而忘掉了禮體，倒是肯實力任事的表現，沒有過錯[38]。七年（一七二九年），李元直為監察御史，上任八個月，疏奏數十上，其一對滿漢大學士等均有指責，說「朝廷都俞多，籲咈少，有堯舜，無臯夔」。意即朝中只有贊同，沒有爭論，名雖譴詰廷臣，實亦涉及皇帝，雍正問他：沒有臯夔臣子，那來的堯舜之君。不過雍正認為他沒有惡意，告他：「汝敢言自好，嗣後仍盡言毋懼。」恰好廣東上貢的荔枝送到，雍正即賜數枚，以表彰他正直。不久用他為巡視臺灣監察御史，雍正親自取時憲書，為之選擇上路的日子。李陛辭時，雍正說他肯定不會貪贓，只怕「任事過急」[39]。雍正即位不久，翰林院檢討孫嘉淦上疏言三事，請「親骨肉」，「停捐納」，「罷西兵」。在儲位之爭餘波未熄的情況下要求「親骨肉」，自然是逆鱗犯諱的，果然雍正大怒，責問翰林院掌院學士為何容此狂生，朱軾在側說，此人誠然狂妄，但臣佩服他的膽量，雍正沉思一會大笑說，我也不能不讚賞他的膽量，即拔置為國子監司業，且諭九卿：「朕即位以來，孫嘉淦每事直言極諫，朕不惟不怒，且嘉悅焉，爾等且以為法。」隨後用他為祭酒、順天府尹、侍郎[40]。七年（一七二九年），雍正鑒於生監請人代考的弊病，令自首，可免罪。御史陳宏謀奏，這樣做將使胥吏查訪，滋擾地方，不如寬其既往，禁其將來，不必令自首了。雍正開始不接受，和他辯論再三，最後認為他識大體，立加表彰，當時山西鄉試主考已定了人選，雍正改令他去，試畢覆命，雍正命他以御史銜知揚州府事，允許他密摺言事[41]。

帝王多用南面之術，越是那些有作為的人用的越高明。雍正說有人攻擊他「權術御下」[42]，向大臣表示：「君臣之間惟以推誠為貴，朕與卿等期共勉之。」[43]其實，他說的與做的不一樣。他善於用一部分人整治另一部分人。如年羹堯案件之初，雍正在河道總督齊蘇勒奏摺上批寫：「隆科多止論爾操守平常，而年羹堯前歲數奏爾不學無術，必不能料理河務。」[44]用挑動他對年私仇的辦法，揭發年羹堯。對待允禩集團，雍正實行的打拉策略，這雖是政治鬥爭中採取的手段，但也反映雍正的使用權術。雍正講用人之難，以允禩為例，說「廉親王其心斷不可用，而其人有不得不用之委曲」[45]。政敵的首腦當然不能用，但又必須用，這就看駕馭術之精疏了。雍正成功了，也表示他的權術之高。

雍正繼位不久，就有人批評他用人不得法。元年二月，他憤憤不平地說：「外間匪類揑造流言，妄生議論。」「且如發遣一人，即議朕報復舊怨。」「又如擢用一人，即議朕恩出於私，以新進加於耆舊之上。」[46]隨後，有人說他「進人太驟，退人太速」[47]。他處分臣下，也有人不服，比如黃河清時諸臣表賀，雲南督撫楊名時和鄂爾泰的賀表都不合規格，通政司題參，雍正把楊名時交吏部議處，對鄂爾泰免予察議，同時發生的同一事情、同一性質的錯誤，處理兩樣，自然引起議論。雍正就宣布他如此處置的原因：

觀人必以其素，不以一事之偶差而掩其衆善，亦不以一端之偶善而蓋其衆愆。或為有心之過，或為無心之失，朕無不悉之體之。……鄂爾泰公忠體國，其辦理之事，陳奏之言，悉本至誠，愷切之心，以為事君之道，此等純臣，求之史冊，亦不多覯，故其本章錯誤之小節，朕不但不忍加以處分，並不忍發於部議。至於楊名時，巧詐沽譽，朋比欺蒙，從不實心辦事，毫無親君愛國之心，與鄂爾泰相去霄壤，今若因恕鄂爾泰之事，而並寬楊名時之過，則賞罰不當，於朕公平待下之道轉失之矣。48

他把官員分為兩類，區別對待，他所認為才德兼優的，輒加重用，升遷較速，對他們的一般過失，給予教導，而不作處分；若是沽名釣譽、潔身自好，庸儒守舊的，動輒申斥，加以處分，以至降調、罷官。這也是他的用人思想表現，從這可以看出他用人、去人的底蘊。

總括雍正的用人思想和實踐，可以歸納出以下三點：

（1）雍正為貫徹革新政治的總目標，希望有一個振作有為的官僚隊伍去執行他的政策，要求官員振奮向上，並以此決定官員的取捨，摒棄庸儒老病的官員，重用有才能的人，為此而不顧清朝傳統的某些規章制度。他的這個用人原則比較合理，無可非難。他對有弱點的幹才，採取「惜之、教之」的方針，是積極的愛護人才的態度，體現了政治家的胸懷，是眞正使用人才的思想和方針。

（2）雍正因處理政敵、權臣、貪官汚吏較多，給人造成不能容人的感覺，又因他寵信的那些人被人誤解是雍邸舊人，使人以為他的圈子很小。其實他所重用的人多非藩邸老人。他能夠容納持有不同政策主張的人，如那些反對過他的重大改革的人，不贊成他崇佛的人，當然要以這些人沒有朋黨活動為前提。他分清是非，凡是為鞏固清朝和他的統治著想的，不管政見與他相同與否，一概寬容。他是政治家，不是愚蠢的殺人狂。

（3）雍正同其他帝王一樣，好行南面之術。他為實現君主的淫威，也有順我者昌、逆我者亡的問題，不可能使各種人才充分發揮他們的聰明才智。

寵臣允祥、鄂爾泰、張廷玉、田文鏡和李衛

雍正寵信過的王公大臣，有允祥、允祿、允禮、福彭、馬爾賽、隆科多、張廷玉、朱軾、蔣廷錫、沈近思、年羹堯、鄂爾泰、岳鍾琪、田文鏡、李衛、高其倬、楊文乾、蔡珽、李紱等人，眷寵隆而且久的，則是本節標題所示的允祥等五人。雍正同他們的關係，反映了他的為人、用人和政治。所以需要用一些篇幅說明他的寵臣及他們間的關係。

（一）「忠敬誠直勤慎廉明」的怡親王允祥

雍正和允祥，在康熙時是一對難兄難弟，雍正朝則成了密邇無間的君臣。

雍正繼位，命允祥總理事務，封怡親王。元年設立會考府，命允祥主其事。允祥同時奉命管理戶部三庫、戶部事務。雍正諒闇期間，四個總理事務王大臣中，主事的就是允祥和隆科多。後來雍正回憶這段歷史，說「輔政之初，阿其那包藏禍心，擾亂國是，隆科多作威作福，攬勢招權，實賴〔怡親〕王一人挺然獨立於其中，鎮靜剛方之氣，俾奸宄不得肆其志」[49]。是的，允祥與皇帝關係最密切，其他王大臣不能不注意他的態度。三年（一七二五年）冬，允祥主持新開展的直隸營田事務。雍正前期，允祥以相當多的精力從事整頓財政、發展生產的事情，雍正贈他的詩中說：「經理度支需贊畫，疇咨水土奏豐穰。」[50]確是紀實的。六年（一七二八年）五月，雍正講

到雲南布政使李衞的銅政業務時說：「怡親王之在戶部，諾岷之在山西，李衞之在滇省，實係公忠體國，滌弊清源，勞績茂著。」[51]充分肯定了允祥理財的作用。七年（一七二九年），軍機處成立，雍正命允祥為軍機大臣，辦理西北兩路用兵的事情，前已敍過，開始籌商這件大事時，只有允祥、張廷玉幾個人預謀，由此可見允祥是雍正朝政治舞臺上的重要角色。

允祥只在任總理事務王時官位最崇，後雖為議政大臣、軍機大臣，但後一官職在軍機處制度草創之時，遠不像後來之尊貴。後人為允祥作傳的非常少，除《清史稿》外，僅見彭紹升的《和碩怡賢親王》[52]和張廷玉的《澄懷園文存》中的傳，內容又極其簡略。這就使得人們不易瞭解他在朝政中眞正的地位和作用。其實，允祥在沒有正式名義的情況下，在雍正指導下處理了繁雜的事務。

雍正發號施令，有時親自進行，發布口諭，或硃諭、硃批，有時用大學士傳旨，有時用親重大臣，如二年（一七二四年）初冬，年羹堯陛見期間，用他傳旨。允祥是被經常用作傳旨的親王，在硃批奏摺中，就有疆吏對怡親王傳旨事務處理的報告，即是他此類活動的證明。傳旨，代皇帝發令，「口含天憲」，自極重要，而允祥等的傳旨，又與漢、唐、明的宦官專擅不同，他是以親王之尊，奉皇帝之旨出納王命，是參預處理最高級政務的表現。

雍正不許官僚結黨，為懲治政敵所必需，但官僚為保持自己的地位和升遷，總想在權臣中找個靠山。雍正知道這種情況與結黨亂政不同，雖然也不允許，但不絕對禁止，特別是為了牢固控制疆吏以及中級地方官，一人難於做到，需要有個中間人，這就使用了允祥。要他轉遞一些官員的奏摺，還令一些大員私下和允祥接觸。如在河道總督齊蘇勒的二年十二月十三日的奏摺硃批中說：知道你同怡親王沒有往來，今令你同他接交，因這是朕的主意，不用害怕，「保於爾有益無損也」。又為使齊蘇勒進一步安心，告訴他對允祥的評價：「王公廉忠誠，為當代諸王大臣中第一人，爾其知之。」[53]有這個諭旨，齊蘇勒自然要向允祥靠攏了。為了攤丁入糧的實行，允祥奉命主動支持創議人李維鈞，雍正亦指示李有事可同允祥密商，迨後為拆散李與年羹堯的關係，再次命他同允祥聯繫：「諸王大臣中秉公為國家愛惜人才者，惟怡親王一人，卿倘有不便達朕瑣屑之隱情，怡親王盡能照拂，並可為卿周全，卿何不樂為此不擔干係之坦途耶！」[54]與別人聯絡，有結黨之嫌，惟與允祥交往不用作此擔心，這是雍正特許的。在這類聯繫中，允祥作為皇帝代表，與那些人商洽政事，乃至他們的私事，疏通臣下與皇帝的感情，這也是使疆吏絕對忠於皇帝的一個方法，是皇帝無精力做的或不便做的，允祥替雍正操辦了。

雍正說允祥「為國薦賢之處甚多」[55]。允祥向雍正推薦允禮是件大事。康熙第十七子允禮被雍正認為參加了允禩黨，康熙死，雍正罰他往守陵寢。這時允祥奏稱允禮「居心端方，乃忠君親上深明大義之人」，極力保舉[56]。雍正採納他的意見，元年（一七二三年）即封允禮為果郡王，命管理藩院事，三年（一七二五年）以他實心為國，操守清廉，給親王俸，並按親王給予侍衛。六年（一七二八年）晉封他為果親王。以後雍正又用他管工部、戶部三庫、戶部事務，任宗人府宗令，辦理苗疆事務，使允禮成為雍正朝赫赫有名的凛不可犯的貴族[57]。他所以能得到這個地位，雍正之所以能得此寵臣，用雍正的話說是「朕之任用果親王者，實賴〔怡親〕王之陳奏也」[58]。允祥還以推薦李衞而被雍正感念在懷，據雍正說，李衞在戶部任郎中時，還不知道他，是允祥「在朕前極力保薦，謂其才品俱優，可當大任」。所以才屢加擢用，使之位至總督[59]。其他經允祥保舉的人尚多，如劉世明用至福建總督。

允祥還能向雍正進諫。雍正用年羹堯主持青海軍事，隆科多阻撓他成功，允祥針鋒相對，向雍正說：「軍旅之事，既已委任年羹堯，應聽其得盡專閫之道，方能迅奏膚功。」雍正聽了他的話，不從中掣肘，於是青海迅速成功[60]。雍正要懲治一些官僚，允祥也屢加諫阻，追賠戶部積欠，經允祥多次奏請，雍正作了減免。

此外，允祥做的事還很多，管理漢侍衛，督領圓明園八旗守衛禁兵，負責雍正辦公處養心殿的用物製造，雍正的藩邸舊務，諸皇子的事務，雍正的陵寢，均由允祥經管[61]。雍正曾說他辦過的事情：「總理事務，王夙夜匪懈。……至於軍務機宜，度支出納，興修水利，督領禁軍，凡宮中府中，事無巨細，皆王一人經畫料理。」而且「無不精詳妥協，符合朕心」[62]。允祥既是參預帷幄的重臣，又是雍正的大管家和侍衛長。

允祥如此事君，雍正待他也不同尋常。元年（一七二三年）封王後，雍正要按自己被封時得銀二十三萬兩的例子賜給，但允祥謙謝不要，最後接受了十三萬兩。雍正又要照例支給他六件官物，允祥固辭不受，雍正就另行加恩，將他兼管佐領改為其屬下，另多賞給侍衛和親軍[63]。三年服滿，以總理事務功勞，加封允祥一個郡王，任從他於諸子中指封，允祥堅決不受，就給他增加俸銀一萬兩。四年（一七二六年）七月，雍止親書「忠敬誠直勤慎廉明」八字匾額賜允祥。他解釋說，允祥的忠，是「公而忘私，視國事如家事，處處妥帖，能代朕勞，不煩朕心」。敬是「小心兢業，無纖毫怠忽」。誠是「精白一心，無欺無僞」。直是「直言無隱，表裏如一」。勤為「黽勉奉公，夙夜匪懈」。慎乃「一舉未嘗放逸，一語未嘗宣漏」。廉是「清潔之操，一塵不染」。明為「見理透徹，蒞事精詳，利弊周知，賢愚立辨」。他又說在廷臣之中，做到「忠勤慎明」的不乏其人，而具備「敬誠直廉」的則很少，要眾人向他效法[64]。同年，直隸總督李紱因允祥在畿輔搞營田，而直隸無檔案，具摺請示可否立檔。雍正批示說：「怡親王所辦之事，何用爾倚門備卷！爾等大臣為朕任用，雖百千聚集一處，朕依賴未必如王一人也。勉之。必效法王之摒盡私心，純然忠愛，以受朕如是見信，庶不負為人臣一生之名節也。」[65]十月初一是允祥生日，某年生日前，雍正指令詞臣代他擬詩作壽，詩要表達允祥「赤心為國，至誠待朕，明敏通達，廉潔正直，上蒼自然垂佑錫福錫壽，君臣兄弟永永吉祥等意」[66]。八年（一七三〇年）五月，允祥生病，雍正出錢為他齋醮祈禱，並令廷臣設醮[67]。迨允祥病危，雍正親往探視，及至，允祥已死，次日親臨奠祭，讚他是「自古以來，無此公忠體國之賢王」[68]。命配享太廟，准許他名字上一字用「胤」字，賜謚曰「賢」，並破例將往日所書「忠敬誠直勤慎廉明」八字置於謚號之上。又在京西白家疃、直隸天津、江蘇揚州、浙江杭州為立祠祀。十年（一七三二年），安葬允祥，雍正親往奠送。允祥死，子弘曉襲爵，原來不接受的另一郡王爵，雍正封其第四子弘晈為寧郡王。允祥子弘暾早死未受封，其聘妻富蔡氏入府守寡，雍正因命將弘暾視貝勒例殯葬。雍正對允祥及其家屬的寵眷，是很少見的。

總之，允祥克盡臣弟之道，忠心不貳地為雍正既當大臣又當僕人，在雍正朝的政治生活中起了重要作用，為雍正的全力從政提供了較多方便。他更有一個特點是不居功，極其謙抑。這一點，當然為極端強調君權的雍正所喜。他保持寵眷不衰，這是一個重要原因。所以彭紹升指出允祥「每承恩禮，益加謙畏，故上眷遇日篤」[69]。

作為雍正兄弟受到寵愛的，還有允禮、允祿等人。允祥死後，允禮曾有頂替他的味道。李衞到果親王府請安，允禮對他賞賜甚多，事後，李衞報告這件事，雍正說：「王之優待斷非出於籠絡之術，卿之晉謁亦非懷有趨奉之心，朕皆深信而無疑者。人臣於義固無私交，若同心體國，互相敬愛，則又惟恐其不然也。」[70]雍正在李衞另一奏摺上又批道：允禮「居心虛公，非若輩大臣所能企及」[71]。把允禮看得很重。雍正元年，莊親王博爾鐸死，無子，雍正命十六弟允祿承襲，當時輿論認為雍正鍾愛允祿，才讓他去襲爵襲產[72]。雍正還讓他管理內務府事務，同時加強對他的教導。在賜詩中說：「盡洗膏梁習，須教學業醇。股肱兼耳目，屬望更諄諄。」[73]要求他克服貴胄的紈袴習氣，做勝任的親信重臣。

雍正對那些小兄弟也賜予爵祿。四年（一七二六年），封十五弟允禑為貝勒，八年（一七三○年）晉封為愉郡王。四年封二十弟允禕為貝子，八年改封貝勒。二十一弟允禧得到允祥的好感，褒他「立志向上」，雍正於八年封他為貝子，繼而認為他「感恩向上之念果誠，將來可望成立」，晉封貝勒[74]。雍正也封二十二弟允祜為貝勒，二十三弟允祁為鎮國公，認為二十四弟允祕「秉心忠厚，賦性和平」，在宮中讀書，學識已經增長，封為諴親王[75]。這些事實表明，雍正除打擊爭位的政敵允禩等人，團結了允祥、允祿、允禮一班弟兄，他在家中並不孤立，沒有必要，也沒有全部打擊親兄弟。

（二）政治家鄂爾泰

鄂爾泰，字毅庵，姓西林覺羅，滿洲鑲藍旗人，康熙十九年（一六八○年）生，三十八年（一六九九年）中舉，官場蹭蹬，五十五年（一七一六年）始為內務府員外郎，終康熙之世居於此職，故心常怏怏，康熙六十年（一七二一年）元旦，時屆四十二歲，作詩自嘆：「攬鏡人將老，開門草未生。」又在〈詠懷〉詩中寫道：「看來四十猶如此，便到百年已可知。」[76]想不到後來知遇雍正，出將入相，為一代名臣。

還在康熙間，作為雍親王的雍正要鄂爾泰為其辦事，鄂爾泰以「皇子宜毓德春華，不可交結外臣」，拒不承應。雍正認為他剛正不阿，是忠臣的資質，即位後召見他，讚賞地說：「汝以郎官之微，而敢上拒皇子，其守法甚堅，今命汝為大臣，必不受他人之請託也。」[77]元年正月命為雲南鄉試副主考，五月即超擢為江蘇布政使。雍正不計前嫌，以才德用人，有豁達大度之氣魄。三年（一七二五年）九月升鄂爾泰為廣西巡撫，尋覺之仍可大用，在其赴任途中，命調為雲南巡撫管理雲貴總督事，而原總督楊名時只管理雲南巡撫。二人名實顛倒，為的是人盡其才。四年十月，實授鄂爾泰雲貴總督，加兵部尚書銜。六年十二月，雍正命鄂爾泰兼管廣西，封為雲貴廣西總督。十年正月，鄂爾泰內召至京，受封為保和殿大學士，居首輔地位，充經筵講官，國史、實錄、明史三館總裁，二月封一等伯。七月，因西北兩路用兵不利，雍正命鄂爾泰督巡陝甘，經略軍務，後又巡視北路軍營。十三年，貴州臺拱地區新設州縣的土民叛亂，雍正為顯示賞罰分明，以鄂爾泰經理未善，削其伯爵，留男爵，休沐，仍食大學士俸，並命為辦理苗疆事務大臣，眷注實未變化[78]。

鄂爾泰受知於雍正，以及他的業績，主要表現在三個方面：

一是**在西南推行改土歸流政策**。這方面已作過專題敍述，無庸贅言，僅將鄂爾泰的作用略一鈎勒：他正確地提出改土歸流的目標、方針、措施，獲得雍正的批准；認眞實行，調兵遣將，任用能吏，剿撫兼施，基本完成改流事業，就中他不辭辛勞，深入各地山寨，就近指揮，成功較為迅速；他負責的雲貴廣西的改土歸流，推動了鄰省兩湖、四川的改流事業。

二**是用人有道**。鄂爾泰與雍正論用人，講才職相當，講設官為辦事而非養閒人，講珍惜與教育人才，是用人學上不可廢棄的精當至論。鄂爾泰有識人之明，拔哈元生於末弁之中，識張廣泗於眾屬吏之間，但對他們的評價亦較客觀。他在八年（一七三〇年）五月說哈元生，「雖勇敢，少近殘刻，止可備調遣，不足以資統帥」[79]。後來哈元生的經歷證明他的看法是準確的。他論張廣泗，胸襟頗開闊，立志頗堅定，「但明敏強幹，猶屬見事辦事，若夫先籌全局，次扼要領，不遺瑣細，而一視繁難，張廣泗心能知及，而尚未能了了」[80]。雍正對鄂爾泰說：「卿之識人，實越常人。」[81]又講：「卿之識人感人，朕實信及。」[82]君臣際合，本身就是他們君臣知人用人理論的體現。

三**是講求祥瑞**。在報祥瑞的大臣中，鄂爾泰當首屈一指，他以此遭譏，在所不惜。他亦知禎祥之妄誕，故大理令劉某奚落他，不但不記仇，反而嘉其公直，向雍正推薦他[83]。他的報祥瑞，是在政治鬥爭中支持雍正的一種手段，當然其倡導迷信是愚蠢的行動。

不難看出，鄂爾泰是一個政治家，他適時地提出並實行改土歸流，有政治目光。他身為雲貴兩省總督，但考慮到完成這一不限於兩省的事情，建議統一事權，為此雍正調整了幾省邊境行政區劃，鄂爾泰又協調了當時在他功績之上的川陝總督岳鍾琪的關係，沒有大局量不可能進行改流事業。這是他作為政治家的主要內容和標誌。用人的理論和知人善任，也是政治家的品格，鄂爾泰具備了。鄂爾泰曾說：「大事不可糊塗，小事不可不糊塗，若小事不糊塗，則大事必至糊塗矣。」這就是要明辨大是大非，為政抓綱領，重大局。他的同僚張廷玉雖與之不協，亦服其見識，說他的這個名言「最有味，宜靜思之」[84]。他的雲貴總督後任尹繼善也服膺鄂爾泰「大局好，宜學處多」[85]。清人鍾琦評他為「識量宏淵，規畫久遠」[86]。均為定評。清朝前期，國事有多方面的發展，但由於皇權加強，臣下難於發揮到具有政治家那樣高的作用，所以極少產生政治家，因此鄂爾泰的出現非常難得。他本人有功於清代歷史的發展，雍正治下能有這樣人物的出現，表明雍正用人有道，在君主絕對獨裁之中，尚能容納建立不世之功的人物，並非專一屠戮功臣。

鄂爾泰受知於雍正，始於康熙中表現出的「公忠」，以後他益以此自勵。五年（一七二七年）十月，他對新任雲南巡撫朱綱說：皇上用人行政，「無甚神奇，只是一個至誠，事事從天上體貼下來，以一貫萬，一切刑賞予奪皆聽人自取，而了無成心。如果無欺，雖大過必恕；設或弄巧，雖小事必懲。我輩身任封疆，只須實心實力為地方兵民計，即所以酬恩，即所以自為，一切觀望揣度念頭皆無所用，一併不能用」。他把皇帝事天歸為至誠，臣下亦應以此道對皇帝，只要誠心，事情沒有辦不好的，沒有不得到皇帝賞識的，即使辦事不甚妥協，也會得到諒解。他為講這番道理，敢於說雍正的用人行政沒有什麼神奇的，而雍正體察他的眞誠之心，在硃批中說：「朕實含淚觀之。卿實可為朕之知己，卿若見不透，信不及，亦不能如此行，亦不敢如此行也。朕實嘉悅而慶幸焉。」[87]鄂爾泰的忠誠把這對君臣聯結在一起了。雍正將他作為「模範督撫」向羣臣推薦，就誇讚他「居官奉職，悉秉忠誠，此專心為國，而不知其他者」[88]。

雍正還欣賞鄂爾泰的才識，說他每事必「籌及遠大」[89]。是把他的忠和才結合起來看待和信用的。

皇帝與臣下無所謂私交，但在雍正和鄂爾泰之間，有著私交成分。三年（一七二五年）冬，鄂爾泰陛辭往雲南赴任，正値身體不適，雍正命他乘御輿前往，鄂爾泰於途中摺奏行程和已恢復健康，雍正獲悉後說：「朕與卿一種君臣相得之情，實不比泛泛，乃無量劫善緣之所致」[90]。四年（一七二六年），雍正作主，將鄂爾泰的哥哥鄂臨泰的女兒配給允祥之子弘皎，當鄂爾泰摺奏謝恩時，雍正說他最信任的就是允祥和鄂爾泰，今既奉旨聯姻，正可互相交往，「彼此規諫，以報朕知遇之恩」[91]。對鄂爾泰的家事，雍正也表示關切，在五年五月初十日鄂爾泰的奏摺上批說，他「默祝上蒼厚土、聖祖神明，令我鄂爾泰多福多壽多男子，平安如意」[92]。八月初十日鄂爾泰奏稱，到雲南後，連得二子，已有五個兒子了，感謝皇上的祝願和賜福。雍正說他的祝願出於至誠，「今多子之願既應，其他上蒼必賜如意也」[93]。九月十六日，鄂爾泰在奏摺中寫道：「（皇上）愛臣諄篤，臣之慈父；勉臣深切，臣之嚴師。」讀之令人肉麻。雍正卻說是「字字出於至誠」，又在硃批中告訴他，在慶賀五旬聖誕的宴會上，因沒有他出席，特將親自嚐過的食物寄往雲南，就如同君臣對席了[94]。當鄂爾泰經略陝甘期間，雍正命內大臣海望為之建設官邸，賜給用物，治成，雍正親為檢查，嫌不精好，責令海望重辦，迨鄂爾泰回京，進入新宅，雍正又親書「公忠弼亮」匾額賜之[95]。雍正如此酬忠，鄂爾泰亦發感恩圖報，肝腦塗地，在所不惜。

（三）「第一宣力」的漢大臣張廷玉

張廷玉，安徽桐城人，康熙十一年（一六七二年）生，大學士張英子，三十九年（一七〇〇年）中進士，康熙末年任吏部侍郎兼翰林學士，雍正繼位，就命他協辦翰林院掌院學士事，晉為禮部尚書，次年轉戶部尚書，翰林院掌院學士，國史館總裁，太子太保，三年（一七二五年）署大學士事，四年（一七二六年）晉文淵閣大學士，仍兼戶部尚書，康熙實錄總裁官，六年（一七二八年）轉保和殿大學士，兼管吏部尚書，七年（一七二九年）任軍機大臣，加少保，八年（一七三〇年）賜輕車都尉[96]。張廷玉身為大學士，軍機大臣，兼管吏部、戶部、翰林院，十幾個修書館的總裁官，職務繁多，公務忙碌。他自己說，雍正宣召不時，一日晉謁三次，習以為常。西北用兵以後，「遵奉密諭，籌畫經理，羽書四出，刻不容緩」。及出內廷，至朝房及公署理事時，屬吏請求指示和批閱文件的常達百數十人。坐在轎中批覽文書，入紫禁城騎馬，吏人隨行滙報，處決事務。傍晚回至府中，「燃雙燭以完本日未竟之事，並辦次日應辦之事，盛暑之夜亦必至二鼓始就寢，或從枕上思及某事某稿未妥，即披衣起，親自改正，於黎明時付書記繕錄以進」[97]。雍正也說他和鄂爾泰二人「辦理事務甚多，自朝至夕，無片刻之暇」[98]。張廷玉把他的全部精力投入雍正所交給的各項事務。

然而他有何政績呢？遍檢關於雍正朝的史書，他的傳記，他的著作《澄懷園文存》、《澄懷園語》、《澄懷園主人自訂年譜》，只發現他幹了兩三件事情，一是處理棚民問題，再一是關於旌表寡婦守節，過去民間婦女在三十歲以前守節，至五十歲以後，就可以請求旌表，張廷玉考慮到，若該婦享年不永，未足五十而亡，就令她的苦節泯沒不聞，深堪可憐，因此請求把旌表條件的五十歲改為四十歲[99]，獲得雍正的允准。

張廷玉的事功不在於處理某件政事，而是他的文字工作和設立軍機處制度。雍正面諭廷臣，多有記不準確，以之發布，不能宣達御意。雍正召見地方官員，往往命其回任給同省或路過地方官員轉述旨意，這些人聆聽時，或未聽清，或有遺忘，傳達得不合原意。此等事又不便責怪朝臣和疆吏，雍正恒思加以解決。就中也有例外，就是張廷玉所草之上諭，全合雍正本意，是以屢獲表揚。軍機處規章，由張廷玉制定，軍機處成為樞垣，影響清代歷史，這是張廷玉的大事業。但是在雍正的眼裏，張廷玉的作用是「纂修《聖祖仁皇帝實錄》宣力獨多，每年遵旨繕寫上諭，悉能詳達朕意，訓示臣民，其功甚巨」[100]。承認他的功勞在於文字。這文書工作，由身為大學士、軍機大臣的宰執來做，不過是個書記長，這地位，自然不能獨樹一幟，建立創新的大功業。因此，要評價張廷玉及雍正對他的重視，就必須注意到皇權高度集中下的大臣作用，就是由參預機務和書寫文字方面體現的。雍正重視張廷玉，後者接受主子的獎賞，都是按照對這個職務的使命的理解及執行的好壞來決定的。張廷玉是很好地完成了他的職責的官僚。

雍正給張廷玉優厚的酬勞，爵祿而外，於五年（一七二七年）賜典鋪一所，價値三萬五千兩。這年，張廷玉曾患小病，雍正對近侍說：連日來朕臂痛，你們知道嗎？近侍們吃驚地問緣故，雍正說：「大學士張廷玉患病，非朕臂病而何？」[101]眞把他視作股肱大臣。八年（一七三〇年）賞銀二萬兩，張辭謝，雍正講「汝非大臣中第一宣力者乎！」領賜勿謙[102]。當雍正身體不適時，凡有密旨，悉交張廷玉承領，事後雍正說，「彼時在朝臣中只此一人」[103]。確實，允祥死後，鄂爾泰入閣以前，張廷玉在滿漢朝臣中實處於第一個被信任者的地位。十一年（一七三三年），命張廷玉回籍祭祖，行前一日賜玉如意，特諭「願爾往來事事如意」[104]，同時賜物品及內府書籍五十二種，《古今圖書集成》只印六十四部，獨賜張廷玉兩部。雍正還賜張廷玉春聯一幅，詞曰：「天恩春灝蕩，文治日光華。」[105]倒是這對君臣關係的寫實。張家領此皇恩，歲歲用其詞作門聯，後來官民襲用，表達頌聖和希冀獲恩的願望。

張廷玉對黃山谷說的「萬言萬當，不如一默」，極其傾倒，表示「終身誦之」[106]。緘默，這是他立身的主導思想，也是他的做官之道。他以人主之意為意，默默去做，不事張揚，事成歸功於人主，事敗亦關己事。與緘默相聯繫，主張恕道，他說：「待人好為責備之論，由於身在局外也。恕之一字，聖賢從天性中來。」[107]與緘默相聯繫，他相信和宣揚命運。他說自身任宰輔，管吏部，常見皇帝想用的人，或遭到奏劾，或得病，或死亡，結果沒有見用；而皇帝不想用的人，或因有人推薦，或一時沒有適當的人才，竟然獲用了，所以人生榮辱進退，不在君主，更不在他人，而是「有一定之數」，因此他要人「以義命自安」，不要去追求[108]。緘默做官，就是老老實實當奴才，並且不管地位如何變化，總是一個樣子。大約是由於這個緣故，雍正讚揚他「器量純全，抒誠供職」[109]。乾隆稱許他「在皇考時勤慎贊襄，小心書諭」[110]。昭槤說由於他及其門下士汪由敦、于敏中，造成「緘默成風」的政治局面[111]。

在此可以將雍正後期的兩個輔佐張廷玉、鄂爾泰作一比較。鄂爾泰在康熙中有懷才不遇之感，雍正見用後，在盡忠皇帝的前提下，敢作敢為，以濟世為己任，作詩云：「問心都是酬恩客，屈指誰為濟世才？」又云：「炊煙卓食散經絲，十萬人家飯熟時。問訊何來招濟火？斜陽滿樹武鄉祠。」[112]以諸葛亮自命，欲大展宏圖。此二人，一恭謙默做，一進取不輟，雍正對這兩種人都能很好地駕馭，使之各自發揮所長，也是不拘一格用人。有人說張廷玉的見寵，是因他纂修康熙實錄，掩蓋雍正篡逆事實的緣故。如果這就能得到如此榮寵，雍正沒有這麼多職位來作酬謝吧！其不合事實，除對篡位一說信之太深外，也是不瞭解雍正用人特點和當時政局之所繫。

雍正儘管寵恃張廷玉，不顧成憲，以之在同職的滿官之上，但鄂爾泰入閣，即居首輔，致久歷機樞的張廷玉於下方，張廷玉雖然主緘默，也不甘心，以至到乾隆時形成鄂、張兩黨。此實雍正朝開端之事。雍正極力反對朋黨，到了晚年，在自己眼皮下，由於自己的用人，出現新的朋黨的萌芽，這也是歷史對他的嘲弄。

（四）「模範督撫」田文鏡

田文鏡，康熙元年（一六六二年）生，監生出身，二十二年（一六八三年）出仕縣丞，久淹州縣官，五十六年（一七一七年）始為內閣侍讀學士。雍正元年署山西布政使，二年出任河南藩司，同年升本省巡撫，五年七月晉河南總督，加兵部尚書銜，六年十月為河南山東總督，七年加太子太保，八年兼北河總督[113]。十年（一七三二年）十一月，以久病請解任，十五日批准，時為陽曆一七三二年十二月三十一日，二十一日（一七三三年一月六日）命予田文鏡祭葬，謚端肅[114]。他可能死在一七三三年元月的頭兩三天。有記載說田文鏡是雍正藩邸舊人[115]，或云為雍邸莊頭。雍正在康熙三十八年受封為貝勒，始得有莊田，其時田文鏡早已出仕，不可能為雍邸莊頭，後來也不可能成為雍邸舊人。雍正於二年年底將陝西延安知府沈廷正調任河南開歸道，在田文鏡奏摺中告訴他，沈「原係藩邸舊人」，又說：「聞伊未到豫省，即先蓄成見，欲與汝作梗。試思朕豈有命一屬員前來鈐束上司，使掣肘於汝之理！伊若露有不肯盡心協助，實力承辦，反倚勢藉端，妄作威福，賣汝以取媚他人情景，嚴加參劾，候朕重懲，決不姑寬之也。汝接到此諭旨時，可與伊共觀之。」[116]此恰證明田文鏡不是雍邸人。沈廷正欲倚之勢，即藩邸舊人之勢，正欺田文鏡不是老夥伴。雍正如此寬解於田文鏡，也因其不是舊人，要他不必因此在藩邸人面前自慚廢政。

雍正之寵恃田文鏡，自有緣由。田文鏡死，雍正給他蓋棺論定：「老成歷練，才守兼優，自簡任督撫以來，府庫不虧，倉儲充足，察吏安民，懲貪除弊，殫竭心志，不辭勞苦，不避嫌怨，庶務俱舉，四境肅然。」[117]這就是欣賞田文鏡的所在，具體地說：

第一、一心為國，毫不瞻顧，不避嫌怨。元年春天，田文鏡奉命去華山告祭，路過山西，正值該省災荒，雍正已有所聞，但晉撫德音謊稱無災，及田文鏡回京，雍正問之，田如實奏報[118]。官員們一般採取瞞上不瞞下的辦法，互相包庇，田文鏡破此舊俗，忠君不欺，立即得到雍正歡心，命他去山西辦理賑務，並罷德音之職。田文鏡到河南不久，就遇上封丘罷考，他主張嚴厲鎮壓，以維護雍正的新政。河南學政張廷璐是張廷玉之弟，縱容生監罷考，田文鏡不顧乃兄權勢，如實奏報他的情況，使雍正處分了他，為此事，張廷玉、朱軾等人很不高興田文鏡。田文鏡為犂剔山東糧驛道衙門的陋規，直言不諱地奏報戶部等中央衙門接受規禮。他不依附於年羹堯、隆科多，欽差到豫，也不送禮，使欽差認為小看他們而到雍正面前說他的壞話。田文鏡處於孤立無援之中，這卻是雍正欣賞之處。

第二、厲行雍正新政。清查積欠，實行耗羨提解，打擊貪官污吏，保證府庫充盈；懲治不法紳衿，平均賦役，調節了紳衿與國家、與平民關係，緩和社會矛盾；推行保甲法，加強對人民的控制，強化了治安。

田文鏡在河南，屢遭攻擊和議論，不滿意於他的人有中央的、鄰省的及轄區的官民，為數不少，究其內容，則謂其刻薄，虐待科目人和紳衿。田文鏡也深知其處境，自稱在河南行政，使「貪墨官吏、玩法士民不遂其私，多稱未便，謗騰毀積，物議風生」。在就任河南山東總督之際，自己預料，照河南那樣行政，山東也會「怨聲蠭起」，但他表示不恤人言，堅決把在河南的政策移到山東，以不辜負皇帝的寵眷[119]。雍正支持他，不是孤立把他看作一個人，看作田文鏡個人，而是視之為「巡撫中之第一人」[120]，「若各省督撫皆能如田文鏡、鄂爾泰，則天下允稱大治矣」[121]。雍正把他樹為「模範疆吏」，希望各省督撫向他效法。肯定的是他的行政體現了雍正振刷數百年頹風的革新精神和政策，肯定的是他雷厲風行、施行嚴政的手段。雍正深知，田文鏡與他休戚相關，對田文鏡的評價，關係到對他的用人和行政的看法。他在田文鏡奏摺上寫道：「卿之是即朕之是，卿之非即朕之非，其間有何區別？」[122]他曾自慚用人不當，說「假如諸臣之中，不得田文鏡、鄂爾泰，則朕之罪將何以謝天下也！」[123]他們眞是君臣一體，魚水難分。雍正褒獎田文鏡，既是支持這個寵臣，也是堅持自己的政治，為自己的政治辯護。

具有諷刺意義的是田文鏡以揭發晉撫德音匿災起家，而自身在晚年也以匿災鬧得朝野竊議，雍正卻保全了他。田文鏡常報祥瑞、人瑞、豐登，報喜報成了習慣，就不能報憂了。八年（一七三〇年），河南水災，田文鏡不報災賑濟，還說「民間家給人足」，嚴催錢糧[124]。災民被迫逃亡鄰省，湖廣總督邁柱將河南的流民資送回籍，並報告雍正。田文鏡卻行強辯，說直隸、山東、江南的飢民逃到河南，河南的富人遂囤積居奇，以致糧價上漲。又說和湖北接壤的地方收成好，糧價低，人民不會逃亡[125]。謊言總掩蓋不了事實，到次年春天，大量的飢民離開家鄉，四處乞討，有的向山陝商人出賣男女，田文鏡不行救濟，不幫助窮人贖回人口，惟以懲辦中保媒人了事。飢民無法生存，羣起勒令富人借貸[126]。事情很快就被雍正知道了，還有人密參田文鏡「匿荒不報，忽視民艱」[127]。當此之際，雍正極力為田撐腰，說他是「實心任事之大臣，必無膜視民艱之理。大約因伊近來年老多病，精神不及，為屬員之所欺瞞耳」[128]。把他的責任推到其下屬身上。又把攻訐他的人說成是「搖唇鼓舌」，不准議論[129]。雍正為解決實際問題，派刑部侍郎王國棟赴豫辦理賑務，「兼理稽查匪類，緝捕盜賊之事」[130]。既施賑濟，又以暴力維持封建秩序。田文鏡匿災，有其客觀原因。他總報禎祥、大有，以歌頌雍正之治，「天心協應，疊見嘉祥」[131]。按照雍正、田文鏡一貫宣揚的，祥瑞是政治好的表現，災異是敗政的反映，田文鏡怎麼好承認有災情呢？所以田的匿災，正是雍正君臣大搞禎瑞的必然惡果，雍正有鑒於此，自然對田曲加保護。

田文鏡原隸漢軍正藍旗籍，正藍旗在下五旗，他不樂於此地位，向下僚河南布政使、漢軍正白旗人楊文乾透露過這種心情。五年春，時為粵撫的楊文乾陛見，言及田文鏡的心思。那時正值李紱、謝濟世參劾田文鏡案尚未了結，雍正為支持田，將他撥入上三旗，「以示朕厚待賢良大臣之至意」。又命問田願入那一個旗那一個佐領，結果入了正黃旗。事後，雍正在田的奏摺上作硃批責問他為什麼不把這個心思告訴君上：「君臣之際，恩義兼崇，一切衷曲，皆當剖析直訴。朕甚嗔汝，為何不以實告？……嗣後更有為難不得已處，慎毋如是含而不吐。」[132]嗔歸嗔，封建的森嚴的等級制度，君臣之間，怎能無話不談呢？臣子怎敢放肆？田文鏡究屬老吏，經驗豐富，雍正如此待他，又有允祥保護，他也不冒昧向皇帝提出要求，也不越分，謹守臣子之道，更能得到君主的賞識。封建制度決定，君臣之間不存形迹是不可能的。不過像雍正這樣對待田文鏡也是少有的，難得的。

田文鏡不僅以嚴刻在當時受到廣泛的攻訐，還留罵名於後世。其實他不避嫌怨，不徇瞻顧，正是應當稱讚的。當時人指責他，是因他觸動了紳衿的利益，並留下了一些紀錄；後人則誤信了前人的資料，忽視了對其行政的具體分析。這大概就是輿論的不公平吧。

（五）「勇敢任事」的李衞

李衞，字又玠，江蘇銅山（今徐州市）人，康熙二十五年（一六八六年）生，五十六年（一七一七年）捐資為兵部員外郎，兩年後升戶部郎中。據說當時有一親王管戶部事，每收錢糧一千兩，加收平餘十兩，李衞諫阻不聽，乃置一櫃蓄其錢，外寫「某王贏餘」，置於廊下，把某王搞得非常難堪，乃停止多收[133]。因此被雍正看重，即位便任為雲南鹽驛道，二年升布政使，三年擢浙江巡撫，四年兼理兩浙鹽政，五年授浙江總督管巡撫事，六年兼理江蘇盜案，七年加兵部尚書銜，復加太子少傅，十年內召，署理刑部尚書，尋授為直隸總督，終雍正之世留居此任[134]。

李衞離開浙江之後，干預浙省事務，為後任程元章密參，雍正就此批道：「李衞之粗率狂縱，人所共知者，何必介意。朕取其操守廉潔，勇敢任事，以挽回瞻顧因循，視國政如膜外之頹風耳。除此他無足稱。」[135]基本上反映了雍正對李衞的看法。這裏是講了兩條，一是讚他勇於任事，大節好；二是批評他粗率狂縱，不注意小節。雍正用其大節，發揮其優長，注意對他的教育，望其悛改。

李衞任雲南布政使不久，奉旨奏議治河事，請求雍正訪尋「深知黃河水利，實有經濟」的人去總理河務，這是對任用齊蘇勒為河督提出異議。又奉旨論用人，評他的老上司戶部侍郎張伯行，謂其清廉，但不能持籌綜理，「密於小而疏於大，是以多被羣奸蒙蔽而不知，原為其操守廉潔可以勝任，而孰知庫帑依舊暗銷矣」。又議原任戶部尚書趙申喬於錢穀吏治無一不諳練精詳，「但其精神止用於分釐毫忽之間，及重大有關係之處反多有出入未妥」。還論及趙申喬湖南巡撫任上，無經文緯武之能，流弊至今未消[136]。這樣議論比其職位高的官員，並非雍正放縱他，也非他妄言。這是他以與雍正休戚與共之忠心，直言無隱地談出他的看法，供雍正參考。

李衞兼理鹽務，奏請關防，戶部不准，李衞再以需要呈請，戶部仍不給予，雍正認為這是李衞毫不瞻顧和性情驕傲所招致，由於業務的需要，命令頒給。後來戶部議覆李衞關於兩浙鹽務的題本，稱「該鹽政」如何如何，而不稱其「該督」，以事奚落，雍正發旨查問，原來是司官張復故意這樣寫的，雍正就把他革職，發回原籍雲南，交當地督撫嚴加管束[137]。就此一事，可見李衞之遭嫉恨和雍正對他的保護。

江浙鄰省，太湖周圍又是所謂多盜之區，又都有海塘工程，所以兩省官員多有事務聯繫，李衞精明狂傲，自然引起兩江總督范時繹的嫉妒和不滿。六年（一七二八年），雍正以江南盜案多，而江蘇巡撫陳時夏柔儒，范時繹缺乏緝盜之才，命一切盜案交李衞管理，並參與江蘇軍政舉劾，當戶部侍郎王璣到江南清查逋賦，雍正又命李衞與聞其事，這就超過了督捕盜案的範圍。可以預料范時繹等將會不滿意於李衞的使命。李衞也深明於此，受命之初，奏明他的顧慮：「臣因除窩、拿鹽、勘塘諸事，獲罪於范時繹，而奉命議論河工，又與齊蘇勒有芥蒂之嫌。」雍正也清楚，故給李衞寫道：「范時繹乃不足置論之人，與汝不協，更何待言。即以命汝辦理下江緝捕一節，揆之其心，便可知矣。」又開導他：「人事參差不齊，何能計較纖細？」[138]李衞發現張雲如、甘鳳池活動及張與范時繹關係後，不因涉及到范而放鬆對案件的追查，堅持要范把張雲如交到浙江審理。范時繹是李衞的原籍公祖大吏，李衞對范毫不徇情，也不怕范在他老家整他，照直做去。雍正秉公處置，將范時繹革職。十一年（一七三三年），戶部尚書兼步軍統領、鄂爾泰之弟鄂爾奇犯法，時為直隸總督的李衛不顧鄂爾泰的地位和眷寵均在自己之上，密奏鄂爾奇壞法營私，紊制亂民。雍正覽奏非常高興，說「嘉許之懷，筆莫能罄」。原因是「非深悉朕衷，毫不瞻顧，安肯毅然直陳」。說得對，李衛若不瞭解雍正用人思想和原則，就不敢上陳了。雍正接著告訴他，對鄂爾奇的指斥由宮中發出不好，而且從內容上，衆人也猜得出是你揭發的，你「不如公開指參，名正言順，亦見當代有如是剛方大臣也」[139]。李衛於是具摺奏參，雍正命允禮等審查，終因照顧到鄂爾泰，只將鄂爾奇革職。李衛自出仕以來，不瞻情面，勇敢任事，以此受知於雍正，並在雍正鼓勵與保護下，持之以恒，不改初衷。

雍正對李衛的教育是多方面的，也是持之以恒的，打開《硃批諭旨》中的《李衛奏摺》，可以翻到很多。李衛就任雲南鹽驛道的第一批奏摺，雍正在批諭中講，對他的忠誠勤敏沒有顧慮，所不放心的是「爾以少年鋒銳之氣，而兼報效情殷，於上司僚友中過於強毅自用，致招恃恩犯縱之譏」。要他一定以「謙能」待人，避免「以氣陵人之咎」[140]。但是李衛恃才傲物，對上司粗魯無禮，有人密參他私下稱呼總督高其倬、巡撫楊名時為「老高」、「老楊」，在自己執事牌子上書寫「欽用」字樣，還偶爾接受他人禮物。雍正於是在他的奏摺上批寫：「……嗣後極宜謙恭持己，和平接物。川馬、古董之收受，俱當檢點。兩面『欽用』牌，不可以已乎！是皆小人逞志之態，何須乃爾。其克謹克慎毋忽。」[141]隨後，李衛在奏摺中表示：「若稍避嫌怨，萬難整頓，惟有謹遵禮法，不敢任性，亦不敢委蛇從事。」雍正怕他分不清剛直與傲慢的區別，又硃批道：「不避嫌怨與使氣凌人，驕慢無禮，判然兩途，弗相交涉，汝宜勤修者，惟『涵養』二字最為切要，務須勉為全人，方不有負知遇殊恩，竭力操持可也。」又因人的習性難改，鄭重告誡他：「書云習與性成，若不痛自刻責，未易改除。將來必以此受累，後悔何及！」[142]不久，雍正又在李衞奏摺上以身說法：「和平度宇，為朕生平之所羨慕；驕傲形態，乃朕生平之所檢戒。以汝氣質而論，亦宜時存此念，方收涵養功效。」[143]雍正到了晚年，對李衞仍諄諄教戒不絕。在李衞十二年四月二十八日的奏摺作硃批：有人在朕前批評你「任性使氣，動輒矢口肆詈」。接著開導他：「謹言之戒，朕屢經諄訓，不啻再三。丈夫立身行己，於此等小節不能操持，尚何進德修業之可期，向後當竭力悛改，時自檢點，勤加從容涵養之功，漸融粗猛傲慢之習，則謗毀不弭自消矣。惟口出好興戎，可不慎諸！」[144]

據袁枚記載，尹繼善評論過鄂爾泰、田文鏡和李衞三個「模範督撫」。事情是這樣：一天，雍正召見督臣尹繼善，問他在督撫當中該向誰效法，尹思之有素，應聲回答，因論雍正歷來表彰的三總督：「李衞，臣學其勇，不學其粗；田文鏡，臣學其勤，不學其刻；鄂爾泰大局好，宜學處多，然臣亦不學其愎也。」[145]袁枚給雍正時期許多人物作傳記，持論不全允當，他寫尹繼善之廷對，頗有戲劇性，疑有加工成分，未必尹繼善如此看待三位前輩。但其論李衞，確是入木三分，可為定評。雍正因李衞之勇，戒其之粗，不因過失而棄人才，正如他同鄂爾泰論用人中所說，對有缺點的人才惜之、教之，對李衞，就是這種思想和方針的實踐。

（六）雍正寵臣的共性

允祥等人各有其個性，各有其與雍正際合的原因、條件和情況，寵信的程度亦有所差異，他們發揮的作用也不盡相同，但是更重要的是他們有著共同點，這就是忠、公、能三者的兼備。

忠。「君為臣綱」，任何皇帝都要求臣下的忠誠，雍正尤致力於此。二年（一七二四年）四月，雍正因平青海受百官朝賀，刑部員外郎李建勛、羅植二人尚未行禮即就坐，言官參劾他們失儀，雍正說國家有大典，君臣有定分，他們犯這個大不敬的罪，本應立即斬首，因即位之初不便輕易殺人，先行監候。隨後獻俘、祭壇等典禮，朝臣皆敬謹如儀，才將二人釋放回籍[146]。四年（一七二六年），陝西臬司許容先於奏摺中誤存影格一紙，發覺後摺奏請罪，雍正責他「於尊君親之義，甚屬藐忽」。遂以孔子論事君盡禮，孟子講欲為臣盡臣道，朱熹的主敬，教導他時刻存一敬字，就能事事尊君了[147]。臣下往往以君恩深重，表示感激莫名，涓埃難報，雍正認為這樣不夠，要求官員「但盡臣節所當為，何論君恩之厚薄」[148]。以至高無上的君主，要求臣子不管在什麼情況下絕對的忠誠。對寵臣的這種要求自然更高。如田文鏡報豐收，雍正硃批：「切毋高興肆志，更宜加敬加慎，以仰承天貺」[149]。要他倍加恭敬地對待上天和皇帝。允祥等對雍正忠誠不二，雍正才對他們有忠藎的褒獎。他的這種讚揚，絕不是廉價的。

公。田文鏡說：「惟知有君，則凡事悉秉至公。」[150]官員要把自身看成是君主的，辦起事來，以符合君主利益為前提，而不要考慮自己，就可以不瞻徇私情，任勞任怨。官吏貪贓壞法，於「公」相對立。即使那些為官清廉的人，若遇事先替自己打算，而不計公事成敗，這也是與「公」相矛盾的，這種官僚很多，雍正對之極端不滿，反對沽名釣譽即為此而發。他說潔己沽譽的巧宦最壞，如江南總督查弼納、滇撫楊名時、贛撫裴𢕾度、蘇撫張楷、皖撫魏廷珍「操守雖清，而皆稍顧惜情面將就求容悅於人，故內外之人稱譽之者甚多」。而田文鏡、楊文乾、李衞、諾岷操守好外，「實心任事，整飭官民，不避嫌怨，遂不滿眾人之意，或謗其苛刻，或議其偏執，或譏其驕傲，故意吹索，加以評論，此風若不悛改，必致封疆大吏皆以實心任事整理地方為嫌，相率而為苟且之計，吏治何所依賴乎！」[151]這一褒一貶，適見其提倡公是公心，而他的寵臣正是實現這種要求的典範。

能。允祥等各有所長，勝任於雍正所交付的職責，各有政績。

允祥等人還有其他藝能，「忠、公、能」是他們共同具備的。雍正也不是孤立的要求他們的這些品德才力，而是把它同執行改革弊政的方針結合起來，即使用忠、公、能吏去從事改革。允祥等人成為奉行他的政策的楷模，也是他的齊心合力的忠實助手，因此才得到他那樣的褒獎和保護。

這些人並非為某些學者所誤解的雍邸舊人，雍正用他們不是為原來小集團的私利，是他的改革方針把他們君臣聯結在一起了。

註釋

1《硃批諭旨‧鄂爾泰奏摺》，四年八月初六日摺硃批。
2《上諭內閣》，四年六月二十八日諭。
3《硃批諭旨‧尹繼善奏摺》，六年十一月初九日摺硃批。
4《雍正朝起居注》，三年四月十六日條。
5《硃批諭旨‧田文鏡奏摺》，五年二月十八日摺硃批。
6《硃批諭旨‧鄂爾泰奏摺》，四年八月初六日摺及硃批。
7《硃批諭旨‧鄂爾泰奏摺》，四年十一月十五日摺及硃批。
8《硃批諭旨‧王國棟奏摺》。
9《硃批諭旨‧岳超龍奏摺》，七年七月初八日摺硃批。
10《硃批諭旨‧趙弘恩奏摺》，七年八月二十四日摺硃批。
11《硃批諭旨‧李維鈞奏摺》，二年六月二十五日摺及硃批。
12《硃批諭旨‧石麟奏摺》，十年九月二十五日摺硃批。
13《硃批諭旨‧田文鏡奏摺》，八年五月初六日摺硃批。
14《硃批諭旨‧楊宗仁奏摺》，元年三月初九日摺硃批。
15《硃批諭旨‧田文鏡奏摺》，二年九月初三日摺硃批。

16《清世宗實錄》卷八十，七年四月壬辰條。

17《硃批諭旨・趙弘恩奏摺》，十二年五月初一日摺硃批。

18《上諭內閣》，四年七月十三日諭。

19《硃批諭旨・楊宗仁奏摺》，元年三月初九日摺硃批。

20《上諭內閣》，十一年五月二十日諭。

21《硃批諭旨・吳陞奏摺》，二年五月十八日摺硃批。

22《硃批諭旨・楊宗仁奏摺》，元年五月十五日摺及硃批。

23《硃批諭旨・孔毓珣奏摺》，三年七月二十六日摺及硃批。

24《硃批諭旨・孔毓珣奏摺》，三年十一月十五日摺及硃批。

25《硃批諭旨・方覲奏摺》，八年二月初六日摺及硃批。

26《硃批諭旨・楊名時奏摺》，五年閏三月初八日摺及硃批。

27《硃批諭旨・孫國璽奏摺》，六年十一月初三日摺。

28《硃批諭旨・孫國璽奏摺》，七年四月十一日摺。

29《硃批諭旨・孫國璽奏摺》，十年正月初十日摺硃批。

30《小倉山房文集》卷三十三《吏部侍郎留松裔先生傳》。

31《小倉山房文集》卷九《稗事二則》。

32《清世宗詩文集》卷二十八《四宜堂集・賜尚書朱軾》。

33《清稗類鈔・恩遇類・世宗慰留朱文端》，第三冊十八頁。

34張廷玉《澄懷園文存》卷十二《文端朱公墓誌銘》。

35《小倉山房文集》卷三《廣西巡撫金公神道碑》；《清史稿》卷二九二《金鉷傳》。

36《清世宗詩文集》卷二十八《四宜堂集・賜侍郎沈近思》。

37《雍正朝起居注》，二年八月初十日條。

38《硃批諭旨・丁士傑奏摺》，五年四月二十四日摺及硃批。

39《小倉山房文集》卷二十五《巡視臺灣監察御史李公墓誌銘》；《清人傳記、誌銘、雜文鈔》所收不著撰人文《讀侍御李公行狀》，抄本，南開大學圖書館藏。

40《國朝先正事略》卷十五《孫文定公事略》；《小倉山房文集》卷三《協辦大學士吏部尚書孫文定公神道碑》。

41《小倉山房文集》卷二十七《東閣大學士陳文恭公傳》；《國朝先正事略》卷十六《陳文恭公事略》。

42《雍正朝起居注》，四年十月二十六日條。
43《硃批諭旨・孔毓珣奏摺》，四年二月十二日摺硃批。
44《硃批諭旨・齊蘇勒奏摺》，二年十二月十三日摺硃批。
45《雍正朝起居注》，二年十一月十五日條。
46《上諭內閣》，元年二月初十日諭。
47《雍正朝起居注》，四年十月二十六日條。
48《上諭內閣》，五年四月十九日諭。
49《上諭內閣》，八年五月初九日諭。
50《清世宗詩文集》卷二十八《四宜堂集・賜怡親王》。
51《上諭內閣》，六年五月初八日諭。
52 見《測海集》卷二《思賢詠》。
53《硃批諭旨・齊蘇勒奏摺》，二年十二月十三日摺硃批。
54《硃批諭旨・李維鈞奏摺》，二年十一月十三日摺硃批。
55《上諭內閣》，九年七月初十日諭。
56、58《上諭內閣》，八年五月初九日諭。
57《鮚埼亭集》卷十八《工部尚書仁和趙公神道碑銘》。
59《上諭內閣》，九年七月初十日諭。
60《上諭內閣》，八年五月初九日諭。
61《上諭內閣》，四年七月二十一日諭。
62《上諭內閣》，八年五月初九日諭。
63《上諭內閣》，元年十一月二十五日、二十八日諭。
64《上諭內閣》，四年七月二十一日諭。
65《硃批諭旨・李紱奏摺》，四年八月二十四日摺硃批。
66 清世宗「硃諭」，第十六函。
67 柴萼《梵天廬叢錄》卷二《清憲宗八則》。
68《上諭內閣》，八年五月初七日諭。
69《測海集》卷二《和碩怡賢親王》。
70《硃批諭旨・李衛奏摺》，十三年八月初三日摺及硃批。
71《硃批諭旨・李衛奏摺》，十二年六月初十日摺硃批。
72《上諭內閣》，元年二月初十日諭。
73《清世宗詩文集》卷二十八《四宜堂集・賜莊親王》。
74《上諭內閣》，八年五月二十八日諭。
75《清世宗實錄》卷一二七，十一年正月辛卯；卷一二八，十一年二月己未條。
76 見袁枚《隨園詩話》卷一。
77《嘯亭雜錄》卷十《憲皇用鄂文端》。
78 主要參考鄂容安等《襄勤伯鄂文端公年譜》，見《清史資料》第二輯。
79《掌故叢編》第三輯《鄂爾泰奏摺》，八頁下。
80《掌故叢編》第三輯《鄂爾泰奏摺》，六頁下。
81《硃批諭旨・鄂爾泰奏摺》，四年十一月十五日摺硃批。

82《掌故叢編》第三輯《鄂爾泰奏摺》，四頁下。

83《小倉山房文集》卷八《武英殿大學士太傅鄂文端公行略》。

84《澄懷園語》卷一。

85《小倉山房文集》卷三《文華殿大學士尹文端公神道碑》。

86《皇朝瑣屑錄》卷四《軼事》。

87《硃批諭旨・鄂爾泰奏摺》，五年十一月十一日摺及硃批。

88、89《上諭內閣》，七年十月諭。

90《硃批諭旨・鄂爾泰奏摺》，三年十二月十九日摺及硃批。

91《硃批諭旨・鄂爾泰奏摺》，四年六月二十日摺及硃批。

92《硃批諭旨・鄂爾泰奏摺》，五年五月初十日摺及硃批。

93《硃批諭旨・鄂爾泰奏摺》，五年八月初十日摺及硃批。

94《硃批諭旨・鄂爾泰奏摺》，五年九月十六日摺及硃批。

95《小倉山房文集》卷八《武英殿大學士太傅鄂文端公行略》。

96《澄懷園主人自訂年譜》；《澄懷園文存》卷五。

97《澄懷園語》卷一。

98《上諭內閣》，十三年三月初七日諭。

99《澄懷園文存》卷四《請定守節年例疏》。

100《清世宗實錄》卷一五九，十三年八月己丑條；卷八十七，七年十月乙丑條。

101、102《澄懷園主人自訂年譜》卷二。

103《澄懷園主人自訂年譜》卷三。

104《國朝先正事略》卷十三《張廷玉事略》。

105《茶餘客話》卷十二《雍正帝聯》，三四六頁。

106《澄懷園語》卷一。

107《澄懷園語》卷二。

108《澄懷園語》卷一。

109《清世宗實錄》卷一五九，十三年八月己丑條。

110《清史列傳》卷十四《張廷玉傳》。

111《嘯亭雜錄》卷六《張文和之才》。

112 轉錄《隨園詩話》卷一。

113《清史列傳》卷十三，《田文鏡傳》。

114《清世宗實錄》卷一二五，十年十一月戊戌條、甲辰條。

115《永憲錄》續編，三七七頁。
116《硃批諭旨・田文鏡奏摺》，二年十一月二十日摺硃批。
117 雍正《河南通志》卷一《聖制》。
118《上諭內閣》，元年四月十四日諭。
119《硃批諭旨・田文鏡奏摺》，六年六月二十一日摺。
120《上諭內閣》，四年十二月初八日諭。
121、123《上諭內閣》，六年五月二十五日諭。
122《硃批諭旨・田文鏡奏摺》，七年八月初三日摺硃批。
124《硃批諭旨・田文鏡奏摺》，八年九月二十八日摺。
125《硃批諭旨・田文鏡奏摺》，九年正月初三日摺。
126《上諭內閣》，九年二月二十六日諭。
127、129《上諭內閣》，九年四月二十九日諭。
128《上諭內閣》，九年二月二十六日諭。
130《清世宗實錄》卷一〇七，九年七月丁卯條。
131《硃批諭旨・田文鏡奏摺》，七年五月二十一日摺。
132《硃批諭旨・田文鏡奏摺》，五年九月十一日摺及硃批。
133《小倉山房文集》卷七《直隸總督兵部尚書李敏達公傳》。
134《清史列傳》卷十三《李衛傳》。
135《硃批諭旨・程元章奏摺》。
136《硃批諭旨・李衛奏摺》，二年七月二十五日摺。
137《上諭內閣》，六年三月十五日諭。
138《硃批諭旨・李衛奏摺》，六年七月十八日摺及硃批。
139《硃批諭旨・李衛奏摺》，十一年九月二十日摺硃批。
140《硃批諭旨・李衛奏摺》，元年六月十九日摺硃批。
141《硃批諭旨・李衛奏摺》，二年九月初六日摺硃批。
142《硃批諭旨・李衛奏摺》，二年十一月十五日摺硃批。
143《硃批諭旨・李衛奏摺》，三年正月二十六日摺硃批。
144《硃批諭旨・李衛奏摺》，十二年四月二十八日摺硃批。
145《小倉山房文集》卷三《文華殿大學士尹文端公神道碑》。
146《雍正朝起居注》，二年四月十五日條；《上諭內閣》，二年五月初四日諭。
147《硃批諭旨・許容奏摺》，四年四月十二日摺及硃批。
148《硃批諭旨・田文鏡奏摺》，七年六月十五日摺硃批。
149《硃批諭旨・田文鏡奏摺》，四年五月十五日摺硃批。
150《硃批諭旨・田文鏡奏摺》，四年十一月初九日摺。
151 清世宗「硃諭」，第九函。

第十五章　才識、性格與作風

才能、學識和自信

鄂爾泰等編纂的《清世宗實錄》介紹書主：

天表奇偉，隆準頎身，雙耳半垂，目光炯照，音吐洪亮，舉止端凝。……幼耽書詩，博覽弗倦，精究理學之原，旁徹性宗之旨。天章濬發，立就萬言。書法遒雄，妙兼衆體。每籌度事理，評騭人才，因端竟委，燭照如神。韜略機宜，皆所洞悉。[1]

人臣論君主多有諛詞，鄂爾泰等對他們的君主自也難於例外，不過所說他的才能倒基本上合於雍正的實況。他說話聲音很高，有朝鮮文獻可作佐證。《李朝實錄》記載該國使臣李樴於雍正元年回國，向國王報告，親見雍正「氣象英發，語言洪亮」[2]。

雍正自幼，受嚴格的教育，掌握了滿文和漢文。他當皇子時間長，盡有時間讀書，他自己說：「幼承庭訓，時習簡編。」登極之後，為了「敷政寧人」，繼續學習，舉行經筵[3]。他把儒家的「四書」、「五經」爛記於胸，並有自己的理解，不像章句腐儒，咬文嚼字，在儒家聖賢的字句裏轉悠，毫無發明創見。他對這種人也很看不起。如前述對會試「士人當有禮義廉恥」論題的試卷表示不滿，說那些貢士們的見解都是老生常談，「識量狹隘」[4]。五年（一七二七年）八月初六日經筵，講官鄞德、蔡世遠講解「文行忠信」，雍正批評說，講章內將文、行、忠、信分為四端，是貫穿的解釋，他認為：「仁義道德之理見於詞章者為文，見於躬行者為行，實有諸己則為忠，誠爭於物則為信。分之固為四端，合之則此一理，聖人四教，即謂之一教亦可。」他把仁義道德的觀念貫穿於文行忠信之中，即以仁義道德解釋文行忠信，使它們凝為一體，就比那些章句經師講解高明了。雍正又說，在書經講義理，謂人君以天之心為心，臣下則以君主之心為心，他認為這同君臣一德一心觀念不合，君臣都要以天心為心[5]。臣下以君主的意願為意願，本來就是要忠君，現在以天心為心，要對天負責，對臣子的要求更高了。對於儒家講的智、仁、勇，雍正也有他的理解，他說：

聖人統言智、仁、勇，乃一貫之義，如遇有益於民應行之善政，見得透徹，即毅然行之，則是勇以行其智，勇以全其仁，智仁勇未嘗非一事，若將三字誤會，恐涉於匹夫之勇，婦人之仁，奸徒之智，反將聖人之言誤解矣。[6]

他看清智、仁、勇三者的聯繫，以其之智，認識教和刑的相輔相成關係，所以他「治天下，不肯以婦人之仁弛三尺之法」[7]。

雍正因熟於儒家典論，所以能熟練地應用它「敷政寧人」，教育臣下。如在豫撫石文焯二年（一七二四年）二月的一份奏摺上批道：「諺云說得一丈，不如行得一尺，宣聖所以聽言必觀行也。積年老吏之習，不合封疆重任之體，總要規模弘闊，志慮精白，不屑屑於市恩避怨，方為無忝厥職。」[8]用孔子的話教他改變積習，言行一致。一次石文焯奏報嚴查白蓮教事，雍正批示：「涓涓不塞，流為江河。所以聖人謹於防微杜漸，若不除之於早，其害必致蔓延，此事慎毋泛泛視之，一者整齊風俗，潔清地方，二者抑邪扶正，消弭禍患於未形也。」[9]山東巡撫岳濬摺奏給予赴粵教種旱田的農人的旅費及家口安置情形，雍正要他從豐贍給，硃批說：「孟子云上農夫食九人，則是眾口所賴者，惟此一夫，今離鄉遠出，所給銀兩辦裝可矣，養家之資或恐不敷耳。」[10]七年（一七二九年）六月初四日，廣西巡撫金鉷請安摺得到的硃批是：「朕躬甚安，今歲愈覺健壯，此皆蒙我皇考聖靈佑庇之所致。詩云欲報之德，昊天罔極。朕三復斯言，增感曷已。」[11]

經學、史學是相聯繫的，雍正也很熟悉歷史，在位期間，能吸取前代經驗，改善和加強他的統治。清朝以前，對歷代帝王的崇祀，只及開創之君二十一人，從祀的功臣也只有三十九人。雍正認為那些雖非創業的君臣，也有統治經驗值得吸取，值得尊崇，他說：

> 三代以上，若夏啓之能敬承，殷之太甲、太戊、武丁，周之成王、康王、宣王，頌美詩書，光耀史牒。三代以下，英君哲後，或繼世而生，則德教累洽，或間世而出，則謨烈崇光，胥能致海宇之乂安，躋斯民於康阜，嘉言傳於信史，善政式為良規。至凡蒙業守成之主，即或運會各殊，屯亨不一，苟無聞於失德，咸帝命所寵綏。

至於歷代名臣：

> 亦皆川岳鍾靈，為時輔佐，功在社稷，德協股肱，比諸從龍之彥，何多讓焉。[12]

因此，增祀守成的帝王一百四十三人，功臣四十人，並作《歷代帝王廟碑文》，以記其事。魏徵諫唐太宗，上「十思疏」，希望君上知足自戒，止興作以安民，謙沖自牧，慎始敬終，虛心納下，去讒邪，慎刑法。雍正認為魏徵君臣論治，需要吸取，親書「十思疏」，置於屏風，朝夕觀覽，又親書多幅，頒賜給田文鏡等寵臣[13]，以便君臣共勉共勵。他如評論歷史人物、事件、制度，以之訓誨臣下尚多。如賜戶部「九式經邦」匾額，賜文以周制要求戶部忠於職守：「《周禮》以九式之法均節國之財用，職綦重焉，尚其平準出納，阜成兆民，毋曠乃守。」[14]

雍正倡三教同源之說，學兼佛老。他能崇佛用佛，乃因通於佛學。

在自然科學方面，雍正說在皇子時代，奉乃父之命，教習裕親王福全之子保泰「經書算法」[15]。那時保泰年輕，所學算法，不過是初等的，雍正本人對此所知有限。大體說來，雍正的自然科學知識遠不及乃父，也不及於乃兄允祉、乃弟允祿等人。他迷信天人感應說，不可能深入鑽研和相信自然科學，相反，他用自然科學的知識為他的敬天愚民政策服務，說搞天文律曆，「用以敬天授民，格神知人，行於邦國，而周於鄉閭」[16]。

雍正極其迷信神鬼命運。辦事一定選擇黃道吉日，如岳鍾琪西路軍大本營遷移，由雍正看曆書選定，通知移營時日。有的地方官赴任雍正也給他擇定出發日子。他事事講求吉祥如意，大臣出行，賜予如意，每到過年，諸王大臣向他進呈如意，「取吉兆之意」，從他這兒開始，形成了習慣，流傳後世[17]。他篤信八字。他知道年羹堯的八字，有一次年要進京陛見，雍正不允許，向對方說明原因是，「有看八字人說年熙不宜你來」[18]。又告訴年：「你的眞八字不可使眾知之，著實審密好。番僧中鎮厭之事，實不能侵正人，雖屬荒唐，然亦說不得全無，未免令人心彰些。」[19]這是怕被人知道八字，遭仇家厭勝。他又要求年羹堯把岳鍾琪八字告給他[20]。他還要鄂爾泰報告八字，回奏人覺得這是受到極大關懷，他則告訴鄂爾泰：因你身體弱，故要你八字，看你的壽數，今知竟是「大壽八字，朕之心病已全愈矣」[21]。因信八字，和算命的結了不解之緣。有個浙江人史瞎子，名聲很大，所謂「言休咎奇中」，有人把他推薦給雍正，大約奏對時說了不中聽的話，發遣到遼左為民[22]。

雍正文思敏捷，於日理萬機之中，親自書寫硃諭、硃批，少則數字、數十字，多則上千言，都是一揮而就。他的硃諭，從存於中國第一歷史檔案館的所見，書寫都很整潔，文字流暢，間有口語，很少塗抹。硃批、硃諭不是為作文，也不是為發議論，是處理政事，於行文之中，說明他對某事處理意見，全係政事內容，更可見他的才思和從政能力相一致。硃批、硃諭是這兩方面才能的結合。玆錄兩分原件完好，便於識認的給年羹堯的硃諭，以見一斑。一件：

使臣中佛保等回來所奏之摺，抄來發於你看。未出爾之所略。但你臨行之奏，待他來人少輕淡之論，朕少不然。朕意仍如前番相待，何也？今換人來矣，想策汪疑根敦，與事無益，二者朕總實在推心置腹，不因彼變遷而隨之轉移，總以無知小兒之輩待之，體理復彰，你意為何如？再其所請求之事，逐款當如何處，將你意見寫來朕看。他如此待留羅卜藏丹津之意，你意為何如？他的人來，一路上仍加意令其豐足感激，可速諭一路應事官員知悉。再他又向藏之論，此信未必也。可速速詳悉逐條寫奏以聞。特諭。[23]

從原件可知，這二百餘字中，只抹去「料」字，改為「略」字，再則加了「如」、「此」二字。另有一件，原文是：

都中一切蒙古王子、臺吉和喇嘛聞郭隆逆僧一事，皆大有敢怒而不敢言之色，此種愚頑總不論是非情理，迷惑於此無理之道者，實不可解。並拉什、特古特等聞之，皆為之辨（變）色，雖口中挫掙云是，光景甚屬可笑。因此，朕之佛法實超出於此輩庸僧，時將正經佛法開導他們衆蒙古王子、臺吉等好幾次矣。然皆有貌感而心不然之景。雖然你知道了，北邊一帶蒙古之衆心亦不可不照顧。朕藉此機會亦欲言明正經佛法，嚴敕喇嘛護教，當端其本，敬僧必擇其人，連京中一切庸俗番僧，皆嚴示一番。特令你知道留心，但再若如有如前當行處，亦不可因此姑容。善後之策，甚屬緊要，不可因小而誤大，圖緩而略急。朕之聞見，全諭你來，你知道後只管相時度機而行，你的見識再不得錯的，朕信得及。[24]

全諭約三百言，只塗改一字，添增十餘字，雍正一日書寫很多，因係處理政事，一定很認眞，一定要深思。但一天處理那麼多事，寫那麼多硃批、硃諭，不可能在每一篇上用很多時間。所以還是他才能出眾，思路清晰，援筆立就。

康熙的兒子們多善長書法，康熙三十八年（一六九九年）王士禎看到允祉的作品，讚嘆「遒美妍妙」，又說「東宮暨諸皇子皆工書如此，蓋唐宋明以來僅見之盛事也」[25]。這就把雍正包括在裏了。雍正元年八月，《景陵聖德神功碑》碑文撰成，雍正命善於書法的允祉、允祐和翰林院中書法精妙者書寫。他說自己學過康熙的書法，得到乃父的「嘉獎」，這時也書寫一過，以便與諸臣比較選擇，以供刻石。他說這不是「自耀己長」，不過是為表示對乃父的恭敬[26]。顯然，他自認為有精於書法的特長。據記載，康熙欣賞他的書法，每年都令他書寫扇面，多達一百餘幅[27]。他留下的手迹很多，大多是小字行書，今藏中國第一歷史檔案館的賜年羹堯寶石的硃諭、命寵信督撫推薦懂得醫學的人的諭旨等原件，均可看出他運筆流暢、嫻熟，結構嚴整的書法工力。

說到雍正的政治才能，突出表現在三個方面，一是比較瞭解下情，二是比較瞭解自己，三是建立在這種瞭解基礎上改革政治的抱負。

雍正把他和康熙作了一個比較，說他事事不及乃父，「惟有洞悉下情之處」，比乃父高明。

他認為康熙八歲即位，深居宮中，很難瞭解眞實情況，因為「大小臣工方欲自行其私，又孰肯敷陳其弊；在朕居子臣之位，定省承歡，又有不便陳言之處。以朕為皇考之愛子尚不能言，則皇考果何從而知之乎？」而他自己則有藩邸四十餘年的親身閱歷，瞭解官場和政治實施情況：「凡臣下之結黨懷奸，夤緣請託，欺罔蒙蔽，陽奉陰違，假公濟私，面從背非，種種惡劣之習，皆朕所深知灼見，可以屈指而數者。」他又因在藩邸時間長，閱歷深，自認為「較之古來以藩王而入承大統，如漢文帝輩，朕之見聞，更遠過之」。繼位之後，他通過奏摺制度，派遣侍衞和親信私訪，以及一般的官方公文等途徑，瞭解吏治民情，比較多地把握眞實情況。同時政事是他親自處理的，事態的發展變化也就能在他的洞鑒之中。如程如絲貪婪案，為年羹堯所揭發，受蔡珽的阻撓，當年羹堯出事之時，雍正命石文焯往四川審理，石因過去同年有交往，這時更怕再審出實情，落個包庇年的罪名，就做出有利於程、蔡的報告。後來蔡案發生，要重審程案，雍正還打算派石文焯去，為了他能秉公審處，給他如下批示：

> 程如絲夔州慘傷私商一案，汝前番審鞫大有不協之處，今另行審查，或著汝赴川亦未可定。不必驚慌，朕諒汝彼時原有許多不得已處，雖然終受軟懦依違之累，有失公正剛方之體，不合為蔡珽所欺，又欲避年羹堯向日之形迹，未免傅會其間，今恐逃坑復落塹矣。28

雖然在這件事情中，雍正原有欲誅年而偏袒蔡、程之病，石迎合而為程開釋，不能怪罪於石，但雍正瞭解石、年關係，洞察他的腑肺，分析他的思想入情入微，無不肯綮。雍正曾讓署湖廣總督福敏路過河南向田文鏡轉傳諭旨，後發現有訛誤，又命浙江觀風整俗使王國棟路過開封時加以改正，田文鏡為此摺奏，說一般人只知「皇上操生殺予奪之大權而可畏，而不知皇上稟至聖至神之聰明而不可欺」[29]。雍正實在瞭解下情，不易被臣下蔽錮。

雍正把他同乃父作比較，也是對自身的瞭解，自云洞悉下情，是有自知之明的一個方面。他相信自己政治上成熟，意志堅定，一往直前實施既定的方針。五年（一七二七年），他說：

朕年已五十，於事務經練甚多，加以勤於政事，早夜孜孜，凡是非曲直尚有定見，不致為浮言所動。[30]

他對自己的瞭解還表現在有較強的自信心上。他相信自己的能力，在直隸總督李紱的一份奏摺的硃批中，極言自身的見識超過他的臣下。他頗有意思地寫道：

爾自被擢用以來，識見實屬平常，觀人目力亦甚不及。朕但取爾秉彝之良，直率之性而已。凡聆朕一切訓諭，如果傾心感服，將來智慮自當增長擴充。……爾誠不及朕遠甚，何也？朕經歷世故多年，所以動心忍性處實不尋常，若能精白自矢，勉竭同心合德之誠，朕再無不隨事訓誨玉成汝之理。倘以為能記誦數篇陳文，掇拾幾句死冊，而懷輕朕之心，恐將來噬臍不及。朕非大言不慚，肆志傲物，徒以威尊凌下之庸主，極當敬而慎之，五內感激，庶永遠獲益無窮，爾其欽承此諭毋忽。[31]

要這有文名而又剛直的臣子服他，並非專恃帝王的權威，也非不知羞恥地大言不慚，他自信識見在被教導人之上，自信不是庸愚的人主，能夠駕馭羣臣。他認識自己的地位，懂得做皇帝的難處，他不只一次地講「為君難」，如說：若對弊政不加改革，眾人會說皇帝懈於政務，若竭力整頓，又會被人目為苛刻[32]。對於言官的意見若不採納，則是不能受諫，若以其言謬妄而加處分，則是堵塞言路，怎樣做才好呢？他感到這是「為君之所以難也」[33]。他因此鑄造了「為君難」的玉璽。這樣認識自己的地位，有利於處理政事。他還知道在君主寶位上，要使自己政策正確，要眞正吸取臣下意見，就要反對他們的揣摩迎合，為此屢發指示：「爾諸臣宜矢公矢愼，共襄盛治，嗣後務宜屏去私心，勿事機巧，凡事只求當理，即合朕意，逢迎之術，斷不可用。朕在藩邸，洞悉諸弊，豈有向以為非，至今日而忽以為是耶！」[34]

瞭解情況，認識自己，就可以制定比較切合實際的施政綱領、方針和政策，而且有能力有信心去實現。正因為他把握了康熙末、雍正初的政情、民情，懂得歷史，具有「振數百年頹風」的抱負，才能夠提出「雍正改元，政治一新」的奮鬥目標，適時地要求臣下「將向來怠玩積習務須盡改」[35]，從而進行了一番改革。

英國人濮蘭德・白克好司講到雍正的才智：「控御之才，文章之美，亦令人讚揚不值。而批臣下之摺，尤有趣味，所降諭旨，洋洋數千言，倚筆立就，事理洞明，可謂非常之才矣。」[36]他的中肯之言，可作為這一節的結束語了。

「朝乾夕惕」

雍正即位前幾年，多次表示要勤於理政。元年（一七二三年），京口將軍缺出，雍正命叫李杕署理，大學士票擬時誤將張天植擬用為副都統署理京口將軍，事情發覺後，大學士們自請交吏部議處，雍正因此教導他們認眞辦事，並自云年富力強，可以「代理」、「大學士所應為之事」[37]。二年（一七二四年），雍正向朝臣講：

（朕）仰荷皇考詒謀之重大，夙夜祇懼，不遑寢食，天下幾務，無分巨細，務期綜理詳明。朕非以此博取令名，特以欽承列祖開創鴻基，體仰皇考付託至意，為社稷之重，勤勞罔懈耳。[38]

他感到維持清朝江山責任的重大，而新繼統對臣工不熟悉，需要勤政治理。五年（一七二七年），雍正把他比較欣賞的疆吏朱綱用為雲南巡撫，在朱綱陛辭時，作了可謂推心置腹的長談，講到繼統初期的心情和情況：

初御極時，諸臣多未識面，朕費無限苦心，鑒別人才，辦事自朝至夜，刻無停息，惟以天下大計為重，此身亦不愛惜。[39]

其實，雍正的勤於理事，還不僅是初期政事沒有頭緒的形勢所決定的，更重要的是，他健全奏摺制度，又創設軍機處，把輔臣進一步降低為「幕僚」，使自己一身兼國家元首和行政首腦兩重職務，事務自然更加殷繁了。

雍正處理朝政，自早至晚，少有停息，大體上是白天同臣下接觸，議決和實施政事，晚上批覽奏章。即在吃飯和休息的時候，也是「孜孜以勤慎自勉」[40]，不敢貪圖輕鬆安逸。年年如此，寒暑無間。六年（一七二八年）夏天，他寫〈夏日勤政殿觀新月作〉七律一首：「勉思解慍鼓虞琴，殿壁書懸大寶箴。獨覽萬幾憑溽暑，難拋一寸是光陰。絲綸日注臨軒語，禾黍常期擊壤吟。恰好碧天新吐月，半輪為啓戒盈心。」[41]雍正因早年夏天中過暑，以後形成畏暑的心理[42]。這一年酷熱之時，意欲休息，但一想到前賢的箴言，帝王的職責，就不敢浪費一點時光，又勉勵自己警戒驕盈，去努力從事政務。次年又作〈暮春有感〉：「虛窗簾捲曙光新，柳絮榆錢又暮春。聽政每忘花月好，對時惟望雨暘勻。宵衣旰食非干譽，夕惕朝乾自體仁。風紀分頒雖七度，民風深愧未能淳。」[43]因此朝夕戒懼，不敢怠惰，時序的變化雖大，然而無暇也無心欣賞花木的繁榮。

晚間，也是雍正緊張的時刻，批覽奏摺，常常到深夜，精力疲敝。他常把這種情形書寫在臣工的奏摺上：

> 日間刻無寧晷，時夜漏下二鼓，燈下隨筆所書。[44]
>
> 燈下所批，字畫潦草，汝其詳加審視。[45]
>
> 燈下批寫，字迹可笑之極。[46]
>
> 又係燈下率筆，字迹更屬可笑。[47]
>
> 丙夜燈下逐條省覽，一一批示矣。[48]
>
> 因燈燭之下字畫潦草，恐卿慮及朕之精神不到，故有前諭，非欲示朕之精勤也。[49]

硃批是雍正勤政的最好紀錄。這一做法他一直堅持下去，雖然八年（一七三〇年）以後，硃批分量有所減少，但他的勵精圖治的精神仍然洋溢其間。

雍正處理事務，非常認眞。臣下的疏忽大意，草率從事，掩飾過愆，往往在他的精細之中被發現了。元年（一七二三年），年羹堯奏一摺，大學士已經議覆，後蔡珽有同樣內容的摺子，大學士沒有察覺，又行上奏，雍正注意到了，批評他們「漫不經心」[50]。同年，禮部侍郎蔣廷錫等書寫追封孔子五世王爵詔，將「重道」二字誤寫，沒有檢查出來，雍正看題本時發現了，把蔣廷錫等叫到跟前，告誡他們「勿謂此等本章無甚緊要，朕不詳覽，嗣後當慎之」[51]。五年（一七二七年），浙閩總督高其倬連著就福建水師問題作了兩個報告，因路途遙遠等緣故，後寫的摺子先到，雍正見了，因上有續報的話，追問是怎麼回事[52]。可見他不放過一個罅隙。七年（一七二九年），署理浙江總督性桂摺奏偵稽甘鳳池事，雍正閱後批道：「前既奏過，今又照樣抄謄瀆奏，是何意見耶？」[53]具奏人忘了這是重複奏報，日理萬機的皇帝對其前摺倒印象很深。福建巡撫劉世明沒有及時對雍正的訓令做出反映，雍正可不是說了話就置於腦後的，於是新的訓飭就發生了：「朕日理萬幾，刻無寧晷，費一片心血，親筆訓誨之旨，竟一字不復，想汝終日在醉夢中矣。」[54]雍正就是這樣孜孜不倦地熱衷於他的事務。他說：「朕於政事，從來不殫細密，非過為搜求也。」[55]確實，他不是為挑蔣廷錫、高其倬、劉世明等錯誤，而是他本身辦理認真，並以此要求臣下。

雍正在對朱綱說了他不惜自己身體地勤政之後，接著說：「朕之不少圖暇逸者如此，爾等督撫身任封疆之責，朕又豈肯任其貪圖逸樂？務宜勉勵為之，無為溺職之巡撫。」要求臣下和他一樣緊張忙碌。他不許官員設立戲班，原因是多方面的，怕他們貪污腐化，敗壞風俗，再則是怕他們「以看戲為事，諸務俱以廢弛」[56]，影響公務。五年（一七二七年）六月，他因交廷臣所辦事務不能及時辦理，發了脾氣，他說：我整天坐在勤政殿裏，又不顧暑熱，想辦理事情，為什麼諸大臣對交代的事情抱沉默態度，不來回奏，若不能辦的話，何以不講明原委，若不想辦的話，乾脆交給我，我來替你們辦。現在責令你們把因循遲延的問題回答清楚[57]。次年二月，新任御史鄂齊善、曾元邁值班早退，大學士馬爾賽請把他們交部議處，雍正講不要按常規處罰，他們是新進小臣，就這樣怠惰，不嚴加教導，就不能警戒那些越禮偷安的人了。因此命令他們每天到圓明園值班，日未出時到宮門，日落以後才准散班[58]。他們住在城裏，這樣的當班，真夠受的。

雍正勤政，加上他的一套行政辦法，所以他辦事非常迅速。他每日召見大臣，議決事情。當西北兩路用兵時，一天面見軍機大臣數次，晚上也要召見。他看官員的本章、奏摺，認真而外，處理及時。如在豫撫田文鏡三年四月十七日奏摺上硃批，詢問年羹堯向河南運送資財的去向和河北鎮總兵紀成斌的為人，五月初六日田文鏡具摺回奏，報告已派人瞭解年的問題，談了對紀的印象[59]。四月十七日至五月初六日，頭尾算上才二十天。他們君臣的筆談，就進行了一個來回。五月二十六日，田文鏡進一步摺奏年、紀二人的情況，雍正閱後在硃批中又問道員佟世鏻的為人。同一天，田文鏡還進呈一謝恩摺，雍正也寫了硃批，到六月十三日，田文鏡就見到這份硃批了，隨後於二十一日對佟世鏻問題作了奏報[60]。這一年五月小，二十六日至下月十三日，共十七天。開封到北京的路程是一千六百里，來回三千二百里。這些奏摺，都由田文鏡家人呈遞，日行不可能像驛站傳送公文，可以三、四百里，四、五百里，所以這十七天，主要是路上來回佔用了，不用說，雍正隨收到隨批閱，隨即發出。他就是以不過夜的精神看臣下的摺子，因而很快掌握了情況，處理了事務。十年（一七三二年）七月初八日，禮部侍郎張照為他祖父張淇呈請設立義莊和請求旌獎，三天後，即十一日，雍正批准了他的請求，命禮部議奏旌表，十月十三日大學士張廷玉題請給張淇封典，十五日雍正即予認可[61]。關於張淇的封典，事情很小，又是例行公事，兩次題本，雍正都在兩三天內答覆了，並不因平常的事情而拖延。他如此迅速處理事情，可見他的行政效率之高。

雍正躬親細務，惹出了一些不同的看法。二年（一七二四年）年初，福建巡撫黃國材上奏，認為細微的事情不必專摺奏聞，只須報給六部，由他們滙總具題[62]。還有人認為雍正大小事一齊抓，「煩苛瑣細」，他們希望人君不要親理庶務[63]。雍正對此作了一些辯解，就黃國材的奏議說，他是效法康熙六十餘年的勤政精神，所以「朝乾夕惕，事無巨細，親為裁斷」。他強調正當年富力強之時，不可稍圖暇逸。他說勸他的人也可能有愛君之意，但不知他的脾氣，如果大家都效忠為國，事情辦得井井有條，就是封章堆疊，也樂於披覽，不以為勞，若眾人苟且塞責，以致事務廢弛，日無一份封章，心裏反倒不安[64]。表示他絕不圖暇逸而減少對政務的處理。五月，他進一步說明皇帝躬親政務的必要：「國家設官分職，各有專司，而總攬萬機，全在一人之裁決。」因此天子不能端默高拱，必須綜理庶務[65]。七月，《御制朋黨論》中，把反對他躬理細務的人歸之朋黨，認為那些人「畏人君之英察，而欲蒙蔽耳目，以自便其好惡之私」[66]。這樣一來，再沒有人敢於非議親理庶務了。

雍正從政，日日勤愼，戒備怠惰，堅持不懈，以朝乾夕惕自勵、自詡。年羹堯錯書「朝乾夕惕」為「夕陽朝乾」，他以此作為整治年的理由，雖是藉題發揮，然亦有因。他認為「『朝乾夕惕』，《易經》傳注，皆以為人君之事」[67]。只有人主才配得上「朝乾夕惕」，而他是當之無愧的，年羹堯居然在這裏寫錯了，不誠敬，也就是不以「朝乾夕惕」許他，就這一點來講他也要惱火的。朝乾夕惕，勵精圖治，雍正是當之無愧的。

剛毅和急躁的性格

五年（一七二七年），雍正批評浙閩總督高其倬優柔寡斷：

觀汝辦理諸務，必先將兩邊情理論一精詳，周圍弊效講一透徹，方欲興此一利，而又慮彼一害，甫欲除彼一害，而又不忍棄此一利，輾轉游移，毫無定見。若是則天下無可辦之事矣。夫人之處世如行路，然斷不能自始至終盡遇坦途順境，既無風雨困頓，又無山川險阻，所以古人多詠行路難，蓋大有寓意存焉。凡舉一事，他人之擾亂沮撓已不可當，何堪自復猶豫疑難，百端交集，如蠶吐絲，以縛其身耶！世間事，要當審擇一是處，力行之，其餘利害是非，概弗左盼右顧，一切擾亂沮撓，不為纖毫搖動，操此堅耐不拔之志以往，庶幾有成。及事成後，害者利矣，非者是矣。無知沮撓之輩，不屏自息矣。今汝則不然，一味優柔不斷，依違莫決，朕甚憂汝不克勝任，有關國家用人之得失也，奈何！奈何！68

他教誨臣下，辦事要拿定主意，不能瞻前顧後，游移不決，莫衷一是。這一硃批貫穿了反對優柔寡斷思想，表明雍正主張辦事不怕艱難，不顧阻撓，認準了就幹。從而說明他具有剛毅果斷的性格。

他的這一性格，表現在政治上就是決策果斷。對一件事情的利弊，一旦有所把握，就做出裁決，即如黃炳創議實行攤丁入糧，他認為時機不成熟，不准許，數月後李維鈞又提出來，促使他進一步思考這一問題，及至議出實施辦法，立即決策施行。又如諾岷倡議火耗歸公，遭到廷臣的強烈反對，他表示支持，朝臣沒法，退了一步，希望先作試行，雍正講可行就行，試什麼，於是全面推行。拖泥帶水，顛三倒四，猶豫不決，和他的性格不相容。他辦起事來，說幹就幹，幹就像幹的樣子。如他為推行新政策和整頓吏治，大批的罷黜不稱職官員和破格引進人才。別人批評他「進人太驟，退人太速」，也毫不顧恤。這種堅毅性格，才便於衝破反對勢力的阻撓，堅定地實施他的政策。凡是做開了的事情，他就堅持下去，力求達到目的，所以他的重大的社會政策都沒有改變。

雍正的剛毅果斷，同他的急躁毛病連在一起。他自己說康熙訓誡他遇事時要「戒急用忍」，他就把這個教導書寫出來，置於居室，以便朝夕觀覽。二年（一七二四年）閏四月，他就對輔國公阿布蘭的態度檢查自己，說沒有詳察而急於啓用阿布蘭，及其犯罪又不能隱忍，就是沒有實現「戒急用忍」[69]。康熙早在四十七年（一七〇八年）評論他的兒子們時，說雍正幼年「喜怒不定」，雍正認為自己已過而立之年，居心行事，性格已經穩定，不再是幼時喜怒無常的情形，特向乃父說明，並請求不要把這個諭旨記載在檔案裏。康熙說這十幾年來四阿哥確實沒有這種情況了，可以免予記載[70]。雍正少年時代忽喜忽怒，後來是否改變了，暫且不說。這喜怒不定，是性情乖僻，可能是神經質的表現，也可能是心境不佳，情緒不安寧，遇事會狂喜狂怒。喜怒不定，也是脾氣暴躁的表現，感情說爆發就爆發出來。所以康熙說他喜怒不定，要他戒急用忍，都是說他性情急躁的毛病。

雍正注意改變他的急脾氣，在給李紱的硃批中寫道：「朕經歷世故多年，所以動心忍性處實不尋常。」[71]就是說，多年來，在重大的事務中，以堅忍的毅力鍛鍊耐性，克服急躁毛病。在儲位鬥爭時，搞《悅心集》，研究佛學，就是動心忍性的表現。做皇帝後也留心不犯老毛病。三年春天，直隸總督李維鈞奏報廣開溝渠，雍正以開溝不是不可等待之事責備他，說他急急忙忙去做，「殊屬悖謬」，又警告他，你不怕做貽笑於人的督撫，「朕不甘為輕舉妄動之人主」[72]。

但是他輕舉妄動的事並不少，像強迫閩粵士人學官話，堅持朔望宣講《聖諭廣訓》，停止浙江人的鄉會試。對待官員，也常常是喜怒不定。如對福建陸路提督丁士傑原是賞識提拔，在他於四年十二月初一日寫的摺子上批云「所奏甚是，但勉行以踐所言可也」。不久，丁士傑借執事給回鄉的少詹事陳萬策使用的事，被雍正知道了，把他交部議處，丁士傑又上一摺為己辯解，這下激惱了雍正，硃批就相當苛刻了。丁士傑摺子上說他藉執事的「隱微之處更不敢不為我皇上直陳」，雍正就此硃批「無恥之極」。丁說他對上司「並不知如何逢迎」，硃批：「不知逢迎上司，惟知曲意逢迎欽差，其罪更甚。」丁說：「臣立意自矢，時存無欺隱之心，亦不敢萌一逢迎之私。」硃批「好無欺隱」，「好不逢迎」。丁又說：「逢迎之事，不惟目前不為，即臣終身實斷不可為也。」硃批「可謂天良喪盡矣」。丁說他因不知陳萬策的狂妄行為，所以沒有參奏他，硃批「看爾光景，小人之福有限矣」。這些行間批外，雍正又在摺尾寫道：「觀爾不知悔過，不知愧恧，一味強詞飾辯，必不知感朕恩遇，愚賤小人之態露矣，『卑賤無恥』四字當深以為戒，莫令人指唾。」「無恥之極」，「天良喪盡」，罵得眞兇。但是，十幾天之後，也即二十六日，丁士傑奏報福建倉儲情形的摺子上，雍正又誇獎了他：「爾奏甚屬可嘉，一切皆似此據實無隱，乃報朕第一著也，勉之，朕甚嘉爾之存心立志。」丁士傑隨即獲知，陳萬策事使他降三級留任，遂於五月二十八日具摺謝恩，摺中說：「臣聞命自天，愧感無地。」雍正硃批：「若再愧為數事，恐不能有感之一字矣。」丁又表示今後「恪遵慈訓，終始如一，以仰答高厚之恩於萬一」。硃批則說：「朕因爾向不欺隱，所以訓爾終始如一，但飭爾痛改前非矣。」[73] 陳萬策是正四品的中級官員，丁士傑是從一品的大僚，丁借給他轎輿執事，原是礙於情面，談不上有意逢迎，他的奏辯原合情理，而雍正原認為丁忠誠，而隱蔽陳萬策在鄉活動不報，就生他的氣，及至看到他的辯解，氣上加氣，於是指斥激烈，言詞過當，迨及有所覺察，於丁的謝恩摺中就改過來了。可見他氣惱時自己也不能克制，仍有暴怒的毛病。他有時好走極端，說話很不反映實際，以之辦事就會出問題。即位初年，對朋黨痛恨已極，在《御制朋黨論》裏大肆伐撻歐陽修，說他的君子有黨、小人無朋的說法造成清代的朋黨之風，因此，如果他還活著的話，「朕必誅之以正其惑世之罪」[74]。好傢伙，歐陽修沒遭開棺戮屍之刑真是萬幸！對歐陽修發這樣大的火真是沒來由的，所以他的臣子為他撰寫《實錄》時，替他害羞，就把歐陽修造成朋黨流毒的話刪掉，將「誅之」一句，改為「朕必飭之以正其惑」[75]。歐陽修地下有知，這才可以安心了。雍正有一天看戲，演的是鄭儋打子，看得高興，賜給伶人食物，該伶受寵若驚，遂與皇帝攀談起來，因劇中主角是常州刺史，就問今日常州太守為誰。雍正一聽勃然大怒，一個賤優，怎敢問起長官！不加懲治，形成風氣還得了，立即將伶人杖死[76]。他一激動不要緊，就造成人命歸天的慘事。

雍正在他的統治後期，指責一些疆吏輕於改變舊制。他說：「常見督撫提鎮等於蒞任之初，或輕聽人言，或自憑臆見，率爾具奏，更改舊章，不計事之永遠可行與否，及至再經條奏，仍復舊規，多費曲折，地方官民未必不受更張之擾累。」[77]其實，他很可以反躬自問，正是因為他銳意改革，有的人事迎合，經過申請，由他批准實行，所以這些官員犯的過失，正是由他促成的。他的急躁病應為出現此種敗政的原因之一。

有人批評雍正，「性高傲而又猜忌，自以為天下事無不知無不能者」[78]。有人指斥他「以黑為白」，「羣臣莫能矯其非」[79]，「為人自聖」[80]。歸納這些評論，無非是說雍正剛愎自用，聽不得不同意見，不能採納臣下的建議。這樣說有一定道理，但不完全符合事實。雍正對許多問題的決策，事先同有關官員商討，就中他進行考慮，吸收眾人的意見。前述在硃批奏摺中討論政事，已說明了這一點。他對於有些事情中的錯誤也是樂於承認的。年羹堯的事情發生之後，他在多種場合表示自己識人不準，用人不當。兩廣總督孔毓珣因與年羹堯有往來而引罪，雍正則說：「朕無識人之明，悞寵匪類，正自引咎不暇，何顏復株連無辜。」[81]認錯的態度是誠懇的。再如四年九月甘肅巡撫石文焯建議在該地開爐鑄造制錢，以便禁絕私錢，雍正硃批不允，不久，在石的十一月的一份奏摺的批示就改變了態度，他寫道：「禁止私錢一事，果如所議，錢法既清，而民用亦裕，區劃甚屬妥協。彼時朕慮未周詳，故諭暫緩，今已准部議矣。」[82]老老實實承認自己原來考慮不周全，很自然地把事情改過來。雍正對他的納諫問題向大臣作過表白：「朕非文過飾非之人。人非聖賢，孰能無過。爾等果能指摘朕過，朕心甚喜。君子之過也如日月之食，人皆見之，及其更也，人皆仰之。改過是天下第一等好事，有何係吝！」[83]把他完全看成是文過飾非、剛愎自用的人，與事實不合。但是他確實也有過於自信的情況。他以為通過各種渠道完全掌握了下情，其實有的官員的報告是道聽塗說，不足為信，他卻因之對事情做出錯誤判斷。

總之，雍正的性格，主要是剛毅果斷，急躁和喜怒不定是老毛病，雖有所警惕、改正，但是極不徹底。他剛毅，但不愎擰。自信，然而有點過分。

雍正的剛強果決，產生雷厲風行的作風，辦事迅速，講究功效，所以他即位就開展革除積弊的活動，時間不長，就取得一定的效果。他的急躁使他的果斷不能完全建立在對客觀事物深入認識的基礎上，對有的問題分析不夠，行動上陷入盲目性，於是事情受到挫折，或開展不下去，達不到預期效果，犯了輕舉妄動的毛病。自信心有助於他堅強果敢，自信太過，作為皇帝，就容易阻塞言路，影響政治的改良。

雍正的才能、性格，對於他的政治表現，給予重大影響，使它賦有他的特色、他的形象。政治像人，也有鮮明的個性，雍正如果不是那樣的性格，他的時代的面貌也將不完全是那個樣子。

著述

雍正思維敏捷，下筆成文，自撰和編輯書籍較多。當然這些書籍的問世，有賴於臣僚的幫助。不過這些圖籍紀錄反映了他的思想、性格、才能和作風，記錄和反映了他的時代的面貌。本節把它們的寫作、剞劂、內容作一簡單介紹，以便更好地瞭解雍正。

（一）《上諭內閣》

這是把雍正的諭旨輯錄而成的著作。

雍正的口諭，有由御前大臣、侍衛、奏事官、奏事太監轉傳。他要求他們傳達準確。為了便於查考、核對，他於二年（一七二四年）七月決定，凡轉傳諭旨的人，都要作記錄，立為檔案，奏事處每月滙總奏呈[84]。這就使他的上諭比較完整地保存下來。他習慣於多講話，上諭比較詳細。他認為朋黨鬥爭激烈，他對朋黨的打擊，如果不詳細說清，人們不明原委，會對他的行為不理解。既然詳細說了，在形成文字的時候，就要求臣下記錄得完整，公布以後，怕外間傳播有誤，就加以刊刻頒布。三年（一七二五年）四月，他說：「朕每下諭旨，必令票簽全寫，或有遺漏，即令添補。朕侍聖祖數十年，每見票簽簡要，豈不欲效法成式，蓋以時勢不同，非委曲詳盡，恐人不能喻朕之志，則小人乘隙議朕之非也。朕所下諭旨，一字一句皆有關係，恐後世有朋比餘黨，欲蔽惑朕之子孫者，忽將緊要字句私行刪節，甚關朕用人行政之聲名，則朕抱不白於千古矣。故多刊刻頒布者，有深意也。」[85]他用心良苦，然而卻使他的上諭詳明，而且隨頒布隨刊刻，得以廣為流傳。五年（一七二七年），他下令各省督撫，將所奉諭旨全部繕寫成冊，一一詳載，不僅自己每日觀覽，還要傳給後任，以便繼續遵循御旨辦理[86]。這是把對各省發的專門諭旨加以滙集。七年（一七二九年），侍讀學士康五瑞提出滙編上諭刊刻頒發的請求，他說「皇上訓諭數百萬言，精微廣大，無不備舉，實於二典三謨媲美先後」，若加滙輯刊發，可使內外臣民知曉遵守。允祥、馬爾賽等予以轉奏。八月，雍正考慮到所發諭旨，有的是為一個地區做出的，有的是因某一事件發出的，只有有關人員瞭解，眾人不能知曉；他還考慮到，諭旨加以傳寫，字句之間，可能會有錯誤，也需加以糾正，遂允許諸大臣的請求，命莊親王允祿負責編輯刊布，以便所有臣民獲知聖訓，「遵道遵路，易俗移風」[87]。

允祿主持編選的上諭，所收諭旨，自雍正繼位開始，即自康熙六十一年十一月十三日所發諭旨起，至雍正七年止。九年（一七三一年）書成，頒發全國。乾隆繼位以後，認為應當把乃父的上諭編完，命和親王弘晝主持編務，將雍正八年至十三年八月的上諭加以釐定，到乾隆六年（一七四一年）告成。使雍正一朝的上諭成一滙集。這些上諭，大部分由內閣宣示的，所以取名《上諭內閣》。它滙集了雍正公開宣布的大部分諭旨。

允祿等輯《上諭內閣》，採取編年體方式，按時間排定，每月一編。原來不分卷，亦有作一百五十九卷的，因雍正在位一百五十九個月，這樣就是每月一卷，所以分不分卷沒有任何不同。

雍正在世完成的部分，所收上諭較多，統觀全書，前七年的分量佔全書的四分之三，換句話說，乾隆時收輯的較少，這一方面是因七年以前的上諭多，後來較少，再一方面則是乾隆不如乃父對這件事那樣認真，也就不能多收了。

《上諭內閣》所收諭旨，是否保持了雍正實發上諭的原貌呢？這是可以用《雍正朝起居注》、《清世宗實錄》的有關部分對照出來的。「起居注」的書寫，一月一清，第二年年初要把頭一年的繕清定稿，因此，雍正九年完成的《上諭內閣》部分，都出於前七年的「起居注」之後。《清世宗實錄》作成於乾隆六年，與《上諭內閣》中雍正八年以後部分完成的時間恰相一致，將這三部分加以對照，發現《上諭內閣》與《實錄》兩件的文字，從八年起，幾乎完全相同，兩本是乾隆間同時進行的，也是互抄的，相同就是很自然的了。但是《上諭內閣》前七年部分與「起居注」兩見的文字則有一些不同。如元年四月二十日向大學士九卿諭朋黨之弊，「起居注」云：

……一結朋黨，兩黨必致一傷。皇考執中宥物，各與保全，不曾戮及一人。爾諸臣內不無立黨營私者，即宗室中亦或有之，爾等若以蒙皇考寬大，幸免罪愆，仍蹈前轍，誘惑朕之無知弟侄，不改惡習，徒致殺身滅族，有何益處，昏昧極矣。88

《上諭內閣》則作：

……兩相結黨，必致一傷。唯我皇考允厥執中，至仁至宥，各與保全，不曾戮及一人。爾諸大臣內不無立黨營私者，即宗室中亦或有之，爾等若以向蒙皇考寬大，幸免罪愆，仍蹈前轍，誘惑朕之無知弟侄，必致殺身覆族。昏昧極矣。89

應該說「起居注」記載最接近雍正原話，《上諭內閣》與它的不同處，是在文字上作了一些更動，以便文氣流暢，而在意思上沒有變化。還有一些改動就不同於此了，如「起居注」二年五月二十七日記雍正指斥允禩朋黨，原文是：

廉親王至今與朕結怨，特為此〔指朋黨〕耳。廉親王之意，不過欲觸朕之怒，必至殺人，殺戮顯著，則衆心離失，伊便可以希圖僥倖成事，雖然伊不過作此妄想耳。……即今黨羽之人尚猶未息，譬如抄沒石文桂家產時，大學士馬齊不知從何得信，於先一日晚間通知將各樣物件俱皆藏匿。

《上諭內閣》則記為：

廉親王至今與朕結怨，亦即此故。今廉親王之意，不過欲觸朕之怒，多行殺戮，使衆心離散，希圖擾亂國家耳。

《上諭內閣》只說允禩等結黨「希圖擾亂國家」的罪責，比《起居注》說的「希圖僥倖成事」輕得多。同時把對馬齊的那段指責刪掉了。為了疏通文字而發生的改變，沒有多大關係，變更意思的改動是說明認識上發生了變化，又要維護皇帝的威信，而做出的騙人之舉。總觀改動情況，文字上居多，在涉及到某些人物和事件評價時，有的作了變動，但並非變異原貌，而是局部的變化。《上諭內閣》前七年部分與「實錄」兩見的文字，後者又對前者作了一些變異，其情形大體上與《上諭內閣》對「起居注」的改變相同。所以從史料價值上看，「起居注」最高，《上諭內閣》其次，而「實錄」最差。

雍正在滙編《上諭內閣》時，命允祿編輯關於八旗事務的諭旨，允祿也於九年（一七三一年）完成，命名為《上諭八旗》。

（二）《硃批諭旨》

有人說《上諭內閣》「名為臣工所繕錄，實與御札手敕無以異」[90]。但是與雍正手書的《硃批諭旨》究竟有所不同。雍正勤政，每日批覽奏摺，恒用硃筆作批語，或雙行寫，或摺尾寫。因為這些奏摺都是直達御前的，只給皇帝看的，批語完全出自雍正一人，誠如他所說：「此等奏摺皆本人封達朕前，朕親自覽閱，親筆批發，一字一句，皆出朕之心思，無一件假手於人，亦無一人贊襄於側，非如外廷宣布之諭旨，尚有閣臣等之撰擬也。」[91]

雍正在敕令整理《上諭內閣》的同時，編輯《硃批諭旨》，十年（一七三二年）書成，發上諭，說明他批覽奏摺的情況和輯書的原因，他說奏摺是秘密的，硃批不為人所知，但其內容「可為人心風俗之一助」，故而加以公布；同時還可使臣民「咸知朕圖治之念，誨人之誠，庶幾將此不敢暇逸之心，仰報我皇考於萬一耳」[92]。在很大成分上為了表白自己。十一年（一七三三年）刊刻成功，頒發給臣僚。乾隆三年（一七三八年）又出了新的刊本。

據雍正在十年講，硃批奏摺不下萬餘件，《硃批諭旨》所收不過是它的十分之二三[93]。其撰摺人都是外任文武官員，內官臨時差遣在外者間亦有之。今傳乾隆本，具摺人二百二十三人，大約收有七千件硃批奏摺。

硃批奏摺的件數，遠遠超出雍正估計的萬餘件，臺北故宮博物院收藏有二萬三千多件，具摺人約一千名。雍正時把這些奏摺分為三類，一是「已錄」的，即刊載於《硃批諭旨》上的；一是「不錄奏摺」，一九三〇年故宮博物院出有《雍正硃批諭旨不錄奏摺總目》，反映了這類奏摺的一部分情況；再一種是「未錄奏摺」，即準備公開而沒有公布的。

紀昀把雍正的勤於閱讀奏摺和寫硃批，與歷代帝王作了比較：秦漢以後，皇帝對於奏章，有看有不看的，即使御目了，批上一個字，名曰「鳳尾諾」，沒有連篇累牘，一一對奏疏作手敕的；唐宋以後，皇帝的文章多是臣下代草，偶爾寫幾個字的就傳為美談，那裏有雍正那樣「句櫛字比，標注甲乙，無幾微不到者」，眞是「書契以來所未嘗聞見者」。雍正寫了那麼多的硃批諭旨，確實是前無古人。

《硃批諭旨》所公布的文獻，與原來的奏摺及硃批，亦不盡相同。僅舉一例：《硃批諭旨》所收廣東巡撫傅泰的八年十月十九日摺，與《清代文字獄檔》所公布的同一摺子的檔案有數處不同：(1)檔案詳細，如傅泰報告宣講《大義覺迷錄》情況，《硃批諭旨》中不載；檔案中有傅泰報告發現屈翁山文字悖謬的一段議論，有敍及屈翁山子屈明洪投監後的一番議論，《硃批諭旨》中皆無。(2)檔案中：「及臣近敬看《大義覺迷錄》內」一句，《硃批諭旨》作：「及臣近日敬看頒到《大義覺迷錄》內。」(3)檔案記屈明洪供，對其父文集「曾察閱」，《硃批諭旨》改作「未曾察閱」。(4)檔案中硃批原文是「糊塗煩瀆，不明人事之至」。《硃批諭旨》則為「殊屬糊塗煩瀆，不明事體之至」。這些改動，有的無傷於原意，有的則大有出入。和《上諭內閣》一樣，雍正不尊重歷史，愛改史料，實是一個大毛病。

(三)《世宗憲皇帝御制文集》和《世宗憲皇帝聖訓》

雍正能作各種體裁的文字，中國第一歷史檔案館收藏他的硃諭，其中有他草寫的對子和未完成的詩詞，如「天清地寧四序成，恩覃九有仰文明」，「一廷和氣慶豐盈，願抒愚悃體維城」，「仰成仁考四方寧，九秋嘉節公清明，普天率土安豐盈。」[94]可見他是親自為文的。他的詩文，乾隆時給編成集子，名《世宗憲皇帝御制文集》，共三十卷，其中文二十卷，詩十卷。文分十三種體裁，有敕諭、詔、冊文、論、記、序、雜著、題辭、贊、題跋、碑文、祭文、誄。這類作品，大多見於《上諭內閣》、《清世宗實錄》等書，但它將重要諭旨集中了，便於人們尋找利用。詩分《雍邸集》（七卷）和《四宜堂集》（三卷）。雍邸詩是在皇子時所作，於雍正四年作序刊刻。他皇子時代的傳記資料不多，該集輯錄他隨從康熙巡幸之詩歌，可借作歷史資料看待。「四宜堂」是圓明園的一個處所，該詩集作於帝王之時，除給大臣的賜詩反映朝政外，就是他宮廷生活的紀錄，也有史料價值。

乾隆時在修纂《清世宗實錄》和續編《上諭內閣》中，又編輯成《世宗憲皇帝聖訓》，由乾隆於五年（一七四〇年）作成序言，剞劂問世。《上諭內閣》是編年體的，「聖訓」則把上諭按類編排，全書三十六卷，分三十類，為聖德，聖孝，聖學，聖治，敬天，法祖，文教，武功，敦睦，用人，恤臣，愛民，恤民，察吏，訓臣工，獎將士，廣言路，理財，慎刑，重農桑，厚風俗，治河，捐賑，積貯，謹制度，崇祀典，篤勛舊，褒忠節，綏藩服，弭盜。由於它是按問題分類，便於讀者查找他的有關言論，而其內容，遠不及《上諭內閣》豐富。

（四）《聖諭廣訓》和《大義覺迷錄》

康熙作「聖諭十六條」，作為約束民人的規範，雍正繼位後對它加以說明，於二年（一七二四年）刊刻頒發，命名《聖諭廣訓》，於各地宣傳。他作序言，說明頒發緣由。一為繼承康熙遺志：「朕纘承大統，臨御兆人，以聖祖之心為心，以聖祖之政為政，夙夜黽勉，率由舊章，惟恐小民遵信奉行，久而或怠，用申告誡，以示提撕。」二為小民「共勉為謹身節用之庶人，盡除夫浮薄器凌之陋習，則風俗醇厚，室家和平」[95]。這本書是雍正用較通俗的語言，向臣民，尤其是鄉曲小民灌輸三綱五常的封建倫理，約束臣民的行動。

《大義覺迷錄》從內容上講，與《聖諭廣訓》並不相同，但在宣傳上則是一致的，都要做到家喻戶曉。《大義覺迷錄》是關於曾靜投書案和呂留良文字獄的歷史紀錄，它滙集了雍正關於這兩個案子的主要上諭，說明了審案過程及結案的處理意見。全書分四卷，還包括《奉旨訊問曾靜口供》，其中有問有答，問話是承審官員轉述雍正的問題，雍正就此闡明他的一些看法。這本書還附錄了曾靜的《歸仁錄》。這本書具有很高的史料價值，所謂雍正篡改康熙遺詔，改「十」字為「于」字，所謂仁壽皇太后為允禵遭囚而自戕，均只見於此，而為其他史籍所無。雍正公布這本書，是為說明他繼承的合法，乾隆認為這個問題不宜於公開講，就把這本書列為禁書，於是更擡高了它的價值。

（五）《執中成憲》、《悅心集》和《庭訓格言》

六年（一七二八年）二月，雍正命儒臣採錄經史子集所載古代帝王的功德謨訓、名臣章奏和儒家聖賢的語類。諸臣邊輯錄邊進呈，雍正親加刪定，至十三年（一七三五年）五月書成，名《執中成憲》，共分八卷。該書先錄前人言行，雍正為之作論——「御制論」。如就「商王太甲曰：天作孽，猶可違；自作孽，不可逭」，作論：「天以仁愛為心，必無作孽於人之理，此皆由人之自取也。其云天作孽者，乃人有過失，天降災異以示儆，而人能恐懼修省，自可潛為轉移，故曰猶可違也。若有過愆，而上天垂訓，仍無忌憚，不知畏懼，故曰自作孽也，其能逭乎。」發揮了他的天人感應論見解。他用這本書闡發他的儒家的政治觀點，因此乾隆讀了該書，知乃父的「聖心聖學實於堯舜孔子同揆，而汲汲於是編，則專以啓廸我後人，示之標準也」[96]。這本書在雍正生前沒有印刷，乾隆元年才得以問世。

四年（一七二六年），雍正把他在藩邸時編輯的《悅心集》刊刻出版。該書共四卷，收錄歷代政治家、思想家、僧道及一般文士的著述，或一文，或語錄，或一詩一詞，錄後有雍正對作者的介紹，別無評論，選編者的意思完全從選文中表現出來。卷一收有陶潛的《歸去來辭》、《桃花源記》、劉禹錫《陋室銘》、黃洽《五不欺》、林逋《省心錄》、邵雍《為善吟》、釋令遵《法語》，卷二選有歐陽修《歸田錄》、朱熹《敬恕齋銘》，卷三輯入唐寅《一世歌》、《花下酌酒歌》、陳繼儒《警世通言》，卷四錄有趙燦英《安命歌》、馮其源《題布袋和尚》、無名氏《醒世歌》、《知足歌》，等等。這些東西，無非是勸人樂天知命，清心寡欲，與世無爭，自得其樂，充滿釋老的觀念。雍正以搞這樣的閒書，說明他皇子時追求清淨無為，甘心做一閒人，掩蓋他參預爭奪儲位的事實。這也是他在雍正四年把它出版的原因之一。十二年（一七三四年），賜給直隸總督李衛一部，並告他：「公務餘暇，時一展對，頗可悅目清心。朕及卿輩翻閱此書，大似山僧野客觀覽朝報而談時政，殊為越分妄想，每一思之不禁失笑。」[97]李衛閱後，奏言由此知「皇上龍潛藩邸，隨境而安，澹泊寧靜」。雍正的宣傳目的可謂達到了。李衛又說：「伏讀集中，如黃洽之矢不欺，林逋之戒沽名，邵雍之勉為善，司馬光之勸知足，皆古來名臣大儒以忠君愛國之心，抒樂天知命之致。其他單詞片語，無非去妄止貪。不同晉人清談，惟誇曠懷逸志，實為覺世名言，修身至寶。皇上以之涵養聖心，即以之教訓臣下，使氣質化於和平，性情歸於恬淡。」[98]這就是說這本書還有著告誡臣下安分守己的作用。

八年（一七三〇年），雍正和允祉等追記康熙對他們眾兄弟的教誨，得二百四十六條，成《庭訓格言》一書，雍正親為序文，說可從這些語錄見乃父對「天、祖之精誠，侍養兩宮之純孝，主敬存誠之奧義，任人敷政之宏猷，慎刑重穀之深仁」[99]。他以追念父祖之聖德，教導兄弟子孫如何處世。這本書所說的康熙語錄，既是雍正追憶，很難準確，肯定含有雍正的思想成分，一定程度上可以作為研究雍正思想的資料。

（六）《御選語錄》和《揀魔辨異錄》

這是雍正編輯的關於佛學的兩本書，都成於十一年（一七三三年）。

雍正青年時代就研究佛學，也以精通佛學自居，他為貫徹他的宗教思想，控制佛教，參加當時釋子內部的教義之爭，編輯兩本書，把禪宗、淨土宗名僧和道士紫陽真人的語錄選集成《御選語錄》，全書十九卷，第十二卷是他的語錄，即《和碩雍親王圓明居士語錄》、《圓明百問》。他為該書作了〈御制總序〉和〈御制後序〉，說明他學習佛學的過程和出書的目的。書中每一卷的開首，又有他作的小序。

如果說《御選語錄》是正面講道理，《揀魔辨異錄》則是批駁性的。他認為明末清初的禪僧漢月藏、譚吉忍師徒的《五宗原》、《五宗救》背離了佛家宗旨，是邪說，由於它得人信仰，有使禪宗陷入魔道的危險，乃與它作鬥爭，摘出漢月藏師徒語錄八十餘條，逐一辯難，因名《揀魔辨異錄》[100]。

此外，雍正還有一些硃諭，在中國第一歷史檔案館收藏的有九包，總計四百二十七件，其中絕大部分是雍正用硃筆所寫，少量係由他人墨書，雍正閱時作了個別文字改動。墨書者多收入《上諭內閣》等書，而大部硃書的則未見公布，頗有閱讀的價值。

由雍正下令撰修的書籍很多，有的由他作了序文。此類著述不再一一說明。

雍正的著述，與他的勤政相適應，頗為豐富。他的述作記錄了雍正一朝的政治，包括他的政治、經濟、文化、民族、對外關係各方面政策；從繼位開始的幾次重大政治鬥爭；他的時代的社會生活。反映了他本人的思想、經歷和部分的生活狀況。還是他思維敏捷，下筆成文的才能的體現；當然，這只是就他帝王的身分講的，比起有成就的文學家，他的詩文技藝則是不足道的了。

註釋

1 《清世宗實錄》卷一。

2 《李朝實錄・景宗實錄》卷十三，三年（雍正元年）九月癸未條，四十二冊一八一頁。

3 《雍正朝起居注》，三年七月二十二日條。

4 《雍正朝起居注》，五年六月十七日條。

5 《雍正朝起居注》，五年八月初六日條。

6 《硃批諭旨・朱綱奏摺》，朱綱記錄訓旨一摺。

7 《大義覺迷錄》卷一。

8 《硃批諭旨・石文焯奏摺》，二年二月二十二日摺硃批。

9 《硃批諭旨・石文焯奏摺》，二年六月十三日摺硃批。

10 《硃批諭旨・岳濬奏摺》，十三年二月初九日摺硃批。

11 《硃批諭旨・金鉷奏摺》，七年六月初四日摺硃批。

12 《清世宗詩文集》卷十四《歷代帝王廟碑文》。

13 《硃批諭旨・田文鏡奏摺》，四年十一月初三日摺。

14 《清世宗詩文集》卷十一《御書匾額題辭》。

15 《雍正朝起居注》，二年十月二十七日條。

16 《清世宗詩文集》卷六《數理精蘊序》。

17 《竹葉亭雜記》卷一。

18 清世宗「硃諭」，第十二函。

19、20《文獻叢編》第五輯《年羹堯奏摺》。
21《硃批諭旨・鄂爾泰奏摺》，四年九月十九日摺及硃批。
22《簷曝雜記》卷二《揣骨史瞎子》。
23、24 原件藏中國第一歷史檔案館。
25《居易錄》卷三十一。
26《上諭內閣》，元年八月初十日諭。
27《養吉齋餘錄》卷三。
28《硃批諭旨・石文焯奏摺》，五年二月二十五日摺硃批。
29《硃批諭旨・田文鏡奏摺》，五年正月初七日摺。
30《雍正朝起居注》，五年十月初三日條。
31《硃批諭旨・李紱奏摺》，四年十一月二十五日摺硃批。
32《雍正朝起居注》，二年十月十七日條。
33《雍正朝起居注》，五年十月初三日條。
34《上諭內閣》，元年五月初七日諭。
35《雍正朝起居注》，元年七月十一日條。
36《清室外紀》，《清外史叢刊》本，六十二頁。
37《上諭內閣》，元年十一月初八日諭。
38《上諭內閣》，二年四月初七日諭。
39《硃批諭旨・朱綱奏摺》，朱綱紀錄訓旨一摺。
40《硃批諭旨・李維鈞奏摺》，三年二月初一日摺硃批。
41《清世宗詩文集》卷二十九《四宜堂集》。
42《上諭內閣》，五年四月二十七日諭；《硃批諭旨・鄂爾泰奏摺》，七年六月十八日摺硃批。
43《清世宗詩文集》卷二十九《四宜堂集》。
44《硃批諭旨・蔡珽奏摺》。
45《硃批諭旨・趙弘恩奏摺》，七年十一月初七日摺硃批。
46《掌故叢編》第三輯《鄂爾泰奏摺》，四頁下。
47《硃批諭旨・鄂爾泰奏摺》，四年四月十九日摺硃批。
48《硃批諭旨・田文鏡奏摺》，七年九月二十九日摺硃批。
49《硃批諭旨・田文鏡奏摺》，七年十月二十四日摺硃批。
50《雍正朝起居注》，元年七月十一日條。
51《雍正朝起居注》，元年十一月初六日條。
52《硃批諭旨・高其倬奏摺》，五年十一月十七日摺硃批。
53《硃批諭旨・性桂奏摺》，七年八月初六日摺硃批。
54《硃批諭旨・劉世明奏摺》，八年二月初三日摺硃批。

55《硃批諭旨・李維鈞奏摺》，二年六月二十二日摺硃批。

56《硃批諭旨・李紱奏摺》，三年六月初九日摺硃批。

57《上諭內閣》，五年六月初四日諭。

58《上諭內閣》，六年二月二十九日諭。

59、60《硃批諭旨・田文鏡奏摺》。

61《張氏捐義田奏摺》。

62《雍正朝起居注》，二年二月初九日條。

63《雍正朝起居注》，二年七月十六日條。

64《雍正朝起居注》，二年二月初九日條。

65《上諭內閣》，二年五月十三日諭。

66《雍正朝起居注》，二年七月十六日條。

67《大義覺迷錄》卷四。

68《硃批諭旨・高其倬奏摺》，五年九月初二日摺硃批。

69《雍正朝起居注》，二年閏四月十四日條。

70《雍正朝起居注》，四年十月初八日條。

71《硃批諭旨・李紱奏摺》，四年十一月二十五日摺硃批。

72《硃批諭旨・李維鈞奏摺》，三年二月二十五日摺硃批。

73《硃批諭旨・丁世傑奏摺》，四年十二月初一日摺硃批；五年四月初六日摺及硃批；五年四月二十四日摺硃批；五年五月二十八日摺及硃批。

74《雍正朝起居注》，二年七月十六日條。

75《清世宗實錄》卷二十二，二年七月丁巳條。

76《嘯亭雜錄》卷一《杖殺優伶》。

77《上諭內閣》，九年九月十四日諭。

78《梵天廬叢錄》卷二《清憲宗八則》。

79《李朝實錄・英宗實錄》卷二十二，五年（雍正七年）四月丙申條，四十三冊一二五頁下。

80《李朝實錄・英宗實錄》卷四〇，十一年（雍正十三年）正月甲戌條，四十四冊一頁上。

81《硃批諭旨・孔毓珣奏摺》，三年十一月初十日摺及硃批。

82《硃批諭旨・石文焯奏摺》，四年九月二十二日摺、十一月二十六日摺硃批。

83《雍正朝起居注》，元年七月十一日諭。

84《清世宗實錄》卷二十二，二年七月癸丑條。

85《雍正朝起居注》，三年四月十六日條。

86《清世宗實錄》卷六十三，五年十一月壬戌條。

87《上諭內閣・卷首》；《清世宗實錄》卷八十五，七年八月丁未條。

88 著重號為引者所加，下同。
89《上諭內閣》作十八日諭。
90《四庫全書總目》卷五十五《世宗憲皇帝上諭內閣》，中華書局一九六五年版，四九四頁。
91、92《硃批諭旨》卷首上諭。
93《四庫全書總目》卷五十五《世宗憲皇帝硃批諭旨》四九四頁。
94 清世宗「硃諭」第十三函。
95《聖諭廣訓序》。
96 乾隆《執中成憲序》。
97《硃批諭旨・李衞奏摺》，十二年五月十五日摺硃批。
98《硃批諭旨・李衞奏摺》，十二年五月二十四日摺。
99《庭訓格言序》。
100《揀魔辨異錄》卷首「上諭」。

第十六章　生活、辭世與政治的延續

家庭生活

（一）圓明園中的生活

康熙愛好出行，南巡、木蘭秋獮、東巡、西巡不絕，有時隆冬之際猶出塞打獵。雍正即位，下詔罷鷹犬之貢，宮中所畜養的珍禽異獸全令放出，一個不留[1]。表示他不事遊獵，不但不做東、南、西的巡幸，連康熙每年舉行的北狩也不進行。

雍正極少離開京城。他於元年先後送康熙和仁壽皇太后靈柩去遵化東陵，以後也還去過東陵祭祀。除了這個地方那兒也沒有去。他固守京城，開始是為提防允禩集團，怕離開了發生意外。允禩、允禟死後，他表示「將天下政事經理區畫悉皆得宜」時，舉行秋獮之禮[2]。但是他始終沒有做，這說明他除了防範允禩集團，還因政事繁忙，無暇出行。

諒陰期間，雍正居於大內養心殿，這裏離乾清門較近，便於召見朝臣，處理政事。

三年（一七二五年）春天，諒陰期滿，開始去圓明園居住和辦公。八年下諭百官知曉，他在圓明園和在宮中一樣，凡一切應辦之事都照常辦理，大家不要以為在園中就可以遲悞。他還規定春末到秋初、秋末至春初兩個時令官員到園辦公的時間[3]。表明他在園中起居理事已開始制度化。

雍正說他諒陰治事時，「雖炎景鬱蒸，不為避暑納涼之計」，待到三年期滿，眾臣以為「百務俱舉，寧神受福，少屏煩喧，而風土清佳，惟園居為勝」，於是才住園中[4]。他想說明住圓明園的原因，一是嫌大內嘈雜喧囂，不合辦公需要安靜環境的要求；二是園中水土好，風景宜人，便於享受；三是消釋大內夏季炎熱，便於納涼。清朝皇室來自涼爽的東北，不耐酷暑，而且形成傳統的心理因素，雍正因中過暑，更怕熱，尤需園居。清朝皇室注意武功，開展巡幸遊獵活動，習慣於離開大內過園居生活，攝政王多爾袞謀於塞外建離宮，康熙不僅經營了熱河避暑山莊，在京城又常居於暢春園。雍正的園居，倒也符合他的父祖的傳統習慣。

圓明園在京城西北郊，暢春園緊北，原為明代一座私人花園，清朝成為官園。雍正在康熙三十七年被封為貝勒，四十八年受封為雍親王，不知這兩次的冊封中那一次受賜圓明園。康熙冊封皇子集中在三十七年和四十八年兩批進行，三十七年時，他在暢春園定居也還不到十年，他的大兒子們也都成年不久，估計這時在暢春園附近給他們賜第的可能性不大，雍正的獲園在受封雍親王前後的可能性較大。

作為藩邸賜園，雍正在皇子時已對圓明園作了一些興建。六十一年三月康熙幸園，在牡丹臺會見雍正和乾隆，祖孫三個皇帝聚於一堂，亦為趣事。牡丹臺，後名鏤月開雲，為圓明園全盛時四十景之一，可見當時修的已很像樣子了。雍正三年（一七二五年），開始大修，雍正年間完成二十八處重要建築羣組的興建。這些建築，與宮中一樣，分為外朝與內朝兩大部分。外朝在圓明園南部，正中為「正大光明殿」，是雍正坐朝的地方。其東側是「勤政親賢殿」，為雍正接見臣僚，披閱奏章，處理日常政務的地方。殿的後楹懸有雍正親書的「為君難」匾[5]。「正大光明殿」之南為軍機處值房，再南為內閣、六部值房。雍正又賜給親重大臣在圓明園附近的宅第，以便利他們到園內辦公。所以他說「建設軒墀，分列朝署，俾侍直諸臣有視事之所，構殿於園之南，御以聽政。晨曦初麗，夏晷方長，召對咨詢，頻移晝漏，與諸臣接見之時為多」[6]。圓明園建設了皇帝和中央政府的辦公處，成了施政之所，雍正並不是在此逸居遊樂。

園中的另一部分建設，則是為了雍正及其家屬的生活享受的需要。「正大光明殿」之北，前湖後湖之間，是「九洲清晏」一大組建築羣。乾隆為之歌詠：「昔我皇考，宅是廣居，旰食宵衣，左圖右書，園林遊觀，以適幾餘。」[7]這是雍正寢息之所，觀其名稱，寓意四海昇平，國泰民安，雍正眞是於動靜食息之間，也考慮鞏固清朝的統治。它的後湖對岸的「慈雲普護」，是一所觀音廟。雍正有時睡不著，賦歌云其寢息環境：「……夜靜梵音來水面，月明漁唱到窗邊。虛堂慮息難成寐，冰簟心清即入禪。」[8]聽著從後湖水面上傳來的慈雲普護的鐘聲，心情可以寧靜下來入睡了。圓明園西邊有西山，雍正在九洲清晏望去，尤其是在雨後，湖光山色，令人心曠神怡，故他有《雨後九洲清晏望西山》詩，抒發感懷：「蒹葭葉上雨聲過，乍覺新涼颯颯多。山色崔嵬千疊翠，湖光瀲灩萬重波。游魚避釣依寒藻，翔鳥驚弦就碧蘿。莫訝金風催改序，秋暉偏好快晴和。」[9]「四宜書屋」建築羣，「春宜花，夏宜風，秋宜月，冬宜雪」[10]，四季適於居住，雍正常休憩於此，因用它為御極後詩集的名字——《四宜堂集》。「萬方安和」一羣建築組呈卍字形，設在水中，冬燠夏爽，四季咸宜，所以雍正喜於居此[11]。今北京故宮博物院收藏的雍正畫像，有觀花圖一幀，繪雍正於百花盛開之時，臨溪觀賞各種野花，想是園中生活的寫眞。

園的名字叫「圓明」，是康熙所賜，雍正說這個賜名大有深意，他認為「圓而入神，君子之時中；旺而普照，達人之睿智也」[12]。以此從政，就是要符合時宜，既不寬縱廢弛，也不嚴刻病民。他好像居住在這裏就要實行「時中」的政策。

為了警衛圓明園離宮，雍正建立圓明園八旗，內務府三旗護軍營。

自三年（一七二五年）起，雍正來往於皇宮與圓明園，使之兩處都成為清朝統治的心臟。

雍正大肆興建圓明園，到乾隆時再為擴建，使它成為當時世界上最華麗的宮苑。雍正在位期間不巡幸，不狩獵，建設圓明園和名山寶剎是他兩項最大的揮霍。大內、三海和景山，足供皇家生活、休憩、遊覽之用，雍正別築圓明園，充分表現他在享樂上的追求。為此就不惜民脂民膏了。

據一些資料反映，雍正在某些生活用品方面不是太講究。曹頫一次進貢幾件文具和生活用品，雍正只對湖筆一項表示欣賞，批語說「筆用得好」，對匾、對單條字綾，批云：「用不著的東西，再不必進。」對箋紙四百張，交批說：「也用（不）了如許之多，再少進些。」又就錦扇一百把說：「此種徒費事，朕甚嫌，倒是墨色曹扇朕喜用，此種扇再不必進。」[13]他講求實用，而不注意物品是否名貴。他經常教導臣民商人節儉，那些公開的上諭有例行公事之嫌且不說它，他在一些臣子的奏摺上特別批示，應是眞心話了。閩撫黃國材三年六月初三日奏摺的硃批：「請安摺用綾絹為面，表汝等鄭重之意猶可。至奏事摺面概用綾絹，物力維艱，殊為可惜，以後改用素紙可也。此事亦傳知（閩浙總督覺羅）滿保遵奉。」[14]摺子面用的綾絹很有限，他從愛惜物力上講，也注意節約。他自己也這樣做，看他遺留下的硃諭，所用紙張大多是裁成的小條，有時書寫不換紙條，將所述內容密密地寫在一張紙上。

曾靜數說雍正十大罪狀，其一為酗酒。社會上傳說他日日飲酒，頻頻地與隆科多飲至深夜，把隆灌得爛醉，令人擡出。又傳說四年（一七二六年）端午節這一天，雍正與諸王大臣登上數十條龍舟，飲蒲酒[15]。雍正喝酒，《花下偶成》一詩云：「對酒吟詩花勸飲，花前得句自推敲。九重三殿誰為友，皓月清風作契交。」[16]當皇帝，那有像平民間存在的推心置腹的密友，他有孤寂之感，就把清風明月鮮花美酒當作知心朋友，聊以消遣。他喝酒不爛，因為他勤政，不允許他整日在醉鄉之中。

不過，作為最高統治者的雍正，追逐享樂是他的本性，也是他的本領。對於中國上層社會傳統的玩藝，如香袋、盆景，他表現了濃厚的興趣。犬馬之愛他亦有之，如屢次指示製作狗衣、狗籠、狗窩、套頭。對於西洋的器物、玩意，他接受的很快，如喜愛溫度計、望遠鏡，並令內府仿製。西洋玻璃眼鏡，寢宮、乘輿隨處備有。他的這些喜好，有的純屬浪費財力、物力，滿足犬馬聲色的貪欲；有的是生理需要，如用西洋眼鏡是因老花眼的關係，同時他還指示給潑灰處的工匠發眼鏡，作為勞動保護用具[17]。從他對西洋物品的追求中，可見中國封建統治者首先樂於接受奢侈品的通病。

這裏要交代一下雍正龍潛時的雍邸。三年（一七二五年），升之為行宮，名雍和宮，交允祥經管，民間不知道，以為它改名「昌運」，賜給允祥了[18]。待到允祥死，遺言薄葬，雍正說若動用國庫、內府的銀子給他安葬，不合他的遺願，而雍邸尚有剩銀，因用之為造園寢[19]。雍正在國庫內府之外，還保留雍邸藩庫，作為私房錢，也是個守財奴。雍正死後，乾隆於九年（一七四四年）把雍和宮改建為喇嘛廟，使它成為著名的梵宮。

（二）妻和子

雍正在藩邸時，嫡妻那拉氏，原任步軍統領費揚古之女，被康熙冊封為雍親王妃。雍正即位，立為皇后，九年（一七三一年）九月病死，雍正因久病初癒，沒有親臨含殮，謚為孝敬皇后。她於康熙三十六年三月生子弘暉，是雍正的長子，但八歲上死去。

李氏，在雍邸時為側福晉，雍正中被封為齊妃，是雍正后妃中生子女最多的人，也是在諸妾中侍奉雍正最早的人。他比那拉氏晚三個月生雍正第二子弘盼，這個孩子未滿兩周歲即殤逝，故而沒有排入行次。三年後李氏生弘昀，被排為行二，活到十一歲上死去。康熙四十三年李氏又生弘時，是為第三子，他健康地成長了。李氏生一女，為和碩懷恪公主。

鈕祜祿氏，康熙三十一年生，十三歲入雍正貝勒府，為格格，五十年八月生弘曆，按雍正之子次序應為第五子，因弘盼未敍齒，所以他排行為第四，雍正中所稱的皇四子，就是他。有一種傳說，謂弘曆係浙江海寧陳閣老之子，時因雍親王沒有子嗣，王府生了女孩，偷偷與陳家換了個男孩[20]。這是沒有根據的無稽之談。第一、雍正這時雖死去三個兒子，但弘時已經八歲，他有子嗣，無需偷要人家的。第二、這時雍正三十四歲，前已生子，後來的事實證明他還有生育能力，又何必要在壯年時偷要別人的兒子。第三、那時妾耿氏已懷孕五個月，雖不知是男是女，然亦不是不可等待急於抱子的。第四、進行這種說法的燕北老人，在他的書中又寫道：「世宗肅儉勤學，靡有聲色侍御之好，福晉別居，進見有時，會夏被時疾，御者多不樂往，孝聖[21]奉妃命，旦夕服事惟謹，連五六旬，疾不癒，遂得留侍，生高宗焉。」[22]在這裏他又說弘曆是孝聖所親生，而不是陳家換來的了。這是寫到後頭忘了前頭。這種自相矛盾，表明了這個說法不足為信。業師鄭天挺先生指出：高宗生時，世宗方居潛邸，春秋鼎盛，且尚有子，「又何必急急於奪人之子以為己子耶！」[23]實可破乾隆為漢人之子的傳說。鈕祜祿氏雍正中被封為熹貴妃，地位出齊妃李氏之上，是因弘曆被康熙、雍正父子所重，她乃得母以子貴。乾隆繼位後，她為皇太后四十餘年。

耿氏，生弘晝，只比弘曆晚三個月，是為皇五子。其時她亦為格格，雍正中晉為裕妃。

年氏，巡撫年遐齡女，或云為遐齡養女。雍邸時受封為側妃。她於康熙五十九年五月生雍正的第七個兒子福宜，未滿周歲死去。六十年十月生第八個兒子福惠。雍正元年受封為貴妃，地位僅次於孝敬皇后，同年五月生第九子福沛，當即死去。年氏還生有一女，為雍正第四女，亦殤。年氏死於三年十一月，病危之時，雍正加封她為皇貴妃，表彰她「秉性柔嘉，持躬淑慎，朕在藩邸時事朕克盡敬慎，在皇后前小心恭謹，……朕即位後，貴妃於皇考、皇妣大事悉皆盡心力疾盡禮，實能贊襄內政」[24]。年氏進雍邸，從生子在康熙末年和雍正初年情況看，一定比較晚，且連生三子，說明她得到雍正的喜愛，有專房之寵。她的這種地位，與她哥哥年羹堯有一定關係，但主要是她自己獲得的。雍正於二年冬已決定整治年羹堯，三年三月公開罪責他，可是到十一月雍正還那樣關懷年妃，顯然不是她哥哥往日有功的因素在起作用。而她死去的下個月，年羹堯就被賜死，或許年妃倒多少起到一點保護他娘家的作用，當然這不會很大。

劉氏，雍邸的貴人，雍正中封為謙嬪，於十一年（一七三三年）六月生雍正的第十個兒子弘瞻，因生長在圓明園，被稱為圓明園阿哥。

宋氏，雍邸的格格，為雍正生了長女和三女，都沒有長大，她只被封為懋嬪。

武氏，寧嬪，沒有生育過[25]。

雍正共有八個后妃，一夫多妻。但如果像曾靜那樣把淫色定為他的一大罪狀，則似又夠不上。他的后妃，比起乃祖、乃父、乃子乾隆都少得多。順治只活了二十四歲，有后妃十八人，康熙則更多。在康熙諸皇子中，據四十五年「玉牒」所載，其時大阿哥允禔、皇太子允礽各有妻妾六人，三阿哥允祉五人，五阿哥允祺，七阿哥允祐、九阿哥允禟均為四人，十阿哥允䄉、十二阿哥允祹、十四阿哥允禵各三人，八阿哥允禩、十三阿哥允祥都是二人，雍正那時只有那拉氏和李氏一妻一妾。十四阿哥在這羣人中年齡最小，才十九歲，雍正時已二十九歲，在年長的兄弟中妻妾最少。

雍正共有十個兒子，長到成年的是弘時、弘曆、弘晝、弘瞻四人。弘時在成年的兒子中是最大的，但他為人放縱不法，不為乃祖康熙所喜。五十九年（一七二〇年），封允祉子弘晟、允祺子弘昇為世子。這時弘時已十七歲了，也到了可以受封之年，但卻沒有得到。弘晟、弘時、弘昇的父親都是親王，雍正地位絕不在允祺之下，弘時的沒有受封，只能是他本人的行為不配得的緣故。五年（一七二七年），雍正以他「性情放縱，行事不謹」，嚴行懲治，削除宗籍[26]，隨即死亡。康熙朝儲位鬥爭那樣激烈，康熙也只採取囚禁辦法處分允禔、允礽，雍正竟如此對待弘時，一方面可以想見弘時罪情嚴重，一方面也表明雍正對違背他意志的人絕不寬容，那怕是他的兒子，表現了他的殘酷性格。

弘曆早為雍正秘密立為儲君，十一年（一七三三年）受封為寶親王，參預一些政務。

雍正對弘晝比較喜愛，派他辦一些政事，八年（一七三〇年）去曲阜參加闕里文廟典禮，十一年被封為和親王，大約是要他與弘曆和衷共濟，將來輔佐乃兄，而不要出現老一輩的兄弟爭位事件。十三年設立辦理苗疆事務處，令弘晝和弘曆、諸大臣負責這一事務。弘晝在雍正死後，參預朝政，極其驕橫，因為小隙，在廟堂之上毆打顧命大臣訥親[27]。這種性情，必是雍正養成的。想雍正生子雖多，得以成長的僅四人，而其生前，弘瞻尚在襁褓之中，所以眼見者三人，而弘時罪戾見斥，弘曆預為儲君，剩下只有弘晝，為了使弘曆為君時不致孤立，保證他的子孫的天下，必然有意識地培養和溺愛於弘晝，使他養成貴所易有的驕橫通病。

弘晝以後的弟兄，除弘瞻外均夭折，就再沒有排行次，年貴妃生的第八子福惠亦被稱為八阿哥，自幼得到乃父鍾愛。雍正在給年羹堯的硃諭中講家常：「貴妃甚好，福慧上好，特諭爾喜。」[28]八阿哥的名字，雍正二年「玉牒」所載為福惠，上述硃諭又書作福慧，惠、慧音同而字不同。四年（一七二六年）十一月初七日，雍正說「八阿哥弘晟之名著改為富慧」[29]。允祉世子弘晟曾於康熙末年隨同雍正去盛京謁陵，雍正當然知道他的名字，不知出於什麼考慮，奪人之名為自己第八子之名，這時又覺得不好，放棄了。福慧、福惠不會是八阿哥的大名，因康熙孫子們的名字上一字為「弘」字，下一字從「日」字，八阿哥的名字與此不合。雍正在命名問題上反覆作文章，反映了對這個孩子的重視。五年（一七二七年），革退誠親王府長史那爾太，雍正意將他一家和由他兄弟擔任佐領的那個佐領都給八阿哥[30]。這時福惠才七歲，雍正就忙著給他分配屬下人了。但他還來不及享受，就在八歲時死去。他的死一定給雍正帶來很大痛苦。

雍正有四個女兒，三個夭亡，二女兒於康熙五十一年下嫁星德，受封為郡主。她也享年不永，康熙間故去，雍正繼位後追封她為和碩懷恪公主。雍正做皇帝時沒有女兒，就把允礽第六女、允祥第四女、允祿第一女養於宮中，後來封她們為和碩公主[31]。

雍正對子女的教育很重視，皇子們六歲以上，就到尚書房讀書。雍正在藩邸，請福敏輔導弘曆讀書。福敏於康熙三十六年中進士，選庶吉士，散館後，就雍邸之請[32]。雍正即位，命朱軾、徐元夢、張廷玉、嵇曾筠和蔡世遠等教育皇子讀書，設堂懋勤殿，行拜師禮。在這幾人中，朱軾、蔡世遠經常到尚書房上課。朱軾是康熙三十三年進士，推崇宋學。他教皇子，用乾隆的話說是「漢則稱賈、董，宋惟宗五子」。他要求皇子把儒家理論運用於實踐：「恒云不在言，惟在行而已。」[33]蔡世遠參加編撰《性理精義》，遵奉理學，以編修、禮部侍郎侍雍正子讀書十年。他「凡進講四書五經及宋五子之書，必近而引之身心發言處事所宜設誠而致行者；觀諸史及歷代文士所述作，則於興亡治亂君子小人消長心迹異同，反覆陳列，三致意焉」[34]。他們向皇子傳授了儒家特別是理學家的思想。後來乾隆作《懷舊詩》，說他從朱軾那裏「得學之體」，蔡世遠「得學之用」，福敏「得學之基」[35]。又在追贈福敏為太師的諭中說：「回憶冲齡就傅時，久侍講幃，敷陳啓沃，福敏、蔡世遠兩師傅之力為多。」[36]

大內而外，雍正還在圓明園指定「洞天深處」為皇子讀書的地方，乾隆詠「洞天深處」詩云：「對此少淹留，安知歲月流。願為君子儒，不作逍遙遊。」[37]記錄了他們兄弟讀書的實情和願望。

雍正用具有理學思想的儒臣訓練兒子們，使他們與士子一樣受儒家教育，具備較高的文化水平。

（三）制馭太監

雍正以對外臣的那樣嚴格精神，對待身邊的服役太監。按照忠誠與不預外事的兩條原則要求和制馭他們。只有忠敬才能不干預朝廷，歸根到底是忠勤服役的一個要求。

元年（一七二三年）六月，雍正說有的太監不懂規矩，打掃之時，拿著笤帚，從寶座前昂頭走過，沒有表現出敬畏的意思，因此要求，凡有御座的地方，太監要以恭敬之心，急走過去[38]。八月十三日，又申明太監接待朝臣的禮節：諸王大臣官員進入大內，坐著的太監必須起身站立，正在行走的則要讓路，不許光頭脫帽，也不許斜倚踞坐[39]。

雍正嚴禁太監干預外廷事務。康熙時總管太監魏珠與允禟接交，洩漏禁中秘密。雍正即位，就把他罰往景陵守陵。雍正屢發諭旨，告誡外臣不得鑽營太監，內外臣工無得欺蔽。三年（一七二五年），掃院太監傅國相向奏事太監劉裕打聽，有一廢官，欲求復職，不知是否保奏的事情。這是違法的，劉裕應當上奏，但他沒有這樣做，只是告訴總管太監，總管太監也沒有奏聞，雍正獲知此事，責令總管太監和劉裕說明原委，其他關涉這件事的人都鎖拿問罪[40]。嚴肅對待這一並不太嚴重的事情，以防微杜漸。太監多係直隸人，他們的親友往往仗勢作惡，地方官若懲治，就逃亡京城。雍正有鑒於此，於四年（一七二六年）八月諭總管太監，凡有太監親屬被地方官查拿的，行文到內務府，即按例發落，不必奏聞[41]，表示不保護使役太監，一定按國法辦事，令太監畏法，不敢生事。

雍正儘管嚴明，然而一人難管天下之事。洞察入微，也難於萬方俱到。到他後期，太監亦有驕恣的趨勢。總管太監蘇培盛敢於同管理內務府事的莊親王允祿「並坐接談」，在其他王大臣面前的踞傲之狀，可以想見了。有一次蘇培盛吃飯，見弘曆、弘晝等皇子到來，竟敢邀請他們與之「並坐而食」，弘曆覺得他不懂上下之分，又因其為雍正所親信，只得敷衍他。及至雍正死，弘曆就指責他「狂柱驕恣」[42]。

雍正之死

（一）健康狀況

皇子時的雍正，身體一定很好，否則也不可能在儲位的角逐中取勝。他在位的頭六年，對自己的健康情況，多次表示滿意。他在鄂爾泰五年正月二十五日請安摺上硃批告訴這位寵臣：「朕躬甚好，自去冬以來，外緣順序，身體更覺好。」[43]在高其倬同年二月初十日請安摺上作了大體相同的批語：「朕躬甚安，自入春以來，頗覺諸凡順適，總皆仰賴上蒼、聖祖之佑庇耳。」[44]到七年（一七二九年）四月十五日的請安摺至京，雍正又批示：「朕躬甚安好，今歲飲食肌肉更覺增長健旺。」[45]現有資料表明，在七年夏天以前，雍正的身體機能正常，也才支持了他從事日理萬機的政務活動。

七年冬天起，雍正經歷了一場大病，幾乎去見閻羅。他對這次生病在八年五月作過一個說明：「朕自去年冬即稍覺違和，疏忽未曾調治，自今年二月以來，間日時發寒熱，往來飲食，不似平時，夜間不能熟寢，始此者兩月有餘矣。及五月初四日怡親王事出，朕親臨其喪，發抒哀痛之情，次日留心試察，覺體中從前不適之狀，一一解退，今日漸次如常矣。」[46]說他的痊癒是哀痛造成的，悲痛只能使病人添病，怎麼倒好了呢？顯然不合事實。果然，一年後孝敬皇后死，他因不能親視入殮，於是說了他一年多來的病情：「自上年以來，朕躬違和，調理經年，近始痊愈，醫家皆言尚宜靜攝，不可過勞，因思怡賢親王仙逝之後，朕悲情難遏，曾親奠數次，頗覺精力勉強。」[47]他這一次病的時間很長，從七年冬天到九年夏天或秋天，他的病情是寒熱不定，飲食失常，睡眠不安，究係何病，說不清楚。八年正月二十四日工部尚書李永陞到杭州對李衞說：「皇上下頦偶有些微疙瘩」，已經好了[48]。龍體欠安，臣下是不敢傳說的，顯然這是在一定範圍宣布過的。下頦起疙瘩，嚴重了，才會對臣下承認。這次病在八年夏秋最重，這時他向田文鏡、李衞、鄂爾泰等心腹督撫秘密發出諭旨，要求向他推薦好醫生：

> 可留心訪問，有內外科好醫生與深達修養性命之人，或道士，或講道之儒士俗家。倘遇緣訪得時，必委曲開導，令其樂從方好，不可迫之以勢，厚贈以安其家，一面奏聞，一面著人優待送至京城，朕有用處。竭力代朕訪求之，不必預存疑難之懷，便薦送非人，朕亦不怪也；朕自有試用之道。如有聞他省之人，可速將姓名來歷密奏以聞，朕再傳諭該督撫訪查。不可視為具文從事，可留神博問廣訪，以副朕意。慎密為之。[49]

他忙於訪求醫家，說是為允祥治病，其實是為得了重病的他自己。果然有應命者，八年（一七三〇年），李衞訪得河南省道士賈士芳，密加推薦，雍正遂命田文鏡把他送至京城。此人原是京中白雲觀道士，允祥曾於七年（一七二九年）推薦，召見過他，雍正認為他無用而遣出。他必是有一定名聲，李衞才得以聞名而舉薦。這次召其治病，他「口誦經咒，並用以手按摩之術」[50]。開始很見效果，雍正高興地將「朕躬違和，適得異人賈士芳調治有效」之情批諭鄂爾泰[51]。不久，雍正宣布他是妖人左道，要用妖術掌握他的健康：「其調治朕躬也，安與不安，伊竟欲手操其柄，若不能出其範圍者。」[52]因此將他處死[53]。究竟是什麼病，這裏也沒有透露。不過這次病的嚴重，還表現在他對後事的安排。八年六月，「因聖躬違和」，召見允祿、允禮、弘曆、弘晝，大學士、內大臣數人，「面諭遺詔大意」[54]。九月，他將親自寫好的硃筆傳位密詔一事告知大學士張廷玉[55]。如果不是死神在守著他，他不可能在五十三歲時那樣料理後事。這次病是怎樣治好的，不得而知，但總讓他闖過來了。

這次生病對他的從政有一定影響，自云作了幾個月的「靜養調攝」[56]，其間「精神不能貫注」於政務[57]。但是他還是堅持了理事。李衞獲知皇帝有病後，奏請他「萬機之餘，稍為靜養片刻」。雍正回答說：「養身之道，不關動靜，能養則動未有損，不能養則靜亦無益，故曰養身莫如養心，而養心之要，惟貴適理。」[58]表示完全靜養做不到，也不一定有益。福建總督劉世明也奏請雍正「靜攝聖躬」，以俯慰臣民的願望。雍正不但不聽，反而責備他：「朕之調養精神，必待外省臣工規諫而後省悟，寧有是理？」[59]他好逞強，只要有可能，都勉力辦事。八年和九年（一七三一年）的二月，他還照常舉行耕耤禮，親耕耤田，行四推禮，只是精力不足，把筵宴取消了[60]。

九年秋天以後，雍正身體康復了，以後雖有小病，如十年正月患感冒，隨即治癒，這一年，他在田文鏡奏摺上多次硃批講其身體狀況，正月二十八日摺硃批：「朕躬今已全愈矣。」[61]二月二十五日摺批語：「朕躬甚安，夙疾盡除矣。較之去冬更覺調暢順適，特諭卿知，自應倍喜矣。」[62]三月十五日摺批諭：「朕躬安適如常。」[63]十月初十日摺批云：「朕躬甚安。今歲以來，覺健爽倍常，此皆荷蒙上天、聖祖眷佑所致，實為過望。」[64]「實為過望」，是他的心裏話，也確實是身體好了。次年六月添了兒子弘瞻，他自元年生福沛，至此相隔十年得子，說明他的身體比較好。十一年（一七三三年）正月，雍正往遵化謁陵，前後六天[65]。十三年（一七三五年）二月又謁東陵[66]，表明他身體無恙。

（二）辭世及死因

據《清世宗實錄》記載，十三年八月二十一日雍正在圓明園生病，然在此以前他照常辦公，如十八日，與辦理苗疆事務王大臣議事，命哈元生、張照一定清除苗患，否則惟他們是問。二十日，諭軍機大臣關於北路軍營駝馬事務，引見寧古塔將軍杜賚咨送補授協領、佐領人員[67]。設若這時身體已經不好，不會接見這一類不重要的官員。這時健康狀況不會太惡劣。及至二十一日也未休息，二十二日晚病劇，召見寶親王弘曆，和親王弘晝，莊親王允祿，果親王允禮，大學士鄂爾泰，張廷玉，領侍衞內大臣、公、豐盛額，納親，內大臣、戶部侍郎海望，宣布傳位弘曆，二十三日故世。這個對中國歷史施予了一定影響、有著傳奇性經歷的皇帝就這樣急驟地撇棄了金鑾寶座和熱切留戀的人世。

雍正之死，「實錄」只反映故世的迅速，而為他送終的張廷玉則有感情地提供了一點新情況。

張廷玉在自撰年譜中寫道：

八月二十日，聖躬偶爾違和，猶聽政如常，廷玉每日進見，未嘗有間。二十二日漏將二鼓，方就寢，忽聞宣詔甚急，疾起整衣，趨至圓明園，內侍三四輩待於園之西南門，引至寢宮，始知上疾大漸，驚駭欲絕，莊親王、果親王、大學士鄂爾泰、公豐盛額、納親、內大臣海望先後至，同至御榻前請安，出，候於階下。太醫進藥罔效，至二十三日子時，龍馭上賓矣。[68]

他是說雍正二十日就有病了，然很平常，二十二日白天還見了皇帝，夜間再奉召入見，就「驚駭欲絕」了。除了驚訝病情急速變化之外，是否還有難言之隱？這是不能排除的。

雍正暴卒，官書不載原因，自易引起人的疑竇，再加上關於他為人的傳說和評論，更易引人猜測，於是不得好死的種種說法便產生了。其中，被呂四娘刺殺的說法較為風行。傳說呂四娘是呂留良的女兒，或說是呂留良之子進士呂葆中的女兒，在呂留良案中，她攜母及一僕逃出，為替父祖報仇，習武，入宮殺掉了雍正。或云她的師父是一僧人，原為雍正劍客，後不樂為其所用，離去，培養了這位女徒。據有人講，這種說法，「都是實錄」[69]。這個傳說直到今日仍有市場，一九八一年曾發掘雍正地宮，未打開即作罷。可是社會上傳說棺材已經打開，雍正有屍身而無頭，似以考古發掘證實雍正被呂四娘所刺。其實，這個說法並沒有道理。雍正處置呂家，戮屍、斬首之外，呂留良孫輩發戍寧古塔，給披甲人為奴[70]。乾隆時，呂氏遺胤有開麵鋪、藥鋪的，有行醫的，還有人成為捐納監生，被清政府發覺，改發配黑龍江給披甲人為奴。後住齊齊哈爾，隸水師營[71]。呂氏後裔俱在，不過遭到嚴格管制，不能自由活動，當然不能替祖上報仇。至於呂四娘主僕三人的逃出是不可能的，當時辦理此事的浙江總督李衛以善長緝捕盜賊而著稱，所以奉命兼管江蘇盜案，若呂留良後人果有逸出，他自有能力搜捕到案。再說他曾為呂家題過匾，呂案發生後雍正沒有責備他，他必心懷畏懼地下死勁處理有關人員，怎肯容主犯子孫免脫！

這種傳說，亦有它的淵源。另有一種傳說，謂雍正九年，宮女與太監吳守義、霍成伺雍正睡熟，以繩縊之，氣將絕，用太醫張某之藥而癒[72]。這是子虛烏有的事。在明朝倒發生過類似的事。明世宗在嘉靖二十一年（一五四二年）被宮婢楊金英等縊而未死，用太醫許紳之藥而康復[73]。雍正和嘉靖都廟號「世宗」，民間傳說，把明世宗事安到清世宗身上，也是難免的。雍正被呂四娘之刺說，可能由此衍化而來。再說他的孫子嘉慶倒眞被人謀刺過。嘉慶八年（一八〇三年）閏二月二十日，嘉慶從圓明園返回大內，進神武門，至順貞門，突有旗人陳德向他行刺，未及近前，已被拿獲。這個發生在宮禁的行刺案件，也可能成為後人附會刺客殺害雍正的張本。

還有雍正遇刺於湖南盧氏婦人的說法。謂盧某謀逆被處死，其婦工劍術，為夫報仇，進入暢春園，刺殺雍正，然後自刎[74]。這是小說家言。說湘人被害，大約是出過曾靜案的緣故。把圓明園誤為暢春園，可見傳聞的不確實了。

另有雍正死於丹藥中毒的猜測，它得到金梁的重視：「惟世宗之崩，相傳修煉餌丹所致，或出有因。」[75]近日楊啓樵多方驗證此說，認為雍正是「服餌丹藥中毒而亡的」[76]。這類宮闈秘事，要確證論定，實在難得有過硬資料，不過可以從幾個方面下手分析。

雍正早就對道家的藥石感到興趣，雍邸時作〈燒丹〉詩：「鉛砂和藥物，松柏繞雲壇。爐運陰陽火，功兼內外丹。光芒衝斗耀，靈異衛龍蟠。自覺仙胎熟，天符降紫鸞。」[77]他推崇紫陽眞人，為之重建道院，特別讚賞的是眞人「發明金丹之要」[78]。表明他對道家丹藥的強烈興趣。他平時愛吃丹藥既濟丹，四年（一七二六年），賜鄂爾泰服食，受賜者服用一個月後奏報「大有功效」，並云「舊服藥方，有人參鹿茸，無金魚鰾，今仍以參湯送之，亦與方藥無礙」。雍正告訴他：「此方實佳，若於此藥相對，朕又添一重寬念矣。仍於秋石兼用作引，不尤當乎？」[79]要他將儒醫與道醫之藥並用不悖。雍正還把既濟丹賜給田文鏡，說自己正在服用它，沒有間斷。又說這種藥「性不涉寒熱溫涼，徵其效亦不在攻擊疾病，惟補益元氣，是乃專功」[80]。原來他常服用它，並非治療某種疾病，專用作彌補元氣。人們服丹藥，總有所顧忌，怕與身體不投，所以雍正要田文鏡放心：「此丹修合精工，奏效殊異，放膽服之，莫稍懷疑，乃有益無損良藥也。朕知之最確。」[81]表明他研究丹藥藥性。

雍正在宮中養著道士，原是為著治病，有的是用藥石，有的用其他手段，如賈士芳則是唸咒，行按摩術。婁近垣，為雍正設醮禱祈除祟，此人「頗不喜言煉氣修眞之法」，不是煉藥石的。他很得雍正的青睞，封為妙應眞人[82]。雍正密令督撫推薦懂醫藥的道家，就是要「修煉養生之人」[83]。為雍正煉丹的是道士張太虛、王定乾等人，他們「為煉火之說」，在圓明園內修煉[84]。雍正和道士接近，極其希望道士給他治病、健身，對道家的丹藥持欣賞態度，這些情況說明他有可能食丹藥中毒而死。

雍正死的第三天，新君乾隆下令驅逐道士張太虛，這是與雍正之死是否有關的耐人尋味的事情。乾隆上諭：

皇考萬機餘暇，聞外間爐火修煉之說，聖心深知其非，聊欲試觀其術，以為遊戲消閒之具，因將張太虛、王定乾等數人置於西苑空閒之地，聖心視之與俳優人等耳，未曾聽其一言，未曾用其一藥。且深知其為市井無賴之徒，最好造言生事，皇考向朕與和親王面諭者屢矣。今朕將伊等驅出，各回本籍。……伊等平時不安本分，狂妄乖張，惑世欺民，有干法紀，久為皇考之所洞鑒，茲從寬驅逐，乃再造之恩，若伊等因內廷行走數年，捏稱在大行皇帝御前一言一字，以及在外招搖煽惑，斷無不敗露之理，一經訪聞，定嚴行拿究，立即正法，決不寬貸。[85]

雍正事出倉皇，乾隆繼位，百務待理，竟把驅逐道士當作要務，實令人費解。如果純粹出於厭惡道士，本可從容解退，如若僅此之由，必令臣下認為他即位首先挑剔乃父毛病，這對其統治不利，他不會這麼做。然則或有大故，有可能是乃父食道士丹藥致死，給雍正造成不得善終的惡名，因恨而逐之。此種大恨本可致王定乾等於死命，但若熱喪期間殺人，倒使事態滋大，引人議論，反為不美，故逐出而嚴加管束。這件事，楊啓樵在其雍正專著和專文中有所說明，有興趣的讀者不妨一閱。

要想把這個問題的研究引向深入，需要弄清道家的長生不老術在歷史上的變化，何以到明清時期還有人相信?這時道家藥石有何特點?雍正服食丹藥的可能性?這些問題筆者尚無專門研究，這裏只是把問題提出來。

關於雍正的死因，有三種可能，一如官書所載，因病而亡，但它對暴死的異狀未作解釋，令人疑竇叢生。鄭天挺師認為雍正「是中風死去的」[86]，可惜沒有說明，但是值得重視的說法。二為劍客所刺，此無稽之談，禁不起辯駁。三是死於丹藥中毒，此說頗有合於情理處，然而究屬推論，未可成為定讞。

（三）安葬泰陵

雍正子夜死，乾隆、允禮、鄂爾泰、張廷玉連夜將他的遺體送回大內，安放於乾清宮，上午八、九點時入殮。因死的急驟，缺乏料理後事準備，當遺體送回大內時，侍從諸大臣，如張廷玉、鄂爾泰只能乘官廐中劣馬，或云馱煤的騾子，又要趕路，張廷玉幾乎從馬上跌下來，鄂爾泰弄得肛門開裂，鮮血直流。到大內後，張廷玉一晝夜水都未喝一口，當夜只睡了一個時辰，鄂爾泰在禁中忙了七晝夜，始行回家[87]。經過諸人的竭力安排，雍正喪事一切如禮進行。二十七日發表遺詔，九月十一日梓宮安放雍和宮，十一月十二日，乾隆為其父上謚號，曰「敬天昌運建中表正文武英明寬仁信毅睿聖大孝至誠憲皇帝」，廟號「世宗」。乾隆元年二月定雍正山陵名「泰陵」，二年三月初二日安葬雍正於易州泰陵地宮，初五日以其神主升祔太廟。

雍正和其他帝王一樣，繼位不久就張羅異日的陵寢。四年（一七二六年），命允祥、張廷玉和工部、內務府官員辦理山陵事務[88]。因為順治、康熙陵都在遵化，選擇陵址，很自然地就在遵化進行。五年（一七二七年）閏三月，雍正命總兵官李楠、欽天監監正明圓帶領堪輿人員到遵化勘探地形[89]。四月，允祥等看中了九鳳朝陽山地，雍正也同意在這裏建陵[90]。但一施工，發現土質不好，雍正說這個地方，「規模雖大，而形局未全，穴中之土又帶砂石，實不可用」[91]。於是棄而不用，別尋他處，遵化地方沒有中意的，轉向北京西南方向尋覓，開始在房山縣踏勘，也因「地內皆砂」，不樂採用[92]。後命福建總督高其倬與允祥勘察，高其倬以通曉天文地理著稱，撰有《堪輿家言》（四卷），曾去盛京考察過努爾哈赤的福陵。他與允祥相中了易縣泰寧山太平峪地方，奏稱該地「實乾坤聚秀之區，為陰陽和會之所，龍穴砂水，無美不收，形勢理氣，諸吉咸備」。雍正對這裏很滿意，認為「山脈水法，條理分明，洵為上吉之址」。但這裏遠離父祖陵寢，與建陵一地之理不合。不過雍正主意打定，七年（一七二九年）十二月，就讓臣下給他找合理的根據[93]。果然，大學士等奏稱，漢唐諸陵雖都建於陝西，但漢高帝、文帝、景帝、武帝之陵分別在咸陽、長安、高陵、興平等縣，唐高祖、太宗、高宗、玄宗諸陵分散在三原、醴泉、乾縣、蒲城等地，據此，在易州設陵，與古禮不為不合，且遵化與易州都是畿輔之地，離京城不遠，完全可以建陵。這樣，雍正算是通過了輿論，決定在易州建造陵寢。

雍正遷陵易州，像他的許多行事一樣不好解。自他以後，其子孫之陵按輩次分設於遵化和易州，在易州的，自然以泰陵為中心，他陵分列左右。因此有人說雍正是自大狂，一切以自我為中心，為避免在遵化的偏僻地位和建立自己的中心，改築陵園於易州。這是想當然的猜測。究其原因，可能是在他迷信風水上。他說別處選的陵址不好，是「形局未全，穴中之土又帶砂土」，即既不利他的安身，也不利他的子孫的興旺。後來道光的陵應設在遵化，業已建成，嘉獎了與事人員，不久穴內出水，道光就改在易州另建。這一事實有助於理解雍正捨遵化而取易州的原因。

在選址的時候，雍正就積極準備工程用料。四年（一七二六年）九月，命把採辦陵工所需楠木的事交給有關督撫，動用正項錢糧採買[94]。此種材木主要由廣東、福建、四川等省供應，六年（一七二八年）三月，兩廣總督孔毓珣摺奏採辦情況，雍正告訴他：「一切動用錢糧，寧費毋省。」[95]他為自己的陵墓，只要辦好，花錢在所不計。陵工所用金磚，由江蘇承造，五年（一七二七年）十月，巡撫陳時夏奏報一定認真造辦[96]。陵工所用石料，由房山縣採辦。

八年（一七三〇年）開始建陵工程，至乾隆二年（一七三七年）竣工。泰陵包括一組建築，有矗立「聖德神功碑」的大碑亭，享堂，隆恩殿，方城，明樓和地宮，此外還有一羣石像生。泰陵雄偉壯麗，是中國重點文物保護單位。昔日之森嚴禁區，今日為遊覽勝地，這自然違背了雍正的意願，但卻使更多的人知道他。

秘密立儲與乾隆嗣位

乾隆繼位，大約亦非雍正親口宣布，它是靠秘密立儲和傳位詔書順利實現的。

雍正在儲貳鬥爭中登臺，對確立繼承人方法的問題，應有過多年的考慮，即位不到一年，創設秘密立儲法，他把繼嗣書出，藏於匣內，在元年（一七二三年）八月十七日召見總理事務王大臣、滿漢文武大臣、九卿於乾清宮西暖閣，宣布立儲的原因和辦法，他說：聖祖倉卒立儲，完全成功，是因他神聖睿哲，自能主持，今天為了宗社久安，要早為計及。考慮自己的孩子尚幼，不便公開建立，於是想出秘密建儲的方法，他說：

> 今躬膺聖祖付託神器之重，安可怠忽不為長久之慮乎？當日聖祖因二阿哥之事，身心憂悴，不可殫述。今朕諸子尚幼，建儲一事必須詳慎，此時安可舉行？然聖祖既將大事付託於朕，朕身為宗社之主，不得不預為之計。今朕特將此事親寫密封，藏於匣內，置之乾清宮正中世祖章皇帝御書「正大光明」匾額之後，乃宮中最高之處，以備不虞。諸王大臣咸宜知之。或收藏數十年，亦未可定。[97]

這儲君是誰，本人不知，諸臣不曉，只有皇帝一人預定。他宣布後問諸臣有何意見，隆科多奏稱皇上「聖慮周詳，為國家大計發明旨，臣下但知天經地義者，豈有異議，惟當謹遵聖旨。」於是諸王大臣九卿等皆免冠叩首，雍正表示滿意，令眾臣退出，然而留下總理事務王大臣，將密封錦匣藏於「正大光明」匾後始出[98]。這樣就確立了秘密建儲的制度。這個方法，早在唐朝時期，波斯人就在實行了。據《舊唐書・波斯傳》記載：「其王初嗣位，便密選子才堪承統者，書其名字，封而藏之。王死後，大臣與王之羣子共發封而視之，本所書名者為主焉。」[99]雍正建儲不知是學的古波斯人，還是他的創造，總而言之他實行了中國歷史上沒有過的新的立儲方法。

雍正密書的是皇四子弘曆。他為了保密，在對待諸子上沒有異樣，特別是令弘曆、弘晝承受基本相同的待遇，時或命他們代行祭天、祭祖之禮，同日封王，共參苗疆事務，但有兩件事，後來乾隆君臣認為是雍正立弘曆為儲君的表現。一是雍正元年正月，雍正登極後第一次到天壇祭天，回大內後將弘曆召至養心殿，給他一塊肉吃，而沒有賜給弘晝，因此弘曆認為乃父在第一次祭天時，必定是將其定為儲貳心願默告於天，故賜胙肉[100]。另一件事是雍正封弘曆為「寶親王」，這封號被《清高宗實錄》監修總裁官慶桂等解釋為將授大寶的表示：「洎世宗之御極，昭嗣服以題楣，祈年頒吉胙之罄，錫封鑒寶命之荷，……」[101]所謂「寶」，就是將有大寶——玉璽，踐位。這些雖是他們根據弘曆嗣位事實進行的推測，不過有道理，應該說符合於雍正的心願。

雍正於乾清宮密詔之外，另書內容相同的傳位詔置放在圓明園內。八年九月，當其重病之時，將有此詔書之事，秘密告訴張廷玉，及至鄂爾泰內召，雍正又於十年正月向鄂爾泰、張廷玉作了說明，並說「汝二人外，再無一人知之。」[102]雍正因居住圓明園時日較多，故在大內詔書之外，又書此傳位詔。兩份詔書，同樣有效。雍正考慮這件事很周詳。

及至雍正死，弘曆以盡孝子之分，惟事哀號，張廷玉、鄂爾泰乃向允祿、允禮等人說：如今正大統是急事，大行皇帝曾示我二人有密旨，應急請出，諸人同意，但總管太監說不知有此密旨，所以不知藏於何處，張廷玉說：「大行皇帝當日密封之件，諒亦無多，外用黃紙固封，背後寫一封字者即是。」據之取出，即傳位弘曆密旨，由張廷玉就燈下宣讀，眾臣拜請弘曆受命，弘曆隨令允祿、允禮、鄂爾泰、張廷玉輔政，安排既定，遂扶雍正櫬輿返回大內[103]。以上見諸張廷玉的記載，就中突出了他的地位，然而他所敍述的情節是眞實的。《清高宗實錄》則云，雍正子時死，弘曆於寅刻至大內，內侍從「正大光明」匾後取出元年所封詔書，偕允祿、允禮、鄂爾泰、張廷玉等人到齊，始啓封，知嗣君事[104]。這裏不講圓明園詔書，可能是以離宮發生的事，不如以在皇宮宣讀遺詔更鄭重，更合法，故而《實錄》才這樣來說明。

二十四日，弘曆說他在雍正八年六月親奉乃父諭旨，謂「大學士張廷玉器量純全，抒誠供職，其纂修《聖祖仁皇帝實錄》宣力獨多，每年遵旨繕寫上諭，悉能詳達朕意，訓示臣民，其功甚巨。大學士鄂爾泰志秉忠貞，才優經濟，安民察吏，綏靖邊疆，洵為不世出之名臣。此二人者朕可保其始終不渝，將來二臣著配享太廟，以昭恩禮」。命將此意書入遺詔之內。同時寫入遺詔內的還有雍正對允祿、允禮的評價：「莊親王心地醇良，和平謹愼，但遇事少有擔當，然必不至於錯誤。果親王至性忠直，才識俱優，實國家有用之才。」[105]這樣以二皇叔和滿漢大臣代表的鄂、張四人組成的總理事務王大臣輔佐弘曆，保證雍正繼嗣統治的穩定，使他的秘密立儲制度成功地實現了。

雍正密建太子，收到了立國本以固人心的政治效果，同時避免明立東宮，可能出現的諸皇子爭儲位，儲君與皇帝爭權，儲貳驕縱等弊病。乾隆繼位後認為這個辦法好，遵奉實行，於元年（一七三六年）七月預書皇二子永璉之名，藏於「正大光明」匾後，永璉早死，後又密立皇十五子顒琰，是為仁宗。後來嘉慶、道光都相繼用這個方法立嗣。咸豐只有同治一子，故無須用秘密立儲法，同治、光緒都沒有兒子，無從採用這個辦法了。但從乾、嘉、道、咸諸君的嗣承來看，秘密立儲法實行了，而且是成功的。這一制度的創立，避免了雍正以前清朝歷史上不只一次出現的爭奪儲位的鬥爭，減少了政治混亂，有利於政局的穩定，這是比較好的傳位方法。

乾隆初政及其與雍正政治的關係

雍正遺詔有這樣一節文字：

然寬嚴之用，又必因乎其時，從前朕見人情澆薄，官吏營私，相習成風，罔知省改，勢不得不懲治整理，以戒將來。今人心共知儆惕矣。凡各衙門條例，……若從前之例本寬，而朕改議從嚴者，此乃整飭人心風俗之計，原欲暫行於一時，俟諸弊革除之後，仍可酌復舊章，此朕本意也。此後遇此等事則加斟酌，若有應照舊例行。[106]

這裏表示要把從前的嚴政改為寬政，顯然不是雍正的意思，而是新君乾隆的願望。這個去嚴從寬，是乾隆改變乃父政治的綱領性主張，隨後就以自己的名義，不斷闡明這個觀點。十月初九日諭王大臣等：「治天下之道，貴得其中，故寬則糾之以猛，猛則濟之以寬。」他希望「君臣惟日孜孜，交勉不逮，朕主於寬，而諸王大臣嚴明振作，以輔朕之寬」[107]。他認為乃父政治過猛，他必須以寬來糾正它。兩個月後又對他的父祖政治作了評品比較，他說聖祖時「久道化成，與民休息，而臣下奉行不善，多有寬縱之弊。皇考世宗憲皇帝整頓積習，仁育而兼義正，臣下奉行不善，又多有嚴刻之弊」[108]。從以後的主張和實施表明，弘曆尊崇他祖父，倡導寬仁，反對乃父的嚴刻和近於急躁的雷厲風行作風。

基於理想的不同，乾隆對前朝政事多所指斥，把獻祥瑞，報羨餘，匿水旱，奏開墾，改土歸流，更隸州縣等事，說成「揆之人事則悅耳，論之陰陽則傷化」[109]。對耗羨歸公、改土歸流以及農業上的各項政策表示了異議，並加以改變。即位詔中說督撫的報墾荒是欲以廣墾見長，州縣官想以升科之多迎合上司之意，其實並未開墾，「嗣後各督撫遇造報開荒畝段，必詳加查核，實係開墾，然後具奏，不得絲毫假飾以滋閭閻之累」[110]。即位的前半年，迭下詔書，令江南、四川、陝西等地督撫減少耗羨成數[111]。廢除田文鏡實行的契紙契根之法[112]。元年（一七三六年）三月弛黃銅之禁[113]。六月將直隸營田交所在州縣管理[114]。七月停止實行老農頂戴之例[115]，十一月改八旗井田為屯田[116]。對於雍正朝為懲治不法紳衿而加強的管理措施概行放寬，元年二月把舉貢生員的雜色差傜一齊豁免，以示政府優恤士子之意[117]。六月，將對生員欠糧、包訟等情事的處分，改寬、改緩[118]。這也涉及到文化政策。前已說過，即位第三日驅逐道士，接著警告與雍正接觸過的僧侶，不得在外招搖撞騙，否則以國法、佛法治罪[119]。重申給予度牒方准出家的條令，以限制出家人數[120]。又把侍奉雍正帷幄的僧人放出[121]。對於報祥瑞表示厭惡，「凡慶雲、嘉穀一切祥瑞之事，皆不許陳奏」[122]。

對歷次政治鬥爭及與其有關的文字獄，乾隆作了一些改正處理。即位的次月，指斥允禵之子弘春：「伊父獲罪監禁，伊反以為喜。」弘春時為貝子，曾被雍正封為泰郡王。雍正囚禁允祉嗣子弘晟，封其弟弘暻為貝子，乾隆指責弘暻「亦以監禁伊兄為快」[123]。十月命九卿議奏阿其那、塞思黑子孫回歸宗室問題，諸臣旋議旋改，莫衷一是，給事中永泰等遂參劾九卿不實心任事，乾隆看得明白，此事關係重大，廷臣難於定議，就宸衷獨斷，將阿、塞子孫給予紅帶，收入玉牒[124]，即承認他們為宗室，給以疏遠皇族的待遇。至乾隆四十三年，乾隆下令恢復阿、塞的原名，允許歸還宗籍。允禩集團成員阿靈阿墓前的罪碑，乾隆於元年十月令除去，其本支原罰入包衣佐領，也令復入本旗本支[125]。對年羹堯、隆科多兩案中的人員，亦予寬大，雍正十三年十一月，允許起復年羹堯冒濫軍功案內革職的文武官員，只是酌量降等使用[126]。元年三月，以汪景祺作《讀書堂西征隨筆》是在出遊秦中，與其在浙江故里的族屬無關，令將其流放寧古塔的兄弟、侄子放回原籍，又以查嗣庭本身已經正法，子侄拘禁配所將近十年，也令釋放回籍[127]。對雍正宣布寬免的曾靜、張熙，乾隆說不能曲宥，儘管雍正說過子孫不得以曾靜反對他再加處分，乾隆還是把他們凌遲處死[128]。對其他文字之禍，接受監察御史曹一士的建議，進行復查。曹一士的《請查察比附妖言之獄兼禁挾仇誣告詩文》的奏疏，對康熙、雍正兩朝的文字獄作了生動的揭露：

> 比年以來，閭巷細人，不識兩朝所以誅殛大憝之故，往往挾睚眦之怨，藉影響之詞，攻訐私書，指摘章句；有司見事生風，多方窮鞫，或致波累，師生株連親族，破家亡命，甚可憫也。臣愚以為井田、封建不過迂儒之常談，不可以為生今反古；述懷詠史，不過詞人之習態，不可以為援古刺今；即有序跋偶遺紀年，一或草茅一時失檢，非必果懷悖逆，敢於明布篇章。若此類悉皆比附妖言，罪當不赦，將使天下告詰不休，士子以文為戒，殊非國家義以正法，仁以包蒙之至意也。[129]

他說的很痛快，很大膽。他同時要求檢查從前各案有無冤抑，以後有妄舉悖逆的，即反坐以所告之罪。元年（一七三六年）二月，乾隆接受了他的建議[130]。

乾隆這樣變更乃父政事，引起很大反響，一種是表示歡迎，所謂「罷開墾，停捐納，重農桑，汰僧尼之詔累下，萬民歡悅，頌聲如雷」[131]。一種是與此截然相反，極力反對。署理四川巡撫王士俊密奏，謂「近日條陳，惟在翻駁前案，甚有對眾揚言，只須將世宗時事翻案，即係好條陳之說，傳之天下，甚駭聽聞」[132]。侍郎傅鼐亦有相同的看法[133]。乾隆搞翻案但不許別人說，見王士俊奏摺大為惱怒，命將他斬監候，秋後處決。對諸王大臣九卿沒有及時參奏他，表示不滿[134]。乾隆繼位之初的政策，引起一場小的風波，說明他在一定程度上否定乃父的政治。

然而乾隆也不是盡反乃父之所為，雍正的有些政策、措施，一無疑議地繼承了，如奏摺、秘密建儲、攤丁入糧等制度。有的先予責難，然經過討論，最後還是照舊實行。如對耗羨歸公本不以為然，於乾隆七年（一七四二年）會試時，以此策問貢士，又命九卿翰林科道及督撫等官各抒己見。大學士等復奏，認為耗羨提解是不可改易的辦法，他們說：

耗羨歸公法制盡善，不可復行更張，衆議僉同，其間有一二異議者，皆係不揣事勢，不量出入，但執偏見，斷難施行之論。伏思耗羨一項由來已久，弊竇漸生，世宗憲皇帝俯允臣工所請，定火耗歸公之例，將州縣一切陋習皆為革除，惟將各該省舊存火耗提解司庫，為各官養廉及地方公事之用，從此上官無勒索之弊，州縣無科派之端，而小民無重耗之累，蓋以天下之財為天下之用，於國家毫無所私，誠為法良意美，可以久遠遵行，應勿庸輕改舊章。

乾隆對這個問題再三考慮，終於認為：

耗羨在下，則州縣所入既豐，可以任意揮霍；上司養廉無出，可以收納餽遺；至於假公以濟私，上行而下效，又不待言矣。則向日朕所聞者，未必不出於願耗羨之在下以濟其私者之口。傳曰：法作於涼，其弊猶貪；法作於貪，弊將若之何？朕日以廉潔訓勉臣工，今若輕更見行之例，不且導之使貪，重負我皇考惠民課吏之盛心乎？此事當從衆議，仍由舊章。[135]

完全改變態度，繼續實行耗羨提解與養廉銀制度。他如對升府州一事，把少數雍正間提格的府、直隸州降為直隸州和州縣，但大多數未作變動。雍正末年的苗疆之亂，乾隆親自參預其事，繼位後指斥改土歸流，但是又繼續平定叛亂，維持了改土歸流的成果，也就表明他事實上是同意改流政策的。還有的制度，為乾隆所取消，以後又恢復了。如乾隆即位，以西北兩路用兵事畢，撤銷軍機處，將其應辦事務交總理事務王大臣辦理[136]。迨至諒陰期滿，取消總理事務王大臣，又以「西北兩路軍需尚未全竣，且朕日理萬機，亦間有特旨交出之事，仍須就近承辦」，於是恢復軍機處，命鄂爾泰、張廷玉、納親、海望、納延泰、班第等人為軍機大臣[137]。

乾隆改變了乃父的一些政策，究其原因，是前朝政策確有調整的必要，如報墾荒變成了加賦，自然引起納稅人的不滿。又如對不法紳衿嚴行管束雖是正確的，但這些人又是政府的基本支持者，關係搞得太緊張也不好。再如講禎祥，崇佛教，純係敗政。乾隆為糾正弊端，彌補乃父的缺失，作一些改變，起到為雍正政治補苴的作用。再從形勢看，放寬對政敵的懲處，歷來是繼承人的事情。在本朝認為很嚴重，有的也實在嚴重，但過了一個時期，時過境遷，已失去其在政治生活中的現實意義，事情也就不那麼嚴重了，就可以部分更改結論了。如雍正給鰲拜賜封號，這在康熙朝是不可能的。多爾袞死後被黜宗籍，吏科副理事官彭長庚於數年後請復其封號，順治不允許，還把建言人流放到寧古塔。到乾隆二十八年，就為多爾袞恢復封號，配享太廟。以是觀之，乾隆將允禩、允禟及他們的子孫復入宗籍，毫不足怪。乾隆變異乃父政策還有一個重要原因，就是社會上有一股反對故君政策的勢力，反映到乾隆的頭腦中，正如他自己說的，聽了那些謀求私利的人的話，而他之所以聽得悅耳，乃是自家上臺，要立權威，故意與乃父唱點反調，以便得到某些人的支持。這種情景，朝鮮使者有所洞察和評論。他們說乾隆「政令無大疵，或以柔弱為病」[138]。「雍正有苛刻之名，乾隆行寬大之政」[139]。又說乾隆「政令皆出要譽」[140]。乾隆確實有博取寬仁之名，撈取政治資本的毛病。當時民謠：「乾隆寶，增壽考；乾隆錢，萬萬年。」[141]歌頌乾隆初政，他的目的也達到了。

應當看到，乾隆改變雍正一些政策的同時，保留了乃父創行的主要制度，即改土歸流、奏摺和軍機處、攤丁入糧、火耗提解與養廉銀等制度，這些也正是雍正的基本政策和功業的所在，它們的得以維持下來，說明乾隆政治與雍正政治有繼承性，一貫性。由此可見，雍正政治的出現絕非偶然，他適合了時代的需要，清朝統治的需要。

野史中的雍正

民國初年，漢人喜談清朝皇室歷史，野史紛出，其中頗有涉及雍正的，如燕北老人撰《滿清十三朝宮闈秘史》，蔡東藩作《清史演義》，柴萼著《梵天廬叢錄》，孫劍秋作《呂四娘演義》，《血滴子》等。這些書對雍正一生，從出生到死亡，以及性格、為人、政事都有評介，其中多屬僞造歷史，荒誕不經。寫雍正傳記，對此本不須過意，對它們的種種無稽之談，本可不予置辯，但是野史、小說的流傳遠比史書廣泛，它們的故事深入於民間，為大家所感興趣，因而有了討論的必要。

關於雍正的生父，《滿清十三朝宮闈秘史》謂康熙一日見衞某之妾，愛之，召入宮，六月而生雍正，故云「世宗實衞家兒矣」142。該書又說：「胤禛之母，先私於（年）羹堯，入宮八月，而生世宗。」143這就使讀者糊塗了，雍正究為衞家兒，抑或年家兒耶？這不是自我反噬嗎？要人們相信那一個說法呢！衞某為何許人，燕北老人說其妾入侍康熙以後，被召為御前侍衞，則其係無名下人，無法考證其為雍正生父。至於年羹堯，「當撫川時，年未三十」144。他出任四川巡撫是在康熙四十八年，可知他當生在康熙－八年以後，而雍正則生於十七年，後出世的卻為先到人間的人的生父，世間那有如此怪誕的事！

柴萼說雍正做皇子時販賣絲綢到蘇州，住在青浦巨盜黃魚大王金子良家，登極後將金子良捕獲，因有一飯之恩而釋之145。雍正平生只有一次跟隨康熙南巡到過蘇杭，而且是以公開身分去的，他不可能以貝勒、親王身分親自做買賣去蘇州，因而也不會與巨盜交遊。不過這種傳言，可能是根據他派人到江浙貿易而編造的。據馬士著《東印度公司對華貿易編年史（一六三五－一八三四年）》記載：英國東印度公司於一七〇二年（康熙四十一年）派遣喀恰浦到中國定海經商，喀恰浦將貨物準備就緒之時，他感到了麻煩，因為「皇帝的次子派商人從北京來此，授權與彼令與英人貿易，並要求地方官員給英人以便利，該商人甫方到達，另一受皇帝第四子委派的賦有同樣使令的商人接踵而至。他們雖然各有自己的打算，但連成一氣，以致我們以前的商人深感畏懼，而不敢出面交易」146。當時的皇太子胤礽和貝勒胤禛分別派人到定海，與英國人做生意。雍正本人沒有去經商，但屬下人幹了，因而產生他江浙販賣的故事。

世間傳說皇子時的雍正與俠客接交。燕北老人說：雍正為康熙所不喜，飄流江湖，與劍客力士遊，結兄弟十三人，長者為和尚，他們武藝絕倫，又研製出「血滴子」殺人利器[147]。這些說法中，把雍正描繪成精通武術的人，這與他的實際狀況不相符合。雍正把他的武藝與乃父作過比較，說「皇考神武天授，挽強貫札之能超越千古，眾蒙古見之，無不驚服，而朕之技射又不及皇考矣」[148]。他並不認為自己武術高明。他自己沒有獨立進行過秋獮，也沒有表現過這種才能。他之所以被同劍客、武藝聯繫起來，大約是因為他在皇子時就同和尚接近的關係，還有則是為虛構他的繼位和死亡同俠客有關的需要。

至於雍正的繼位，燕北老人又給了人們三種說法，一是其生父儒某把康熙傳位十四子的遺詔的十字改為于字；二是他自己進宮竊遺詔，將十四子的十字更易為第字；三是他把十字改作于字。改十字為于字，是雍正在世時就有的傳說，燕北老人把這歷久相沿的傳說及由此而衍化的其他改詔說，一股腦兒取來，這是用傳聞異說以媚讀者，並非抱著傳留信史的態度澄清雍正繼位疑案。

以上關於雍正的演義，或自相矛盾，或不合情理，均非實錄。然而所以出現這種情況，也有他的原因。

辛亥革命，本以反滿作號召，如同盟會以「驅逐韃虜，恢復中華」為宗旨，推翻清朝後，為鞏固成果，亦須繼續排滿。因此，民國初年關於清史的著述接連出現，研討清朝的得失。就中，人們痛斥清朝殘暴統治和腐敗無能，又以漢人的尊夏攘夷觀念痛詆清朝皇室，於是太后下嫁、順治出家等疑案相繼被大肆渲染。關於雍正的種種不德的說法，也不是完全為他一人而發，實乃醜化清室的需要。把對雍正的傳說置於這種環境中考察，則較易明瞭它的眞僞。

在講述這些故事的作者中，雖有嚴肅者，但更有一種人專為迎合小市民心裏，以為人們愛聽宮中趣事，有皇帝時人們不敢談論他們，及至帝制取消了，可以無所顧忌了，遂大講特講。然而宮闈之事本極秘密，難於得其眞、得其詳，於是靠傳聞，傳的人多了，越傳離本事越遠，以至有的作者自逞臆構之能，將故事越編越圓法。即如燕北老人，自云其宮中秘事的資料，由小蘇拉提供，因辛亥革命後，南方縉紳士大夫多喜談清宮事以為樂，他的記載為許多人借閱，有的竟被披於報端或載入名家筆談中，到一九一九年乃受友人慫恿，將其書公之於世。其友人陳鶴煒為之作序，極力稱讚他的著作：「……宮闈之事，言談有禁，傳聞既少，記載亦鮮，偶或散見各書，大都一鱗一爪，非語焉不詳，即傳聞失實，從無有系統而集大成如今之《滿清十三朝宮闈秘史》者。」又說這本書「搜訪既確，去取尤嚴，無一字不有來歷，即無一字不加斟酌」。然而從前引該書敍事可知，他之著書，既不嚴肅，也不審慎，惟以談清宮事，迎合某些讀者的需要。

小說家要創作，當然可以虛構。不過既然是小說，讀者只能把它當小說看，而不可把它們視為歷史書籍，青年讀者更需要明確文學與史學的不同，不要誤會方好。

雍正的傳聞，讓它僅僅作為傳聞而不與歷史相干吧！

註釋

1《李朝實錄·景宗實錄》卷十一，三年（雍正元年，一七二三年）二月己卯，四十二冊一六二頁下。
2《雍正朝起居注》，四年十月初二日條。
3《雍正朝起居注》，三年八月二十九日條。
4 雍正《圓明園記》，見乾隆《御制圓明園圖詠》。
5《清高宗文集》第五集卷九十三《洪範九五福之五曰考終命聯句》。
6《圓明園記》。
7《圓明園圖詠》卷上《九洲清晏》。
8《清世宗詩文集》卷二十九《夏夜不成寐》。
9《清世宗詩文集》卷二十九。
10《圓明園圖詠》卷下《四宜書屋》。
11 以上參閱周維權《圓明園的興建及其造園藝術淺談》，見《圓明園》第一集，一九八一年十一月出版。
12《圓明園記》。
13《關於江寧織造曹家檔案史料》，一八四頁。
14《硃批諭旨·黃國材奏摺》，三年六月初三日摺硃批。
15《上諭內閣》，四年五月初九日諭。
16《清世宗詩文集》卷三十。
17 參閱楊乃濟《雍正帝喜好之物》，見《紫禁城》，第二十四期。
18《永憲錄》卷四，三一四頁。
19《上諭內閣》，八年六月二十四日諭。
20 燕北老人《滿清十三朝宮闈秘史》。
21 乾隆生母謚號。
22《滿清十三朝宮闈秘史》。金梁在《清帝外紀·高宗生於雍和宮》對這個問題有所辯駁（九十二頁）。
23《探微集》，中華書局一九八〇年版，六十三頁。
24《雍正朝起居注》，三年十一月十五日條。
25 以上見康熙四十五年《宗室玉牒》；雍正二年《宗室玉牒》；吳昌綬《清帝系、后妃、皇子、皇女四考》；《皇清通志綱要》卷四上；張爾田《清列朝后妃傳稿》卷上；《清史稿》卷二一四《后妃傳》。
26《清高宗實錄》卷五，雍正十三年十月己丑條。
27《嘯亭雜錄》卷六《和王預凶》。
28 清世宗「硃諭」，第十二函。
29《雍正朝起居注》，四年十一月初七日條。
30《雍正朝起居注》，五年七月二十八日條。

31《清列朝后妃傳稿》卷上；《清帝系皇妃皇子皇女四考》。
32《耆獻類徵》卷十四《福敏傳》；《清史稿》卷三〇三《福敏傳》。
33《清史列傳》卷十四《朱軾傳》。
34《國朝先正事略》卷十四《蔡文勤公事略》。
35《清史稿》卷三〇三《福敏傳》。
36《國朝先正事略》卷十三《福文端公事略》。
37《圓明園圖詠》卷下。
38、39《掌故叢編》第一輯《宮中現行則例・訓諭》。
40《上諭內閣》，三年十二月二十五日諭。
41《掌故叢編》第一輯《宮中現行則例・訓諭》。
42《清高宗實錄》卷四，雍正十三年十月丙子條。
43《硃批諭旨・鄂爾泰奏摺》，五年正月二十五日摺硃批。
44《硃批諭旨・高其倬奏摺》，五年二月初十日摺硃批。
45《硃批諭旨・鄂爾泰奏摺》，七年四月十五日摺硃批。
46《上諭內閣》，八年五月二十日諭。
47《上諭內閣》，九年十月初三日諭。
48《硃批諭旨・李衛奏摺》，八年二月二十五日摺。
49清世宗「硃諭」，第六函。
50《上諭內閣》，八年九月二十五日諭。
51《硃批諭旨・鄂爾泰奏摺》，八年十一月二十八日摺。
52臺北故宮博物院宮中檔，二〇〇三五號，上諭，轉錄《雍正帝及其密摺制度研究》，二九二頁。
53《清世宗實錄》卷九十九，八年十月丁酉條。
54《清高宗詩文集》初集卷十五《聖德神功碑》。
55《澄懷園主人自訂年譜》卷三。
56《清世宗實錄》卷九十九，八年十月卯寅條。
57《上諭內閣》，八年十月十四日諭。
58《硃批諭旨・李衛奏摺》，八年二月二十五日摺及硃批。
59《硃批諭旨・劉世明奏摺》，八年十月二十六日摺及硃批。
60《清世宗實錄》卷九十一，八年二月辛亥條；卷一〇三，九年二月辛亥條。
61《硃批諭旨・田文鏡奏摺》，十年正月二十八日摺硃批。
62《硃批諭旨・田文鏡奏摺》，十年二月二十五日摺硃批。
63《硃批諭旨・田文鏡奏摺》，十年三月十五日摺硃批。
64《硃批諭旨・田文鏡奏摺》，十年十月初十日摺硃批。

65《清世宗實錄》卷一二七，十一年正月丁未至壬子條。

66《清世宗實錄》卷一五二，十三年三月癸丑至己未條。

67《清世宗實錄》卷一五九，十三年八月甲申、丙戌條。

68《澄懷園主人自訂年譜》卷三。

69《滿清十三朝宮闈秘史》第一冊所刊《呂四娘演義》廣告。

70《清世宗實錄》卷一二六，十年十二月乙丑條。

71 參閱《陳垣學術論文集》第二集《記呂晚村子孫》八八-九一頁；羅繼祖《呂留良後人》，見《吉林大學學報》一九八〇年第四期。

72《梵天盧叢錄》卷二《清憲宗八則》。

73《明史》卷一一四《孝烈皇后傳》，卷二九九《許紳傳》。

74 濮蘭德・白克好司《清室外紀》第四章，六六頁。

75《清帝外紀・世宗崩》，八九頁。

76《雍正帝及其密摺制度研究》，二九七頁。

77《清世宗詩文集》卷二十六《燒丹》。

78《清世宗詩文集》卷十七《紫陽道院碑文》。

79《硃批諭旨・鄂爾泰奏摺》，四年十一月十五日摺硃批。

80《硃批諭旨・田文鏡奏摺》，十年十月初十日摺硃批。

81《硃批諭旨・田文鏡奏摺》，十一年七月初四日摺硃批。

82《嘯亭雜錄》卷九《婁真人》。

83《硃批諭旨・鄂爾泰奏摺》，八年十一月二十八日摺。

84《養吉齋餘錄》卷四。

85《清高宗實錄》卷一，雍正十三年八月辛卯條。

86《清史簡述》，中華書局一九八〇年版，四七頁。

87《澄懷園主人自訂年譜》卷三；《小倉山房文集》卷八《鄂文端公行略》。

88《上諭內閣》，四年九月二十五日諭。

89《雍正朝起居注》，五年閏三月初十日條。

90《雍正朝起居注》，五年四月二十八日條。

91《上諭內閣》，七年十二月初二日諭。

92《永憲錄》卷三，二四二頁。

93《上諭內閣》，七年十二月初二日諭。

94《上諭內閣》，四年九月二十五日諭。

95《硃批諭旨・孔毓珣奏摺》，六年三月二十二日摺硃批。

96《雍正朝起居注》，五年十月初九日條。

97《上諭內閣》，元年八月十七日諭。
98《雍正朝起居注》，元年八月十七日條。
99《舊唐書》卷一九八，中華書局標點本第十六冊五三二一頁。
100《清高宗詩集》第五集卷九十三《洪範九五福之五曰考終命聯句》。
101《進實錄表》，見《清高宗實錄》。
102、103《澄懷園主人自訂年譜》卷三。
104、105《清高宗實錄》卷一，雍正十三年八月己丑條。
106《清世宗實錄》卷一五九，十三年八月己丑條。
107《清高宗實錄》卷四，雍正十三年十月甲戌條。
108《清高宗實錄》卷十二，元年二月癸酉條。
109《清高宗實錄》卷七，雍正十三年十一月癸亥條。
110《清高宗實錄》卷四，雍正十三年十月乙亥條。
111《清高宗實錄》卷七，雍正十三年十一月癸亥條；卷九，十二月辛巳條。
112《清高宗實錄》卷八，雍正十三年十二月辛未條。
113《清高宗實錄》卷十五，元年三月辛亥條。
114《清高宗實錄》卷二十一，元年六月辛卯條。
115《清高宗實錄》卷二十二，元年七月癸卯條。
116《清高宗實錄》卷三十一，元年十一月壬子條。
117《清高宗實錄》卷十二，元年二月戊辰條。
118《清高宗實錄》卷二十一，元年六月庚寅條。
119《清高宗實錄》卷二，雍正十三年九月壬寅條。
120《清高宗實錄》卷三，雍正十三年九月己未條。
121《永憲錄》續編，三五七—三五八頁。
122《清高宗實錄》卷三，雍正十三年九月辛亥條。
123《清高宗實錄》卷三，雍正十三年九月庚申條。
124《清高宗實錄》卷七，雍正十三年十一月癸亥條。
125《清高宗實錄》卷二十九，元年十月癸未條。
126《清高宗實錄》卷七，雍正十三年十一月癸丑條。
127《清高宗實錄》卷十四，元年三月庚子條。
128《清高宗實錄》卷九，雍正十三年十二月甲申條。
129《四焉齋文集》卷一。
130《清高宗實錄》卷十二，元年二月辛巳條。
131《嘯亭雜錄》卷一《純皇初政》。
132《清高宗實錄》卷二十三，元年七月辛酉條。
133《清高宗實錄》卷二十三，元年七月庚申條。
134《清高宗實錄》卷二十三，元年七月辛酉條。
135《清高宗實錄》卷一七八，七年十一月乙丑條。
136《清高宗實錄》卷五，雍正十三年十月甲午條。
137《澄懷園文存》卷五《遵例自陳第五疏》。

138《李朝實錄・英宗實錄》卷四十三，十三年（乾隆二年）四月丁卯條，四十四冊八二頁下。

139《李朝實錄・英宗實錄》卷四十九，十五年（乾隆四年）七月壬戌條，四十四冊一七三頁上。

140《李朝實錄・英宗實錄》卷五十八，十九年（乾隆八年）十月丙子條，四十四冊三四八頁上。

141《嘯亭雜錄》卷一《純皇初政》。

142《康熙朝・雍正幼時以兵法部勒白老鼠》。

143《雍正朝・篡改遺詔之真相》。

144《永憲錄》卷一，五四頁。

145《梵天廬叢錄》卷二《清憲宗八則》。

146 H. B. Morse : *The Chronicles of the East India Company Trading to China*（*1635—1834*）第一〇章，第一一九頁。本資料使用，受林樹惠〈康乾時期英船在中國沿海的活動〉（《南開大學學報》一九八二年第五期）啟示。

147《滿清十三朝宮闈秘史・雍正朝・血滴子器具之製造法》；《清史演義》第三十回。所謂「血滴子」，據說是似一圓形器物，內藏快刀，有機關控制，趁人不防，罩人頭上，機關開動，立取人頭。

148《雍正朝起居注》，四年十月初二日條。

第十七章　總結：雍正和他的時代

在本書將要結束的時候，總結雍正一生的政治得失和為人，既要說明他的歷史地位，也是試圖揭示他那個時代的基本面貌。

奮發有為的君主

雍正在他統治幾年後，作了個自我評價，說「朕返躬內省，雖不敢媲美三代以上聖君哲後，若漢唐宋明之主實對之不愧」[1]。他是大言不慚嗎？可以同意他的說法嗎？敘述了他的一生事迹之後，對此不難做出判斷。

雍正在他不長但也不算太短的十三年統治中，惟日孜孜，勵精圖治，又抱定改革的宗旨，在施政的各個方面實行具有他的特色的政策。他施行攤丁入畝、耗羨歸公的賦稅制度，清查隱田，清理逋賦，並使士民一體當差；停止戶口編審，嚴行保甲制度和鄉約制度；更改法規，制定主佃關係的新律令；除豁賤民，嚴禁抑良為賤；重視農本，擴大墾田，興修水利，給予老農頂戴；堅持抑末政策，禁止開礦；創立軍機處，健全密摺制度，實現臺省合一，提升府州；考核錢糧，清理積欠，清查倉儲，整飭吏治，實行養廉銀制度；延續朱明禋祀，對漢人進行某種籠絡；用人不全論資歷，甚至不拘滿漢，注重才能，不秩進用；實行銅禁，嚴查私錢；改革旗務，注意旗民生計，阻止滿人漢化；堅決鎮壓青海厄魯特和西藏噶倫的叛亂，堅持對新疆準噶爾的用兵，在西南實行改土歸流政策；極力尊孔，大搞祥瑞迷信和利用佛教，豢養道士，揉和儒佛道三教；任命族長，鼓勵宗族活動；宣講《聖諭廣訓》，倡導移風易俗，去奢崇儉，旌表拾金不昧，表彰節孝，提倡社會救濟；打擊朋黨，清除允禩和允禵、年羹堯、隆科多各個集團；有意識地壓抑科甲出身官員，整治其代表人物楊名時、李紱；圍繞嗣位問題發生曾靜投書案，製造了呂留良文字獄，隨之出現其他文字獄；鎮壓農民暴動和商民罷市，嚴禁秘密宗教活動；與俄國訂立《恰克圖條約》，驅逐西方傳教士；等等。國家事務，社會問題，民間生活，雍正無不按照自己的願望去進行改變。他辦的事情太多，有的見成效了，有的失敗了，有的還在開頭，也因他人亡而政亡了。他的政治，在下列幾方面，頗具積極意義：

第一、調整生產關係

實行攤丁入畝制度，將按人丁供役改為從地畝徵收，政府丁銀數額沒有減少，但民人承擔徭役的情況發生了較大變化，無地少地的農民免除或減少了丁役，田多的地主則需代這些人完納丁銀。這一辦法實行後，政府由於丁銀收入有了保障，對掌握人丁的多少已無須特別注意，故而停止戶口編審。這樣人民離開鄉里的限制減少了，反映政府對農民控制的削弱。耗羨歸公和養廉銀制度的實行，使官吏徵收火耗控制在正額錢糧的一〇—二〇%之間，比私徵時相對減少，而且由於實行養廉銀制度和整肅吏治，官吏一般不敢狂徵濫收，使得人民的耗羨負擔有所減少。雍正改定主佃關係的法規，加強對不法紳衿的管理，禁止他們非法欺壓鄉里小民。他的這些政策，處理貧窮納稅人與清朝政府的矛盾，佃農與地主的矛盾，以實行地租再分配的辦法，適當減少貧苦農民的負擔，削弱地主對農民的人身控制，在一定程度上緩和了農民與清朝政府、與地主階級的矛盾，局部調整了生產關係。

第二、造成比較清明和穩定的政治

雍正設會考府，審核六部奏銷，下令督撫清理積欠，一旦發現官員虧欠、貪贓，革職追賠，嚴懲不貸，因此承受「嚴刻」的惡名，然而狠狠打擊了貪官污吏。他實行耗羨歸公和養廉銀制度，使官員在不增加人民負擔的情況下獲得加俸和辦公費，這樣打擊貪贓和養廉銀制度相結合，使大多數官吏在生活有保障情況下，不敢以身試法，故而吏治比較澄清。不僅雍正朝如此，而且保持到乾隆前期。

雍正實行首隱和報墾政策，增加了田賦收入。又清理逋欠，厲行徵比。經過變更賦役法則，打擊貪官污吏，嚴行催科，保證了清朝政府的財政收入，改變了康熙末年國庫短絀的情況。

康熙朝立儲問題產生的朋黨之爭，經歷康熙後期延續到雍正初年，它造成了政治紊亂。雍正的繼位在客觀上給了它懲創，他又厲行反對朋黨的政策，徹底摧毀允禩集團。待後曾靜投書案和呂留良文字獄，明著講解決滿漢矛盾，實際上是在輿論方面鞏固對允禩集團的勝利。雍正還把它同改革八旗旗務結合起來，進一步削弱下五旗王公的勢力，進而加強皇權。他在處理允禩集團時不無殘暴之譏，但這是政治鬥爭，它的結束，改變了政治混亂的局面，有利於新朝改革政令的推行。

雍正在反對朋黨鬥爭中，深刻認識到清朝既不可簡單地採用漢人的立嫡制，也不可像祖先那樣沒有完善的制度，於是提出秘密建儲的辦法，並成為清朝一代的傳位家法。這個制度，可以挑選中意的皇子為儲君，不限定嫡長，這樣的繼承人應是比較理想的，有傳子傳賢之意，比嫡長制優越。由於是秘密確立，可以避免儲君與皇帝、與諸兄弟的矛盾，避免可能出現的朋黨之爭和政治混亂，這是一個較好的立儲制度。

雍正屠戮年羹堯、隆科多，懲治權臣的專擅和可能出現的新朋黨，在這兩個案件中，他前有縱容之咎，後有殺功臣之譏，但防止政出多門的弊端，尚不可全行否定。

雍正這些政策的實行，造成比較廉潔的政府，從而使清朝政治比較穩定。

第三、鞏固和發展統一的多民族國家

雍正在西南推行改土歸流的政策，經過激烈的鬥爭，取得很大的進展。雍正平定青海厄魯特羅卜藏丹津的叛亂，在這裏實行郡縣制和札薩克制。平定西藏噶倫阿爾布巴的叛亂，首次設立駐藏大臣，為乾隆時駐藏大臣制度的完善奠定了基礎。雍正致力於邊疆民族問題的解決，改變了它們的一些政體，密切了它們與中央政府的隸屬關係，對我國統一的多民族國家的鞏固和發展做出了不可磨滅的貢獻。

雍正的治理也有很多問題，最主要的是他的那些措施，相當多的只能起治標的作用，如整飭吏治，不拘資歷用人才，壓抑科甲出身的官僚，都有良好的效果，但是封建的官僚制度和科舉制度不變，雍正所使用的官員與被打擊的因循守舊和貪贓枉法的官吏，屬於同一種教養，同一個思想體系，同一個來源，他們沒有本質的差別，其中一部分人還會營私舞弊，還會墨守成規，過了一定時間，政治氣候稍有變化，他們中的絕大部分人就會不法妄行了。雍正的治標，就使他的革新不可能深刻改變社會面貌。雍正的改良政治，有許多項目是從務實考慮的，收到了實效，但是他在短時期內，鋪的面太大，涉及的範圍較廣，對有一些事情，他調查不夠或很不足，瞭解不深，就憑主觀願望去辦理，因而在總體上缺乏計劃，章法凌亂。其實有些事情可以不做或暫緩，如推廣官話，就徹底失敗了。又如提升府州，首先應當是經濟發展的結果，有的州縣沒有達到那種程度，人為的提格，最後還是退回去。有一些事情雍正做的太過分，如打擊朋黨，有其合理性，但又擴大化。像貝勒延信在西藏立有軍功，卻被牽連到允禵及年羹堯案中，竟圈禁致死。對於年、隆，罷黜即可，何須賜死、禁死！雍正還有一些很壞的弊政，如大搞祥瑞，崇信佛教，大興文字獄，阻撓礦業和手工業的發展，推行保甲制度，維護宗族制度，殘酷鎮壓人民的反抗鬥爭。

權衡雍正對歷史發展的影響，不言而喻功績大於過失。

他的歷史地位，如果再放在帝王羣中作一比較，也許看得更清楚。在中國歷史上，商湯、周武王、秦始皇、漢高祖、漢武帝、漢光武帝、隋文帝、唐太宗、唐玄宗、宋太祖、宋神宗、元太祖、元世祖、明太祖、明成祖、清聖祖、清高宗等帝王，或削除混亂，統一中國；或內政修明，社會經濟發展；或加強民族聯繫，開拓、鞏固邊疆；或兼而有之，他們對於中國歷史的發展，各自施予了不同程度的有益的影響，是傑出的或比較傑出的帝王。雍正的改革弊政，鞏固邊疆，給歷史留下良好的印記，堪與這些君主比配，他應當是這個行列的當之無愧的成員。

還要看到，那些帝王多半是開國和守成之君，即王朝的第一、二代，他們處在前一王朝的末期，社會矛盾尖銳，給予他們施展才能的良好機會。這些帝王中屬於朝代中間的不多，只有漢武帝、唐玄宗、宋神宗、清高宗等人。這些帝王當政之時，祖宗成法俱在，要想有所作為，必須衝破祖制的束縛，守舊勢力的阻撓，他們所取得的成就又自有其特殊的困難。雍正是這些人中的一員，更應當肯定他的貢獻的難能可貴。

總之，雍正勇於革新，解決或試圖解決歷久相沿的弊政，一定程度上適應了生產力發展的要求，促成吏治的相對澄清，造成國力的強盛和國家政局的安定，促進多民族國家的鞏固，所以說他是奮發有為的、對歷史發展做出貢獻的君主，是中國歷史上為數不多的比較傑出的帝王之一，是值得肯定的歷史人物。他的自視高明，比諸漢唐宋明的有為之君，基本上是可以允許的。

雍正時期的歷史地位

雍正政治比較清明，局部調整了主佃關係、農民與國家關係，國家統一、穩定，從而允許生產力有緩慢發展的可能。這個時期，開直隸營田，廣西墾田，修寧夏水渠，興建江浙海塘，防治黃河，調湖廣老農入川教墾，北方老農到華南教種雜糧，江浙老農至直隸教種水稻。雲南採銅由年產八九十萬斤，增至四百多萬斤。農業和手工業都有所提高。

雍正時期的政策與生產力的發展，同前接的康熙朝、承續的乾隆朝頗多一致。

在農業方面都注意興修水利，鼓勵墾荒，改革賦役。康熙實行滋生人丁永不加賦政策，把丁銀額固定，為雍正實行攤丁入畝創造條件。手工業者的匠班銀，康熙時將浙江、湖北、山東等省的攤入田畝徵收[2]，雍正間又把江蘇、福建的攤入田糧[3]。乾隆三年（一七三八年），通令全國實行[4]。清朝政府不斷宣布普遍捐免錢糧，康熙五十年宣布，在三年內輪免全國各省錢糧，計三千八百餘萬兩，雍正蠲免江蘇逋欠一千二百餘萬兩，乾隆間又屢行普免政策。蠲免錢糧，得實惠的是有田人。佃戶則仍要照原租額向地主納租，康熙感到不公平，遂於四十九年（一七一〇年）規定，以後凡遇豁除錢糧，按數分攤，其中七成歸地主，三成歸佃戶[5]，即佃戶可以據此少向地主交租。雍正八年（一七三〇年）定例，在江浙兩省重賦區蠲免時，若全免，佃戶原納租一石，則減一斗五升，若免五分，每一石減七升五合[6]。乾隆繼位，重申乃祖乃父的成規。

清朝開國時期，建立蒙古八旗，實行皇室與蒙古王公聯姻的政策，又崇信喇嘛教，作為聯絡蒙、藏等少數民族的一種工具。這些政策，康、雍、乾三帝都實行了。事例為人所熟知，不再舉列了。

康熙同沙俄殖民主義者作鬥爭，與俄國簽訂《尼布楚條約》，劃定中俄東段邊境；雍正與俄國締結《恰克圖條約》，確定中俄中段疆界。康熙警惕西方傳教士的侵略活動，不許教會干涉中國內政，雍正則將傳教士驅逐到澳門。康熙在同傳教士接觸中，注意吸收科學文化知識，這一點上雍正遜於乃父一籌；康熙末年禁止商民往南洋貿易，雍正中開廣東、福建洋禁，兒子又比老子勝一著。

在關於農民和農業生產、民族、對外關係等國家主要政策方面，康、雍、乾三代一脈相承。這種一貫性，應在評價雍正朝的歷史地位時充分注意。康熙、乾隆兩朝的歷史地位已為人所公認，即所謂「康乾盛世」。在這兩個功業素著的帝王之間，雍正朝的時間儘管不及前、後兩朝的九分之一，卻是不可忽視的。康熙後期的弊政，若不是經過雍正朝的大力整飭，清朝可能會較快地衰落，而雍正朝一系列行之久遠的政策，又為乾隆朝興旺發達和清朝長遠統治創造條件。康、雍、乾三朝的關係，可以打個比方，如果說康、乾兩朝的功業，如同兩座對峙的山峰，但在這兩峰之間，又夾著雍正朝一峰，康、雍、乾三朝功業，構成了一組不可斷裂的羣峰。乾隆中河南巡撫阿思哈說：「聖祖仁皇帝涵濡煦育六十餘年，久道化成；世宗憲皇帝整綱飭紀，通變宜民，凡閭閻疾苦，靡不周知；我皇上纘承三聖[7]，善繼善述……。」[8]對三者關係及雍正除舊布新的評論比較中肯。近年日本學者佐伯富說：「諺云，王朝基礎多奠定於第三代，雍正帝正為清入關後第三代君主，有清二百數十年之基盤，即為其所奠定。」[9]《雍正帝及其密摺制度研究》一書的作者楊啓樵認為：「康熙寬大，乾隆疏闊，要不是雍正的整飭，滿清恐早衰亡。」[10]他們從對清朝全部歷史的影響，高度評價了雍正的歷史活動。就清朝在全國的統治講，順、康兩朝是創立期，雍正朝兼有鞏固和開拓之功，乾隆朝則達到鼎盛。康、雍、乾順序發展，成果遞增。當人們講到康乾盛世時，應當包括對雍正朝地位的肯定。

再看清朝的整個歷史，它有不同的發展階段。是否可以認為，入關以前是開國時期，順、康、雍以及乾隆前二十三年為前期，乾隆二十四年至道光二十年鴉片戰爭為中期，下餘的時間為後期。這裏需要說明前期的劃分，把它的下限定在乾隆二十三年的原因，除上述康、雍、乾基本政策相同，互相補臺，推動社會發展外，充分考慮了解決準噶爾人問題的重要性。乾隆二十三年徹底消滅準噶爾人中的分裂勢力，確立對北疆的統治。事情的意義遠不止此。準噶爾人的勢力，在清朝前期，控制新疆之外，一度達到西藏、青海、喀爾喀蒙古，以及甘肅和寧夏的一部分，掌握喇嘛教，進窺內蒙古，野心家噶爾丹妄圖把戰火從邊疆擴大到華北地區。他的騷擾，對清朝政府產生重大影響。當噶爾丹謀圖進攻喀爾喀時，太皇太后孝莊文皇后於康熙二十六年十二月病死，康熙對她非常敬重，然而因形勢緊張，據朝鮮人記載說「秘不發喪」[11]，可見蒙古事態的嚴重。次年，康熙派索額圖與俄國談判邊界問題，指示他：尼布楚等地一河一溪「皆我所屬之地，不可少棄之於俄羅斯」[12]。然而代表團前往談判地點的路上，因噶爾丹進擾喀爾喀而不能前進，只得折回。第二年再去談判，清朝把尼布楚之地讓給俄國，以便達成協議，這一改變顯因噶爾丹的問題。三藩之亂，一度佔據南中國以至川陝部分地區，形勢險惡，康熙也只是命將出征，而對噶爾丹則三次親征，直至消滅其勢力而作罷。迨後策妄阿拉布坦作亂，康熙大約也考慮過親征[13]，只因已是六十多歲的老翁而未能成行。雍正於西北兩路用兵前，特與靖邊大將軍傅爾丹等行跪抱禮，雖有張皇其事之嫌，實亦係極端重視這件事。他急於和俄國訂立《恰克圖條約》，同康熙一樣，含有阻止沙俄殖民主義者勾結準噶爾暴亂勢力的意思。準噶爾的問題，影響到清朝政府的對內對外政策，清朝政府只有妥善解決它，才能最終鞏固北方、西北、西南邊疆，堅持實行以喇嘛教制馭蒙古人及利用蒙古人協助其統治漢人的政策。所以，處理準噶爾問題具有劃分清史發展階段界標的意義。如果這樣的劃分意見能夠成立，雍正朝則屬於清朝前期的歷史階段。

總之，雍正時代，除舊布新，政治比較清明，國力較為強盛，有著光明面，它還創造條件，便利於清代社會持續前進，也使它自身置於清代前期發展階段。

雍正在封建制衰落和滿族發展時代發揮個人歷史作用

「時勢造英雄」。雍正功業的產生及其多寡，取決於他個人的因素和他所生活的時代。他的時代舞臺允許他有多大的活動場面，要求他作怎樣的表演，這是必須考察的。但是如何認識那個時代呢？從雍正的作為來進行分析，也不失為一種研究方法。統觀清朝前期，包括雍正朝以及雍正本人的一些活動在內，來看雍正所處的時代。

第一、農民抗租抗賦及爭取永佃權的鬥爭

康熙年間撰修的《無錫縣志》說該地「佃田者不輸租，寄籍者不輸糧，積以成習」[14]。抗租、抗糧，這是清代農民鬥爭的重要內容。

農民抗租採取了多種形式，以暴動最為激烈，如康熙五十二年（一七一三年）江西雩都佃農邱蘭秀、陳萬餘等以「除賦捐租」為號召，率眾圍攻田主趙唐伯莊，不久聚眾千餘人同前來鎮壓的清軍對抗[15]。抗租內容多種多樣，有的拒不交租，像康熙四十六年（一七〇七年）無錫農民在過胡子領導下進行「租米不還籽粒」的鬥爭[16]。有的反對兩季租，如前已說過的雍正八年崇明佃農抗租運動。有的反對大斗收租，如康熙中福建上杭農民制定標準斗斛，不許地主私用大斗[17]。有的以次等糧食交租，如江南、江西農民專門種植產量高、分量重而出米量少的稻子交租，把它叫做「瞞官稻」、「芒穀」[18]。

清代農民鬥爭的另一項內容是爭取永佃權。康熙五十二年，江西興國縣佃農在李鼎三領導下，組織會館，反對地主退佃、轉佃。同時期石城吳萬乾也為爭取永佃權舉行了暴動[19]，這種永佃權的要求，同清朝流行起來的押租制相聯繫，地主為防止農民抗租，出租土地時先收押金，這樣農民「買田承種」[20]，從而擁有田面權和永佃權。而這兩種權力，一定程度上破壞了地主對土地的任意支配權，使它的土地所有權不完整了。這是農民為土地而奮鬥的結果。

明清易代之際，長江中下游的奴僕羣起暴動，反對人身奴役，要求「鏟主僕貴賤貧富而平之」[21]。清朝前期，賤民繼續鬥爭。

清朝前期，農民隱匿人口，逃避賦役，隱瞞田地，拖欠錢糧。

清代前期農民（包括賤民）鬥爭，觸及到封建土地所有制和人身依附關係，而不滿和反對地租、賦稅剝削最為突出，清朝政府的賦役改革，正是為消弭農民的這種反抗。

私人地主也採取措施，變動與佃農的關係。鴉片戰爭前的清代，貨幣地租在不同土地類別的官田、義田和民田上，在不同經營類型的糧田和經濟作物田上都出現了，國家、地主集體和個人都採用了，它呈現出某種發展趨勢，是實物租向貨幣租進行某種程度的轉化。貨幣地租是封建地租的最後形態和解體形態，在這種形態下，地主對農民的控制比在實物租下有所削弱，這也是生產關係的一種變革。

第二、官僚機器的腐敗及其不可改變性

捐粟拜爵，秦漢已興，歷代相沿，然至明朝始定出捐納事例，到清代則盛行起來。康熙十三年，以對吳三桂用兵的軍費需要，始開捐納之門。以後清朝政府屢以用兵開捐，乾隆以後，捐官、捐監，已成為清朝政府一項固定收入。捐納，使有錢的人通過捐銀、捐米得到官職，現任官可以提級，降職、革職官可以恢復原職，所以它是一種賣官制度，是一種敗政。

科舉取士，到了清代，百弊叢生。康熙再次以理學為官方哲學，科舉用八股文，從「四書」、「五經」命題，這是用僵死的官僚式文體把知識分子的思想限制在腐朽的理學之內，培養出來的大多是庸才和奴才。加之科舉舞弊已不可救藥，有眞才實學的人往往不能中試。入仕者本以科舉為敲門磚，從政後貪贓枉法，結黨營私，敗壞吏治。科舉的這些弊病，明代已然，清朝死守不變，到了滅亡前夕才被迫將它廢除，可見清政府態度的頑固了。

衡量吏治的好壞，官吏的清廉與否是一種重要的標誌。康熙時有一些所謂清官，如張伯行、趙申喬諸人，其實他們並非一塵不染，只是少徵耗羨。其時官貪吏蝕，動輒幾十萬，上百萬，吏治相當敗壞。耗羨提解，變私收為官徵，遏制官吏的狂加濫收，但是私徵是不合法的加派，官收雖減少了數量，仍然是加派，並且使它成為合法的。火耗提解限制官吏貪贓只能行於一時，後來貪污不可遏制，在耗羨之外再增耗羨，形成「三年清知府，十萬雪花銀」的惡濁局面。這種現實說明雍正的挽救政策只能有暫時的一定程度的效果，更嚴重的是官吏的營私舞弊，竟有利用雍正

比較得人心的政策的，如在獎勵墾荒中虛報頃畝，進行增賦，以為在官事迹。好的政策被貪官用去辦壞事，這種官僚制度的腐敗已經到了何等嚴重的境地啊！

第三、皇權到了無以復加的程度

我國統一的封建主義皇權，自秦始皇奠定基礎，以後逐漸強化，至雍正時代達到登峰造極的地步。清初沿明之舊，實行內閣制度，但內閣在明中葉的極盛時代，大學士亦沒有任免官吏的權力，無法達到往昔宰相地位，況且清初別有八旗貴族的議政王大臣會議，協助皇帝決定軍國重事，分散了內閣的權力，同時也侵奪了皇權。康熙設立南書房，用親信文人參議政事，以抵制議政王大臣會議，加強皇權。雍正創立軍機處，向軍機大臣面授旨意，由他們草擬成正式文件，發給有關衙門和官員。雍正還把康熙朝已出現的密摺制度化，令官員用奏摺報告政見、建議、施政情況和私人事務，他用硃批給以指示，這樣進行的政治，是皇帝意志的體現。雍正通過密摺制和軍機處總領天下庶務，等於取消了議政王大臣會議的議決權，內閣的批答權，進一步削弱了「相權」。封建皇權到了無以復加的程度，以後再沒有發展了。

這種皇權的加強是在明末清初先進思想家猛烈抨擊君主獨裁之後出現的，更應引起注意。康熙初，黃宗羲作《明夷待訪錄》，痛斥君主已成為天下之大害，他說君主「屠毒天下之肝腦」，「敲剝天下之骨髓，離散天下之子女」，社會不得安寧就是因為有國君。黃宗羲對君主制的理論基礎君權神授論、君主制的核心君為臣綱、君主制的法制「一家之法」，都作了一些批評，他特別提出限制君權的某些設想，主張提高相權，廣泛吸收士人參加政治活動。與黃宗羲同時，唐甄著《潛書》，也把矛頭指向集權的君主，宣言：「自秦以來，凡為帝王者皆賊也。」他們揭露了君主專制的黑暗與罪惡，主張削弱皇權，改善政治統治。他們的思想無疑是進步的，要求是合理的。但是康熙、雍正置社會輿論於不顧，沿著加強皇權的道路走下去，達到封建專制主義頂峰。皇權的加強，在一定條件下，對國家統一、政治清明不無某種意義，但是它維護衰落中的封建制，強化對人民的統治，扼殺新生事物的反動作用，則是主要的。

第四、頑固阻撓資本主義萌芽的發展

明代中後期出現的資本主義萌芽，清初持續著，康熙中期起出現發展的趨勢，在太湖地區的絲棉織業，雲南銅冶業，景德鎮製磁業，江寧、廣州的絲織業，川、陝、鄂三省山區的冶鐵業、造紙業，蘇州的小五金行業、製燭業，都出現了具有資本主義性質的手工作坊、手工工場，其中以蘇松的絲棉織業資本主義萌芽最顯著。在這裏，「機戶出〔資〕經營，機匠計工受值」[22]。機戶備置機器和原料，是初期資產者；機匠受雇於機戶，領取工錢，是被剝削的生產者，雙方構成資本主義生產關係的雛形。康熙年間，蘇州出現大包買商，開設帳房，擁有大量的資金、原料和織機，「散放經絲，給予機戶，按綢匹計工資」[23]。在染踹業中，布商將布匹交踹坊壓光，踹坊由包頭開設，踹匠按件領取工錢。包買商將資本投入紡織業的生產過程中，是商業資本向工業資本轉化，包買商本身就成為初期資產者。蘇松紡織業從業人員很多，康熙間蘇州的踹匠萬餘人[24]，雍正中約有二萬人[25]，這是有相當規模的行業了。

資本主義萌芽的出現，以新的社會因素向封建的大一統挑戰：它以具有資本主義因素的雇傭關係衝擊封建的租佃關係和雇傭關係；以較多的商品刺激地主，促進它的轉化，使之一部分向經營地主發展，一部分變為更腐朽的城居地主；它同官府矛盾，反對殘酷的封建剝削與壓迫；它促進商品經濟的發展，從而衝擊封建的自然經濟，一句話，它衝擊和分解著封建制度。

封建制度和清朝政府阻撓、破壞資本主義萌芽的發展。封建地主土地所有制下地租重，吸引著商業資本，「以末起家，以本守之」，依然支配著人們的行動，經商致富者大多購置土地，而成為包買商的還是少數。地租重，農民購買力極低，使手工作坊的生產品市場不易擴大，自然經濟不易打破，手工作坊的生產難於迅速發展。清政府堅持重農抑末政策所起的作用同樣惡劣。雍正不止一次講，「四民士為首，農次之，工商為下」[26]。這是封建統治者傳統的觀念和政策，並沒有新的內容，但這種重重申，是在商品經濟和資本主義萌芽發展情況下，維護封建制的需要。清政府採取了許多重農抑末的措施，它禁止開礦，因為礦冶業需要大量勞動力，這些來自四方的人聚居一處，政府害怕工匠鬧事，更怕廠礦倒閉，工匠成為遊民，破壞它的社會秩序，雍正堅持實行禁止開礦政策，所反覆講解的就是這些理由。清代採銅業是冶煉業中唯一得到官方允許發展的行業，這是因為鑄造制錢需用銅做原料，所以康熙平定三藩之亂，即在雲南開發銅礦，雍正對此也網開一面，允許商民開採。但是清政府又與商人爭利，在銅冶業中實行「官督商辦」政策，商人生產的銅滿足政府需要，剩餘的才能自行出賣；它又實行「預發工本，收買餘銅」的辦法，低價強買銅斤，往往造成場商的賠本，使得銅業生產不能穩定。

資本主義萌芽內部，工匠與場主對立，清朝政府支持場方，用封建的野蠻手段壓迫工匠，鎮壓踹匠的「齊行增價」鬥爭，機匠的「叫歇」鬥爭。清政府的這種干預，使封建主義的因素滲透於資本主義萌芽的生產關係中，破壞著它的成長。

瞭解以上數點，就可以說明清代前期封建制度和地主階級地位了，農民的反抗鬥爭觸及到封建生產關係的各個領域（儘管對封建土地制度的認識極不深刻），這是他們覺醒和力量壯大的表現，也是他們對立面地主階級力量削弱的表現。資本主義萌芽的產生與緩慢發展，打破了封建的一統天下，自然是它的衰落的徵兆。皇權的極度發展，官僚機器的腐敗，說明封建制的上層建築已經沒有什麼發展餘地，日益成為社會機體的贅瘤。從經濟基礎到上層建築，都在阻礙著生產力的發展，這個制度正在衰老著，它的主人地主階級沒落著，它沒有什麼生機了，但是它還沒有走到盡頭，它的生產關係和上層建築還可以作局部的調整，資本主義萌芽遠沒有茁壯成長，因而也沒有形成足以代替地主階級統治的社會力量。所以說這個時代是封建制的衰落時期，或者說是晚期，這是孕育封建制掘墓人的時代，它不是末世，不是所謂「天崩地解」的時代，即不是封建制的瓦解時期。如果不是外國資本主義的侵略，鴉片戰爭的爆發，中國純粹的封建制還將有一個較長的時期。

既然如此，時代也就允許和要求封建人物沿著封建制實行改革，去發展它，維護它，延長它的壽命，不過這種改革的廣度和深度受到極大的限制罷了。因此，像康熙和雍正這樣比較傑出的帝王的出現，是當時社會條件允許的和需要的。

還有一種社會因素影響雍正的行政，這就是那時滿族的狀況。從努爾哈赤起兵統一女眞諸部到順治統一全國，是滿族的興起時期，康雍時代處於滿族的發展期。作為新興民族，具有奮進精神，它的統治全國，政治就比明朝末年清明得多。到了康雍時期，它已逐漸走向衰落，進取精神大不如前，但仍有保留，在下述幾方面體現得還是比較明顯的：

重視少數民族問題，經營邊疆，鞏固祖國領土。中國歷史上比較大的少數民族王朝，都對鞏固邊疆做出貢獻，而元朝、清朝尤為突出。造成它的原因是多方面的，而統治民族處於發展期的因素很重要。滿族原居於邊疆，建立全國政權後，遭到人口眾多的漢族反對，它為鞏固統治，必須保持自己的發祥地，還需要提高個別少數民族以協助其進行統治，所以康熙、雍正都大力經營邊疆，並取得良好的效果。

皇帝勤於政事。清朝在興起和統一過程中，皇子馳騁疆場，以建立功業為尊榮，引導帝胄奮興向上。統一後，對皇子教育正規化，使之學習滿漢文和各種知識，練習騎射。康熙命諸皇子隨侍南巡、秋獮，參預一些軍政事務，訓練了他們的從政能力。這樣培養出來的皇帝都比較勤奮精明。康熙和雍正宵旰勤政，每日接見臣工，處理朝政。康熙愛遊獵，然而不廢政事。雍正實行奏摺制，理政不怠，在封建帝王中，難於出其右者，所以孟森說：「自古勤政之君，未有及世宗者」，「其英明勤奮，實為人所難及。」[27]鄭天挺師說雍正是「好皇帝」[28]。他們的分析都是定評。把明代中後期的君主與清朝一比，相差甚遠，明太子出閣就傅如同兒戲，皇帝或昏庸，或荒淫，不理朝政，造成宦官專擅的黑暗局面。清朝遷都北京，設內管領處，代替明朝的宦官職事，順治後期設立內官十三衙門，康熙初年即行裁撤，建立內務府負責宮中事務，從而杜絕宦官專權。清朝前期皇帝的振作，是滿族發展時代的精神體現。

封建社會晚期與滿族發展期相結合，要求和允許雍正在一定範圍內實行改革，做出他的貢獻。嚴重的階級鬥爭和激烈的政治鬥爭，向雍正提出如何維護以滿族為主體的地主階級統治的問題，也使他產生解決這個問題的迫切感。他稟賦這時滿族還具有的向上精神，痛恨社會積弊，力求使清朝政權從康熙後期的儲位之爭和朋黨之爭中解脫出來，他實行改革，經過劇烈的鬥爭，取得了前述那些成果，他澄清吏治，局部調整農民與政府、與地主的關係，是在封建制晚期所允許的範圍內實現的，他的改革在許多方面失敗了，這是他的時代和階級地位決定他不可能做得更多。雍正所以能成為比較傑出的帝王，就是他適應時代的要求和在可能的條件下，做出了他的努力。

雍正的才能、性格對其政治的影響

雍正本人的因素也影響著他的政治。

雍正聰明好學，具有綜理政務的才智；雍正具有剛毅的性格，但又性情急躁，殘忍無情；雍正具有政治抱負，決心實行改革；雍正的思想和性格，產生了他雷厲風行的作風。雍正的理想、才能、性格和作風，同當時的社會條件相結合，產生他的政治，具體表現可以歸納為：

認識時勢，決定改革政治的內容和範圍。康熙晚年政事廢弛，雍正早就看在眼裏，正確認為那時「人心玩惕已久，百弊叢生」，決心加以釐剔。如官吏濫徵火耗，侵吞錢糧，康熙睜一眼閉一眼，以示寬大，更怕承擔肯定加派的惡名，拒絕臣下將耗羡部分歸公的建議。雍正從務實考慮，不避加派之名，才能實行賦役改革。雍正基於他對形勢的認識，改革的面相當廣。

辦事雷厲風行，加快改革的速度。雍正勤政，使事情進展較快，如清理財政令下之後，立即見效，庫存情況好轉。再如實行改土歸流政策，雍正為統一事權和加快速度，將原屬四川的一些地方劃歸雲南，又把廣西從兩廣總督轄下改歸雲貴總督管理，雍正又不秩提拔改土歸流中有功的哈元生、張廣泗等人，進一步推進這個事業。土司制有數百年的歷史，明朝也在條件許可的地方實行過改流，但雍正在短時間所做到的要多得多。

政治思想的狀況，決定改革的深度。雍正對主佃矛盾看得比較嚴重，認為只有壓抑不法紳衿的權力，才有利於穩定農村秩序，故而加強對紳衿的管理，改定有關主佃關係的法令。他除豁山陝樂戶、紹興惰民、寧國世僕、徽州伴當、廣東疍戶、常熟丐戶、教坊司樂戶等賤籍，允許他們改業從良，為他們解除了法律的禁令。這些賤民的沉淪都有數百年的歷史，前代有的帝王只在極小範圍內對他們作過一些釋免，而雍正則大刀闊斧地進行，表明他富有政治氣魄，敢於革除數百年積弊。因而在某些方面，他的改革比他的前輩深刻。

結語的結語

話已經說的夠多的了，然而又沒有全完，再對雍正及其歷史的研究說幾句吧。

第一、雍正是值得肯定的歷史人物。雍正朝的歷史有光明面，過往的歷史資料和歷史研究對雍正本人特別是他的品德指斥較多，對他的政治雖有肯定但不充分，因此應當重新與加強對雍正史的研究。雍正的留下罵名，主要不在他本身的過錯，而是他的對立面所造成的輿論及其影響，也有後世與他持有不同政治觀點的人對他不斷批評的結果。被雍正打擊的政敵、貪官污吏和不法紳衿，有製造輿論的能力，也有擴散他們觀點的市場。他們從自身利益出發，當然不同意雍正的政治觀點，比如雍正整飭吏治、清查虧空觸犯了他們的利益，他們就說皇帝貪財。又如實行士民一體當差政策，被剝奪了一些特權的紳衿暴跳如雷，公然宣稱士民一體當差是錯誤的。一件事情，不同的人有不同的看法，本是正常的現象，重要的是分析不同意見中，那些是對的，或有合理成分的，那些全不合事實。深入分析，不難發現，當時人的許多指責不合情理，它只反映了被整的那部分人的情緒，並不值得同情和深信。在封建時代，還有一種人與雍正政治思想不一致，看不慣他的作風，因而同情那些被打擊者，不滿意於雍正。他們就相信當時人、受害人的言論，並加以傳播。如乾隆時著名文人袁枚，在寫作雍正時期人物的傳記文中，抨擊雍正朝政治，鮮明地表現了他的政治思想傾向[29]。當時人及清朝人的這類記載，自然地給後人以一定的影響。後世責難雍正的觀點，大約同這些傳統看法有一定的淵源關係。

輿論對雍正不利，他是很清楚的，他也在爭取輿論的同情和支持，發表了闡述其政治觀點的大量上諭，刊行了《大義覺迷錄》，整理了《硃批諭旨》、《上諭內閣》。同時他也蔑視輿論，以為它不足憑信，他就用人問題說：「輿論既不足盡憑，則人之賢否何由而知，只得試用之。以觀其後，此即古聖人明試以功之意」[30]，他知道要用實行來考察官員的賢否。輿論要分析，後人對歷史文獻也要分析，要用唯物主義的觀點、方法進行分析，去僞存眞，做出符合於歷史實際的解釋。如果不做好這項工作，受著文獻的束縛和影響，人云亦云，恐怕連雍正的認識也趕不上了。

第二、雍正及其政治的出現，是時代的產物。「政治是一種科學，是一種藝術，它不是天上掉下來的，不是白白可以得到的」[31]。比較清明的雍正政治的產生，比較傑出的歷史人物雍正的出現，是還允許改革的中國封建制和發展中的滿族所哺育的，也是他本人發揮個人歷史作用的結果，這兩種因素缺一不可。同時，雍正及其政治成就，表明當時封建社會還可以有所發展，還沒有走完它應走的路程。通過雍正史的研究，可以加深對清朝歷史、中國封建社會晚期歷史的理解。

註釋

1 清世宗「硃諭」，第九函。
2 王慶雲《熙朝紀政》卷三《紀丁隨地起》。
3 乾隆《蘇州府志》卷八《田賦》；乾隆《尤溪縣志》卷三《田賦》。
4 《養吉齋叢錄》卷一。
5 王先謙《東華錄》，康熙四十九年十一月辛卯條。
6 光緒《大清會典事例》卷七五四《刑部・戶律田宅》。
7 三聖指順治、康熙和雍正。
8 乾隆《河南通志》阿思哈《序》。
9 《雍正帝及其密摺制度研究・佐伯序》。
10 該書《引言》。
11 《李朝實錄・肅宗實錄》卷十九，十四年（康熙二十七年）四月甲辰條，三十九冊六三一頁下。
12 王先謙《東華錄》，康熙二十七年五月癸酉條。
13 《康熙朝起居注》，五十五年三月二十五日條。
14 卷一〇《風俗》。
15 同治《雩都縣志》卷六《武事》。
16 《錫金識小錄》卷四《祈雨》。
17 乾隆《上杭縣志》卷十二《雜志》。
18 乾隆《蘇州府志》卷十二《物產》；同治《（江西）新城縣志》卷一《風俗》；包世臣《安吳四種》卷二十五上《齊民四術・農政・辦穀》。
19 道光《石城縣志》卷七《武事》。
20 同治《建昌府志》卷九《藝文・新城田租說》。
21 同治《永新縣志》卷十五《武事》。
22 《江蘇省明清以來碑刻資料選集》，六頁。
23 徐珂《清稗類鈔・農商類》。
24 《江蘇省明清以來碑刻資料選集》，四三頁。
25 《硃批諭旨・胡鳳翬奏摺》，元年四月初五日摺。
26 《上諭內閣》，二年二月二十日諭。
27 《明清史講義》，中華書局一九八一年版，四七一－四七二頁。
28 《清史簡述》，中華書局一九八〇年版，四七頁。
29 那些傳記文收在《小倉山房文集》中。
30 《上諭內閣》，五年七月初十日諭。
31 《列寧選集》第四卷，人民出版社一九七二年版，二三四頁。

附錄一　雍正年表

說明：(1)本表記注雍正本人及康熙、雍正兩朝重要事務和事件。
(2)本表依據附錄四「引用書目」中基本書目的載籍資料編寫。

中國紀年	西元	月	雍正歲數	記事
康熙一七	一六七八	一〇	一	三十日，胤禛生，為康熙第四子。母烏雅氏，孝恭仁皇后，時為德嬪。胤禛長兄允禔生於康熙十一年。二兄允礽，生於十三年，十四年立為太子。三兄允祉生於十六年。
二〇	一六八一	一二	四	母德嬪進為德妃。
二三	一六八三		六	跟從侍講學士顧八代學習，直至康熙三十七年；同時值尚書房教皇子的有後升任大學士張英、徐元夢等人。
二五	一六八六		九	康熙巡行塞外，胤禛隨行，同往的皇子有允礽、允禔、允祉。
二七	一六八八	一二	十一	孝莊文皇后忌辰，康熙往遵化謁暫安奉殿，胤禛及允禔、允祉隨往祭祀。先年大學士索額圖、明珠分別結黨，前者為太子黨，後者反之，至是明珠被劾罷任。

三〇	一六九一		十四	約在本年胤禛奉父命同內務大臣費揚古女那拉氏結婚，那拉氏後為孝敬憲皇后。
三二	一六九三	二	十六	康熙巡視畿甸，胤禛同允礽等侍行。重修闕里孔廟落成，允祉往祭，胤禛同行。
三五	一六九六	三—五 一二	十九	康熙親征噶爾丹，諸皇子從征，胤禛掌正紅旗大營。 胤禛往暫安奉殿行禮。
三七	一六九八	三	二十一	康熙授諸子世爵，胤禛為貝勒，允禔、允祉為郡王，允祺、允祐、允禩亦為貝勒。
三八	一六九九		二十二	是年，康熙為諸皇子建府，胤禛府邸在其中，為後日之雍和宮。
四一	一七〇二	一—二 九—十	二十五	康熙巡幸五臺山，胤禛及允礽、允祥從行。 康熙南巡，胤禛、允祥等侍從，至德州，允礽病，轉回北京。
四二	一七〇三	一—三	二十六	康熙南巡，至江寧、蘇州、杭州，胤禛及允礽、允祥從行。
四七	一七〇八	一 九 一一	三十一	浙江四明大嵐山朱三太子、張念一等準備暴動，稱大明天德年號。 廢黜皇太子允礽。 圈禁允禔。廷臣舉允禩為太子，康熙不允。

四八	一七〇九	三	三十二	復立允礽為太子。封胤禛、允祉、允祺為王，允祐、允䄉、允禟、允裪、允禵等世爵。
		八		胤禛受賜王爵號雍親王。
				約於是年受賜圓明園。
五〇	一七一一	八	三十四	胤禛第四子弘曆生。
五一	一七一二	二	三十五	康熙宣布實行滋生人丁永不加賦政策。
		一〇		再次廢黜允礽。
五二	一七一三	九	三十六	允祉開蒙養齋館修書。
				是年，雍邸屬人戴鐸提出全面奪取儲位的規劃，胤禛說他的建議是金石之言。
五四	一七一五	四	三十八	準噶爾策妄阿拉布坦遣兵騷擾哈密，康熙召胤禛和允祉議論對策，胤禛主張用兵。
五五	一七一六		三十九	戴鐸報告有武夷山道士算得胤禛是萬字命，胤禛極感興趣。
五六	一七一七	一	四十	康熙命胤禛同允祉等皇子審理盜發明陵事，並祭明陵。
				河南宜陽亢珽、閿鄉尹喬、王更一暴動。
		七		皇太后死，時康熙在病中，用胤禛及允祉、允祿傳旨辦事。
		一二		時儲位之爭激烈，在福建的道員戴鐸聞聽對胤禛不利，欲謀臺灣道職，以作將來退身之計。

五七	一七一八	一〇	四十一	康熙命允禵為撫遠大將軍出征西北。允祐、允䄉、允祹管旗務。 年羹堯為四川總督。
五九	一七二〇	八	四十三	允禵指揮清軍兩路進藏，送達賴六世至拉薩，驅逐準噶爾在藏中勢力。 是年湖南辰溪謝祿正暴動，至雍正五年八月被處死。 本年隆科多為理藩院尚書，兼步軍統領。
六〇	一七二一	正		康熙登基一甲子大慶，胤禛往盛京祭祖陵。
		三	四十四	大學士王掞請立太子，三月御史陶彝等人亦為請求，康熙以他們結黨，發遣西北軍前效力。 萬壽節，胤禛致祭太廟後殿。 因貢士不平鬧事，胤禛同允祉率大學士王頊齡等磨勘中試原卷。
		五		臺灣朱一貴起義，下月失敗。
		一一		胤禛奉命冬至祭天。
六一	一七二二	三	四十五	胤禛兩次請康熙遊幸圓明園，康熙召見弘曆，養育宮中。
		一〇		胤禛與延信、隆科多等人清查京通二倉。
		一一		初七日康熙有病，初九日胤禛奉命代行冬至祭天，往南郊齋戒；十三日康熙死，隆科多傳遺詔，命胤禛繼位，或云隆係矯詔，或云胤禛篡改遺詔，謂康熙遺命允禵繼位。

一二

十四日，胤禛封允禩、允祥為親王，命允禩、允祥、大學士馬齊、隆科多總理事務。

二十日胤禛正式即位，改元雍正。

雍正命隆科多兼吏部尚書，允禩兼管理藩院事，允祥管戶部三庫事務。

命各省在三年內清補錢糧虧空。

罷鷹犬之獻。

雍正元年　一七二三　四十六

正

分別諭督撫提鎮守命等地方文武官員，明其職掌。

設立會考府稽核財賦。

命徐元夢、朱軾等教皇子讀書。

命允禟往西寧，離散允禩黨人。

命對錢糧不清的官員革職追贓，不得留任。

二

追封孔子五世為王。

三

送康熙遺體於遵化山陵，名景陵，因允禵於此。

四

削除山陝樂籍，准改業從良。

五

仁壽皇太后死。

定官民婚嫁禮制，禁奢靡。

八

定會試二場以《孝經》命題。

實行秘密立儲法。

九

除豁浙江紹興惰民賤籍。

准直隸巡撫李維鈞之請，明年起實行攤丁入糧制度。

年	西元	月	歲	事件
		一〇		青海厄魯特羅卜藏丹津叛亂，命年羹堯為撫遠大將軍討之。
		一一		命六科給事中內升外轉歸都察院管理，致使臺省合一，削弱言官作用。 朱一貴餘眾溫上貴等暴動於江西萬載。
		一二		命盡遷西洋人於澳門，改天主堂為公所。 本年從山西巡撫諾岷之請，在晉實行耗羨歸公和養廉銀制度。
二	一七二四	正	四十七	添置八旗教養兵，以利於解決旗民生計困難問題。
		三		年羹堯、岳鍾琪平定羅卜藏丹津之亂，五月處置青海善後事宜。 雍正將康熙聖諭十六條敷衍成《聖諭廣訓》，作序頒布。 取消儒戶、宦戶名稱，以減少紳衿濫免差傜之弊。 命地方官勸農，給老農頂戴以資鼓勵。
		四		允䄉被革爵圈禁。
		五		河南封邱生員反對紳民一體當差，舉行罷考。
		六		命在京南設立八旗井田，安置八旗貧民耕種。
		七		經廷臣討論，下令推行耗羨歸公及養廉銀制度。 頒布《御制朋黨論》，為允禩集團而發。
		九		以江南財賦重地，縣令事繁，分置州縣，後在他省提升州、縣為府或直隸州。以妨農、聚眾等原因，嚴禁廣東開礦。
		一〇		封明裔朱之璉為一等侯，世奉明祀。

年	公元	月	歲	事件
		一二		允礽死，雍正臨喪，封理密親王。任命田文鏡為河南巡撫。
三	一七二五	二	四十八	以日月合璧、五星聯珠為禎瑞，告祭景陵。永遠停止盜賊、逃人割腳筋例。
		三		以年羹堯賀五星聯珠表有誤責問之。
		四		改年羹堯為杭州將軍，岳鍾琪署川陝總督。
		五		嚴禁私鑄制錢。
				發上諭，謂不用僧人贊襄政務。世傳年羹堯、隆科多、允禩、允禟諸獄，由釋文覺參預籌畫。
		九		經營遵化九鳳朝陽吉地，後以出砂廢。
		一〇		以楊名時為雲貴總督管雲南巡撫事，鄂爾泰為雲南巡撫管雲貴總督事。
		一一		內務府下人反對削減披甲名額。
				向各省派遣巡察官員，清理盜案。
		一二		以九十二大罪命年羹堯自裁；與之有聯繫的《讀書堂西征隨筆》作者汪景祺以訕謗罪處斬。
				本年命允祥查勘直隸水利。
				本年以雍邸為雍和宮。
				本年命李衞為浙江巡撫。

四	一七二六	正	四十九	將允禩、允禟削除宗籍，三月允禩改名阿其那，五月允禟改名塞思黑。
		二		命張廷玉為大學士兼戶部尚書，蔣廷錫為戶部尚書。
		三		將在雍邸輯成的《悅心集》刊印。 以侍講學士錢名世諂媚年羹堯，親書「名教罪人」責之。 改因允禵於景山壽皇殿。
		四		直隸總督李紱參劾田文鏡貪酷不法。
		五		斬允禩黨人鄂倫岱、阿爾松阿。 廣州民人打搶米廠，喧鬧公堂。
		七		圈禁平郡王訥爾蘇，子福彭襲爵。 定保甲法與官吏捕盜不力懲治例。
		八		允禟死於保定禁所。 雍正祭孔廟，奠帛獻爵行跪拜禮。
		九		允禩死於禁所。 鄂爾泰提出改土歸流的方針、策略，為雍正讚賞。 以侍郎查嗣庭為隆科多黨人、主考江西試題乖張，逮問，死於獄，次年五月戮屍。 因鑄錢缺銅，禁止民人用黃銅製造器皿。
		一〇		以汪景祺、查嗣庭為浙江人，停止該省鄉會試，特設浙江觀風整俗使。
		一二		原任蘇州織造李煦前以虧空革職，至是因給允禩侍婢事發，遣戍黑龍江。

年	公元	月	年齡	事件
				御史謝濟世參劾田文鏡，雍正以其與李紱結成科甲朋黨，遣戍北路軍營，謝的廣西同鄉工部主事陸生枏被牽連亦赴戍所。 行直隸營田事例。 總河齊蘇勒暨豫撫等奏報黃河清，雍正以為祥瑞，明年加恩百官。 命選立族長。
五	一七二七	正	五十	開江南捐穀例。
		二		頒布修訂的大清津。
		三		開福建洋禁，尋亦允廣東民人往南洋貿易。 俄羅斯使臣薩瓦・務拉的斯拉維赤至京賀登極。
		四		開豁徽州、寧國世僕。
		七		命民間首報隱田。 西藏噶倫阿爾布巴叛亂，雍正命查郎阿率兵進討。
		八		喀爾喀郡王策零代表清朝與俄使薩瓦・務拉的斯拉維赤簽訂《恰克圖條約》。
		一〇		以四十二大罪將隆科多圈禁，後死於禁所。
		一二		西藏事定，留駐藏大臣二人，分駐前後藏。 下令查抄江寧織造曹頫家產，《紅樓夢》作者曹雪芹家庭從此敗落。 以延信黨於允禩、允禵，圈禁。 從岳鍾琪之請，在四川清丈墾田，搜查隱田。

年	公元	月	年齡	事件
六	一七二八	二	五十一	寶泉局匠役聚眾抗議官員剋扣工食。
		三		上年山西發生「澤州匪類聚眾」案，至是首領翟斌如等遇害。
		七		田文鏡奏報民人翟世有拾金不昧，命給七品頂戴以資鼓勵，此後這類報告不斷出現。
		九		湖南曾靜遣其徒張熙往陝西策動岳鍾琪反清，興大獄，株連浙江已故理學家呂留良及其門人嚴鴻逵、沈再寬等。河南永壽縣有「卦子」活動。
		一〇		制定出洋船隻條例。
		一一		疏濬寧夏昌潤渠，置寶豐、新渠等縣，召民墾種。濟寧州發生刼獄、盜庫、打傷官員事件。
		一二		命侍郎王璣等至江南清理積欠，至九年結束，民間謂為「滙追」。本年命閩粵士人學習官話，否則八年以後停止其科舉考試。
七	一七二九	正	五十二	鄂爾泰奏去年聖壽節雲南出現慶雲，表示天子孝行，以為祥禎，此後各地紛報慶雲。
		二		因曾靜案，設湖南觀風整俗使。
		三		以岳鍾琪為寧遠大將軍、傅爾丹為靖邊大將軍，分領西路和北路軍營，預備出征準噶爾。
		五		命浙江依照福建、廣東辦法，許民出洋貿易。以廣東蜑民為良民，准許上岸居住。

年	公元	月	年齡	事件
		六		因師征準噶爾，雍正誓師京南南海子。
		七		陸生枏讀《通鑑》，書寫評論，以之為誹謗朝政，至十二月於軍前正法。
				山東人牛三花拉在青州組織秘密宗教三元會，至是被破壞。
		八		命編輯《上諭內閣》，至九年書成，乾隆間續完；命編《硃批諭旨》，至乾隆間出齊；命田文鏡、李衛總結地方官行政經驗，次年撰成《欽頒聖諭條例事宜》。
		一〇		宣布免曾靜師徒死刑，用他們講解《大義覺迷錄》。
		一二		決定在易州建造陵寢。
				以廣東多盜案，設觀風整俗使。
				重申服色越制之禁。
				李衛在江蘇查出甘鳳池案，這是具有反清復明色彩的秘密結社。
				社會上傳言朱三太子在交趾、呂宋等處活動。
				本年，因西北用兵，設軍機房，即後日的軍機處，代替了內閣的地位。其軍機處制度，由張廷玉擬定。
				本年改教坊司為和聲署。
				本年蘇州踹匠欒爾集等拜盟，組織反抗活動。
				本年冬天起，雍正身體經常不適。
八	一七三〇		五十三	雍正輯《庭訓格言》成，該書滙集康熙訓子語錄。

年	西元	月	年齡	事蹟
		五		允祥死，雍正臨喪所，命配享太廟；誠親王允祉以臨喪無狀，削爵圈禁。
				封允礽子弘晳為理親王。
				削除蘇州常熟、昭文丐戶賤籍。
				崇明佃農進行抗租鬥爭。
		八		北京地震，雍正登舟、設幕作息。
		一〇		更定朝臣帽頂制度。
				雍正斬為其治病的道士賈士芳。
				行廣西開墾事例。
				本年，因曾靜、呂留良案，發生幾起文字獄，有徐駿詩文案，上杭范世傑呈詞案，屈大均詩文案。
				本年，楊成勛等因四川清丈謀圖組織暴動。
九	一七三一	三	五十四	湖北鍾祥縣士民抗糧。
		四		準噶爾進攻吐魯番。
		六		傅爾丹被準噶爾打敗於和通泊，命馬爾賽為綏遠將軍，前往軍營。
		九		皇后死，謚孝敬憲皇后，雍正因身體不適，未視含殮。
		一二		《清聖祖實錄》、《清聖祖聖訓》修成。
				命允祿等編輯《上諭八旗》。
				鄂爾泰奏報改土歸流完成。

一〇	一七三二	正	五十五	命鄂爾泰為大學士兼兵部尚書。
		三		鑄造軍機處印信。
		七		策凌敗準噶爾於額爾德尼昭（光顯寺）：九月嘉獎之，賜號「超勇親王」，授定邊左副將軍。
		一〇		命鄂爾泰督巡陜甘，經略軍務。
		一一		岳鍾琪以用兵無方，奪公爵，削職拘禁。
		一二		禁止官府侵佔寺院田產。
				以縱賊失機，殺馬爾賽於軍前。
				呂留良案審結，呂留良、嚴鴻逵戮屍，沈在寬立斬。
一一	一七三三	二	五十六	封弘曆為寶親王，皇五子弘晝為和親王。
		四		選輯成禪僧、羽士的語錄，名《御選語錄》（包括雍正的《圓明語錄》）；撰成《揀魔辨異錄》。
				下詔徵舉博學鴻詞。
				以失機縱敵，斬提督紀成斌於西路軍營。
		一一		為禪宗名僧賜封號。
				本年修葺京內外名山寶剎。
				開浙江海塘事例。
一二	一七三四	八	五十七	遣傅鼐等往準噶爾議和。
		一一		命校對太祖、太宗、世祖三朝實錄，實即篡改史書，乾隆初書成。
		一二		沈倫《大樵山人詩集》案發。

一三	一七三五		五十八	本年，開館刊刻藏經。
		三		因改土歸流，貴州古州發生叛亂。
		五		命弘曆、弘晝、鄂爾泰等辦理苗疆事務。
		八		二十日雍正有病，仍理朝政，二十二日夜病劇，二十三日子夜死。有事先封存的傳位詔書，命弘曆嗣位。遺詔命將來予鄂爾泰、張廷玉配享太廟。弘曆命允祿、允禮、鄂爾泰、張廷玉為總理事務王大臣。
		一一		弘曆上雍正謚號「敬天昌運建中表正文武英明寬仁信毅睿聖大孝至誠憲皇帝」，廟號「世宗」。
乾隆二	一七三七	三		葬雍正於易州泰陵。

附錄二　康熙皇子表

（康熙諸子本名為「胤」，後因避雍正帝名諱，故改名為「允」。）

名字	生年	敘齒行次	封爵	生母	卒年	備注
允禔	康熙十一年	一	直郡王	惠妃納拉氏	雍正十二年	康熙圈禁
允礽	十三年	二	皇太子	孝誠仁皇后	雍正二年	廢黜
允祉	十六年	三	誠親王	榮妃馬佳氏	雍正十年	雍正八年起遭囚禁
胤禛	十七年	四	雍親王	孝恭仁皇后	雍正十三年	雍正帝
允祺	十八年	五	恒親王	宜妃郭絡羅氏	雍正十年	
允祚	十九年	六		孝恭仁皇后	康熙二十四年	
允祐	十九年	七	淳親王	純妃達甲氏	雍正八年	
允禩	二十年	八	廉親王	良妃衞氏	雍正四年	雍正除其宗籍
允禟	二十二年八月	九	貝子	宜妃郭絡羅氏	雍正四年	雍正除其宗籍
允䄉	二十二年十月	一〇	敦郡王	溫僖貴妃鈕祜祿氏	乾隆六年	遭雍正囚禁
允禌	二十四年五月	一一		宜妃郭絡羅氏	康熙三十五年	

允祹	二十四年十二月	一二	履親王	定妃瓦劉哈氏	乾隆二十八年
允祥	二十五年	一三	怡親王	敬敏皇貴妃章雅氏	雍正八年
允禵	二十七年	一四	恂郡王	孝恭仁皇后	乾隆二十年
允禑	三十二年	一五	愉郡王	順懿密妃王氏	雍正九年
允祿	三十四年	一六	莊親王	順懿密妃王氏	乾隆三十二年
允禮	三十六年	一七	果親王	純裕勤妃陳氏	乾隆三年
允祄	四十年	一八		順懿密妃王氏	康熙四十七年
允禝	四十一年	一九		襄妃高氏	康熙四十三年
允禕	四十五年七月	二〇	貝勒	襄妃高氏	乾隆二十年正月
允禧	五十年正月	二一	愼郡王	熙嬪陳氏	乾隆二十三年五月
允祜	五十年十二月	二二	貝勒	謹嬪色赫圖氏	乾隆八年十二月
允祁	五十二年十一月	二三	貝勒	敬嬪石氏	乾隆五十年七月
允祕	五十五年五月	二四	諴親王	穆嬪陳氏	乾隆三十八年十月

附錄三　雍正皇子表

名字	生年	自然行次	敘齒行次	封爵	生母	卒年	備注
弘暉	康熙三十三年	一	一		孝敬憲皇	康熙四十三年	乾隆追封親王
弘盼	三十六年	二			齊妃李氏	康熙三十八年	
弘昀	三十九年	三	二		齊妃李氏	康熙四十九年	
弘時	四十三年	四	三		齊妃李氏	雍正	
弘曆	五十年	五	四	寶親王	孝聖憲皇后	嘉慶四年	
弘晝	五十年	六	五	和親王	懿貴妃耿氏	乾隆三十年	
福宜	五十九年	七			敦肅皇貴妃年氏	康熙六十年	
福惠	六十年	八			敦肅皇貴妃年氏	雍正六年	乾隆追封親王
福沛	雍正元年	九			敦肅皇貴妃年氏	生當日死	
弘瞻	十一年	一〇	六	果親王	謙妃劉氏	乾隆三十年	出為允禮後人

附錄四　引用書目

說明：(1)凡引用之書，一概入目，包括檔案資料和期刊。
(2)首列基本引用書目，然後基本按圖書體裁分類著錄。

雍正朝起居注，原書藏中國第一歷史檔案館（以下簡稱「一史館」）。
上諭內閣，雍正，栱北樓書局藏板印本。
大清世宗憲皇帝實錄（清世宗實錄），鄂爾泰等撰，一九三六年影印本。
清世宗憲皇帝御制文集（清世宗詩文集），光緒五年《清歷朝御制詩文集》本。
硃批諭旨，雍正，光緒十三年上海點石齋縮印本。
永憲錄，蕭奭，中華書局一九五九年版。
清史列傳，中華書局一九二八年版。
清史稿，中華書局標點本，一九七七年版。
康熙朝起居注，一史館藏。
大清聖祖仁皇帝實錄，馬齊等撰，一九三六年影印本。
大清高宗純皇帝實錄，慶桂等撰，一九三六年影印本。
大清德宗景皇帝實錄，世續等撰，一九三六年影印本。

清世宗「硃諭」，檔案，一史館藏。
大義覺迷錄，雍正，《清史資料》第四輯。
上諭八旗，雍正，清官刻本。
御選語錄，雍正輯，雍正官刻本。
揀魔辨異錄，雍正，一九一八年刊本。
悅心集，雍正輯，清末鉛印本。
庭訓格言，雍正輯，津河廣仁堂本。
執中成憲，雍正，乾隆元年刊本。
聖諭廣訓，雍正，宣統二年刊本。
康熙御制文，第三集，康熙武英殿版。
清高宗御制詩集，第五集，《清歷朝御制詩文集》本。
御制圓明園圖詠（御制圓明園詩圖），乾隆，乾隆官刻本。
撫遠大將軍奏議，允禵，《清史資料》第三輯。
皇清通志綱要，弘旺，抄本，北京大學圖書館藏。
光緒《大清會典事例》，李鴻章等撰，宣統二年商務印書館版。
東華錄，蔣良騏，中華書局一九八〇年版。
東華錄，王先謙，光緒十七年上海廣百宋齋校印本。
國朝耆獻類徵（初編），李桓，湘陰李氏板。
碑傳集，錢儀吉，光緒十九年江蘇書局校刊本。

國朝先正事略，李元度，中華書局四部備要本。
聖武記，魏源，中華書局四部備要本。
滿漢名臣傳，同治間抄本，南開大學圖書館藏。
清人傳記、誌銘、雜文鈔，不著撰人，抄本，南開大學圖書館藏。
清朝文獻通考，商務印書館萬有文庫本。
清朝通典，商務印書館萬有文庫本。
清朝通志，商務印書館萬有文庫本。
皇朝經世文編（清經世文編），賀長齡、魏源輯，道光刊本。
雍正《吏部則例》，雍正十二年版。
乾隆《吏部則例》，乾隆七年版。
（新增）刑案滙覽，潘文舫輯，光緒十二年印本。
讀例存疑，薛允升，光緒三十年刻本。
欽頒州縣事宜，田文鏡、李衞，《宦海指南》叢書本，光緒十二年刻。
撫豫宣化錄，田文鏡，雍正五年刻本。
吏治學古編，王士俊，雍正十二年刻本。
文史通義，章學誠，世界書局一九三五年版。
張氏捐義田奏摺，張照，抄本，南開大學圖書館藏。
（宜章）曹氏族譜，一九二一年印刷。
朔方備乘，何秋濤，光緒七年刊。

苗防備覽，嚴如熤，道光二十三年重刻本。
四庫全書總目，永瑢、紀昀等撰，中華書局一九六五年版。
襄勤伯鄂文端公年譜，鄂容安等，《清史資料》第二輯。
澄懷園文存，張廷玉，光緒十七年刊本。
澄懷園語，張廷玉，光緒三十一年鉛印本。
澄懷園主人自訂年譜，張廷玉，光緒六年刊本。
穆堂初稿，李紱，乾隆五年刊本。
穆堂別稿，李紱，乾隆十二年刊本。
朱文端公集，朱軾，乾隆間刊本。
沈端恪公遺書，沈近思，同治十二年浙江書局校刊本。
趙恭毅公賸稿，趙申喬，乾隆二年刻本。
呂晚村先生文集，呂留良，約刻於同治八年。
香樹齋全集，錢陳群，光緒二十年刻本。
謝梅莊先生遺集，謝濟世，光緒三十四年刻本。
四焉齋文集，曹一士，宣統二年刻本。
鹿洲初集，藍鼎元，雍正十年刊本。
小倉山房文集，袁枚，乾隆三十四年刊本。
隨園詩話，袁枚，乾隆小倉山房刊本。
鮚埼亭集，全祖望，商務印書館國學基本叢書本。

春融堂集，王昶，嘉慶十二年刻本。
沈歸愚詩文全集，沈德潛，教忠堂藏板本。
測海集，彭紹升，嘉慶二十四年刻本。
安吳四種，包世臣，同治十一年注經堂重刊本。
癸巳類稿，俞正燮，商務印書館一九五七年版。
癸巳存稿，俞正燮，叢書集成初編本。
校邠廬抗議，馮桂芬，津河廣仁堂印本。
章氏遺書，章學誠，一九二二年劉氏嘉業堂刊本。
青藤書屋文集，徐渭，叢書集成初編本。
明夷待訪錄，黃宗羲，中華書局四部備要本。
潛書，唐甄，中華書局一九六三年版。
二十二史札記，趙翼，中華書局一九六三年版。
明季北略，計六奇，商務印書館國學基本叢書本。
清列朝后妃傳稿，張爾田，一九二九年印本。
清帝系后妃皇子皇女四考，吳昌綬，一九一七年刊刻本。
日下舊聞考，于敏中等，北京古籍出版社一九八一年版。
燕京歲時記，富察敦崇，北京出版社一九六一年版。
雍正《河南通志》。
乾隆《河南通志》。

乾隆《信陽州志》。
乾隆《光州志》。
乾隆《確山縣志》。
乾隆《尤溪縣志》。
乾隆《上杭縣志》。
同治《建昌府志》。
同治《興國縣志》。
同治《永新縣志》。
同治《新城縣志》。
同治《雩都縣志》。
道光《石城縣志》。
康熙《無錫縣志》。
錫金識小錄，黃印，光緒二十二年刊本。
乾隆《蘇州府志》。
乾隆《震澤縣志》。
嘉慶《揚州府志》。
嘉慶《松江府志》。
松江衢歌，陳金浩，《藝海珠塵》叢書本。
光緒《奉賢縣志》。

光緒《常熟昭文合志稿》。
乾隆《涇縣志》。
道光《阜陽縣志》。
同治《祁門縣志》。
同治九年《霍邱縣志》。
乾隆四十一年《淄川縣志》。
居易錄，王士禎，《王漁洋遺書》本。
簷曝雜記，趙翼，中華書局一九八二年版。
竹葉亭雜記，姚元之，中華書局一九八二年版。
養吉齋叢錄、餘錄，吳振棫，光緒二十二年刊本。
嘯亭雜錄，昭槤，中華書局一九八二年版。
讀書堂西征隨筆，汪景祺，故宮文獻館一九二八年版。
履園叢話，錢泳，中華書局一九七九年版。
聽雨叢談，福格，中華書局一九五九年版。
茶餘客話，阮葵生，中華書局一九五九年版。
內閣小記，葉鳳毛，《玉簡齋叢書》本。
樞垣紀略，梁章鉅，光緒元年刊本。
樞垣題名，吳孝銘，光緒八年刊本。
瞑齋雜識，許克敬，光緒七年刊本。

世載堂雜憶，劉禺生，中華書局一九六〇年版。
炳燭裏談，陳作霖，一九六三年《金陵瑣志》本。
熙朝紀政，王慶雲，上海天章書局光緒二十七年印本。
皇朝瑣屑錄，鍾琦，光緒二十三年刊本。
廣東新語，屈大均，康熙三十九年木天閣刊本。
萬曆野獲編，沈德符，中華書局一九五九年版。
輟耕錄，陶宗儀，中華書局一九五九年版。
清稗類鈔，徐珂，商務印書館印。
梵天廬叢錄，柴萼，一九二六年刊本。
滿清十三朝宮闈秘史，燕北老人，一九一九年刻本。
清帝外紀，金梁，一九三四年序本。
清室外紀，濮蘭德・白克好司，《清外史叢刊》本，中華書局一九一九年版。
清史演義，蔡東藩，江蘇人民出版社一九八〇年版。
兒女英雄傳，文康，光緒間刊本。
後漢書，中華書局標點本。
舊唐書，中華書局標點本。
新唐書，中華書局標點本。
宋史，中華書局標點本。
元史紀事本末，中華書局一九五五年本。

明史，中華書局標點本。
明史紀事本末，中華書局一九七七年本。
尚書大傳，陳壽祺輯，光緒十六年刻本。
朝鮮《李朝實錄》，肅宗實錄，景宗實錄，英宗實錄，學習院東洋文化研究所一九六四—一九六五年版。
東印度公司對華貿易編年史（一六三五—一八三四年），馬士〔H.B.Morse: The Chronicles of the East India Company Trading to China（1635—1834）〕。
燕京開教略，樊國梁，一九〇五年北京救世堂印。
關於江寧織造曹家檔案史料，中華書局一九七五年版。
李煦奏摺，中華書局一九七六年版。
清代文字獄檔，故宮文獻館刊版。
康熙與羅馬使節關係文書，故宮文獻館出版。
明清史料，丁編，商務印書館一九五一年刊。
孔府檔案選編，中華書局一九八二年版。
上海碑刻資料選輯，上海人民出版社一九八〇年版。
江蘇省明清以來碑刻資料選集，三聯書店一九五九年版。
康雍乾城鄉人民反抗鬥爭資料，中華書局一九七九年版。
掌故叢編，故宮文獻館出版。
文獻叢編，故宮文獻館出版。

宗室玉牒，一史館藏。
康熙帝傳，白晉撰，馬緒祥譯，《清史資料》第一輯。
清朝全史，稻葉君山撰，但燾譯，中華書局一九一五年版。
早期中俄關係史，葛斯頓・加恩撰，江載華譯，商務印書館一九六一年版。
雍正帝及其密摺制度研究，楊啓樵，香港三聯書店一九八〇年版。
清史雜考，王鍾翰，中華書局一九六三年版。
明清史講義，孟森，中華書局一九八一年版。
明清史論著集刊，孟森，中華書局一九五九年版。
探微集，鄭天挺，中華書局一九八〇年版。
清史簡述，鄭天挺，中華書局一九八〇年版。
陳垣學術論文集，中華書局一九八〇—一九八一年版。
明季滇黔佛教考，陳垣，中華書局一九六二年版。
漢唐佛教思想論集，任繼愈，一九六三年三聯書店版。
沙俄侵華史，第一卷，人民出版社一九七六年版。
清代的礦業，中國人民大學清史研究所等編，中華書局一九八三年版。
歷史檔案（雜誌），一九八一年第二期。
圓明園（不定期刊物），第一集，一九八一年出版。
吉林大學學報，一九八〇年第四期。
南開學報，一九八二年第五期。

紫禁城，第二十四期。

東洋史研究，二十九卷一、二、三號，三十卷四號。

史林，六十二卷四號。

（臺北）中央研究院近代史研究所集刊，第五、六、八期。

後記

我研究雍正問題，是受先師鄭毅生（天挺）先生的影響。他對雍正及其時代的歷史非常重視，也給予較高的評價。一九六一年他講《明清史在中國歷史上的地位及分期》問題，列舉一八四〇年以前明清史上發生的十四件大事，其中有攤丁入畝的實行和軍機處的設立，即屬於雍正朝的有兩件事。後在所著《清史簡述》一書中，講清朝歷史上有八件大事，屬於雍正時代的也是兩件，一是與前相同的攤丁入畝，再一則為驅逐天主教士於澳門。在一三六八年至一八四〇年的近五百年中，雍正朝只佔十三年，卻有兩三件不平凡的事情，可見這個時代的重要，也可見毅生師對它的重視。毅生師認為雍正和康熙、乾隆「是三個好皇帝」，雍正在十三年中，「每天看的奏摺有多少且不說，只是他批的公文就印行了《上諭內閣》一百五十九卷，《硃批諭旨》三百六十卷，都是他親手批的，沒有印行的還有很多。他對自己的職務毫不懈怠，做到了『今日事今日畢』，作為一個封建帝王，能做到這點，是很不容易的」。毅生師的觀點給我很大影響，所以我多年來就對雍正問題感到興趣。然而促使我進行這項寫作的，則是呂一方先生。今天稿子寫成，我以崇敬的心情回憶毅生師給我指引的學術道路，並對一方先生的熱情鼓勵表示我的謝忱。在本書定稿過程中，張作耀和蕭遠強先生給予的幫助，私心非常感激。

在這個不成熟的小書行將與讀者見面之時，著者的心情又是萬分不安的：雍正和他的時代的歷史，我那裏把它說清楚了！我想以後把它改得好一點，這當然要自己努力，另外要靠同行和讀者的幫助，我殷切地期待著讀者朋友們的指教。

馮爾康

一九八四年中秋節

臺灣商務版後記

雍正歷史中令人感到興趣的問題相當多，他的繼位疑案更為民眾所喜聞樂道，拙作問世之後，賜教者往往亦就書中關於嗣統的陳述發表評論，我自己近年也應約寫了《雍正繼位之謎》的小冊子。不過說心裏話，雍正登極史固然值得研究，然而雍正的改良政治和業績似乎更需要探討。他要敢於承認現實，對前朝積弊有準確的認識，要創造出適合的改制方法，要能克服反對派的阻撓，還要能戰勝反對派利用改革進行破壞的陰謀。執政者具有了勇氣、魄力、智慧、堅忍不拔、不畏攻擊的品格，才有可能成為勝利者。這種歷史的研究，我想人們不會冷落它。

本版和初版有個不同，就是增加了《查抄江寧織造曹家》一章。它的文字是與其他章節同時寫好的，因故當時從全書中抽出來，今日將它補上。幾年來，雍正查抄曹家原因的研究又有所深入，我若就此補寫幾句亦未為不可，不過，基本觀點就是這些，再著墨也無多大必要，故而一仍其舊。

臺灣商務印書館重版本書，作為著者，我十分高興，同時對該館諸位先生的辛勞懷有敬意和謝意，願我們的合作成功。

馮爾康

一九九一、一、二十九

歷史，

中國史

雍正傳

作者　冯爾康
發行人　王春申
編輯指導　林明昌
營業部兼任編輯部經理　高　珊
責任編輯　徐　平
封面設計　吳郁婷
封面題字　侯吉諒
校對　黃楷君 鄭秋燕
印務　陳基榮
出版發行　臺灣商務印書館股份有限公司
地址　23150 新北市新店區復興路43號8樓
電話　(02) 8667-3712 傳真：(02) 8667-3709
讀者服務專線　0800056196
郵撥　0000165-1
E-mail　ecptw@cptw.com.tw
網路書店網址　www.cptw.com.tw
網路書店臉書　facebook.com.tw/ecptwdoing
臉書　facebook.com.tw/ecptw
部落格　blog.yam.com/ecptw

局版北市業字第 993 號
臺一版一刷：1992 年 10 月
臺二版一刷：2014 年 11 月
臺二版三刷：2015 年 4 月
定價：新台幣 650 元

本書由人民出版社授權臺灣商務印書館出版發行，僅限中國大陸以外地區銷售

ISBN 978-957-05-2959-3

雍正傳 ／ 馮爾康 著. --臺二版. --臺北市：臺灣
商務，2014. 11
面 ； 公分. --（人物傳記）

ISBN 978-957-05-2959-3（精裝）

1.清世宗 2.傳記

627.3 103016753

廣 告 回 信
板橋郵局登記證
板橋廣字第1011號
免 貼 郵 票

23150
新北市新店區復興路43號8樓
臺灣商務印書館股份有限公司 收

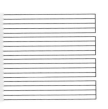

請對摺寄回，謝謝！

傳統現代　並翼而翔

Flying with the wings of tradtion and modernity.

讀者回函卡

感謝您對本館的支持，為加強對您的服務，請填妥此卡，免付郵資寄回，可隨時收到本館最新出版訊息，及享受各種優惠。

■ 姓名：________________ 性別：□ 男 □ 女

■ 出生日期：______年______月______日

■ 職業：□學生 □公務(含軍警) □家管 □服務 □金融 □製造
□資訊 □大眾傳播 □自由業 □農漁牧 □退休 □其他

■ 學歷：□高中以下（含高中）□大專 □研究所（含以上）

■ 地址：________________________________
____

■ 電話：(H) ________________ (O) ________________

■ E-mail：________________________________

■ 購買書名：________________________________

■ 您從何處得知本書？

□網路 □DM廣告 □報紙廣告 □報紙專欄 □傳單
□書店 □親友介紹 □電視廣播 □雜誌廣告 □其他

■ 您喜歡閱讀哪一類別的書籍？

□哲學・宗教 □藝術・心靈 □人文・科普 □商業・投資
□社會・文化 □親子・學習 □生活・休閒 □醫學・養生
□文學・小說 □歷史・傳記

■ 您對本書的意見？（A/滿意 B/尚可 C/須改進）

內容 ________ 編輯______ 校對______ 翻譯______
封面設計______ 價格______ 其他________________

■ 您的建議：________________________________
____

※ 歡迎您隨時至本館網路書店發表書評及留下任何意見

臺灣商務印書館 The Commercial Press, Ltd.

23150新北市新店區復興路43號8樓　電話：(02)8667-3712
讀者服務專線：0800-056196　傳真：(02)8667-3709
郵撥：0000165-1號　E-mail：ecptw@cptw.com.tw
網路書店網址：www.cptw.com.tw　網路書店臉書：facebook.com.tw/ecptwdoing
臉書：facebook.com.tw/ecptw　部落格：blog.yam.com/ecptw

紫禁城平面示意圖

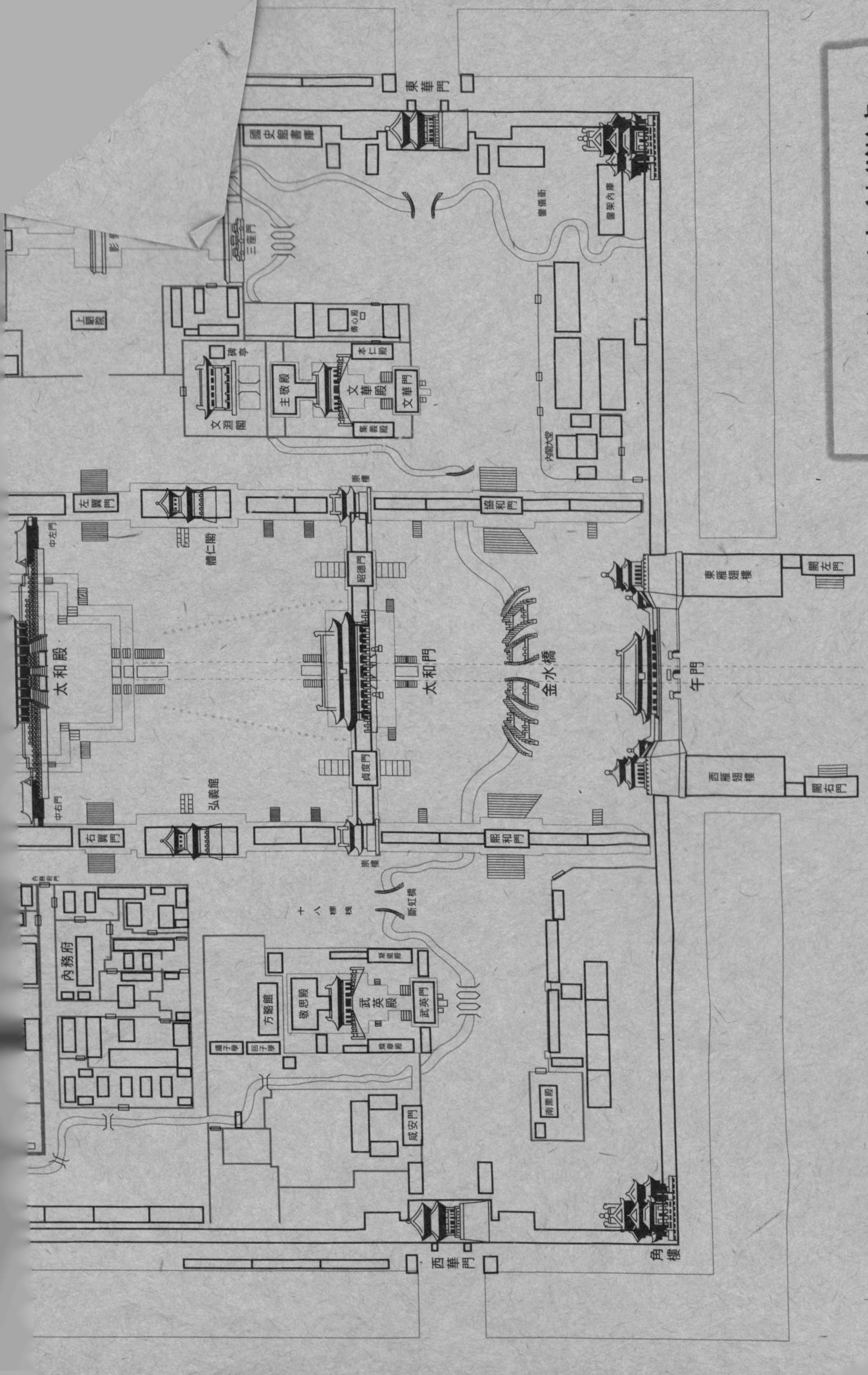
東華門
國史館書庫
鑾駕內庫
鑾儀衛
三座門
上駟院
傳心殿
本仁殿
文華殿
文華門
主敬殿
集義殿
碑亭
文淵閣
內閣大堂
左翼門
體仁閣
崇樓
協和門
中左門
昭德門
太和殿
太和門
金水橋
東雁翅樓
闕左門
午門
西雁翅樓
闕右門
貞度門
中右門
弘義閣
右翼門
熙和門
斷虹橋
十八槐
內務府
方略館
敬思殿
武英殿
武英門
凝道殿
煥章殿
回子學
咸安門
南薰殿
西華門
角樓